庐陵文化研究丛书
主编 彭涉晗 曾建平

井冈山大学庐陵文化研究中心
江西省高校人文社科重点研究基地

本书系江西省高校人文社科重点研究基地
招标项目成果（项目编号JD16126）

江右王门学派研究

以吉安地区为中心

李伏明 著

江西人民出版社

图书在版编目(CIP)数据

江右王门学派研究：以吉安地区为中心 / 李伏明著.
—南昌：江西人民出版社，2017.11
ISBN 978-7-210-09937-6

Ⅰ.①江… Ⅱ.①李… Ⅲ.①王守仁(1472-1528)
-哲学思想-研究 Ⅳ.①B248.25

中国版本图书馆 CIP 数据核字(2017)第 283450 号

江右王门学派研究：以吉安地区为中心

李伏明　著

责任编辑：吴艺文
封面设计：章　雷
出　　版：江西人民出版社
发　　行：各地新华书店
地　　址：江西省南昌市三经路 47 号附 1 号(邮编：330006)
编辑部电话：0791-86898470
发行部电话：0791-86898893
网　　址：www.jxpph.com
2017 年 11 月第 1 版　2017 年 11 月第 1 次印刷
开　　本：787 毫米　1092 毫米　1/16
印　　张：29.25
字　　数：480 千
ISBN 978-7-210-09937-6
赣版权登字—01—2017—901
版权所有　侵权必究
定　　价：88.00 元
承印　厂：虎彩印艺股份有限公司
赣人版图书凡属印刷、装订错误，请随时向承印厂调换

目录
Contents

上篇：总论

绪言：研究对象、思路和方法   3
    一、缘起   3
    二、研究对象：什么是江右王门学派   6
    三、研究方法：历史研究与哲学研究   16
    四、研究目标：历史与现实之间   24

第一章　天理与良心   28
  第一节　人生与社会   28
  第二节　天理与良心   32
  第三节　王阳明与阳明学   52
  第四节　良知何在   69
  第五节　阳明学内在矛盾的展开与阳明学的传播   82

第二章　江右王门学派：基础理论篇   93
  第一节　江右王门学派   93
  第二节　地方社会与文化传统   100
  第三节　江右王门学派学术理论成就   113
  第四节　江右王门学派学者的交流与论辩   139

第三章　江右王门学派:学术实践篇　　157

第一节　吉安地区的阳明学讲会(上)　　157
第二节　吉安地区的阳明学讲会(下)　　174
第三节　江右王门学派与社会教化之一:宗族建设与管理　　185
第四节　江右王门学派与社会教化之二:推行乡约　　196

下篇:分论
引言:关于江右王门学派代表性人物　　207

第四章　邹守益论　　220

第一节　学术与人生　　220
第二节　"先生之学,得力于敬"　　235
第三节　戒惧慎独以致良知　　243
第四节　邹氏家学略论　　252

第五章　欧阳德论　　261

第一节　学术与人生　　261
第二节　良知与"独知"　　266
第三节　"循良知"与"致良知"　　276

第六章　聂豹论　　282

第一节　学术与人生　　282
第二节　"良知本寂"　　298
第三节　"归寂主静"以致良知　　309

第七章　罗洪先论　　318

第一节　学术与人生　　318
第二节　主静无欲　　331
第三节　收摄保聚与仁体说　　338
第四节　天下哪有现成良知　　349

第八章　刘文敏　刘邦采论　　360

第一节　刘文敏简论　　360
第二节　刘邦采简论　　370

第九章　王时槐　万廷言论　　386

第一节　王时槐简论　　386
第二节　万廷言简论　　404

第十章　胡直　邹元标论　　416

第一节　胡直简论　　416
第二节　邹元标简论　　431

第十一章　余论：阳明学和江右王门学派的现代价值　　451

后记　　461

上篇 总论

绪言:研究对象、思路和方法

一、缘起

从事江右王门学派的研究,对笔者来说,也许可以说是一个美好的"误会"。

我大学所学的专业是历史学,硕士和博士研究生期间的学习和研究方向为明清江南社会经济史,主要接受社会经济史研究方面的专业训练。但由于毕业后回到家乡的井冈山大学工作,我的江南社会经济史研究工作事实上很难继续进行。职业和志趣不允许我放弃学术研究,于是将目光投向本地的历史资源。当然,我可以利用我的学术基础,转而从事本地区的社会经济史研究,这无疑也是很有意义的,但我决定选择庐陵文化尤其是江右王门学派作为自己的研究方向。这是因为,地方史志反复强调,吉安乃"文章礼义之邦",名流辈出。存世文献也极其丰富,相对于地方社会经济史研究,可能更有意义,也更为便利,而本地的社会经济史似乎并无显著特点。对于一个长期从事中国古代史教学和研究的工作者而言,尤其是对于一个生于斯、长于斯,对于家乡风土人情有深切了解和感受的历史教学和研究工作者而言,研究本地的社会文化史,发掘研究本地丰富的历史文化资源,是一个非常有意义的选择。

发掘和弘扬地方的历史文化传统,既是现代地方社会经济文化发展的需要,也是推动历史学研究向纵深化方向拓进的内在要求,更是本地历史研究工作者义不容辞的责任和义务。必须特别说明的是,尽管我以前从事的是地方社会经济史研究,对地方社会文化史研究也一直怀有高度的敬意,但对于那些以学术研究的名义表彰"乡贤"的做法颇为警惕———一些以表彰"乡贤"为目标的所谓的学术研究往往会服务于特定的现实目标,如提高本地知名度,促进本地旅游业和其他产业的发展等等。不能说这类做法没有价值,但基于这种特定的现实目标的所谓学术研究,往往会把地方上的"先贤"拔高到莫名其妙的高度,这就会严重损害学术研究的科学性和严谨性。当然,"谁不说俺家乡好",但作为一名学术研究工作者,我之所以对江右王门学派产生兴趣,并试图展开深入研究,毫无疑问有热爱自己家乡的因素,但首先是因为江右王门学派研究公认为具有非常重要的学术价值。黄宗羲说:"姚江之学,惟江右为得其传,东廓、念庵、两峰、双江其选也。再传而为塘南、思默,皆能推原阳明未尽之旨,是时越中流弊错出,挟师说以杜学者之口,而江右独能破之,阳明之道赖以不坠。盖阳明一生精神,俱在江右,亦其感应之理宜也。"①这就是说,江右王门学派诸学者绝不仅仅是我的"乡贤",他们在中国学术思想文化史上的重要地位是举世公认的,用不着我来"表彰"——我生也晚,且学问浅薄,充其量只有恭敬研习的份。从职业角度而言,由于教学工作的需要,我不得不研习中国哲学和思想文化史,其中自然也必须研习宋明理学,研习阳明心学和江右王门学派的学术思想。从我个人的兴趣而言,尽管我的专业是社会经济史,但历来对哲学和思想文化研究特别感兴趣。

明代中叶崛起王阳明心学理论(俗称阳明学)在中国学术思想文化史上具有非常重要的地位。尽管从其诞生之日起即饱受非议,尤其是明末清初,否定和攻击王阳明和阳明学大有人在。有人从政治上攻击,认为阳明学应当对明朝的灭亡负责,甚至把阳明学称为"卖国王学"(王夫之语,现代学者熊十力也持此论);从学理上而言,不少人认为阳明学本质上是一种"禅学",称之为"阳明禅"。"禅学"当然也是一种生命智慧,有其独特的价值,但"禅学"主张"绝伦弃物",拒绝承担起对社会的责任和义务,与儒家的主张和使命背道而驰,而王阳明和阳明学特别强调人对社会的责任和义务。阳明学的反对者还认为,王阳明一味信任个人内在的良知良能,实际上是有意无意地鼓励人们不学无术,忽略甚至拒绝日常生活实践中的严格修养,这必然产生严重的社会文化后果。明末东林学派领袖人物高攀龙(1562—1626,字存之,江苏无锡人,1589 年进士)②指责说,王阳明的心学"任心而废学,于是乎诗书礼乐轻而士鲜实悟"。"任空而废行,于是乎名节忠义轻而士鲜实修。"③不能说这些指责毫无道理,但我们必须指出的是,即便阳明学在传播和发展过程中难以避免地出现了各种消极现象,产生了一些消极后果,那也并不是王阳明本人和阳明学所期待的,实际上,王阳明本人对此有所预见,甚为担心,反复强调必须准确把握其精神实质,但这并不是

---

① 黄宗羲:《明儒学案·江右王门学案·前言》,《明儒学案》,中华书局 2008 年版。
② 本书中出现的古代学者,在第一次论及时标明其籍贯,生卒年份和字号,此后从略。王阳明后面有专门介绍,江右王门学派学者的籍贯,生卒年份和字号则集中列表介绍,行文过程中从略。
③ 高攀龙:《高子遗书·崇文会语序》,文渊阁四库全书本。

王阳明本人所能控制的。黄宗羲认为,众多阳明后学误解甚至是曲解了王阳明的本意:

> 致良知一语,发自晚年,未及与学者深究其旨,后来门下各以意见掺和,说玄说妙,几同射覆,非复立言之本意。①

任何一种思想理论体系,如果不是被视为宗教教义的话,那就必定有其短处和缺陷,既可以证实,也可以证伪。人们可以而且必要认清甚至严厉批判其短处和缺陷,但绝不能因此而否定其价值和贡献。阳明学问世后,很快即吸引了众多社会精英,并很快风靡全国,深入草根阶层,这本身即说明了其巨大的价值和魅力。阳明学的现代价值也为世所公认。海内外学者人们也以各个角度,各个层面研究发掘其现代价值。阳明心学理论未必能够成为当代中国社会的济世良方,但可以给人们以巨大的启迪。王阳明抨击当时的世象说:

> 天下之人用其私智以相比轧,是以人各有心,而偏琐僻陋之见、狡伪阴邪之术至于不可胜说。外假仁义之名,而内以行自私自利之实,诡辞以阿俗,矫行以干誉;掩人之善,而袭以为己长,讦人之私,而窃以为己直;忿以相胜,而犹谓之徇义;险以相倾,而犹谓之疾恶;妒贤忌能,而犹自以为公是非;恣情纵欲,而犹自以为同好恶。相陵相贼,自其一家骨肉之亲已不能无尔我胜负之意,彼此藩篱之形,而况于天下之大,民物之众,又何能一体而视之! 则无怪于纷纷藉藉,而祸乱相寻于无穷矣。②

王阳明所猛烈抨击的世象,不能不说与现代社会的诸多现象具有相当的相似性。应当说,很多人不是不知道各种纪律、制度、法律法规的相关规定,不是不知道和谐相处的重要性,不是不知道廉洁奉公的重要性和必要性,但是,这些"知道"并没有转化为实际的行为。王阳明指出,关键在于人心。是的,人心坏了,信仰没了,各种纪律、制度、法律法规的作用也就非常有限,甚至可以被某些人作为遮羞布使用。我们可以而且也应当从阳明学理论中汲取营养。

---

① 《明儒学案·姚江学案》。
② 《王阳明全集·语录二·传习录·中》,《王阳明全集》,吴光、钱明、姚延福编校,上海古籍出版社1992年版。

王阳明的著名弟子,浙中王门学派领袖王畿(1498—1583,字汝中,号龙溪,浙江山阴人)称:"先生倡明此学,精神命脉,半在江右。故江右同志诸兄传法者众,兴起聚会,在在有之,虽未能尽保必为圣贤,风声鼓舞,比之他省,气象自别,不可诬也。"①黄宗羲则认为,"阳明一生精神,俱在江右",而作为生于斯、长于斯的学术工作者,我们自然可以通过深入研究江右王门学派,更好地研究和认识阳明精神,研究和认识阳明精神对江右地区,尤其是对吉安地区的影响。对我而言,学习和研究江右王门学派,既合乎自己的兴趣爱好,同时又具有显著的学术价值和现实意义。

二、研究对象:什么是江右王门学派

我们研究的对象是江右王门学派,为此首先必须界定"江右王门学派"这一概念的内涵和外延。长期以来,包括本人在内,人们习惯于使用"江右王门心学"或"江右王学"这样的概念,但严格地说来,使用这一概念其实是很不严谨的。② 整个江右地区阳明学者众多,学术思想和旨趣差异巨大,实际上并没有形成"江右王门心学"或"江右王学"这样一门学问,更不用说形成这么一个理论体系了,充其量是对江右籍的众多阳明学者学术思想的笼统称呼,从学理上说,这种笼统的称呼不仅是不严谨的,而且容易引起误解,使人们误以为存在着一个具有自身特色的"江右王门心学"学术理论。但是,我们可以认定存在着一个"江右王门学派",大致上可以给出"江右王门学派"这一概念的内涵和外延。

学派即学术流派。简单地说,就是基于大致相同的学术思想理念和宗旨而形成的具有自身鲜明特色和传统的学术群体。学术思想理论在发展和传播的过程中形成不同的流派是一种自古即有的社会文化现象,源远流长,情形复杂。大致说来,学术流派的形成通常是由三个方面的因素决定的,即师承因素、地域因素或"问题"因素,故学派大致可分为师承性学派、地域性学派和"问题性"学派三大类。所谓师承性学派,是指因师承传授导致门人弟子共同研究传播一门学问而形成的学术流派,如阳明学派即是一个师承性学派;所谓地域性学派,是指因某一地域(地域可大可小,大到可以是某一国家,或某一民族,或某一文明,

---

① 《王畿集·与三峰刘子问答》,《王畿集》,吴震编校,凤凰出版社本,南京,2007年。
② 使用"江右王门心学"或"江右王学"这一名词概念的著述甚多。笔者撰有《论阳明心学的内在矛盾与江右王门心学的发展》,载于《吉安师专学报·哲社版》1995年第二期。其他的如吴宣德著有《江右王学与明中后期江西教育发展》,江西教育出版社1996年版。徐儒宗著有《江右王学通论》,中国人民大学出版社2009年版。等等。

小到可以是某一小区域,甚至某一学校)的学者群体基于大致相同的学术思想理念和宗旨而形成的具有地域特色和传统的学术流派,如现代经济学中的奥地利学派、芝加哥学派、剑桥学派、洛桑学派等等;"问题性"学派则是指以某一问题为研究对象而形成具有特色的学术传统的一些学术群体,如经济学中的重农学派、供应学派、现代货币主义学派等等。

必须指出的是,历史上大多数的所谓的学派,其实是旁人尤其是后人基于认识研究的需要而划分命名的,身在其中的学者们未必有明确的学派意识或门户之见。在学术思想理论的发展和传播过程中,师承因素、地域因素或"问题"因素往往相互联系、相互渗透,而不会泾渭分明,可能既有师承因素,又有地域因素和"问题"因素渗透其中。当然,通常有某一种因素占主导地位,甚至具有决定性影响,其中师承性因素尤为重要。其次,任何一个学派的学者都是活动在一定的地域,而且具有一定的流动性,因此,以地域冠名的地域性学派的学者的活动地域有可能大大超越所冠名的地域,反过来,并不是该地域内的所有学者都隶属于该地域性学派,体现出该学派的地域性特色和传统。另外,一个学派在传承发展过程中,又可能衍生出不同的子流派,所谓"派中有派",如阳明学派之下,又衍生出不同的王门学派。

我们所使用的"江右王门学派"这一概念主要基于黄宗羲的《明儒学案·江右王门学案》。黄宗羲专列"江右王门学案",介绍了一批而不是所有的江右籍王门学者及其学术思想——这些人及其追随者就是"江右王门学派"。《明儒学案》是一部学术思想史著作,作者基于自己的学术理念,同时也是基于研究和论述的需要,将明代重要学者的学术思想分门别类。他将众多的阳明学者划分为不同学派。显然,所谓"江右王门学派",既有师承性因素,又有地域性因素。在师承性因素方面,该学派学者都是阳明弟子或再传弟子,或阳明后学,都以研究和传播阳明学为己任,故称王门学派。就地域性因素而言,既以"江右"冠名,自然是彰显其地域性特色和传统,也就是说该学派的学者及其领袖人物基本上来自江右地区。"江右"大致上就是现在的江西省所辖区域。不过,由于综合了师承性因素和地域性因素,因此,并不是所有江右籍的王门学者都体现出地域性特色和传统,反过来,体现出地域性特色和传统的王门学派的学者未必一定是江右籍。换言之,并不是所有的江右籍的王门学者都隶属于江右王门学派,同时,并不是所有的江右王门学派学者都是江右籍。

实际上,当时各地众多的阳明学者并没有特别的门户之见,未必有所谓的学派门户意识。对他们而言,大家都是在探究成仁成圣之道,他们相信阳明学为"圣学",故在大力研究和传播阳明学。他们往往只是在具体的学术观点方面有所不同,甚至针锋相对,但这并不妨碍他们密切交往,深入交流,相互之间取长补短。尤其到了第二代和第三代阳明学者,具体的师承关系更是错综复杂。包括黄宗羲在内的后来的研究者是基于研究和论述的需要把阳明后学分为不同的流派——从学术研究的角度,这无疑是非常必要的。问题的关键显然在于有合理的学派分类依据和标准,也就是如何正确界定江右王门学派的地域性特色和传统,该"学派"的学术思想理论如何有别于其他"学派"。

我们还是回到黄宗羲对学派的理解。他在《明儒学案》的凡例中说:

> 大凡学有宗旨,是其人之得力处,亦是学者之入门处。天下之义理无穷,苟非定以一二字,如何约之使其在我?故讲学而无宗旨,即有嘉言,是无头绪之乱丝也。学者而不能得其人之宗旨,即读其书,亦犹张骞初至大夏,不能得月氏要领也。
>
> 学问之道,以各人自用得着者为真。凡倚门傍户,依样葫芦者,非流俗之士,则经生之业也。此编所列,有一偏之见,有相反之论,学者于其不同处,正宜着眼理会,所谓一本而万殊也。以水济水,岂是学问![1]

也就是说,黄宗羲对有明一代的学术思想分门别类的依据便是所谓的"学术宗旨"。在黄宗羲那里,所谓"学术宗旨",主要指其学术思想的"实用"追求,当然也包括其理论内涵。所谓"实用",一方面是指某种学术思想理论为学者个人提供有效的安身立命的依据,另一方面也指其实际的社会影响——即该学术思想理论发挥了重要的社会作用,有效地教育和引导着人们追求成仁成圣,达到圣人的精神境界,所谓"学问之道,以各人自用得着者为真"。

从学术思想的理论内涵而言,师承关系自然是非常重要的,从学术理论的实际社会影响和功能而言,地域的重要性不言而喻。毕竟,师承关系在很大程度上决定了学术思想的具体内容,而具体的社会影响往往是发生在特定的地域内——主要是学者们的家乡和其学术活动所在地。据此,黄宗羲将阳明后学分为浙中王门学派、江右王门学派、南中王门学派、楚中王门学派、北方王门学派

---

[1] 《明儒学案·发凡》。

和粤闽王门学派等六大派,另外还单列了泰州学派,黄宗羲并没有冠之以"王门"。

关于江右王门学派,黄宗羲是这样阐述的:

> 姚江之学,惟江右为得其传,东廓、念庵、两峰、双江其选也。再传而为塘南、思默,皆能推原阳明未尽之旨,是时越中流弊错出,挟师说以杜学者之口,而江右独能破之,阳明之道赖以不坠。盖阳明一生精神,俱在江右,亦其感应之理宜也。①

在黄宗羲看来,江右王门学派的学术宗旨是追求和捍卫王阳明的真精神,他们努力"推原阳明未尽之旨",批判阳明学在传承过程中出现的种种流弊,并以阳明真精神作为自己安身立命的依据和生活实践的指针。尽管在如何追求弘扬阳明真精神,如何"推原阳明未尽之旨"方面,江右王门学派学者之间存在着不同的江右王门学派学术观点,并且相互辩难,但这并不妨碍其自成一派。

正因为如此,黄宗羲虽然以地域命名学派,但并不包括该区域内所有的阳明学者。以江右地区的王门学者为例,一些著名阳明学者,虽然出生、成长并且主要活动于本地区,但由于其学术宗旨与该江右王门学派的宗旨不同,黄宗羲就会将其排除于江右王门学派之外。如永新县人颜钧(1504—1596,字子和,号山农)、永丰县人何心隐(1517—1579,原名梁汝元,字乾柱,号夫山)、南城县人罗汝芳(1515—1588,字惟德,号近溪,1553 年进士)、丰城县人李材(1519—1595,字孟诚,号见罗,1562 年进士)等,他们的学术宗旨与江右王门学派明显不同,都不被认为是江右王门学派学者。颜钧、何心隐、罗汝芳被列入《泰州学案》,被认为是泰州学派的代表人物。李材因其学术思想别具一格,被黄宗羲单独列为《止修学案》,必须指出的是,颜钧师从过刘邦采,李材师从过邹守益,但这种师承关系并没有使他们成为江右王门学派的一员。当然,由于江右王门学派既然以地域冠名,该学派学者自然绝大多数是江右籍,这主要是因为该学派的领袖人物长期在自己的家乡从事学术理论和社会实践活动,在本地拥有巨大声望,在本地士人中具有强大的号召力和影响力,在家乡培养出了一批继承者。更进一步说,由于江右王门学派第一代领袖人物邹守益、欧阳德、聂豹、罗洪先

---

① 《明儒学案·江右王门学案·前言》。

等人都来自吉安府①,他们又培养出了一批继承者,使阳明学在吉安府几代传承,江右王门学派的第二代和第三代领袖人物也来自吉安府,故而江右王门学派学者大多来自吉安,吉安因此成为江右王门学派的基地。

当然,也有不少的阳明学者群体,他们在学术理论上看起来并无特别显著特征,但经过他们的努力,阳明学理论在自己的家乡得到传播,产生了巨大的社会影响,地域特色明显。如南中王门学派,黄宗羲是这样阐述的:

> 南中之名王氏学者,阳明在时,王心斋、黄五岳、朱得之、戚南玄、周道通、冯南江,其著也。阳明殁后,绪山、龙溪所在讲学,于是泾县有水西会,宁国有同善会,江阴有君山会,贵池有光岳会,太平有九龙会,广德有复初会,江北有南谯精舍,新安有程氏世庙会,泰州复有心斋讲堂,几乎比户可封矣。而又东廓、南野、善山先后官留都,兴起者甚众。②

也就是说,南中地区的王门学者虽然在学术理论上的成就和特征看起来并不特别明显,但由于本地学者热衷于在地方上传播和普及阳明学,加上地近南畿,各地著名阳明学者来此地讲学,极大地促进了阳明学在该地区的传播,并在地方上产生了巨大的社会影响,本地学者创办了众多阳明学讲会,使得该地区的阳明学研究和传播非常有特色,"几乎比户可封矣",因而被黄宗羲认为存在着一个南中王门学派。而且,就王阳明本人的学术宗旨而言,南中王门学派学者的努力所产生的这种社会影响是极其重要的。

必须特别指出的是,从地域角度而言,泰州属南中地区,《南中王门学案》中包括了泰州地区的阳明学者。但泰州的王艮(1483—1541,初名银,王阳明为之改名为艮,字汝止,号心斋)不仅仅被黄宗羲认为是南中王门学派学者,更是泰州学派的创立者。黄宗羲单列泰州学派,是因为王艮曾师事王阳明,但其理论与王阳明的学说颇有区别,他并不认为泰州学派是阳明后学的一个学派,更难以将泰州学派视为南中王门学派的组成部分。为此,黄宗羲单列《泰州学案》,而不称为"泰州王门学案",以示与其他王门学派有所区别。黄宗羲称:

---

① 明代的吉安府辖庐陵、吉水、永丰、泰和、万安、龙泉(今遂川)、安福、永新、永宁九县,地域与今吉安市稍有不同,今属吉安的新干县、峡江县明代属临江府。

② 《明儒学案·南中王门学案·前言》。

> 阳明先生之学,有泰州、龙溪而风行天下,亦因泰州、龙溪而渐失其传。泰州、龙溪时时不满其师说,益启瞿昙之秘而归之师,盖跻阳明而为禅矣。然龙溪之后,力量无过于龙溪者,又得江右为之救正,故不至十分决裂。泰州之后,其人多能以赤手搏龙蛇,传至颜山农、何心隐一派,遂复非名教之所能羁络矣。……羲以为非其聪明,正其学术也。所谓祖师禅者,以作用见性。诸公掀翻天地,前不见有古人,后不见有来者。释氏一棒一喝,当机横行,放下挂杖,便如愚人一般。诸公赤身担当,无有放下时节,故其害如是。①

也就是说,泰州学派主要是在学术理论上有极其明显的特征,即走向禅学,"祖师禅者,以作用见性"。在黄宗羲看来,他们不但没有正确地弘扬阳明精神,反而对阳明精神是一种严重伤害。因为纯粹是以学术宗旨分类,其成员自然不以地域籍贯为限,实际上遍布各地。换言之,泰州学派是一个师承性学派而不是地域性学派,之所以命名为泰州学派,仅仅是因为其创立者王艮乃泰州人。

浙中是王阳明的故乡,王阳明晚年曾长期讲学于此,四方学者纷纷来访,其重要性不言而喻,黄宗羲理所当然最为重视。但黄宗羲指出,除了钱德洪(1496—1574,又名宽,字洪甫,1532年进士,世称绪山先生)、王畿外,其他阳明学者并没有什么创造性,他们或墨守师说,或有溺于禅的嫌疑,或向程朱靠拢,逐步背离阳明精神,甚至"挟师说以杜学者之口",只因为遭到江右王门学派的有力批判,才使得阳明真精神不至于泯灭。黄宗羲之所以认为存在一个浙中王门学派,列浙中王门学派于诸王门学派之首,一方面是因为那里存在大批阳明学者,更为重要的是因为浙中是王阳明的故乡,体现其阳明学的地域渊源。

其他如楚中王门学派、粤闽王门学派、北方王门学派,黄宗羲虽然以地域命名专列学案,但在全国学术思想界的影响其实并不大,很难说形成了一个地域性的学术流派,主要是本地的某些有一定政治社会地位的阳明学者传播了阳明学,产生了一定的社会影响。以北方王门学派为例,黄宗羲为其列传的学者有七人(楚中王门学派和粤闽王门学派各只为两人列传),但他指出:"北方之为王氏学者独少,……非二孟嗣响,即有贤者,亦不过迹象闻见之学,而自得者鲜矣。"②黄宗羲为他们单列学案,显然是意在表明阳明学的全国性影响。

---

① 《明儒学案·泰州学案·前言》。
② 《明儒学案·北方王门学案·前言》。

必须承认,虽然黄宗羲强调其分类依据是学术宗旨,但实际操作起来难度甚大。毕竟,大多数阳明学者并没有什么门户之见,而师承因素、地域因素或"问题"因素又往往相互联系、相互渗透,而不会泾渭分明,特别是随着阳明学的广泛传播和发展,各地区、各学派的王门学者之间的交流互动日益频繁,相互影响日益复杂,当初各个学派的学术宗旨在其传承过程中难免会模糊起来,我们看到,越到后来,各个学派之间的界限就越模糊。

现代学者同样认为阳明后学可以分成不同的学派,大致上也是以师承和地域作为划分学术流派的重要依据,但很多现代学者对黄宗羲的分类持有异议。在他们看来,关键在于共同的学术思想理念特征和宗旨,而对学术思想理念特征和宗旨的认识和判断应当基于现代的分析研究而未必是当时学者们的判断尤其是自我判断。他们认为,黄宗羲的划分方式并不能准确表明阳明后学各派别的不同的思想特征。现代学者必须根据现代哲学和社会科学理论对阳明后学重新分门别类。早在20世纪四十年代,嵇文甫即以源于西方世界的政治思想理论或者说意识形态为依据,把阳明后学分为左中右三派。王畿、王艮等人强调良知现成,看起来颇有个人主义、自由主义倾向,按照当时人们对现代西方政治思想理论的认识和理解,个人主义、自由主义相对而言是一种进步的倾向,因而被划为"左派";聂豹、罗洪先等强调归寂主静,看起来完全放弃甚至是禁锢了个性和自由追求,因而被划为"右派";邹守益等人谨守师门,无论在理论上还是实践上看起来都无特色可言,则被他划为"中派"。[①] 陈来在对嵇文甫扬弃的基础上,提出了自己的分类:正统派以邹守益为代表,属于"保守派",也就是右派;异端派以王艮为代表,具有自然主义倾向,属于"左派",其他的属于"中间派"。陈来显然认为以现代政治思想理论或者说意识形态为依据研究阳明后学是不够的,关键在于具体分析他们的学术思想。于是,他进一步指出,"中间派"中又有以钱德洪为代表的"主有派",以王畿为代表的"主无派",以聂豹、罗洪先为代表的"主静派",以欧阳德为代表的"主动派"。[②] 日本学者冈田武彦认为,阳明学的宗旨核心在于致良知工夫,因此应当根据阳明后学致良知工夫论作为分门别类的依据。他把阳明后学分以王畿、王艮为代表的"现成派","现成派"强调良知为个人所拥有,这就意味着良知现成,因此所谓致良知工夫就是参透现成良知的工夫;以聂豹、罗洪先为代表的"归寂派","归寂派"主张必须有

[①] 嵇文甫:《晚明思想史论》,东方出版中心1996年版。
[②] 陈来:《有无之境——王阳明的哲学精神》,人民出版社1991年版。

归寂主静的工夫才能致良知;以邹守益、欧阳德为代表的修证派,他们强调必须通过日常生活实践中严格修养以致良知,并体悟到良知本体。[1] 钱明在冈田武彦的基础上,从本体论和工夫论两个视角观察,把阳明后学分为两大系统,五个流派。两大系统是指现成系统和工夫系统。现成系统包括虚无派和日用派,工夫系统包括主静派、主敬派和主事派。[2] 牟宗三则强调宋明理学本质上是一种心性之学,因此他以心性论为基础,认为阳明后学中最有成就,影响最大的是浙中王门学派、江右王门学派和泰州学派。他认为,浙中王门学派的代表人物是王畿,江右王门学派的代表人物是聂豹、罗洪先,泰州学派的代表人物是罗汝芳。[3] 这些人之所以被牟宗三认定为领袖人物,是因为他们在心性论上有较为深入的研究,取得了很高的成就。在牟宗三看来,浙中的钱德洪,江右的邹守益,甚至泰州学派创始人王艮,或因在心性论上没有特别建树,至少不是特别深刻,或被认为严重背离了王阳明的良知说,故他们不被视为王门学派的领袖人物。

现代学者们的划分方法当然都有其道理,但我们认为,从历史的角度看,黄宗羲的分类方法更为合理,也更有价值。首先是因为,现代哲学社会科学的话语体系源于西方世界,而中国古代学术理论有自己的话语体系,更为重要的是,中国古代大多数所谓的思想家一般并不是专业或职业的学术工作者,其身份往往是官员或者说士大夫。他们博览群书,刻苦钻研经典,一方面是为了走上仕途,另一方面也是寻求"大学之道",即研究人生和社会的价值意义,探寻安身立命之道和治国安邦的技术方法——经世致用是第一要义。也就是说,中国古代的学者和思想家一般不会为学术而学术,他们的治学目标并不是为了提出某些新颖的学术观点或建构一套严谨的理论体系,而是根据时代和现实的需要,根据时代所提出的问题,结合自身的境遇,研究人如何成为道德上的君子、圣贤,达到理想的精神境界,进而如何为天下开太平作出贡献。具体地说,他们一般是根据时代的需要,对个人、家庭、社会、国家以至于天下进行深入的思考研究,就"大学之道"提出了自己的思想观点,并通过各种途径广泛传播,获得了社会的广泛认可。他们的理论观点,既可能是通过观察研究(包括学习研究各种经典文献)获得的,也有可能是从个人的生活实践中感悟到的。对于他们而言,关

---

[1] 冈田武彦:《王阳明与明末儒学》,上海古籍出版社2000年版。
[2] 钱明:《阳明学的形成与发展》,江苏古籍出版社2002年版。
[3] 牟宗三:《从陆象山到刘蕺山》,上海古籍出版社2001年版。

键在于他的观点和结论是否能够为个人、家庭、社会、国家以至于天下提供指导和启迪,是否能够获得社会的广泛认可。也就是说,观点和结论最为重要,至于在逻辑上是否严谨,那是另一回事或者说并不是特别重要。换言之,他们的理论观点在逻辑上未必需要特别严谨,一般说来只要看起来言之有理,持之有故就行了。实际上,在中国文化传统中,人们并不怎么重视逻辑上的严谨性,尤其是在探寻为人处世之道时,大致上只要看起来合乎情理,能说服和引导人们接受即可。而从接受者的角度而言,合乎情理,能够给自己解答困惑,提供指导和帮助才是最重要的,没有必要在逻辑上过于计较。以王阳明为例,他提出致良知说的目标非常明确:一方面强调这是实现人生价值,也就是实现成仁成圣目标的唯一正确途径,更重要的是为了"破心中贼"①。他对各种重要的理论概念通常并没有做出严格的界定,时常出现前后不一的解说,这使得他的良知说在逻辑上看起来存在着明显的矛盾。比如说,他一方面强调,"至善者,性也。性无一毫之恶,故曰至善。"②"性无不善,知无不良",③另一方面又声称,"告子病源从性无善无不善上见来,性无善无不善,如此说亦无大差。但告子执定看了,便有个性无善无不善的性在内,有善有恶又在物感上看,便有个物在外,都做两边看了,便会差。无善无不善,性元是如此,悟得及时,只此一句便尽了,更无内外之间。"④不过这并不重要,重要的是让人们接受自己的观点,达到实用的目的。王阳明说:

> 今人学问,只因知行分作两件,故有一念发动,虽是不善,然却未尝行,便不去禁止。我今说个知行合一,正要人晓得,一念发动处,便即是行了。发动处有不善,就将这不善的念克倒了,须要彻根彻底,不使那一念不善潜伏在胸中。此是我立言宗旨。⑤
>
> 诸君要识得我立言宗旨,我如今说个心即理是如何?只为世人分心与理为二,故便有许多病痛。其所为,要来外面做得好看,却与心全不相干。分心与理为二,其流至于伯道之伪而不自知。故我说个心即理,要使知心

---

① 按:在王阳明的著述中,"破心中贼"出现的次数很少,但人们公认这是王阳明的学术目标和宗旨。
② 《王阳明全集·语录一·传习录·上》。
③ 《王阳明全集·语录二·传习录·中》。
④ 《王阳明全集·语录三·传习录·下》。
⑤ 《王阳明全集·语录三·传习录·下》,具体的讨论见本书第三章。

理是一个,便来心上做工夫,不去袭取于义,便是王道之真。此我立言宗旨。①

必须指出的是,现代学者根据源于西方世界的现代政治思想理论或者说意识形态把阳明后学分为左中右三派,或根据其理论思维方式和水平分门别类,难免与历史实际脱节。比如说把良知现成说视为具有个人主义、自由主义倾向,具有进步意义,因而把王畿、王艮等人划为"左派",这不能不说只是现代人的想象,或者说是基于现代人的价值判断。以江右王门学派学者邹守益为例,他是当时阳明学界所公认的江右王门学派的当仁不让的头号领袖人物,为阳明学的传播和发展作出了非常重要的贡献,但很多现代学者基于其价值判断,认为邹守益的学术思想价值不大,因而不会予以特别关注。另一方面,王畿、王艮、罗洪先、聂豹等人或被认为思想进步,或被认为理论深刻,因而被深入研究,反复探讨。这些研究毫无疑问具有重大学术价值,但其合理性是值得讨论的。

按照黄宗羲的观点,江右王门学派的特点是:准确地传承了王阳明的真精神,并且能够"推原阳明未尽之旨",并在此过程中批判阳明学在传承过程中出现的种种流弊,包括良知现成说和把良知误认为知识,从而向程朱理学妥协投降,或把良知学引向禅学等有违阳明真精神的错误倾向。尽管江右王门学派内部存在着不同甚至对立的具体的学术观点,但并不妨碍其自成一派。

问题的关键显然在于,什么是王阳明的真精神,为什么说江右王门学派学者能够"推原阳明未尽之旨",这正是我们将要探究的问题。黄宗羲之所以特别推崇邹守益,正是因为邹守益的学术宗旨明确,在传承阳明真精神,捍卫阳明学宗旨方面付出了巨大努力并卓有成效,充分体现了江右王门学派的最根本的特征。聂豹、罗洪先等人的学者的学术思想虽然与王阳明有所不同,并且遭到包括邹守益在内有诸多王门学者的严厉批评,但他们的学术思想其实是"推原阳明未尽之旨"的结果,他们的宗旨也在于准确地传承王阳明的真精神,尤其是,为了传承阳明真精神,聂豹、罗洪先等人对阳明学在传承过程中出现的种种流弊进行了严厉批评。正因为如此,他们同样被视为江右王门学派的领袖人物。

江右王门学派的重要领袖人物基本上是吉安府人。之所以会如此,当然是多种因素共同作用的结果。但我们首先必须指出的是,也许是机缘巧合,众多

---

① 《王阳明全集·语录三·传习录·下》。

江右王门学派的重要领袖人物仕途并不顺利,被迫回到家乡。回到家乡后,他们热衷于研究和传播阳明学,而家乡的发达的宗族宗法社会结构又为其提供了良好的社会土壤,吉安因此成为他们发动和团结江右王门学派诸学者进行学术活动和社会实践的基地,进而成为全国阳明学研究和传播的中心。因此,江右王门学派的社会和文化影响主要是在吉安地区。我们的研究也因此聚焦于吉安地区,以吉安地区为中心。

这种做法无疑是有局限的。从地理上说,吉安地区只是江右的一部分,同时,并不是所有的江右王门学派的学者都来自吉安地区,有不少著名的江右王门学派学者来自吉安以外的地区,如赣南的何廷仁、黄弘纲,抚州的陈九川,南昌的万廷言、章潢等等,只不过在我看来,他们在阳明学研究和传播方面的贡献比来自吉安地区的诸多学者明显要小。毫无疑问,要全面认识研究江右王门学派,同样应当关注和研究他们的学术思想成就。只是限于种种因素,尤其是我们后面将要阐明的理由,我们主要探讨吉安地区的江右王门学派学者的学术思想。吉安地区以外的阳明学者中,我们只简要探讨了南昌的万廷言学术思想,这是因为,万廷言在江右王门学派中具有特别重要的地位,能够"推原阳明未尽之旨",作为罗洪先的弟子,"念庵之学得先生而传"[①]。

三、研究方法:历史研究与哲学研究

作为学术研究,理所当然要严格遵循学术研究规范,不能也不应当是简单地表达自己的意见甚至是宣泄某种情绪。正确合理的研究方法是至关重要的。我们应当在遵循现有的或者说流行的学术研究规范的同时,必须对现有的或者说流行的学术研究规范进行必要的反思。毕竟,现有的或者说流行的学术研究规范源于西方世界哲学与社会科学理论,我们必须充分考虑这些哲学与社会科学理论对中国传统学术思想文化的诠释能力。

毫无疑问,研究中国历史上的学术思想流派,当然既要探明历史真相,又要研究发掘其现代价值。也就是说,我们研究江右王门学派,既必须是一种历史研究,又应当是一种哲学研究。毕竟,无论是对于王阳明本人还是对于江右王门学派学者而言,他们在中国思想文化史的地位既源于他们的"行",更源于他们的"学",而他们的"学"具有显而易见的思辨色彩,也就是说,阳明学可以视为一种哲学。就历史研究而言,首先当然是必须探明历史真相,但纯粹客观的

---

① 《明儒学案·江右王门学案·万廷言传》。

历史研究其实是不存在的。历史研究的对象说到底是研究所谓的"有意义"的"历史事实",而所谓的"有意义",则主要是由研究者的价值观所决定;其次,所谓发掘其现代价值,当然是努力使之为现实的社会生活服务,也就是所谓的"古为今用"。由于现代中国的哲学社会科学理论基本上源于西方世界,因此,直接的"古为今用",使中国古代的文化遗产服务于现实的社会生活非常困难,所谓的"古为今用",更多地实际上是为了发展现代哲学和社会科学,使中国古代学术思想文化为现代哲学和社会科学提供注脚和素材,为现代哲学和社会科学提供新的动力。

正是因为中国古代思想家的地位源于其"行"和"学",长期以来,国内外的中国学术思想史研究,基本上是由哲学专业和历史专业的学者进行的。他们的知识背景主要就是源于西方世界的哲学和社会科学理论。大致说来,人们的研究方法不外有三:一是社会史研究方法,即把思想史发展放在社会结构变动的过程中来审视,强调思想家所处的时代背景和他们的思想学说对历史的重要影响。这种研究视野开阔,叙事规模宏大,既强调"历史事实",又重视发掘前人学术思想的现代价值,其优点显而易见。但问题在于,如果研究者对思想家所处的时代背景认识不准确甚至是错误,其对思想家的解释和理解就容易出现问题。尤其是,人们对宏观社会结构的认识一般都是基于某种宏观的历史发展理论,而这些理论从来都是很有争议的。比如说,把阳明学和阳明后学置于"中国封建社会晚期"或"资本主义初步萌芽"的背景下讨论,就不能不说没有问题。二是哲学诠释方法,即运用来自西方世界的现代哲学理论重新解释和理解前人的学术思想,比如说不少学者试图用康德哲学和现代西方哲学研究诠释宋明理学,并试图分析其异同,寻找其所谓的现代价值。由于当代中国的哲学和社会科学的话语体系基本上来自西方,实际上深刻地影响着当代中国人价值观念和思维模式,因此,运用现代哲学理论重新诠释中国古代学术思想文化确实有相当的必要性和重要价值,能够帮助现代人更好更深刻地理解前人的学术思想,从而更好地发掘其现代价值,进而丰富和发展当代中国的现代哲学和社会科学。问题在于,由于中国古代学术思想文化与西方的哲学社会科学属于两个不同的文化体系,价值观念、思维模式和行为方式有着巨大的差异,相互之间未必能够准确无误地诠释。正因为如此,现代人运用现代哲学和社会科学理论对中国古代学术思想文化重新做出的解释和理解很可能与中国古代思想家本人的思想认识根本就不是一回事。所谓的现代价值,不过是现代人想当然地赋予前人而已,或者说能够利用中国传统的学术思想文化资源为发展当代中国的哲学和社会科学服务。三是学术史研究法,即把历史上的所有思想都视为是具体学术背景下的产物,着重分析思想家的学术源流(如师承关系等等)以及其在学术发展史过程中地位和影响。这是中国传统的学术史研究法。这种做法的优点是,能够让人们更多更清楚地了解和认识"历史事实",但往往会忽视对前人学术思想和现代诠释,忽视对前人学术思想的现代价值的发掘,也就是说,不能直接发掘利用中国传统的学术思想文化资源为发展当代中国的哲学和社会科学服务。

应当说,大多数学者试图将这三种研究方法结合起来进行研究。就对江右王门学派的研究而言,从已有的研究成果看,我们大致上可以把已有的研究分为两类:一类是研究"人"和"事",也就是研究所谓的"历史事实",一类则是研究"学",即着重分析研究江右王门学派学者的学术思想理论。大致说来,研究"人"和"事",主要是由一些历史学专业出身的学者开展的,他们致力于研究江右王门学派诸学者的行为和社会影响。为此,他们努力发掘史料重现历史事实,说明江右王门学派诸学者如何在社会上传播阳明学,他们的努力产生了怎样的社会影响等等。如吕妙芬细致地描述了明代吉安府的阳明学讲会活动,并讨论了其地域认同和讲学风格。[①] 王崇峻探讨了江右王门学派诸学者的乡村实践运动。他指出,吉安府的江右王门学派学者通过讲学、举办阳明学讲会,组织乡约、清丈田地等事务,在相当程度上分享了地方政府对社会的控制权,对民众的日常社会生活产生了重大影响。[②] 张艺曦以吉水、安福两县为例,细致地探讨了江右王门学派学者如何通过艰苦的努力,使阳明精神广泛深入人心,江右王门学派学者也因此在地方上获得了巨大的声望和权威。[③] 衷海燕通过对明清时代吉安府士绅阶层的研究,对江右王门学派诸学者的学术传承和社会实践进行了讨论。她指出,江右王门学派对本地区的社会和文化产生了深刻影响,一是形成了以士绅阶层为主导的社会控制体系,二是促成了"区域社会文化变迁的

---

① 吕妙芬:《明代吉安府的阳明学讲会活动》,《中央研究院近代史研究所集刊》第三十五期,2001年。
② 王崇峻:《明代中晚期江右王门学者的乡村运动——以江西吉安府为中心》,载《维风导俗:明代中晚期的社会变迁与乡约制度》,台北文史出版社2000年版。
③ 张艺曦:《阳明心学的乡里实践——以明中晚期江西吉水、安福两县为例》,北京师范大学2013年版。

儒学化势力"①。陈时龙从学术思想传播(以书院讲学为中心)的角度关注了江右王门学派学者,也从文献学的角度讨论了某些学者(如刘邦采)的思想,但并没有对其思想观点展开深入讨论。② 总的来说,他们主要是从社会史的角度讨论江右王门学派诸学者的行为对地方社会和文化的影响,对他们的学术思想则大致上存而不论,最多是泛泛而论——他们关注的是"历史事实",是"人"和"事"。

以哲学社会科学理论研究见长的学者则擅长运用现代哲学和社会科学理论,或对江右王门学派诸学者的学术思想条分缕析,或纵向分析江右王门学派学术思想的源流,或比较分析江右王门学派诸学者良知学理论的异同,或单独研究某一个学者的学术思想,诸如此类。运用现代哲学和社会科学理论进行研究实际上是现代学术界的主流研究方向和方法。侯外庐主编的巨著《宋明理学史》中关于江右王门学派的论述即是自称以马克思主义理论或历史唯物主义理论进行研究的。牟宗三的《从陆象山到刘蕺山》运用现代西方哲学和社会科学理论(以康德哲学为主),对包括江右王门学派学者(如聂豹、罗洪先、刘文敏、刘邦采、王时槐等)在内的宋明理学的心性论进行了深刻而细致的分析研究,在海内外学术界影响巨大。吴震对阳明后学——包括对江右王门学派的邹守益、欧阳德,尤其是聂豹、罗洪先等人的学术思想进行了较为深入细致的研究,他没有明确标示自己研究的指导思想,但其研究范式明显源于日本学术界,即一方面极其重视考据,同时重视用现代社会学思想理论研究中国的古代学术思想。他虽然对"历史事实"——如思想家的学术活动和社会活动等看起来比较关注,但更多的是对思想家留下的文本材料进行阐幽发微。③ 徐儒宗的《江右王学通论》试图对江右地区王门学者的学术思想理论进行全面的综合性的阐述,他运用现代社会科学的理论话语体系(概念和逻辑),分门别类地论述了他们的思想主张。这种研究的问题在于,正如我们前面所指出的那样,事实上并不存在一个江右王门心学这样一门学问或理论体系。无论是黄宗羲还是诸多现代学者,都认为江右地区的王门学者隶属于不同学派。尽管他们都以研究和传播——后来也包括批判和审视阳明学为己任,但他们的方法和观点各不相同,甚至相

---

① 衷海燕:《儒学传承与社会实践》,世界图书出版公司2012年版。
② 陈时龙:《明代中晚期讲学运动》,复旦大学出版社2005年版。《刘邦采思想研究》,载《国际阳明学研究》第一卷。
③ 吴震:《阳明后学研究》,上海人民出版社2003年版。《聂豹罗洪先评传》,南京大学出版社2011年版。

互对立,他们之间还展开过激烈论辩。正因为如此,如果一定要分门别类叙述江右王门学者的思想主张,那看起来就是一锅大杂烩。

毫无疑问,这两种研究方法都有其合理性。一方面,要研究一个学术流派,探寻"历史事实",还原历史真相的必要性和合理性毋庸置疑,因此必须探究该学派代表性学者的行为及其社会影响;另一方面,学派研究实际上正是学术思想史研究的重要方面,毫无疑问必须研究其学术思想理论。运用现代哲学和社会科学理论对古代学术思想重新诠释,发掘其现代价值当然有重要意义。这就是说,研究一个学术流派,"人""事"和"学"不能分开。我们之所以研究江右王门学派诸学者的行为,当然是因为他们的行为对社会和文化产生了重要影响,但是,他们之所以能够对社会和文化产生重要影响,首先是因为他们的"学",正是他们的"学"在很大程度上决定了他们的行为和社会影响。因此,我们认识理解他们的行为,认识理解他们对社会文化的影响,必须理解他们的"学"。要研究江右王门学派的学术思想,如果不准确理解他们的行为及其对社会和文化的重要影响,我们实际上很难准确认识和理解其学术思想,反过来也是一样,要准确理解研究江右王门学派诸学者的行为及其对社会和文化的重要影响,就必须充分认识和理解他们的"学"。

正如我们前面所指出的那样,中国古代的绝大多数所谓的思想家,包括江右王门学派主要学者在内,他们的身份基本上是官员或者说士大夫,而不是现代意义上的职业的学术工作者。他们根据现实的需要和个人的兴趣进行学术探讨,提出了自己的学术思想主张,其学术宗旨一般是很明确的,就是试图解答时代和现实所提出的理论问题和实践问题。对他们而言,重要的是提出自己的观点或者说问题的解答,而未必要重视理论上、逻辑上的严谨性——中国传统学术思想理论从来都缺乏严谨逻辑思维。人们一般不会把建构一套严谨和思想理论体系作为自己的奋斗目标。同样,对于江右王门学派学者来说,重要的是让人们接受自己的观点和结论,达到实用的目的。当然,这并不意味着他们就一定不重视学术理论上的严谨性,毕竟,他们试图"为往圣继绝学"。但总的来说,包括大多数王门学者在内,人们并不特别重视其学术思想观点在逻辑上的严谨性。他们很少有专门的理论论著,一般是通过政论、书信和谈话(包括演讲)和其他一些短文表达自己的学术思想。一般而论,他们基本观点和核心理念通常是一致的,但可以根据不同的场合,根据不同的对象提出自己的看起来并不相同的具体观点看法。这些具体的观点看法在逻辑上未必完全一致。当然,为了使自己的观点易于为人们接受,他们会努力表述得严谨一些,看起来显得更加合乎情理一些,尤其在和同仁讨论交流时,在表达上会更加严谨、细致和深刻一些。不过人们更加重视其思想观点看起来是否合乎情理,是否可接受。至于理论上是否有所创新,那就更不重要了。相反,中国古代绝大多数学者都在努力证明,自己所阐述的其实并不是什么新的东西,而是古已有之,他们只是阐述为世人所没有注意到或被遗忘或遭到误解的早已有之的东西。晚清公认的开风气之先、社会影响巨大的思想家龚自珍就声称自己"何敢自矜医国手,药方只贩古时丹"。[①] 王阳明及其后学也努力向世人证明,他们无意别出心裁,只是准确地理解了儒家经典,廓清了人们对经典著作的误解,从而准确阐发了孔子和孟子的真精神,准确认识孔孟等古圣先贤的真实思想意图。

因此,研究江右王门学派,首先必须探寻"历史事实",讨论江右王门学派诸学者的行为对地方社会和文化的影响具有特殊的重要性。作为一名历史学尤其是曾经的社会经济史研究工作者,笔者一向受到的教育是,历史研究必须实事求是,用史料说话,不应当作没有依据的引申,不应当作抽象的议论。问题在于,一个学派之所以成为一个学派,就在于其有独特的学术思想并产生了很大的影响,因此,研究一个学派,必须以探究其学术思想为主,这是我们认识理解他们的行为以及其对社会文化的影响的基础。学术思想往往本身就是思辨的产物。对学术思想的研究离不开演绎和推理,离不开现代哲学与社会科学方法理论。问题在于,以演绎和推理的方法研究学术思想史,难免会出现这种情形:人们合乎逻辑地推论说这是某人的思想主张,具有如何重大的价值,但实际上这个人根本就没有这样想过,至少没有确凿的证据证明他如是想过——我们无法走进古人的大脑和心灵。也正是因为我们无法走进古人的大脑和心灵,所谓的学术思想史研究,实际上今人与古人的对话,所表述的观点与其说是古人的思想,还不如说是今人的观点,或者说是研究者自己的理论观点。这种研究方法当然是有价值的,人们可以有必要也有充分理由利用古人的材料表达自己的思想。不过,从历史研究、从实证研究的角度看,这种做法似乎是难以接受的。如果是这样,我们能做的,大概只能努力还原江右王门学派诸学者的活动背景和轨迹。就学术思想史研究而言,这显然是远远不够的,充其量是为学术思想史的研究提供了背景材料,而不认为是真正的学术思想史研究。

---

① 龚自珍:《龚自珍全集》,第 513 页,上海古籍出版社 1999 年版。

现代从事学术思想史研究的学者通常会对古人留下的政论、书信和谈话（包括演讲）和其他一些短文比照西方哲学和思想家的理论观点进行条分缕析，有时候甚至是对其中的某些片言只语大加发挥，不能说这没有学术价值，但所得出的结论很可能与古人的真实想法相距甚远。研究历史，首先当然是需要追求历史真相。不过，所谓追求历史真相，无非是更好地理解现实，更好地走向未来。人们不可能也没有必要弄清历史上所发生的全部事实，只能是试图弄清"有意义"的事实，而所谓的"意义"，正是现代人根据自己的时代需要和价值观所赋予的。人们之所以要研究历史，是因为现实是历史的积淀，正确理解历史是正确理解现实的基础。这也就意味着，人们只能是站在现实的立场上研究历史，服务于时代和现实的需要，不存在也不应当存在单纯地"追求历史真相"。我们之所以要研究哲学和学术思想史，一方面是因为历史上的那些哲学和学术思想长期（或特定时段）广泛地（或特定区域）深刻地影响了人们的生活，影响了人们的价值观念、思维模式和行为方式，因而影响了社会历史的进程；另一方面，也许是更为重要的一方面，是因为我们能够从中获得启迪。进一步说，我们要理解人们的价值观念、思维模式和行为方式，就必须探求和理解影响和塑造价值观念、思维模式和行为方式的东西，这些东西往往就是特定的学术思想理论。我们当然是站在现代人的立场上进行"理解"的。也许过去的那些思想家自己都未必知道自己的哲学和学术思想如何会深刻影响人们的价值观念、思维模式和行为方式，其中的真实原因是什么。他们可能只是认为自己发现了"真理"，自己的观点是"正确"的，但我们为了理解现实，必须探究这些学术思想的内涵，探究其影响社会的真实原因。在这个意义上，学术思想史的研究，本身就是今人和古人的对话，在与古人对话中获得启迪。在现代社会，人们更需要努力使人们的价值观念、思维模式和行为方式与时俱进，符合时代发展的需要，当然也需要通过和古人的对话获得智慧和启迪。

毋庸置疑，这两种专业研究方法和思路都有极大的合理性和学术价值。但笔者相信，如果能够将两者结合起来，用历史专业的眼光看待学术思想史，用哲学和学术史专业的眼光看待社会史，这样做也许更有价值。简单地说，就是既要把学术思想史研究看成历史研究的一部分，强调探究历史客观真相的重要性，又要运用现代的哲学社会科学理论话语体系对古人的思想观点条分缕析，充分理解其对历史发展的影响，充分发掘古人思想的现代价值。质言之，我们必须基于历史文化的延续性、传承性，对中国传统的学术思想有着同情性的理解,而不仅仅是与西方的哲学与社会科学理论对比,或者说,用西方的哲学与社会科学理论之刀解剖中国传统的学术思想。

深入研究学术思想史不可能也不应该仅仅是还原历史真相,或者说客观地描述历史事实,实际上,完全还原历史真相也许真的是不可能的,所谓客观地描述历史事实其实也只是在某种思想的指导下有选择性地描述某些历史事实——这几乎是中西思想家的共识。现代人完全有必要也必须和古人对话,有必要也完全能够从古人那里获得启迪和智慧。也就是说,现代人用自己的价值判断剪裁历史,有其内在的合理性。但必须特别强调的是,我们必须与一个真实的而不是自己塑造的古人对话,如果与一个自己塑造的"古人"对话,那只不过是打着古人的幌子,自己与自己对话而已。因此,我们首先要对古代的学者和思想家有一个真实的了解,不应当从其传世著作中断章取义,然后进行近乎无节制的想象和发挥。当然,所谓了解古代的学者和思想家,并不意味着必须了解其方方面面——这没有必要,事实上也不可能,但至少应当了解他们所提出的传世思想观点的具体动机、知识背景、传播方式和实际影响。如果我们不能或不愿意准确了解思想家的具体动机、知识背景、传播方式和实际影响,而只热衷于讨论其思想观点本身,热衷于将其与西方思想家的理论观点对比,实际上既很难准确理解中国传统的思想观点,也很难真正地从中获得启迪和智慧,充其量只能为自己的思想观点提供某些佐证材料,证明自己的某些理论观点看起来不是无中生有,而是有"历史根据"的,因而是"正确"的。这很难说是在研究历史,至少达不到准确认识和理解历史的目标。

作为一个思想家,他所提出的理论观点契机当然有可能是在特定情形下的"灵机一动"或"豁然开朗",但这种"灵机一动"或"豁然开朗"应当是其长期研究、探索和思考的结果,之所以要长期地研究、探索和思考,显然是因为他遇到或发现了自以为非常重要的问题。这些问题既源于他自身的生活际遇,也可能源于其读书思考,他对这些问题的解答只能是基于其自身的知识背景——他只能用自己拥有的知识材料解答他所遇到或发现的问题。他的思想观点之所以能够被社会所广泛接受和认可,首先是因为他所提出并试图解答的问题具有相当的普遍性,他的解答能够为社会上众多的人释疑解惑,同时也是因为他采取了有效的传播方式,能够让社会上众多的人了解和接受。比如说,理学观念之所以能够深入大众,就与理学家们采取了有效的传播方式密切相关,理学家们不但会进行深入的理论探讨,还热衷于在各地讲学,热衷于编写各种启蒙读物和通俗读物,向社会各阶层传播其思想。另外,思想家本人的政治社会地位也是非常重要的,在中国传统社会中,政治社会地位低下的人,他们的思想观点难以广泛传播并为社会上众多的人了解和接受。

我们研究思想家的具体动机、知识背景、传播方式和实际影响,必须是客观的,实事求是的,有一分材料说一分话。宏观的时代背景当然是重要的,它有可能对思想家的生活和思想产生决定性影响,但我们必须严格证明它是如何影响思想家的生活和思想的,如果没有严格的证明,对宏观的时代背景的描述(比如说把江右王门学派发生发展的历史背景界定为封建社会晚期或资本主义萌芽时期)就有可能是空洞的或大而无当的。

在准确地了解思想家的具体动机、知识背景、传播方式和实际影响的基础上,我们可以准确地描述其具体的思想观点,并运用现代的专业理论话语体系对其进行条分缕析,充分理解其对历史发展的影响,充分发掘古人思想的现代价值,以丰富和发展现代哲学和社会科学。我们可以发现,一些思想家的思想观点的深刻性及其所包含的智慧是他们自己所没有认识到的,他们的思想观点所产生的巨大而深远的影响也远远超出预期。当然也有相反的例子,比如说,理学家们试图"为天地立心,为生民立命,为往圣继绝学,为万世开太平",他们没有做到也不可能实现这一宏大的理想。无论哪一种情形,我们都可以站在现代的立场上,运用现代的哲学和社会科学理论成果,探讨其所以然,这样我们便能从中获得启迪和智慧,都有利于更深刻地理解历史和现实。

四、研究目标:历史与现实之间

基于以上讨论,我们试图综合运用历史专业、哲学和学术史专业的眼光和方法研究江右王门学派形成的社会历史文化背景,分析研究其构成、社会活动和社会影响,分析研究他们学术思想理论主张。我们的目标主要有三:一是认识和理解历史上的江右王门学派著名学者生活的现实社会文化背景及其学术思想;二是通过研究江右王门学派代表性学者的思想及其社会影响,进一步了解地方社会和文化,理解地方历史的发展变迁,从而深化对中国传统的社会和文化的认识;三是从江右王门学派中获得启迪。这个目标可能过于宏大,未必是笔者的学识和能力所能达到的,不过这并不妨碍这作为自己的努力方向。

我们首先分析讨论的是江右王门学派学者的知识背景,包括这些学者所掌握的儒学基本知识和阳明学知识。这就意味着必须对中国思想发展史尤其是儒学发展史进行简要梳理,对理学特别是阳明学进行简要讨论。这些知识理论是江右王门学派学者思考研究问题的基础和出发点。对阳明学理论的讨论显然尤为重要,毕竟,江右王门学派之所以成为一个学派,并产生了巨大的影响,首先就是因为江右王门学者在研究和传播阳明学方面作出了重大贡献。

其次,我们必须分析研究他们所遇到的时代和现实的具体问题,包括他们感兴趣的全社会的问题和个人际遇和生活环境中遇到的问题,尤其是地方历史文化传统和社会问题对他们的影响。对于中国传统社会中的儒家学者而言,尽管他们通常是以治国平天下为追求,必须学习研究普遍性的知识,但在中国这么一个庞大的国度里,地方文化差异非常显著,一方水土养一方人,地方历史文化传统和社会具有极其重要的意义。江右王门学派学者的学习和成长环境,在很大程度上决定了他们提出问题和解答问题的动机和理想,传播自己观点的方法途径以及实际的社会影响。同时,从小接受儒家教育的江右王门学派学者固然有"治国平天下"的愿望和胸怀,但他们更多的是强调个人的道德修养,热心于地方的社会治理和教化。毫无疑问,个人际遇和生活环境也会在很大程度上对其研究和思考产生极其重要的影响。我们要研究和理解江右王门学派的思想特征和成就,就必须对此有深切了解。在讨论这些问题时,我们必须尽可能地还原历史真相,尽量用文献史料说话,不能做没有依据的推论。

第三,我们必须分析研究他们传播自己思想观点的方法途径和实际的社会影响。江右王门学派之所以影响大、地位高,一方面当然是因为他们在研究和传播阳明学的过程中提出了有特色的思想观点,但更为重要的是他们在传播阳明学和自己的思想观点方面成效卓著。他们不仅找到了非常有效的传播方法途径,如创办书院,举办阳明学讲会,推行乡约,编撰家谱或族谱等等,而且非常有效地利用了这些途径,因此产生了巨大的社会影响,深刻地影响了本地区社会文化的发展。这也就意味着,研究江右王门学派,既要认识和研究本地区的地方的历史文化传统,同时又必须分析研究江右王门学派对地方社会文化的影响。

第四,必须运用现代的哲学和社会科学理论成果,研究探讨江右王门学派的学术理论,探索其源流,讨论其结构,分析其成就和影响,发掘其现代价值。江右王门学派之所以影响巨大,传承了王阳明的真精神,绝不仅仅是因为这些学者接受并热衷于传播阳明学,更在于他们在传播阳明学的过程中一方面努力进行理论上的探讨,同时努力纠正阳明学在其传播过程中出现的种种背离阳明宗旨的倾向。因此,江右王门学派的学术思想是阳明学的合理拓展和延伸。现代人大力研究阳明学,除了认识历史外,更多的是相信阳明学具有巨大的现代价值,能够给现代人以巨大的启迪和智慧,很有必要发掘其现代价值。作为阳明学的合理拓展和延伸的江右王门学派的学术思想理论,毫无疑问也会蕴含着巨大的现代价值。这就必须运用现代的哲学和社会科学理论成果,探索其源流,讨论其结构。这同样需要极其严谨的态度,如果天马行空想当然地给江右王门学派的学术思想定性,自然无法正确地发掘其现代价值。

本书的写作便是如此展开的。全书分为两部分,第一部分是总论,综合考察江右王门学派的知识背景、传播方式和实际社会影响。首先分析研究江右王门学派的社会文化背景,主要是讨论儒学的发展简史特别是阳明学的理论构成和内在矛盾,这是我们研究和理解江右王门学派的基础。其次是简要勾勒江右王门学派的概况,主要是简要说明江右王门学派基本情况和基本理论主张,包括为捍卫阳明学宗旨而展开的学术交流和论辩。接着再具体探讨江右王门心学产生的地方社会文化背景,传播方式和途径。地方社会文化传统提供了阳明学传播的土壤,也提出了江右王门学派所需要面对的现实问题。正是在特定的地方社会文化传统和土壤中,江右王门学派学者通过创办书院、举办阳明学讲会、推进宗族和宗法制度建设、推行乡约等方法途径研究和传播阳明学和自己的思想主张。我们将所有这些因素展开探讨,尤其着重探讨了阳明学讲会。这是因为,阳明学讲会的开展具有特别重要的理论意义和实践价值。吉安之所以成为全国阳明学重镇,江右王门学派之所以能够传承阳明的真精神,阳明学讲会发挥了至关重要的作用。我们还探讨了江右王门学派在社会教化方面的努力与成就,这充分体现了江右王门学派的重大而深远的社会影响。

第二部分是分论,主要是运用现代的哲学和社会科学理论成果,分别研究分析江右王门学派十位代表人物的学术思想理论,尤其重点探讨"江右四贤"邹守益、欧阳德、聂豹和罗洪先的学术思想,他们是公认的江右王门学派的领袖人物,其学术思想也影响巨大。对于其他六位著名学者的学术思想,则作简要讨论。最后,我们试图在此基础上,从理论层面简要探讨一下江右王门学派学术思想的现代价值。

本书中涉及的学者和思想家,除了王守仁称其号王阳明外,其他人表述中一律直呼其名,而不称其字或号。古人一般忌直呼其名,称人的字或号表示亲切或尊重。古代学者在提到前辈时,一般也不会直呼其名,而称其字或号,以表示其对前辈的尊重和敬意。黄宗羲作为儒学传人,他对前辈学者和思想家表示尊重理所当然。黄宗羲的《明儒学案》对各位前辈学者均称其号,而不直呼其名。今天我们对待历史上的这些学者和思想家,自然也可以怀有亲切和尊重之情,但我们在进行学术研究的时候,应当有一种科学和客观的立场和态度,而不应当有那种忌讳,更没有必要显得那么亲切或尊重——历史研究本来就不应当有太多的忌讳或亲切、尊重。我们是在进行学术研究,不是为他们树碑立传,就算是树碑立传,也应当有科学和客观的立场和态度——这是现代历史研究工作者应有的立场和态度。其实,中国的传统史学特别强调秉笔直书,强调客观真实性(当然未必做到了或者说做得到)。以《明史》为例,其中的列传,即对传主一律直呼其名。我们当今在进行学术研究的过程中,太多的忌讳或亲切、尊重,反而让人怀疑其科学性。现代一些学者研究历史上的学者和思想家,讳称其名,而口口声声称其字号,让人匪夷所思。至于我们称王守仁为王阳明,并不是讳称其名,而是约定俗成。更为重要的是,王守仁的学说俗称"阳明学",直接称王守仁为王阳明在表述上显得更简捷方便一些。

最后需要说明的是,任何学术研究都是建立在前人已有的成果之上,本项研究自不例外。由于江右王门学派在明代学术思想史上具有特别重要的地位,学术界业已展开了不少的颇有成效的研究,这些丰硕的成果为我们的研究提供了巨大的帮助,我们在写作过程中参考借鉴了大量的已有的相关研究成果。在此,我们必须表达我们的敬意和谢意。在行文过程中,我们尽可能标注出所参考、借鉴和引用了的他人的研究成果,但一些业已成为学术界共识的东西,则未必会特别标注,如有不妥之处,我们表示遗憾和歉意。由于本人没有接受过严格的学术思想史研究的训练,尽管自己是尽力而为,但研究水平明显有限,期待任何善意的甚至是不那么善意的批评。

第一章　天理与良心

第一节　人生与社会

人类区别于其他动物的一个最重要的特点是，人类不仅仅是生存，还要寻求生命、生活的价值、尊严和意义。尽管每个人都可以说是独特的，但人必须生活在特定的政治社会秩序之中，其生活、生命的价值和意义主要是在社会中体现出来，并且必须得到社会上大多数人的认可——社会性是人的基本属性。这就意味着，社会中必须有某种公认的、基本的社会价值观，这是维护社会正常运行的必要的和基础的条件。否则，人类即有可能在无穷无尽的争斗中走向共同毁灭。这种公认的、基本的社会价值观即是主流社会意识形态，它为社会秩序合理性、政治和社会权力的合法性提供了证明。社会秩序的合理性，政治和社会权力的合法性是需要证明的，只有获得了公众认可的证明——无论这种证明是科学的还是神学的，正确的还是错误的——人们才会认可社会秩序的合理性。正是由于有了公认的、基本的社会价值观，每个独特的人才能够在社会上找到并认可自己的位置，认可政治和社会权力的合法性，社会才能正常运行。

社会中的某种公认的、基本的社会价值观，或者说主流社会意识形态，并不是先验形成或上天赋予的，它一方面是生活在特定的环境条件下人们生活实践中所形成的传统和习俗的产物，另一方面，正如美国社会学家丹尼尔·贝尔所指出的那样："归根到底，任何社会都是一种道德秩序，它必须证明它的分配原则是合理的……是必要的，天经地义的。"[①]道德秩序和分配原则既是基于对传统习俗的继承，也是人们尤其是思想家对历史和现实，社会和人生进行深入思考和探究的产物，人们努力使之成为主流社会意识形态。当然，时代的不断发

---

① 丹尼尔·贝尔：《资本主义文化矛盾》，三联书店1989年版，第309页。

展变化,使得主流社会意识形态不能一成不变,这就意味着人们必须根据时代的发展变化而不断地进行思考和探究。在很大程度上,思想家对历史和现实,社会和人生不断进行深入思考和探究的过程和结果,就是一部人类的意识形态史,人类的思想文化史。换言之,包括江右王门学派诸学者在内,思想家之所以被称为思想家,是因为他们对人生和社会进行了深入的思考和探究,他们的思考和探究成果或者说观点为当时或此后的人们所接受和认可,长期(或特定时段)广泛地(或特定区域)深刻地影响了人们的生活,影响了人们的价值观念、思维模式和行为方式,因而影响了社会历史的进程。

就思想家的个体而言,思想家之所以是思想家,首先是因为他们的思想观点具有巨大的创新和显著的独特性,体现出时代的特征。但是,任何思想家,包括极其伟大的思想家,他们的思想观点绝不是无源之水、无本之木,他们既要汲取前人的思想文化成果,又要基于当时的主流社会意识形态。就其探究的方式而言,他们有的是为现存的主流社会意识形态添砖加瓦,有的是为现存的主流社会意识形态查漏补缺,也有的是对现存的主流社会意识形态进行全面批判——随着时代的发展变迁,他们在批判过程中所提出的思想观点有可能成为新时代的主流社会意识形态的有机组成部分。显而易见,思想家的思想观点之所以能够为当时或此后的人们所广泛接受和认可,长期(或特定时段)广泛地(或特定区域)深刻地影响人们的生活,影响人们的价值观念、思维模式和行为方式,在很大程度上是因为他们能够为人们提供有关人生和社会问题的新的解答能够为社会上相当多人所接受。

正因为如此,古今中外,人们无不特别重视社会意识形态的研究和建设,几乎所有的思想家们都会思考和探寻,所有的政治家也高度关注。思想家们试图教育和引导人们对人生的价值和意义持有"正确的"看法,从而持有"正确的"生活态度和生活方式,而政治家们一方面需要把自己的统治策略建立在人们的生活态度和生活方式基础之上,另一方面也需要利用其政治权力,使人们的生活态度和生活方式合乎自己的统治需要。

中国人自古以来即相信,"溥天之下,莫非王土,率土之滨,莫非王臣",天下的土地和人民都属于"王",即最高统治者君主(后来称为皇帝)。君主是奉上天之命进行统治的,君主的权威来源于上天,只对上天负责并接受上天的监督,臣民的价值取决于其对"天",实际上也就是人世间君主的贡献——这种贡献当然是必须获得君主的认可和赞赏的——或当时代的君主,或后世君主的认可与赞赏。尽管沧海桑田,历史不断向前发展变化,最重要的变革莫过于从周代的分封制变为秦以后以郡县制为基础的中央集权君主专制体制,但"溥天之下,莫非王土,率土之滨,莫非王臣"的观念从未改变,根深蒂固。人们普遍相信,君主是奉天命对人间进行统治的。天命不可违,君主必须按照天意进行统治,否则即会受到上天的惩处,同时,任何人都必须无条件地服从君主的统治。拒绝服从和服务于君主的统治,肆意破坏君主统治政治社会秩序的人,就是大逆不道的,秉承天命的君主必须对此予以严厉的惩处。天命不可违,作为臣民,人的使命就是服从和服务于君主的统治,自觉维护现存的政治社会秩序。这也是人生的宿命。这就意味着,人生的最大价值就体现在服从和服务于君主的统治之中。一个人如果能够直接服务于君主,成为官员特别是高级官员,并且获得君主的肯定和表彰,那不仅自己身价百倍,而且光宗耀祖,备受社会的推崇和赞誉。尽管历史上反叛起义频发,王朝更替不断,但这种观念本身并未受到质疑,只不过认为当时的君主已经违背了天意,丧失了天命,必须有人取而代之。这一观念在人们心目中根深蒂固,被认为是不言而喻的绝对真理。直至近代欧风美雨侵蚀中国之后,这种观念才遭到批判,但其影响依然巨大而深远。

对于统治者而言,维护自身的长治久安是第一要义。由于专制君主被认为是奉上天之命进行统治的,因此首先必须领会天意、体现天意,这就需要有一套领会天意、体现天意、沟通天人的方法技术。其次,当然是需要一支能够对社会进行有效治理的官僚队伍,各级官员应当具有诸如兵刑钱谷之类的富国强兵的知识与技能,这样才能对社会进行有效治理,并抵抗外来的军事入侵,镇压可能出现的内部反叛。第三,毫无疑问,专制统治者需要所有臣民绝对服从自己的统治,自觉维护现存的政治社会秩序。如果人们能够自觉地安分守己,严格地遵守各种制度规范,做到"君君""臣臣""父父""子子",那就再好不过了,天下自然太平。反过来说也是一样。一个人如果能够自觉地安分守己,严格地遵守各种制度规范,做到"君君""臣臣""父父""子子",就不仅能够为维护和谐稳定的政治社会秩序作出贡献,同时也有可能获得君主的肯定和表彰,从而彰显出个人的社会价值。

所有这些方面,当然需要理论上的研究和实践上的探索。中国古代学者和政治家为此做出了巨大的努力,各个时代的人们在实践中不断探索思考,形成了颇具特色的知识与技能传统;儒家一方面在继承上古时期巫术宗教传统的基础上发展出来的各种领会天意,体现天意,沟通天人的方法技术,这一类方法技术正是其所倡导的礼乐制度的重要组成部分,另一方面,儒家尤其重视教育人们严格地遵守各种社会制度规范,做到"君君""臣臣""父父""子子",努力维护和谐稳定的政治社会秩序。

儒家学派的创立者孔子的最重要特点和贡献是把和谐稳定的政治社会秩序的基础建立在人们的道德自觉之上。孔子强调,传统的礼乐制度是至关重要的,它们体现了人的自然情感,既是建立和谐稳定的政治社会秩序的不言而喻的基础,也是人实现自身生命价值,达到崇高精神境界的基础。他强调,要建立健全和谐稳定的政治社会秩序,人们首先必须严格遵守传统的礼乐制度,切实履行社会责任。这就要求包括君主在内的每一个人自觉地摆正自己在社会中的坐标位置,做到"君君""臣臣""父父""子子"。为此,人应当在具体生活实践中践行"仁",做到"非礼勿视""非礼勿听""非礼勿言""非礼勿动"。在孔子看来,要做到这些并不难,"仁远乎哉?我欲仁,斯仁至矣"。因为传统礼乐既体现天意,更是基于人的诸如父子、兄弟之间的自然情感,即"孝""悌"的基础之上的,一个人能够做到"孝""悌",就能够践行"仁",所谓"仁者爱人""夫仁者,己欲立而立人,己欲达而达人。"如果人们能够做到"君君""臣臣""父父""子子",天下自然太平,社会自然和谐稳定。

应当说,人们都希望过上精神自由、家庭和谐、天下太平的好日子。问题在于,社会的不平等及其所引发的各种矛盾,人与生俱来的各种欲望和外部世界的各种诱惑使不少人不愿意或不能够安分守己而铤而走险,犯上作乱。很多人并不是不明白具体的礼法规定,通常也知道遵守礼法的重要性和合理性,而是不能或不愿意克制自己的欲望,不能或不愿意抵御外部世界的各种诱惑。因此,孔子强调以义制利,强调"君子喻于义,小人喻于利"。孟子声称,人性本善,人如果不能弘扬自身内在的"善",那就与禽兽无异,人应当高扬自身的人格力量,努力成为"富贵不能淫,贫贱不能移,威武不能屈"的"大丈夫"。唯有如此,天下才能太平。

在天下大乱、兵戈不止的春秋战国时代,孔门儒学显得很不合时宜。社会的和谐稳定并不能指望大家都能够自觉遵守传统礼乐制度,自觉地克制自己的欲望而实现。实际上,如果大家能够自觉遵守传统礼法制度,自觉地克制自己的欲望,就不会出现天下大乱的局面了。唯有外部的强制力量才有可能结束天下大乱的局面,因此,真正为结束天下大乱,兵戈不止局面提供理论指导的,主要是法家的理论学说。法家主张运用"法""术""势"等阴谋和暴力手段建立中央集权的君主专制政治体制,以结束天下大乱的局面,并实现天下太平。正是在法家理论学说的指导下,秦始皇统一了全国,结束天下大乱、兵戈不止的局面,建立了中央集权的君主专制政治体制。

在以后的历史发展过程中,中央集权的君主专制政治体制被证明是有效的。无论在这一体制下发生过多少的罪恶和灾难——这些灾难和罪恶是近现代人们抨击这一体制的最充分的理由,但历史证明了它的某种程度的合理性:中国历史上的太平的社会局面大致都是由中央集权的君主专制政治体制支持的,一旦这一体制遭到破坏,国家就会分裂,天下就会大乱,民众就会遭受巨大灾难。由是,这一体制因此不断得到强化,成为中国悠久的政治和文化传统。与此相应的是,中国传统社会中的主流社会意识形态主要就是为中央集权的君主专制政治社会秩序提供合理性和合法性证明,教育和引导人们自觉地遵守和维护这一政治社会秩序,孔子所创立的儒家学派很好地承担起了这一使命,成为中国传统社会中的主流社会意识形态。

第二节 天理与良心

为了实现天下太平,实现人的生命价值,儒家始终把领会天意、体现天意的礼乐制度置于至高无上的地位,为此,儒家学者以社会教化作为自己的使命,孜孜于教育和引导人们自觉地维护建立在传统礼乐基础上的政治社会秩序。儒家强调,维护建立在传统礼乐基础上的政治社会秩序,不仅是人的社会价值所在,也是人们追求的理想的生命境界的必要条件——人们可以在维护现在政治社会秩序的基础上实现精神的自由。从最高统治者到基层民众,都必须严格遵守传统的礼乐制度。统治者有责任和义务基于天意和传统的礼乐规范对社会进行有效治理,也有责任和义务不断教育和引导民众自觉遵守和维护这一具有绝对合理性和合法性的政治社会秩序。对于每一个人而言,要实现自己的人生价值,首先就必须自觉遵守和维护具有绝对合理性和合法性的政治社会秩序。

要教育和引导人们维护建立在传统礼乐制度基础上的政治社会秩序,首先当然是必须让人们掌握"礼"和"乐"的具体内容,充分认识和理解其价值和意义。据说孔子本人即编纂出了有关礼乐制度方面的教材。后世流传下的只有据说是汉代学者编纂整理的"三礼"(《周礼》《仪礼》《礼记》)。在"三礼"中,

《周礼》记载的据说是周的各种宗教祭祀和政治社会制度规范,《仪礼》描述了各种礼仪尤其是士大夫所必须遵循的各种礼仪规则,《礼记》主要是对礼乐制度的解释论证,阐述了"礼"和"乐"的性质以及礼乐对于建立和谐的人际关系和政治社会秩序的重要意义。"三礼"中,《礼记》尤为重要。这是因为,《礼记》不仅阐述了人们自觉地遵守传统礼乐制度的价值和意义,同时也提出了人自觉地遵守传统礼乐制度的方法途径,而各种具体的宗教祭祀和政治社会制度规范则有可能而且必然随着时代的发展而发展变化。《礼记》强调,自觉遵守传统礼乐制度不仅有实际效用,更能体现人的价值和意义,值得每一个人付出巨大代价去遵守和维护之。汉代以后,儒家获得"独尊"地位,要求自觉遵守传统礼乐制度成为国家意志,成为主流社会意识形态。《礼记》对中国历史文化发展的巨大影响由此凸现出来,成为政治家和思想家思考问题的依据和出发点。儒家学者们纷纷以此为基础,针对时代的需要进行研究阐释,提出了不同的理论观点。由此,《礼记》在儒学史上,在中国学术思想文化史上具有特殊重要的意义。

至少在宋代以后,人们普遍认为,《礼记》最重要的价值和地位在于其对"大学之道"和"中庸之道"的强调。《礼记》指出,要自觉地遵守和维护现存政治社会秩序,实现人生价值和社会理想,关键就在于提高每一个人的道德修养,这既是每一个人实现其个人的人生价值意义和社会理想的基础,也是实现世界和谐稳定即天下太平的基础。《礼记·大学》指出:

> 大学之道,在明明德,在亲民,在止于至善。知止而后有定,定而后能静,静而后能安,安而后能虑,虑而后能得。物有本末,事有终始,知所先后,则近道矣。古之欲明明德于天下者,先治其国,欲治其国者,先齐其家,欲齐其家者,先修其身。欲修其身者,先正其心。欲正其心者,先诚其意。欲诚其意者,先致其知,致知在格物。格物而后知至,知至而后意诚,意诚而后心正,心正而后身修,身修而后家齐,家齐而后国治,国治而后天下平,自天子以至于庶人,壹是皆以修身为本。[①]

这就是所谓的"大学之道",宋代学者将之概述为"三纲领""八条目"。"明明德""亲民"和"止于至善"被认为是人道德修养的最高目标,也是人生和社会

---

① 《礼记·大学》。

的最高理想,被称为"三纲领",而格物、致知、正心、诚意、修身、齐家、治国、平天下则是道德修养的具体的方法途径,被称为"八条目"。简单地说,个人的道德修养的终极目标应当是"明明德""亲民"和"止于至善",这是可以通过个人的格物、致知、正心、诚意、修身实现的,个人的道德修养好了,即可实现齐家、治国、平天下的家庭目标和社会目标——国治天下平即世界的和谐稳定也是每个人都应当追求的社会目标。从个人的角度而言,如果能够严格地格物、致知、正心、诚意,就可以成为一个圣人,圣人不仅可以使家齐国治天下平,同时其精神也达到高度自由的理想境界。反过来也一样,家齐国治天下平依赖于每个人的良好的道德修养。

仅仅阐明道德修养的目标和方法途径是不够的,还必须证明这些道德修养的目标和方法途径本身即具有绝对的合理性。《礼记·中庸》指出,道德修养是人的神圣的归宿与使命,道德修养的目标和方法途径,也就是所谓的"大学之道"是建立在上天和人的本性基础之上的,因而具有绝对的真理性价值。《中庸》称,人性来源于天命,人心就是天心,人性就是天性。人必须而且只能与天命和天道保持一致,而仁义礼智信等伦理道德规范正是"天道"的体现。"天下之达道五,所以行之者三:曰君臣也,父子也,夫妇也,昆弟也,朋友之交也。五者天下之达道也。知、仁、勇三者,天下之达德者,所以行之者一也。"这就意味着,只要严格遵守仁义礼智信等伦理道德规范,就能够在维护现存政治社会秩序的基础上实现人道与天道的一致,从而达到理想的生命境界。

且不要说这只是某种哲学假定,对于社会上大多数人来说,即便是人心本质上就是天心,人道本质上就是天道,但本质不等于现象,现实中的人很容易受到各种诱惑,往往不能按所谓的"天道"行事,不能严格自觉遵守仁义礼智信等伦理道德规范,因而会迷失自己,背离天道,从而也无法达到理想的生命境界。儒家强调,每一个人都必须进行严格的自我修养,努力成为君子,成为圣贤。《中庸》称,"天命之谓性,率性之谓道,修道之谓教",人性来源于天命,人充分发挥和体现人性就可以与天命和天道保持一致。但这并不是一个自然的过程,而是必须经过严格的修养。由于"天道"即是"人道",所以"天道"时时刻刻地存在于人的日常生活实践之中,只不过需要人自身努力,小心谨慎地提防自己背离"天道"。《中庸》强调,"道也者,不可须臾离也,可离非道也。是故君子戒慎乎其所不睹,恐惧乎其所不闻,莫见乎隐,莫隐乎微,故君子慎其独也。"尽管"天道"时时刻刻地存在于人的日常生活实践之中,但它又看不到,摸不着,同时由于各种诱惑的存在,人一不小心就会背离"天道",因此必须谨小慎微,尤其要在细微处提防。《中庸》和《大学》都特别强调,道德修养的关键在于"慎独"。这是因为,道德修养本质上是个人的内在修养,人必须而且只能独自面对自己的内心世界。同时,一个人不仅在众人面前,在有他人监督时要遵守伦理道德规范,更要在独自面对自己的时候也能够从内心里完全敬畏和遵守伦理道德。实际上,许多人在有他人监督会表现得中规中矩,但在无人监督,独自面对自己的时候可能会肆无忌惮,胡作非为,这样的人显然是谈不上有道德修养的。

《中庸》特别强调,道德修养必须基于人的天性和自然情感,但又绝不能放纵自然情感。人的喜怒哀乐的自然情感非常重要,但应当与宇宙自然保持一致,这是道德修养的基础和关键。《中庸》认为,基于人的自然本性,任何人完全可以做到与宇宙自然保持一致,"喜怒哀乐之未发,谓之中;发而皆中节,谓之和。中也者,天下之大本也,和也者,天下之达道也。致中和,天地位焉,万物育焉。"这就是所谓的"中庸之道"。简单地说,人的本性即人性体现在"喜怒哀乐之未发"当中,人在日常生活实践中,应当尊重而不是扭曲人性,应当在日常生活实践中使自己的情感和行为既不要过分,也不要不及,完全与宇宙自然天地万物完全一致,真正实现天人合一,这就是"诚"。这就是说,"诚"是宇宙自然,社会和人生的最高价值,人做到了"诚",就可以顶天立地,成为一个真正的圣贤。《中庸》说:

> "诚者,天之道也。诚之者,人之道也。""诚者,物之终始,不诚无物。是故君子诚之为贵。诚者,非自成而已也,所以成物也。成己,仁也,成物,智也。性之德也,合内外之道也,故时措之宜也。"
>
> "唯天下至诚,为能尽其性。能尽其生,则能尽人之性,能尽人之性,则能尽物之性,能尽物之性,则可以赞天地之化育。赞天地之化育,则可以与天地参矣。"[①]

《大学》和《中庸》都论证了严格遵守礼乐制度,严格道德修养的合理性,强调生命境界的重要性。但两者讨论的角度和层面有所不同。"大学之道"更多的强调的是人如何通过日常生活实践中的道德修养承担起社会责任和义务,而

[①] 以上均见《礼记·中庸》。

"中庸之道"则从天人合一的原则出发,强调"天道"即"人道",强调道德修养是人的内在需要,是人的必然使命与归宿,本身即有绝对的价值。换言之,道德修养即是人的价值体现。

《礼记》尤其是其中的《大学》和《中庸》两章所阐述的关于礼乐制度的具体内容和价值意义成为后世主流社会意识形态的中心内容。朱熹将《大学》和《中庸》两章特别单列出来,将《论语》和《孟子》并列,称为《四书》,作为儒学的入门教材。宋明理学家在讨论天理、良知的时候,基本上都是以《大学》和《中庸》作为立论依据的。王阳明同样是以《大学》和《中庸》作为立论依据的,他们都把"大学之道"作为自己的研究对象,都强调天人一致,强调"诚""慎独""中庸"的重要性。

归根到底,儒家是要求人们自觉遵守和维护以礼乐为基础的政治社会秩序,后来被概括为以三纲五常为核心的人伦纲常或者说名教纲常。这一方面需要儒家学者们不断地宣传教育,他们必须向世人证明名教纲常不仅仅是有用的,更是人世间的绝对的真理,值得每一个人不惜一切代价甚至于生命去遵守和维护它们;另一方面,必须获得最高统治者的认可和支持,在"溥天之下,莫非王土,率土之滨,莫非王臣"的中央集权的君主专制体制下,只有获得最高统治者的认可和支持,才有可能成为主流社会意识形态。这些正是孔子以后的儒家学者孜孜努力的方向。

孟子称,人性本善,良知良能是人的自然本性,"人之所不学而能者,其良能也;所不虑而知者,其良知也。"儒家学说基于人的本性,人只要充分发挥自身内在的良知良能,就完全能够践行儒家名教纲常,成为一个圣人。反过来,如果不遵守之,就丧失人的基本属性,禽兽不如。即便遇到再大的困难和挫折,也不能放弃对理想生命境界的追求,因此,人应当"吾养吾浩然之气",成为顶天立地的"大丈夫"。所谓"大丈夫",绝不是指其位高权重,或体魄强壮,而是指其有坚定的信念,能够在任何情况下坚持原则,"富贵不能淫,贫贱不能移,威武不能屈"。孟子强调,人生的价值主要是由其个人的内心世界决定的,个人的理想生命境界是至关重要的。

孟子在宋代以后被奉为"亚圣",在儒家谱系中仅次于孔子,《孟子》被视为儒家经典著作。不过,在宋代以前的很长一段时期,孟子的思想观点并不受到特别的重视。孟子被视为一个普通的儒家学者,《孟子》一书自然也就被视为普通的儒学著作。

汉代的董仲舒建立了一个儒家神学体系。董仲舒声称,人只是"天"的复制品,天是有意志的,人的行为必须体现"天意",否则就会遭到上天的灾难性的惩罚。他强调,儒家所倡导的名教纲常充分体现了"天意",因此每一个人都必须无条件地遵守。董仲舒为儒学提供了神学本体论论证,同时也证明了中央集权的君主专制政治体制具有绝对的合理性和合法性。经过董仲舒和其他儒家学者不懈努力,汉武帝宣布"罢黜百家,独尊儒术",儒家获得了官方哲学地位,逐步成为中国传统社会的主流意识形态。

然而,孟子和董仲舒的论证并不那么令人信服,或者说经不起实践经验的检验。尽管儒家所倡导的以三纲五常为核心的名教纲常确乎合乎情理,确乎合乎社会的需要,但人们发现,所谓人的本性和"天意"在经验上是无法得到验证的,被人攻击为"禽兽不如"似乎并不是什么可怕的事情;所谓的"天意"看起来并不灵验,践踏人伦纲常的恶棍往往没有被上天严惩,反而可能活得有滋有味。劣币驱逐良币,人们就不再有自觉遵守儒家伦理道德的动力,毕竟,遵守名教纲常首先必须克制自己,不能放纵自己的欲望。于是,从东汉后期开始,儒家纲常名教走向衰落,政治腐败,社会黑暗。尽管人们依然承认儒家名教纲常的极大重要性,但事实上无法为人们提供安身立命的依据,无法为社会提供有效的道德规范和约束力量,由此,天下大乱,名教衰微。人们几乎无法实现国治天下平的社会理想,人生和社会的价值意义令人怀疑,但人们又不得不生活在现实社会当中。于是试图在宗教中寻求安身立命的依据,寻求个人的精神自由。由此,玄学兴起,佛教和道教也盛行起来。

佛教告诉人们,现实世界,人生本来就是痛苦的,包括个人、家庭、国家等等其实是没有意义的,所有的痛苦都是因为人执著于现世中的各种欲望。"诸法无我,众生乃随缘而生之幻相。"人应当明心见性,摆脱现实,摆脱痛苦,追求绝对的幸福和快乐。从根本上说,人只有放弃乃至根除一切欲望,才能彻底地摆脱人世间的痛苦,体会到绝对的快乐,达到绝对自由的境界。在日常生活中,人应当积德行善,否则即会遭到报应。佛教对于动荡社会中对生活失望甚至绝望的人来说毫无疑问具有相当大的吸引力——况且,在任何时代、任何时候都会有一部分人对生活失望甚至绝望。不过,对中国人而言,所谓个人、家庭、国家等没有意义这一说法是无法接受的。在中国人看来,家与国是不言而喻的实在,个人对家和国的责任是绝对不能逃避的,"福莫逾于继嗣,不孝莫过于无后"的孝道是绝对不容践踏的。人生的幸福与快乐都应当建立在履行对家国的责任基础上。佛教要帮助中国人摆脱痛苦，追求幸福和快乐，就必须帮助中国人有效地履行对家国的责任。由此，佛教逐渐被改造成为与印度区别很大的中国佛教，逐渐认同和容纳了中国的主流社会意识形态，逐渐认同了中国传统的忠孝观念。人们被告知，生命轮回，践踏儒家人伦纲常的恶棍一定会遭到报应，或本人将下地狱，或殃及子孙后代。

几乎没有人永远是一帆风顺的，能够彻底地摆脱人世间的痛苦，体会到绝对的快乐可以视为一种人生智慧追求。而佛教为了论证"诸法无我"，论证现实世界，包括个人、家庭、国家等无实在意义，建立起了一套非常严密的理论体系，尤其是对人的心性的探究可谓精致入微。巨大的理论智慧和强烈的普渡意识，使佛教获得了中国社会各阶层的广泛共鸣，而对于中央集权的君主专制政治体制而言，除了占用一定数量的人力和财力外，佛教大致上也是无害的。隋唐时期，佛教大盛，佛学繁荣，相反，"儒门淡泊，收拾不住"。

道教是中国本土宗教。它是以先秦道家学说为理论基础并结合传统的各种宗教巫术而建立起来的一种宗教。最初的道教还试图改造社会，试图建立政教合一的政治社会体制，为此还发动了一系列政治社会运动。魏晋以后，逐渐聚焦于个人事务，把消灾祛病、羽化登仙作为自己的目标，在政治社会方面基本上认同了儒家。对于中央集权的君主专制政治体制而言，道教同样大致上是无害的；对于个人而言，消灾祛病、羽化登仙可以说是人们的生活需要和梦想，这就使得道教拥有广泛的市场，成为中国传统文化的重要组成部分。

佛教作为外来的宗教，尽管在中国本土化方面作了巨大努力，在很多方面迎合了中国民众的愿望，并在一定程度上认可了主流社会意识形态。但佛教无论怎么中国化，其基本特质都会与中国自身固有的文化传统存在巨大矛盾。佛教绝对否定政治社会责任的价值和意义所在。佛教僧侣必须剃头发、弃妻子之类的行为是为中国的文化传统所不能接受、无法容忍的。外来的佛教具有巨大的社会影响引起了儒家卫道士的担忧，他们猛烈抨击佛教，一些人甚至主张采取极端措施，彻底焚毁佛教的寺庙和佛经，强制所有僧尼还俗以消灭佛教，但佛教的巨大社会影响使这些极端的主张无法付诸实施。毕竟，中国佛教在很多方面迎合了民众的愿望，尤其是，佛学理论有深度，有智慧，后来人们认识到，再猛烈的抨击，意义也不是很大。欧阳修指出，佛教之所以能够大行其道，是因为它有一整套直指人类心性的严密的理论体系。儒家必须"修其本而胜之"，创造出一套与佛学相抗衡的关乎人心的理论体系，证明人的生命价值，为人们提供安身立命的依据,这样才能够真正地为人们所广泛接受和信仰,从而战胜佛教。于是,人们通过借鉴佛学和道教理论,重新研究发掘儒家经典,把儒学发展到一个全新的阶段,这就是宋明理学。

关于宋明理学,陈来有一个精辟概括。陈来指出:

> 宋明理学虽然可分为理论和实践的几个不同派别,而这些不同派别的学者都称为宋明理学,是由于他们具有一些共同的性质和特点,共同承担并体现了这一时代的民族精神。这些特点包括:
> （1）以不同的方式为发源于先秦的儒家思想提供了宇宙论、本体论的论证;
> （2）以儒家的圣人为理想人格,以实现圣人的精神境界为人生的终极目标;
> （3）以儒家仁义礼智信为根本道德原理,以不同方式论证儒家的道德原理具有内在的基础,以存天理,去人欲为道德实践的基本原则;
> （4）为了实现人的精神全面发展而提出并实践各种"为学功夫"即具体的修养方法,这些方法的条目主要来自《四书》及早期道学的讨论,而特别集中于心性功夫。[①]

简单地说,宋明理学家不仅仅是从实用性的角度强调发源于先秦的儒家伦理纲常无可替代的社会功能,即强调这有利于维护中央集权的君主专制统治,能够建设安宁和谐的政治社会秩序。他们现在强调儒家伦理纲常本身即是宇宙、自然、社会运行的根本依据和法则,是绝对的真理,是"天理",任何人都必须无条件信仰和遵守。严格地遵守和服从"天理",是人的无可规避的使命和归宿,即便为此付出生命的代价也是绝对必须,绝对有价值的。宋明理学家不是像董仲舒等人那样,强调儒家伦理纲常充分体现"天"的意志,一切违背上天意志的人必然受到惩罚,而是试图诉诸人的理性,从宇宙论、本体论的高度证明儒家伦理纲常的真理性价值,强调信仰和遵守儒家伦理纲常不仅具有巨大的社会价值,也是一种值得无条件追求的理想的人生境界。

为此,宋明理学家通过汲取佛学和道家哲学的智慧,着重对所谓的"大学之

[①] 陈来:《宋明理学》第14页,辽宁教育出版社1991年版。

道"和"中庸之道"进行了充分的研究和发挥,宋明理学可以视为是在汲取佛学和道家哲学的智慧的基础上深入研究《大学》和《中庸》的理论成果。

根据所谓的"大学之道",人的责任和使命应当是格物、致知、正心、诚意、修身、齐家、治国、平天下。其中,格物、致知、正心、诚意指的是个人内在的道德修养,属于"内圣"的范畴;而齐家、治国、平天下指的是人为国家和社会承担的责任和义务,属于"外王"的范畴。按照《大学》的观点,"内圣"是"外王"的基础和前提。人首先应当追求"内圣",具备良好的道德修养,同时也必须追求"外王",为治国安邦,天下太平作出贡献。这样才能充分实现人的社会价值,同时达到个人的理想的精神境界。

然而,追求"外王",为治国安邦,天下太平作出贡献是需要环境条件的,换言之,社会必须为人们提供追求"外王",为治国安邦,天下太平作出贡献的环境条件。长期以来,儒家特别强调每个人都必须绝对遵守名教纲常,自觉维护中央集权的君主专制的政治社会,他们同样也要求君主严格地秉承天意,实行"仁政",绝不能实行暴政,否则就会失去天命,失去人心。然而,君主的权力来源于"天",儒家实际上没有什么有效的措施能够使君主自觉秉承天意,实行"仁政"。他们可以自命为"帝王师",可以把"致君尧舜上"作为自己的神圣使命,但如果君主拒不买账,不予理睬,他们基本上束手无策,充其量只能诉诸舆论的力量。但君主专制本质上也是一种思想文化专制,舆论被严格控制,舆论的力量被严格限制。尤其是,随着中央集权的君主专制体制的日益成熟和强化,治国、平天下几乎成为专制君主的专利。人们追求"外王",为治国安邦,天下太平作出贡献的环境条件越来越受到严厉的限制,越来越恶劣。宋明理学的先驱韩愈宣称,人类社会的全部物质文明、精神文明和制度文明都是君主创造出来的,君主理所当然地拥有绝对权力,臣民理所当然地必须绝对服从和服务于君主,他说:

> 是故君者,出令者也,臣者,行君之令而致之民者也,民者,出粟米麻丝,作器皿,通财货,以事其上者也。""君不出令,则失其所以为君,臣不行君之令而致之民,民不出粟米麻丝,作器皿,通财货,以事其上,则诛。"[①]

---

① 《韩愈全集·原道》,《韩愈全集》,中国文史出版社1999年版,"中国古代十大文豪全集"本。

在韩愈看来,治国、平天下是君主的绝对权力,不可侵犯,不可分割,臣民一般只能被动地辅佐专制君主治国平天下。就臣民而言,即便有"致君尧舜上","为天下开太平"的雄心壮志和雄才大略,如果得不到专制君主的认可和接受,他们就无能为力。如果臣民因此胆敢非议甚至反对君主,则应当被"诛"。也就是说,臣民是否能够实现其"外王"的社会理想,有效地治国平天下,完全取决于君主。

说人类社会的全部物质文明、精神文明和制度文明都是君主创造出来的显然是毫无根据的杜撰,但韩愈的这一说法揭示出了严酷的政治社会现实。在越来越严厉的君主专制统治之下,如果说个人以"大学之道"为追求的话,能够有所作为的基本上就只剩下格物、致知、正心、诚意,也就是个人的道德修养,也就是所谓的"内圣"。在"外王"方面,能够主动有为的大约只有"齐家"了,即有效治理好自己的家庭、家族或宗族,如果再延伸一点,也就是有效治理好自己家族所在的地方乡村社会。所谓治国平天下,则必须取决于君主能够提供的相关条件。正因为如此,抱有治国平天下理想的人们首先必须通过各种途径获得君主的认可,成为政府官员,否则,理想只能是空想。

宋代理学家们把以三纲五常为核心的儒家名教纲常称为"天理",强调任何人都必须无条件地遵守。尽管他们也声称,人可以甚至必须追求"外王",必须以治国平天下为己任,但能否在"外王"上有所成就,那似乎是另一回事。对他们而言,人的最重要的使命就是格物、致知、正心、诚意,或者说戒惧慎独,在这些方面做好了,便是圣贤,或者说,便能达到圣人的精神境界。朱熹虽然充分肯定治国平天下的理想追求,但他却贬斥追求实现国家富强的政治、军事和经济方面理论和实践为与"王道"不相容的"霸道",认为这会损害人的道德价值,使人无法达到圣人的精神境界。问题在于,如果不能在实现国家富强的政治、军事和经济方面有所作为,又如何实现"外王",治国平天下,从而为天下开太平呢?这显然是一张空头支票。陈亮、叶适等人曾对此进行过严厉批评。

当然,如果每个人都是圣贤,都达到了圣人的精神境界,天下自然太平。但这毫无疑问是一种乌托邦。宋明理学家普遍强调"仁者浑然与物同体",强调人对天地万物和社会的责任义务。张载说:"天地之塞吾其体,天地之帅吾其性。民,吾同胞,物,吾与也。"[①]不过,所谓"仁者浑然与物同体",虽然也可以视为是

[①] 《张载集·乾称篇·西铭》,中华书局1978年版。

强调每个人必须对社会承担起责任和义务,但由于"外王"的路径和平台被严格限制,因而主要是指个人的思想和精神境界,而不是具体的治国平天下的政治、军事和经济方面的实践。

既然不能或者说没有必要在政治、军事和经济等治国平天下方面有所作为,而维护君主专制的政治社会秩序又是人的神圣使命,那就意味着,人们只能从内心深处认可君主专制的政治社会秩序的合理性,从道德上自觉地维护这一政治社会秩序,使人的生命的价值和意义在其中得到实现。既然是人的社会价值和生命价值所在,自然就应当是人的主动追求,并且在这一过程中体验生命的乐趣。换言之,即便中央集权的君主专制统治下存在着诸多的痛苦与灾难,臣民动辄有可能被"诛",但它体现的是"天意",因此,人不应当是被动地甚至痛苦地服从维护君主专制的政治社会秩序,而应当视为是个人的主动追求和生命乐趣所在。用黑格尔的哲学语言来说,就必须通过认识、把握和遵循必然,实现精神的自由。进而言之,人们应当视维护君主专制的政治社会秩序为一种值得追求的生命境界。一旦达到这一境界,不仅能够自然而然地维护君主专制的政治社会秩序,而且能够实现精神的绝对自由。宋明理学家们声称,这正是圣人的精神境界。正因为如此,他们所着力探讨的集中于格物、致知、正心、诚意之学,集中于探讨戒惧慎独之学,也就是所谓的"内圣"之学,"心性之学"。在理学家看来,所谓的个人"得道",就是成为圣贤,达到圣人的精神境界,换言之,就是发现、认识和体验到在日常生活实践中严格地遵守名教纲常的价值、意义和乐趣,一旦达到这种境界,个人的生命价值自然而然地得以实现。这也就意味着,在宋明理学家们那里,成为圣贤未必甚至不需要在政治、经济和军事等方面建功立业,关键在于追求实现某种崇高的生命境界。这也就决定了宋明理学"重内轻外"甚至"忘外"的品格。

就对"重内轻外"尤其是"忘外"的生命境界的探讨而言,道家尤其是佛学理论成果丰硕。道家主张绝圣弃智,无知无欲,否定现实生活的合理性,追求精神的绝对自由,成为能够"逍遥游"的"大宗师"。佛教所追求的生命境界是"空",所谓"自性建立万法是功,心体离念是德"。[①] 质言之,道家和佛教都主张通过绝对的"忘外",实现精神的绝对自由。儒家执著于现实生活,把维护社会道德秩序置于压倒一切的地位。正因为如此,长期以来,绝大多数儒家学者着

---

① 《疑问品》第三。

眼于探讨如何具体规范人们现实生活的视听言动,而疏于对个人精神境界的深入探讨。在先秦儒家学者中,唯有孟子对个人精神境界、对"身心性命"问题展开了广泛的论述和探讨。他提出的诸如"四端说""良知良能""性善论""收放心""持敬""反身而诚""尽心、知性、知天""先立其大""养浩然之气""不动心"等关于个人内心修养的理论基础和方法,对于探讨人的心性,对于探讨人的生命境界具有重要的价值。《孟子》一书由此得到特别的重视,与佛教和道教理论一起,成为宋明理学,也就是"心性之学"的极其重要的理论资源。

要发现、认识和体验到在日常生活实践中严格地遵守儒家名教纲常的价值、意义和乐趣,达到圣人的精神境界,实现精神上的真正自由,首先必须抵御外部世界的各种诱惑。正是外部世界的各种诱惑使得人们不能安分守己,从而有可能铤而走险,践踏名教纲常,束缚个人的精神自由。换言之,如果人没有了不合理的欲望,自然就安分守己,这是人达到圣人精神境界的基础。周敦颐之所以被认为是宋明理学的奠基人,就在于他通过重新阐释《太极图》建构了一个完整严密的宇宙、社会和人生理论体系,在此基础上论证了"静"和"无欲"的绝对价值。周敦颐指出,"圣人定之以中正仁义而主静,立人极焉",[1]这就是说,儒家名教纲常体现了宇宙、社会和人生最高价值,是宇宙、社会和人生存在的终极依据,而"静"则是其本质要求。因此,要"得道",要成为圣贤,"无欲"是关键,"无欲则静虚动直。静虚则明,明则通,动直则公,公则溥。明通公溥庶矣乎!"[2]程颢也指出,"定性"是全部问题的关键所在,一旦"定性",人即可以达到理想的精神境界。他说:

> 所谓定者,动亦定,静亦定,无将迎,无内外。……夫天地之常,以其心普万物而无心;圣人之常,以其情顺万物而无情。故君子之学,莫若廓然而大公,物来而顺应。……人之情各有所蔽,故不能适道。大率患在于自私而用智。自私则不能以有为为应物,用智则不能以明觉为自然。……圣人之喜,以物之当喜,圣人之怒,以物之当怒。[3]

因此,所谓"正心""诚意",说到底就是"无欲""定性",或者说,"无欲""定

---

[1] 周敦颐:《周敦颐集·太极图说》,岳麓书社2002年版。
[2] 《周敦颐集·通书·圣学》。
[3] 《二程集·答横渠先生定性书》,中华书局2004年版。

性"是圣人的境界,是"正心""诚意"的目标。

然而,在纷繁复杂的现实生活中,人们难免受到各种诱惑,要做到"正心""诚意",实现"无欲""定性"并不容易,这就需要"为学",即通过研读和体味经典著作,找到个人进行道德修养,进而达到圣人境界的方法途径。按照《大学》的观点,"格物""致知"是"正心""诚意"的基础。按照《中庸》的说法,面对纷繁复杂的现实和各种各样的诱惑,人必须"戒惧""慎独",这样才有可能实现人生的价值,体验到生命的乐趣,这样抵御住外部世界的各种诱惑,进而成为真正的圣贤,实现精神的自由。问题在于,人在日常生活实践中如何格物、致知,正心,诚意,如何"戒惧""慎独",尤其是如何格物、致知,经典著作语焉不详,并没有给出确定性的答案,大致上就是强调既要"尊德性",又要"道问学"。简单地说,就是既要充分发挥人的内在有善良本性,又要认真学习研究社会和人生的相关知识,这样才能使其思想、行为和感情与儒家名教纲常完全一致。但具体如何"尊德性""道问学",《礼记》中并没有确切的说法,后世儒家学者的认识和理解也并不一致。实际上,在很大程度上,正是基于对格物、致知的不同认识和理解,人们通常把宋明理学分为以程颐、朱熹为代表的程朱理学和以陆九渊和王阳明为代表的陆王心学两个派别。[①]

无论是程朱理学还是陆王心学,都强调儒家名教纲常是绝对的真理,是不容置疑、无可抗拒的"天理",在日常生活实践中严格遵守天理既是人不可推卸,无法回避的责任和义务,也是人的价值所在,人只能通过践行天理而达到崇高的精神境界。正因为如此,陆王心学家们同样也被人们称为理学家,他们也经常自称自己是在探究理学,探究天理之学。程朱理学家和陆王心学家之间的分歧在于,如何认识和理解"天理"的本质?人如何体认天理?如何达到圣人的境界?程朱理学家强调,名教纲常是"天理"或者说绝对真理,是宇宙自然、社会和人生的最高价值所在,是现实性与超越性的统一,既是一种超越性的绝对存在,

---

[①] 现代一些学者根据宋明理学的哲学思维特征,认为把宋明理学分为程朱理学和陆王心学二派过于笼统,如牟宗三、刘述先等人认为宋明理学实际上存在三个系统。(参见牟宗三:《心体与性体》,《从陆象山到刘蕺山》,吉林出版集团 2013 年版,刘述先:《有关理学几个重要问题的再反思》,载《儒家哲学研究:问题、方法及未来开展》,上海古籍出版社 2010 年版)就哲学史研究而言,他们的洞见无疑非常重要,也非常有学术理论价值。但就中国古代学者的学术宗旨而言,把宋明理学分为程朱理学和陆王心学二派显然更为合理。毕竟,所有的理学家的宗旨无非是使人们自觉遵守儒家名教纲常,而其方法途径无非就是"道问学"或"尊德性",程朱强调"道问学",陆王强调"尊德性",两者原非水火不相容,其他学者不过在两者之间权重不同而已。

又具体地存在于万事万物之中。人性本善,"天理"合乎人的内在需要,但人把握天理,必须认真认识和体会世界上的万事万物,认识和体会蕴藏在万事万物之中的天理,也就是说,必须以"道问学"为主。他们认为,《大学》中所谓的"格物""致知",意思就是即物穷理,关键就在于"道问学"。在程朱理学家看来,人们首先只能通过学习研究具体事物中所蕴含的天理,循序渐进,最终从根本上全面把握天理,从而完全自觉地、自然而然地在日常生活实践中与名教纲常完全一致,达到圣贤的境界。由于现实世界纷繁复杂,所以"穷理"的任务非常繁重,必须通过循序渐进的格物,有了相当的积累之后才能融会贯通,实现"心与理一"。朱熹指出,要把握和体认天理,必须从"切己处"开始,自一心之理,至一身之理,再及人伦当行之理,及至天地鬼神、山川草木及一尘一息之理,循序渐进,最后才能达到豁然贯通的境地,实现人心与天理的完全统一,"学之久,则心与理一"①。在日常生活中,则必须"主敬",严肃认真地对待生活本身,动容貌,修辞气,养成一种"敬畏"的境界。

陆九渊不同意这一观点。在他看来,把"天理"视为一种客观的存在是错误的。因为如果天理是一种客观存在,那就必定存在于人心之外,如果存在于人心之外,那就完全有可能不被遵守,换言之,如果天理不是在人的内心世界之中,那有可能是写在纸上,说在嘴上的东西,没有实际意义,这些东西自然说不上是天理。因此,"尊德性"才是第一要义。对陆九渊而言,儒家名教纲常毫无疑问是绝对真理,理所当然就能够而且必须为人们所自觉遵守。因此,"天理"只能存在于人的心中,否则就不是天理了。

陆九渊认为,世界的意义是由人心赋予的,因此,"心"才是世界的本质存在。"万物森然于方寸之间,满心而发,充塞宇宙无非此理而已。"②"义理之在人心,实天之所不可泯灭者焉。"③也就是说,如果说存在天理的话,"心"的本质才是天理。既然"心"的本质就是天理,那么,人世间的"恶"从何来呢?陆九渊认为,"恶"来源于"心蔽",即外部的事物蒙蔽了人的本心。"愚不肖者之蔽在于物欲,贤者智者之蔽在于意见,高下污洁虽不同,其不蔽理溺心,不得其正则一也。"④"人所以病道者,一资禀,二渐习"。⑤ 因此,格物致知的目标使命就是

---

① 《朱子语类》卷二。
② 陆九渊:《陆九渊集·语录》,中华书局1980年版。
③ 《陆九渊集·思而得之》。
④ 《陆九渊集·与邓文范之一》。
⑤ 《陆九渊集·语录》。

解除"心蔽""发明本心",使天理自然彰显。"心之体甚大,若能尽我之心,便与天同,为学只是理会此。"①在陆象山看来,解除"心蔽"方法是"剥落",即借师友的琢磨,一步一步地消除外部事物对人的本心的蒙蔽。他说:

> 人心有病,须是剥落,剥落得一番即一番清明,后随起来,又剥落又清明,须是剥落得净尽方是。②

因此,把握天理,践行天理的关键并不在于认识外界的事物,关键在于"发明本心""存心""养心",即自我反省、自我认识。陆九渊强调,"发明本心",其实是一种"简易工夫":"学无二事,无二道,根本者立,保养不替,自然日新,所谓可大可久者,不出简易而已。"③任何人只要"发明本心""存心""养心",即"尊德性",就可以成为一个道德上的"完人"和精神上的"超人"。"收拾精神,自作主宰,万物皆备于我,有何欠缺?"④

陆九渊的观点遭到朱熹的强烈批评,他们为此展开过激烈的争论,他们的弟子更是相互指责。程朱学者认为陆九渊"教人太简",师心自用——不即物穷理,不认真学习研究和把握客观存在的名教纲常,完全依靠人自我发明"本心",怎么能够教育和引导人们在日常生活实践中严格遵守名教纲常,践行天理呢?师心自用,几与禅学无异,完全有可能导致人们拒绝承担对社会的责任和义务,从而不能把遵守儒家名教纲常落到实处。而陆九渊心学信奉者则认为程朱理学过于庸俗,掌握大量的知识未必能使人体认天理,反而有可能使人迷失自己,根本无法保证其自觉地遵守儒家名教纲常,更谈不上实现人生的价值。黄宗羲在评论陆九渊和朱熹的异同时指出:

> 先生之学,以尊德性为宗,谓"先立乎其大,而后天之所以与我者,不为小者所夺。夫苟本体不明,而徒致功于外索,是无源之水也"。同时紫阳之学,则以道问学为主,谓"格物穷理,乃吾人入圣之阶梯。夫苟信心自是,而惟从事于覃思,是师心之用也"。两家之意见既不同……于是宗朱者诋陆

---

① 《陆九渊集·语录》。
② 《陆九渊集·语录》。
③ 《陆九渊集·与高应朝》。
④ 《陆九渊集·语录》。

为狂禅,宗陆者以朱为俗学,两家之学各成门户,几如冰炭矣。……考二先生之生平自治,先生之尊德性,何尝不加功于学古笃行,紫阳之道问学,何尝不致力于反身修德,特以示学者之入门各有先后,曰"此其所以异耳"……二先生同植纲常,同扶名教,同宗孔、孟。即使意见终于不合,亦不过仁者见仁,知者见知,所谓"学焉而得其性之所近"原无有背于圣人。①

毋庸置疑,正如黄宗羲所指出的那样,"二先生同植纲常,同扶名教,同宗孔、孟"。必须指出的是,朱熹强调"道问学",但并没有否认"尊德性"的重要性。实际上,对于朱熹而言,"道问学"本身并非目标,"心与理一",即自然而然地与天理一致才是目标所在,才是圣贤的境界。另一方面,陆九渊强调"尊德性",也从没有真正地否认过"道问学"的重要性。从学术研究的角度而言,他们之间的分歧只不过是"道问学"和"尊德性"孰重孰轻,孰先孰后。问题在于,人的道德修养未必能通过学习思考,通过"道问学"得到提高,内心的境界往往具有决定性的意义,世界上有才无德的人比比皆是,这是陆九渊反对朱熹格物致说的坚实的经验证据。但是,仅仅"发明本心""存心""养心"显然完全不够,陆九渊的确"教人为太简",道德修养不仅仅需要"尊德性",需要内心的体验,也需要知识的引导,理性的反思。人们普遍承认,礼乐来自圣人的制作。社会道德规范有其客观性和超越性。朱熹完全有理由不同意陆九渊的观点。显然,"道问学"和"尊德性"是两个不同的方向路径,双方都有其的合理性,同时也都有内在的缺陷。同时,也正是因为方向路径不同,因而有可能在传播和发展过程中走向极端,从而陷入困境。

就程朱理学而言,它虽然承认天理的内在性,但更强调天理的客观性和超越性。因此,程朱理学强调存天理、灭人欲的主要途径在于格物致知,即物穷理。问题是,人的道德修养未必一定能够通过学习思考而得到提高,更为重要的是,对格物致知的强调很有可能使人背离其初衷和目标——人们有可能为"道问学"而"道问学",而忘却其初衷和目标所在。推崇程朱理学的晚明东林学派的领袖顾宪成(1550—1612,字叔时,号泾阳,无锡人,世称东林先生)指出,程朱之后,"儒者大都牵制训诂,以耳目帮衬,以口舌支吾,矻矻穷年,无益于得,弊也久矣。"②更有甚者,一些人甚至会满口仁义道德,满腹男盗女娼。另外,过

---

① 黄宗羲:《宋元学案·象山学案》,《宋元学案》,中华书局1996年版。
② 顾宪成:《泾皋藏稿·与李见罗先生书》。

于强调天理的客观性,强调格物致知,即物穷理,有可能忽视甚至扼杀个人的内心道德体验和道德自律力量,同时,存天理、灭人欲说也有可能被滥用,任何有可能不利于统治集团利益的东西都可以视为危害天理的"人欲"而加以消除——如果不自觉消除的话,即可以通过外部的力量予以消除,后来被称为"以理杀人"的现象即是如此。所有这些,无论对于个人道德修养还是对于社会道德风气而言,都是非常不利的。

就陆九渊而言,他强调"天理"只能存在于人的心中,"收拾精神,自作主宰,万物皆备于我,有何欠缺?"[①]尽管他强调名教纲常是绝对的真理,是人们必须绝对遵守的规范准则,但人既然可以"收拾精神,自作主宰",即有可能滋生极端的个人主义,这一方面存在着与中央集权的君主专制政治体制存在冲突的可能性,另一方面又存在着完全逃避现实,走向绝对虚无,沉溺于佛禅的可能性。陆九渊虽然并不否认读书学习的重要性,但顺着这一理路,则有可能导致反智主义和蒙昧主义,因为"万物皆备于我",因此,不需要学习知识也能够成仁成圣,甚至成为"超人"。这显然不利于社会道德风气建设。

应当说,朱熹和陆九渊各有所长,各有所短。如果能够相互吸收补充,毫无疑问是非常有价值的,正因为如此,调和朱陆成为后世众多学者的努力方向与目标。当然,由于"道问学"和"尊德性"是两个不同的方向路径,调和并不容易。不容否认的是,陆九渊把个人的道德修养问题直指人心,意义重大。一方面,道德修养的关键在于人内心的自觉。所有的伦理道德规范,无论在理论上和实际上说起来怎样重要,怎样合理,如果没有人内心的尊重和敬畏,即便采取强制性的教育和引导方式,也不会产生付诸生活实践的内在动力,不会自觉地付诸生活实践;另一方面,理学作为"心性之学",它本来就是指向"内圣",指向人心的,追求的正是圣人的崇高的精神境界。在这个意义上,王阳明的心学可以视为是对陆九渊的发扬光大。当然,王阳明本人并没有完全继承陆九渊,他研究思考方法路径和理想目标与陆九渊有所不同。江右王门学派则试图在弘扬阳明精神的同时,努力避免其走向极端,走向虚无,使阳明精神真正成为个人道德修养和社会道德风气建设的思想武器——此是后话,按下不表。

尽管他们在学术理论上有所分歧,但他们"同扶名教,同宗孔、孟",都有着崇高的道德和社会理想。他们虽然会贬斥追求实现国家富强的政治、军事和经

[①] 《陆九渊集·语录》。

济方面理论和实践为与"王道"不相容的"霸道",但他们依然试图通过自己的努力"为天地立心,为生民立命,为往圣继绝学,为万世开太平",建立起和谐稳定的政治社会秩序。尤其是对于程朱理学家而言,既然"道问学"是个人成仁成圣的关键的方法途径,所以必须努力向社会普及"学",让社会上每个人掌握"天理"的内容和践行"天理"的方法途径。为此,他们走出书斋,走向社会,不仅通过创建书院,以书院讲学等方法向士人传播自己的理念,更在民间发起了长期的教育和实践运动,试图以自己的学术思想理论教育民众,改造社会,取得了显著的成效。

首先,他们通过积极撰写各种儿童启蒙读物,使人们从小接受天理观念的熏陶;其次,通过制定家礼、家规、乡约之类的东西,引导人们自觉地遵守名教纲常,维护基层社会的政治社会秩序。据说是朱熹编撰的《朱子家礼》为社会所广泛深入接受,浸润而成为普遍的社会习俗;第三,通过撰写大量面向大众的宣传材料,规劝民众勤于劳作,遵守乡俗,孝顺父母,努力研究学习儒家经典。通过这些努力,理学从书斋走向社会,从知识界走向普通大众。社会逐步形成普遍共识,如果不遵守儒家名教纲常,违法乱纪,犯上作乱,那就禽兽不如,天理不容,理所当然要受到严厉制裁。

经过多方面的努力,程朱理学获得了越来越大的社会认可,并在元代获得了官方哲学地位,成为科举考试的依据,逐步成为主流社会意识形态。中国的社会文化由此发生了深刻变化。最显著的表现是,社会上涌现了大量的"忠臣""孝子""节妇"。宋代以前,尽管"君为臣纲,父为子纲,夫为妻纲"和仁、义、礼、智、信之类儒家名教纲常也被反复倡导,严格遵守名教纲常的行为也会得到支持和鼓励,但在某种情况下看起来违背名教纲常的行为也是可以接受的。一方面,鞠躬尽瘁,死而后已的忠臣和谨守妇节,从一而终的妇女会得到赞誉和推崇,但"良禽择木而栖,贤臣择主而事"的观念同样被认为是可以被接受的。人们可以因为某种特别的原因选择离开甚至背叛自己的君主或主子,投靠他人。一个典型的例子是,五代时期的冯道竟然历五朝八姓十一帝,不离将、相、三公高位,是投降和投机的大师,当时还颇受敬重和羡慕,晚年自号"长乐老"。妇女也可以选择离婚再嫁。宋代以后,情况发生了根本性的变化,从范仲淹、欧阳修开始,气节(包括臣节和妇节)问题得到特别重视,理学家们尤其强调,"饿死事极小,失节事极大"。"一臣不事二主,一女不事二夫"的观念深入人心。他们要求人在任何情况下都必须绝对忠于君主,绝对不能投降变节。冯道之类的人物由此被人们唾弃。正因为如此,宋代以后,每当王朝陷入绝境之际,社会上就会涌现出大量的尽忠尽节的报国之士,即便是无力回天,也愿意甚至必须"以身殉国",绝不能投降,更不能与新王朝合作。这被认为是一种能够感天动地的"正气"。吉安的文天祥就是其中的杰出代表。

尽管如此,在现实中,所谓的"天理"实际上并不能够有效地约束每一个人的行为,名教纲常并不能够获得社会的普遍遵守。毕竟,在程朱理学体系中,对违背天理的言行并没有什么强有力的惩戒措施,基本上只有舆论制裁,也就是指责其天理难容,更多有效的制裁只能来源于有形的制度和权力。因此,一方面,有人会利用其权势对违背"天理"者予以实质性严厉制裁,甚至"以理杀人",另一方面,如果有权有势者,尤其是最高统治集团违背"天理",那么,舆论制裁的力量可能根本发挥不了作用,更不用说实质性制裁了。毕竟,是否能够严格遵守名教纲常,主要还是依靠人们的道德自觉。如果政治腐败、社会黑暗,最高统治集团违背"天理",社会上违背"天理"者肆意横行,那么,劣币驱逐良币,情况会更加恶化,名教纲常和政治社会秩序会受到更大冲击。

明朝建立后,朱元璋极大地加强了中央集权的君主专制统治,同时也使这一体制面临着结构性失衡。他废除了丞相制度,将传统的君权和相权集于皇帝一身,并且规定以后不得有设立丞相之动议。这就意味着皇帝必须具备巨大的能力和魄力,必须用大量的时间和精力才有可能处理繁杂政务。这对皇帝而言是一个极其苛刻的,实际上也是脱离实际的要求。即便皇帝非常勤政,也未必能够有足够的时间和精力处理好繁杂的政务,如果皇帝怠政或能力有限,那问题就严重了。皇帝只能将政务或交给皇帝的正式办事机构内阁,或交给皇帝的近侍宦官去处理。然而,无论是内阁还是宦官,他们实际上都没有合法的权力去处理国家政务。这就意味着,无论是内阁还是宦官如何处理政务,都属于非法的"专擅",都有充分的道德和法律理由予以谴责或制裁。而明代中叶以后,皇帝基本上都怠于政事,繁杂的军国政务只能由内阁或宦官处理,于是出现了一批"专擅"的宦官或内阁大臣,如宦官王振、汪直、刘瑾等,内阁大臣严嵩、张居正等人。无论他们所作所为是否有利于国计民生,是否有利于维护社会的稳定和专制政权的巩固,都会因为"专擅"而遭到舆论的严厉谴责。从体制上说,大臣"专擅"是绝对不能容忍的,这些人最后只能落得可悲的下场。而这些"专擅"的宦官或内阁大臣在"专擅"期间,为了维护自己的权力,甚至也是为了保证政治社会秩序的正常有效运行,又不得不采取强硬的甚至是残酷无情的措施,迫害和打击反对者。由此必然导致社会政治更加混乱,更加黑暗和腐败。政治的黑暗和腐败又必然导致"天理"难明。违背"天理"者根本不会受到制裁,反而可能会大行其道。

存在决定意识。在社会经济环境方面,明代中叶以后,社会商品经济不断发展,社会经济结构发生了一定的变化,社会风气随之发生重大改变,追求物质享受成为一种时尚,一些士人甚至弃学从商,追求商业利润。这对于"君子喻于义,小人喻于利"的传统观念又是一种挑战。人们看起来不再把"天理"视为高于一切,不再把个人的道德修养和道德追求视为高于一切,人们似乎更热衷于追求物质利益、权势和社会地位。传统的名教纲常遇到某种程度的挑战。

尽管如此,社会的基本价值观或者说主流社会意识形态并没有发生重大改变。人们依然普遍承认,这一切都是对社会和人性的扭曲,都是不正常的,传统的名教纲常是绝对正确的,"天理"是绝对没有错的,是人们必须绝对服从的真理。社会上也很少有人胆敢公然否定纲常名教——胆敢公然否定者,必然受到严厉谴责和制裁,更多的人是口是心非,满口仁义道德,满腹男盗女娼。问题在于,既然名教纲常是公认的天理,那么,这世界怎么还会人欲横流,社会怎么还会黑暗腐败呢?天理何在?

如果按照程朱理学的逻辑,出现这种状况,问题的关键显然在于人们没有格物致知,没有真正地认知天理。但事实显然未必如此。在践踏名教纲常的人中,不乏才高八斗、学富五车之辈,也就是说,人们并不是缺乏相关的知识,实际上,经过众多学者的长期不懈的努力,相关的知识已经在社会上相当普及,然而,社会上口是心非,满口仁义道德,满腹男盗女娼的现象比比皆是。王阳明抨击当时的世象说:

> 天下之人用其私智以相比轧,是以人各有心,而偏琐僻陋之见、狡伪阴邪之术至于不可胜说。外假仁义之名,而内以行自私自利之实,诡辞以阿俗,矫行以干誉;掩人之善,而袭以为己长,讦人之私,而窃以为己直;忿以相胜,而犹谓之徇义;险以相倾,而犹谓之疾恶;妒贤忌能,而犹自以为公是非;恣情纵欲,而犹自以为同好恶。相陵相贼,自其一家骨肉之亲已不能无尔我胜负之意,彼此藩篱之形,而况于天下之大,民物之众,又何能一体而

视之! 则无怪于纷纷藉藉,而祸乱相寻于无穷矣。①

显然,并不是"天理"本身出了问题——天理是绝对不会出问题的,因为这是天意,是宇宙自然、社会和人生的最高存在,只能是人心出了问题,也就是说,理论上的东西并没有深入人心,并没有真正成为人们的行动指针,没有得到人们真正的敬畏。必须让名教纲常真正深入人心,这样的"天理"才有意义,这正是王阳明的努力方向和目标。

第三节　王阳明与阳明学

王阳明(1472—1529),名守仁,字伯安,谥文成,浙江余姚人,因筑室阳明洞,世称阳明先生。王阳明出生于一个官宦家庭,其父王华,为明成化十七年(1481)的状元。作为状元的儿子,王阳明基本上是按照传统的或者说"正常"的路径成长起来的。他读书参加科举考试,学习诗文写作,钻研程朱理学,研读佛教和道教经典。尽管一路并不是很平坦,但还是于弘治十二年(1499)考取进士,时年二十七岁。

王阳明从小接受儒家传统教育,以成仁成圣为理想追求,以挽救时代危机,治国平天下为己任。在他看来,要挽救危机,一方面必须"破山中贼",坚决镇压敢于武装反叛现存政治社会秩序的人——包括进行武装反抗的民众和试图获取更大利益的统治集团内部的成员,另一方面必须"破心中贼",肃清人们心灵深处的一切与儒家名教纲常不相符甚至冲突的念头,使每个人达到圣人的精神境界。"破山中贼"的实践成就了王阳明的功业——即成功地镇压了赣南、福建、广西等地的农民反叛,平定了宁王朱宸濠的武装叛乱,为此被赐封为新建伯——一个文人因军功而封爵在中国历史上并不多,有明一代也只有三人。而"破心中贼"的追求使他建立了一个影响巨大的心学理论体系,被称之为"阳明学"。

海内外学术界业已对阳明学进行了广泛深入的研究并取得了极其丰硕的成果,进一步进行探究阳明学理论不是本项研究的使命和目的。不过,基于本

---

① 《王阳明全集·语录二·传习录·中》。

项研究的宗旨,我们有必要基于海内外已有的学术研究成果,对王阳明的学术思想进行简要的讨论分析。

众所周知,王阳明的学术思想有一个发展变化的过程。黄宗羲说:

> 先生之学,始泛滥于词章,继而遍读考亭之书,循序格物,顾物理吾心终判为二,无所得入,于是出入佛老者久之。及至居夷处困,动心忍性,因念圣人处此,更有何道?忽悟格物致知之旨,圣人之道,吾性自足,不假外求。其学凡三变始得其门。自此之后,尽去枝叶,一意本原,以默坐澄心为学的。有未发之中,始能有发而中节之和,视听言动大率以收敛为主,发散是不得已。江右以后,专提致良知三字,默不假坐,心不待澄,不习不虑,出之自有天则。盖良知即是未发之中,此知之前,更无未发。良知即是中节之和,此知之后,更无已发。此知自能收敛,不须更主于收敛,此知自能发散,不须更期于发散。收敛者,感之体,静而动也;发散者,寂之用,动而静也。知之真切笃实处即是行,行之明觉精察处即是知,无有二也。居越以后,所操益熟,所得益化,时时知是知非,时时无是无非,开口即得本心,更无假借凑泊,如赤日当空而万象毕照,是学成之后又有此三变也。①

在很大程度上,正是因为王阳明的学术思想有一个发展变化的过程,后世学者因此可以各取所需地探讨研究王阳明某一阶段的学术思想,并从其不同时期的学术思想中汲取养分,进行发挥。不过,人们公认的是,"龙场悟道"奠定了王阳明的学术思想基础。他自己也反复强调,"吾良知二字,自龙场以后,便已不出此意,只是点此二字不出,与学者言,费却多少辞说,今幸见出此意,一语之下,洞见全体,真是痛快!"②"吾平生讲学,只是致良知三字。"③也就是说,尽管王阳明的"良知"概念较晚才正式提出来,此前主要是围绕"心"本身进行探讨,良知说提出,标志着阳明学走向了成熟。

因此,阳明学理论基本上是围绕着"心"和"良知"这两个核心概念而展开的。包括江右王门学派在内的阳明后学也基本上是围绕着这两个核心概念而

---

① 《明儒学案·姚江学案·王阳明传》。当然,人们对王阳明思想的发展变化历程并没有一致的看法,但黄宗羲的概述获得广泛的赞同。
② 钱德洪:《刻文录叙说》,载《王阳明全集·序说·序跋》。
③ 《王阳明全集·寄正宪男手墨二卷》。

展开的。我们以下重点关注王阳明对这两个命题的认识判断,对王阳明学术思想的具体发展历程,则不作更多讨论。

对于出身于官宦家庭的王阳明而言,无论他有什么志向,他首先必须应付科举考试,取得进身之阶,踏上仕途,这是他实现成仁成圣目标的现实基础。因此,王阳明首先必须研习"词章之学",研习程朱理学。不过,对王阳明而言,科举功名虽然十分重要,但成为圣贤,或者说达到圣人的精神境界才是最为重要的。他认为,"学者溺于词章记诵,不复知有身心之学"危害很大,"今夫天下之不治,由于士风之衰薄;而士风之衰薄,由于学术之不明;学术之不明,由于无豪杰之士者为之倡焉耳。"①为此,王阳明"首倡言之,使人先立必为圣人之志",并试图"专志授徒讲学"。②

在王阳明看来,社会之所以出现严重危机,首先是因为"士风之衰薄",而"士风衰薄"的根本原因在于社会和人生的指导思想出现了严重混乱,因此必须从理论上重新思考和探究社会和人生问题,引导人们自觉追求成为圣贤,追求达到圣人的精神境界。基于学术传统,王阳明深入探究程朱理学,试图按程朱理学的指示,"即物求理",但"无所得入",没有收获。他发现,所谓"即物求理",根本不能体认到天理。他进而认为,问题的关键其实在于人心,在于人能够自觉追求成仁成圣的人生理想,没有内心的追求,再多的关于外部世界的知识都不能为人提供践行天理的内在动力,"物理吾心终判为二","物理"是"物理",人心是人心,人并不能与天理一致。问题的关键在于人心。如果人的心中没有天理,广博的知识反而有可能使人迷失自己。他说:

> 世之学者,如入百戏之场,欢谑跳踉,骋奇斗巧,献笑争妍者,四面而竞出,前瞻后盼,应接不遑,而耳目眩瞀,精神恍惑,日夜遨游淹息其间,如病狂丧心之人,莫自知其家业之所归。③

王阳明曾经钻研过佛学和老庄道家,他也觉得很有收获,但由于佛学和老庄道家否定或者放弃了人的社会责任和义务,因而无法接受。在王阳明看来,人达到圣人的精神境界,必然担负起严肃的社会责任和义务。

---

① 《王阳明全集·送别省吾林都宪序》。
② 《王阳明全集·年谱二》。
③ 《王阳明全集·文录四·序记说》。

正德元年(1506),王阳明因得罪于宦官刘瑾,被廷杖四十,由兵部主事贬谪为贵州龙场驿为驿丞。龙场位于万山丛薄之中,生活条件非常艰苦。但王阳明没有沉沦,而是继续追求达到圣人的精神境界,他结合自己历年来的遭遇,苦苦探究宇宙自然、社会和人生的奥秘,最后他感悟到,"心"才是万事万物之本原,所谓天理,根本就不说是一种外部的客观存在,而只能是存在于人的内心世界之中,"心外无物"。每个人都可以而且也只能通过自己的努力成为圣贤,达到圣人的精神境界,"圣人之道,吾性自足,向之求理于事物者误也。"①他相信,世界本质上其实只存在于每个人的内心之中,一切取决于于人的"心","知"和"行"本质上是一回事。王阳明觉得自己终于悟到了绝对真理! 这就是所谓的"龙场悟道"。

个人悟到的东西必须用学术语言表达出来并向社会传播才能产生社会影响,并实现其社会目标。龙场"悟道"后,王阳明即向当地士绅宣讲其"心外无物""知行合一"的理论。他还创办了龙岗书院。他强调,世界的意义是由人所赋予的,外部的事物如果没有进入人的内心世界,即是没有意义的,只有进入了人的内心世界,才是有意义的。对于个人的道德修养而言,问题的关键就在于人有坚定的道德信念,能够从内心深处敬畏和遵守道德规范,如果这些道德规范只是一种外部的客观存在,人未必会真正地敬畏和遵守,而没有得到真正的敬畏的道德规范,就根本谈不上是天理。换言之,儒家名教纲常之所以是天理,就在于它们根植于人的内心,能够为人们所普遍敬畏和遵守,否则,就是说在口上,写在纸上的东西,没有价值和意义。所以,全部的问题就在于人的"心"。所谓圣贤之学,无非就是心学,或者说,无非就是修心之学。"君子之学,心学也。心,性也,性,天也。圣人之心纯乎天理,故无事于学。下是,则心不存而汩其性,丧其天性矣,故必学以存其心。学以存其心者,何求哉? 求诸其心而已矣。"②"圣人之学,心学也。尧舜禹相授受曰:人心惟危,道心惟微,惟精惟一,允执厥中。此心学之源也。中也者,道心之谓也。道心精一者谓之仁,所谓中也。孔孟之学,惟务求仁,盖精一之传也。"③"心"高于一切,决定一切。

王阳明指出,人之所以能够从内心深处敬畏和遵守儒家名教纲常,就是因为它们根植于人心和人性本身,人具有不虑而知、不学而能的良知良能。因此,

---

① 《王阳明全集·年谱二》。
② 《王阳明全集·文录四·谨斋说》。
③ 《王阳明全集·文录四·象山文集序》。

体悟到自己的内心,发挥自己不虑而知、不学而能的良知良能就能够把握整个世界,自然而然地与天理一致,达到圣人的精神境界。然而,人往往会迷失在纷繁复杂的现实社会生活之中,使自身内在的良知良能不能展现和发挥出来。因此,首先必须使自己的"心"从喧嚣的现实社会生活中解脱出来。王阳明最初正是"以默坐澄心为学的",即在静坐中收敛视听,拒绝外部事物的干扰,反省自己,回归自己的内在的良知良能。

王阳明在龙岗书院的讲学活动惊动了当地官员,正德四年(1509),王阳明应贵州提学副使席书的邀请,在贵阳文明书院首次宣讲其"知行合一"之旨,不过当时并没有得到人们的理解、接受和认可。

正德五年(1510),王阳明被任命为吉安府庐陵知县,很快又升任刑部四川清吏司主事,旋调吏部验封清吏司主事,再晋升为文选清吏司员外郎。正德十二年(1517),因"汀漳各郡皆有巨寇,尚书王琼特举之",[1]四十五岁的王阳明被任命为都察院左佥都御史,巡抚南赣(南安府和赣州府),开始了其一生中极为重要的"破山中贼"军事政治实践活动和"破心中贼"的理论创造和宣传活动,为江西成为阳明学研究和传播基地奠定了坚实的基础。

王阳明在庐陵县任职时间很短,但就阳明学的发展和传播而言,意义极其重大。他在任期间,励精图治,据《王阳明年谱》记载:

> 先生三月至庐陵。为政不事威刑,惟以开导人心为本。莅任初,首询里役,察各乡贫富奸良之实而低昂之。狱牒盈庭,不即断射,稽国初旧制,慎选里正三老,坐申明亭,使之委曲劝谕。民胥悔胜气嚣讼,至有涕泣而归者。由是囹圄日清。在县七阅月,遗告示十有六,大抵谆谆慰父老,使教子弟,毋令荡僻。城中失火,身祷返风,以血禳火,而火即灭。因使城中辟火巷,定水次兑运,绝镇守横征,杜神会之借办,立保甲以弭盗,清驿递以延宾旅。至今数十年犹踵行之。[2]

王阳明因此得到吉安地方士绅民众的敬重,并收获了其第一批追随者。地方史志称:"王文成宰庐陵,提倡理学,乡士大夫翕然从之。"[3]虽然这次任职时

---

[1] 《明史·王守仁传》。
[2] 《王阳明全集·年谱一》。
[3] 乾隆《庐陵县志·风俗》。

间很短,但从正德十二年(1517)起,王阳明以都察院左佥都御史之职巡抚南赣,直到嘉靖六年(1527),王阳明在大力"破山中贼"的同时,积极从事思想学术活动。在此期间,王阳明在吉安的活动时间虽然很少,但他的思想学术活动大致上都是以吉安为中心。正德十六年(1521)王阳明在江西正式提出其核心理念"致良知",所谓"江右以后,专提致良知三字"指的正是此。此后,王阳明对自己的理论不断完善,"居越以后,所操益熟,所得益化",其影响也越来越大。

王阳明的学术思想理论是建立在批判程朱理学的基础上的。他首先充分肯定朱熹的良好动机与积极努力:"夫晦庵折衷群儒之说,以发明六经、语、孟之旨于天下,其嘉惠后学之心,真有不可得而议者。"①但他强调,朱熹所提出的道德修养或者说成仁成圣的理论方法是错误的,人根本不能通过即物穷理或循序读书达到圣人的境界,试图以格天下之物或循序读书而完善人的道德修养,根本就是徒劳。王阳明宣称,正是程朱理学格物致知说造成了其后学在道德修养方面的知行脱节,不仅无法为人们严格遵守儒家的名教纲常提供有效的动力,反而对社会造成了严重危害,满口仁义道德、满腹男盗女娼之徒比比皆是。

从学理上说,或者说在论证方式上,王阳明和朱熹的分歧源于对《大学》的"正心诚意""格物致知"含义的理解。在长期流传的所谓"古本大学"中,对"正心诚意""格物致知"含义语焉不详,朱熹认为,这是在流传过程中"错简"造成的,他根据自己的理解,对所谓的"阙文"进行了补充,"移其文,补其传",形成所谓的"今本大学"。②"今本大学"获得广泛的认可和巨大的权威。通过对《大学》的"移文补传",朱熹强调,在"大学之道"中,"格物致知"是"正心诚意"的基础,"格物致知"是个人道德修养,达到圣贤境界的基本方法和途径。他对"格物致知"的解释是:

> 所谓致知在格物者,言欲致吾之知,在即物而穷其理也。盖人心之灵莫不有知,而天下之物莫不有理。惟妙惟肖于理有未穷,故其知有不尽也。是以《大学》始教,必使学者即凡天下之物,莫不因其已知之理而益穷之,以求至乎其极。至于用力之久,而一旦豁然贯通焉,则众物之表里精粗无不

---

① 《王阳明全集·外集三·答徐成之(二)》。
② 关于"古本大学"和"今本大学"的问题,参见傅武光:《四书学考》,台湾师范大学国文研究所集刊,第十八集。

到,而吾心之全体大用无不明矣。此谓格物,此谓知之至。①

在朱熹看来,天理是既内在于万事万物又超越于万事万物的绝对的、客观的存在,因此,所谓"格物致知",就是"即物穷理",通过逐步认识和体会蕴含在世界万事万物中的天理,最后实现对天理的把握,使人心与天理完全一致,"吾心之全体大用无不明矣",这就是圣人的精神境界。

王阳明认为,"古本大学"其实既无阙文和错简,对"正心诚意""格物致知"阐述得其实清楚明白,朱熹的移文补阙纯属想当然,纯属画蛇添足,有害无益。王阳明说:

> 大学之要,诚意而已矣。诚意之功,格物而已矣。诚意之极,止至善而已矣。止至善之则,致知而已矣。正心复其体也,修身著其用也。以言乎己谓之明德,以言乎人谓之亲民,以言乎天地之间则备矣。是故至善也者,心之本体也。动而后有不善,而本体之知未尝不知也。意者其动也,物者其事也。至其本体之知而动无不善。然非即其事而格之,则亦无以致其知。故致知者诚意之本也,格物者致知之实也。物格则知至意诚而有以复其本体,是之谓止至善。圣人惧人求于外也,而反复其辞。旧本析而圣人之意亡矣,是故不务于诚意而徒以格物者谓之支,不事格物而徒以诚意者谓之虚,不本于致知而徒以格物诚意者谓之妄。支与虚与妄,其于至善也远矣。……噫!乃若致知则存乎心,悟致知焉尽矣。②

也就是说,在王阳明看来,《大学》中的"物",并不是客观存在的事物,而是发自人内心的思想认识和实践,"物"和"事"其实是一回事。"意之所用,必有其物,物即事也。如意用于事亲,即事亲即为一物;意用于治民,即治民为一物;意用于读书,即读书为一物;意用于听讼,即听讼为一物。凡意之所用无有无物者,有是意即有是物,无是意即无是物矣。物非意之用乎?"③王阳明强调,一切取决于"心",来源于"心",不能离开"心"而谈论"物"与"事"。"身之主宰便是心,心之所发便是意,意之本体便是知,意之所在便是物。如意在于事亲,即事

---

① 朱熹:《四书集注·大学章句》。
② 《王阳明全集·文录四·大学古本序》。
③ 《王阳明全集·语录二·传习录·中》。

亲便是一物,意在于事君,即事君便是一物,意在于仁民爱物,即仁民爱物便是一物,意在于视听言听,即视听言动便是一物。所以某说无心外之理,无心外之物。"①基于此,在王阳明看来,所谓"格物",并不是观察研究客观存在的事物,而是人必须从内心深处对外部世界有着正确的认为和作为,也就是说,"格物"本质上是人的内在的情感意识而不是人对外部世界的认识和反应。为此,必须消除外部事物对人内心世界的侵蚀,使外部事物正确地投射在人心之中,使投射人的内心世界的事物规范化,合理化,与内在的良知良能保持完全一致,或者说,与天理完全一致。他说:"格物者,格其心之物也,格其意之物也,格且知之物也。正心者,正其物之心也;诚意者,诚其物之意也。"②因此,向心外探求天理,是缘木求鱼,不仅根本达不到目的,反而会被外部的事物蒙蔽自己的心体,这必然造成严重后果。王阳明说:

> 后世不知作圣之本是纯乎天理,却专去知识才能上求圣人。以为圣人无所不知,无所不能,我须是将圣人许多知识才能逐一理会始得。故不务去天理上着工夫,徒弊精竭力,从册子上钻研,名物上考索,形迹是比拟,知识愈广而人欲愈滋,才力愈多,而天理愈蔽。③

掌握丰富客观的自然和社会知识,尤其是丰富的道德知识,与提高个人的道德修养水平和精神境界确实不是一回事。不过,必须指出的是,程颐、朱熹等人也只是把格物致知作为把握天理,进而践行天理的最重要的方法途径而已。朱熹绝对不是主张,也绝不鼓励人们"专去知识才能上求圣人"。实际上,朱熹特别强调客观的天理必须内化到人心之中才有意义。正因为如此,朱熹虽然强调"道问学",但绝不否认"尊德性"的重要性。他不仅强调"即物穷理",更强调"居敬"的重要性,强调"主敬涵养""乃圣门第一要义"。④ 朱熹说:"敬字通贯动静,但未发时则浑然是敬之体,非是知其未发,方下敬底工夫也。既发则随事省察,而敬之用行焉。然非其体素立,则省察之功无亦自而施也。"⑤在朱熹那里,"心"具有非常重要的意义。他说:"仁义礼智,性也;恻隐、羞恶、辞让、是非,

---

① 《王阳明全集·语录一·传习录·上》。
② 《王阳明全集·语录二·传习录·中》。
③ 《王阳明全集·语录一·传习录·上》。
④ 《朱子语类》第 210 页。
⑤ 《朱文公文集·答林择之》。

情也;以仁爱、以义恶、以礼让、以智知,心也。性者,心之理也;情者,心之用也;心者,性、情之主也。"①"性是体,情是用,性情皆出于心,故心能统之。统,如统兵之统,言有以主之也。"②另一方面,"理一分殊",体现在万事万物之中,因此必须通过"道问学"才能认识、把握并践行天理,使天理与人心合一。实际上,正是因为朱熹也强调"尊德性"的重要性,强调了内心省察涵养,强调了"居敬"的重要性,这使得包括某些江右王门学派学者在内的阳明后学有可能从程朱理学中汲取营养,把程朱理学的"尊德性"论融入其心学理论之中——此是后话。

问题在于,正是其对即物穷理的强调,后世很多程朱理学研习者往往把格物视为对客观知识的追求和掌握,认为掌握了相关的知识就把握了天理,于是以此作为自己的目标追求——方法途径异化为目标本身,成仁成圣,达到圣人精神境界的目标反而在相当程度上被遗忘。推崇程朱理学的晚明东林学派的领袖顾宪成指出,程朱之后,"儒者大都牵制训诂,以耳目帮衬,以口舌支吾,矻矻穷年,无益于得,弊也久矣。阳明为提出一心字,可谓对症之药。"③

王阳明的对症之药,就是强调"心"是世界的最高存在或者说绝对存在,具有决定性、支配性的地位,对客观知识的追求和掌握并不能提高人的道德价值,也无助于人达到圣人的精神境界——为学的目标只能是追求达到圣人的精神境界。王阳明强调,"人者,天地万物之心也,心者,天地万物之主也。心即天,言心则天地万物皆举之矣。"④"耳目口鼻四肢,身也,非心安能视听言动?心欲视听言动,无耳目口鼻四肢亦不能,故无心则无身,无身则无心,但指其充塞处言之谓之身,指其主宰处言之谓之心。"⑤人世间的道德规范和道德价值本质上是由人心赋予的,而不是一种客观的自然存在,因此,儒家名教纲常或者说天理只能存在于人的心中,也就是说,"心"的本质本身就是"天理"。王阳明说:"心,一而已,以其全体恻怛而言谓之仁,以其得宜而言谓之义,以其条理而言谓之理。""心即理也,天下又有心外之事,心外之理乎?"⑥一切不存在于人的内心之中的事物是没有意义的。对每个人来说,既然世界只能存在于心中,因而不需要向外部世界探求天理。儒家的名教纲常之所以是天理,也只能是因为它们

---

① 《朱文公文集·元亨利贞说》。
② 《朱子语类》第2513页。
③ 顾宪成:《泾皋藏稿·与李见罗先生书》。
④ 《王阳明全集·答季明德》。
⑤ 《王阳明全集·语录一·传习录·上》。
⑥ 《王阳明全集·语录一·传习录·上》。

存在于人的心中。王阳明指出:

> 夫礼也者,天理也。天命之性,具于吾心,其浑然全体之中,而条理节目森然毕具,是故谓之天理。天理之条理谓之礼。是礼也,其发见于外,则有五常百行,酬酢变化,语默动静,升降周旋,隆杀厚薄之属,宣之于言而成章,措之于行而成行,书之于册而成训,炳然蔚然,其条理节目之繁,至于不可穷诘,是皆所谓文也。①

> 夫物理不外于吾心,外吾心而求物理,无物理矣;遗物理而求吾心,吾心又何物邪?心之体,性也,性即理也。故有孝亲之心,即有孝之理,无孝亲之心,即无孝之理矣。有忠君之心,即有忠之理,无忠君之心,即无忠之理矣。理岂外于吾心邪?②

王阳明基本上继承了传统的观念,他认为,"心"既是一种生理的存在,是人的感觉和知觉的源泉,又是人的道德意识和道德判断的源泉。人之所以为人,正是因为"心"存在,"哀莫大于心死"。也就是说,"心"既是一种形而上的本体存在,又是一种形而下的经验存在。从经验上说,人的全部的知觉来源于"心",取决于"心","心不是一块血肉,凡知觉处便是心。如耳目之知视听,手足之知痛痒,此知觉便是心也。"③作为一种形而上存在,"心"具有超越性,它赋予天地万物以价值和意义。正因为如此,"心"是天地万物以价值和意义的源泉。所谓天理,只是"吾心之良知",王阳明说:

> 所谓汝心,亦不专是那一团血肉……所谓汝心,即是那能视听言动的,这个便是性,便是天理。有这个性,才能生这性之生理,便谓之仁。这性之生理,发在目,便会视,发在耳,便会听,发在口,便会言,发在四肢,便会动。都只是那天理发生。以其主宰一身,故谓之心,这心之本体,原只是个天理,原无非礼。④

---

① 《王阳明全集·博约说》。
② 《王阳明全集·语录二·传习录·中》。
③ 《王阳明全集·语录三·传习录·下》。
④ 《王阳明全集·语录二·传习录·中》。

既然"心"的本质即是天理,因此,"吾心之良知,即所谓天理也。"①反过来说也是一样,所谓天理,说到底就是人的良知本身,也就是说,良知并不仅仅是心的功能,而是与"心"一样,既是一种现实的存在,又是一种超越性的存在。作为一种现实性存在,"良知"既为人提供了现实的道德判断准则,也是人的道德信念和道德情感的具体表现。他强调:

> 良知只是个是非之心,是非只是个好恶,只好恶就尽了是非,只是非就尽了万事万变。②

> 夫良知之于节目时变,犹规矩尺度之于方圆长短也。节目时变之不可预定,犹方圆长短之不可胜穷也。故规矩诚立,则不可欺以方圆,而天下之方圆不可节目胜用矣;尺度诚陈,则不可欺以长短,而天下之长短不可胜用矣。良知诚致,则不可欺以节目时变,而天下之节目时变不可胜应矣。③

正是因为每个人都拥有良知,人才能够在纷繁复杂的现实生活中自然而然地做出准确的道德判断。"见父自然知孝,见兄自然知弟,见孺子入井自然知恻隐,此便是良知。"④

作为一种普遍性、超越性的存在。"良知只是一个天理,自然明觉发见处,只是一个真诚恻怛,便是他本体。"⑤也就是说,良知本体又不是一种经验现象的存在,其本质是一种虚无。既然是一种超越性的虚无,即无法用知觉或理性去把握。王阳明说:"良知本体原来无有,本体只是太虚。太虚之中,日月星辰雨露风霜阴霾噎气,何物不有?而又何一物得为太虚之障?人心本体亦复如是,太虚无形,一过而化,亦何费纤毫之力?"⑥王阳明的这一论断,对阳明后学产生了巨大的影响——此是后话。

也正是因为每个人都具有"良知",所以,无论是谁,只要发挥自身固有的"良知",就能够达到圣人的境界,在日常生活实践中自然而然地与儒家名教纲常保持一致,也就是说,每个人都有可能成为圣人。王阳明说:

---

① 《王阳明全集·语录二·传习录·中》。
② 《王阳明全集·语录三·传习录·下》。
③ 《王阳明全集·语录二·传习录·中》。
④ 《王阳明全集·语录一·传习录·上》。
⑤ 《王阳明全集·语录二·传习录·中》。
⑥ 《王阳明全集·年谱三》。

> 心之良知谓之圣。圣人之学,惟是致此良知而已。……愚不肖者,虽其蔽昧之极,良知又未尝不存也。苟能致之,即与圣人无异矣。此良知所以为圣愚同具,而人皆可以为尧舜者,以此也。①

进而言之,由于"心外无物",所以致良知的结果必然是与天地万物为一体。换言之,通过致良知即能够从而奠定治国平天下的精神基础,实现人生和社会理想。王阳明说:

> 天地万物,本吾一体者也,生民之困苦荼毒,孰非疾痛之切于吾身者乎?不知吾身之疾痛,无是非之心者也。是非之心,不虑而知,不学而能,所谓良知也。良知之在人心,无间于圣愚,天下古今之所同也。世之君子惟务致其良知,则自能公是非,同好恶,视人犹己,视国犹家,而以天地万物为一体,求天下无治,不可得矣。②

圣人所追求的精神境界其实正是以天地万物为一体:

> 大学者,昔儒以为大人之学矣。……大人者,以天地万物为一体也。其视天下犹一家,中国犹一人焉……大人之能以天地万物为一体也,非意之也,其心之仁本若是。③

问题是,既然每个人都具有"良知",那么,有些人为什么没有能够使人在日常生活实践中做出正确的道德判断,从而在日常生活实践中自觉地遵守儒家名教纲常呢?王阳明的解释是,这是因为人必然受到外部世界的诱惑,产生了"物欲",因而蒙蔽了良知。王阳明指出,"良知"被蒙蔽,虽然本身不会遭受任何损害,却使之不能发挥应有的作用。他说:

> 性无不善,故知无不良。良知即是未发之中,即是廓然大公,寂然不动

---

① 《王阳明全集·书魏师孟卷》。
② 《王阳明全集·语录二·传习录·中》。
③ 《王阳明全集·续编一·大学问》。

之本体,人之所同具者也。但不能不昏蔽于物欲。故须学以去其昏蔽,然于良知之本体,初不能有加损于毫末也。知无不良,而中寂大公未能全者,是昏蔽之未尽去,而存之未纯耳。①

因此,所谓致良知,无非是如何使每个人固有的良知本体不受蒙蔽,只要良知本体不受蒙蔽而自然发用流行,自然而然就会达到圣人的精神境界。

王阳明十分自信地认为,自己发现了或者说悟到了人世间的绝对真理,他声称,"致良知"是"千古圣圣相传的一点真骨血"②,"良知""二字真吾圣门正法眼藏"。③ 圣人之所以是圣人,其实并无特别的奥秘,只不过是其内在的良知发用流行了,"圣人只是顺其良知之发用,天地万物,俱在我良知的发用流行中,何尝又有一物,超乎良知之外,能作得障碍!"④而这,其实是每个人都可以做到的。"人若知这良知诀巧,随他多少邪念妄思,这里一觉,都自消融,真是个灵丹一粒,点铁成金。"⑤

王阳明声称,这并不是他本人独出心裁,实际上,《大学》所强调的格物致知就是要求人们"致良知":

> 若鄙人所谓致知格物者,致吾心之良知于事事物物也。吾心之良知,即所谓天理也。致吾心良知于事事物物,则事事物物皆得其理矣。致吾心之良知者,致知也,事事物物皆得其理者,格事也。是合心与理为一者也。⑥

王阳明指出,正是由于受物欲的蒙蔽,人的固有的"良知"才不能自动地发用流行,所以需要人付出不懈的努力以"致良知",需要有致良知工夫。无论对王阳明本人还是对阳明后学而言,这毫无疑问都是至关重要的,是"作圣之功"。这正是人的努力方向和使命,是实现个人社会价值的唯一正确选择。

由于每一个人的禀赋和境遇不同,致良知工夫不可能也不应该千篇一律,也就是说,每个人都要探寻合乎自身特征的成仁成圣的方法途径。"圣人教人,

---

① 《王阳明全集·语录二·传习录·中》。
② 《王阳明全集·年谱二》。
③ 《王阳明全集·文录二》。
④ 《王阳明全集·语录三·传习录·下》。
⑤ 《王阳明全集·语录三·传习录·下》。
⑥ 《王阳明全集·语录二·传习录·中》。

不是束缚他通做一般。只如狂者便从狂处成就他,狷者便从狷处成就他。人之才气如何同得?"①"圣人何能拘得死格?大要出于良知同,便各为说何害。且如一园竹,只要同此枝节,便是大同。若拘定枝枝节节,都要高下大小一样,便非造化妙手矣。汝辈只要去培养良知,良知同,更不妨有异处。"②

众所周知,儒家经典著作对道德修养方法途径进行了广泛的探讨,尤其是探讨了道德修养过程中和惟精与惟一、博文与约礼、明善与诚身,道问学与尊德性,尽精微与致广大,道中庸与极高明,格物致知与正心诚意,穷理与尽性等范畴之间的关系,产生了极其深远的影响。王阳明指出,所有这些,无非就是强调致良知,或者说可以统一到其良知学之中。包括江右王门学派在内的阳明后学要深究良知学理论,当然也必须对这些问题展开深入探讨,不过并没有达到共识,而是引起了激烈的争议。

龙场"悟道"后,王阳明即认为,人的"作圣之功"就是"求诸心"。在揭出良知说之前,王阳明认为"作圣之功"包括"静的工夫"和"动的工夫"两个方面。在正式揭示出良知说之后,王阳明则强调必须动静结合以致良知。

所谓"静的工夫",就是要求人们随时静坐息虑,在"静处体悟""无事时存养""防于未萌之先"。这是因为,人在现实生活中忙忙碌碌,容易受到外部世界的诱惑,从而使自己的心体被蒙蔽。因此,人首先必须能够安静下来,恢复"无视无听,无思无作,淡然平怀"的心体。在静处体悟到自己心体的存在,防范和消除外部世界的各种诱惑,他说:

> 君子之学,以明其心。其心本无昧也,而欲为之蔽,习为之害,故去蔽与害而明复,非自外得也。心犹水也,污入之而流浊;犹鉴也,垢积之而光昧。孔子告颜渊克己复礼为仁,孟轲氏谓万物皆备于我,反身而诚。夫己克而诚,固无待乎其外也。③

人不仅必须在"无事时存养""防于未萌之先",更需要在"有事时省察""克于方萌之际",在"事上磨炼"④,也就是"动的工夫"。毕竟,世界纷繁复杂,人必

---

① 《王阳明全集·语录三·传习录·下》。
② 《王阳明全集·语录三·传习录·下》。
③ 《王阳明全集·别黄宗贤归天台序》。
④ 《王阳明全集·语录二·传习录·中》。

须面对复杂的现实,承担起各种责任和义务,很难"无视无听,无思无作,淡然平怀"。但是,人可以在任何情况下基于自身的心体做出准确的判断——实际上,这才是道德修养的关键所在。据《传习录》记载:

> 有一属官,因久听先生讲学,曰:"此学甚好,只是簿书讼狱繁难,不得为学。"先生闻之曰:"我何尝教尔离了簿书讼狱,悬空去讲学?尔既有官司之事,便从官司的事上为学,才是真格物。如问一词讼,不可因其应对无状,起个怒心。不可因他言语圆转,生个喜心。不可恶其嘱托,加意治之,不可因其请求,屈意从之,不可因自己事务繁冗,随意苟且断之,不可因旁人谮毁罗织,随人意思处之:这许多意思皆私,只尔自知,须精细省察克治,惟恐此心有一丝偏倚,枉人是非,这便是格物致知。簿书讼狱之间,无非实学,若离了事物为学,却是著空。"①

对王阳明而言,所谓致良知功夫,无论是"静的工夫"还是"动的工夫",追求的是一种超越性的精神境界,也就是圣人的精神境界。质而言之,只要达到了圣人的精神境界,就能够在纷繁复杂的现实生活中应付自如,游刃有余,自然而然地与天理完全一致。为学根本就不需要脱离现实,而必须基于现实,在日常生活实践中承担起社会责任。

实际上,正是因为人在纷繁复杂的社会生活中受到诱惑,产生物欲,才使良知被蒙蔽,因此,人首先必须有"静的工夫",并在此基础上"省察克治",这样才能彻底根除一切有违名教纲常的思想和念头。王阳明强调:

> 教人为学,不可执一偏。初学时心猿意马拴缚不定,其所思虑多是人欲一边,故且教之静坐息虑。久之,俟其心稍定,只悬空静守,如槁木死灰,亦无用,须教他省察克治。省察克治之功,则无时而可间。如去盗贼,须有个扫除廓清之意,无事时将好色、好货、好名等私,逐一追究搜寻出来,定要拔除病根,永不复起,方始为快……到得无私可克,自有端拱时在。②

由于"心外无物",王阳明的所谓的"事上磨炼"的"动"的工夫,指向的同样

---

① 《王阳明全集·语录三·传习录·下》。
② 《王阳明全集·语录一·传习录·上》。

是"心"本身而不是日常生活实践行为,或者说指的并不是日常生活的道德实践。换言之,"动"的功夫指的是在具体生活实践中努力清除一切有可能产生物欲的念头,如"好色、好货、好名"等等。王阳明强调,清除了一切有可能产生物欲的念头,达到了圣人的精神境界,人的行为自然而然地会与儒家名教纲常完全一致。对王阳明而言,无论是"静的工夫"还是"动的工夫",其目标都是一致的,即存天理,灭人欲,"静时念念去人欲,存天理,动时念念去人欲,存天理"。①

王阳明后来发现,把"求诸心"的工夫区分为"静的工夫"和"动的工夫"容易被误解,并产生消极后果。他发现,过于强调"静的工夫"的意义,可能会误导一些人"专欲绝世故,屏思虑,偏于虚静,则恐既已养成空寂之性,虽欲勿流于空寂不可得矣"。② 这就严重背离了其宗旨。在揭示出良知说后,王阳明强调"良知本体元是无动无静的",因此致良知必须动静结合。他说:

> 未发之中即良知也,无前后无内外而浑然一体者也。有事无事可以言动静,良知无分于有事无事也。寂然感通可以言动静,而良知无分于寂然感通也。动静者,所遇之时也,心之本体固无分于动静也,理无动静者也。动即为欲,循理则虽酬酢万变而未尝动也。从欲则虽槁心一念而未尝静也。动中有静,静中有动,又何疑乎?③

王阳明从"体"和"用"的角度分析了"心"的"动"和"静"。他指出:

> 心无动静者也。其静也者以言其体也,其动也者以言其用也,故君子之学无间于动静。其静也,常觉而未尝无也,故常应。其动也,常定而未尝有也,故常寂。常应常寂,动静皆有事焉,是谓之集义……心一而已,静其体也,而复其其根,是挠其体也。动其用也,而惧其易动也,是废其用也。故求静之心即动也,恶动之心非静也,是动亦动,静亦动,将迎起伏,相寻于无穷矣。④

---

① 《王阳明全集·语录一·传习录·上》。
② 《王阳明全集·文录二·与刘元道》。
③ 《王阳明全集·语录二·传习录·中》。
④ 《王阳明全集·文录二·与伦彦式》。

如果体用不分,必然产生误解,并导致严重后果。王阳明指出:

> 吾昔居滁时,见诸生多务知解,口耳异同,无益于得,姑教之静坐,一时窥见光景,颇收近效。久之渐有喜静厌动,流入槁枯之病,或务为玄解妙觉,动人听闻。故迩来只说致良知。良知明白,随你静处体悟也好,随你去事上磨炼也好,良知本体元是无动无静的,这便是学问头脑。①

不过,正如我们前面所指出的,"主静""无欲"是宋明理学家一贯的、基本的主张。王阳明也不可能否定"静"的工夫的重要性,只不过后来强调必须动静结合而不可分。但阳明后学,如江右王门学派的聂豹、罗洪先着重强调了"静"的重要性,提出了其"归寂""主静"说——此是后话。

王阳明指出,彻底根除了人欲,人就能够达到与天地万物为一体的境界,"其精神流贯,志气通达而无有人己之分,物我之间",这是一种精神高度自由的境界,也正是圣人的精神境界。他说:

> 夫圣人之心以天地为一体,其视天下之人无内外远近,凡有血气,皆其昆弟赤子之亲,莫不欲安全而教养之,以遂其万物一体之念。天下之人心,其始亦非有异于圣人也,特其间于有我之私,隔于物欲之蔽,大者以小,通者以塞,人各有心,至有视其父子兄弟如仇仇者。圣人忧之,是以推其天地万物一体之仁,以教天下,使之皆有以克其私,去其蔽,以复其心体之同然。②

在一个物欲横流、社会动荡不安的时代,人们不仅仅需要有关的伦理道德知识——程朱理学的普及实际上已经使相关的知识为社会所普遍认知,社会更需要的是人们实践儒家名教纲常,而不是拥有相关的知识,实际上,社会上满口仁义道德,满腹男盗女娼的现象比比皆是。王阳明呼唤"良知",强调"性无不善,知无不良",只要唤起人们的内在的"良知",让每个人内在的良知充分发挥出来,强调这是把儒家的伦理道德规范落到实处,使社会和谐安宁充分必要条件。而且,这是人人都可以做到的事,每个人都可以通过"致良知"的功夫,实现

---

① 《王阳明全集·语录三·传习录·下》。
② 《王阳明全集·语录二·传习录·中》。

成仁成圣的目标,达到圣贤的境界。这可以说是时代的呼唤!王阳明本人的文治武功更为其理论增添了巨大的魅力。正因为如此,尽管嘉靖年间阳明心学长期遭到政治上的压制,被一些人攻击为异端邪说,但依然很快在社会上传播开来,"流风所被,倾动朝野"①,形成社会影响巨大的阳明学派。经过阳明后学的不懈努力,王阳明的成就最后获得最高统治者的认可,隆庆元年(1567)五月,明穆宗降诏旌褒,"特赠新建侯,谥文成,锡之诰命……永为一代之宗臣。"②

第四节　良知何在

尽管王阳明五十岁时才正式揭示出其良知说,但无论对于王阳明本人还是阳明后学而言,良知说具有至关重要的意义。王阳明自己也声称,"吾平生讲学,只是致良知三字"。③ 包括江右王门学派在内的阳明后学也基本上是围绕着什么是良知以及如何致良知而展开的。对于王阳明而言,他思考研究的目标宗旨非常明确,就是为了教育和引导人们在日常生活实践中致良知,通过"致良知"实现成仁成圣的目标,达到圣人的"以天地万物为一体"的精神境界。在王阳明看来,理论上的探究固然非常重要,但如果没有日常生活实践中的具体的致良知工夫,不能够教育和引导人们追求达到圣人的精神境界,在日常生活实践中自然而然地践行名教纲常,所有的理论研究只不过是空谈或玄想。他反复强调,"致良知"是否真实有效,是否能达到目标,只能体现在其生活实践之中,体现在其对家庭、社会和国家履行责任和义务的过程中。

对于王阳明而言,他坚信自己体悟到了人世间的绝对真理,体悟到了达到圣人精神境界的方法途径。他充满自信并收获了众多的追随者。然而,我们知道,任何一种学术思想理论要表达出来并得以在社会上传播,必须诉诸理性的语言和逻辑,而个人所体悟到的东西未必能够用语言和逻辑准确无误地表达出来,同时,个人所体悟到的东西未必能够经得住理性和逻辑的检验。我们可以看到,无论王阳明本人多么自信,无论其良知学多么适应时代需要,多么富有魅力,在诉诸语言和逻辑以后,即会彰显出深刻的内在矛盾。正是这种深刻的内

---

① 《明史·王守仁传》。
② 《王阳明全集·附录》。
③ 《王阳明全集·寄正宪男手墨二卷》。

在矛盾,使阳明后学在对什么是良知以及如何致良知方面有着不同的理解和判断,并由此分裂成不同的学术思想流派。

简单地说,阳明学的内在矛盾源于王阳明在理论上无法解决"心"和"物",本体与工夫之间的关系问题。王阳明强调,"心外无物",客观存在的事物只有在人的"心"中才有意义。天理内在于人心,而不能视为是一种外部性的客观存在,要使人的视听言动与天理保持绝对一致,只能是使人的内在的良知本体发用流行,否则即不可能做到这一点。反过来说,如果儒家名教纲常即天理不是内在于人的心中,那只是说在嘴上,写在纸上的东西,自然不能视为天理。然而,从实践的角度而言,就算人必须生活在有意义的世界中,"物"只有在人的"心"中才有意义,但人不得不面对未知的,或者说没有进入人的"心"中的外部世界。王阳明承认,"心"既是一种生理的存在,是人的感官功能器官,又是一种超越性的形而上的存在。但如何认识处理这两者之间的关系,却是非常麻烦的。首先,"心"可以视为超越性的形而上的本体存在,那么,什么是"心之本体"呢?王阳明有不同的论述:

> 至善者心之本体也。心之本体哪有不善?如今要正心,本体上如何用得功?必就心之发动处才可著力也。心之发动不能无不善,故须就此著力,便是诚意。①
> 这心之本体原只是个天理,原无非礼,这个便是汝之真己,这个真己是躯壳的主宰。②
> 知是心之本体。心自然会知。见父自然知孝,见兄自然知弟,见孺子入井自然知恻隐。此便是良知,不假外求。③
> 定者,心之本体,天理也。动静,所遇之时也。④

这就是说,"心"尽管是一种生理性存在,但要认识其本质,却不能停留在经验现象上,而必须从形而上的高度认识,换言之,必须把"心"视为一种形而上的本体存在——这是王阳明建立其心学理论的基础。问题的关键在于,"心之本

---

① 《王阳明全集·语录三·传习录·下》。
② 《王阳明全集·语录一·传习录·上》。
③ 《王阳明全集·语录一·传习录·上》。
④ 《王阳明全集·语录一·传习录·上》。

体"或良知本体如何运用于具体的生活实践中呢？从逻辑上说，"心之本体"或者说良知本体的运用，首先是"心"的感官功能的发挥，也就是日常生活中具体的视听言动，但两者之间的具体关系是什么呢？这就必须从理论上说明"心之本体"或者说良知本体是如何具体运用的。然而，这是一个极其麻烦，而且几乎是无法从逻辑上论证清楚的问题。

众所周知，在中国文化传统中，"心"作为一种生理的存在，决定着人的各种感官功能的发挥，人的喜怒哀乐等等来源于"心"并取决于"心"。显而易见，人的喜怒哀乐等等感官体验显然只是"心"的具体功能，而不能说是"心"的本质。儒家经典著作认为，要认识"心"的本质，则必须从其感官功能发挥之前，也就是所谓的"未发之中"去认识，只有在"未发之中"，在"心"的具体感官功能发挥之前，才能认识到"心"的本质。这就意味着必须把"心"的本质与其具体实际功能区分开来，而不能混为一谈。《中庸》云："喜怒哀乐未发谓之中，发而皆中节谓之和。"在具体感官功能发挥之前，"心"是一种"寂然不动"的本然状态，这是其感知天下万物的基础。《易传·系辞上》："易无思也，无为也，寂然不动，感而遂通天下之故。"《周易正义》云："寂然不动，感而遂通天下之故者，既无思无为，故寂然不动，有感必有应，万事皆通，是感而遂通天下之故也。故谓事，故言通天下万事也。"问题的关键在于如何认识和理解"寂"和"感"，"未发"和"已发"的性质及其关系。

然而，所谓的"未发之中"，所谓的本然状态，人们是无法体验和感知到的，因为感知和体验即意味着"已发"。如何在理论上阐明"寂"和"感"，"未发"和"已发"的性质及其关系，无疑是极其麻烦的，人们历来歧见纷纭。王阳明将"心"的"寂"和"感"统一于良知，认为良知既是"心"的本质存在，又是"心"的现象存在，也就是说，寂然为良知之寂然，感通为良知之感通，寂在感中，即感之本体，感在寂中，即寂之妙用，"寂"和"感"是不能分离的。"盖体用一源，有是体即有是用，有未发之中，即有发而中节之和。"①他说：

> 喜怒哀乐之未发，则是指其本体而言，性也。……喜怒哀乐之与思与知觉，皆心之所发。心统性情，性，心体也，情，心用也。程子云：心，一也，有指体而言者，寂然不动是也，有指用而言者，感而遂通是也。斯言既无以

---

① 《王阳明全集·传习录·上》。

加矣。执事姑求之体用之说。夫体用一源也,知体之所以为用,则和用之所以为体者矣。虽然,体微而难知也,用显而易见也。……君子之于学也,因用以求其体。①

也就是说,王阳明把"心"的"未发"和"已发"视为"体"和"用","已发"为体,"未发"为用。"为学"或者说道德修养的关键在于"因用以求其体",在日常生活实践中使"心之本体"或者说良知本体发作流行。不过,王阳明强调,体用一源,密不可分,"心不可以动静分体用,动静时也,即体而言用在体,即用而言体在用,是谓体用一源。若说静可以见体,动可以见用,却不妨。"②问题在于,"心"一旦"已发",即表现为喜怒哀乐与思与知觉,这其中必然包含着大量的"恶"的存在,那么"恶"到底是怎么产生的?人们究竟应当如何"因用以求其体",如果说"即体而言用在体,即用而言体在用",那么,人们如何区分"未发"和"已发",如何在静中见体,在动中见用呢?如何确保人们不把"已发",把人的自然情识误为心之本体呢?王阳明的认识和表述并不是很清楚。

在良知本体与致良知工夫的关系方面,王阳明反复强调,每个人都拥有良知,只要依照良知行事,便能够成仁成圣。问题在于,人的内在的良知本体并不会自然而然地发挥作用,并不是每个人都能够自觉地致良知。正因为如此,致良知工夫非常重要,不可或缺。王阳明反复强调:"尔那一点良知是尔自家底准则,尔意念着处,他是便知是,非便知非,更瞒他一些不得。尔只不要欺他,实实落落依着他去做。"③"人孰无良知乎?独有而不能致之耳。……良知也,是所谓天下之大本也。致是良知而行,则所谓天下之达道也。"④也就是说,必须通过致良知工夫使得良知本体发用流行。然而,由于良知本体和良知运用并不是一回事,良知本体是一种形而上的存在,而良知运用则是一种形而下的经验存在,两者之间实际上存在着一条难以逾越的鸿沟,这使得王阳明无法在逻辑上阐明如何通过致良知工夫使得良知本体发用流行。

王阳明指出,良知是"未发之中"的"廓然大公,寂然不动之本体",良知既然是一种本体存在,那就意味着它既不是人的知识,也不是人的理性,更不是人

---

① 《王阳明全集·文录一·答汪石潭内翰》。
② 《王阳明全集·语录一·传习录·上》。
③ 《王阳明全集·语录三·传习录·下》。
④ 《王阳明全集·文录五·书朱守谐卷》。

的感觉情识。因此,良知本体既无法以理性把握,也无法直接感知。显然,作为一种超越性的或者说形而上的存在,良知在逻辑上就不应当有"昏蔽于物欲"的可能——外部世界和人的各种具体的、客观的事物怎么可能污染形而上的"廓然大公,寂然不动之本体"良知本体呢?王阳明声称,"体即良知之体,用即良知之用","良知"即是天理,而且良知无所不在,"盖日用之间,见闻酬酢,虽千头万绪,莫非良知之发用流行"。① 也就是说,"体"和"用"其实是一致的,是一回事。从逻辑上说,如果人世间的"见闻酬酢"都是良知的发用流行的话,世界上还有"恶"的存在吗?如果没有"恶"的存在,自然也就不需要所谓的致良知工夫了。

王阳明声称:"至善者心之本体。本体上才过当些子,便是恶了。不是有一个善,却又有一个恶来相对也。故善恶只是一物。"② "或曰:人皆有是心,心即理,何以有为善,有为不善?先生曰:恶人之心失其本体。"③ 然而,既然"性无不善,故知无不良。良知即是未发之中,即是廓然大公,寂然不动之本体,人之所同具者也。"④ 怎么会有人"失其本体"呢?又是什么使之"失其本体"呢?如果说恶是善的"过"或"不及",那么这一切是如何发生的呢?良知本体难道不能自动地矫正吗?王阳明只能归结于"物欲"。然而,如果说良知本体作为一种形而上的、超越性的存在,并不是外在于人的客观存在,只能上内在于人的一切视听言动之中。那么,人的"物欲"何来?换言之,如果"体即良知之体,用即良知之用",那么,逻辑上根本不应当存在与"良知"相对立的"物欲",如果没有"物欲",自然就不会有"恶"的存在,"致良知"工夫也就是无的放矢,失去了存在的依据,既无必要,也无可能。

经验告诉人们,人的"物欲"是一种无法否认的现实存在,人世间"恶"的存在是一种不言而喻的事实。王阳明称,正是因为"物欲"昏蔽了良知本体,才导致人"心"不正,才导致内在的良知本体不能发用流行。那一方面意味着,"物欲"是一种外在于"心"或者"良知"本体的客观存在的事实。更为重要的是,"物欲"尽管可以说成是外部诱惑的结果,但同样不容否认的是,这更是人主动追求的结果,是出自内心的追求,是"意之所发",而不能说是人的无心之失。如

---

① 《王阳明全集·语录二·传习录·中》。
② 《王阳明全集·语录三·传习录·下》。
③ 《王阳明全集·语录一·传习录·上》。
④ 《王阳明全集·语录二·传习录·中》。

果认定"物欲"是一种外在于"心"或者"良知"的客观存在,并且对人的日常生活实践产生深刻影响,那就意味着"心外无物"的理论基础是有问题的。所谓"盖日用之间,见闻酬酢,虽千头万绪,莫非良知之发用流行"之说不仅不符合经验事实,逻辑上也难以成立。

尽管良知本体和良知运用之间存在着一条明显的鸿沟,但王阳明始终强调可以而且必须通过致良知工夫使良知本体发用流行,"体"和"用"可以而且必须是一致的。毫无疑问,这只是王阳明所追求的理想境界。作为一种理想境界,自然具有超越性。进而言之,在王阳明看来,一旦达到了这一理想境界,良知本体即自然发用流行,人们也就自然而然地会与儒家名教纲常保持绝对的一致。问题的关键在于,必须找到并提供达到这一理想境界的方法途径,并提供严格的理论证明。换言之,如果说致良知就是使良知本体发用流行的话,那么就必须阐明良知本体是如何发用流行的,或者说,良知本体发用流行的机理和机制是什么,人如何通过努力使良知本体发用流行。具体地说,他必须在逻辑上证明通过致良知工夫即可以使良知本体发用流行,而绝不能简单地断言良知本体与致良知工夫是一致的。由于王阳明本人并没有提供严格的理论证明,包括江右王门学派在内的阳明后学则试图面对和解决这一重大问题。

实际上,由于良知本体实际上是一种形而上的存在,在经验上看不见,摸不着,既不是人的理性,也不应当是人的感觉意识,同时也不是能够通过理性或感觉意识所能体验到的。这就意味着,人们实际上很难在逻辑上严格说明良知本体如何在日常生活实践中发用流行。中国佛学理论提供了可资参考借鉴的资源,或者说,人们只能从佛学理论中寻找帮助。中国佛学告诉人们,人可以而且必须通过"顿悟"或"渐悟"的方式感悟到心性本体,一旦感悟到心性本体的存在,便意味着对世界洞察无遗,达到无差别的精神境界。通过借鉴佛学理论,王阳明把"悟"作为良知本体与致良知工夫之间的通道或桥梁,通过"悟"到良知本体,使良知本体发用流行。正因为如此,佛学,尤其是禅学是阳明学极其重要的理论基础。王阳明对此并不讳言。有人问他是不是可以吸收佛教和道家的资源?他说:"圣人尽心至命,何物不取?何待兼取?二氏之用皆我之用,即吾尽性至命中完养此身谓之仙,即吾尽性至命中不染世累谓之佛。"[1]他明确指出:

---

[1] 《王阳明全集·年谱二》。

圣人致和之功至诚无息,其良知之体皎如明镜,略无纤翳。妍媸之来,随物见形,而明镜曾无留染,所谓"情顺万物而无情"也。"无所住而生其心",佛氏曾有是言,未为非也。明镜之应物,妍者妍,媸者媸,一照而皆真,即是"生其心"处。妍者妍,媸者媸,一过而不留,即是"无所住"处。①

王阳明把"悟"作为良知本体与致良知工夫之间的通道或桥梁,与佛学,尤其是禅学具有很大的相似性。他的这一做法当时即被人清楚地认识到并遭到强烈非议。不少学者认为,阳明学本质上就是一种禅学。陈建(1497—1567,字廷肇,号清澜)说:"阳明一生讲学,只是尊信达摩、慧能,只是欲合三教为一,无他伎俩。"②现代研究也指出,王阳明的诸多理论概念源于禅宗佛学理论。③ 所谓"参透"良知,正是"悟"的过程和结果,这确实是佛教所倡导的修行方法,但王阳明强调,虽然悟到良知本体与佛教修行在方法途径上是相似甚至是一致的,两者的目标根本不同。他说:

夫禅之学与圣人之学,皆求尽其心也,亦相去毫厘耳。圣人之求其尽心也,心天地万物为一体也。吾之父子亲矣,而天下有未亲者焉,吾心未尽也。吾之君臣义矣,而天下有未义者焉,吾心未尽也。吾之夫妇别矣,长幼序矣,朋友信矣,而天下有未别,未序,未信者焉,吾心未尽也。……禅之学非不以心为说,然其意以为是达道也者,固吾之心也,吾惟不昧吾心于其中则已矣,而亦岂必屑屑于其外,其外未有当也,则亦岂必屑屑于其中。斯亦其所谓尽心者矣,而不知已陷于自私自利之偏。是以外人伦,遗事物,以之独善或能之,而要之不可以治家国天下。盖圣人之学无人己,无内外,一天地万物以为心;而禅之学起于自私自利,而未免于内外之分,斯其所以为异也。④

从理论上说,王阳明的这一说法有一定的说服力。问题在于,人如何才能在日常生活实践中"顿悟"或"渐悟"良知本体?这是一个无法回避的问题。

---

① 《王阳明全集·语录二·传习录中》。
② 陈建:《学蔀通辨·续编下》。
③ 关于王阳明对禅学的吸收利用,侯外庐主编的《宋明理学史》中有较为翔实论述。参见侯外庐主编:《宋明理学史》下册,第246—265页,人民出版社1997年版。
④ 《王阳明全集·文录四·重修山阴县学记》。

从逻辑上说,既然"心外无物",那么,人"顿悟"或"渐悟"良知本体的动力何来?换言之,人怎么才会主动地去"顿悟"或"渐悟"良知本体?王阳明强调,全部问题的关键在于"立志",人只要立志成为圣贤,即有动力"顿悟"或"渐悟"良知本体。王阳明指出,通过"立志",即可以从形而上的"无"走向形而下的"有",也就是无中生有。他说:"我此论学是无中生有的工夫,诸公须要信得及只是立志。学者一念为善之志,如树之种,但勿助勿忘,只管培植将去,自然日夜滋长,生气日完,枝叶日茂。树初生时,便抽繁枝,亦须刊落,然后根干能大。初学时亦然。故立志贵专一。"①他在致邹守益的信中说:

> 比遭家多难,工夫极费力,因见得良知两字比旧愈加亲切。真所谓大本达者,舍此更无学问可讲矣。……世间无志之人,既而见驱于声利词章之习,间有知得自己性分当求者,又被一种似是而非之学兜绊羁縻,终身不得出头。缘人未有真为圣人之志,未免挟有见小欲速之私,则此种学问,极足支吾眼前得过。是以虽在豪杰之士,而任重道远,志稍不力,即且安顿其中者多矣。②

王阳明反复强调立志的极端重要性,他说:

> 志不立,天下无可成之事,虽百工技艺,未有不本于志者。今学者旷废隳惰,玩岁愒时,而百无所成,皆由于志之未立耳。故立志而圣,则圣矣;立志而贤,则贤矣。志不立,如无舵之舟,无衔之马,漂荡奔逸,终亦何所底乎?③

> 夫学,莫先于立志。志之不立,犹不种其根而徒事培拥灌溉,劳苦无成矣。世之所以因循苟且,随俗习非,而卒归于污下者,凡以志之弗立也。……人苟诚有求为圣人之志,则必思圣人之所以为圣人者安在?非以其心之纯乎天理而无人欲之私欤?圣人之所以为圣人,惟以其心之纯乎天理而无人欲,则我之欲为圣人,亦惟在于此心之纯乎天理而无人欲耳。欲此心之纯乎天理而无人欲,则必去人欲而存天理。务去人欲而存天理,则必求

---

① 《王阳明全集·语录一·传习录·上》。
② 《王阳明全集·文录三·寄邹谦之》。
③ 《王阳明全集·教条示龙场诸生》。

所以去人欲而存天理之方。求所以去人欲而存天理之方,则必正诸先觉,考诸古训,而凡所谓学问之功者,然后可得而讲,而亦有所不容已矣。①

君子之于学也,犹农夫之于田也。既善其嘉种矣,又深耕易耨,去其螟蟊,时其灌溉,早作而夜思,皇皇惟嘉种之是忧也,而后可望于有秋。夫志犹种也,学问思辨而笃行之,是耕耨灌溉以求于有秋也。……从吾游者众矣,虽开说之多,未有出于立志者。②

王阳明承认,立志绝不是一件轻而易举的事。他指出,"夫久溺于流俗,而骤语以求圣人之事,其始也必将有自馁而不敢当;已而旧习牵焉,又必有自眩而不能决;已而外议夺焉,又必有自沮而或以懈。夫馁而求有以胜之,眩而求有以信中,沮而求有以进之,吾见立志之难能也已。"③他感慨道:"学之不明,已非一日,皆由有志者少。好德,民之秉彝,可谓尽无其人乎?然不能胜其私欲,竟沦陷于习俗,亦无志而已。故朋友之间,有志者甚可喜,而志之难立而易坠也,则亦深可惧也。"④

立志既然不容易,那么,人立志的动力何来?人为什么能够从"流俗"中幡然醒悟,见贤思齐,立志成为圣贤?对于程朱理学而言,问题显得比较简单,因为存在着超越一切的绝对的客观存在的天理,人性本善,人们在外部力量的教育和引导下完全可以立志追求天理,践行天理,也就是说,立志的动力可以来自外部环境和力量的引导和感召,而按照王阳明的"心外无物"的逻辑,人的立志的动力只能来源于"心"。问题在于,立志的目的正是使人的内在的良知本体发用流行,"以明其心",这在逻辑上显然是说不通的。正是人心或者说因为良知本体被物欲蒙蔽,人才不成其为圣贤,被物欲蒙蔽的心或者说因为良知本体又怎么可能为人立志提供动力呢?王阳明对此并没有解释。不过,人们一般也不会对此深究——自孔子以来,人必须立志成为圣贤被认为是不言而喻,不证自明的绝对真理。但从理论上或者说从逻辑上而言,这不能不说是个严重的问题。

更进一步说,即便发奋立志,努力"悟"到了良知本体,是否就一定能够良知

---

① 《王阳明全集·文录四·示弟立志说》。
② 《王阳明全集·文录四·赠郭善甫归省序》。
③ 《王阳明全集·文录四·赠林以吉归省序》。
④ 《王阳明全集·文录一·与戴子良》。

本体自然发用流行？对于王阳明及其弟子们而言,既要"明心见性",又不能"绝伦弃物",而只能在日常生活实践中"顿悟"或"渐悟"良知本体,使其在日常生活实践中发用流行,这正是阳明学巨大难题,实际上在逻辑上是难以解决的问题。不过,对王阳明而言,重要的是让人们认识到每个人都具有良知,只要发挥自身内在的良知,就能够在日常生活实践中完全与儒家名教纲常保持一致,就能够成仁成圣,没有必要在理论上纠缠。王阳明说：

> 诸君要识得我立言宗旨,我如今说个心即理是如何？只为世人分心与理为二,故便有许多病痛。其所为,要来外面做得好看,却与心全不相干。分心与理为二,其流至于伯道之伪而不自知。故我说个心即理,要使知心理是一个,便来心上做工夫,不去袭取于义,便是王道之真。此我立言宗旨。①

王阳明强调,问题的关键在于使良知本体与致良知工夫的一致,"知行合一",在日常生活实践中践行天理。对王阳明来说,既然"心外无物,心外无事,心外无理",一切统一于心,一切取决于心,所谓致良知就是根除一切不良念头,达到圣人的精神境界,因此,"知"和"行"在逻辑上是一回事,"知"就是良知,"行"就是良知本体的发用流行。他强调,根本不存在超越于内在体验的所谓的客观知识,至少,超越于内在体验的所谓的客观知识是没有意义的,知则必行,不行不足谓之知；真知则必行,不行终非真知,知行同是心的两个方面,即知即行。"知者行之始,行者知之成,知行不可分作两事。"②王阳明说：

> 凡谓之行者,只是着实去做这件事。若着实做学问思辨的功夫,则学问思辨也是行矣。学是学做这件事,问是问做这件事,思辨上思辨做这件事,则行亦便是学问思辨矣。若谓学问思辨之,然后去行,却如何悬空先去学问思辨得？行时又如何去得做学问思辨的事？行之明觉精察处,便是知；知之真切笃实处,便是行。若行而不能精察明觉,便是冥行,便是"学而不思则罔",所以必须说个知,知而不能真切笃实,便是妄想,便是"思而不

---

① 《王阳明全集·语录三·传习录·下》。
② 《王阳明全集·语录一·传习录·上》。

学则殆",所以必须说个行,元来只是一个工夫。"①

王阳明举例说:"就如称某人知孝,某人知弟,必是其人已曾行孝行弟,方可称他知孝知弟,不成只是晓得说些孝弟的话,便可称为知孝弟? 又如知痛,必是已自痛了,方知痛,知寒,必已自寒了,知饥,必已自饥了。知行如何分得开? 此便是知行的本体,不曾有私意隔断的。"②

因此,王阳明的结论是:"知行原是两个字说一个功夫,这一个功夫须作此两个字,方说得完全无弊病。"③这就是王阳明著名的"知行合一"论。

基于"知行合一"论在王阳明心学理论体系中的巨大重要性和现代人对它的误解,有必要在此作一些讨论。简单地说,王阳明对"知"和"行"的理解有所不同,不能在传统意义上理解王阳明的"知行合一"论。

众所周知,知行关系问题是中国学术史上的一个古老的论题,《尚书·说命》称,"知之非艰,行之惟艰"。也就是说,知和行并不是一回事,而且知易行难,这构成了中国的一个基本认知传统。人们所谓的"知",主要是指人对其外部世界和自己内心世界认识和反省的思想认识,既包括人对万事万物的客观的、理性的认识,也包括人对世界感悟和体验。"行"则是人的外在表现,如日常生活实践中的视听言动等。从伦理学的角度说,"知"可以视为道德知识和道德信念,"行"则是指人们的道德实践。人的外在行为表现是由其对其外部世界的认识和对自己内心世界的反省的结果决定的。但实际情况非常复杂,并不是一种简单对应的关系。从道德判断的角度看,良好的动机未必产生良好的行为后果,反过来,恶劣的动机也有可能歪打正着,产生令人敬佩的行为结果。尽管如此,人们有理由相信,"知"和"行"之间,动机与效果之间存在着可以认识和把握的规律。换言之,对于研究者而言,认识和把握"知"和"行"的关系对于研究人的道德信念、道德判断和道德行为非常重要。

如果说人的视听言动等外在表现在相当程度上是由其对其外部世界的认识和自己内心世界反省的结果决定的话,那就意味着,"知"是"行"的基础,"知"应当先于"行"。但由于人的大量的非理性因素和无意识的存在,使得人的"行"未必由其"知"决定和指导,更大的可能是先有"行",后有"知",人们在

---

① 《王阳明全集·答友人问·丙戌》。
② 《王阳明全集·语录一·传习录·上》。
③ 《王阳明全集·答友人问·丙戌》。

懵懵懂懂的行为后总结经验教训,指导未来,所谓"实践出真知"。显然,无论是理论上还在经验上,人们都不希望自己的行为是懵懵懂懂的,而是希望以知识和智慧指导实践,把握未来。这就意味着,"知"极其重要,但毫无疑问,仅仅是"知"远远不够,更重要的是"行"。"行"才是关键。从道德的角度说,最重要的就是在日常生活实践中认识并严格遵守一切道德规范,这是"知"的目的,也是需要付出巨大努力才能做得到的,故认为"知之非艰,行之惟艰"。这就是中国传统的知易行难说。宋代的理学家普遍认为,"知"是"行"的前提和基础,要严格遵守儒家名教纲常,首先必须学习和掌握相关的知识,掌握各种具体的道德规范,认识到遵守道德规范的重要性。程颐说:"不致知,怎生行得?勉强行得,安能持久?"[1]正因为如此,人需要读书学习,格物穷理。陆九渊虽然强调"吾心即是宇宙,宇宙即是吾心","知"是"心"的功能,但"知"依然具有优先地位,他说:"吾知此理即乾,行此理即坤。知之在先,故曰乾知太始,行之在后,故曰坤作成物。"[2]

在王阳明那里,所谓"知",并不是对外部世界认识和体验的结果,尤其不是人对万事万物的客观的、理性的认识,而是良知本身。换言之,王阳明的"知"指的是人的内在良知而不是所谓的知识、经验等等。一切不是基于良知的视听言动都是没有价值和意义的,"心外无物""心外无理",因此,"若行而不能精察明觉,便是冥行""知而不能真切笃实,便是妄想"。换言之,如果人和人心没有赋予外部世界以价值和意义,所谓的"行"和"知"只能是"冥行"或"妄想",没有价值和意义。因此,从逻辑上说,在王阳明那里,"知"和"行"其实就是一回事。显然,知行合一是王阳明的价值判断而非事实判断,或者是王阳明所追求的理想境界。

不过,现实社会中绝大多数人是从传统的或者说一般意义上理解和接受"知"和"行"的内涵的,在日常生活实践中,绝大多数人并不能够自觉地赋予外部世界以价值和意义,并不能自觉地致良知,因而王阳明所谓的"冥行"或"妄想"就显得非常普遍。也就是说,现实中的绝大多数人并没有至少是很难达到绝对崇高、自由的圣人的精神境界。这就意味着,王阳明的"知行合一"论在很大程度上脱离了实际。王夫之批评说:

---

[1]《二程集》卷十八。
[2]《陆九渊集·语录·上》。

陆子静、杨慈湖、王伯安之为言也,吾知之矣。彼非谓知之可后也。其所谓知者非知,而行者非行也。知者非知,然而犹有其知也,亦惝然若有所见也。行者非行,则确乎其非行,而以其所知为行也。以知为行,则以不行为行,而人之伦,物之理,若或见之,不以身心尝试焉。①

应当说,王阳明并不是没有意识到这一点。他在提出致良知说后,明确指出了"良知"和"致良知"的区别,既然"良知"和"致良知"不同,也就是说,在事实层面上,"知"和"行"并不是一回事。据记载:

　　问圣人生知安行是自然的,如何有甚功夫? 先生曰:知行二字即是功夫,但有浅深难易之殊耳。良知原是精精明明,如欲孝亲,生知安行只是依此良知实落尽孝而已;学知得行只是时时省觉,务要依此良知尽孝而已。②

这就是说,人们在日常生活实践中知是知非基于良知,依良知所知而实落行之是致良知,良知为知,致良知为行。

这在逻辑上就有问题了,有悖于"知行合一"的判断,这引起阳明后学的激烈讨论——这又是后话。

无论如何,对于王阳明而言,他的目的并不是创造一整套严谨的理论,而是为了挽救时弊。王阳明称:

　　今人学问,只因知行分作两件,故有一念发动,虽是不善,然却未尝行,便不去禁止。我今说个知行合一,正要人晓得,一念发动处,便即是行了。发动处有不善,就将这不善的念克倒了,须要彻根彻底,不使那一念不善潜伏在胸中。此是我立言宗旨。③

　　逮其后世,功利之说日浸以盛,不复知有明德亲民之实。士皆巧文博词以饰诈,相规以伪,相轧以利,外裘冠而内禽兽,而犹或自以为从事于圣贤之学。如是而欲挽而复之三代,呜呼其难哉! 吾为此惧,揭知行合一之

---

① 王夫之《尚书引义》。
② 《王阳明全集·语录三·传习录·下》。
③ 《王阳明全集·语录三·传习录·下》。

说,订致知格物之谬,思有以正人心,息邪说,以求明先圣之学。①

实际上,王阳明强调的是,一切取决于"心",人心坏了,一切都没有意义。因此"一念发动处,便即是行了","知"和"行"必须是一回事。问题在于,理论必须指导实践,价值观必须引领行动。正因为如此,尽管王阳明特别强调知行合一,强调本体与工夫的一致性。然而,由于良知本体和致良知工夫之间存在着一条难以逾越的鸿沟,所谓的"知行合一"也就注定无法在逻辑上,在理论上得到严格的证明。对于阳明学研究者或者说阳明后学而言,这是一个必须面对的严肃的学术理论问题。

第五节 阳明学内在矛盾的展开与阳明学的传播

对于王阳明和阳明学而言,全部问题的关键在于致良知,在于如何在日常生活实践中"悟"到良知本体,使良知本体自然而然地发用流行,从而"破心中贼",达到圣人的精神境界。基于阳明学的内在矛盾,从理论上说,这也许可以直接运用佛学的明心见性论予以阐明,但这很难让人心诚悦服——儒学无论如何应当与佛学划清界限,甚至应当有明显区别。而在实践经验的层面,无论提出什么观点和看法,必然会存在破绽,毕竟,良知本体不是人的理性,也不是人的感觉意识可以把握的——无论是"顿悟"或"渐悟",说到底,都是追求某种精神境界,因而在逻辑上都难以自圆其说,都必然遭到质疑和批评。不过,只要坚信良知本体的存在,坚信阳明学乃圣学的话,即会努力探寻使良知本体发用流行,从而"破心中贼"的方法途径。

于是,一些学者强调致良知必须从参透良知本体着手,强调必须以追求精神境界为优先。他们进而认为,人首先需要在日常生活实践中拒绝和远离外部世界的诱惑,保持自己内心世界的绝对纯洁或纯净,就能够参透良知本体,一旦参透良知本体,良知本体自然而然就会发用流行——实际上也就是"明心见性"。他们因此主张"主静归寂"或"收摄保聚"。然而,人必须承担对国家和社

---

① 《王阳明全集·书林司训卷》。

会的责任义务,时时刻刻必须面对喧嚣的世界,面对外部世界的诱惑,"主静归寂"或"收摄保聚"有可能导致人们脱离现实,逃避对国家和社会的责任义务,这至少在形式上与禅宗佛教类似,这不能不引起人们的质疑。当然,他们会辩解说,"主静归寂"或"收摄保聚"是为了参透良知本体,使良知本体自然发用流行,目的正是要更好地履行对国家和社会的责任义务,因而与禅学有着本质的区别。

另外一些学者则认为,既然良知为"人人之所同具""体即良知之体,用即良知之用",那就意味着对每个人而言,良知是现成的。那么,人如何在日常生活实践中把握自己的现成的良知本体呢,或者说如何"顿悟"或"渐悟"到良知本体?这同样是一个在逻辑上无解的问题。良知本体是一种超越性的存在,在经验层面上,或者说在日常生活实践中,所谓依着自己的现成良知行事,由于实际上无法把握良知本体,往往只能是跟着感觉走,把良知的本体存在视为经验存在,把"情识""感觉"经验当作良知本身,而一旦把"情识""感觉"当作良知本身,其必然的结果是,只要尊重自己的经验感觉,率性而为,就是致良知了,就可以成仁成圣了。这显然无视王阳明的"人心自有知识以来,已为习俗所染"这一判断,很可能在理论上会忽视生活实践中的"为善去恶"致良知工夫,这更是与王阳明的宗旨背道而驰。黄宗羲指出:"阳明没后,致良知一语,学者不深究其旨,多以情识承当,见诸行事,殊不得力。"①浙中王门学派的王畿、泰州学派的领袖王艮为代表的良知现成说便是如此。黄宗羲指出:

> 阳明先生之学,有泰州、龙溪而风行天下,亦因泰州、龙溪而渐失其传。泰州、龙溪时时不满其师说,益启瞿昙之秘而归之师,盖跻阳明而归之禅矣。然龙溪之后,力量无过于龙溪者,又得江右为之救正,故不至十分决裂。泰州之后,其人多能以赤手搏龙蛇,故传至颜山农、何心隐一派,遂复非名教所能羁络矣。②

也有一些学者强调关键在于工夫本身,他们强调致良知就是在日常生活实践中艰苦修炼,严格地践行儒家名教纲常,认为在这一过程中可以参透良知本体。如曾师从于邹守益的李材即是如此。毫无疑问,在日常生活实践中艰苦修

---

① 《明儒学案·江右王门学案·王时槐传》。
② 《明儒学案·泰州学案一》。

炼，严格地践行儒家名教纲常正是王阳明倡导良知说的目标。但问题在于，现实世界纷繁复杂，人如何能够保证自己不在纷繁复杂的现实世界中迷失呢？如果参透不了良知本体，那就只能努力在具体的一事一物上严格遵守道德规范准则，这就意味着必须承认道德规范准则的客观性，而不是完全存在于人的内心之中，这就有可能动摇甚至否定"心外无理""心外无物"这一理论基础，从而有可能背叛阳明学而滑向程朱理学。另一方面，人们在这一过程未必都能够参透良知本体，未必都能感悟到"廓然大公，寂然不动"良知本体存在。正因为如此，黄宗羲认为李材的"止修之学"有别于阳明学，李材虽师从于邹守益，虽然口口声声致良知，但其实与阳明精神相距甚远，故另《止修学案》。

黄宗羲称，"盖致良知宗旨，阳明发于晚年，未及与学者深究"①，故而引起诸多争议。其实，黄宗羲的这一说法难以令人信服。且不要说王阳明"龙场悟道"即认定"心外无物"，奠定了其心学理论基础，他正式拈出"致良知"三字，即正式提出其致良知说也是在正德十六年（1521），当年他五十岁，此后长时间讲学著述，应当不能说他来不及对良知学理论进行深入探究。黄宗羲自己也说，王阳明"江右以后，专提致良知三字"，"居越以后，所操益熟，所得益化，时时知是知非，时时无是无非，开口即得本心，更无假借凑泊，如赤日当空而万象毕照。"②按照黄宗羲本人的说法，晚年的王阳明对其致良知说已经是炉火纯青，既然如此，就不应当存在"未及与学者深究"的问题。实际上，王阳明本人对其理论上的内在的矛盾不是没有发现，只不过他不愿意或者说觉得没有必要直接面对，没有必要在理论上纠缠。但正如黄宗羲所指出的那样，这恰恰是后学者争议的焦点。

据有关记载，王阳明晚年以四句教人："无善无恶心之体，有善有恶意之动，知善知恶是良知，为善去恶是格物"，这就是著名的阳明"四句教"。"四句教"看起来简单明白，作为一种超越性的存在，"心"可以说是无善无恶，人间的所有的善恶首先是一种意识，一种念头，也就是一种形而下的现象存在，是为"意之动"。辨别善恶是基于某种道德价值观念的，或者说，体现了某种道德价值观念。如果能够正确地辨别善与恶，那就是良知，如果没有良知，那就会善恶不分，践踏儒家名教纲常。因此道德修养的关键就在于为善去恶，彻底根除一切不合理的欲望和外部世界的诱惑。然而，这种看似简单明白的说法并不能掩盖

---

① 《明儒学案·江右王门学案·欧阳德传》。
② 《明儒学案·姚江学案·王阳明传》。

阳明学的内在矛盾,这就引起了王畿和钱德洪的激烈争论,他们最后决定向王阳明求证,由此发生了"天泉证道"的故事。

关于"天泉证道"的细节,《王阳明年谱》和王畿的《天泉证道纪》的记载稍有不同。据《王阳明年谱》记载,在与钱德洪的争议中,王畿认为"四句教"存在问题,他认为:"心体既是无善无恶,意亦是无善无恶,知亦是无善无恶,物亦是无善无恶。若说意有善有恶,毕竟心亦未是无善无恶。"因此,致良知的关键就在于参透无善无恶心的良知本体,使之自然发用流行。对王畿来说,既然"心外无物""知行合一",本体与工夫合一,如果"心体"无善无恶,自然"知""意""物"都不能说是有善恶之分的,如果参透了无善无恶心的良知本体,自然就达到了致良知的目标。他并没有直接否认所谓的"阳明四句教",而是推测道,"四句教"大概是王阳明为了一时宣传教育的需要而提出来的,不代表王阳明的本意或者说真精神。

钱德洪不同意王畿的观点。他说,"心体原是无善无恶,今习染既久,觉心体上见有善恶在,为善去恶,正是复那本体功夫。"在钱德洪看来,具体的"为善去恶"的致良知工夫才是最重要的。如果按照王畿的说法,"心""知""意""物"都是无善无恶的,那人世间的"恶"从何而来?为善去恶的致良知工夫又有何必要?如果不需要为善去恶的致良知工夫,整个良知学也就没有了存在的价值和意义,这显然是钱德洪所无法接受的。他们俩进行了激烈争论,决定向王阳明求证。王阳明发表了自己的看法,他声称,钱德洪和王畿说得都有道理,可以互补。他说,参透无善无恶心的良知本体是极其重要的,但是,"人心自有知识以来,已为习俗所染",因此,问题的关键是必须要在具体的生活实践中"为善去恶",而不能只是去玄想良知这一本体存在,必须重视日常生活实践中的具体的致良知工夫,否则即有陷入空谈的危险,"此病痛不是小小,不可不早说破。"

虽然被称为"证道",但王阳明的解答其实回避了问题的实质,他只是从实践层面说明了人的努力方向,强调必须重视日常生活实践中的具体的致良知工夫,而回避了其理论中的深刻矛盾,因此,他并没有也不可能消除王畿和钱德洪心中的困惑。王阳明实际上也意识到问题的严重性。在他看来,虽然良知为"人人之所同具",每个人都有成为圣人的潜质。但是,人并非可以轻易地成仁成圣,而是必须经过艰苦的努力,严格有"致良知"工夫才能做到。他强调,所谓只要参透良知本体,即可成仁成圣,其实只有那些禀赋极其优秀的人才能做到。

他说:"上根之人,世亦难遇,一悟本体,即见功夫,物我内外,一齐尽透,此颜子明道不敢承当,岂可轻易望人?"①也就是说,对一般人而言,很难直接参透良知本体,即便参透了良知本体,也是远远不够的,必须要有严格的修养功夫。王阳明一直担心,如果只是强调每个人都有成为圣人的潜质,而并不重视做实际上的"致良知"工夫,那就与他倡导致良知说的初衷背道而驰。他说,"某于良知之说,从百死千难中得来,不得已与人一口说尽,只恐学者得之容易,把作一种光景玩弄,不实落用功,负此知耳。"②他致信其弟子陈九川说:

圣人论学,无不可用之功,只是致良知三字,尤简易明白,有实下手处,更无走失。近时同志已无不知有致良知之说,然能于此实用功者绝少,皆缘见得良知未真,又将致字看得太易了。是以多未有用力处。虽比往时支离之说稍有头绪,然亦只是五十步百步之间耳。就中亦有肯精心体究者,不觉又转入旧时窠臼中,反为文义所牵滞,工夫不得洒脱精一,此君子之道所以鲜也。此事必得师友时时讲习切劘,自然意思日新。③

然而,由于阳明学理论上的内在矛盾,王阳明所担心的"病痛"的出现可以说是必然的。对于一些阳明后学而言,既然每一个人都拥有良知本体,而且"体即良知之体,用即良知之用",因此,他们可以合乎逻辑地认为,对每个人而言,良知都是现成的,只要参透良知本体,每个人都可以成仁成圣。这就是所谓的"良知现成说",人们把持这一观点的学者称为"良知现成派"。王畿被认为是"良知现成派"的代表人物。在王畿看来,所谓致良知工夫,实际上就是参透良知本体的努力过程。

王畿对"天泉证道"的记载与《年谱》稍有区别。《年谱》的记载侧重于致良知工夫,侧重于经验层面,而王畿的记载则侧重于理论分析。王畿声称,王阳明在"天泉证道"中强调的正是参透良知本体,他记载说:

时夫子将有两广之行,钱子谓曰:"吾二人所见不同,何以同人?盍相与就正。"夫子晚坐天泉桥上,因各以所见请质。夫子曰:"正要二子有此一

---

① 《王阳明全集·年谱三》。
② 《王阳明全集·年谱二》。
③ 《王阳明全集·与陈惟浚》。

问。吾教法原有此两种，四无之说为上根人立教，四有之说为中根以下人立教。上根之人悟得无善无恶心体，便从无处立根基，意与知物皆从无生，一了百当，即本体便是工夫，易简直截，更无剩欠，顿悟之学也。中根以下之人，未尝悟得本体，未免在有善有恶上立根基，心与知物，皆从有生，须用为善去恶工夫，随处对治，使之渐渐入悟，从有以归于无，复还本体，及其成功，一也。世间上根人不易得，只得就中根以下人立教。通此一路，汝中所见，是接上根人教法；德洪所见，是接中根以下人教法。汝中所见，我久欲发，恐人信不及，徒增躐等之病，故含蓄到今，此是传心秘藏，颜子、明道所不敢言者，今即已说破，亦是天机该发泄时，岂容复秘！然此中不可执著，若执四无之见，不通得众人之意，只好接上根人，中根以下人无从接授。若执四有之见，认定意是有善有恶的，只好接中根以下人，上根人亦无从接授。但吾人凡心未了，虽已得悟，不妨随时用渐修工夫，不如此不足以超凡入圣，所谓上乘兼修中下也。汝中此意正好保任，不宜轻以示人，概而言之，反成漏泄。德洪却须进此一格，始为玄通。德洪资性沈毅，汝中资性明朗，故其所得，亦各因其所近。若能互相取益，使吾教法上下皆通，始为善学耳。"自此海内相传天泉证悟之论，道脉始归于一云。①

根据王畿的记载，在"天泉证道"中，王阳明既肯定了其"四无说"，也肯定了钱德洪的"四有说"。王阳明指出，"四无说"针对的是"上根之人"，而针对"中根"以下的人则以"四有说"立教。无论是"四无说"还是"四有说"，都强调以参透良知本体为致良知工夫，只不过"上根之人"能够"顿悟"良知本体，而"中根"以下的人则只能"渐悟"良知本体。

从逻辑上说，王畿的记载更为合理。毕竟，人们无法通过理性或感觉意识把握良知本体，只能是通过"顿悟"或"渐悟"参透良知本体，如果说参透良知本体是致良知基础甚至是致良知本身的话，那么致良知工夫也就是"顿悟"或"渐悟"的过程。实际上，王畿正是从这个方面来领会并发展阳明学理论的。对王畿而言，既然良知本体人人都拥有，这就意味着良知是现成的，所谓致良知自然就是通过"顿悟"或"渐悟"参透良知本体，使良知本体发用流行，从而在日常生活实践中自然而然地与天理即名教纲常保持一致。

---

① 《王畿集·天泉证道纪》。

显然,"阳明四句教"的争议凸显了阳明学理论上的内在矛盾,正因为如此,阳明后学对所谓的"阳明四句教"众说纷纭,甚至不以为然。作为王阳明的嫡传弟子、"教授师",王畿终身以传播阳明学为己任,在阳明后学中声望卓著。尤其重要的是,王畿健康长寿,他比江右王门学派第一代领袖人物邹守益等人晚去世二十年左右。王畿"年至八十,犹不废出游""车辙所至,会常数百人"①"先生林下四十余年,无日不讲学,自两都及吴、楚、闽、越、江、浙,皆不有讲舍,莫不以先生为宗盟。"②王畿的思想观点在阳明学界乃至整个思想界有着巨大的影响。他不仅与江右王门学派第一代学者交往密切,也与江右王门学派第二代学者交往密切,相互之间交流切磋。在江右王门学派学者看来,王畿强调良知现成,强调参透良知本体的重要性,虽然也口口声声致良知,但实际上并不重视或者说必然忽视日常生活实践中具体的"致良知"工夫的重要性,因而对王畿展开了严厉批评。此是后话。

实际上,正是良知本体和致良知工夫之间的鸿沟,使阳明后学产生了巨大的困惑和争议,导致了阳明后学分裂成不同的学派。王畿说:"一时及门之人,各以质之所近领受承接,人人自以为有得。乃者仪刑既远,微言日湮,吾党又复离群面索居,未免各执其方,以悟证学,不能圆融洞彻,归于大同。"③陈来在王畿观点的基础上进一步分析说:

> 就王学的情况而言,这种分化起于多方面的原因。首先,阳明在不同时期,针对不同倾向往往强调的侧面不同,这些曾被强调的不同侧面都可能被片面地加以发展;其次,阳明思想采取的理论形式往往并不严格,这就不能避免后来者扩张这些形式而容纳阳明自己并不主张的内容;再次,门人资性各异,不仅对致良知的理解各自不同,入道经历亦往往有别,所得受用也不一致。这就决定了他们之间必然发生理论和实践上的分歧;复次,由于门人对当时思想界的弊病认识不同,从而他们为了对这些弊病而各自强调的师门宗旨也不相同。从整个明中后期的社会思潮来说,由社会经济、政治、文化诸因素综合决定的一定历史时期的社会思潮运动必然要借助既有的思想系统和材料向前发展,而既有的思想材料并不能决定这一思

---

① 赵锦:《龙溪王先生墓志铭》,载《王畿集·附录》。
② 《明儒学案·浙中王门学案·王畿传》。
③ 《王畿集·冲元会纪》。

潮的发展方向。这些都决定了王学自阳明之后的分化和演变是不可避免的。①

他们的说法无疑是合乎事实的。我们必须特别强调的是,正是由于阳明心学内在的深刻矛盾,使得人们可以从不同的角度进行发挥。同时,在很大程度上,正是因为有了很大的发挥空间,促进了阳明学的不断传播和发展,当然,在不断传播和发展的过程中,不可避免地会产生各种流弊,背离王阳明本人的初衷,为了矫正这些流弊,江右王门学派学者付出了巨大的努力,使阳明真精神在江西,尤其是在吉安地区得以传承和发展。

无论如何,正如我们前文所指出的那样,阳明学合乎人们的期待和社会的需要。尤为重要的是,阳明学者探索创造出了一种传播阳明的组织形式,那就是阳明学讲会。阳明学讲会对阳明学的传播和发展意义极其重要,一方面,它吸引了更多的人认识和接受阳明学,另一方面,讲会这一形式在一定程度从外部弥补了阳明心学的内在矛盾和缺陷。

人是社会性动物,即便是纯洁无瑕地来到这个世界上,也必然在成长过程中受外部世界的各种影响,包括不合理和不健康东西的诱惑,正如王阳明自己所说的,"人心自有知识以来,已为习俗所染"。既然"心外无物",从逻辑上说,个人的道德修养完全取决于其道德自觉性——这也正是阳明学的基本特征。经验告诉人们,人们之所以会做出种种违法乱纪的事情,首先是由于他内心里有"不良念头",如果能够自觉根除这些"不良念头",那当然是再好不过的事了。但是,这个世界上绝大多数人不可能时时刻刻都能够保持高度的道德自觉,抵御外部世界的各种诱惑。道德规范和社会秩序的有效性不能完全寄托在个人的道德自觉之上,必须有外部的力量约束个人的言行。

作为政治家和军事家的王阳明显然不会不清楚这一点。实际上,无论是在知庐陵县还是在巡抚南赣期间,都特别重视惩恶扬善制度的建设,比如说在庐陵县重建申明亭和旌善亭制度,在庐陵和赣南地区建立健全乡规民约制度,在赣南地区创设"十家牌法"等等。他一方面要求人们自觉地"破心中贼",遵守儒家名教纲常,自觉地维护现存的政治社会秩序,另一方面,一旦有人违法乱纪,践踏了儒家名教纲常,破坏了现存的政治社会秩序,他会毫不迟疑、毫不手

---

① 陈来:《有无之境——王阳明哲学的精神》,第331—332页,人民出版社1991年版。

软地予以严厉制裁,包括鼓动社会舆论的制裁。这表明,他自己都不相信仅仅依靠个人的道德自觉就能够确保其时时刻刻都能够遵守社会道德规范,不能指望所有的人自觉地以"静的工夫"和"动的工夫"以致良知。但王阳明确实认为,所有人的违法乱纪行为都源于其心目中违法乱纪的念头。他说,"破心中贼"比"破山中贼"更重要,也更艰难,显然,人们不能运用"破山中贼"的方法"破心中贼"。从经验事实上说,人们也往往相信人之所以会违法乱纪,必定有不良的念头,必然是"居心不良",因此,致良知具有极大的重要性。

经验告诉人们,很多人其实未必"居心不良",很可能只是因为种种原因——比如说沉溺于纷繁复杂的世俗事务而迷失自己,被外部世界所诱惑,在不自觉中犯下错误。如果能够寻找到一种合适的方式和力量持续激发其道德自觉性,让他们获得致良知的持续动力,那么他们便能够自觉地遵守儒家名教纲常,自觉地维护现存的政治社会秩序。王阳明特别强调,致良知一事"必得师友时时讲习切劘,自然意思日新"。[①] 他和他的弟子们发现,佛教的讲经会、传法会是一种可资借鉴的形式。于是他们定期相会,一起切磋交流,由此形成了阳明学讲会。

现在我们所知道的最早的阳明学讲会是嘉靖四年(1525)发起的中天阁讲会。中天阁讲会的发起,令王阳明极为欣喜,他给予了高度的评价,并赋予其极其重要的价值和意义,要求讲会持续不断地进行下去。据《阳明年谱》嘉靖四年(1525)条记载:

> 先生归,定会于龙泉寺之中天阁,每月以朔、望、初八,二十三为期,书壁以勉诸生,曰:虽有天下易生之物,一日曝之,十日寒之,未能有生者也。承诸君之不鄙,每予来归,咸集于此,以学问为事,甚盛意也。然不能旬日之留,而旬日之间,又不过三四日会。一别之后,辄复离群索居,不相见者动经年岁,然则岂惟十日之寒而已乎? 若使而求萌蘖之畅茂条达,不可得矣。故予切望诸君勿以予之去留为聚散,或五六日,或七八日,虽有俗事相妨,亦须破冗一会于此。务在诱掖奖劝,砥砺切磋,使道义仁义之习日亲日近,则势力繁华之染亦日远日疏,所谓相观而善,百工居肆以成事者也。相会之时,尤须虚心逊志,相亲相敬。大抵朋友之交以相下为益。或议论未合,要在从容涵育,相感以成,不得动气求胜,长傲遂非,务在默而成之,不

[①] 《王阳明全集·文录三·与陈惟浚》。

言而信。其或矜己之长,攻人之短,粗心浮气,矫以沽名,讦以为道,挟胜心而行愤嫉,以圮族败群为志,则虽日讲时习于此,亦无益矣。

王阳明指出,人应当经常聚在一起切磋交流,相互警醒,才能够持续地激发其内在的道德自觉性,抵御外部世界的各种诱惑,"使道义仁义之习日亲日近"。如果长期独处或沉溺于各种世俗事务之中,没有和志同道合者相互的交流警醒,心灵难免受到世俗的各种污染,难免会迷失方向。为了达到交流警醒的目标,相聚之时,必须有极其谦虚友善的态度和宽阔的胸怀,"虚心逊志,相亲相敬"。如果没有这样一种态度和胸怀,甚至完全相反,破坏团结,那就根本不可能起到激发人的内在的道德自觉性的作用。

阳明学讲会与宋代理学家们的"会讲"有所不同,尽管有时候区别并不是特别显著,以至于一些人会混用。实际上,宋代理学家们的"会讲"主要是由著名理学家主持和参与的学术理论探讨和论辩,如历史上著名的"朱张会讲"。阳明学讲会当然往往也由著名学者主持,也会在讲会中就学术理论问题展开讨论,但主要是"诱掖奖劝,砥砺切磋,使道义仁义之习日亲日近",即主要指向日常生活实践,使人们在日常生活实践中获得致良知的持续动力,所以虽然讲会的发起者和主持者是学者,并且是有一定名望的学者,但参加者未必是学者,也有很多所谓的愚夫愚妇。毫无疑问,这会极大地促进阳明学在社会上的传播。江右王门学派在这方面表现得尤为突出——此是后话。

人是社会性的动物,人的道德修养水平归根结底必须在社会中体现出来,并且由社会或者说他人进行评价。一个"离群索居"的人,其所谓的道德修养很难说有意义,也很难有进行道德修养的动力——尽管王阳明强调"心"的绝对意义。阳明学讲会的"诱掖奖劝,砥砺切磋"即便未必能够起到"使道义仁义之习日亲日近",激发人的内在的道德自觉性的作用,至少也提供了一种氛围,起到某种道德他律的作用,"诱掖奖劝,砥砺切磋"包含着某种相互监督的意味。也就是说,举办阳明学讲会,对于贯彻落实王阳明的良知学具有特别重要的意义,它在某种程度上可以弥补阳明心学理论中对道德他律力量的忽视甚至否定所带来的麻烦。因此,阳明学讲会可以视为阳明学的有机组成部分。当然,从学术理论的角度说,阳明学讲会作为一种社会组织形式,无法从理论上解决阳明心学的内在矛盾问题。

但这无法否认阳明学讲会的巨大现实意义。因此,各地阳明学领袖人物纷纷组织阳明学讲会,这反过来又进一步促进了阳明学的传播和发展。而阳明学的大规模的传播,不仅壮大了阳明学的势力,扩大了阳明学的社会影响,也为阳明后学形成不同的学派提供了强大动力。

当然,就阳明学的传播而言,仅仅在学者之间的相互交流研讨,仅仅开展讲会是远远不够的,更需要向广大知识界,向社会传播。况且,交流研讨应当有相对稳定的机制和场所。书院毫无疑问是合适的场所。正因为如此,王阳明及阳明后学都非常重视书院的建设。必须指出的是,对王阳明及阳明后学而言,所谓致良知,绝不是程朱的格物穷理,因此,书院的使命并不是向人们传授知识,指导人们研读经典,而主要是供人们开展讲会,交流研讨,探讨什么是良知以及如何致良知。这就是所谓的讲会式书院。后面我们将会看到,讲会式书院正是江右王门学派学者们开展阳明学讲会、研究和传播阳明学的阵地。实际上,江右王门学派学者之所以大力经营书院,在相当程度上是为其开展阳明学讲会提供稳定的保障。

第二章　江右王门学派：
基础理论篇

第一节　江右王门学派

由于阳明学理论存在着内在的矛盾，王阳明去世后，人们从不同的角度理解、研究阳明学，致使其在传播和发展过程中出现很大分歧，并形成了不同的学术派别。前面业已指出，人们可以设置不同的标准给阳明后学分门别类，区分为不同的学派。王畿称：

> 先师首揭良知之教，以觉天下，学者靡然宗之。此道似大明于世。凡在同门，得于见闻之所及者，虽良知宗说不敢有违，未免各以其性之所近，拟议掺和，纷成异见。有谓良知非觉照，须本于归寂而始得。如镜之照物，明体寂然，而妍媸自辨，滞于照则明反眩矣；有谓良知无见成，由于修证而始全。如金之在矿，非火符锻炼，则金不可得而成也；有谓良知是从已发立教，非未发无知之本旨；有谓良知本来无欲，直心以动，无不是道，不待复加销欲之功；有谓学有主宰，有流行，主宰所以立性，流行所以立命，而以良知分体用；有谓学贵循序，求之有本末，得之无内外，而以致知别始终。此皆论学同异之见，若差毫厘，而其缪乃至千里，不容以不辨也。①

王畿是以人们对良知的认识和理解作为分类标准的，他的这一分类方法无疑极具合理性。毕竟，"良知"是阳明学核心理念，任何阳明后学要在理论上研究阳

---

① 王畿：《王畿集·抚州拟岘台会语》。

明学,都不能不分析讨论"良知"这一概念本身的内涵。进一步说,王阳明的魅力主要来自于其良知学理论而绝不仅仅是呼吁人们在日常生活实践中严格遵守名教纲常,因此,学者们有充分理由聚焦于良知本体的认识和研究。然而,在王阳明看来,更为重要的是将致良知工夫落到实处,而不是学理上探讨"良知"这一概念本身的内涵。而在江右王门学派学者看来,王畿强调对良知本体的认识和理解固然重要,但恰恰忽视了致良知工夫的重要性——至少给了人们这么一种强烈印象。黄宗羲指出,江右王门学派对阳明学的传播和发展至关重要,他指出,"姚江之学,惟江右为得其传,东廓、念庵、两峰、双江其选也。再传而为塘南、思默,皆能推原阳明未尽之旨,是时越中流弊错出,挟师说以杜学者之口,而江右独能破之,阳明之道赖以不坠"。[1] 之所以如此,就是因为在黄宗羲看来,江右王门学派既重视对良知本体的探讨,又重视良知的运用即致良知工夫,特别具有实践精神。因此,只有江右王门学派传承了阳明真精神。实际上,正是江右王门学派的努力使"阳明之道赖以不坠。"王畿也指出:"阳明夫子生平德业著于江右最盛,讲学之风亦莫盛于江右,而尤盛于吉之安成。盖因东廓诸君子以身为教,人之信从者众。"[2]

江右是江西的俗称,吉安是江右王门学派的基地。一方面,江右王门学派学者大多数属吉安府籍,黄宗羲《明儒学案》所传江右王门学者33人,吉安府籍为22人,在吉安府中,安福县为12人(详见下表)。实际上,除了《明儒学案·江右王门学案》所传人物外,吉安府热衷于追随和传播阳明学的人士更多,几乎每个县都有人数不少的阳明学者群体,其中既有一些位高权重者,也有一些学术造诣深、但无意科举入仕者,还有不少热衷于以阳明精神指导地方社会秩序建设的宗族首领和其他在地方上有一定声望的人士;另一方面,江右王门学派中最有成就、影响最大的学者或者说代表性人物来自吉安府。在黄宗羲所称的真正传承阳明精神的代表人物中,除了万廷言(思默)是南昌人外,其他的都是吉安府人,邹守益、聂豹、罗洪先分别来自吉安府的安福县、永丰县、吉水县,刘文敏(两峰)、王时槐(塘南)都来自安福县。更为重要的是,家乡是吉安府籍的江右王门学派学者学术活动和社会文化建设的基地。由于吉安地区有庞大的学者群体,同时又有相当声望的领袖人物,这些人经常聚在一起切磋交流,举办大大小小的阳明学讲会,并创办了不少讲会式书院,不仅在吉安府,也在省内外产生了巨大的影响,使得吉安成为江右王门学派的学术活动的基地,尤其是定

---

[1] 黄宗羲:《明儒学案·江右王门学案》,前言。
[2] 《王畿集·漫语赠韩天叙分教安成》。

期举办的青原阳明学讲会,吸引着府内外和省内外阳明学者积极参与,使得吉安成为全国研究和传播阳明学的重镇。

黄宗羲《明儒学案》所传江右王门学派学者一览表

姓名(号)与生卒年	籍贯	科举功名	最高官职
邹守益（东廓）（1492—1562）	安福	探花	南京国子监祭酒
邹善（颖泉）（1521—1600）	安福	进士	太常寺卿
邹德涵（聚所）（1538—1581）	安福	进士	刑部主事
邹德溥（四山）（1549—1619）	安福	进士	太子洗马
邹德泳（泸水）	安福	进士	云南御史
欧阳德（南野）（1496—1554）	泰和	进士	礼部尚书兼翰林院学士
聂豹（双江）（1487—1563）	永丰	进士	兵部尚书、太子少傅
罗洪先（念庵）（1504—1564）	吉水	状元	左春坊左赞善
刘文敏（两峰）（1490—1572）	安福	处士	
刘邦采（狮泉）（1492—1577）	安福	举人	嘉兴府同知
刘阳（三五）	安福	举人	福建道御史
刘秉监（印山）	安福	进士	刑部主事
王钦（柳川）	安福	诸生	
刘晓（梅源）	安福	举人	知县
刘魁（晴川）（约1489—1552）	泰和	举人	工部员外郎
黄弘纲（洛村）（1492—1561）	于都	举人	刑部主事
何廷仁（善山）（1483—1551）	于都	举人	南京刑部主事
陈九川（明水）（1494—1562）	临川	进士	礼部郎中
魏良弼（水洲）（1492—1575）	新建	进士	太常少卿
魏良政	新建	解元	
魏良器（药湖）	新建	处士	
王时槐（塘南）（1522—1605）	安福	进士	太常寺卿
邓以赞（定宇）（1542—1599）	新建	进士	吏部侍郎

续表：

姓名号与生卒年	籍贯	科举功名	最高官职
陈嘉谟（蒙山）（1521—1603）	庐陵	进士	参政
刘元卿（泸潇）（1544—1609）	安福	举人	礼部主事
万廷言（思默）（1531—1610）	南昌	进士	提学佥事
胡直（庐山）（1517—1585）	泰和	进士	福建按察使
邹元标（南皋）（1555—1624）	吉水	进士	刑部右侍郎
罗大纮（匡湖）	吉水	进士	礼科给事中
宋仪望（1514—1578）	永丰	进士	大理寺卿
邓云锡（潜谷）	南城	举人	翰林待诏
章潢（1527—1608）	南昌	诸生	顺天儒学训导
冯应京（慕冈）（1555—1606）	盱眙	进士	湖广监察御史

说明：本表综合黄宗羲《明儒学案·江右王门学案》和地方史志制作而成。粗体字为吉安府籍学者。

江右王门学派之所以成为一个显赫的学派，社会影响巨大，有着复杂的缘由。首先当然是因为王阳明本人在吉安的巨大影响和崇高声望，使这里有众多的阳明学的忠实追随者，这些忠实追随者中，又有不少人有着显赫的政治和社会地位，他们不仅在本地区，也在全国有相当的影响力和号召力；其次，江右王门学派诸学者在继承阳明学理论的同时，又在理论上有所创新，有自己的显著特点，从而形成一个学派；第三，机缘巧合，第一代江右王门学派中的不少领袖人物仕途坎坷，长期乡居，他们不仅相互之间切磋交流，更在家乡组织规模大小不一的阳明学讲会，这不仅为阳明学者之间的不断切磋交流提供了很多机会，更广泛地向地方士绅和普通民众传播了阳明学理论，他们非常重视地方的文化教育，重视地方社会风气建设并卓有成效，这使得阳明学获得地方士绅和民众的大力支持和响应，吉安也因此成为全国阳明学研究和传播的重镇。

首先，与其他王门学派相比，江右学派学者人数众多，政治社会地位崇高。他们大多数人拥有高级功名，相当多的人担任过政府高级官员。在《明儒学案·江右王门学案》中列前四位的学者是邹守益、欧阳德、聂豹和罗洪先，他们被誉为"江右王学四贤",均为进士,邹守益为科举探花,罗洪先高中状元,邹守益、罗洪先为官时间虽然不多,但科举功名地位高,在社会上享有崇高巨大威望。欧阳德和聂豹则位高权重,欧阳德官至礼部尚书兼翰林院学士,聂豹官至兵部尚书、太子少傅。在江右王门学派的第二、第三代传人中,不少人同样拥有很高的政治社会地位,如安福的王时槐、庐陵的陈嘉谟、泰和的胡直、永丰的宋仪望、新建的邓以赞、吉水的邹元标等人,都拥有进士功名,都曾担任过显赫的官职。另外有一些人,如泰和县人郭子章,隆庆五年(1571)进士,官至兵部尚书,他曾师从过胡直,也和阳明学者广泛交游讲学,他虽然在阳明学理论研究方面没有什么创见,也不以阳明学著称,但他对阳明在吉安的进一步传播和发展,对江右王门学派的发扬光大作出了极其重要的贡献。他不仅积极参与组织青原阳明学讲会,还和邹元标等人一起,筹建起青原会馆作为吉安学习研究和传播阳明学的基地,还在吉水重修玄潭观雪浪阁以纪念罗洪先。正是经过他们的努力,直到明末清初,虽然阳明学已在全国退潮,遭到猛烈抨击,但由于阳明学广泛深入人心,吉安地区的一些颇有身份和地位的学者和宗族首领依然试图重振阳明学讲会,试图以阳明精神指导建设和维护地方社会秩序。

学者和思想家的学术思想贡献和地位与其政治社会地位当然不是一回事。然而,在中央集权的君主专制政治体制中,尤其是在科举体制下,高级科举功名(进士)对于每一个读书人来说都极其重要。这本身就被公认为是人的社会价值所在。当然,绝意功名,成为一名品行高尚的隐士也会为一些人敬仰。但总的来说,这只能算是另类,人数并不多,社会影响也比较有限。而且,一般来说,读书人只有在获取高级功名后才会有足够的兴趣、时间和精力从事思想理论研究探讨。更为重要的是,中国长期以来是一个官本位社会,崇高的政治社会地位会在相当程度上提高他们的号召力,非常有利于其思想理论学说的传播。他们丰富的政治资源和人脉资源使他们能够在更多的地方和更多的场合宣扬其理论学说,吸引更多的人接受并弘扬他们的学说观点,而一个普通平民百姓纵然学富五车,思想深刻,通常也很难传播开来并被广泛接受和认同。正因为如此,我们看到,自从科举体制建立以来,中国著名的学者和思想家绝大多数都拥有高级功名,如果没有高级功名或较高的政治社会地位,那也必须得到拥有较高政治社会地位的人的提携和支持,否则,他们的学术和思想就很可能会默默无闻,难以发挥影响。众多江右王门学派学者拥有高级功名并担任过政府高级官员,这对于阳明心学的传播和发展,尤其是对于江右王门学派的形成和发展,并在全国产生巨大影响意义重大。比如说,探花郎邹守益可以在广德州判官任上,建复初书院,不仅使他本人能够向广德州本地士绅宣扬阳明学,而且还能够邀请到其他地方的阳明学者来这里讲学交流,影响很大,"风动邻郡",极大地促进了阳明学的传播。他在南京任礼部郎中期间,经常与湛若水、钱德洪、王畿、薛侃等著名阳明学学者"聚讲"交流。反过来,江右王门学派中的刘文敏、何廷仁、黄弘纲等人,他们都是王阳明的弟子,在传播和弘扬阳明学方面可谓是不遗余力,在学术界也有相当的名气,但因其政治社会地位不高,他们的社会影响力和号召力就要小很多。尤其需要指出的是,嘉靖前期,阳明心学遭到政治上的压制,正是江右王门学派领袖人物欧阳德、聂豹等人利用其官居要职的机会,利用其丰厚的政治资源,卓有成效地推进和扩大了阳明学的社会影响。欧阳德、聂豹等人在首都灵济宫的大规模讲学活动,极大地扩展了阳明学的社会影响。史载:"当是时,德与徐阶、聂豹、程文德,并以宿学都显位。于是集四方名士于灵济宫,与讲良知之学,赴者五千人。都城讲学之会,于斯为盛。"[1]通过欧阳德等位高权重的阳明学者们的努力,"士咸知诵致良知之说,而称南野门人者半天下,即阳明无以加也。"[2]尽管欧阳德在学术理论上的贡献在很多人看起来并不是特别显著,似乎并没有提出独树一帜的理论主张,但他被公认为后王阳明时代的阳明学领袖人物,在学术思想界拥有崇高声望。聂豹的"归寂说"虽然遭到邹守益、欧阳德等人的严厉批评,被认为有陷于释禅之门的嫌疑,但聂豹能够充分利用各种政治资源,在推动阳明学传播和发展方面作出重要贡献,因而为人们所广泛认可和推崇。邹守益尽管不同意他的"归寂说",但依然赋诗称赞他"从今担住师门托,一点灵光万古神"。[3] 正是经过聂豹及其弟子徐阶和宋仪望等人的不懈的努力,王阳明及其阳明学才最终获得官方的认可,王阳明最后获得了从祀孔庙的崇高地位。罗洪先虽然为官时间甚短,并被谪为平民,但其状元的功名头衔依然使他在士人中拥有很高的威望。作为一名状元,他实际上有机会重返官场,后来内阁首辅严嵩即"以同乡故,拟假边才起用"[4],只不过罗洪先没有接受严嵩的邀请。正因为如此,被谪为平民的罗洪先依然能够广泛地讲学交游,颇受各地官员和士绅的尊重。吉水知县王西石依然会特别为他兴建雪

---

[1] 《明史·欧阳德传》。
[2] 徐阶:《明故太子少保礼部尚书兼翰林院学士文庄欧阳公神道碑》,载《欧阳德集》,陈永革编校,凤凰出版社2007年版。
[3] 《邹守益集·次双江兄归田志喜韵》,《邹守益集》,董平编校,凤凰出版社2007年版。
[4] 《明史·罗洪先传》。

浪阁,作为其讲学场所。

另一方面,由于众多江右王门学派学者政治社会地位崇高,且大多出身于地方望族,他们在家乡拥有很高威望。由于各种不同的原因,邹守益、聂豹和罗洪先长期赋闲在家,家乡的地方官员非常尊重他们,地方上的读书人也会争相希望有机会拜他们为师,如邹守益高中探花后回乡探亲,"四方人士慕先生名,咸来受学",[1]地方士绅也因此会接受和信奉他们的学术思想观点。

尤其需要指出的是,吉安地区宗族势力强大,宗族组织较为严密,宗法观念广泛深入人心。大多数江右王门学派学者出身于望族,这非常有利于他们传播和传承阳明学理论。张艺曦的研究表明,宗法家族势力是吉安地区王门学者使阳明精神广泛深入社会的极其重要的因素。[2] 也正是因为发达的宗族宗法组织,使江右王门学派在吉安地区传承了几代人,在地方社会上产生了极其深远的影响。同时,他们的政治社会地位使他们在家乡诸多事务具有很大的发言权和号召力。罗洪先虽然被谪为民,但他依然能够深度参与主持改革吉水的赋役事务,邹守益同样深度参与了安福县的赋役整顿事务。而要做到这些,没有崇高的政治社会地位是不行的。在地方社会秩序和社会风气建设方面,他们更是积极主动,发挥着直接的、巨大的作用。

另外,由于大多数江右王门学派学者拥有较高的政治社会地位,他们在家乡的讲学活动能够得到地方官员大力支持。吉安之所以能够成为全国阳明学研究和传播的重镇,与吉安地区的阳明学讲会,尤其是青原阳明学讲会的持续举行也是分不开的。而大规模的青原阳明学讲会的定期举行,不仅需要地方士绅的积极参与,也需要得到吉安地方官员的支持——地方官员能够为阳明学讲会的举行提供实质性的支持,比如说,协调和提供安全保障和后勤等等。这对于大规模的活动而言无疑是非常重要的。

我们不妨把江右王门学派与浙中王门学派做一简单对比,王阳明本人是浙江余姚人,这里的文化教育历来非常发达,黄宗羲称,"吾越尚讲诵、习礼乐,弦歌之音不绝,其儒者不能一二数。"[3]从正德十六年(1521)至嘉靖六年(1527)六年间,王阳明基本上都是在其家乡的稽山书院、龙泉寺中天阁等地讲学,四方来

---

[1] 宋仪望:《明故中顺大夫南京国子监祭酒前太常少卿兼翰林院侍读学士追赠礼部侍郎谥文邹守廊先生行状》,载《邹守益集·附录》。
[2] 张艺曦:《阳明学的乡里实践》,北京师范大学出版社2013年版。
[3] 《明儒学案·浙中王门学案·序》。

拜师求学者众多。阳明学在地方上的影响不言而喻。黄宗羲认为,存在一个以王畿、钱德洪为代表的浙中王门学派。王畿、钱德洪等人长期追随王阳明左右,受王阳明耳提面命,且充当"教授师"(王阳明晚年在家乡浙江讲学时,由钱德洪、王畿两位承担接待和教导来访者的任务,被称为"教授师"),这使得他们在整个阳明学界享有崇高地位,浙中王门学派也因此被尊崇。黄宗羲把浙中王门学派置于诸王门学派之首,自然有其道理。颇有意味的是,浙中王门学派无论其规模还是在本地的影响(包括学术影响和社会影响)均远不及江右王门学派。黄宗羲在《明儒学案》中所传浙中王门学派的学者人数仅为18人,其中绝大多数是王阳明的嫡传弟子,再传弟子仅徐用检(1528—1611,字克贤,号鲁源,浙江兰溪人)、万表(1498—1556,字民望,号鹿园,浙江鄞县人)、王宗沐(1523—1592,字新甫,号敬所,浙江临海人)、张元忭(1538—1588,字子盖,号阳和,1571年状元)等四人。黄宗羲认为,浙中王门学派后来走上了歧途,或强调良知现成,或向禅学靠拢,或向程朱理学妥协,这使得他们成为江右王门学派的批判对象。另外,作为领袖人物的钱德洪和王畿虽有进士功名,但为官时间短且官衔较低,政治社会地位不高,他们不像江右王门学派的领袖人物那样,既拥有丰厚的政治资源,又能够利用家乡的宗族宗法资源,从而能够在家乡有效地传播阳明学,并产生持久的影响。

当然,江右王门学派能够成为一个显赫的学派,人多势大固然极其重要,但更重要的是他们的学术思想地位和贡献。江右王门学派不仅继承和发扬了阳明心学,而且在理论上进行了深入研究,相互之间切磋交流,往来辩论,从而能够"推原阳明未尽之旨",促进了阳明学的传播和发展。

第二节　地方社会与文化传统

江右王门学派之所以能够成为一个显赫的学派,吉安之所以能够成为江右王门学派学者的学术和社会活动的基地,成为全国研究和传播阳明学的重镇,王阳明本人在吉安的活动和对吉安的影响以及诸多江右王门学派学者的不懈努力当然至关重要。然而,阳明学之所以能够在江西,尤其是吉安地区生根发芽,枝繁叶茂,读书人之所以能够接受阳明心学,并以弘扬阳明心学为己任,一方面固然是因为阳明心学或王阳明本人的独特魅力,但在很大程度上,是江右地区的社会和文化传统为阳明学在吉安的传播和发展提供了良好的土壤。江右地区的社会和文化传统养育了这些学者,他们也为地方的社会和文化的发展做出了自己的努力,也正是他们的努力,使阳明学在本地区广泛传播,深入人心。因此,要深入研究和深刻理解江右王门学派,理解江右王门学派学者的学术思想,就必须对本地的社会和文化传统有一个基本的认识。

吉安古称庐陵、吉州,元代始名吉安。万历《吉安府志》称:"庐陵古扬州地也,为县始于秦,汉季升为郡,至隋改庐陵为吉州,改石阳为庐陵。县治所屡移矣。而疆域之广六百余里,咽喉荆广,唇齿淮浙,相地度势,设险隘以为捍御。觇形胜者曰:吉安为江西剧郡。"[①]就江西全省而言,除了北部地区外,江西的地形地貌大体以丘陵山区为主。就吉安地区而言,这里丘陵与平原相间,自然地理环境条件既不优越,也不特别艰难。水文气候条件有利于发展以水稻为主的种植业,山地丘陵地区也可种植多种经济作物,但这里的土壤以红壤为主,开垦和种植比较费力,单位面积产量不高,可开垦土地也不是很多。长期以来,这里相对而言比较稳定,并不是兵家必争之地。

尽管现代考古发现表明江西和吉安地区曾经有过非常发达的古文明,但不容否认的是,中华文明的摇篮是黄河流域,江西和吉安地区开发得都比较晚,长期以来被中原人士视为"蛮荒之邦"。从西晋的"永嘉之乱"、唐代的"安史之乱"到宋代的"靖康之变",中原地区不断发生战乱,而南方相对稳定,致使北方人口大量南迁,这一方面为江西,当然也为吉安地区的开发提供了丰富的人口劳动力资源和相对先进的生产技术,同时也带来了在北方形成的中国文化传统,尤其是儒家文化传统,为这里的社会经济和文化发展提供了新的动力。到了宋代,江西,尤其是吉安地区的农业经济发达,水稻种植的技术先进,产量高,泰和的曾安止(1047—1098,1076年进士)撰写出了中国历史上第一部水稻专著《禾谱》。曾安止称,"江南俗厚,以农为生。吉居其右,尤殷且勤,漕台岁贡百万斛,调之吉者,十常六七。"[②]不过到了明清时代,这里的经济发展水平被江南地区尤其是长江三角洲地区超过。尽管如此,在全国范围内,这里也谈不算贫穷落后。年景虽然有好有坏,但一般不会发生大规模的饥荒,当然也不会有太多的剩余,支撑不起富庶奢侈的生活。一般来说,民众只要勤俭持家,精打细算,就可以维持着既不富庶,也不是很贫困的经济生活水平。明清时期,江右民众的精打细算,勤俭持家给人们留下

---

① 万历《吉安府志·郡纪》。
② 曾安止:《禾谱序》,转引自许怀林《江西史稿》,江西高校出版社1993年版。

了深刻的印象。浙江人王士性在《广志绎》中称:

> 江右俗力本务啬,其性习勤俭而安简单。盖为齿繁土瘠,其人皆有愁苦之思焉。又其俗善积蓄,技业人归,计妻孥几口之家,岁用谷粟几多,解囊中装朵入之,必取足费。家无囷廪,则床头瓶罂无非菽粟者。余则以治缝浣、了征输,绝不作鲜衣怒马、燕宴戏剧之用。①

特定的地理环境条件和历史文化使唐宋以来江西,尤其是吉安地区的社会经济和文化呈现出四个显著特征:一是经济结构大致上是一种以种植业为主自给自足的自然经济;二是各地民众大致上聚族而居,宗族势力发达;三是比较好地继承了儒家文化传统,非常重视文化教育;四是宗教氛围较为浓厚,禅宗佛教和道教社会影响很大,渗透到民众的日常社会生活当中。江右王门学派学者正是在这样的环境条件下成长起来的,这既是他们的研究思考以及社会实践的环境,也为阳明学的传播、江右王门学派的发展壮大提供了非常有利的条件。

首先,在以种植业为主自给自足的自然经济社会结构中,江西农村,尤其是吉安地区民众大致上是聚族而居,或一村一姓,或数村一姓,家族和宗族势力发达。罗洪先指出:"惟江以南,人无远徙,群其族而居,寡弱者不下数百人。仕于朝,虽位至卿大夫,不忍轻去其乡。其尊卑之叙,历数十世不可紊。又为吾吉为最。"②吉安地方史志通常对此也引以为荣:

> (庐陵)各乡大姓,多者数千人,少者数百人,聚族而居,多以世族相夸耀。族有祠,祠有祭,尚谱牒,护坟墓,反本追远之风,君子美之。③

> 环吉水百里之疆,多业儒,环吾乡远近之间,多世族。儒业多,故宦达

---

① 王士性:《广志绎》卷四《江南诸省·江西》,中华书局1997年版。
② 罗洪先:《罗洪先集·安成华秀彭氏族谱序》。必须指出的是,到明代,吉安府的宗族和村落分布基本定型。本地人举家迁徙主要是迁往外地,如江西填湖广等,还有一些是做官或经商而举家迁往外地。本地人举家境内迁徙的情形主要有三:一是某一家庭特别发达后,觉得原住地条件不佳,因此在境内另卜风水宝地安家,这需要一定的政治和经济实力;二是某一家庭因特殊情况(如严重违反家规或与家族中其他人发生重大矛盾)而被驱逐或被迫离开,必须重新选择居住地,这种情形较少见;三是因为某个家庭因为从事某种职业关系(如经商等)而举家外迁。由于宗族势力强大,无论哪种情形,人们都很少或很难迁进其他宗族的村落,而往往是单独居住,随着时间推移,如果人口大量繁衍,又会发展成一个新的宗族。外地迁到本地的,除非有相当的政治或经济实力,往往只能在较为偏僻的地区安家。
③ 乾隆《庐陵县志·风俗》。

之士隆,世族多,故诗书之习盛。①

（安福）邑多望族,族有谱,家有祠,岁时祭必以礼。②

由于有相对稳定的社会经济环境条件尤其是宗族的归宿感,这里有人们似乎没有特别大的外出经商冒险的动力。③ 当然,这并不意味着这里的商品经济很不发达。实际上,明清时期,江右商人的足迹也遍布全国。但与著名的徽商、晋商、闽商、粤商等商帮不同,江右商人多是小本经营,主要以经营南北杂货为主,"非有盐商、木客、筐丝、聚宝之业也"。④ 由于以经营南北杂货为主,且规模不大,与政府的关系并不是很密切,所以江右商一方面是人数众多,足迹遍及大江南北全国各地,另一方面是基本上不和各地政府发生太大关系,没有什么大官商,也没有什么垄断经营,因此其经济实力、政治地位和社会影响远不如徽商、晋商、闽商、粤商等商帮。在很大程度上,也正是由于其经济实力、政治地位和社会影响不是很大,江右商人一般会秉持"以商补农,以末养本"的传统观念,一旦稍有积蓄,往往会弃商返农,回到家乡建祠修谱、增置族田族产、建桥修路、捐粮助饷、办学助学,由此获得更大的社会尊重。

大批中原人口南迁到江西,来到吉安地区,使这里的民众比较好地继承了中原地区传过来的儒家文化传统,坚持着儒家的修身齐家治国平天下的人生和社会理想。尤其需要指出的是,无论是对于因为躲避战乱而南下的大宗族而言,还是对于来这里为官并最后扎根于本地的北方士人家族而言,保持并传承自己的文化传统具有非常重要的意义。这既能够表明自己比这里土著优越,同时又表明自己不放弃政治理想,尤其在江西这样的离政治中心路途较远,但似乎又没有严重的天然地理阻隔的地区,不放弃自己的文化传统,不放弃自己的政治理想,既表明自己并没有"落草为寇",同时也意味着通过自己的努力,有可能重返政治和文化权力中心。必须指出的是,宋代以后,尤其是明清时代,江西

---

① 道光《吉水县志·地理志·风俗》。
② 万历《安福县志·风俗》。
③ 关于民众外出经商的动力,以著名的徽商、晋商、闽商、粤商为例,地方史志上基本上都是强调因为本地人多地少,耕种难以维持生计而不得不冒着巨大风险而外出经商,虽然有不少显赫的成功者,但更多的是尝尽人世间的艰辛与苦难的失败者。参见拙文《义利之辩,重农轻商与明清江南商品经济的发展》,载《学术月刊》（上海）,1994年第十期。
④ 王士性:《广志绎》卷四《江南诸省·江西》。最著名的徽商便是以经营大宗商品（如食盐等）或贵重商品而闻名。

在全国的政治、军事和经济地位并不是很高,这里既不是军事战略要地,也不是经济中心,人们要进入政治和文化权力中心,努力读书通过科举考试几乎是唯一的途径。正因为如此,江右地区的人们非常重视文化教育。尽管也有一些江右商人有所成就,对家乡的社会经济建设作出了很大贡献,但社会上对他们的评价并不高,在地方上有威望的,除了政府官员外,就是读书人,特别是有科举功名的读书人。宋代以来,这里的人们非常热衷于发展文化教育,即便在极其艰难的条件下,人们也会想方设法培养子弟读书,吉安地区民间谚语云:团箕晒谷,教子读书,这使得宋代江西尤其是吉安地区的文化教育事业突飞猛进,书院教育尤其繁荣发达。从宋代到明代,江西的书院数量一直居全国首位,远超过其他地区。在科举上也成就斐然,宋代江西地区考中进士的人数也多达5442人,位列全国之首,明代江西尤其是吉安府的科举成绩在全国也是名列前茅。

吉安地方史志上都强调,在吉安文化发展史上,颜真卿(709—784)具有特别重要的意义。唐永泰元年(765),颜真卿贬任吉州司马,他在吉安广兴教育,传播文化,培养后学,为吉安文化的发展和繁荣提供了强大的动力。宋代吉安的教育和文化繁荣发达,涌现出一批学术思想和文学大师,尤其是永丰的欧阳修,在吉安文化发展史上具有里程碑式的意义。万历《吉安府志》称:"至欧阳修一代大儒,开宋三百年文章之盛,士相继起者必以通经学古为高,以救时行道为贤,以犯颜敢谏为忠。家诵诗书,人怀慷慨,文章节义遂甲天下。"[1]吉安教育和文化迅速发展和繁荣起来,人才辈出,文化繁荣。曾经的"蛮荒之地"在经济迅速发展的同时,即涌现出了一大批思想文化巨人,最著名的有欧阳修、杨万里、文天祥等人。创建于南宋淳祐元年(1241)的吉安白鹭洲书院为江西古代四大书院之一,是理学研究和传播的重镇,在科举方面也成就斐然,仅宝祐四年(1256),白鹭洲书院即有四人考取进士。

明代的吉安教育和文化继续繁荣,有明一代,吉安府的书院教育水平居全国前列,科举考中进士的人数也仅次于苏州府,位列全国第二(具体分布状况见下表),但吉安的社会经济发展水平大大落后于苏州府。必须指出的是,考中进士的人数众多,一方面表明这里的文化教育发达,另一方面也意味着地方社会上必然存在着大量的没有功名,没有入仕的读书人。他们虽然没有功名,没有进入官场,但"知书达礼",在社会上有相当的威望,能够在维系社会道德秩序方

---

[1] 万历《吉安府志》卷十一,《风土志》。

面发挥极其重要的作用和影响。但是,如果有可能的话,他们也会希望以自己的知识获取经济收入而不是务农或经商——由于吉安府的经济发展水平大大落后于苏州府,尤其是商品经济的发展水平与苏州府更是不可同日而语,这也意味着他们难以通过务农或经商获得较高的收益。他们除了在地方上担任教职外,还有可能通过其他途径,如帮人诉讼等获取收益。这就会对本地区本来就存在的好讼之风起到了推波助澜的作用。①

明代吉安府各县进士人数统计表

年代	庐陵	泰和	吉水	永丰	安福	永新	万安	龙泉	永宁	总计
洪武	6	13	11	17	2	1	4	2	0	56
建文	1	0	4	2	0	0	0	0	0	7
永乐	18	48	56	23	16	9	5	4	0	179
宣德	3	8	12	3	5	2	1	1	0	35
正统	5	15	15	4	18	5	6	0	0	68
景泰	9	8	10	5	17	10	0	1	0	60
天顺	7	9	10	3	13	3	0	0	0	45
成化	13	22	23	4	34	4	2	4	0	105
弘治	8	11	18	1	26	3	3	0	0	70
正德	5	10	12	3	29	8	5	1	0	73
嘉靖	15	30	23	8	25	8	16	1	1	127
隆庆	5	4	2	1	11	0	1	0	0	24
万历	30	20	12	3	34	4	6	0	1	110
天启	4	1	3	0	9	1	2	1	0	21
崇祯	5	5	8	2	13	2	2	2	0	39
合计	134	204	219	79	252	60	53	17	2	1020

资料来源:定祥修,刘绎纂,光绪《吉安府志·选举志·进士》。按:由本表看来,明代吉安府以庐陵、泰和、吉水、安福四县科举最为发达,永丰、永新、万安居其次,龙泉(现遂川)和永宁(原宁冈县,现属井冈山市)相对偏僻落后。其中,永丰在明代前期科举较为发达,后期较为零落,安福则是明代中期崛起。与此相适应,思想家和学者也主要出生于那些科举较为发达的县份。

---

① 关于江西和吉安府的好讼问题,方志远先生有较为精深的研究,参见其著《明清湘鄂赣地区的讼风》,本节关于江西和吉安好讼之风的论述是参考该文而写成的。

颜真卿不仅以其书法艺术,也以其忠烈精神名垂青史。一代文宗欧阳修也以倡导节义著称。在颜真卿、欧阳修等人的影响下,吉安人既非常重视儒学教育,也非常崇尚个人气节。宋代吉安即以"五忠一节"著称于世。所谓"五忠一节"是指欧阳修(谥文忠)、杨邦乂(谥忠襄)、胡铨(谥忠简)、周必大(谥文忠)、杨万里(谥文节)和文天祥,他们以极富哲理和艺术感染力的文章和坚毅高尚的气节,为吉安人树立了典范,长期为人们所敬仰和崇拜。尤其是文天祥,明知不可而为之,在抗元斗争中谱写了一曲可歌可泣的"正气歌"。他在《正气歌》中强调,儒家的伦理道德规范、个人的浩然正气是宇宙自然、社会人生赖以存在的依据,"地维赖以立,天柱赖以尊""三纲实系命,道义为之根"。重视教育,崇尚气节成为一种普遍的社会风气,吉安因此获得了"文章节义之邦"的美誉。

宗族势力的发达也意味着,家族、宗族内部的关系、家族与家族,宗族与宗族之间的关系是江西和吉安地区的最基本、最重要的社会关系。家族、宗族内部、家族与家族,宗族与宗族之间必然会产生各种或大或小的矛盾和冲突。一般而论,家族和宗族内部,由于有血缘基础,矛盾和冲突的解决相对容易一些,通常会有依照儒家名教纲常而制定的家训、族规之类的东西,既规范了家族和宗族成员的行为,也提供了解决矛盾和冲突的方法准则和机制。自元代以来,吉安地方基本上是家有祠、族有谱,有共同的族田族产,人们特别重视家族和宗族内部的尊卑长幼秩序,宗族成员之间基本上团结互助、和谐稳定,当然也不排除有例外的甚至极端的情况发生,但由于家族和宗族内部通常有一套矛盾和冲突解决机制,需要对簿公堂的事很少发生,而且,族内人士一旦对簿公堂,会被认为是整个家族或宗族的耻辱,发起诉讼者往往会面临几乎无法承受的严重后果。如果宗族与宗族之间一旦发生矛盾与冲突,问题就麻烦了。崇尚气节的风气,依附于家族或宗族的士绅队伍尤其是大批未入仕的读书人队伍的存在,使得解决这些矛盾和冲突问题非常麻烦,以至于形成了所谓的"好讼"之风。

崇尚气节,意味着任何事情都必须严格区分出是非曲直,必须不惜代价地坚持原则,坚守立场,绝不妥协,绝不受委屈,甚至于"一言之间,遽欲求直,报复相寻"[1]。问题在于,且不要说社会矛盾和阶级矛盾,人世间的各种利益关系本来就错综复杂,许多事情往往很难说是非此即彼,并不容易,事实上也很难分清

---

[1] 《罗洪先集·谕俗文》,徐儒宗编校整理,凤凰出版社2007年版。

是非曲直,人与人之间难免发生某些矛盾甚至冲突。如果人们知书达礼,本着"己欲达而达人,己欲立而立人"的仁爱精神,则相互之间能够较好地协调各种关系,从而和谐相处。如果涉事者斤斤计较,坚持己见,即便是很小的矛盾,也有可能引发尖锐的矛盾,从而走上诉讼之路。这类事情看起来不少,令人印象深刻。明太祖朱元璋就曾指责江西人"虽细微事务,不能含忍,径直赴京告状"①。王阳明一到庐陵任知县,就遇到了这个问题。他敏锐地发现,吉安地区的"好讼"现象与这里文化传统密切相关,与人们崇尚气节实质上是一个问题的两个方面,他后来在《重修文山祠记》中写道:

> 吉士之以气节行义,后先炳耀,谓非闻公(引者按:指文天祥)之风而兴不可也。然忠义之降,激而为气节;气节之弊,流而为客气。其上焉者无所为而为,固公所谓成仁取义者矣;其次有所为矣,然犹其气之近于正者也;迨其弊也,遂有凭愤戾粗鄙之气,以行其妒嫉偏鸷之私。士流于矫拂,民入于健讼,人欲炽而天理灭。而犹自是以为气节,若是者容有之乎?②

"好讼"历来为儒家所诟病,也为各级政府所抨击。它一方面影响社会秩序的稳定,另一方面会提高政府的行政成本,增加政府官员的压力——处理这些诉讼不仅需要耗费官员大量的时间和精力,甚至会威胁到官员的政治生命。因此,"好讼"之风历来是政府的整顿和打击对象。明代初期,在国家的高压政策下,江西的"好讼"之风稍寂。明中叶以后,"好讼"之风复起,且有愈演愈烈之势,给人们留下了深刻的印象。"江西地方,虽曰文献之邦,然民俗刁顽,素称健讼。"③成化四年(1468),新任吉安知府许聪认为,吉安的"好讼"之风主要是由一些有势力的大宗族即强宗豪右挑起的,他说:

> 吉安地方虽广而耕作之田甚少,生齿虽繁而财谷之利未殷,文人贤士固多,而强宗豪右亦不少。或相互争斗,或彼此侵渔,嚣讼大兴,习风益肆。近则报词状于司府,日有八九百;远则致勘合于省台,发有三四千。往往连逮人众,少不下数十,多或至百千。其间负固不服者,经年行提不出;恃顽

---

① 张卤:《皇明制书》卷九《教民榜文》。
② 《王阳明全集·重修文山祠记》。
③ 《皇明条法事类纂》卷五十。

变诈者,累发问理不结。①

泰和县人王直(1379—1462,字行俭,号抑庵,1404年进士,官至吏部尚书)认为,吉安的好讼之风的形成,既有地方官员治理的问题,也有民众缺乏教育的问题。他说,民间产生各种矛盾和冲突是必然的,关键在于地方政府官员是否能够以"公平正大之心"予以解决,如果地方官员能够以"公平正大之心"对待,"自然无讼";因此,关键在于加强对民众的教育。他说:

> 江西之郡十又三,而吉安为易治。其人多读书知道理,其出赋税力役以供公上,皆不后诸郡,而或者以好讼病之,此不善为理也。夫生民有欲,有欲则不能无争,争则狱讼兴焉。顾吾所以理之者何如耳。苟有公平正大之心,是非必明、操纵必当,则无实者不敢至其前,将自然无讼。其所以纷纷,皆为之长者不能是故也,岂独民之过哉!夫民患不读书,昧于道理,则告之而不知、谕之而不从,肆其嚣顽,以抵牾其长,如是则难治。吉安岂其然哉!②

王直显然是在为自己家乡辩护,未必有很大的说服力。实际上,吉安地方教育发达,说好讼者"昧于道理"尚可,说他们没有读书则不符合事实。诸多的"讼棍""讼师"恰恰是那些接受过相当程度教育的人。正是他们利用自己的知识和社会地位,或千方百计地维护本家族或宗族的利益,拒不妥协;或通过诉讼,为自己获取利益——诉讼实际上成为不少没有功名利禄但又接受过相当程度教育的人的获取利益的重要途径。

按照理学的逻辑,好讼之风显然是"人欲炽而天理灭"的产物。王阳明甫任庐陵知县,即遇到大量诉讼,他对此极为不满,为此专门发布公告,对本地的好讼之风进行了严厉批评,强调这是非常可耻的事情。他说:"庐陵文献之地,而以健讼称,甚为吾民羞之",他反复告诫民众,动辄兴讼,后果严重。他告诫说:"呜呼!一朝之忿,忘其身以及其亲,破败其家,遗祸于其子孙。孰与和巽自处,以良善称于乡族,为人所敬爱者乎?吾民其思之。"为此,他推出了抑制好讼之风的政策措施:"今与吾民约,自今非有迫于躯命,大不得已事,不得辄兴词。舆

---

① 《明宪宗实录》卷五六,成化四年七月。
② 王直:《抑庵文后集·赠陈太守诗序》。

词但诉一事,不得牵连,不得过两行,每行不得过三十字。过是者不听,故违者有罚。县中父老谨厚知礼法者,其以吾言归告子弟,务在息争兴让。"①后来巡抚南赣时,王阳明又连续发布告示,要求南昌等州府县的民众"含忍宁耐,止息争讼"。②

好讼之风的盛行对本地民众的社会生活显然不是好事,并不是本地民众所希望看到的,一方面,大量诉讼的存在本身即表明社会矛盾的复杂,另一方面,诉讼要耗费大量的人力、物力与财力。无论如何,和谐稳定的社会秩序是人们的普遍追求,天下太平是人们的普遍梦想。对于饱读诗书,真诚追求"大学之道"的儒家学者而言,这一现实更是难以接受的。改变这一面貌,也理所当然地成为那些真诚追求"大学之道"的读书人的努力方向。

从理论上说,如果能够"存天理,灭人欲",自然能够消灭好讼之心和好讼之风——绝大多数诉讼正是源于利益之争,也就是所谓的"人欲"。如果好讼者恰恰是那些饱读诗书、满口仁义道德的人,那么人们可以合理怀疑,程朱理学所倡导的格物致知说是否真的可以消除其好讼之心——问题的关键显然还在人的内心。王阳明的致良知说要求人们的心灵和行为体现为纯粹的天理,彻底根除人欲,这看起来更加合乎江西和吉安地方儒家学者的需要,也合乎江西和吉安建设和谐稳定社会秩序的需要。

最后同时也是极为重要的是,江西和吉安地区不仅有深厚的儒学文化传统,佛教和道教文化氛围也非常浓厚。江西有不少著名的佛教和道教圣地,在中国佛教和道教史上都具有重要地位。佛教和道教在地方上影响很大,渗透到民众的日常社会生活当中。众所周知,宋代理学的形成是对佛学和道教理论的批判吸收的产物,大多数理学家和心学家都曾"出入佛老",深入研究过佛学和道教经典,不少理论概念脱胎于佛学和道教理论。浓厚的佛教和道教文化氛围,为理学在江西地区的传播和发展奠定了坚实的历史文化基础。实际上,江西正是宋代理学发展和传播的极其重要的基地,宋代以来,"存天理,灭人欲"观念即在江右大地广为普及。就宋代理学而言,抚州人陆九渊心学的成就和影响自不用说,江西对朱熹的意义也非同小可,他的很多重要的学术活动发生在江西。庐山白鹿洞书院由朱熹亲定教规,被誉为"海内书院第一",是公认的传习程朱理学的极其重要的基地。从元代到明代,江西理学名家辈出。吴澄

---

① 《王阳明全集·告谕庐陵父老子弟》。
② 《王阳明全集·禁省词讼告谕》,《再禁词讼告谕》。

(1249—1333,字幼清,崇仁人,世称草庐先生)是公认的元代三大理学家之一。明代的吴与弼(1391—1469,号康斋,崇仁人)、胡居仁(1434—1484,号敬斋,余干人)、罗伦(1431—1478,号一峰,永丰人)、罗钦顺(1465—1547,号整庵,泰和人)等都是全国著名的理学家。就阳明学而言,一方面可以说是对陆九渊心学的继承和发展,另一方面也是在批判程朱理学的基础上发展起来的。特别是阳明心学,与禅学关系尤为密切。青原山净居寺,乃禅宗七祖祖庭,在中国佛教史上具有非常重要的地位,在地方上影响自然也很大。深受禅宗佛教影响的吉安士民,更容易接受阳明学理论,青原山净居寺成为研究传播阳明的重要基地,并非偶然。

仅仅有良好的社会和文化土壤显然远远不够,还需要良好的种子和辛勤的耕耘者才有可能开花结果。江右王门学派的形成,吉安成为江右王门学派的学术和社会活动的基地,全国研究和传播阳明学的重镇,最重要也是最关键的因素,是江西乃是王阳明建功立业的基地,无论是"破山中贼"还是"破心中贼",王阳明都是以江西为根据地,吉安在其中的地位尤为重要。他因此在吉安拥有众多的忠实追随者。这是江右王门学派的形成和阳明学在江西,尤其是在吉安的传播和发展非常重要的条件。

王阳明"龙场悟道"后,正德五年(1510),被任命为吉安府庐陵县知县(庐陵县治和吉安府治长期同在吉安城)。尽管这次任职时间甚短,但对王阳明及阳明心学而言意义极其重要。因为自以为"得道",王阳明满怀信心赴任庐陵知县,到任后,他励精图治,深得民众爱戴。据记载:

> 先生三月至庐陵。为政不事威刑,惟以开导人心为本。莅任初,首询里役,察各乡贫富奸良之实而低昂之。狱牒盈庭,不即断射。稽国初旧制,慎选里正三老,坐申明亭,使之委曲劝谕。民胥悔胜气嚣讼,至有涕泣而归者。由是图圄日清。在县七阅月,遗告示十有六,大抵谆谆慰父老,使教子弟,毋令荡僻。城中失火,身祷返风,以血禳火,而火即灭。因使城中辟火巷,定水次兑运,绝镇守横征,杜神会之借办,立保甲以弭盗,清驿递以延宾旅。至今数十年犹踵行之。①

---

① 《王阳明全集·年谱一》。

与此同时,王阳明向吉安士绅大力宣扬其在龙场悟到的"道",由于他的励精图治赢得了地方士绅和民众的支持和尊重,他的思想理论也因此吸引了地方士绅,获得了广泛的响应和支持。1510 年,王阳明率领包括邹守益在内的吉安地方士绅到吉安青原山的禅宗祖庭净居禅寺静坐,引导人们在"静坐息虑"中根除外部世界的诱惑,体悟心之本体的存在,体悟"心外无物"的基本原理。

尽管王阳明担任庐陵知县仅七个月即因升迁而离开江西,但从正德十二年(1517)至嘉靖六年(1527),王阳明以都察院左佥都御史巡抚南赣,再次来到江西任职。巡抚南赣期间,王阳明依然励精图治,在文治武功方面均取得了显赫的成就,无论政治上还是学术界都赢得了巨大的声望。作为一名政治家,王阳明一方面大力"破山中贼",坚决镇压各种反叛,同时大力推行各种政策措施以"破心中贼"。他在南赣各地订立乡约,兴举社学,教育民众严格遵守国家的各种法律法规制度和儒家名教纲常,从而形成良好的社会风气,和谐的社会秩序。面对南赣地区严峻的形势,王阳明认为,问题的关键在于人心,"人之善恶系于一念之间""彼一念而善即善人矣""尔一念而善即恶人矣"。南赣各地寇盗的横行既是个人一念之差的结果,也是由于官吏的教育无方及长辈的训诲不力,朋友的奖劝失时的结果。为此,他一方面反复告诫民众,"务要父慈子孝,兄爱弟敬,夫和妇随,长惠幼顺;小心以奉官法,勤谨以办国课,恭俭以守家业,廉和以处乡里;心要平恕,毋得轻易忿争;事要含忍,毋得辄兴词讼;见善互相劝勉,有恶互相惩戒;务兴礼让之风,以成敦厚之俗。"① 同时颁布《南赣乡约》,从制度层面规范人们的行为。在《南赣乡约》中,王阳明要求"今凡尔同约之民,皆宜孝尔父母,敬尔兄长,教训尔子孙,和顺尔乡里。死伤相助,患难相恤,善相劝勉,恶相告诫,罢讼息争,讲信修睦,务为良善之民,共成仁厚之俗"。他指出,民众之间的互相监督、相互勉励是培养善良的人民和养成仁厚的乡风民俗的有效方法,因为"人虽至愚,责人则明,人虽至聪,责己则昏"。② 据记载,王阳明的这些努力收到了显著的成效,地方史志记载说:南赣地方因此"人心大约淳正,急公输纳,畏礼守法……子弟有游惰争讼者,父兄闻而严惩之,乡党见而耻辱之"。③作为一名学者和思想家,王阳明一直把讲学作为要务。"在赣虽军旅扰扰,四方

---

① 《王阳明全集·年谱一》。
② 《王阳明全集·南赣乡约》。
③ 同治《赣县志·风俗》。

从游日众,而讲学不废。"①王阳明的良知学说正是在其巡抚南赣期间发展成熟的。

必须指出的是,尽管赣南是王阳明建功立业的重要基地,是王阳明"息马论道过化最久之地",②然而,由于南赣地区长期以来文化教育水平相对落后,因此这里并没有成为研究和传播阳明学的根据地。地方史志称,"南赣二府每大比于乡,类不及吉、饶、临、信得士之众,以为下邑荒陋,则未免寡昧。"③"赣于江西为巨府,其城居章贡二水合流处,山川雄秀,风气固密,形势概可知矣。然郡县二学,自宋以来俱在城内之东南,面壁城垣,未足以当其胜。入国朝百年之久,教养俱备,而科目乏人。"④"自王文成昭揭圣修,倡学兹土,至今士品为他邑冠。乃举制科者,往往逊他邑。"⑤王阳明的努力虽然为本地培养出了一些阳明学者,著名的如何廷仁、黄弘纲等,也有效地促进了地方社会风气的好转,但由于文化教育水平的相对落后,在一定程度上限制了阳明学在赣南地区的传播和发展。实际上,正是在王阳明巡抚南赣期间,吉安成为研究和传播其致良知说的中心。这是因为,吉安地区本身文化教育发达,王阳明讲学南赣期间,大批的吉安府士子纷纷前往拜师问学,邹守益、欧阳德等人便是在此期间拜王阳明为师的,为江右王门学派的形成和发展奠定了坚实的基础。尤其是,正德十四年(1519),南昌宁王朱宸濠武装叛乱,正"奉敕戡处福建叛军"途中的王阳明得到消息后,立刻回师吉安,得到吉安知府伍文定和地方士绅的大力支持,吉安各地学子纷纷星夜奔赴吉安城,为王阳明出谋划策,积极参与平叛。正是因为有了这一坚定支持,王阳明很快平定了朱宸濠的叛乱。这一功勋对于王阳明而言特别重要,它极大地提高了王阳明的政治和学术声望,也极大地提高了吉安在王阳明心目中的地位,王阳明本人因此始终对吉安给予了特别的关注,吉安因此成为全国研究和传播阳明学的重镇。

---

① 《王阳明全集·阳明先生行状》。
② 同治《赣州府志·祠庙》。
③ 嘉靖《南安府志·学校》。
④ 同治《赣州府志·学校》。
⑤ 同治《赣州府志·学校》。

第三节 江右王门学派学术理论成就

基于阳明学的内在矛盾,王阳明去世后,人们研究和传播阳明学时,不免见仁见智,歧见纷出。一部分人热衷于从理论上深究良知本体,另一部分学者则更重视日常生活实践中的致良知工夫,强调问题的关键在于如何在日常生活实践中"实落用功"。毫无疑问,从学术研究的角度而言,从理论上深究良知本体是非常重要的,这是整个阳明学的理论基础,而且,作为学者,在理论上深究良知本体正是其责任与使命。不过,对于王阳明而言,问题的关键在于实践而不是理论,他曾忧心忡忡地指出的那样,"某于良知之说,从百死千难中得来,不得已与人一口说尽,只恐学者得之容易,把作一种光景玩弄,不实落用功,负此知耳。"①在他看来,问题的关键在于"实落用功",即通过致良知工夫,使良知本体发用流行。不幸的是,王阳明的这一担心很快即成为现实。

王阳明去世后,很多阳明学者热衷于在理论上深究良知本体,却在相当程度上忽视了对致良知工夫本身的研究,也就是忽视了"实落用功"。黄宗羲指出:"阳明以致良知为宗旨,门人渐失其传,总以未发之中,认作已发之和,故工夫只在致知上,甚之而轻浮浅露,待其善恶之形而为克治之事,已不胜其艰难杂糅矣。"②在黄宗羲看来,既重视探究良知本体,又能够"实落用功"的,唯有江右王门学派。

江右王门学派学者以传承阳明真精神为己任,他们在继承王阳明基本理论观点的基础上,对致良知说展开了深入的研究,一方面"推原阳明未尽之旨",同时又努力使阳明学精神贯彻到日常生活实践之中,教育和引导每一个人严格遵守儒家名教纲常,追求达到圣人的精神境界。对于江右王门学派诸学者而言,既要在理论上努力探究良知本体,也要重视日常生活实践中的致良知工夫,两者不可偏废。这是江右王门学派诸学者共同的,也是最本质的特点。正因为如此,他们一方面对热衷于研究和参透良知本体的王畿充满敬意,另一方面又对王畿的良知现成说展开了严厉的批判,因为在他们看来,这有可能忽视日常生活实践中的具体的致良知工夫。在很大程度上,正是因为江右王门学派学者特

---

① 《王阳明全集·年谱二》。
② 《明儒学案·江右王门学案·陈九川传》。

别重视实际的致良知工夫,大力批判良知现成说,才使得"阳明一生精神,俱在江右",并对吉安地方的社会文化产生了重大的影响。

必须指出的是,尽管江右王门学派诸学者学术宗旨明确,就是准确地传承阳明真精神,"推原阳明未尽之旨",并以阳明精神指导自己和地方民众的生活实践,但在如何传承阳明真精神,如何"推原阳明未尽之旨"方面,依然存在着不同的甚至是对立的观点。正因为如此,从学术理论层面看,江右王门学派诸学者在共同的宗旨和追求下,学术思想丰富多样。正如我们前面所指出的那样,存在着一个江右王门学派,但并不存在着一种叫作"江右王门心学"的理论或学问。所谓江右王门学派的学术思想,指的是江右王门学派各个学者的学术思想。他们以不同的方式,从不同的角度传承阳明真精神,"推原阳明未尽之旨"。

江右王门学派学者人数众多,他们绝大多数都在学术理论上对阳明学进行了探讨,并取得了一定的成就。黄宗羲《明儒学案·江右王门学案》中特别介绍了三十三位学者,他们在学术理论研究方面均付出了努力,并有所成就,对我们而言均有研究价值。如果我们对其中的具有代表性的学者的学术思想有准确认识和深刻理解,就大致上能够认识和把握江右王门学派的学术思想成就。至于谁才是具有代表性的学者,我们认为,在江右王门学派诸学者中,邹守益、欧阳德、聂豹、罗洪先、刘文敏、刘邦采、王时槐、万廷言、胡直、邹元标等十人的学术理论最具有代表性,具体理由我们将在下篇分论中予以阐述。简单地说,他们在传承阳明真精神方面作出了极其重要的贡献,在学术思想理论上有所创新,无论在学术思想界还是在社会上均有较高的地位和影响。为了对江右王门学派有一个总体上的认识和把握,我们这里首先简要介绍他们比较有特色的理论观点,更具体的分析研究,我们将在本书的下半部分个案研究中进行。

在这十位学者中,邹守益、欧阳德、聂豹、罗洪先、刘文敏和刘邦采是江右王门学派第一代学者,其中邹守益、欧阳德、刘文敏和刘邦采均受业于王阳明,聂豹和罗洪先则只能算是王阳明的私淑弟子——聂豹只见过王阳明一面,在王阳明在世时并没有拜其为师,不过在王阳明去世后补办了拜师的手续。罗洪先则从未见过王阳明,虽然人们普遍认为他是阳明学的登堂入室者,但他本人并不情愿被视为是王阳明的弟子,而只是以阳明后学自居。王时槐、万廷言和胡直是江右王门学派第二代学者,他们分别师从刘文敏、罗洪先和欧阳德。邹元标则是江右王门学派第三代学者中的代表。必须特别指出的是,前后三代学者所面临的形势和环境颇为不同。对于第一代学者而言,其时阳明学刚刚开始传播,质疑和批评的声音不小,他们的使命主要是学习、传播和研究阳明学,论证阳明学的真理性价值,并努力使阳明精神落到实处,使之成为自己和他人安身立命的依据,同时使之成为社会安宁和谐的指导思想,对于邹守益、欧阳德、刘文敏和刘邦采等王阳明的受业弟子而言尤其如此。他们一方面四处讲学宣传,另一方面大力举办阳明学讲会,创设书院,为阳明学的广泛传播奠定坚实的基础。对于聂豹和罗洪先这样的王阳明的私淑弟子而言,他们之所以私淑于王阳明,是因为他们相信阳明学确实是"圣学",他们同样因此四处讲学宣传阳明学,只不过更倾向于从自己的角度理解和接受阳明学,不会有太多的顾忌,因而他们提出了别具一格的理论主张。当然,邹守益、欧阳德、刘邦采和刘文敏等人也不会是王阳明的传声筒,他们同样是从自己的角度理解和接受阳明学,并提出了具有自己特色的学术思想主张,但他们更倾向于维护王阳明及阳明学的尊严。最为独特的是刘邦采。他作为王阳明的弟子,为了批判阳明学流传过程中出现的各种流弊,为了捍卫阳明学宗旨,刘邦采借鉴程朱理学的某些理论观点,提出了其"悟性""修命"以致良知说,丰富和发展了阳明学理论。

对于第二代和第三代江右王门学派学者而言,形势和环境发生了很大的变化。阳明学业已广泛传播,并获得社会的广泛认同,涌现出了大批的阳明学群体。经过第一代学者的努力,吉安地区业已成为全国研究和传播阳明学的基地。他们已经不需要在传播阳明学方面付出很大努力,也不需要花很大精力证明阳明学的真理性价值,他们能够很方便地和各方面的阳明学者切磋交流,取长补短。与此同时,阳明学基于其内在的矛盾,在其传播发展过程中所产生的各种分歧和流弊也逐渐暴露无遗。刘元卿是这样评论安福的阳明后学的:

> 我安成先哲在正嘉间,传姚江心印者满家,逮其末流,愈远而愈失之。有谓良知闪电之光,而双揭日月以行天者;有谓世无现成良知,而取日虞渊以为功者,有谓良知本在内,于方寸焉守之;有谓良知本不动,于寂静焉摄之;有谓真知不属内外动静,而斟酌于有无之际;有直谓了不可得为向上第一机,而栖神于是非双泯之乡。蜂起云生,层见叠出,要为凿余姚之学而深之,驾致知之说而上之。①

---

① 《刘元卿集·鸿磐述序》。

对江右王门学派的第二代和第三代学者而言,要传承阳明真精神,把阳明真精神落到实处,必须在新的形势下进行理论创新和实践探索。他们既要批判并克服阳明学在其传播过程中业已暴露的各种流弊,同时又必须采取切实可行的措施,使阳明真精神真正深入人心,指导人们的生活实践。由于阳明心学的内在矛盾,每一个的境遇不同,人们不可能取得一致的认识,做法也不可能一致。王时槐在坚持阳明学原则立场的基础上,借鉴程朱理学的思想理论,深入研究"心之体"和"心之用",提出了其"透性""研几"以致良知说。万廷言潜心于易学研究,则为乃师罗洪先的主静说提供了易学证明。胡直不再隐讳心学和禅学的关系,直接提出必须充分吸收利用禅学智慧,在吸收程颢、谢良佐、张九成等人"以觉言仁"学说的基础上,提出了"心造天地万物""良知即觉性"的理论观点。邹元标直面阳明学本体与工夫之间的矛盾,在充分吸收利用禅学智慧的基础上,指出致良知首先在于"悟",并在此基础上"修"与"证",从而与天理即儒家名教纲常保持绝对一致。

下面我们简要介绍这十位代表人物的基本理论观点,他们的理论观点,大致可以体现江右王门学派的学术思想面貌。

邹守益是当时公认的江右王门学派领袖,也是公认的王学正传。王畿称,邹守益"于先师之学,终始发明,惟归一路,未尝别为立说以眩学者之听闻"。[①]黄宗羲指出,"东廓以独知为良知,以戒惧谨独为致良知之功,此是师门本旨,而学焉者失之浸,流入猖狂一路。惟东廓斤斤以身体之,便将此意做实落工夫,卓然守圣矩,无少畔援。诸所论著,皆不落他人训诂良知窠臼,先生之教卒赖以不敝,可谓有功师门矣。"[②]现代不少学者认为,邹守益谨守师门,创造性不足,尤其是在哲学思辨方面看起来并不深刻,不足以显示或代表江右王门学派的学术思想特征。不过,在阳明学问世不久尚未广泛传播并被广泛接受之际,要传承弘扬阳明真精神,首先必须坚持王阳明的基本理论和基本原则,谨守师门无疑是非常重要的。当然,如果仅仅是谨守师门,缺乏创新,成为乃师的传声筒,那他在学术思想史上的意义就不是很大。不过,尽管谨守师门确乎是邹守益的主观追求,他实际上并不缺乏创新。他在坚持阳明学基本理论和基本原则的基础上,旗帜鲜明地强调"敬"的重要性,提出了其标志性的"戒慎恐惧以致良知"说。应当说,邹守益不仅在传播阳明学方面成效显著,在学术思想上也有所

---

① 王畿:《寿邹东廓翁七十序》,载《邹守益集·附录》。
② 《明儒学案·师说》。

创新。

邹守益对良知本体的认识和理解基本上是谨守师说。他说,"先师之训曰:心之本体,便是天理,天理之精明灵觉,便是良知。"①无论贤愚,任何人都拥有良知。他说,"良知本体,自舜与跖,自回与赐,自孔与夷、惠,一也。"②"吾心本体,精明灵觉,浩浩乎日月之常照,渊渊乎江河之常流,有所障蔽,有所滞碍,扫而决之,复见本体。"③与王阳明一样,在邹守益看来,良知既是一种本体存在,又是一种现实流行,是本体与现象的统一,良知本身即包含了本体和运用两个方面。他说:

  夫良知一也,有指体而言,寂然不动者是也。有指用而言者,感而遂通天下之故是也。指其寂然处,谓之未发之中,谓之所存者神,谓之廓然而大公;指其通感处,谓之已发之和,谓之所过者化,谓之物来而顺应。体用非二物也。④

邹守益关注的焦点同时也是在理论方面的主要创新——致良知工夫方面。实际上,对邹守益而言,从理论上分析研究良知本体固然重要,追求个人理想的精神境界也很重要,但更重要的是教育和引导人们如何在日常生活实践中自觉地"迁善改过",与儒家名教纲常保持完全一致。他说:

  良知之明也,譬诸镜然,廓然精明,万象毕照,初无不足之患,所患者,未能明耳。好问好察以用中也,诵诗读书以尚友也,前言往行以蓄德也,皆磨镜以求明之功也。⑤

邹守益强调,致良知的关键在于"修己以敬",为此必须"戒惧""慎独"。本来,在王阳明那里,全部的道德修养工夫包含在致良知之中,因而并没有"敬"的位置,"戒惧""慎独"当然也只是致良知的题中应有之义,并无特别的重要性。邹守益特别强调"修己以敬"和"戒惧""慎独"工夫,其目的在于实现良知本体

---

① 《邹守益集·简陈师曾》。
② 《邹守益集·简傅仲有》。
③ 《邹守益集·与君亮、伯光》。
④ 《邹守益集·复黄致斋使君》。
⑤ 《邹守益集·复夏太仆敦夫》。

和致良知工夫的一致,或者说,试图在良知本体和致良知工夫之间建构起一个通道或者说一座桥梁,从而解决阳明学的内在矛盾。

"修己以敬"是孔子提出来的,就是要求人应当严格要求自己,对世界保持以严肃谨慎的情怀和态度。程朱理学家特别强调了"敬"在格物致知中的重要性,因为天理是一种超越性的客观存在,必须对客观存在的天理持有严肃谨慎的情怀和态度,这正是存天理,灭人欲的基础和关键。王阳明认为,有了致良知工夫即够了,强调"敬"其实是画蛇添足。邹守益则认为,"敬"不仅与致良知不存在冲突,而且是最为重要的致良知工夫,或者说,是致良知工夫的核心所在。他说,"圣门要旨,只在修己以敬。敬也者,良知之精明而不杂以尘俗也。戒慎恐惧,常精常明,则出门如宾,承事如祭。……故道千乘之国,直以敬事为纲领。信也者,敬之不息者也,非敬之外复有信也,节用爱人,使民以时,即敬之流行于政者也。"[1]由于王阳明本人明确否定了"敬"的特别价值,邹守益虽然强调"修己以敬",但他高举的旗帜是"戒惧""慎独"。邹守益特别强调,"戒惧""慎独"是最重要的致良知工夫。邹守益声称,"除却自欺便无病,除却慎独便无学"[2],人必须在日常生活实践中如履如临,念念有如临敌日,心心常似过桥时,这样才能有效抵御外部世界的诱惑和污染。他说:"为学在戒慎恐惧,常精常明,不使自私用智以障吾本体。"[3]邹守益指出:

> 良知之本体,本自廓然大公,本自物来顺应,本自无我,本自无欲,本自无拣择,本自无昏昧放逸。若戒慎恐惧不懈其功,则常精常明,无许多病痛。[4]

邹守益反复强调,戒慎恐惧是为了在日常生活中弃恶从善,严格遵守儒家名教纲常,这才是真正的致良知工夫。他说:

> 迁善改过,即致良知之条目也。果能戒慎恐惧,常精常明,不为物欲所障蔽,则即此是善,更何所迁?一有障蔽,便与扫除,如雷厉风飞,复见本

---

[1] 《邹守益集·简胡鹿崖巨卿》。
[2] 《邹守益集·答詹达卿教授问》。
[3] 《邹守益集·寄龙光书院诸友》。
[4] 《邹守益集·复石廉伯郡守》。

体,所谓闻义而徙,不善而改,即是讲学修德之实。①

邹守益强调,"寂感无二时,体用无二界",②绝不能把"心"的"寂"和"感","体"和"用"割裂开来,人应当在日常生活实践也就是"人伦日用"之中体悟到良知本体,而不应当试图在寂静中参透良知本体。邹守益对聂豹、罗洪先为代表的归寂主静派提出了批评。他认为,聂豹、罗洪先的归寂主静说在理论上是错误的,在实践上也是有害的。邹守益的这一指责未必完全合理。实际上,对聂豹、罗洪先而言,试图在寂静中参透良知本体,目的正是为了使良知在日常生活实践中充分发挥作用。但邹守益的批评基于本体与工夫合一,其目的在于强调本体与工夫合一,强调一切必须落实到生活实践中,而不能脱离实践,对于阳明精神扎根于社会生活,而不是仅仅在学者"朋友圈"中探究,实际上,邹守益之所以成为公认的王学正传,一方面固然在于他不遗余力地维护师说,更为重要的是,他通过举办阳明学讲会等多种形式,为阳明精神扎根于地方社会生活,做出了不懈的努力,并取得了显著的成效。这就为"阳明一生精神,俱在江右"奠定了坚实的基础。

尽管在黄宗羲看来,在江右王门学派学者中,就学术理论成就而言,欧阳德的地位可能不如刘文敏,但欧阳德在传播阳明学方面的确居功至伟,他对阳明学有深刻的理解,在学术思想理论方面实际上也有所建树。欧阳德仕途较为顺利,官居要职,最后是在礼部尚书任上去世的。他能够利用其丰富的政治资源和人脉资源传播阳明学,也传播自己的学术思想,在这一点上,刘文敏等人根本无法望其项背。欧阳德对良知本体的认识和理解同样基本上是谨守王阳明的观点,他的最大贡献是,对良知和知识的关系进行了细致分析研究,明确区分了两者之间的本质不同,也指出了两者之间的联系。欧阳德指出,"良知"是一种超越性的存在,它首先是一种独知,并不需要借助任何外在的东西而纯粹是出自人的内心。换言之,人的所有的道德观念、道德情感和道德行为都是由人的内在的良知自然或者说自动提供的,不依赖于任何外在的对象和经验意识。人之所以会违背内在的良知,是因为受到了私意或私欲的干扰。他说:

> 良知乃本心之真诚恻怛,不学而能,不虑而知者。人为私意所杂,不能

---

① 《邹守益集·答徐子弼》。
② 《邹守益集·再简双江》。

念念皆此真诚恻怛,故须用致知之功。致知云者,去其私意之杂,使念念皆真诚恻怛,而无有亏欠耳。①

欧阳德指出,良知本体自然为人的情感、思想和行为提供了规范和准则,不仅具有全部的道德判断能力,也给人们的道德情感和道德行为提供了全部的源泉和动力,使人能够在日常生活实践中不受外部世界的干扰,保持与儒家名教纲常完全一致。欧阳德说:

> 良知即是独知。独知非闲居独处之谓也。静变此知,动亦此知。虽稠人广众中,视听言动,喜怒哀乐纷交错应,而此知之明是是非非,毫发不能自欺。即此是独,即此是良知本体,从慎独之自欺处发用,即是良知发用,即是天理物则。虽至于勉强困衡,亦不为造作安排。若专于静中观察本体,又于天理动处验其果为良知与造作安排与否,却恐认虚静为良知,以动念为天理,以不费心力为无所造作。②

由于良知有可能受到私意或私欲的干扰而被蒙蔽,因此人必须努力使良知充分发挥出来,使日常生活实践的方方面面完全处于良知的指导之下,这就是所谓的致良知工夫。欧阳德说:

> "致"之云者,充之而极其至之谓。充之而极其至者,实其良知所欲为之事,而不为其良知所不欲为之事。……盖即吾心感应酬酢之事,而循吾良知之是是非非者而格之,以充其本体之善,非若后世悬空拟议于形迹之粗以为格致者也。③

欧阳德一方面强调致良知工夫的重要性,同时又特别指出,既然每个人都具有良知,因此,人只要"循其良知"即可与天理保持完全一致。他说:

> 夫良知无动无静,故时动时静而不倚于动静。君子之学,循其良知,故

---

① 《欧阳德集·答胡仰斋》。
② 《欧阳德集·答冯州守》。
③ 《欧阳德集·答欧梦举》。

虽疲形饿体而非劳也,精思熟虑而非烦也,问察辨说而非聒也,清静虚澹而非寂也,何往而非心逸？何往而非日休？故学贵循其良知,而动静两忘,然后为得。①

也就是说,在欧阳德那里,"致良知"强调的是努力使人的内在良知本体发用流行,不受私意或私欲的干扰和蒙蔽,"循其良知"强调的是人只要完全依照良知行事,不受私意或私欲的干扰和蒙蔽即可。进一步说,人的道德修养工夫即致良知工夫就是在"感应酬酢之事"中"循其良知",即以内在的良知指导生活实践,而不是像程朱理学家所倡导的那样遵守客观的天理。这就有必要严格区分"良知"与"知识"。

众所周知,程朱理学同样强调必须在日常生活中严格遵循天理,做到"内无妄想,外无妄动",他们声称这就是格物致知、穷理尽性的结果。尽管程朱理学也强调知识具有内在性,所谓格物致知无非是使人的内在的善充分发挥出来,但他们强调,人必须通过研究外部世界才能体会得到,具体到人伦日用中,依然是有关儒家伦理道德知识,这些知识具有显而易见的客观性、外部性。因此,格物致知的关键在于研究外部世界,获取和运用客观的儒家伦理道德知识,这是实现人心与天理一致的关键所在。在王阳明那里,良知即天理,是一种形而上的本体存在,人在日常生活中严格遵循天理是良知本体发用流行的结果,因此,绝不能把良知本体与知识混同。这就是说,"良知"与"知识"之辨实际上是程朱理学和阳明学之间最关键区别。欧阳德特别强调,严格区分"良知"与"知识",他说:

良知与知识有辨。知识是良知之用,而不可以知识为良知。犹闻见者聪明之用,而不可以闻见为聪明。此毫厘千里之分。②

"良知与知识有辨"并不意味着良知本体可以脱离人的道德知识而存在,实际上,所谓的道德知识,无非是良知本体的反映,并不能与良知本体一分为二。欧阳德强调:

---

① 《欧阳德集·答周陆田》。
② 《欧阳德集·答胡仲斋》。

非谓知识有二也,恻隐、羞恶、恭敬、是非之知,不离乎视、听、言、动,而视、听、言、动未必皆得其恻隐、羞恶之本然者。故就视、听、言、动而言,统谓之知觉,就其恻隐、羞恶而言,乃见其所谓良者。知觉未可谓之性,未可谓之理。知之良者,盖天性之真,明觉自然,随感而遇,自有条理,乃所谓天之理也。犹之道心、人心非有二心,天命、气质非有二性,源头、支流非有二水也。①

这样,欧阳德一方面准确地说明了良知本体的性质,另一方面也划清了程朱理学和阳明学之间的界限。

在黄宗羲看来,刘文敏在江右王门学派中具有特殊地位,是传承阳明真精神的代表性人物。这是因为,刘文敏既继承了王阳明对良知本体的判断,又强调在日常生活实践中致良知工夫的重要性,强调本体与工夫合一,他指出,"主宰即流行之主宰,流行即主宰之流行",这就意味着,良知本体与致良知工夫根本就是一回事。

如果说邹守益和欧阳德更多的是关注如何通过致良知,使人在日常生活实践中自然而然地践行名教纲常的话,那么,刘文敏更多的是探究如何通过致良知达到圣人的精神境界。他强调,"心"作为良知本体是一种形而上的、既现实又超越性的存在,能够自然而然包容万事万物,廓然大公,物来顺应,"人之心,天之一也,俯仰两间,左右民物,其感应之形着,因时顺变,以行其典礼者,虽千变万化,不可穷诘,孰非吾之一之所运耶?"这就是说,"心"超越一切现象,包容一切现象,但不是现象本身,因此,"心"的本质是虚寂。"心外无物""天地万物生于虚,而虚亦非出于天地万物之外。"所谓致良知,就在于涵养良知本体,超越纷繁复杂的现象本身,达到圣人的精神境界,从而"知无起灭,物无去来,虽拟言议动,同归于成,变化复其不闻之体",自然而然地拒绝现实世界中的各种名利的诱惑。他强调:

> 学术同异,皆起于意根未离,尚落气质,故意必固我皆所以害我。若中涵太虚、顺吾自然之条理,则易简理得,时措适宜,往圣精神心术,皆潜孚而默会之。

---

① 《欧阳德集·答罗整庵先生寄〈困知记〉》。

> 上天之载,以无声无臭为至;君子之学,以不不闻为功。知体常虚,则真明常止,千念万念,总是无念。生生化化,自协天则,故先天而天弗违,后天而奉天时。

通过拒绝现实世界中各种名利的诱惑涵养良知本体,让"心"作主宰。由于一切的天然自有之则都在心中,让心作主也就意味着能够在日常生活实践中自然而然地与天理,也就是名教纲常保持完全一致,这就是圣人的精神境界。"圣人养民教民,无一事不至,非为人也,自尽其心,自满其量,不忍小视其身也。"

要让心作主宰,就必须在日常生活实践中做人做事,不计较一时的得失毁誉,如果茫然从事,即使一时得利,一时受到赞誉,也是不能接受的。他说:"自信本心,而一切经纶宰制由之,此圣学也。干好事,众皆悦之,求之此心,茫然不知所在,此乡愿之徒,孔子之所恶也。"如果违心而计较于一事一物的利害,必然产生严重后果,"究事之利害,而不求心之安否,是以祸乱至于相寻。惟中流砥柱,动必求诸心,以复天地万物一体之量,一切世情,不使得以隐伏,则义精独慎,天下之能事毕矣。""古人从心体点检,故事事诣其极;今人从支派处照管,虽时有暗合,终不得力。此人才风俗之异于古也。"质而言之,如果让"心"作主宰,一切让心作主,那么,"主宰即流行之主宰,流行即主宰之流行",这样便能够达到本体与工夫的一致。

与王阳明一样,刘文敏同样把致良知的动力归于"立志",他说:

> 学者无必为圣人之志,故染逐随时变态,自为障碍。猛省洗涤,直从志上着人一己百、人十己千工夫,则染处渐消,逐时渐寡,渣滓浑化,则主宰即流行之主宰,流行即主宰之流行,安有许多分别疑虑?①

与王阳明一样,刘文敏同样没有实际上也无法在"心外无物"的原则立场上合理解释说明立志的动力何来。

以聂豹、罗洪先为代表的归寂主静派"于王守仁说颇有异同"。② 现代一些学者也认为他们根本就不是阳明精神的传承者,另外一些学者则把他们视为江右王门学派的代表性人物,他们的学术思想充分体现了江右王门学派学术思想

---

① 以上所引刘文敏语,均见《明儒学案·江右王门学案·刘文敏论学要语》。
② 《明史·聂豹传》。

的本质特征。他们没有以王阳明的理论观点为藩篱,而是结合自己独特的生命体验,试图从理论上"推原阳明未尽之旨",并努力使阳明精神真正地落到实处,通过归寂主静,达到圣人的精神境界。

聂豹相信阳明心学确实是圣学,他相信致力于"心"本身的研究和思考显得至关重要,这是弘扬良知说,践行致良知工夫,达到圣人的精神境界的基础和关键。聂豹认为,既然从理论上说,心之本体和良知本体是一种廓然大公的本体存在,本身不是一种现象,这就意味着良知是一种虚寂的本体存在,也就是说,"良知本寂"。他认为,"心"的"感"和"寂","已发"和"未发",是两种不同的经验存在,人世间的"恶"发生在"感"和"已发"之中,因此,致良知的关键在于"归寂""求寂于心",这样就能够保证良知本体不受物欲的蒙蔽。一旦达到这一境界,良知本体自然发用流行,人自然就会与儒家名教纲常保持一致。聂豹说:

> 良知本寂,感于物而后有知。知其发也,不可遂以知发为良知,而忘其发之所自也。心主乎内,应于外,而后有外。外其影也,不可以其外应者为心,而遂求心于外也。故学者求道,自其主乎内之寂然者求之,使之寂而常定。①
>
> 寂然不动,中涵太虚,先天也。千变万化,皆由此出,可以合德、合明、合序、合吉凶,故曰"天弗违"。触之而动,感而后应,后天也。何思何虑,遂通而顺应之,故曰"奉天时",言人力一毫不与也。②

聂豹不同意邹守益、欧阳德等人的说法。在邹守益、欧阳德等人看来,"寂感无时,体用无二",区分"感"和"寂""已发"和"未发"其实只是基于理论研究的需要,而不是经验的存在,无助于日常生活实践中的致良知工夫本身。他们因此不能接受聂豹的"归寂"说。聂豹则强调:

> 夫无时不寂、无时不感者,心之体也。感惟其时而主之以寂者,学问之功也。故谓寂感有二时者,非也。谓功夫无分于寂感,而不知归寂以主夫感者,又岂得为是哉?盖天下之感,皆生于寂,不寂则无以为感。③

---

① 《聂豹集·与欧阳南野》。
② 《聂豹集·辨易》。
③ 《聂豹集·答东廓邹司成》。

本原之地,要不外乎不睹不闻之寂体也。不睹不闻之寂体,若因感应变化而后有,即感应变化而致之可也。实则所以主宰乎感应变化,而感应变化乃吾寂体之标末耳。相寻于吾者无穷,而吾不能一其无穷者而贞之于一,则吾寂然之体不几于憧憧矣乎!寂体不胜其憧憧,而后忿则奋矣,欲则流矣,善日以泯,过日以长,即使惩之窒之,迁之改之,已不免义袭于外,其於涵养本原之功,疑若无与也。①

聂豹回应了邹守益等人对"归寂"说的质疑。他说:

疑予说者,大略有三:其一谓道不可须臾离也,今日动处无功,是离之也;其一谓道无分于动静也,今日功夫只是主静,是二之也;其一谓心事合一,仁体事而无不在,今日感应流行,着不得力,是脱略事为,类于禅悟也。夫禅之异于儒者,以感应为尘烦,一切断除而寂灭之,今乃归寂以通天下之感,致虚以立天下之有,主静以该天下之动,又何嫌于禅哉!②

聂豹实际上并没有在理论上或逻辑上有效地回应相关的质疑,他只是从目的论上说明他并没有陷入"禅",因为他是强调入世的,强调对人生和社会的责任,而"归寂"恰恰能够有效地承担起对人生和社会的责任。简而言之,聂豹基于对良知本体的认识提出了归寂说,但本质上强调的是致良知工夫,强调的是个人对人生和社会的责任。

聂豹的"归寂"说得到罗洪先的赞同。罗洪先充其量算是王阳明的私淑弟子,他自己也不承认是王阳明的弟子,但当时的人们即公认罗洪先是阳明学的登堂入室者,现代大多数学者更是认为他是江右王门学派的重要领袖,他的学术思想最能体现江右王门学派的学术思想基本特征。黄宗羲认为,"先生之学,始致力于践履,中归摄于寂静,晚彻悟于仁体。"③罗洪先自称,他在接触到王阳明的良知说之后,认为"知善知恶即是良知,依此行之即是致知",并"尝从此用力",结果"竟无所入",觉得自己没有找到致良知的门径,经过艰苦的探索,特别是在聂豹的启迪下,罗洪先转向以"收摄保聚"为致良知工夫的"主静说"。罗

---

① 《聂豹集·与欧阳南野》。
② 《聂豹集·答东廓》。
③ 《明儒学案·江右王门学案·罗洪先传》。

洪先说：

> 夫良知者，言乎不学不虑，自然之明觉，盖即至善之谓也。吾心之善吾知之，吾心之恶吾知之，不可谓非知也。善恶交杂，岂有为主于中者乎？中无所主，而谓知本常明，恐未可也。知有未明，依此行之，而谓无乖戾于既发之后，能顺应于事物之来，恐未可也。故知善知恶之知，随出随泯，特一时发见焉耳。一时之发见，未可尽指为本体，则自然之明觉，固当反求其根源。盖人生而静，未有不善，不善者，动之妄也，主静以复之，道斯凝而不流矣。神发为知，良知者，静而明也，妄动以杂之，几始失而难复矣。故必有收摄保聚之功，以为充达长养之地，然后定、静、安、虑由此以出，必于家国天下感无不正，而未尝为物所动，乃可谓之格物。①

后来罗洪先又觉得"收摄保聚"说"重于为我，疏于应物"，与圣人精神境界相距甚远，遂又转向"仁体"说，即强调必须把"仁者浑然与物同体"作为人生的理想追求。他说，"在我者亦即在物，合吾与物而同为一体……中虚而能旁，浑上下四方，往古来今，内外动静为一者也。"②只有"合吾与物而同为一体"，才能承担起对国家和社会的责任义务。他说：

> 良知之在人心，至虚而灵，至近而神。幽独有所不能欺，细微有所不能掩。故虽夫妇至愚，亦可与圣人之成能；而所谓君子之中庸，卒莫逃于百姓之日用。不啻日月行天，万古不息，非若烛火乍明乍灭，可仿佛其断续者，在致之而不使失耳。苟为不失，则蕴之而合神明，廓之而配天地，放之而被四表，传之而垂后世。③

聂豹和罗洪先的观点与王阳明有明显区别。尽管王阳明认为良知本体是"未发之中""寂然不动"，但他先是强调既要有"静的工夫"，又要有"动的工夫"必须"无事时存养""有事时省察"，后来则进一步强调致良知必须动静结合，因为"良知本体元是无动无静的"。聂豹和罗洪先却认为"归寂""主静"才是致良

---

① 《罗洪先集·甲寅夏游记》。
② 《罗洪先集·答蒋道林》。
③ 《罗洪先集·水西书院熙光楼记》。

知的工夫。他们因此遭到邹守益、黄弘纲、王畿、陈九川等众多学者的严厉批评。但聂豹和罗洪先的思想观点确实可以在王阳明那里找到依据,或者说合乎阳明心学的逻辑:既然良知是一种廓然大公的本体存在,这就意味着可以认定"良知本寂",因此,要致良知首先就必须拒绝外部世界的干扰,回归"本寂"的良知,这样才谈得上致良知。如果不是回归"本寂"的良知,那就只能是向外用功,把遵守儒家名教纲常视为探求外部知识的结果,这和阳明学的基本原则格格不入。聂豹称:

> 先师以世之学者,率以无所不知无所不能为圣人,以有所不知不能为儒者所深耻,一切入手,便从多学而识、考索记诵上钻研,劳苦缠绊,担搁了天下无限好资质的人,乃谓良知自知致而养之,不待学虑,千变万化,皆由此出。①

应当说,聂豹的"归寂说"正是"推原阳明未尽之旨"的产物,其宗旨是为了挽救当时学者"落支节而遗本原"的流弊,捍卫阳明学的尊严。罗洪先的"主静"说同样是"推原阳明未尽之旨"的产物,他更是直接把矛头指向了良知现成说。在良知现成派那里,人只要自然地、不加粉饰地生活,拒绝外部世界的诱惑,良知也就会自然而然地体现出来,也就是说,良知是现成的,人人都具有,因此"满街都是圣人",似乎用不着进行严格的修炼和修养。罗洪先指出,他们"门下承领本体太易",欠缺"静定工夫",根本就不是也无法致良知。他说:

> 世间哪有现成良知?良知非万死工夫,断为了生也,不是现成可得。今人误将良知作现成看,不知下致良知工夫,奔放驰逐,无有止息,茫荡一生,有何成就?……若无收敛定静之功,却说自有良知善应,即恐孔孟复生,亦不敢承当也。②

正是因为对以王畿为代表的良知现成派的批判,对致良知工夫的强调,尽管罗洪先的学术思想与王阳明存在一定的差异,但黄宗羲强调,"天下学者,亦

---

① 《聂豹集·辨诚》。
② 《罗洪先集·松原志晤》。

遂因先生之言,而后得阳明之真。"① 无论如何,王阳明的宗旨在于致良知工夫,而不是在理论上深究良知本体。

第一代江右王门学派学者刘邦采是江右最早接受阳明学的学者之一,他曾与刘文敏等人一起前往浙江拜师王阳明,并颇受王阳明欣赏。刘邦采等人回乡后,即与刘晓等人共同发起组织了江右地区最早的阳明学讲会——安福惜阴会,对于推动安福和吉安成为全国研究和传播阳明学的重镇作出了非常重要的贡献。不过,刘邦采的名气比邹守益、欧阳德、聂豹和罗洪先小不少。刘邦采接受王阳明的良知说,认为"圣人之学,心学也。心之灵明不昧者,良知也"。② 对他来说,致良知的目标就是要达到圣人的精神境界,从而在日常生活实践中自然而然地与名教纲常一致,但这并不是一件容易的事情,必须经过艰苦的努力。刘邦采尤其对良知现成说的广泛流行非常担忧。黄宗羲指出:

> 阳明亡后,学者承袭口吻,浸失其真,以揣摩为妙悟,纵恣为乐地,情爱为仁体,因循为自然,混同为归一,先生恝然忧之。③

刘邦采认为,简单地强调甚至于信任所谓的现成良知,不仅不能达到成仁成圣的目标,反而必然造成严重后果;"归寂""主静"同样是不可取的,所谓通过"归寂""主静"参透良知本体,未必直接导致良知的发用流行。刘邦采强调,道德修养,也就是致良知,绝不是顺应自然就可以实现的,而必须努力地"学",也就是修养,或者说必须有切实的致良知工夫。为此,他特别强调"学"的重要性,强调"一日不学,则一日失其所以为心;一时不学,则一时失其所以为心。恣肆散漫,昏昧飘零,醉生梦死。是以戒慎恐惧之功不可须臾离也!"④

与王阳明不同,刘邦采将"心"分疏为"性"与"命""心之主宰谓之性,心之流行谓之命"。他说:

> 夫人之生,有性有命,性妙于无为,命杂于有质,故必兼修而后可以为学。盖吾心主宰谓之性,性无为者也,故须首出庶物,以立其体。吾心流行

---

① 《明儒学案·江右王门学案·罗洪先传》。
② 王吉:《安成复真书院志·刘狮泉先生语录》。
③ 《明儒学案·江右王门学案·刘邦采传》。
④ 《安成复真书院志·刘狮泉先生语录》。

谓之命,命有质者也,故须随时运化以致其用。常知不落念,是吾立体之功,常过不成念,是吾致用之功,二者不可相杂。常知常止,而愈常微也。①

刘邦采认为,所谓"学",也就是致良知,必须"悟性""修命""性命兼修",必须体悟到良知本体的存在,在日常生活实践中严格进行道德修养,千方百计排除物欲的干扰,自觉地遵守儒家名教纲常。他说:

> 夫学何为者也?悟性、修命、知天地之化育者也。往来交错,庶物露生,寂者无失其一也;廓无为,渊穆其容,赜者无失其精也。惟悟也,故能成天地之大;惟修也,故能体天地之塞。悟实者,非修性,阳而弗驳也;修达者,非悟命,阴而弗窒也。性隐于命,精储于魄,是故命也有性焉,君子不淆诸命也;性也有命焉,君子不伏诸性也,原始反终,知之至也。②

黄宗羲评论说:"所谓性命兼修,立体之功,即宋儒之涵养;致用之功,即宋儒之省察。涵养即是致中,省察即是致和。立本致用,特异其名耳。然工夫终是两用,两用则支离,未免有顾彼失此之病,非纯一之学也。"③不过,对于刘邦采而言,是否是"纯一之学"并不特别重要,重要的是如何切实地致良知,如何切实有效进行道德修养,严格遵守儒家名教纲常,进而达到圣人的精神境界。他的"性命兼修"说既批判了良知现成派的放纵,又批评了"归寂""主静"说的虚无,这对于弘扬阳明精神具有重要的意义。

王时槐是江右王门学派的第二代传人,是刘文敏的弟子。王时槐"学从收敛而入,方能入微,故以透性为宗,研几为要"。④ 王时槐认为,当时广泛流传的良知现成说对社会造成了严重后果:

> 学者以任情为率性,以媚世为与物同体,以破戒为不好名,以不事检束为孔颜乐地,以虚见为超悟,以无所用耻为不动心,以放其心而不求为,未

---

① 《明儒学案·江右王门学案·刘邦采传》。
② 《明儒学案·江右王门学案·刘师泉易蕴》。
③ 《明儒学案·江右王门学案·刘邦采传》。
④ 《明儒学案·江右王门学案·王时槐传》。

尝致纤毫之力者,多矣,可叹哉!①

这就严重背离了王阳明良知学的宗旨。王时槐认为,必须对此予以批评和揭露。他强调,必须充分认识理解"心之体"和"心之用","心"的"未发"和"已发"的区别。如果说"心"是世界的最高存在,"心外无物"的话,那么,"心之体""未发"才是世界的本质存在,而人的"良知"介于"心之体"和"心之用","未发"和"已发"之间。正因为如此,致良知必须在"心之体"和"心之用""未发"和"已发"之间用功,用功的方向就是"透性""研几",既要悟透"心之体"即"性",又要洞察世界的"动之微"。简单地说,人一方面必须静中涵养,另一方面必须在日常生活实践中严格地修养。王时槐强调:

> 学无分于动静者也。特以初学之士,纷扰日久,本心真机,尽汩没蒙蔽于尘埃中,是以先觉立教,欲人于初下手时,暂省外事,稍息尘缘,于静坐中默识自心真面目,久之邪障彻而灵光露,静固如是,动亦如是。到此时,终日应事接物,周旋于人情事变中而不舍,与静坐一体无二,此定静之所以先于能虑也。②

王时槐强调静中涵养与聂豹、罗洪先有"归寂""主静"说不同,他认为,"心包宇宙而统万物,事者心之变化也。事非在心之外,心实贯于事之中。事者,心之散殊也,心者,事之主宰也,非有二也。故但举一心字,而学无余蕴矣。"③因此,不能像归寂派所主张的那样,专在未发上用功,"舍发而别求未发,恐无是理。"既然良知是一种廓然大公的本体存在,自然有必要关注心之"未发之中",王时槐把"未发之中"称为"性":

> 未发之中,性也。有谓必收敛凝聚以归未发之体者,恐未然。夫未发之性,不容拟议,不容凑泊,可以默会而不可以强执者也。在情识则可收敛可凝聚,若本性无可措手,何以族收敛凝聚之功?收敛凝聚以为未发,恐未

---

① 《王时槐集·友庆堂合稿·三益轩会语》,《王时槐集》,钱明,程海霞编校,上海古籍出版社 2015 年版。
② 《明儒学案·江右王门学案·王时槐论学书》。
③ 《王时槐集·友庆堂合稿·答曾德卿》。

免执见为障,去其未发也益远。①

也就是说,性是先天的,自然的存在,人实际上无法直接把握,只能通过修行磨砺使"性"显现出来,转化为具体的言行——他称之为"命"。所谓"透性",指的就是要让"性""呈露"出来。在"性""呈露"出来后,人就必须进行严格的修炼。在《潜思札记》中,王时槐记录了如下一段答问:"性之生,而后有气有形,则直悟其性足矣,何必后天之修乎?曰:非然也。夫彻古今、弥宇宙,皆后天也。先天无体,舍后天亦无所谓先天矣。故必修于后天,正所谓完先天之性也。"②

王时槐提出,后天修炼的关键在于"研几",即把握人心的动静之微,在难以言说的细微处把握良知。"此几生而无生,至微至密,非有非无,惟绵绵若存,退藏于密,庶几近之矣。"③他说:

> 寂然不动者诚,感而遂通者神,动而未形,有无之间者几。此是描写本心最亲切处。夫心,一也,寂其体,感其用。几者,体用不二之端倪也。当知几前别无体,几后别无用,只几字一字尽之,希圣者终日乾乾,惟研几为要。④

无论是"透性"还是"研几",都必须重视实修工夫,通过严格修炼,在日常生活中完全自觉遵守名教纲常,他说:

> 学贵实修,修之云者,非安排造作之谓也。吾性贯彻于人伦事物之间,念念无渗漏,事事无悚脱,行必慊心,动不逾矩,是谓实修。实修之极,乃为真悟。⑤

在江右王门学派的第二代传人中,南昌的万廷言是罗洪先的弟子,他"深于《易》,三百八十四爻,无非心体之流行,不着爻象,而又不离爻象。"⑥万廷言认

---

① 《王时槐集·塘友庆堂合稿·三益轩会语》。
② 《王时槐集·友庆堂合稿·潜思札记》。
③ 《王时槐集·友庆堂合稿·静摄寤言》。
④ 《王时槐集·友庆堂合稿·仁知说》。
⑤ 《王时槐集·友庆堂合稿·酬吴心淮》。
⑥ 《明儒学案·江右王门学案·万廷言传》。

为,"夫未发之中,心体也,易之原,生生之大本也。"①他运用《周易》论证了罗洪先"收摄保聚"说和"仁体"说的真理性价值。

万廷言认为,"心"是世界的最高存在,是世界万事万物存在的渊源和依据。《周易》正是围绕"心"展开的。"心"有"体"有"用",有"道心""人心"之分,有"未发""已发"之别,《周易》以"乾"代表"心之体",代表"道心"和"未发",是为"心"的本质所在,是为"乾元本体"。"坤"代表"人心"和"已发"。万廷言指出,"乾"和"坤"是《周易》六十四卦的门户,"盖圣人随处总一个乾元世界,六十四卦皆要见此意。"②所以"人心"和"已发"必须回归"道心"和"未发",也就是"乾元本体"。"乾坤二字离不得,在自心平静,神气冲然会合时,体取延平所谓心与气合,不偏不倚气象是也。"③

万廷言指出,"乾坤无用,用在坎离",也就是说,乾坤代表的是心体本身,其运动的外在表现形式是"坎"和"离"。"坎"象征火,"离"象征水。万廷言认为,"道心"和"未发"是一种寂然的本体存在,通过"人心"和"已发"感知世界,包容天地万物,进而治国平天下,"火"象征着"心"和"感"的过程。"心"不能在"感"的过程中迷失,因此最终必须回归本寂的乾阳本体。因此,"心体退藏,理惟寂感。寂者水精,感者火几,感必源寂,故火必胎水。"④万廷言指出,"感者火几","心"在"感"的过程中,难免会逐于物而迷失方向,必须依赖"水"的作用以回归乾阳本体。万廷言说:

> 心,火也,性本躁动,凤生又不知费多少薪樵蕴积之,故光明外铄,附物蔓延,思虑烦而神气竭。如膏穷烬灭,其生几何!古之善养心者,必求一掬清净定水,旦夕浇浸之,庶转浊潦为清凉,化强阳为和粹。故《大学》定静,《中庸》渊泉,《孟子》平旦之息,《大易》艮背之旨,洗心之密,皆先此为务,润身润家、国、天下,一自此流出。不然,即见高论彻,终属意气,是热闹欲机,人己间恐增薪耳。但此水别有一窍,发自天源,洞无涯涘,未可意取,必闇然君子,晦韬光,抑气沉心,庶其冥会,则天源浚发,一点灵光,孕育大渊之中,清和浑合,默收中和位育之效于眉睫间,肫肫浩浩渊渊,造化

---

① 《万廷言集·学易斋集·明中一》,《万廷言集》,张昭炜点校,中华书局2015年版。
② 《万廷言集·学易斋约语》。
③ 《万廷言集·学易斋集·书壁》。
④ 《万廷言集·学易斋集·易原·明中二》。

在我。①

万廷言认为,《周易》指引了回归乾阳本体,也就是不使"心"迷失的方法途径,这就是"艮背工夫"。"艮"象征山,山象征着静止、克制、止其所欲。在万廷言看来,所谓"艮背工夫",所谓"知止",就是将心收摄,使耳目等心之感各归其所止之所。罗洪先的"收摄保聚"说和"仁体"说充分体现这一点。万廷言强调,"知止"是致良知的关键所在。他说:

> 体用原是一心,物我皆同此止,未有心止物不得所止,亦未有物得所止心不止者。如处事一有不当,则人情不安,是物失所止,自心亦便有悔吝不安处,是吾心亦失所止。须一一停当合天则,人己俱安,各得所止,方谓之止,非谓我一人能独止也。此正是致良知于事事物物也。致良知于事事物物,即所谓知止也,故知止致知是一个功夫。②

万廷言声称,"知止"是儒学的精髓和核心思想。他说:

> 千古人病,在意不止。故千古圣贤问学,在止意。圣贤所以止意,非强也,止于至善耳。至善,心之本体,所谓性也。性,无形相,无一善可名。明德非在己,亲民非在人。湛然常止,自寂自感,所以谓之至善。意至此,自无可驰逐。非惟无可驰逐,即意根亦无着处矣。盖须意根亦无着处,而后谓之止。此千古圣贤相传心法也。③

> 惟知常止,而后知意之所不止也。至善无内外形相可窥,无机械可测,惟发窍之知差可依据,所谓天所与我,我固有者,阳明先生所谓良知是也。致知在格物者,何也? 盖天下国家,身心意知,皆在至善之中。意是天下国家一体之意,知是天下国家一体之知,物是天下国家一体之物。诚意者,岂断物意种,绝物不应哉? 只感物时,令从知体光明中流行,常止常应耳。盖知则自止,不知则不止,常知常止,常止常应,则因物付物,各止其物,明德

---

① 《万廷言集·学易斋约语》。
② 《万廷言集·学易斋约语》。
③ 《万廷言集·学易斋集·大学私记》。

亲民同归至善矣。①

由此，万廷言论证了收摄保聚，致虚以致良知乃《周易》所揭示的绝对真理，正是因为有了万廷言的这一论证，"念庵之学得先生而传"。黄宗羲指出，万廷言的这一论证，推进了阳明学的发展，"能推原阳明未尽之旨。"②

江右王门学派的第二代传人胡直曾问学于欧阳德，后又拜师罗洪先，不过他是在欧阳德去世后才潜心研究心性之学。他认为程朱理学和当时社会上流行的阳明学理论都存在很大问题。为此，他对程朱理学和阳明心学进行了深入的探讨，成为江右王门学派第二代传人的重要领袖人物。

胡直把王阳明的"心外无物"说发挥到极端，强调"心造天地万物""理在心，不在天地万物"。他说："夫万理之实，岂端在物哉！其谓实理，即实心是也。孟子曰'万物皆备于我'，即继之曰'反身而诚，乐莫大焉'。若实理皆在于物，则万物奚与于我？又奚能反身以求诚哉？何则？人心惟诚，则其视天地也实天地，视万物也实万物，父子之亲，君臣之义，不可解于心者，皆实理也。"③

既然"心造天地万物""理在心，不在天地万物"，致良知，也就是使天理流行的关键就在于"明心见性"，通过"明心见性"实现良知本体和良知运用的一致。众所周知，"明心见性"正是佛学的智慧。由于阳明学理论中良知本体和良知运用之间存在着一条鸿沟，人们往往只能借鉴运用佛学"明心见性"的方式予以沟通，使良知本体流行，但人们历来不能正视或坦率承认这一点，惟恐被讥讽为"溺于禅"。胡直强调，儒者可以而且应当积极汲取禅学的智慧，他说："某尝以为圣人能兼夫禅，禅不能兼夫圣，以其间公私之辨，此其所以成毫厘千里之异也。"④他认为，儒释之分不在于对世界的认识，而在于实际的生活态度。儒者"尽心"，以天下国家为己任，而释者"不尽心""逃伦弃物"：

> 释氏者，虽知天地万物之不外乎吾心，而卒至于逃伦弃物。若是异者，非心之不实也，则不尽心之过也。⑤

---

① 《万廷言集·学易斋集·大学私记》。
② 《明儒学案·江右王门学案·万廷言传》。
③ 《胡直集·六锢》。
④ 《胡直集·衡庐精舍藏稿·答赵大洲先生》，《胡直集》，张昭炜编校，上海古籍出版社 2015 年版。
⑤ 《胡直集·六锢》。

胡直一方面强调"心造天地万物",但同时又认为"天则"的存在是毋庸置疑的。正是有了"天则"的存在,人才不能随心所欲,为所欲为,"穷索臆度"。"夫衡悬则不可欺以轻重,绳陈则不可欺以曲直,规矩设则不可欺方圆。"①胡直强调指出:

> 良知之有天则。以故承学之士,惟求良知之变化圆通,不可为典要者,而不复知有至当、中、极、则、矩、至善、中庸、停停当当之所归,一切太过不及,皆抹摋而不顾,以致出处取予,多不中节,一种猖狂自恣,妨人病物,视先儒质行反有不逮。②

那么,如何使良知本体发用流行,使"心"与"天则"完全一致呢?胡直认为,良知即"觉性",所谓致良知就是"循吾觉性"。他指出,"心"的本质是一种至善的存在,这种至善的存在指的是"道心",是一种形而上的存在,而"人心"则是从经验或者说形而下层面上说的,是"道心"的运用,即人对于世界的感应。所谓致良知就是"道心"的运用,所谓"道心"的运用,也就是对世界万物的感应,这种感应,就是"觉性"。因此,只有"循吾觉性",才能使良知本体发用流行,人的具体的视听言动才能自觉地与名教纲常保持完全一致。胡直指出,"道心"在运用过程中必然会被蒙蔽,导致良知即"觉性"被蒙蔽。换言之,所谓致良知就是"循吾觉性"。"良知者,乃吾性灵之出于天也,有天然之条理焉,是即明德,即天理。"③

正因为有"天则"的存在,所以人必须"诵书考古、博物洽闻"。胡直分析了"礼""文"和"良知"关系,他说:"文者学之事也,至不一者也,故称博,莫非文也,则莫不有吾心不可损益之灵则以行乎其间者,礼是已。礼至一者也,故称约。苟不约礼,则文失其则,虽博而非学矣。子知约之为博也,而后知孔门博学旨归也,此不可不辨也。""苟不约礼则文失其则,虽博而非学。是故有是文则有是礼,非文外礼内也。博之文,必约之礼,非博先约后也。"④胡直指出,在这一方

---

① 《胡直集·衡庐精舍藏稿·重刻王心斋先生遗录序》。
② 《胡直集·困学记》。
③ 《胡直集·衡庐精舍藏稿·与唐仁卿》。
④ 《胡直集·博辨下》。

面,程朱理学和阳明学都陷入了误区,"世儒惩二氏过焉者也,其流执物理而疑心性;今儒惩世儒过焉者也,其流执心性而藐物则。"①

对胡直而言,致良知的就是使人们在日常生活中严格遵守儒家名教纲常,真正做到非礼勿视、非礼勿听、非礼勿言、非礼勿动。"真知则无不行,真行则无不知",②他说:

> 可见之行者,皆所学之事,而不必探索于高深。日用应酬,准诸吾心之天则者,礼也。礼至一者也,而学之功在焉,故约之以礼,俾知日用应酬,必准诸吾心之天则,而不可损益者,乃为学之功,而不必测度于渺茫。是无往非文,则无往非礼,无地可间,而未可以内外言也。无往非博,则无往非约,无时可息,而未可以先后言也。③

> 古人之学,皆求以复性,非欲以习闻虚见立言相雄长,故必从自身磨炼,虚心参究,由壮逮老,不知用多少功力,实有诸己,方敢自信以号于人,是之谓言行相顾而道可明。若周子则从无欲以入,明道则从识仁以入,既咸有得,而后出之。孟子亦在不动心以后,乃笔之书。夫修身者,非修其血肉之躯,亦非血肉能自修也。故正心、诚意、致知,乃所以修动作威仪之身,而立家国天下之本也。格物者,正在于知此本而不泛求于末也。④

邹元标在政治史上的名气大过其在学术思想史上的名气。不过,他的这种名气并不是因为他在政治上有什么重大建树,而在于他在政坛上不惜一切代价地坚持自己的儒家理想和原则,对一切在他看来有违儒家理想和原则的行为做坚决的批判和斗争,这使得他仕途坎坷,为官时间不多。他深切地感受到,社会风气败坏了,人心出了严重问题。无法在政坛上有所作为的他试图通过讲学以"正人心"。在他看来,阳明学是"正人心"的最有效的思想武器。正如前面所指出的,阳明学在流传过程中出现了各种偏向和弊端,大大地背离了王阳明的宗旨,良知说因此根本无法发挥其预期的作用。到邹元标生活的时代,情况更加严重。人们开口闭口王阳明,开口闭口致良知,但对王阳明的真精神,致良知

---

① 《胡直集·明中上》。
② 《胡直集·续问上》。
③ 《胡直集·困学记》。
④ 《胡直集·衡庐精舍藏稿·与唐仁卿》。

的真工夫却不甚了了。邹元标指出,"吾乡学问极能缠缚英豪,三尽竖儿口能谈阳明,问其所以为阳明,则白头不知,言及此,令人厌甚。"①为此,他积极讲学,努力弘扬阳明真精神,并进行深入的思考研究,形成了自己颇有特色的理论观点。黄宗羲说:

> 先生之学,以识心体为入手,以行恕于人伦事物之间、与愚夫愚妇同体为功夫,以不起意、空空为极致。②

邹元标强调,要正人心,首先必须对"心之体"即良知有准确的认识和体验。他认为,"心之体"是一种超越性的存在,本质上是"虚",是"无"。由于心之体的本质是虚无,"心外无物",天地万物的本质自然也是"无",也就是说,"无"是世界万物的基础。"天地万物皆生于无,而归于无。一切蠢动含灵之物,来不知其所自,去不知其所往,故其体本空。我辈学问,切不可向形器上布置,一时若妍好,终属枯落。虽然空非断灭之谓也,浮云而作苍狗白衣,皆空中之变幻所必有者,吾惟信其空空之体,而不为变幻所转,是以天地在手,万化生身。"③正因为如此,"曰致虚立本曰良知,不知所谓虚者即未发之中,即天命之性,非人力得而与其间。人力得而与其间窒而不灵矣。所谓良知者,不落知识,不坠生灭,不著意念,以知是知非求者,是生灭根也。"④

既然良知"不落知识,不坠生灭,不著意念",致良知自然就在于体悟和回归良知之自然本性,做到"不起意",即不能有自己的私意,一旦有私意,即会蒙蔽良知本体。"私虑不了,私欲不断,毕竟是未曾静,未有入处。心迷则天理为人欲,心悟则人欲为天理。"⑤只有"不起意",才能成为"仁者"。"仁者浑然与物同体,如何证得学问?只是不起意,便是一体,便是浑然"⑥"识仁即格物"。能够"浑然与物同体",自然能够尽到个人对家庭、社会和国家的责任。他特别强调了人对家庭、社会和国家的责任和义务,强调"五伦是真性命,词气是真涵养,交接是真心髓,家庭是真政事。父母就是天地,赤子就是圣贤,奴仆就是朋友,寝

---

① 邹元标:《愿学集·柬友人》。
② 《明儒学案·江右王门学案·邹元标传》。
③ 《南皋邹先生会语合编·仁文会记》。
④ 《愿学集·正学书院记》。
⑤ 《南皋邹先生会语合编·镒佛会记》。
⑥ 《南皋邹先生会语合编·仁文会记》。

室就是明堂。"人绝对不能"终日兀坐,绝人逃世"。①

邹元标强调,要"不起意",必须经过修炼。他把致良知功夫概括为"悟""修""证"三个层次。"悟"乃学之入门,"学以悟为入门,犹适远者以问道为先务……故学必先悟。""修"乃学之实际,"证"则证其所"悟"和所"修"。人首先要"悟","悟"到为学的重要性,产生成仁成圣的内在动力,最后悟出人心本体或者说良知本体。"修"就是在生活实践中严格遵守名教纲常,主要包括"敦伦""崇礼""慎辞受取予之节"三个方面。"敦伦"就是严格按照儒家伦理道德规范处理人伦关系;"崇礼"就是在"视听言动之间"时刻保持一种敬畏之心,使自己的全部思想和行为与儒家名教纲常完全一致;"慎辞受取予之节"就是必须尤其谨慎对待处世和从政的大节。邹元标强调,自己必须随时对"悟"和"修"的正确与否进行验证,对照检查自己的全部思想和行为是否完全合乎君子之道。②

江右王门学派学者人数众多,除了以上几位学者外,其他学者在学术上也有所创见,但以上十人影响最大,且具有相当的代表性。我们可以通过他们管窥到江右王门学派学术思想的基本面貌。

从以上论述我们可以看到,江右王门学派成就巨大,诸学者的学术思想观点并不相同,按照现代学者的分类方法,江右王门学派中,既有所谓的修证派,又有所谓的主静归寂派,或者说,既有所谓的中间派,又有所谓的右派。他们相互之间也多有交流论辩(下节详论),但他们有一个共同的特点,就是努力传承王阳明的真精神,特别强调致良知工夫的重要性。前文我们业已指出,王阳明本人的宗旨是"破心中贼",因而特别重视在日常生活实践中的致良知工夫,但由于阳明学内在的矛盾,使阳明后学分裂成不同派别。江右王门学派把捍卫阳明学的根本宗旨作为自己的使命,为此,他们在"推原阳明未尽之旨"的同时甚至可以借鉴程朱理学家的某些观点,更不用说禅学的观点了。邹守益重视现实中的致良知工夫自不用说,聂豹和罗洪先即便有玄想"良知本体"的嫌疑,但他们的目的同样是在现实生活中"破心中贼",故聂豹强调"归寂以通天下之感,致虚以立天下之有,主静以该天下之动",罗洪先甚至说出"世上哪有现成良知"这样的看起来明显违背常识的话语。胡直尽管非常欣赏禅学,但他特别强调致良知的目的就是使人们在日常生活中严格遵守儒家名教纲常,做到非礼勿视、非

---

① 《南皋邹先生会语合编·龙华密证》。
② 以上均见《邹子愿学集·仁文会约语》。

礼勿听、非礼勿言、非礼勿动。刘邦采的性命兼修说,王时槐的透性研几说,邹元标的识心体,不起意说无不如此。江右王门学派的这一思想特点,不仅在明代后期的学术思想界产生了很大影响,也成为他们在地方上进行社会文化建设的指导思想和精神动力。

第四节　江右王门学派学者的交流与论辩

江右王门学派诸学者在弘扬阳明学的过程中,一方面是努力"推原阳明未尽之旨",不断提高阳明学的理论水平,另一方面,为捍卫阳明学的真精神,他们努力纠正阳明学在传播过程中出现的各种有违阳明学宗旨的倾向。为此,江右王门学派诸学者对各种非阳明学理论观点对阳明学的非难进行批判和回应,对阳明学传播过程中出现的各种"错误观点"进行了批判。批判的形式通常是学者之间的交流与论辩。正是在交流和论辩中,江右王门学派诸学者不断提高了自己的理论思维能力,提高了阳明学的研究水平,促进了阳明学的发展和传播,也彰显了本学派的特色,极大地扩大了本学派的影响。

有交流和论辩,本身即说明各个学者有不同的思想观点,而且对自己比较自信。由于阳明学本身的内在矛盾,后世学者有理由甚至有必要从不同的角度理解和发挥,以深化对阳明学的认识和理解。因此,在阳明学阵营内部,各种所谓"错误观点"其实都有相当的合理性,他们的立论也是有根有据的,被批评者往往会坚持自己的观点,认为自己才正确地理解了阳明精神。至于各种非阳明学理论,如泰和的罗钦顺的学术思想,更是言之有理,持之有故的,他对阳明学的批判具有相当的分量。罗钦顺作为"江右大儒",且长期居住家乡泰和,声望很高,影响很大,他当然不会无视江右王门学派的存在和影响,同样,江右王门学派学者也不能不对他作出回应。

实际上,大多数江右王门学派学者的学术思想观点正是通过相互之间交流和论辩得以充分表达出来,在某种意义上,一部江右王门学派的学术发展史,也就是江右王门学派学者与他人交流和论辩的历史。本节主要勾勒江右王门学派学者交流和论辩的主题和意义,而在此过程中所表达出来的具体的学术思想观点,更多地放到对各个思想家的个案研究之中进行讨论,以免出现不必要的重复。

江右王门学派学者所展开的交流和论辩大致可分为三个层面。一是江右王门学派内部的交流和论辩。尽管他们都以传承王阳明的真精神为己任,都特别强调致良知工夫的重要性,但他们对于如何传承王阳明的真精神,如何"正确地"致良知依然有着不同的观点认识,为此,江右王门学派内部展开了激烈的讨论和争辩。二是江右王门学派与其他王门学派学者之间的交流和论辩,主要以聂豹、罗洪先等人对王畿的"良知现成说"的批判。三是与非王门学派学者之间的论辩,主要批驳程朱理学家对阳明学的攻击,泰和的罗钦顺一直是王阳明的坚定批判者,江右王门学者——主要是泰和的欧阳德与罗钦顺展开了激烈争辩。

　　在江右王门学派内部,最大、最激烈的争议来自聂豹、罗洪先的主静归寂说,他们的观点遭到众多江右王门学派学者和其他学派学者的批评。聂豹总结道:"疑予说者,大略有三:其一谓道不可须臾离也,今日动处无功,是离之也;其一谓道无分于动静也,今日功夫只是主静,是二之也;其一谓心事合一,仁体事而无不在,今日感应流行,着不得力,是脱略事为,类禅悟也。"[1]江右王门学派学者邹守益、刘文敏、黄弘纲、陈九川等人纷纷提出质疑,只有罗洪先深表赞同。罗洪先提出的"收摄保聚"说与聂豹的"归寂"说有很大的相似之处,尽管在具体的认识上有所差异。

　　在王阳明那里,良知是一种"未发之中""廓然大公""寂然不动"的本体存在。既然良知是一种本体存在而不是具体现象,便可以合乎逻辑地推论出"良知本寂",因此,说致良知的关键在于"归寂","求寂于心"看起来完全合乎阳明学的逻辑。问题在于,聂豹的"良知本寂"说是一种本体论断,如果"良知本寂",那么本体和工夫如何统一起来,即"本寂"的良知如何在具体社会生活中流行起来,"致虚守静"的工夫如何引导人们在现实生活中进行道德修养,自然而然地遵守伦理道德规范,而这,才是王阳明良知学的真正目标。问题的焦点"寂"和"感""动"和"静"的关系上。在王阳明那里,这似乎不是问题,或者说,他没有直面这个问题。王阳明反复强调,本体和工夫是统一的,"寂"和"感""动"和"静"是统一的。"寂然感通,可以言动静,而良知无分于寂然感通也。动静者所遇之时,心之本体,固无分于动静也。"[2]聂豹声称"乃归寂以通天下之

---

[1] 《聂豹集·答东廓邹司成》。
[2] 《王阳明全集·传习录·中》。

感,致虚以立天下之有,主静以该天下之动",①这种说法显然太笼统了一些,关键是,归寂如何以通天下之感,致虚如何以立天下之有,主静如何以该天下之动,对此,聂豹并没有实际上也难以明确说明,这就引起了人们的质疑。

作为王学正传的邹守益和欧阳德秉承王阳明的观点,强调本体和工夫、"寂"和"感"、"动"和"静"的统一性,认为"寂感无时""体用无界",归寂说无论在逻辑上还是在经验上都是站不住脚的,邹守益质疑道:

> 收视是谁收?敛听是谁敛?即是戒惧工课。天德王道,只是此一脉。所谓去耳目支离之用,全圆融不测之神,神果何在?不睹不闻,无形与声,而昭昭灵灵,体物不遗。寂感无时,体用无界,第从四时常行,百物常生处体当天心,自得无极天心。②

欧阳德批评说:

> 谓良知本寂,又谓感于事物而后有知,则寂乃为无知耶?夫神发为知,主于身为心,自生至死,无间可息,无知则无心,无心则无寂之可名,又焉有所谓感也?③

聂豹坚持自己的观点,他认为心的"寂"和"感"、"动"和"静"都是经验的存在,坚决否定"寂感无二界,动静无二时",他说:

> 又谓寂感无二界,动静无二时,此说之惑人久矣。夫寂感动静,犁然为两端,世固有感而不本于寂,动而不原于静,皆妄也。惟感生于寂,动原于静者,始可以言道心。④

陈九川也认为,聂豹严重背离了王阳明。在他看来,这主要是因为聂豹在严格区分良知和知觉的同时把良知和知觉对立起来了。陈九川指出,良知固然

---

① 《聂豹集·答东廓邹司成》。
② 《邹守益集·再简双江》。
③ 《欧阳德集·答聂双江》。
④ 《聂豹集·答胡青厓》。

不等于知觉,但两者密不可分,"若离知觉于本体,是从声色有无处认见闻,即知觉有起灭,反失却恒见恒闻之本体矣。"强调"良知本寂"而轻视人的"知觉",必然使日常生活中的致良知工夫无下手处。陈九川说:

> 昔晦翁以戒惧为涵养本原,为未发,为致中,以慎独为察识端倪,为已发,为致和,兼修交养,似若精密,而强析动静作两项工夫,不归精一。今吾丈以察识端倪为第二义,独取其涵养本原之说,已扫支离之弊。但吾丈又将感应发用,另作一层在后面看,若从此发生流出者,则所谓毫厘之差尔。夫不睹不闻之独,即莫见莫显,乃本体自然之明觉,发而未发,动而无动者也,以为未发之中可也。既曰"戒慎",曰"恐惧",于是乎致力用功矣,而犹谓之未感未发,其可乎哉?①

罗洪先高度评价聂豹的"归寂说",他认为"盖人生而静,未有不善,不善,动之妄也。主静以复之,道斯凝而不流矣"。因此,他提出:

> 良知者,静而明也,妄动以杂之,几始失而难复矣。故必有收摄保聚之功,以为充达长养之地,而后定静安虑由此出。②

不过,罗洪先的"静"并非仅仅指"心"或"良知"的性质,它所指向的不仅仅是"心"或"良知"的"廓然大公"的本体存在,而是一切现象的"根原":"凡天地之交错变易,日用酬应作止,皆易也,皆动也,而其要则本静,本于无极,此即所谓根原也。"③也就是说,罗洪先更多的是继承周敦颐的观点,其"收摄保聚"说其实与孟子的"收放心"大致无异。因此,罗洪先的主静说实际上是一种工夫论,也可以说是本体论与工夫论的统一。对罗洪先而言,"收摄保聚"是指导人们日常生活实践的理论基础,并不是说必须在日常生活实践中拒绝融入纷繁复杂的现实世界,拒绝承担对家庭、国家和社会的责任义务,而是说只有"收摄保聚"才能使良知本体发用流行,从而承担起对家庭、国家和社会的责任义务。

---

① 《明水陈先生文集·与聂双江》。
② 《罗洪先集·甲寅夏游记》。
③ 《罗洪先集·答董蓉山》。

"夫良知该动静,合内外,其体统也,吾之主静所以致之,盖言学也。"①正因为如此,他完全赞成邹守益的"寂感无二时,体用无二界"的观点,也强调"戒慎恐惧"。罗洪先强调:"良知犹言良心,主静者求以致之,收摄保聚,自戒惧以入精微。"②不过,他所强调的"戒慎恐惧"与邹守益的"戒慎恐惧以致良知"说稍有区别。此是后话,我们将在对邹守益、罗洪先的个案研究中展开探讨。

问题在于,如果说通过主静可以致良知的话,那就必须对"心"的现实存在形式做出合理说明,也就是"廓然大公"的良知本体即"心"如何感知现实,感知现实的过程是什么。否则,谈论心体就没有意义,正如陈九川所指出的那样,"吾辈学问,大要在自识本心,庶工夫有下落。""心无定体,感无停机。凡可以致思着力者,感也,而所以出思发知者,不可得而指也。故欲于感前求寂,是谓画蛇添足,欲于感中求寂,是谓骑驴觅驴。"③也就是说,由于"心"的"寂"和"感"不可分离,所谓"求寂于心"理论上无法成立,实践上更无法做到。

同门的批评并没有说服聂豹、罗洪先。不过,他们虽然并不接受和认可以邹守益、欧阳德等人的批评,但对他们而言,邹守益、欧阳德等人的观点固然有问题,但只是认识上的偏差,充其量是无法引导人们正确地致良知,应该不会有什么社会危害性。在聂豹和罗洪先看来,当时在学术界和社会上流传很广、影响很大的王畿的良知现成说的危害甚大。毕竟,尽管他们之间的分歧主要是在理论方面的,在实践上,他们都特别重视具体的致良知工夫,而对于中国传统官僚士大夫而言,逻辑上的严谨性并不是特别重要。在聂豹、罗洪先看来,广为流传的王畿的良知现成说严重背离王阳明的宗旨,严重危害人们以阳明精神指导生活实践!为此,他们对良知现成说进行了严厉批评,和王畿展开了激烈的争辩。罗洪先对良知现成说的批判,在晚明学术思想界产生了极大的影响,在很大程度上,罗洪先在学术界的地位正是在其批判良知现成说的过程中奠定的,人们因此认为他的努力使阳明真精神不至于丧失。

在王阳明那里,良知是每一个人的先天存在,"人人自有,个个圆成",④每一个人都应当认识到,"自己良知原与圣人一般"⑤,所谓致良知自然就是使自己的良知充分发挥出来,所谓致良知工夫并不是也不需要借助外部的力量。王

---

① 《罗洪先集·答董蓉山》。
② 《罗洪先集·读〈困辨录抄〉序》。
③ 《罗洪先集·答陈明水》。
④ 《王阳明全集·文录一·传习录·上》。
⑤ 《王阳明全集·文录二·传习录·中》。

阳明强调:"良知只是一个,随他发见流行处当下具足,更无去求,不须假借。"①他说:"吾辈致知,只是各随分限所及。今日良知见在如此,只随今日所知,扩充到底,明日良知又有开悟,便从今日所知扩充到底。如此方是精一功夫。"②王畿据此得出结论说:"良知在人,不学不虑,爽然由于固有;神感神应,盎然出于天成。"③这也就意味着,良知是现成的,"良知原是无中生有,即是未发之中。此知之前,更无未发,即是中节之和。此知之后,更无已发,自能收敛,不须更主于收敛,自能发散,不须更期于发散,当下现成,不假工夫修整而后得。致良知原为未悟者设,信得良知过时,独往独来,如珠之走盘,不待拘管而自不过其则也。""流行即是主宰,悬崖撒手,茫无把柄"。④

从本体论的角度说,王畿的观点显然是成立的。无论如何,按照阳明学基本原则,良知作为一种本体存在,是人能够在日常生活实践中自觉地与儒家名教纲常保持绝对一致的基础和条件,同时不是人后天的行为所能改变的。当然,正如王阳明所指出的那样,良知本体不能够自然而然地在日常生活实践中发挥作用的,所以需要有致良知工夫,王畿对此并不否认,实际上他也强调了致良知工夫的重要性。他说:"自先师拈出良知教旨,学者皆知此事本来具足,无待外求,譬如木中有火,矿中有金,无待于外铄也。然而火藏于木,金伏于矿,非锻炼则不精。良知之蔽于染习,犹夫金与火也。"⑤这就是说,所谓致良知工夫,就是清除遮蔽良知本体的各种"染习",这当然需要艰苦的努力。问题在于,王畿反复从本体论上强调良知本体现成不待修证,而从逻辑上说,本体和工夫又必须是一致的,因此很容易被人误解,认为王畿强调良知现成,即意味着在现实生活中不需要有艰苦的致良知工夫。换言之,由于王畿主要是从本体论而不是工夫论层面探讨良知学的,在工夫论层面讨论不多,给了人们不重视致良知工夫的印象,以王畿在阳明学界的崇高地位,确实有可能起到某种误导作用。江右王门学派学者正是基于工夫论对王畿提出了严厉批评,而王畿又反复从本体论的角度进行了辩护和反驳。

王畿不同意聂豹的归寂说。他与聂豹一样,也认为良知作为一种本体存在,"良知本寂",但是他强调"寂感一体",人不能也不应当"归寂":

---

① 《王阳明全集·文录二·传习录·中》。
② 《王阳明全集·文录三·传习录·下》。
③ 《王畿集·书同心册卷》。
④ 《明儒学案·浙中王门学案·王畿传》。
⑤ 《王畿集·南游会记》。

> 良知是寂然之体,物是所感之用,意则其寂感所乘之机也。知之与物,无复先后可分,故曰致知在格物,致知在格物上用。①

王畿认为,所谓道德修养,所谓致良知工夫,其实就是在心体"寂""感"之间用功,即在"几"上用功,既不能"归寂",也不能像程朱理学所主张的那样"逐物"。他说:

> 千古圣贤只在几上用功。周子云:"寂然者诚也,感通者神也。动而未形,有无之间者,几也。"动者,感也。未形则寂而已。有无之间,是人心真体用。当下俱足,更无先后。几前求寂,便是沉空,几后求感,便是逐物。圣人则知几,贤人则庶几,学者则审几。是谓夫寂无感,是谓常寂常感,是谓寂感一体。②

聂豹反驳说:"寂然不动诚也,感而遂通者神也。今不谓'诚''神'学问真工夫,而以有无之间为人心真体用,不几于舍筏求岸,能免望洋之叹乎!"③在聂豹看来,王畿的"见在良知"说"以见在为具足,以知觉为良知,以不起意为工夫。乐超顿而鄙坚苦,崇虚见而略实功"。④ 从根本上否定了修养也就是致良知工夫的必要性。聂豹还认为,王畿承袭了佛教和道教的一些基本观点,却又无视佛教和道教对修炼工夫的强调,"龙溪之学,其初窃得二氏意见,而于二氏苦功,曾未之及。所谓自度者,度其逸欲之情耳,以故误尽天下学者。"⑤他指责说,"不知养良知,但知用良知,故以见在为具足,无怪也。半路修行,卒成鬼仙。"⑥针对王畿的《致知议辨》,聂豹不无讽刺地致函王畿说:"尊兄高明过人,自来论学只从混沌初生、无所污坏者而言,而以见在为具足,不犯做手为妙悟。以此自娱可也,恐非中人以下所能及也。"⑦

---

① 《王畿集·致知议辨》。
② 《王畿集·三山丽泽录》。
③ 《聂豹集·答王龙溪》。
④ 《聂豹集·答王龙溪》。
⑤ 《聂豹集·寄罗念庵》。
⑥ 《聂豹集·答戴伯常》。
⑦ 《聂豹集·答王龙溪》。

聂豹批评王畿承袭了佛教和道教的一些基本观点当然是有道理的,实际上,王阳明本人也是如此。王畿自然无法接受聂的批评与嘲讽,他答辩称,他并没有否认致良知工夫的重要性,但要致良知,首先必须参透良知本体,这是致良知的基础,也是致良知工夫本身,根本就不是"妙悟而妄意自信",他说:

> 公谓不肖"高明过人,自来论学只从混沌初生无所污坏者而言,而以见在为具足,不犯做手为妙悟",不肖何敢当?然窃窥立言之意,却实以为混沌无归着,且非污坏者所宜妄意而认也。观后条于告子身上发例可见矣。愚则谓良知在人,本无污坏。虽昏蔽之极,苟能一念自反,即得本心。譬之日月之明,偶为云雾之翳,谓之晦耳。云雾一开,明体即见,原未尝有所伤也。此是人人见在不犯做手本领工夫。人之可以为尧舜,小人之可使为君子,舍此更无从入之路、可变之几。故非以妙悟而妄意自信,亦未尝谓非中人以下所能及也。①

显然,聂豹是从工夫论的角度批评和讽刺王畿的,而王畿依然是从本体论的角度答辩的,视角不同,无法取得一致看法。不过,对王畿最严厉的批评还是来自罗洪先,罗洪先的批评在当时学术思想界产生很大的影响。罗洪先认为,王畿的思想其实与阳明学是两回事,与佛道无异,王畿虽然声称不否认致良知工夫的重要性,但实际上根本谈不上致良知工夫。他在写给聂豹的信中说:

> 龙溪之学,久知其详,不俟今日。然其讲功夫,又却是无功夫可用,故谓之"以良知致良知",如道家"先天制后天"之意。其说实出阳明口授,大抵本之佛氏。翻《传灯》诸书,其旨洞然。直是与吾儒"兢兢业业,必有事"一段,绝不相蒙,分明二人属两家风气。今比而同之,是乱天下也。持此应世,安得不至荡肆乎?②

在《夏游记》中,罗洪先对现成良知说作了更多的也是更细致的分析批判。他指出,良知虽然为每个人所拥有,但这并不意味着本体良知会自然发用流行而不需要艰苦的致良知工夫。实际上,如果没有艰苦的致良知工夫,良知本体

---

① 《王畿集·致知议辩》。
② 《罗洪先集·与聂双江》。

必然被"物欲"蒙蔽。换言之,即便有现成良知,如果没有艰苦的致良知工夫,良知本体也无法发挥作用。所以,口口声声良知现成,口口声声参透良知本体,充其量是空谈,实际上是在暗示人们没有必要在日常生活实践中艰苦地修炼,这必然导致严重后果。罗洪先说:

> (阳明)先生又曰:"良知是未发之中,寂然大公之本体,便自能感而遂通,便自能物来顺应",又曰:"当知未发之中,常人也未能皆有"。岂非以良知之发,为未泯之善端,未发之中,当因学而后致?盖必常定常静,然后可谓之中。则凡致知者,亦必其所未泯,而益充其所未至,然后可以为诚意,固未尝以一端之善,为圣人之极则也。……以其本然之诚,素根于中,故一念之知暂行于外,虽其斫丧之极,亦有不可得而灭息者。此君子所以谨其幽独,不敢以自欺也。夫以小人之尤,而其良知犹有存者若此,而况于常人乎哉?此先生所以吃紧为人耳提面命也。……故谓良知为端绪之发见,可也,未可即谓时时能为吾心之主宰也。知此良知,思以致之,可也,不容以言语解悟遂谓之为自得也。……已而忽曰"若信得良知过时,意即是良知之流行,见即是良知之照察,彻内彻外,原无壅滞,原无帮补,所谓丹府一粒,点铁成金",又若恐人不知良知之妙,当下俱足,而速之悟入者。何其讽未一,而劝者百也。……夫以利欲之盘固,遏之犹恐弗止矣,而欲从其知之所发,以为心体;以血气之浮扬,敛之犹恐弗定也,而欲任其意之所行,以为工夫。畏难苟安者,取便于易从,见小欲速者,坚主于自信。夫注念反观,孰无少觉?因言发虑,理亦昭然。不息之真,既未尽亡;先入之言,又有可据。日滋日甚,日移日远,将无有以存心为拘迫,以改过为粘缀,以取善为比拟,以尽伦为矫饰者乎!而其灭裂恣肆者,又从而祷张簧鼓之,使天下之人,遂至于荡然而无归,悍然而不顾,则其陷溺之浅深,吾不知于俗学何如也![1]

罗洪先所强调的是,虽然良知本体为每个人所拥有,但是,人不能指望良知的本体存在而忽视现实中的修养工夫。现实中的修养工夫至关重要,只有在生活实践中艰苦地修养,良知本体才能发用流行,强调良知现成,将造成非常严重

---

[1] 《罗洪先集·夏游记》。

的后果。他致信王畿说：

> 终日谈本体，不说工夫，才拈工夫，便指为外道，此等处，恐使阳明先生复生，亦当攒眉也。千古圣贤，兢兢业业，所言何事？初学下手，便说了手事，惟恐为工夫束缚。今住静者谁欤？不受动应牵扰者谁欤？往往闻用功话，辄生诧讶，相沿成习，更无止泊。①

他还告诫王畿道：

> 今风俗披靡，贿赂公行，廉耻道丧，交际过情。所赖数公树立风教，隐然潜夺其气，庶几不言而信。豪杰嗣兴，犹恐习染锢蔽，未易移改，况助澜扬波，令彼得为口实。果有万物一体之心，宜有大不忍者矣。好名苦节，欺诳耳目，以为身利，此诚不可入于尧舜之道。若冒取善之名，借开来之说，以责后车传食之报，不知与此辈同条例否？兄之入手洁净清虚，日用应酬凝然着里，弟每得之言外，何敢忽略？而乃以此言相闻，何啻献茶堇于易牙之庖？但恐理易障心，遂至以身妨道，为师门之累不细也。②

与聂豹一样，罗洪先其实也误解了王畿。而且，罗洪先要王畿的良知现成说为当时败坏的社会风气承担起责任显然言过其实。无论如何，王畿致力于良知本体认研究，他并不否认现实生活中道德修养的重要性，但对罗洪先来说，反复从本体论上强调良知现成不待修证只是一种形而上的玄想，没有现实意义，重要的是面对现实，努力扭转当时业已非常败坏的社会风气。罗洪先强调：

> 世间哪有现成良知？良知非万死工夫，断为了生也，不是现成可得。今人误将良知作现成看，不知下致良知工夫，奔放驰逐，无有止息，茫荡一生，有何成就？……若无收敛定静之功，却说自有良知善应，即恐孔孟复生，亦不敢承当也。③

---

① 《罗洪先集·寄王龙溪》。
② 《罗洪先集·答王龙溪》。
③ 《罗洪先集·松原志晤》。

罗洪先的这一说法引来人们的严词反驳:"良知若非现成,又岂有造作良知者乎?"①就连对王畿持严厉批评态度的顾宪成也认为罗洪先的说法不可接受,顾宪成说:

> 罗念庵先生曰:"世间哪有现成良知?"良知不是见成的,哪个是见成的?且良知不是见成的,难道是做成的?此个道理稍知学者,类能言之。②

顾宪成实际上误解甚至是曲解了罗洪先。其实,罗洪先否定的不是超越性的良知本体的存在,而是说,没有经过艰苦的修养,超越性的良知本体就不会在现实中发用流行,也就是说,人们无法在现实中感受到良知的存在。顾宪成也指出,博学且对阳明学有精深研究的罗洪先不至于有如此低级的错误——径直否定良知本体有先验性存在。他说,罗洪先之所以强调"世间哪有现成良知",针对的是当时一些学者动辄"将见成情识,冒作见成良知",并不重视现实生活中道德修养工夫,他的目的在于强调"世间哪有现成圣人"。王畿对此自然也明白,他答辩道,问题根本就不是要不要"万死工夫",他也承认日常生活实践中致良知工夫的重要性,但最重要的是参透良知本体,只有参透了良知本体,才能从根本上清除物欲,从而自然而然地与儒家名教纲常保持一致。他说:

> 盖兄自谓终日应酬,终日收敛安静,无少奔放驰逐,不涉二境,不使习气乘机潜发。难道工夫不得力?然终是有收有制之功,非究竟无为之旨也。至谓"世间无有现成良知,非万死工夫,断不能生",以此校勘世间虚见附和之辈,未必非对症之药。若必以现在良知与尧舜不同,必待工夫修整而后可得,则未免于矫枉之过。曾谓昭昭之天与广大之天有差别否?此区区每欲就正之苦心也。夫圣贤之学,致知虽一,而所入不同。从顿入者,即本体以为功夫,天机常运,终日兢业保任,不离性体。虽有欲念,一觉便化,不致为累,所谓性之也。从渐入者,用功夫以复本体,终日扫荡欲根,祛除邪念,以顺其天机,不使为累,所谓反之也。若其必以去欲为主,求复其性,则顿与渐未尝异也。③

---

① 《明儒学案·泰州学案·天台论学语·刘调父述言》。
② 顾宪成:《小心斋札记》卷十一。
③ 《王畿集·松原晤语》。

批评王畿良知现成说的绝不仅仅是聂豹和罗洪先。实际上,众多江右王门学派学者认为王畿的良知现成说危害巨大。刘邦采的"性命兼修"说正是在质疑和批判良知现成说的基础上提出来的。他指出,现成良知说忽视了本体与工夫之间的区别,与王阳明的本体与工夫合一说不同,实际上只重本体,忽视了工夫。在刘邦采看来,即便参透良知本体,也未必能够在日常生活实践中发用流行。他强调指出:

> 人之生,有命有性。吾心主宰谓之性,性无为者也,故须出脱。吾心流行谓之命,命有质者也,故须运化。常知不落念,所以立体也;常运不成念,所以致用也。二者不可相离,必兼修而后可为学。见在良知,似与圣人良知不可得而同也。

刘邦采的批评触及问题的本质,王畿依然强调,参透良知本体是致良知的基础,也是致良知工夫本身。王畿指出,刘邦采的说法实际上分裂了本体与工夫,违反了阳明的基本原理,他说:

> 先师提出良知两字,正指见在而言,见在良知与圣人未尝不同,所不同者,能致与不能致耳。且如昭昭之天与广大之天原无差别,但限于所见,故有小大之殊。若谓见在良知与圣人不同,便有污染,便须修证,方能入圣。良知即是主宰,即是流行。良知原是性命合一之宗,故致知工夫只有一处用。若说要出脱运化,要不落念不成念,如此分疏,即是二用。二即是支离,只成意象纷纷,到底不能归一,到底有脱手之期。①

从阳明学的观点看,王畿的论证和辩解不是没有道理的,但正如我们前面所指出的,过于强调良知现成,很容易导致人们忽视现实生活实践中致良知工夫的重要性,尽管王畿始终没有否认其重要性。然而,聂豹、罗洪先等人的担心不是没有根据的。王时槐即指出,现成良知说造成了极其严重的后果:

---

① 《王畿集·与狮泉刘子问答》。

学者以任情为率性,以媚世为与物同体,以破戒为不好名,以不事检束为孔颜乐地,以虚见为超悟,以无所用耻为不动心,以放其心而不求为,未尝致纤毫之力者,多矣,可叹哉!①

总而言之,江右王门学派学者对王畿良知现成说批判未必是准确到位的——王畿强调的是良知本体的现成性,而江右王门学者强调的是致良知工夫的重要性。不过,通过双方的交流论辩,极大地推进了阳明学的研究水平。王畿为了论证其说,反驳江右王门学派学者的批判,反复从各个角度论证良知说的本体论意义,而聂豹和罗洪先等江右王门学派学者则反复强调致良知工夫的重要性。这对于双方的学术思想水平都有很大的促进作用;同时,通过双方的交流论辩,江右王门学派学者捍卫了阳明学的宗旨,也充分体现了江右王门学派落脚于实际,重视实践的特征——对于众多江右王门学者而言,理论研究固然是十分重要的,但更重要的是理论指导社会实践,也就是说,最重要的是如何在日常生活实践中致良知。对王阳明而言,他提出良知说的目的在于"破心中贼",即要求人们在日常生活实践中严格遵守儒家名教纲常,维护中央集权的君主专制的政治社会秩序。因此,良知说的关键应当是工夫论而不是本体论。当然,本体论研究毫无疑问是必要的,也是非常有学术价值的,但阳明学理论上的内在矛盾使其本体论和工夫论难以统一,因此,王畿尽管也强调日常生活中道德修养的重要性,但他对良知现成说的反复强调却难免导致人们对日常生活中道德修养的忽视,导致一些人"终日谈本体,不说工夫,才拈工夫,便指为外道",这毫无疑问严重背离了王阳明致良知说的宗旨。正因为如此,黄宗羲指出,因为有了江右王门学派的"救正",才使得王畿的良知现成说不至于造成严重后果,"阳明之道赖以不坠。"而另一方面,对致良知工夫的强调,对社会实践的重视,使得江右王门学者尽管没有机会在国家层面上有所作为,但他们非常重视地方社会文化的建设。通过他们的努力,使得王阳明的良知说在江右绝不仅仅是学者们讨论的课题或读书人谈论的话题,更成为地方社会文化建设的指导思想,渗透到地方民众社会生活的方方面面。关于这一点,我们将在后面展开讨论。

江右王门学派学者交流与论辩的第三个层面是与阳明学的批评者的论战,

---

① 《塘南王先生友庆堂合稿·三益轩会语》。

主要是与罗钦顺的交流和论辩。罗钦顺公认为"江右大儒",吉安府泰和县人,致仕后,乡居泰和二十多年,"足不入城市,潜心格物致知之学",①在中国学术思想史上也有重要地位和影响。罗钦顺是王阳明的严厉的和有力的批评者,两人之间进行过交流论辩。罗钦顺认为,王阳明的格物致知学其实是禅学,"局于内而遗其外"。他指出,王阳明以良知为天理,并不能做到内与外相统一,"今以良知为天理,乃欲致吾心之良知于事事物物,则是道理全在人安排出,事物无复本然之则矣。"②然而事物本身并不以良知为转移,山河大地如此,金石草木同样如此。阳明学从根本上说就是不成立的。

罗钦顺长期闭门不出,是王阳明的严厉批评者,他和对江右王门学派学者的交集并不多。不过,江右王门诸学者对他非常敬重。欧阳德称他"学足以弼主违,文足以纬邦,典议足以定国是,节足以镇浮竞"。③ 罗钦顺乡居泰和期间,陆续撰成《困知记》六卷,对程朱理学作了全面检讨,对王阳明的良知说进行了全面批判。他把《困知记》先后寄给同县的欧阳德。欧阳德尽管非常敬重罗钦顺,但作为王学正传,面对前辈罗钦顺的责难,欧阳德自然不能沉默,他为了捍卫王阳明的良知说,对罗钦顺的思想观点进行了反驳。通过书信往来,欧阳德和罗钦顺两人展开了激烈的论辩。

罗钦顺对王阳明的致良知说作了全面批判。首先,就良知本体而言,罗钦顺认为,"良"和"知"是两回事。"良"是人的本性或者说是人的道德属性,"知"则是人性的发挥,王阳明称"吾心之良知,即所谓天理"是一种禅学理论。他说:

> 孟子曰:孩提之童,无不知爱其亲也,及其长也,无不知敬其兄也。以此实良知良能之说,其义甚明。盖知能乃人心之妙用,爱敬乃人心之天理也,以其不待思虑而自知此,故谓之良。近时有以良知为天理者,然则爱敬果何物乎? 程子尝释知觉二字云:知是知此事,觉是觉此理。又言佛氏之云觉,甚底是觉斯道,甚底是觉斯民,正斥其认知觉为性之谬尔。夫以二子之言明白精切如此,而近时异说之兴,听者曾莫之能辨,则亦何以讲学为哉?④

---

① 《明史·罗钦顺传》。
② 罗钦顺:《困知记·附录·与王阳明书》,阎韬点校,中华书局2013年版。
③ 欧阳德:《欧阳德集·冢宰整庵罗公八十寿序》。
④ 罗钦顺:《困知记·续卷上》。

> 人之知识,不容有二。孟子但以不虑而知者,名之曰良,非谓别有一知也。天性之真,乃其本体,明觉自然,乃其妙用。天性正于受生之初,明觉发于既生之后。有体必有用,而用不可以为体。今以知恻隐、知羞恶、知恭敬、知是非为良知,知视、知听、知言、知动为知觉,是果有二知乎?夫人之视听言动,不待思虑而知者亦多矣,感通为妙,捷于桴鼓,何以异于恻隐、羞恶、恭敬、是非之发乎?且四端之发,未有不关于视听言动者,是非必自其口出,恭敬必形于容貌,恶恶臭辄掩其鼻,见孺子将入于井,辄怵惕而往救之,果何从而见其异乎?知惟一尔,而强生分别,吾圣贤之书未尝有也。惟《楞伽》有所谓真识、现识及分别事识三种之别。必如高论,则良知乃真识,而知觉当为分别事物识,无疑矣。夫不以禅学自居,志之正也。而所以自解者,终不免堕于其说,无乃未之思乎?①

欧阳德强调说,"良知"和"知觉"是两回事,"知觉"是指人的一切感性和知性活动,"良知"则是指这些感性和知性活动中所包括的道德趋向。他强调,人性本身包含了对一切现象进行道德判断和道德选择的依据,反过来也可以说,道德判断和道德选择本身就是人性。欧阳德说:

> 某尝闻知觉与良知,名同而实异。凡知视、知听、知言、知动,皆知觉也,而未必其皆善;良知者,知恻隐、知羞恶、知恭敬、知是非,所谓本然之善也。本然之善,以知为体,不能离知而别有体。盖天性之真,明觉自然,随感而通,自有条理者也,是以谓之良知,亦谓之天理。天理者,良知之条理,良知者,天理之灵明。知觉不足以言之也。②

欧阳德特别强调,所谓"良知"和"知觉"是两回事,并不是说人的"知识有二",他强调指出:

> 某之所闻,非谓知识有二也。恻隐、羞恶、恭敬、是非之知,不离乎视、听、言、动,而视、听、言、动未必皆得其恻隐、羞恶之本然者。故就视、听、言、动而言,统谓之知觉,就其恻隐、羞恶而言,乃见其所谓良者。知觉未可

---

① 《困知记·附录·答欧阳少司成崇一》。
② 《欧阳德集·答罗整庵先生寄〈困知记〉》。

谓之性，未可谓之理。知之良者，盖天性之真，明觉自然，随感而遇，自有条理，乃所谓天之理也。犹之道心、人心非有二心，天命、气质非有二性，源头、支流非有二水也。……性非知，则无以为体，知非良，则无以见性。性本善，非由外铄。故知本良，不待安排。①

对于欧阳德的答辩，罗钦顺不以为然。他强调，所谓心外无物，所谓良知即天理根本不符合实际，在理论上无法成立：

但以理言，即恐良知难作实体看。果认为实体，即与道、德、性、天字无异，若曰知此良知，是成何等说话耶？今以良知为天理，即不知天地万物皆有此良知否乎？天之高也，未易骤窥，山河大地，吾未见其有良知也；万物众多，未易遍举，草木金石，吾未见其有良知也。②

对此，欧阳德没有进一步申辩。实际上，程朱理学和阳明心学之间的差异和矛盾很难说"真理越辩越明"。王时槐评论说："朱子以知觉为形而下之气，仁义礼智为形而上之理，以此辟佛氏，既未可不定论，整庵罗公遂援此以辟良知之说。不知所谓良知者，正指仁义礼智之知，是性灵，而非情识也。故良知即天理，原无二也。"③简单地说，在阳明学中，良知是一种形而上的本体存在，日常生活实践中只要让良知本体发用流行即可；而在程朱理学中，天理是一种客观存在，所谓"知"无非是人们认识和遵守天理的现实的能力。理论的基本假定和前提不同，不可能取得一致意见。

在道德修养或者说格物致知工夫方面，罗钦顺在《困知记》中基本上坚持程朱理学的基本观点。欧阳德根据王阳明的良知说，提出：

物者，事也，思虑、觉识、视听、言动、感应、酬酢之迹者也。上而天子之用人理财，下而农商之耕凿贸易，近而家之事亲事长，远而天下之正民育物，小而童子洒扫应对，大而成人之变化云为，莫非思虑、觉识、视听、言动、感应、酬酢之迹，皆其日履之固然而不可易者。然而有善有恶，有正有邪。

---

① 《欧阳德集·答罗整庵先生寄〈困知记〉》。
② 《困知记·附录·答欧阳少司成》。
③ 《王时槐集·友庆堂合稿·三益轩会语》。

格物者,为善而不为恶,从正而不从邪,随其位分,修其日履,循其良知之天理,而无所蔽昧亏欠者也。①

罗钦顺认为,欧阳德的说法无论在逻辑上还是在事实上均说不通,他站在程朱理学的立场上,强调格物是对外部事物的认识,通过循序渐进的格物,最后达到豁然贯通的境界。罗钦顺批评欧阳德道:

随其位分,修其日履,虽与佛氏异,然于天地万物之理,一切置之度外,更不复讲,则无以达于一贯之妙。只缘误认良知为天理。天地万物上,良知二字安着不得,不容不置之度外耳。

有物必有则,故学必先于格物,今以良知为天理,乃欲致吾心之良知于事物,则是道理全是人安排出,事物无复本然之则矣。②

欧阳德坚持自己的观点,强调良知即"独知",他强调独知即是事物的本然之则。他在答辩中称:

某窃意有耳目则有聪明之德,有父子则有慈孝之心。聪明之德,慈孝之心,所谓良知也,天然自有之则也。视听而不以私意蔽其聪明,是谓致良知于耳目之间,父子不以私意夺其慈孝,是谓致良知于父子之间。是乃循其天然之则,所谓格物致知也。天理之则,民之秉彝,故不待安排而锱铢不爽。即凡多闻多见,其阙疑阙殆,择善而从者,秉彝之知,其则不远,犹轻重长短之于尺度权衡,舍此则无所据,而不免于安排布置,非所谓不远人以为道者矣。③

我们之所以花较大篇幅论述欧阳德和罗钦顺之间的论辩,首先是因为罗钦顺是当时最为杰出的思想家之一,他对阳明学的批判是极其深刻的。从欧阳德和罗钦顺之间的论辩可以看出,罗钦顺的批判使阳明心学的内在矛盾显露无遗,欧阳德的答辩不可能说服罗钦顺——到最后实际上向罗钦顺挂起了免战

---

① 《欧阳德集·答罗整庵先生寄〈困知记〉》。
② 《困知记·附录·答欧阳少司成》。
③ 《欧阳德集·答罗整庵先生寄〈困知记〉》。

牌。然而,哲学不能简单地用正确与否来判断。关键在于是否合乎时代的需要,直指人心永远是重要的,道德自律永远是关键性的。欧阳德在答辩中反复强调了这一点,罗钦顺可以在逻辑上进行批评,但不能否认其现实的合理性。可以说,欧阳德和罗钦顺之间的论辩,尽管看起来欧阳德处于下风,但实际上有效地促进了阳明学的进一步传播和发展,促进了江右王门学派的壮大及其学术理论水平的提高。

第三章　江右王门学派：
　　　　学术实践篇

第一节　吉安地区的阳明学讲会（上）

吉安之所以成为全国的阳明学研究和传播中心，或者说，江右王门学派之所以能够传承阳明真精神，不仅仅是因为有众多的阳明学者，也不仅仅是因为他们在理论上能够对阳明学进入深入研究思考，更因为众多阳明学者在向社会传播阳明学方面付出了巨大努力，使阳明精神在吉安广泛深入人心，对地方社会文化产生了深刻的影响。

首先是吉安地区阳明学讲会的深入持久地开展。前面业已指出，基于阳明心学的内在矛盾，阳明学者试图通过讲会的形式，弥补因"心外无物"这一命题所否定道德他律力量。有了阳明学讲会，人们便可以经常聚在一起切磋交流，相互警醒，从而持续地激发其内在的道德自觉性，抵御外部世界的各种诱惑，"使道义仁义之习日亲日近"，使遵守儒家名教纲常成为一种自然的习惯，并在此基础上进一步传播阳明学，使阳明精神进一步走向社会，深入人心。对于江右王门学派学者而言，他们要传承王阳明的真精神，使王阳明的"破心中贼"的宗旨落到实处，自然会特别重视阳明学讲会的开展。实际上，就在浙江中天阁讲会创办的第二年，从浙江拜师回乡的刘文敏、刘邦采等人即在吉安府的安福县创办了阳明学讲会，名曰惜阴会，并很快扩展开来，吉安各地江右王门学派学者陆续创办了形式多样的阳明学讲会活动，在他们的努力下，吉安府各县的阳明学讲会开展得有声有色，无论是规模和影响，在全国都是首屈一指。王畿称：

先师倡明此学，精神命脉，半在江右。故江右同志诸兄传法者众，兴起聚会,在在有之,虽未能尽保必为圣贤,风声鼓舞,比之他省,气象自别,不可诬也。①

浙江吴兴人朱国桢指出:

  江西讲会,莫多于吉安,在郡有青原、白鹭之会,安福有复古、复真、复礼、道东之会,庐陵有宣化、永福、二卿之会,吉水有龙华、玄潭之会,泰和有萃和之会,万安有云兴之会,永丰有一峰书院之会,又有智度、敬业诸小会时时举行。②

与浙中阳明学讲会有所不同,吉安地区的阳明学讲会的显著特点是,吉安地区的阳明学讲会不仅仅是王门学派学者切磋交流的活动组织,更是他们以阳明精神教化社会的活动,讲会参加者不仅仅是阳明学者,更有地方上各类人士,包括地方士绅,没有功名的读书人以及其他愿意参加讲会的人士。对于大多数参加者而言,他们的兴趣也许并不在阳明学理论,他们甚至对阳明学理论并无多少了解,他们的目标一般比较现实,就是如何提高个人的道德修养,建设尊卑有序、和谐稳定的社会秩序。也正因为如此,吉安地区的阳明学讲会形式多样,既有学者之间的切磋交流,也有某一特定区域内具有共同志向的人(包括士绅和有一定威望的人士)的聚会,还有小型的家族、宗族或姻亲关系圈内的聚会交流。有些讲会是开放性的,会欢迎和邀请境内外参加,有些讲会——主要是家族、宗族或姻亲关系内的讲会——则是相对封闭性,一般不会邀请圈外人士参加,但如果有可能的话,会邀请地方上有较大声望的名家莅临指导。可以说,吉安地区的阳明学讲会的社会现实意义远大于学术和理论意义,当然,我们也绝不能因此低估吉安地区的阳明学讲会在推动阳明学理论发展和传播方面的重要意义,毕竟,大多数讲会的主持者乃著名的阳明学者,他们的目标当然是以阳明精神指导建设尊卑有序、和谐稳定的社会秩序,但通过讲会的切磋交流无疑会极大地推动阳明学理论的发展和传播。正是因为吉安地区有蓬勃发展的众多的阳明学讲会,使阳明精神广泛深入人心,使吉安真正地成为全国阳明学研究和传播基地。

---

① 《王畿集·与三峰刘子问答》。
② 朱国桢:《涌幢小品》卷十七。

就整个江西而言,阳明学讲会主要是在吉安地区举行,吉安是江西乃至全国阳明学的研究和传播中心。① 而在吉安府中,科举最为发达的安福、吉水、永丰、庐陵和泰和县的讲会最多。尤其是安福县,知名阳明学者最多,阳明学讲会也建立最早,数量最多,组织规范,影响最大。

在吉安府中,安福县的历史悠久,地方宗族组织严密,宗法势力强大,宋元以来,安福县文风昌盛,人才辈出。乾隆《安福县志》称:

> 汉兴以来衣冠一大都会,至龙云、泸溪以文章节义显于宋,一时登士籍者踵接,虽闾巷韦布亦乐谈忠义,若梅边贡伯所谓杰然者。故有秀民多,儒术盛,士积学而科兴相望之语。②

明代安福获得科举功名人数不仅在吉安府名列前茅,在全省乃至全国都居前列。王门学者人数也众多,仅黄宗羲在《明儒学案·江右王门学案》中立传的安福籍学者即有12人之多。他们是江右王门学派的代表性人物和中坚力量。聂豹指出,阳明学"时惟江西为最盛。江西之盛,惟吉安,吉安之盛,惟安福"。③ 安福的阳明学者大多出身于地方名门望族,他们在家族中,在地方上拥有巨大的威望,能够在相当程度上影响家族成员和地方其他人士,能够有效动员他们接受王阳明的良知学理论。更为重要的是,从邹守益等第一代阳明学领袖人物起,他们即热衷于研究和传播阳明学,使阳明学在安福传承了几代人,涌现出数量众多的阳明学信奉者和追随者,社会影响巨大。据地方史志记载:

> (安福县)语心学,比屋而动,益先前闻。④
>
> 王阳明讲学虔州,邹文庄北面首事之,一时受业之徒三十余人,故良知之学,安成独盛。流风所暨,莫不根柢行谊,矜尚修能,不谈道即以为非类。四乡书院岁时会讲,赢粮负笈,冠盖相望,盖有西河稷下之风焉。⑤

---

① 本章对吉安地区阳明学讲会的论述,较多地参考借鉴了吕妙芬的研究成果,参见吕妙芬:《明代吉安府的阳明学讲会活动》,《中央研究院近代史研究所集刊》第三十五期,2001 年。
② 乾隆《安福县志·舆地·风俗》。
③ 聂豹:《聂豹集·复古书院记》。
④ 乾隆《安福县志》卷二,《风俗》。
⑤ 万历《吉安府志》卷十一,《风土志》。

安福众多的王门学者使安福的阳明学讲会开展得有声有色,在全国首屈一指。就在中天阁讲会发起次年,即嘉靖五年(1526),出身于安福南乡望族的刘晓、刘文敏、刘邦采等人即组织起了惜阴会。刘晓在《安福惜阴会志引》中称:

> 天启斯文,笃生我阳明夫子大明圣学,吾邑士从游者殆数十人,四乡豪杰浸浸兴起,盖有未及门而所立卓然者,诚一时之盛也。晓之事夫子也早,愧无以为诸君子倡。因念生也异方,不能往受教而在乡也,又势各有便,不能聚一。惧夫离群索居,固有因而怠焉者矣。乃与诸同志立为惜阴会,期以各双月望月轮,有志者若干人主供应,择地之雅胜居焉,互相切磋,名殚厥心,尽五日而散。与会非有大故,不得辄免。孔子曰:学而不讲,是吾忧也。曾子曰:君子以文会友,以友辅仁。万里聚友惜阴,犹夫子拳拳之教也。①

尽管正德五年(1510)王阳明任庐陵知县时即得到本地士绅的支持敬重,但尚无人正式拜其为师。刘晓是安福县乃至整个吉安府最早正式师从王阳明的学者,他是阳明学在吉安传播和发展的关键性人物。正德九年(1514),王阳明任南京鸿胪寺卿时,刘晓在南京从学王阳明,与王阳明门下诸弟子切磋交流。后来他把王阳明的著作一并带回家乡,引起同族刘文敏、刘邦采等人的强烈兴趣。刘文敏很快率弟侄九人前往浙江拜王阳明为师,他们成为阳明学的坚定信仰者和传播者。他们回到家乡后,致力于宣扬阳明学理论,安福的阳明学队伍迅速扩大。刘文敏、刘邦采等人认为,如果人们不能经常聚在一起相互切磋,相互砥砺,就有可能懈怠下来。为此,他们决定创立惜阴会,每隔一个月相聚五天,在一起相互切磋,相互砥砺,由"有志者若干人"提供食宿和后勤保障服务。他们认为,这种做法能够继承和光大孔门儒学的真精神,"犹夫子拳拳之教也"。

安福惜阴会的指导思想基本上是模仿中天阁讲会。刘邦采也很快写信向王阳明禀报了此事。王阳明得知后非常高兴,专门写下了《惜阴说》一文:

> 同志之在安成者,间月为会五日,谓之惜阴,其为志笃矣。然五日之外孰非惜阴时乎?离群索居,志不能无少懈,故五日之会所以相稽切焉耳。

---

① 转引自李才栋:《江西古代书院研究》,江西教育出版社1993年版,第325页。

呜呼！天道之运无一息者或停,吾心良知之运亦无一息之或停,良知即天道,良知之运亦无一息之或停矣,则知惜阴矣,则知致良知矣。"子在川上曰,逝者如斯夫,不舍昼夜",此其所以学如不及,至于发愤忘食也。①

王阳明特别赞赏"惜阴会"这一讲会的名称。他认为,"惜阴会"这个名称特别有意义,充分体现出良知的本质特点。在王阳明看来,良知即天道,天道运行不间歇,良知作为一种既内在又超越性的存在,也不会有间歇甚至泯灭。人需要时时刻刻致良知,一刻也不能放松自己的道德修养。王阳明同样强调,人不能"离群索居",相互之间必须经常交流切磋,否则就很可能导致人放松自己的修养,这正是开展讲会的必要性和重大意义所在。

王阳明的肯定和支持给安福的阳明学讲会注入了强大的动力,在刘晓等人的努力下,安福惜阴会持续举办,且影响越来越大。第二年,王阳明路过吉安,他没有机会绕道前往安福,但给安福的王门学者写了封信。他在信中说,他开始还以为惜阴会只是一时之举,未必能够长期坚持地办下去,没想到会有很大的影响,这也给他本人以巨大的信心:"诸友始为惜阴之会,当时唯恐只成虚语。迩来乃闻远近豪杰闻风而至者以百数,此可以见良知之同然,而斯道大明之几于此亦可以卜之矣。"②

安福惜阴会虽然在指导思想上模仿中天阁讲会,但组织原则方面却有很大创新或者说有自己的特色。中天阁讲会主要是将阳明学者聚集在一起切磋交流,学术交流色彩显著,而安福惜阴会则主要是将宗族邻里中的志同道合者(即都认为必须以阳明精神指导人们成仁成圣,在日常生活实践中自觉地致良知)聚集在一起切磋交流,更多地是指向社会实践而不是学术研讨。惜阴会的这一做法很快成为安福县乃至吉安地区几乎所有阳明学讲会的标准模式。

刘晓、刘邦采成功地发起惜阴会并获得王阳明的肯定和支持后,安福县东南西北四乡陆续涌现出大批大大小小的阳明学讲会。这些讲会虽然各有不同名称,但一般统称惜阴会。邹守益及其家族,后来的王时槐和刘元卿等人为安福阳明学讲会的繁荣发展提供了持续不断的动力。正是他们的努力和影响,使安福成为公认的阳明学重镇。

邹守益在自己家乡创办的东山会不仅是安福北乡,也是安福县乃至吉安府

---

① 《王阳明全集·惜阴说》。
② 《王阳明全集·寄安福诸同志书》。

最著名的讲会之一。邹守益出身于安福著名望族,不仅父亲是进士,本人是探花郎,他的儿子邹善,孙子邹德涵、邹德溥、邹德泳都是进士,无论在学术界还是在地方社会上都有很高声望和地位。邹守益特别重视学者之间的学术思想交流,重视阳明学讲会的开展,他甚至认为,"众议朋兴,此志自定,便是致良知工夫。"① 邹守益离职回到安福后,他的地位和声望使他立即成为安福阳明学讲会的精神领袖。邹守益家族形成了所谓的"家学"传统。东山会也因为长期由邹守益及其子孙主持而获得强大生命力。即便在张居正禁毁书院讲学之时,东山会依然坚持着,这样的阳明学"家学"传承在全国是很少见的。王时槐说:

> 昔邹文庄公亲受学于越中王先生之门,归而以所闻示邑之士绅耆旧,诸文学后进翕然兴起者,发蔀启扃而人睹日月之重辉也。于是联诸同志会集于东山塔院,已而门人于塔院之后特建讲堂,月举二会,轮直具膳以为常。公殁,令子若孙太常宪金迄今太史侍御,世遵行之,弗替也。盖肇自嘉靖壬寅既历六十余年矣。②

东山会影响很大,不仅仅是安福各地的阳明学者及阳明学追随者,一些安福县的知县也很热心参加东山会的活动。为了使东山会能长期坚持,大约在万历二十八年(1600),邹守益的曾孙邹衮特别置办会田,每年捐四百桶田租作为东山会的日常经费支出,并推举两人负责管理。

王时槐也非常热心于阳明学讲会活动。他年轻时受教于邹守益、刘邦采,热心参与邹守益、刘邦采等主持的惜阴会。致仕回乡后,王时槐更加积极参与和主持阳明学讲会,极大地推动了安福县和吉安地区的阳明学讲会的振兴。他称,"某自归金田以来,赖吾郡先觉倡明正学,遗风尝存。郡邑岁时会讲不辍。如郡有青原之会,安福有复古、复真、复礼、道东之会,庐陵有宣化、永福二乡之会,吉水有龙华、元潭之会,泰和有萃和之会,万安有云兴之会,永丰有一峰书院之会,永新有明新书院之会,每及期见召,必往赴焉。"万历元年(1573),王时槐"始立家会,每月以望日,集家庭兄弟子侄会于家,一以孝悌慈祥劝勉"。③ 以阳明精神指导家族建设。

---

① 邹守益:《邹守益集·简胡子敬》。
② 王时槐:《王时槐集·友庆堂合稿·东山会田记》。
③ 《王时槐集·友庆堂合稿·自考录》。

刘元卿是继邹守益之后的安福的又一员阳明学大将。刘元卿虽然没有显赫的科举功名,但也官至礼部主事。不过,与邹守益一样,刘元卿也为官时间甚短,一生主要致力于阳明精神的研究和宣传,只不过他没有提出什么特别的理论主张,因而在学术界影响有限。据记载,刘元卿"弱冠即向往邹文庄,慨然欲弃举子业,以正学为己任。隆庆庚午(1570),魁江西乡荐。辛未会试,五策多伤时,且及馆阁宜择贤,不宜循资取位。时张居正秉衡,甚忌之"。① 由于得罪张居正,刘元卿会试落榜。他从此绝意科举,回乡讲学,并拜王阳明的弟子、安福人刘阳为师,终身以研究和传播阳明学、弘扬阳明真精神为己任。后虽经荐举为礼部主事,但在职仅三年。回乡后,刘元卿继续致力于大力弘扬阳明精神,努力以阳明精神指导地方社会文化建设,取得了显著成效,对安福阳明学的复兴发展作出了非常重要的贡献。正是在他的大力推动下,安福西乡的阳明学讲会开展得有声有色,产生了很大的社会影响。

明代的安福西乡现属莲花县,与湖南茶陵接壤,为山区偏僻之地,素来文化教育落后,民风彪悍。刘元卿说:"邑西之陬,距郭百八十里,道险远,阻声教,其俗故上富竞胜,人重使气,莫肯顺理。豪杰者至抗治而强有力,多苦细民而兼其资,非一日之积矣。东廓邹先生数数欲诱而循之,而僻壤习诗书者什一,士人少,不得其隙也。"②他在为诸生时,即深为自己家乡的这种不良风气感到极为遗憾,并试图通过举办阳明学讲会传播阳明精神,教化民众。

针对当地普通民众一般认为阳明学高不可攀,阳明精神神奇玄妙的现象,刘元卿呼吁道:

> 诸父老其毋以学为玄奇不可致力。夫道者,所谓君臣、父子、夫妇、昆弟、朋友之达道也。学者,学之为君臣,学之为父子,学之为夫妇、昆弟、朋友也。学不讲则不明,故讲学以会友明伦而已,非有玄奇也。姑无远引,即杨之孝,彭之友,李之好义周族,是其人者,皆所谓明伦者也。岂有甚高难行哉?顾弗为耳。③

---

① 施闰章:《刘聘君泸潇传》,载《刘元卿集·附录二》,《刘元卿集》,彭树欣编校,上海古籍出版社2014年版。
② 《刘元卿集·复礼书院记》。
③ 《刘元卿集·复礼书院记》。

刘元卿的呼吁得到了积极的响应。在他的推动下，众多家族"相率即其家季一会，会辄引其子弟训督之。奢者争为简，暴者忍辱，贪者损其分以外之。"①建立起了大批的小型家族式讲会。"迩日吾里抑何其会之数也，曰丽泽，曰志仁，曰陈氏家会，曰杨氏家会，乃至王严张谢则又有一德会。"②这些小型家族式讲会之所以会出现那么多，首先是因为地方上宗族势力发达，同时，由于路途较远等原因，安福西乡的学者赴外地书院参加讲会往往比较麻烦，而且间隔时间较长，定期召集家族成员聚会交流，这样才能真正收到效果。实际上，这些小型家族式讲会对于地方社会文化秩序的建设意义更为重大，更能使阳明精神扎根于社会。据刘元卿记载：

> 吾乡既有复礼，岁会在路溪刘氏祠。则又有月会，乃刘氏诸君子复念切磋寡也，更为小会，月以初五、二十五为期。夫乡会以振众也，蓬蓬焉风乎人心，可以兴起，然而无端于商求；祠会以约众族也，墨墨焉消其争斗，可以维俗，然而无当于淬砺。惟小会，则其人寡，其情洽。甲推之，而人之勤惰可得考镜焉。乙举之，则人之微累可得呈观焉，其于以治身，不更详哉？③

刘元卿家族的讲会规定，家族一般每月举行一次，仅允许家族成员参加，由族中各团轮流主持。讲会的内容主要有二：一是宣读家约，重申家族成员应当遵守的言行规范，检讨是否有人违犯；二是学习讨论儒学经典中的某一章节。讨论的气氛应当严肃而冷静，不得议论争胜。会议之日，参加者不得有串门私访行为。无故不参加或不按时主持者，有严格的惩戒措施。时间一般为月中旬的某一天，由主持人酌定并通知到参会各团。地点在主持团和小宗祠内。参加者须交二升白米，以备中晚两餐之用。④ 这些小型家族式讲会的发展，对于阳明精神在本地区广泛深入，产生了巨大而深刻的影响。刘元卿等人制定的家约族规等各种具体的规范，深刻地影响着当地的习俗民风，长期以来为人们所遵守，影响深远。

阳明学讲会作为定期的交流切磋组织活动，后勤支持一般由与会者轮流提

---

① 《刘元卿集·复礼书院记》。
② 《刘元卿集·一德会规引》。
③ 《刘元卿集·书路溪刘氏小会籍》。
④ 刘孔当：《刘喜闻文集》卷十二，《家会条规》。

供,或由参加者赞助,主持者选择地方聚会,难免出现意外情况。后来人们意识到,应当有一个固定场所和相对稳定的经费来源。在各地王门学者及其家族和当地士绅的大力支持赞助下,兴建了主要供阳明学者定期切磋交流的讲会式书院。数量众多的讲会式书院的兴建,为阳明学在本地区的持续发展和传播并进一步深入人心提供了强大的支持。

安福南乡的惜阴会最初是在刘氏宗祠中举行,后来则大多在松云庵聚会。随着讲会规模和影响的扩大,经邹守益倡议,在刘邦采等人的谋划下,建起了复真书院。复真书院于嘉靖三十七年(1558)建成,在地方士绅的捐助下,复真书院藏书阁规模不小,并置有院田,以其田租收入作为维持书院运行费用。从此,安福南乡的惜阴会基本上在复真书院举行。复真书院通常每年举办一次大型讲会,三次小型的讲会,有大批来自吉安府其他县的阳明学者参加。北乡在邹守益和刘阳的推动下建有连山书院(又称连山书屋),由邹守益家族和当地其他望族以及士绅共同建成,主要由邹守益的儿孙管理。

在安福西乡,人们鉴于各大家族的小型讲会"季而会,五日而罢去,暴寒无常,非计之得也",[①]在刘元卿的推动下,先后兴建了复礼书院、识仁书院和中道书院。其中复礼书院由西乡二十四姓共同筹资兴建,由于属于各宗族的公共资产,人们更加重视,一些人甚至可以挑担步行百里前来参加复礼书院的讲会活动。在张居正禁毁书院讲学时,复礼书院改名"五谷神祠",继续举办阳明学讲会活动。张居正失败后改回原名。识仁书院和中道书院也在地方上具有非常重要的影响。邹元标对刘元卿的努力和成效给予了高度评价:

> (刘元卿)所创复礼、识仁、中道、一德诸院,岁有常会。西乡诸习俗,得公一变,尧水诸盗,得公一弥,攸、安二邑争界不输赋者,得公一定。入其疆,彬彬如也。[②]

安福东乡有道东书院,是由刘淑唐倡议推动,当地士绅共同筹资于万历年间兴建而成,为安福四大书院之一,影响很大。据王时槐记载:

> 吾邑东乡之有道东书院也,始于万历癸巳,大尹养冲刘群偕乡之士绅、

[①] 《刘元卿集·复礼书院记》。
[②] 邹元标:《明诏征承德郎礼部主客司主事泸潇刘公墓志铭》,载《刘元卿集》附录三。

耆旧、文学诸同志协议捐费共成之。岁集邑之先达、英贤毕聚，相与砥切于正心修身，笃伦厚俗之正学，彬彬然盛也，迄今且有十余年矣。……岁甲辰，侍御鹤峋周君，以读礼家居，乃躬历近地，纵览其胜，越半里许，得夷旷之壤，名曰沙园，询之形家，皆以为吉，乃谋之养冲君，欣然有当于衷也。……乃遍告乡大夫长者暨诸人士，各出囊助金。邑侯南海潘公闻之，偕贰尹会稽徐君，皆捐俸给工，称旧院于兹，鼎建而增筑焉。中为讲堂，后为会馔堂，前为门庑，左右协厅各五，规制宏备。经始于是年某月，落成于某月，而兹院焕然峙立矣。①

安福最重要的书院是由邹守益倡建的县城的复古书院，复古书院不仅是一所安福全县性的书院，也是阳明学在吉安乃至江右地区的标志和象征之一。

邹守益罢官回乡后，他发现本县各地的惜阴会"间月而会，五日而散，往来无常所，暴寒无常时"，②有诸多不便之处，而且四乡的阳明学者也确实有必要共聚一堂，切磋交流。因此，邹守益认为有必要筹建一所全县性的书院。他以王阳明弟子的名义向安福县全体惜阴会同仁致公开信。在这封信中，邹守益一方面阐述了举办惜阴会的重大意义，另一方面特别强调了筹建书院以为讲会之用的必要性。他呼吁志同道合者出钱出力，建设一所主要用于开展阳明学讲会的书院，他的公开信的全文如下：

同门邹某谨寄书告于惜阴诸同志曰：惜阴之会，务以敦善祛恶，各成其身，以无负先师之训，甚盛典也。秉彝之良，来者日兴起，而邻邑闻之，亦翕然来会，斯道之兴，殆有其机乎？然静言思之，间月为会，五日而止，则不免暴寒之乘；往会各乡，近者为主，则不免供给之扰；自远来者，虽欲久止，而随众聚散，则不免跋涉之劳。故与刘友文敏，王生仰反覆筹议，须构书舍一区，以此为居肆成艺之方。凡我同志，无公仁隐各量才力赢缩而多寡出之，择诸友之公而敏者，分任其役，相山川道途之宜，而鸠公集事焉，庶几丽泽有所，讲习以时，磨偏去蔽，共升光大。虽自成自道，非师友所与，然相观而善，则放逸之念惕然以醒。离群以居，则戒惧之功亦或颓然而弛矣。是则书舍之立，非为观美，其于惜阴也尤急，当道良师帅以风教自任，将必主张

---

① 《王时槐集·友庆堂合稿·道东书院记》。
② 《邹守益集·书书屋敛义卷》。

乎上,而名门父兄欲其子弟之中且才者,亦必轻财以助。诸君子协心图之。①

邹守益的倡议获得广泛的响应,不仅地方上"蓄木者献其材,藏书者献其籍,积产者献其田",还得到一些信奉阳明学的在职官员的大力资助。② 时任安福知县程文德正是王阳明的弟子,他大力支持安福的阳明学讲会,支持书院建设。经过各方面共同努力,嘉靖十五年(1536)在安福县儒学旧址上建起了复古书院。复古书院不同于四乡的书院,"按书院惟复古公于一邑,若东之道东,南之复真、同善,西之识仁、复礼、中道,北之宗孔,则又各乡所建者"。③

复古书院建成后,定期举办阳明学讲会,讲会的名称则沿用"惜阴会"。"惜阴之会,春秋举于复古,而四乡各间月举之。"④它不仅是安福县阳明学者的交流中心,也吸引了全府乃至全国的阳明学者参加。王阳明的著名弟子王畿就多次参会,他说:"东廓诸君子以身为教,人之信从者众,创复古书院以待来学,每会四方翕然而至者,常不下二三百人,予每参次其间,上下论辩,有交修之益。"⑤复古书院置有大量院田,每年田租收入近一千二桶稻谷,约今十二吨,作为维持书院运行费用。安福复古书院是江右王门心学的重要标志和象征之一。

复古书院长期由邹守益家族主持。张居正禁毁书院讲学时,复古书院受到很大冲击,院田损失大半,书院只能以祠祭的名义存在,张居正失败后,书院得以恢复,但已元气大伤,与当初的盛况不可同日而语。

必须指出的是,安福的复古书院、复真书院、复礼书院等著名阳明学讲会式书院,虽然历经风雨,但对安福地区的社会文化,习俗民风影响巨大,其遗址至今存在,为人们所敬仰。

除了安福县外,随着阳明学在吉安府的广泛传播,吉安府其他各县也成立了各种大大小小的阳明学讲会,不过其规模和社会影响均不如安福县。

庐陵县与安福县相邻,王阳明曾于正德五年(1510)任庐陵知县,为阳明学在庐陵县的传播奠定了坚实的基础。创始于安福的阳明学讲会很快即传到庐陵县,庐陵县的阳明学者创办了一批阳明学讲会。庐陵县影响最大的是西原惜

---

① 《邹守益集·简惜阴诸友》。
② 《邹守益集·复古书院记》。
③ 乾隆《安福县志》卷五。
④ 《邹守益集·简复董生平甫》。
⑤ 《王畿集·漫语赠韩天叙分教安成》。

阴会,由王时槐和陈嘉谟共同主持创办。王时槐虽然是安福人,但他长期居住在吉安府城。隆庆元年(1567),王时槐和陈嘉谟等人商定,"以每月偕郡城同志诸友举会于能仁寺,以十一至十三为期,特请周罗山公,刘见川公枉教"。至万历十四年(1586),"门人贺汝定、刘文光、曾中甫等,始议倡集九邑诸友,每年九月为西原大会,以十七至二十一日为期。"次年,王时槐"倡诸友敛金,共建体仁堂于能仁寺法堂之左,扁其门曰西原会馆,……置田供会。"①在王时槐的主持下,西原惜阴会有着较为严密的组织性,参加者必须加入"会籍",还制订了十七条会规。王时槐说:

> 是岁,庐陵贺子汝定,刘子文光,偕泰和曾子德卿,谋合同门诸友,订为每岁季秋能仁之会。爰置会籍,首揭条规,以明义聚;次列姓名齿序,以重心盟。每会纪其来赴,以稽勤笃。……夫学以正心修身,尽人道而参天地了,故学则自成,而日进于圣贤,不学则自弃而不远于鸟兽,可不勉哉!夫学奋志责躬,敦伦饬行,是必诸己者也。夹持引翼,救过长善,相劝而受益,是资诸友者也。能奋切己之志,则自不容已于求友,能受良友之益,则于切己之志愈有助而大成矣。故学者辅志明道,莫善于会,愿诸贤毋以旅进泛交视斯会也。②

一般说来,西原惜阴会每年举行小会八次,每次三天左右,主要由庐陵本地学者和士绅参加;每年九月举行一次大会,集吉安府九个县的阳明学者参加,规模盛大,常达千人之多,影响很大。地方史志记载说:

> 西原惜阴之会始于隆庆丁卯(1567),先师塘南王先生暨蒙山陈先生实倡之,少龙贺先生,如川刘先生,少梧邹先生,述亭刘先生,凤阁刘先生赞助之,先辈则安成两峰、狮泉二刘先生,庐陵罗山、原山二周先生,见川刘先生,咸临讲会,一时称盛。惜阴之名,授之两峰先生而命自文成王公者也。③

庐陵很多地方也建立了不少小型的家族式的讲会。王时槐本人在万历元

---

① 《王时槐集·王塘南先生自考录》。
② 《王时槐集·友庆堂合稿·书西原惜阴会籍》。
③ 民国《庐陵县志》卷十四。

年(1573)"始立家会,每月以望日,集家庭兄弟子弟子侄会于家,一以孝悌慈祥劝勉"。① 另外,油田彭氏家族的惜阴会也非常著名,而且,他们的聚会往往不限于家族成员参加,如嘉靖十三年(1534)八月在广法寺举办的讲会,"其族之长幼预者四十有四人,其姻邻预者十有四人,吉水二人,安福十有三人,会五日而毕。"②

庐陵县各地后来也建有不少讲会式书院,其中尤以南部仁善、淳化、儒行三乡共建的明学书院最为著名。仁善、淳化、儒行三乡与泰和接壤,距庐陵县城(也就是吉安府城)较远,参加吉安城的讲会活动甚为不便,在地方士绅的倡议下,决定自建一所书院。据王时槐《明学书院记》载:

> 惟吾吉自邹、聂、欧、罗四先生,得闻会稽之学,皆辟书院于其邑,集诸士相与讲明,而三乡距城特远,虽时一赴会,不数数然也。顷岁,是乡郡守曾见虞君以请告南还,复奉诏起,固辞不出,而胡龙溪、曾虚所、刘斗墟、王从吾诸君,一时皆谢事家居,遂偕诸耆硕文学协议曰:吾三乡先哲,屹然足风百世矣。今欲继美于万一,宜莫如学,其必在书院乎?是宜亟建书院,联集劝学,以砥德而兴行。见虞君之言曰:学以学为人也,讲学以讲为人也。在先哲虽云缘性而得要,必待学而成,不学何以尽道于君臣、父子、夫妇、兄弟、朋友之间?故学不可一日不明,人不可一日不学。旨哉其言乎?乃诸君首倡三乡,咸涌跃从事,家捐赀而人合志。……经始于甲辰某月,落成于某月,遂以乙巳季春,涓吉,邀予偕贺汝定暨诸士友,举会者五日,比至则三乡缙绅父老子弟毕集,欣豫而静肃,揖让坐起咏歌,雍雍然,秩秩然,莫不叹三代威仪于今幸见也。诸彦士出所见,质疑请益,互相酬答,则又畅怀听纳,莫逆于心。于是信三乡果为胜地,宜多士之英资近道,而见虞诸君倡议之功滋大矣。③

吉水县历来文风昌盛,地方史志称:"江右士风之盛,惟庐陵为冠,人不贵贱,无不读书,而文江更最。十余岁童子于论孟诗书易诸经传注皆能暗诵,而士

---

① 《王时槐集·友庆堂合稿·书西原惜阴会籍》。
② 《邹守益集·书广法文会题名》。
③ 《王时槐集·友庆堂合稿·明学书院记》。

风振励衣冠,文物视前为尤盛。"①是阳明学传播和发展的重要基地。吉水最著名的阳明学者是罗洪先和邹元标。罗洪先认可和接受阳明学后,非常重视与各地阳明学者的交流论辩,经常到各地讲学。不过,罗洪先似乎不像安福县的阳明学者那样重视组织地方性的讲会。这是因为,对罗洪先而言,他认可王阳明和阳明学,认为阳明学确实是"圣学",但他并不是王阳明的弟子,也不以弘扬阳明为己任。他参与和组织过吉水的玉虚会、雪浪阁玄潭会,后来又长期讲学石莲洞,但无论是玉虚会还是雪浪阁玄潭会都不以传播研究阳明学相标榜,而是探究所谓的成仁成圣之道,只是因为阳明学被认为是"圣学",故理所当然地以阳明学作为探讨的重点,这明显有别于安福县的阳明学讲会。正是在这一过程中,罗洪先培养出了为数不少的阳明学信徒,为阳明学在吉水的传播,为江右王门心学的发展作出了极其重要的贡献。到了晚年,罗洪先对各地的阳明学讲会持批评态度,他认为王畿等人组织的阳明学讲会过于张扬,在一定程度上干扰了地方政府的正常运行,这是不应该的。

到邹元标讲学的时代,阳明学在长期的传播和发展上出现了不少流弊。一些人口口声声王阳明,口口声声致良知,但实际上只是把王阳明和致良知说作为招牌和谈资,根本就不知道阳明学究竟是什么东西。邹元标就这样描述他家乡的状况,说"吾乡学问极能缠缚英豪,三尺竖儿口能谈阳明,问其所以为阳明,则白头不知,言及此,令人厌甚"。② 邹元标挺身而出,把研究阳明学,传播阳明精神,振兴吉安府尤其是吉水县的讲学活动作为自己的神圣使命,"发誓度人,更不向竹篱茅舍藏身"。③ 为此,他甚至可以带病冒雪赶一百多里地前往文昌书院讲学。邹元标热心参加各地的阳明学讲会活动,对重振吉安府的阳明学讲会活动作出了极其重要的贡献。邹元标到处讲学,但最主要的讲学基地是吉水县城的仁文书院。仁文书院是在原文江书院的旧址上建起来的。文江书院在张居正禁毁书院讲学时被严重损毁,张居正失败后,知县徐学聚主持修复,并重命名为仁文书院。仁文书院同样经常举办讲会活动,名为仁文会。在邹元标的主持下,仁文会设有会约和会簿。邹元标讲学成果丰硕,万历年间几乎所有的吉水县的知名学者大多出自他门下,其他的基本上是他的师友。

永丰是吉安府重要的"文章节义之邦"。明代前期,永丰科举发达。十五世

---

① 光绪《吉水县志·地理志·风俗》。
② 邹元标:《邹子愿学集·柬友人》。
③ 《邹子愿学集·答刘开卿吉卿茂才》。

纪中叶,著名学者罗伦(1431—1478,1466年状元)成为永丰知识界的领袖人物。罗伦为人刚正清廉,被视为一代典范,对永丰地方的社会和文化产生了深刻影响。《明史》称他"为人刚正,严于律己,义所在,毅然必为,于富贵名利泊如也。里居倡行乡约,相率无敢犯。衣食粗恶,或遗之衣,见道馑,解衣覆之。晨留客饮,妻子贷粟邻家,及午方炊,不为意。"①深受人们敬仰。罗伦学宗程朱,但并无门户之见,他与湛若水(1466—1560,号甘泉)彼此仰慕。湛若水是明代心学(江门心学)开创者陈献章(1428—1500)的大弟子,陈献章创立的白沙心学主张在静中涵养心体,与后起的阳明学有相当程度的契合。王阳明和湛若水弘治十八年(1504)定交,相约共同倡明圣学。黄宗羲称,"王、湛两家,各立宗旨,湛氏门人,虽不及王氏之盛,然当时学于湛者,或卒业于王,学于王者,或卒业于湛,亦犹朱、陆之门下,递相出入也。"②湛若水与"阳明分主教事,阳明宗旨致良知,先生宗旨随处体认天理,学者遂以王湛之学,各立门户"。③湛若水与罗伦互派弟子问学,使白沙心学很快深入永丰,在永丰拥有不少追随者。罗伦和陈献章的追随者刘霖(中山先生)后成为永丰士林领袖,他热衷于讲学和乡村社会秩序建设,在地方上很有声望,也深得聂豹和邹守益的敬重。邹守益等人后来邀请他主持青原阳明学讲会,刘霖接受了邀请并声称接受阳明的良知说,由此促成了阳明学在永丰的广泛传播。

使阳明学在永丰广泛传播的最大功臣首推聂豹。尽管聂豹强调自己服膺于阳明学,王阳明对他的评价也较高,但直到王阳明死后的第四年,聂豹才在钱德洪等人的见证下补办拜师仪式。但他对传播阳明学可谓不遗余力。宋仪望称,"先生自闻阳明王公之教,终其身未尝一日不与人论学,其在同辈,如同郡东廓邹公守益,南野欧阳公德,念庵罗公洪先,两峰狮泉两刘君文敏邦采,临川明水陈公九川,虔州洛村黄君弘纲,余姚绪山钱君德洪,龙溪王君畿,皆尝与之往反辩究。"从嘉靖十年(1531)回乡丁忧,到嘉靖二十年(1541)赴任平阳知府,聂豹居家长达十年。居家期间,"每接引同志,惓惓以躬行孝悌为致良知下手切实功夫",④他不仅自己在家乡授徒讲学,还延请刘文敏到永丰授徒讲学,为永丰培养出一批阳明学追随者。在此期间,聂豹积极与各地阳明学者切磋交流,特别

---

① 《明史·罗伦传》。
② 《明儒学案·甘泉学案·文简湛甘泉先生若水·前言》。
③ 《明儒学案·甘泉学案·湛若水传》。
④ 宋仪望:《明荣禄大夫太子太保兵部尚书赠少保谥贞襄双江聂公行状》,载《聂豹集·附录》。

是与邹守益等人共同努力,推进青原阳明学讲会的开展和繁荣。他的努力,使永丰县此前流行的白沙心学被阳明学所取代。

不过,尽管聂豹及其弟子对参加邹守益等人发起的阳明学讲会很热心,但永丰县的阳明学讲会却没有真正发展起来。聂豹的弟子宋仪望是阳明学的重要护法,对推动王阳明从祀孔庙作出了关键性贡献,他的《阳明先生从祀或问》是阳明学发展史上的重要文献——他因此被视为江右王门学派重要学者。但总的来说,虽然他对阳明认知深刻,也和众多阳明学者交流不少,但他并不以阳明学者著称,而且居家时间不多,对永丰的阳明学发展贡献不大,至少是很不明显。永丰的另一位阳明学者是郭汝霖(1510—1580,1553年进士),曾师事邹守益、欧阳德、聂豹,与王时槐交往密切。他比王时槐年长十二岁,王时槐以长者尊之。他积极参加吉安府的阳明学讲会活动,促进了青原阳明学讲会的再度复兴,对永丰县阳明学讲会的开展也作出了一定的贡献。郭汝霖倡导兴建永丰太极书院,作为举办讲会和教化民众的场所,另外还成立了敦复会,属于小型的讲会,参加者限于本地士人,在地方上有一定影响。

泰和县的情况比较特别。泰和县文化教育事业也历来发达。王阳明巡抚南赣时,即有不少泰和学子投身王阳明门下,这其中包括后来成为江右王门学派的重要领袖人物的欧阳德。欧阳德的仕途比较顺利,居乡时间不多,只是在1542—1546年回乡奔丧四年间,在家乡有短暂的讲学活动,并与邹守益、聂豹、罗洪先等人切磋交流。虽然他也因此在泰和培养出一些阳明学信徒,其中的胡直后来成为江右王门学派的第二代领袖人物之一,但欧阳德并没有在泰和组织有影响的阳明学讲会。泰和有"江右大儒"罗钦顺,罗钦顺是阳明学的坚定批判者,晚年乡居家乡几十年,在家乡拥有巨大威望。欧阳德以及其他江右王门学者对这位前辈都非常敬重,泰和县的阳明学者几乎无力与他抗衡。阳明学讲会一直无法在泰和大规模地发展起来。不过,阳明学依然在泰和广泛传播。泰和的阳明学研究和传播基地是书院,其中最重要的是萃和书院。萃和书院在研究和传播阳明学方面成效卓著,在地方上产生了很大影响。1549年,胡直等人组织了小型的阳明学讲会——五人会,欧阳德曾对此给予厚望,但其影响并不大。胡直于1556年中进士,致仕后致力于家乡的教化事务,倡建书院,推行乡约,产生了很大的影响,但就组织地方阳明学讲会而言,成效明显不如安福等地。

除了安福、庐陵、吉水、永丰、泰和外,吉安府其他各县也建立了各种大大小小的讲会。如永新县有昊天会。邹守益记载说:

嘉靖乙未(1535)之春,永新周生法、贺生谨新、李生承重、贺生梦周,约昊天之会,而莲坪甘子、南屏李子主之。……乃仿惜阴之例,间月各会于乡,而春秋合会于邑。置为文会约,相与遵而习之,以无忘良师益友及乡先生之训。①

这一类小型的阳明学讲会一般没有知名的阳明学者主持,通常不会进行学术方面的探讨,因而在学术思想史上影响不大,但其社会教化意义很大,对于维护地方政治社会秩序,改善社会道德风气具有非常积极的意义——这也正是这一类小型讲会的宗旨所在。如永新南乡的葛泉会,就是集本地方的吴、龙、尹、张、贺、段、洪、周等十四个宗族的领袖人物,每个月聚会一次,由各宗族轮流主持,目标就是引导族人遵纪守法,安分守己,和谐相处,"少长咸奋,强弱得所,赋税以时,盗贼屏息,公庭无讼牍。"②葛泉会也得到邹守益的高度赞誉,为此专门写下了《乡会祝言》。

各地阳明学讲会的开展意义重大。由于阳明学讲会的广泛开展,尤其是独特有组织模式,一方面使得阳明良知说深入吉安社会,另一方面也极大地改善了地方的社会风气,尤其是在消弭好讼之风,维护地方社会秩序的和谐稳定方面成效显著。阳明学讲会吸引地方士绅和宗族领袖参加,对地方士绅宗族领袖起到了有效的教育和约束作用。前面业已指出,在很大程度上,往往正是那些地方士绅和宗族领袖,发起诉讼,助长所谓的好讼之风。以泰和的萃和书院为例,据记载:

时阳明先生良知之学方倡,诸先生因佃以为萃和书院。月朔望,讲学其中。切磋之余,民间有难申之隐,则就是告理。豪强为之敛手,亦治化之一助也。③

地方上众多士绅齐聚讲会,必然形成强大的舆论力量,对人们的行为起到监督作用。王时槐在为道东书院志作序时指出:

---

① 《邹守益集·书永新文会约》。
② 《邹守益集·乡会祝言》。
③ 同治《泰和县志·书院志》。

士之居于乡首,以薄伦不丑行,出而仕者,以黩货为秽身。即乡村野竖,时有违忒,尤恐书院得闻而招公议之诮。①

清代的施闰章是这样评价安福复真书院阳明学讲会社会影响的:

一邑之中所在有会,岁必数举,举必累日,用相砥以勿懈。有入其中而戾其教者,则人目笑而背指之曰:"夫人也,而与讲学者耶!"闻之必大惭。于是君子有所诱而为善,小人的所惮而不敢为恶;浅者习威仪守绳墨,深者略言语而优入于性命。田夫、孺子、市贩之徒皆耳习其言,目习其事,若日用饮食之相循不废也,故其教立而俗以不偷,则此数君子之力也。②

第二节　吉安地区的阳明学讲会(下)

吉安成为全国阳明学研究和传播的重镇的最重要的标志,一是安福的惜阴会和复古书院,二是青原阳明学讲会。尤其是青原阳明学讲会,不仅是江右王门学派的大本营,也团结了江西各府和省外的阳明学者,在阳明学传播和发展史地位非常重要。

安福和其他各县兴起的阳明学讲会反过来又极大地激励了邹守益、刘邦采等人。嘉靖十二年(1533)邹守益辞官回到安福后,便和刘邦采等人一起联络吉安府各县的阳明学领袖人物,倡导各县的阳明学讲会组织联合起来,组织全府性质的大型的讲会,以共同探讨阳明学理论和实践,一起切磋交流致良知的方法和经验。邹守益的倡议得到热烈响应。经过各方共同努力,同年七月,第一次全吉安府规模的阳明学讲会在青原山净居禅寺隆重举行。

邹守益之所以将地点定在青原山净居禅寺,原因是多方面的。首先,青原山风景秀丽,"在府城东南十五里,山势郁盘,外望如蔽。旁有径,萦碨而入,度待月桥,石壁峭倚,其中旷衍,净居寺在焉。山半蹊稍平,有卓锡泉,在七祖行思

---

① 王时槐:《道东书院志序》,载同治《安福县志·艺文志》。
② 施闰章:《重修复真书院记》,载同治《安福县志·艺文志》。

塔左,虎跑泉在右,其后为雷震泉。三泉之外又有名龙井,碧乳者,狮象二山左右拱立,驼峰、鹧鸪岭……盖天然胜区也。"① 据传说,道教祖师张道陵曾把青原山认定为洞天福地的天下名山之一。唐开元年间,佛教禅宗七祖行思在此设道场,建净居禅寺,形成禅宗青原派系,绵延不息,衍生出"曹洞宗""云门宗""法眼宗"三派,在中国佛教史上具有非常重要的地位。王阳明与青原山尤其是净居禅寺有不解之缘。禅宗对理学尤其是心学本来就具有极其重要的意义,阳明学的不少理论观点实际上直接脱胎于禅宗佛教经典。王阳明本人对青原山净居禅寺极为敬仰。青原山风景秀丽,而且又有净居寺这一佛教道场,非常有利于人们聚在一起进行思想交流和修心养性。王阳明即曾向弟子们流露过,希望能够把青原山净居禅寺辟为心学讲坛,作为研究和弘扬阳明学的基地。王阳明已于嘉靖八年(1529)去世,在青原山净居禅寺举办王学讲会,既能高举王阳明的旗帜,实现王阳明的遗愿,又有利于传播王阳明的思想学说,提高本地乃至省内外王门学者的凝聚力和影响力。邹守益称,"嘉靖癸巳七月既望,同志咸集于青原,以从事于君子之学。东廓子守益喟然叹曰:兹会也,先师尝命之矣,乃今十有四年,始克成之。"② 其次,青原山净居禅寺位于吉安府城旁边和赣江之滨,吉安是全府的政治和文化中心,有相当的凝聚力和号召力,各地参会者从陆路和水路前往也都比较方便;第三,作为著名的禅宗道场,这里房舍较多,能够为众多的参会者提供食宿保障条件,非常有利于人们专心地切磋交流。

青原阳明学讲会以安福惜阴会为基础,扩展而成为全吉安府性质的大型的阳明学讲会,也被称为惜阴会。与王阳明一样,邹守益也从良知即天道的高度赋予惜阴会巨大意义,强调"天道无停机,故元亨利贞以时行而万物生,良知无停机,故仁义中正以时出而万化成。知天人之无停机,可与语惜阴矣"。③

作为全府各地阳明学讲会的总会,青原阳明学讲会不能像各地的小型讲会一样,经常性地举行,但也不应当是临时性、一次性的活动,而应当是长期性、定期性的组织活动。第一次青原阳明学讲会的成功举行,给了人们把青原阳明学讲会办成全府乃至全国研究和弘扬阳明学基地的信心。邹守益等决定每年春季和秋季各举办一次。第二年青原讲会如期举行,且规模更大。不仅是江右王门学派的代表性人物,如邹守益、聂豹、罗洪先等人积极参与,几乎所有的在地

---

① 雍正《江西通志·山川三》。
② 《邹守益集·青原嘉会语》。
③ 《邹守益集·惜阴说》。

方上稍有名望的士绅都参与了,"凡乡大夫在郡邑者皆与会焉""同志再会于青原,二百余人"。① 极大地提高了江右王门学派的凝聚力和影响力。欧阳德在致聂豹的信中评论说:

> 闻欲东廓为青原之会,甚善。道之不明,大率朋友离索之故,二公会于青原,四方同志必闻风而来矣。亲民是心之本体,本体如此,功夫亦合如此。常善救人,则无弃人;常善救物,则无弃物,所以亲之也。德每觉与人犹自别择同异,以此欠真诚,恻怛未能亲得在,虽往往自讼,终未造实际,乃知毫厘之间,相去天壤矣。②

青原阳明学讲会最初由吉安府治相邻的五个王门学者和士绅(包括致仕官员,举人、秀才和一些虽然没有功名但地方上有一定威望的读书人)参加,很快扩大到吉安府所辖的全部九个县。随着青原阳明学讲会持续举办,影响迅速扩大,得到江西其他州县和江浙地区的王门学者大力支持和拥护。不仅是吉安府各县的王门学者和士绅积极参与讲会,江西其他州县(主要是赣州和抚州)的王门学者也积极赴会,据邹守益记载,"敝邑惜阴之会举于各乡,而春秋胜日,复合九邑及赣抚之士会于青原,交砥互砺,甚有警发,乃知吾辈工夫须有必为圣人之志,则精神命脉纯真不杂,面穿衣吃饭步步皆实学。"③

实际上,不仅是"九邑及赣抚之士",江浙地区的王门学者也不远千里踊跃赴会。王阳明的最著名的弟子,浙中王门学派的代表人物钱德洪、王畿即几次率领他们的弟子不远千里前来赴会。钱德洪记载说:"戊申(嘉靖二十七年,1548年)与龙溪赴青原、复古会,今九年而再至。穷乡邃谷,田夫野老,皆知有会,莫不敬业而安之。"④王阳明家乡的著名弟子不远千里前来参加青原阳明学讲会,这本身就表明了青原阳明学讲会的巨大影响和崇高地位。钱德洪、王畿等人不但热心参加青原讲会,更对青原讲会维持和发展十分关注。邹守益去世后,青原阳明学讲会一时群龙无首,陷入困境,王畿为此极为关注,他专门致函罗洪先,恳请罗洪先出面主持青原讲会。他说:

---

① 《邹守益集·录青原再会语》。
② 《欧阳德集·答聂双江》。
③ 《邹守益集·简方时勉》。
④ 《徐爱　钱德洪　董云集·钱德洪语录诗文辑佚·惜阴会语》,钱明编校整理,凤凰出版社2007年版。

> 自廓翁捐背后,青原复古诸会所荒落殆甚,诸友怅怅,若无所归,因知此辈未必尽发真心为性命然。风声鼓动,主盟不可无人。一人倡,众人和,倡者众,和者益众,所谓道谊由师友有之。若各各离居,火力不聚,渐至烟消,寝成灰息,此求道之明亦不可得也。吾兄素行高卓,真纯粹白,同志素所信向,乃今闭关多年,高卧不出,于一己受用得矣,如世道何?……春秋会时,还望为众出关,将身担当此事,以为之倡,务各各以实行相观法,不徒知解辨说,滋长虚见,使诸会所烨然修明,有光旧业,庶不枉大丈夫为此一大因缘出世耳。弟虽老矣,不敢不如期趋晤,共效切靡之助。[①]

这充分显示青原阳明学讲会在全国阳明学界及至学术思想界的崇高地位。不仅仅阳明学者重视,嘉靖三十五年(1556),王阳明的故友,时年92岁的江门心学的领袖人物湛若水在游南岳,登石鼓书院后专程来到吉安,在青原山讲学,引起巨大轰动。湛若水来青原讲学,不仅轰动了吉安,也感动了湛若水本人。邹守益对湛若水特别敬重,照顾得非常周到,令湛若水感慨万分。

当然,青原山之所以能够成为名副其实的全国性的研究和弘扬阳明学的中心,与青原讲会的主持者的地位和声望是分不开的。主持青原讲会的,基本上都是有崇高政治社会地位的人士,在地方上具有相当大的凝聚力和号召力,这一方面使得青原讲会能得到他们的故旧文友、同门同窗、部下门生的鼎力支持,地方上有功名和没有的书生(包括举人、秀才和童生)、地方上有一定名望的宗族领袖的积极参与——对于这些书生和宗族领袖而言,参加青原讲会,不仅能够增长自己的知识和见识,更意味着进入到一个更高更大的圈子,几乎是一种莫大的荣耀;另一方面,主持者的地位和声望也使得青原讲会能受到地方政府官员的极大重视。吉安地方政府官员不仅大力支持讲会,而且为讲会解决了各种具体实际的困难和问题。有了这些人的主持、参与和支持,青原讲会得以持续举行,影响越来越大,成为名副其实的全国性的研究和弘扬阳明学的中心。

青原阳明学讲会虽然不再是宗族邻里中志同道合者之间的聚会,但其组织形式依然继承了惜阴会,即重视阳明学的社会应用而不仅仅是理论上的研讨。关于讲会的具体内容,留下来的记载很少。按照邹守益的说法,主要是探讨"君

---

① 《王畿集·与罗念庵》。

子之学",也就是研究讨论一个人如何以阳明精神为指导,成为一名真正的君子,真正的圣贤。现有文献资料表明,在讲会上人们一般不会对理论问题展开深入讨论,而主要探讨交流在实际生活中如何加强道德修养。讲会通常首先由主持人或主持人邀请某一名师宿儒发表演讲,就儒学经典上某一章节或某论断,用良知学或者说阳明学理论进行解释,然后对照日常工作和生活中所遇到的实际问题,提出相应的解决方法途径。邹守益就多次在青原讲会上发表过此类主旨演讲,在第一次青原阳明学讲会上,邹守益以"正心""诚意"为主题发展了主旨演讲。主旨演讲后,大家进行讨论交流,或提出某些学问上的疑难问题供大家讨论;或就日常工作和生活中的惩恶扬善,致良知工夫问题进行交流,展开批评与自我批评,查找自己的不足,汲取他人的经验,以求提高自己的道德修养,提高自己对家庭、家族和广大乡村民众的教化和管理能力。罗洪先记载说,青原讲会"每日升堂,诸君发明良知与意见之害,退则各就寝所商榷,俱夜分乃罢"。① 总而言之,青原阳明学讲会强调的是生活体验和道德实践,可以争鸣讨论,但拒绝空谈,拒绝以讲词言说争胜,以期真正起到"诱掖奖劝,砥砺切磋"的作用。

随着阳明学讲会的持续开展,讨论和交流的问题可能变成老生常谈,这样就难免会在某种程度上走向形式主义,从而失却举办讲会的初衷。慢慢地,一些人开始把讲会视为朋友之间的聚会,把参会目的变为扩大交际圈。会上可能只是相互恭维,甚至热衷于高谈阔论,严重背离了举办讲会的初衷。邹守益指出,随着时间的推移,这样的情况会越来越严重。他以安福惜阴会为例,指出:

> 吾邑惜阴之会,始于丙戌;复古之创,始于丙申。凡我同会,或五六年,或七八年,或逾十年,或逾二十年,甚者三十年矣。三十年则不一世矣,十年则天道一变矣。迩者绪山、龙溪二兄自浙中临复古,考德问业,将稽先师传习之绪,而精进者寡,因循者众,是忽实修而崇虚谈也。意者相规相劝之方未至,与喜怒屡迁而自以为任真,言动为苟而自以为无伤。子臣弟友,宗族乡党,多少不尽的分处,而自以为无败。亏知者不肯言,言者不肯尽,而闻者亦不肯受。不几于相率而为善柔乎?循是以往,坐枉此生。上以贻玷师门,而下以疑误后学。②

---

① 《罗洪先集·夏游记》。
② 《邹守益集·惜阴申约》。

也就是说,随着时间的推移,不少参会者把参加阳明学讲会视为例行公事,不注重实际内容,不再把"诱掖奖劝,砥砺切磋"视为参会的目标。一些人甚至把自己的一些不当情绪和错误言行看作是没有关系的小事,甚至认为这才是人应有的真实面目和真诚态度。这些人在具体的名教纲常规范方面和家族村民教育引导方面不再积极,持一种无所谓的态度。不能展开批评与自我批评,即便明知他人有不对的地方也不肯提出来,即使提出也只是点到为止,不肯深入,而受到批评的人也不肯积极接受和改进。这就大大地背离了组织阳明学讲会的宗旨。

邹守益于是决定和大家一起建立健全惜阴会组织活动规范,以制度规范参会者的言行,为此他们制定了《惜阴申约》。《惜阴申约》试图通过建立较为严格的制度规范,引导人们严格地践行儒家名教纲常:

> 人立一簿,用以自考;家立一会,与家考之,乡立一会,与乡考之。凡乡会之日,设先师像于中庭,焚香而拜,以次列坐,相与虚心稽切:居处果能恭否?执事果能敬否?与人果能忠否?尽此者为德业,悖此者为过失。德业则直书于册,庆以酒,过失则婉书于册,罚以酒。显过则罚以财,大过则倍罚,以为会费。凡与会诸友,各亲书姓名及字及生辰,下注愿如约三字。其不愿者,勿强其续。愿入者勿限。①

显然,在邹守益看来,惜阴会的最重要的目标并不是从学术上探究阳明学,而是以阳明学为指导,不断提高人们的道德修养水平,在日常生活实践中严格践行儒家名教纲常。而且,这并不是学者个人的事情,而是每个人、每个家庭都应当做到的,这样才能建设和谐稳定的家族和乡村社会秩序,这才是真正的致良知工夫。因此,人们应当在惜阴会中积极相互交流和切磋致良知经验,广泛开展批评与自我批评,每个人都应当随时对照检查自己,反省自己是否有过违背名教纲常的言行。一方面,讲会组织应当对道德上有过失者给予适当惩戒,对于品行高洁者予以适当嘉奖,另一方面,道德的关键是自觉,靠每一个人的良知的发用流行,所以参加惜阴会也只能是依靠每个人的自觉。

---

① 《邹守益集·惜阴申约》。

《惜阴申约》不仅适用安福各地的阳明学讲会,青原阳明学讲会作为吉安全府的惜阴会总会,同样适用。经过邹守益等人的努力,安福各地的惜阴会和青原阳明学讲会都得到持续健康的发展。

随着邹守益、欧阳德、聂豹和罗洪先等第一代江右王门党派领袖人物的相继谢世,吉安地区阳明学讲会的开展受到不小影响。尤其是张居正于万历七年(1579)下令禁毁私人书院,禁止私人讲学,更对吉安地区的阳明学讲会造成了严重打击,青原阳明学讲会因此陷于停顿。

不过,由于江右王门学派极其重视日常生活实践中的致良知工夫,重视地方社会文化建设,阳明学讲会的社会影响巨大,阳明精神在吉安广泛深入人心,且人才辈出,因此,在青原阳明学讲会陷于停顿期间,吉安各地方的阳明学讲会并没有完全停止,只是以另外的形式存在。如安福复古书院更名为"三贤祠",刘元卿主持的复礼书院更名为"五谷神祠",仍聚众讲学,弘扬阳明学如故。安福的东山会也在邹氏家族的努力下一直坚持下来。张居正失败后,正是江右王门学派学者邹元标上书恢复书院讲学并得到认可。在江右王门学派第二代和第三代传人中,特别是邹守益的两个孙子——邹德涵、邹德溥的努力下,吉安的阳明学讲会重新开展起来,复兴了青原阳明学讲会。史载:"厥后塘南王时槐,庐山胡直,龙山刘方兴,两峰刘文敏,绪山钱德洪、泸潇刘元卿,龙溪王畿,永新甘采皆相继会青原。"①

青原阳明学讲会作为定期的、大规模的活动,需要相应的场所和后勤保障支持,但长期以来,青原讲会借用青原山净居禅寺和相邻的祠堂和民居作为场所,经费主要依靠组织者和参与者的捐献。这并不是长久之计。首先,成百上千号人汇聚一堂,讨论切磋,与佛门的清净要求存在着显著的矛盾,也有可能与寺庙的佛事活动发生冲突。作为佛门圣地,净居禅寺完全有理由拒绝讲会在该寺举行。当然,一般说来,净居寺的住持会因为讲会组织者的巨大社会威望和权势,愿意接受讲会在本寺举行,但如果住持强势,坚决拒绝也不是不可能的。其次,依靠组织者和参与者的捐献也很难长期有效地保障青原讲会顺利进行。因此,有必要为讲会建设一个固定的场所,开辟稳定的经费来源。

青原阳明学讲会的领袖邹守益很早就意识到这一点。他首先在安福建立了复古书院,作为全县阳明学讲会的场所。到嘉靖后期,邹守益开始筹建青原

---

① 乾隆《庐陵县志》卷十八。

阳明学讲会的固定场所——青原会馆。但由于第一代江右王门弟子尤其是领袖人物先后去世，加上后来又因为张居正禁毁私人书院和私人讲学，青原阳明学讲会趋于沉寂，青原会馆筹建工作停止。青原讲会恢复后，青原会馆的筹建工作随即提上议事日程。在吉安府地方官员的大力支持下，青原会馆建成。青原王学讲会从此有了固定的场所。

青原会馆就建在净居寺的僧舍旁边。作为传承和弘扬江右王门心学的基地，青原会馆由五贤祠和传心堂两部分构成。五贤祠祀王阳明，配享邹守益、聂豹、欧阳德、罗洪先等"江右四贤"，强调对王阳明和"江右四贤"的纪念和崇敬，传心堂作为讲学和交流的场所，强调对阳明学和万事先修心的精神的继承。传心堂额书"西江杏坛"四字，既表明其在江西学界的重要地位，也强调其责任与使命，即要使这里继续成为儒家学术研究和交流中心。为了使会馆能够顺利运行，确保青原王学讲会持续开展，青原会馆购置了四百亩良田，以其田租作为会馆运行和王学讲会开展的经费保障。

由五贤祠和传心堂组成的青原会馆依然不能完全满足举办阳明学讲会的需要，讲会开展时，还是要借用净居寺的僧舍。万历四十三年（1615），真元禅师入主净居寺。相对于以前的寺院住持，真元禅师可以说是相当强势，他坚持"佛不可溷（混），祖庭不可荒"，认为儒家和佛教应当有所区分，反对寺院旁边设立会馆，举行讲会活动，认为这会严重干扰寺中的佛事活动，要求青原会馆从寺内迁出。当时主持讲会的邹元标和郭子章等人一方面鉴于真元禅师的要求，另一方面也认为阳明学讲会作为极为重要的儒学论坛，长期依附于佛教寺庙确实不妥。虽然他们也认为儒、道、释三教可以合一，但毕竟应当以儒为主。讲会依附寺庙显得本末倒置，况且寺庙有所损毁，现有会馆的建筑规模也太小，也不能满足讲会的需要，因此决定修缮净居寺，重建青原会馆，使青原会馆与净居禅寺分开，既维护青原佛教圣地的地位，又彰显儒学的独立性。经过勘察，邹元标等人希望在净居寺外入山口翠屏山之南，待月桥旁新建馆舍。次年（万历四十四年，1616年）秋季的王学讲会由吉安知府祁承㸁主持。会后，郭子章即向祁承㸁提出了在净居寺外新建会馆的建议，得到祁承㸁赞成和支持，但提出建设资金来源方面存在很大困难。经研究，大家决定以募捐的形式为新建会馆募集建设资金。没过多久，祁承㸁奉命调离吉安。离任之前，祁承㸁颁令净居寺住持负责募集建馆资金。重建青原会馆得到吉安各级地方政府官员高度重视和大力支持，地方士民更是踊跃捐献。在各方的努力下，新馆建设工程顺利完工。

不过,到了这个时候,阳明学在全国范围实际上都已经走向了末路。明末清初,天下大乱。青原阳明学讲会活动难以为继,阳明会馆也疏于管理,逐步遭到损毁。

明朝的灭亡极大地震撼了中国的学术思想文化界。人们在反思明朝灭亡原因的时候,纷纷把矛头指向包括阳明学在内的宋明理学。他们认为包括阳明学在内的宋明理学应当对明朝的灭亡负责。顾炎武认为,宋明理学完全是一种毫无意义的空谈,使人们毫无实际的政治经济和军事才能,国家遇到重大危机时只能是束手无策,结果是天下大乱。他不无愤怒地说:

> 刘石乱华,本于清谈之流祸,人人知之;孰知今日之清谈有甚前代者。昔之清谈谈老庄,今之空谈谈孔孟。未得其精而已遗其粗,未究其本而先辞其末。不习六艺之文,不考百王之典,不综百代之务。举夫子论学、论政大端一切不问,而曰"一贯",曰"无言",以明心见性之空言,代修己治人之实学。股肱惰而万事荒,爪牙亡而四国乱,神州荡覆,宗社丘墟。①

顾炎武的这一观点几乎成为清代前期全国思想文化界的共识。应当说,顾炎武的指责不能不说失之偏颇。无论是程朱理学还是陆王心学,他们都与魏晋玄学家们的清谈有着本质的不同。他们不是在空谈孔孟,而是要求人们严格地遵守儒家名教纲常,维护现存的政治社会秩序,这毫无疑问非常有利于维护君主专制统治,建设和谐稳定和政治社会秩序。况且,王阳明本人文韬武略,功勋卓著,根本就不是一个空谈家。

问题在于,过于强调个人的道德修养,过于强调"明心见性",确实有可能使人们忽视了对实际政治、经济和军事才能的培养,"不习六艺之文,不考百王之典,不综百代之务",甚至于贬低培养实际政治、经济和军事才能的重要性。这样的例子确实不少。张载年轻时目睹国家积贫积弱,居然经常被小小的西夏整得晕头转向,没有脾气,遂立志学习军事,希望有所作为。"以先天下之忧而忧,后天下之乐而乐"的范仲淹表示强烈反对,并劝他说,"儒者自有名教可乐",何必去学军事这样的等而下之的事呢?张载于是潜心钻研儒学,最终成为一代著名理学大师。明代著名的军事家戚继光,居官贵为总督,居然会被一个自以为

---

① 顾炎武:《日知录·夫子之言性与天道》。

饱读诗书的小小的秀才公然表示瞧不起。问题是,当国家遇到危机之时,个人的道德修养再高,如果没有实际的政治、经济和军事才能,也只能是束手无策。清初著名学者颜元不无讽刺地说,这些人"无事袖手谈心性,临危一死报君王",即便付出牺牲代价,但于国于民都没有实际用处。

  正因为如此,尽管人们并不否认王阳明本人的文韬武略和卓著功勋,但清代阳明学一直遭到压制。在吉安地区,阳明学却是薪火相传,绵延不息。毕竟,吉安和青原山曾经是全国的研究和弘扬阳明学的中心,而且,江右王门学派诸学者不尚空谈,而是致力于以良知说解决基层社会尤其是家庭宗族道德建设中的具体问题——在任何时候,基层社会尤其是家庭宗族道德建设都是极其重要的,因此阳明学能够持续广泛地深入人心。明末清初天下大乱,吉安本地的一些学者依然在坚守。

  张贞生(1623—1675),字韩臣,号箕山,庐陵县人,家居庐陵和泰和交界的王山。顺治十五年(1658)进士,历任翰林院编修、国子监司业、侍讲学士等职。他从小接受阳明良知学的熏陶,后来虽然受到明代著名理学家、泰和人罗钦顺的影响,转而研究程朱理学,但他坚持用阳明精神管理家族和乡村社会。他效法邹守益,在家乡举办小型的阳明学讲会,并辟出自家的宅院建立讲会式书院——诚意书院。明末清初,天下大乱,青原阳明学讲会陷于停顿,青原会馆遭到损毁,张贞生忧心如焚,多次往返于王山和青原山之间,联络净居寺僧人和各地士绅,为青原会馆的修复和阳明学讲会而努力。

  彭举,生卒年月不详,吉安人。崇祯九年(1636)中举,未走上仕途为官。明朝灭亡后,避世不出。彭举同样从小接受阳明良知学的熏陶,热衷于建设和谐家族和乡村社会。因为家境较为丰裕,因此经常撒家财,资助贫困和遭遇患难的家庭,颇受乡里敬重。后隐居青原山。由于长期的社会动荡,清初的净居寺和九邑会馆损毁严重。彭举痛心疾首,他一方面自筹资金修复净居寺部分建筑,同时悉心照料九邑会馆,防止继续遭到人为破坏,希望有朝一日会馆能够得到修复,讲会能够重启。

  吉水人李元鼎(字吉甫,号梅公,明天启二年,1622年进士)在清代初年也热衷于恢复青原山儒佛的传统,后来又积极参与和支持修复青原会馆,重启青原讲会的活动。在修复青原会馆,重启青原讲会的过程中作出了重要贡献。

  张贞生、彭举等人的努力为清初青原会馆的修复和讲会的重启奠定了坚实的基础。而施闰章的到来,使修复青原会馆,重启青原讲会的愿望变成了现实。

清顺治十八年(1661)至康熙六年(1667),施闰章出任江西布政司参议,分守湖西道,常驻吉安。施闰章(1618—1683),字尚白,一字屺云,号愚山,安徽宣城人,顺治六年(1649)进士。他的祖父施宏猷也是一位当地著名的阳明学者,曾主持宣城的同仁会。虽然施闰章本人对心性之学并没有深入研究,但家学传统必然会刺激他的兴趣。施闰章到吉安后,常游青原山,施闰章由此了解到当年青原阳明学讲会的盛况。他在《游青原山记》中写道:

> 寺外荒祠别馆数十间。问之,皆先儒讲堂也。盖自王文成(阳明)官吉州,数过青原讲学。邹东廓诸公翕然景从。吉州九邑皆有馆,缙绅百余人又总萃于一堂。岁会以春秋,留三日。从游者甚众,至假榻满僧舍,弦诵洋洋振林谷,而西江之学名天下。①

为此,他和吉安地方士绅交流,提出希望能够修缮净居寺,修复青原会馆,再兴青原讲会。他的倡议得到吉安地方政府和广大士民大力支持,会馆的修复行动迅速展开。除了修复原有的建筑外,人们还在五贤祠左右,兴建了两座藏书楼,以发挥青原会馆作为儒学研究和传播基地的作用。为了给修缮一新的会馆和讲会活动提供经费保障,青原会馆在原有的基础上增置了会田。鉴于以前会田管理中出现的问题,根据彭举的建议,青原会馆的会田收租事宜交由净居寺,由净居寺以寺庙的名义收取田租,然后由寺庙按比例拨付给会馆使用。

在大力修复青原会馆的同时,青原讲会也得以重启。在重启后的首次讲会上,施闰章亲自主讲。青原会馆和青原讲会由此浴火重生。与此同时,净居寺也得到了修缮,再次兴旺起来,史称:"愚山施公来,屹然并坊,大振传心之铎,冷灰重爆。"②青原会馆和青原讲会得以浴火重生。

但是,就当时全国的形势而言,阳明学的衰落不可避免。清最高统治者推崇程朱理学,贬抑陆王心学,文人的结社活动也被禁止。学术和思想文化界则沿着顾炎武开辟的学术路径,走向所谓的"实学",后来形成了蔚为大观的乾嘉学派。在这种大背景下,吉安各地的阳明学讲会活动最终停止。

但这并不意味着阳明精神在吉安地方消失,经过一百多年、几代人的传承与努力,阳明精神在吉安地区可谓广泛深入人心,渗透到地方历史文化传统之

---

① 释笑峰等撰,施闰章补辑,段晓华等校注:《青原志略》,江西人民出版社1998年版。
② 乾隆《庐陵县志·风俗》。

中,深刻地影响着民众的社会文化生活。正因为如此,清道光十九年(1839),吉安知府鹿如春基于吉安和青原山的历史文化传统,倡议在青原山修建阳明书院。他的倡议得到吉安广大士民的大力支持,规模宏大的阳明书院很快在青原会馆旁建成并投入运行。阳明书院虽然与以前的讲会式书院有所不同,但明确强调要继承王阳明的讲学精神,弘扬青原讲学的传统,努力把阳明书院建成江西省的学术思想研究和交流中心。书院的主体建筑被命名为"传心堂"和"五贤祠","传心堂"的意义自不用说,"五贤祠"则是用来纪念王阳明、邹守益、欧阳德、聂豹和罗洪先的。阳明精神的重大影响和意义再次被凸现出来。

第三节　江右王门学派与社会教化之一:宗族建设与管理

儒家自诞生以来,即以社会教化作为自己神圣使命。儒家的所谓"大学之道",既包括"内圣",也包括"外王",而所谓社会教化,既包括教育和引导人们"内圣",也包括教育和引导人们"外王"。换言之,每个人既要通过严格的道德修养培养自己崇高的道德品质,也要在治国平天下方面付出艰苦努力,取得成就。但我们前面业已指出,随着中央集权的君主专制政治体制的不断强化,所谓治国平天下实际上成了君主的专利,臣民除非奉命行事,否则不应该也无法主动地大有作为。人们能够主动有所作为的,除了修身,即提高个人的道德修养,追求个人的精神境界外,基本上也就只有齐家了,也就是教育和管理好自己的家族和宗族成员。推而广之,可以努力教育和管理好自己家乡的社会成员。王右王门学派学者,尤其是吉安地区的王门学者,在这方面付出了巨大的努力,取得了明显成效。

从社会实践层面说,王阳明倡导良知说的目的是为了彻底根除人们心中任何有可能违背儒家名教纲常的念头,是所谓"破心中贼","心中贼"没了,达到了圣人的精神境界,"山中贼"自然会消弭于无形。王阳明要求人致良知,充分发挥人的内在的善,但他也清醒地认识到,不能指望每个人都能够自觉地致良知,自觉地使良知本体发用流行,必须对民众进行教育,认真做好社会教化工作。在他看来,这是每一个努力追求成仁成圣者的应尽的责任和义务。他说:

夫圣人之心，以天地万物为一体，其视天下之人，无内外远近，凡有血气，皆其昆弟赤子之亲，莫不欲安全而教养之，以遂其万物一体之念。天下之人心，其始亦非有异于圣人也，特其间于有我之私，隔于物欲之蔽，大者以小，通者以塞，人各有心，至有视其父子兄弟如仇雠者。圣人有忧之，是以推其天地万物一体之仁以教天下，使之皆有以克其私，去其蔽，以复其心体之同然。①

基于此，王阳明把讲学视为天下"首务"。② 在他看来，要做到"以天地万物为一体"，首先必须通过讲学，使人真正地"正心""诚意"，才能够重整社会道德，改善社会风气，从而实现天下太平。他相信，可以教育和引导人们自觉践行儒家名教纲常，从而实现"破心中贼"的目标，这也是圣人的事业。王阳明声称，一个人如果讲好了学，即可以成为一个完人。据邹守益记载：

当时有称先师者曰："古之名世，或以文章，或以政事，或以气节，或以勋烈，而公克兼之。独除却讲学一节，即全人矣。"先师笑曰："某愿从事讲学一节，尽除却四者，亦无愧全人。"③

不过，就社会教化而言，仅仅讲学还远远不够，还必须有其他的措施配合。毕竟，讲学的听众主要是学者，一般民众未必有机会聆听学者讲学，也未必听得懂学术演讲。因此王阳明在社会教化方面的努力远远不止于一般的讲学，比如说，他大力倡导社学，推行乡约，发布劝谕文告，就是旨在教化普通民众。

王阳明的追随者都热衷于社会教化事务，他们开办书院，举办阳明学讲会，大力弘扬良知说。就社会教化而言，开办书院，举办讲会的效果无论如何是有限的，尽管王阳明及其弟子们都声称讲学要顾及"愚夫愚妇"这样的下层平民，似乎也确实有一些"愚夫愚妇"积极参加，但一般说来，无论在江右还是其他地区，参加阳明学讲会的绝大多数是士人阶层和一些在地方有一定声望的宗族领袖人物，只有一些小型的家族式讲会（如安福西乡的众多的家族式讲会）才能吸引"愚夫愚妇"这样的下层平民参加，使他们受到教育。问题在于，诸多冲击和

---

① 《王阳明全集·语录二·传习录中》。
② 《王阳明全集·传习录拾遗》。
③ 《邹守益集·阳明先生文录序》。

破坏名教纲常和现存政治社会秩序的,往往正是那些"愚夫愚妇",这些人一般没有能力或没有机会到书院或参加讲会接受良知说的。因此,必须以讲学之外的方法途径教化基层民众,维护基层社会的和谐稳定。

江右王门学派诸学者之所以被认为传承了阳明真精神,是因为他们不仅仅在理论方面对阳明学进行了深入探究,也不仅仅他们自己严格要求自己,追求达到圣人的精神境界,更在于他们努力以阳明精神指导社会实践,在社会教化方面做出了不懈的努力,并取得了显著的成效,使阳明精神扎根社会。除了举行小型的家族式讲会外,他们还通过各种途径,如发布告示,刊印通俗读物,加强宗族和家族的建设管理,推行乡约,教育和引导民众严格遵守名教纲常,切实维护现存的政治社会秩序,共创和谐稳定的乡村社会。

邹守益无论为官还是居家,都特别重视社会教化,他"莅官临民,务以诚心相感触,作谕俗文以训父老子弟",[1]他曾委托刘肇衮、王仰编纂并刊印发布《谕俗礼要》,自己为之作序,邹守益强调:

> 仁也者,人之精神命脉也。古之君子,无终日之间违仁,造次于是,颠沛于是,举富贵贫贱无所摇夺,故所履中正,而礼行焉;所乐和平,而乐生焉。礼乐之文,非自外而至也,由中出者也。犹人之精神命脉,完固而凝定,则粹然见面盎背,以施于四礼,无弗顺正而充盈者矣。故冠笄之礼,所以重男女之始也;婚娶之礼,所以谨夫妇之交也;丧祭之礼,所以爱亲敬长也;杂仪,所以正家也,乡约,所以睦乡也。[2]

罗洪先曾发布《谕俗文》劝诫教育民众:

> 凡人莫不己食其力,皆以力之所及为享之厚薄,未有饱食无所事事者。若终日怠荒,忘其本业,不独身为弃材,殃咎亦至。
>
> 居家宜厚于宜祭,薄于自给。却须量入为出,勿相竞为侈靡。否则不至失所,必至败德。然吝啬过甚,则怨恶随之,亦所不可。
>
> 宗族邻里以谦和退让为尚,不可较量是非。久之情意浃洽,争讼自解。盖今人小不能忍,一言之间,遽欲求直,报复相寻,毕竟何益。

---

[1] 宋仪望:《邹东廓先生行状》,载《邹守益集·附录》。
[2] 《邹守益集·谕俗礼要序》。

> 训子弟,教诗书,守道理为第一事,不得假之声势,诱以利欲,盖年少习惯成性,既长变化甚难,此系家道盛衰,不可不慎。①

刘元卿在社会教化方面的成效尤其显著。针对安福西乡彪悍的民风,隆庆二年(1568),刘元卿制定了《家规十八条》,内容是:"忠顺""谨祠祀""顺父母""和兄弟""别长幼""正闺门""教子弟""睦邻里""论任恤""论谨厚""守丧葬""勤职业""崇节俭""戒溺女""戒争讼""戒信巫"。这些规定后来收入他的宗族的族谱之中,被认为刘氏家族世代必须遵守的原则,至今依然在当地刘氏家族和其他各家族所遵循。

刘元卿在主持复礼、识仁书院时,又专门制定了"名门四训""乡俗十二戒"和"正俗十四条"。这些训诫名义上虽然只是针对参加复礼、识仁等书院讲会活动的参加者,但基于书院尤其是活动参加者的社会地位和威望,这些训诫产生了极大的社会影响。"名门四训"的内容为"敬父母、爱兄弟、正室家、教子弟"。"乡俗十二戒"的内容为"戒世家废学、戒婚姻索财、戒丧礼妄费、戒大祠滥主、戒忿怒争斗、戒磊哞谋财、戒溺女忍心、戒演扮戏文、戒僧人混俗、戒修赖人命、戒子弟赌博、戒土豪唆讼"。②"正俗十四条"的内容为:"重礼教、明义利、崇俭约、尚和睦、念贫穷、端蒙养、戒忿怒、禁溺女、禁搬戏、禁尚斗、禁佛事、禁墨衰、禁拖欠、禁纳叛"。③ 尤其是"正俗十四条",被当地士绅广泛推行,后来还被收编进地方史志中,用以劝诫地方风俗,作为规范地方风俗的条约。在"正俗十四条"中,一方面是要求严格禁止各种有违儒家名教纲常和国家法规制度的行为,另一方面教育民众和睦相处、患难相恤,共同维护地方安宁和谐的社会秩序。"正俗十四条"中的"尚和睦"条指出:

> 夫宗族乡邻之人朝夕相见,住居、田里相近,自合和好。……以一言不合遂相争斗,又或阴设陷阱,唆人词讼,彼此相报,了无宁日。邻里有患难,不但不能相恤,且欣欣然乐道之,有美事不奖借,且吹毛求疵以议之。风俗至此去古远矣。④

---

① 《罗洪先集·谕俗文》。
② 同治《识仁书院志·志训戒》。
③ 乾隆《莲花厅志·风俗》。
④ 乾隆《莲花厅志·风俗》。

刘元卿强调,教化应当从教育好孩子做起,应当从小对孩子进行道德教育,不应当把应对科举作为教育的主要目的。在"端蒙养"条中,刘元卿说:

> 《易》曰:蒙以养正,圣功也。夫子教弟子,必先孝弟、谨信、爱众、亲仁,学文则次之。今之教弟子者不然。学文先之矣,视孝弟等事为虚文。以歌诗习礼为长物,蒙养弗端,安取良才也哉?及其成人,无论不偶时者,即文足以动主司取科第,而浮薄贪婪为父母之羞、为乡人之贱,安在其为荣也?故教子弟者,须择端庄之师,教之以孝弟、谨信、爱众、亲仁,诱之歌诗,以和其情性,道之习礼,以正威仪,他日成立,必为端士。①

王时槐也特别重视对宗族和家族的建设管理,他经常对家族成员谆谆教诲,并颁布了《谕族四条》,对宗族成员提出严格要求:

> 孝报亲恩,友笃同气。勤戒业荒,俭防志肆。谨言勿怍,慎行若畏。六德具敦,是谓良士。身安家和,神明锡祉。
> 贪嗜招夺,忿怒构怨。戕毒自害,淫酗人贱。恃强必折,逞强必愤。六恶犯之,是为祸本。身辱家危,神明降谴。
> 崇德曰贵,多仁曰富。阴骘曰福,流芳曰寿。广推慈心,普施宇宙。薄己利人,彼苍垂祐,不愧两间,庆延尔后。
> 亲贤袭芳,如兰斯佩。狎邪蒙臭,如投窒秽。耳听正言,目见正事。身习正行,中存正意。夕惕日乾,庶免沦坠。②

对于江右王门学派诸学者而言,他们的社会教化除了讲学、讲会外,主要是通过宗族建设,宣传和推行乡约进行的,取得了显著的社会教化成效。

江右地方,尤其是吉安地区,民众基本上是聚族而居,宗族实际上成为地方治理的最基本单位。所谓社会的安宁和谐,一方面是宗族成员之间的和谐相处,另一方面是不同宗族之间的和谐相处。这就意味着,对民众进行教化,首先就是对宗族成员进行教化。这一方面需要地方士绅平时的示范、教育和引导,

---

① 乾隆《莲花厅志·风俗》。
② 《王时槐集·友庆堂合稿·谕族四条》。

另一方面需要发挥宗祠和族谱的巨大教化作用。

吉安地方,历来有重视宗祠和族谱教化作用的传统。人们认识到,宗祠和族谱在教育和引导民众遵守儒家名教纲常方面能够发挥极其重要的作用。罗洪先指出:"吉安多巨族,各以阀阅相侈竞,又能严祠祀以萃睽离,缉谱牒以明昭穆。其意皆本儒者所论,将以补宗法之不及,而维持非不勤也。"①江右王门学派学者对此给予了特别的重视,身体力行,并取得了显著的成效。

宗祠是祭祀宗族祖先的场所。祖先崇拜,祭祀祖宗以慎终追远虽然是中国悠久的历史文化传统,但按照传统礼法规定,只有士大夫以上才能依制建造专门的宗庙,普通民众只能在自己居室内祭祀自己的祖先。到了宋代,民间宗祠兴起,用于宗祠本宗族的祖先,但直到明嘉靖十五年(1536)以前,政府通常只允许世家大族(主要指宗族中有人拥有高级功名,担任过高级官员)建造宗祠,嘉靖十五年(1536)后才在夏言(1482—1548,江西贵溪人)的建议下,正式允许平民百姓建造宗祠,宗祠的建造开始普及化。

民间宗祠的基本功能当然也是祭祀宗族祖先,但它既是祭祀宗族祖先的场所,也是执行"家法族规"的场所。明清时期,吉安地方各宗族通常都会制定宗族规范制度,教育和引导宗族成员名教纲常和法律制度规范,团结互助。对于违犯宗族规范制度者,有相应的制裁措施,严重者甚至会被驱逐出宗族。这就意味着,宗祠具有巨大的社会管理和社会教化功能。

自宋代开始,江西各地的世家大族即开始建造宗祠,元代有所发展。明代以后,江西各地的世家大族纷纷建造宗祠,明代中叶后,宗祠的建造普及化,浸成民间习俗。刘元卿说:"吾吉故尚礼义,诸旧家名族所在创祠,有不合祭其祖者,樵夫笑之。"②万历《吉安府志》称:

> 至欧阳修一代大儒,开宋三百年文章之盛,士相继起者必以通经学古为高,以救时行道为贤,以犯颜敢谏为忠。家诵诗书,人怀慷慨,文章节义遂甲天下。故家世胄族有谱,家有祠,岁时祭祀必以礼,……家范肃于刑律,乡评严于斧钺。士食旧德之名氏,农服先畴之畎亩,流风遗俗。③

---

① 《罗洪先集·万安横街刘氏族谱序》。
② 《刘元卿集·桃溪大分姚氏祠记》。
③ 万历《吉安府志》卷十一,《风土志》。

江右王门学派著名学者,永丰人宋仪望在为本县的梅溪戴氏宗族撰写祠堂碑记时,评述了本地方宗祠的极其重要的社会功能。他指出:

> 汉唐以还,制士大夫以上始得立庙,庶人则祭于寝。其后伊川程氏乃定始祖之祭,朱子谓庶人无庙,复以祠堂易之,而始祖之祭犹有异同。……予尝遍考戴氏之乡,其地多深山大谷,靓林茂野,骛桀悍戾;其俗多尚气节,喜争斗。百余年来,诸所云故家巨族,皆立总祠,以联束其族人。凡岁时祭祀之节,聚会宴飨之规,疏戚庆唁之文,皆聚众于祠,讲而行之。至于轶行不轨之夫,强吏所不能致,文法所不能绳,一为族人觉发,则告之总祠,而共弃之。不特严祖考供祭祀已也,可谓厚矣!予尝以为三代礼废,宗法不行,而祠堂之制犹能谨于始祖,维持礼法,以翊辅教化,实有先世大宗遗意,所谓礼虽先王未之有,可以义起者欤![1]

建造宗祠花费甚大,不仅需要雄厚的财力,也需要有相当知识和威望的人才能主持或推动。宋代以后,吉安地区科举发达,人才辈出,极大地推动了吉安地方的宗祠建造。到了明代,吉安地方的宗祠建造非常普遍,领先于全国。胡直称,"余行天下多矣,燕代不假言,即邹鲁亦未有尊祖睦亲加吾乡邑者。然吾乡邑非右族蕃硕,则力不赡,非夙娴于礼义,则亦不可与。"[2]

由于"家范肃于刑律,乡评严于斧钺",宗祠有着"联束族人"的强大社会管理和教化功能,因此,几乎所有的儒家学者和地方士绅都非常重视宗祠的建设。罗钦顺强调:

> 礼之行于家者,惟祭为重,所以报本而追远也。此人道之大端,孝子慈孙之至情也。去古虽远,遗经尚存,制度仪文犹有可考。而因陋就简,其来已非一日。虽贵极卿相,有家庙者亦云鲜矣。知礼之君子,盖深病之,于是乎祠堂之制起焉。其为制也,盖参酌古今之宜而通乎上下者也。故家有祠堂,则神主有所藏,人心有所系,昭穆有序,尊亲并隆,仁让之兴未必不由乎此,其有裨于风化岂小哉![3]

---

[1] 宋仪望:《华阳馆文集·梅溪戴氏祠堂碑》。
[2] 胡直:《胡直集·衡庐续稿·敦典堂记》。
[3] 罗钦顺:《整庵存稿·泰和山东王氏祠堂记》。

江右王门学派诸学者尤其是吉安地区的江右王门学派学者大多出生于地方望族,他们自己就是宗族的骄傲。他们理所当然对宗族建设,对自己宗族的宗祠建设和管理非常重视。如邹守益特别为自己家族的宗祠拟定祠堂规范,要求"老成者掌其纲,敏达者司其仪,能干者治其事,慎终追远,动遵礼法,以成仁让之风"。他特别强调,"遵礼守法而祖宗其佑,所谓栽者培之也;背礼弃法而祖宗其殛,所谓倾者覆之也。天之于人也,非有厚薄;祖考之于子孙也,非有爱憎,特在由礼不由礼之别尔。为吾宗者,其尚克念克敬,以自求多福乎!"①另一方面,他们也大力支持其他宗族的宗祠建设和运行。我们可以读到江右王门学派诸学者不少的专门为各地宗祠,特别是为纪念在宗祠建设和运行中作出重要贡献的人士写下的文章。如前引刘元卿、宋仪望的"祠记"即是例子。这也是他们宣扬阳明心学的重要途径,他们要求人们充分发挥良知精神,敬宗睦族。邹守益在《庐陵黄氏先祠记》中说:

> 先祠之建,孝子慈孙不忍死亡其亲而以追养继孝者也。故晨必谒,出入必告,朔望必参,时节必献。属属乎若其祖考之生且存,无所不用其敬爱焉耳。……继自今率其宗人以求礼之本,充其良知良能以尽事生事存之,致其爱而爱焉,致其敬而敬焉。爱日致而愈存矣,敬日致而愈著矣。②

欧阳德在《苏山吴氏重修祠堂记》中说:

> 夫祖孙幽明异而其神同,宗族形骸隔而其气通,此体之所以为一,仁之所以周流无间者。知仁,斯祖宗族属通一无二,故上达、下达、旁达,而仁不可胜用矣。祠庙盖古者萃涣之道,所以帅人于仁,非精一其心者,孰能与于此?③

就以敬宗睦族、"联束族人"为目标的宗族建设而言,族谱同样具有特别重要的意义。宗祠和族谱相辅相成,宗祠为人们提供了敬宗睦族、"联束族人"的

---

① 《邹守益集·祠堂规》。
② 《邹守益集·庐陵黄氏先祠记》。
③ 《欧阳德集·苏山吴氏重修祠堂记》。

具体现实的场所,各宗族通过祭祀仪式和执行家法族规的具体实践团结和教育族人敬宗睦族,严格遵守儒家名教纲常,维护和谐稳定的政治社会秩序。族谱则为敬宗睦族、"联束族人"提供历史依据和精神支持。罗钦顺指出:"族之有谱,所以著本原,详支派,别昭穆,辨亲疏。人伦之明,风俗之厚,实惟有系于此。故自昔知礼之君子莫不以谱牒为重。"①相对而言,宗祠所能联束的族人的数量有限,大致是居住在同一地方或相邻地方的族人,而族谱则可以不受此限,能联束更广大空间,血缘关系更远的族人。从宋代开始,各地宗族纷纷编撰族谱(或称家谱、家乘、宗谱、公谱、祖谱、家牒、族牒等等),最早的族谱以记载世系为主,比较简单,后来内容越来越丰富,包括全族的户口人丁、婚配和血缘关系、坟墓和祠堂的方位、族田族产的数量和管理办法以及家规家训等,其目的是加强宗族成员之间的认同和团结,使宗族成员之间尊卑有序,共同维护和谐稳定的政治社会秩序。

江西是全国最早编纂族谱的地区之一。两宋时期,江西的一些大族就开始修谱以明世系。欧阳修为自己宗族编纂的《欧阳氏谱图》为后世各宗族编纂族谱图提供了典范。到了明代,族谱的趋于普及,各宗族纷纷编纂族谱,并定期重修。与宗祠一样,几乎所有的儒家学者和地方士绅都会特别重视族谱的修撰。吉安地区的江右王门学派学者们更是积极。他们既编纂小型的即通常以村落为单位的族谱,也编纂跨村落、甚至跨县域的联谱。邹守益的父亲邹贤主编了邹氏族谱,聂豹、罗洪先、王时槐、刘元卿等人则亲自主持编纂了自己宗族的族谱。

族谱编成后,主纂者通常都会请众多名师宿儒作序题跋,既可以为本谱增色,同时也可以提升族谱的社会教化价值。江右王门学派学者大多有相当的政治地位,在地方上有相当威望,他们不仅会为自己的族谱作序题跋,同时也会应邀为其他宗族的族谱作序题跋。与宗祠一样,族谱对一个宗族来说也具有相当的神圣性,族谱所记载的家训族规和名师宿儒所撰写的序文题跋,被认为能够对族人具有特别的价值。正因为如此,后人在续编族谱时,一般会收录原来的序文。

江右王门学派诸学者为各种族谱写下了大量的序文。在这些序文中,作者除了简述该宗族的大概源流外;也花了很多笔墨阐述编撰族谱的重大意义,特

---

① 罗钦顺:《整庵存稿·桃林罗氏重修族谱序》。

别强调编撰族谱对于引导宗族成员和谐相处,遵守名教纲常,维护政治社会秩序和谐稳定意义重大。他们所表达的观点基本相同,我们这里只介绍邹守益、聂豹和罗洪先等人论述。

邹守益称:

> 谱也者,普也,普爱敬以位育于一家也,故纵而普之,自父祖以溯于始迁也,而众明于尊祖矣;衡而普之,自兄弟以数于群从也,而众明于睦族矣。人人尊祖而睦族,则位育普于四海,犹运之掌也。①

邹守益在父亲邹贤编撰的自家的族谱后序中也写道:

> 尊祖以明尊尊,故纵而谱之,以见本之一也;合族以明亲亲,故衡而谱之,以见支之同也。明于尊祖之义,则知吾之身即祖考之身,而保身慎行,继志述事,无所不用其孝矣;明于合族之义,则知吾兄弟之身,而敬长慈幼,恤病振贫,无所不用其仁矣。谱也者,普也,所以普其仁孝之道,周流贯彻而无弗及焉者也。②

邹守益也会利用其撰写谱序机会,宣扬其戒慎恐惧致良知说:

> 古之善存其心者,自戒自惧,顾諟明命,无忝可以孝亲,匪懈可以忠君,友于可以和兄弟,协比可以睦姻邻。③

在《永丰太平坊邹氏族谱序》中,邹守益写道:

> 良知良能,烝民所具,直道而行,无异三代,亦同性而异世耳。④

欧阳德说:"夫谱之为教二:章德善,表休烈。弘赞述之绪者,取诸史法,其道尚贤,故远者不遗;明本支,别昭穆,敦雍睦之风者,取诸宗法,其道

---

① 《邹守益集·社布王氏重修族谱序》,按"纵而普之"之"纵"字,正文中为"缩"字,《邹守益集》编者董平先生疑为"纵"字,是,从之。
② 《邹守益集·族谱后序》。
③ 《邹守益集·冷溪王氏族谱序》。
④ 《邹守益集·永丰太平坊邹氏族谱序》。

尚亲,故近者至详。"①

夫国有政,必作之君;家有教,必宗之长。崇长明宗,立教收族,莫辨乎谱。时而收之,存乎其人。②

聂豹对修撰族谱极为热心。他指出:"夫家之有谱,犹国之有史。宗法而无谱学以继之,则天下无全族矣。是故类族,莫要于谱也。谱也者,普也,普吾之爱敬于天下国家也。"③据记载,聂豹的父亲聂凤曾交给聂豹一部宋代以前的聂氏族谱,希望他予以重视。聂豹始终铭记于心。聂豹从平阳回家乡居后,即积极行动起来,编撰聂氏族谱。他对侄子聂静说:"吾弗能康济,宜以束吾宗。宗法之先务,曰祠、曰谱。赖先世之绪,祠幸有规,将以时辑焉。维是谱牒未修,无以终吾云水大夫之志。"聂豹随即"稽群谱,启圹志,阙其疑而传其可信。自四甫叙为谱图,每房各具,别起派也,次以谱系,嫡常为嫡,别常为别,存宗法也。次以外纪,文行足以征者载焉,垂文献。首之以谱例,终之以谱戒,主于尊祖睦族,周贫笃远,合敬同爱,油然孝弟之训"。④

聂豹也热心为其他宗族族谱作序,他指出:

夫医,生道也。生之谓仁,轩皇所以立万世生民之命也。天地不仁,则乾坤毁;人不仁,则族散宗离。是故谱学所以继宗法之亡也。联名义伦理之系,如指诸掌,莫善乎谱,蒋名义伦理之亲,以不忘乎一人之初,莫善乎仁。医书以手足痿痹为不仁,则夫族之长幼、卑尊、疏戚、远近,谓吾身之手足乎?贫穷患难,茕独鳏寡,视吾身手足之痿痹,尤甚焉。委手足而不顾者,不爱其身者也,不爱其身而能爱其亲者,未之有也。故爱身莫大于爱亲,爱亲莫大于尊祖,尊祖莫大于敬宗,敬宗莫大于收族。⑤

罗洪先对族谱的编撰同样极为重视。他身体力行,考证自己宗族的源流,编撰自己宗族的族谱,同时也为各种族谱写下了大量序文。他反复强调编撰族谱对于个人和社会意义重大。他说:

---

① 《欧阳德集·袁氏谱序》。
② 《欧阳德集·清溪蒋氏重修族谱序》。
③ 《聂豹集·社州萧氏族谱序》。
④ 《邹守益集·永丰聂氏族谱序》。
⑤ 《聂豹集·上濠汤氏族谱序》。

> 人道莫大于亲亲,亲亲故尊祖,尊祖故敬宗,敬宗故睦族。凡支分派别,而族属不等于途人者,皆谱之所系也。故苏氏作谱以教孝,颜氏作谱以教弟,诚以长幼、昭穆、尊卑、大小、亲疏之伦不明,将以富贵而加于父兄宗族者有矣,抑先人之有德行、功名、勋劳、爵位、学问、文章而不知著,娶不知其氏,生不知其日,卒不知其年,葬不知其所,类由无纪传焉故也。谱之所系,顾不重哉?①

罗洪先在读《庐陵杨氏重修大同谱》后大发感慨,他说:

> 诗曰:人之秉彝,好是懿德。尊贤有等,礼之所自也。好德矣,而尊之有等,其大小尊卑,非亲亲之情得而掩之。妻不敢以妄拟之夫、而父不得以强夺之子。广庭之训饬,暗室之惭恧,若是者孰为使之?而又孰为辨之?是所谓人人有所重于己也。知己有所重矣,至其处身,乃或就所弃掷者而安之,是果秉彝之良乎?余又因是而窃有慨焉。夫人营田庐,密盖藏,固将冀吾身之有传,而树丘垄、严祠墓,正惧先世之不祀也。彼数世之后,真赝不可穷诘矣,其称引而尊奉者,固不在其祖考,而在忠义之声闻。是徒勤百年之身,曾不得一豆之献,而精意所向,乃出于无因以相求。然则规规于厚积而远遗者,为计不已左乎?②

主持或参与宗祠和族谱的建设或编纂,既是江右王门学派学者的责任和义务,也是他们进行社会教化的重要途径。

第四节 江右王门学派与社会教化之二:推行乡约

祠堂和族谱主要功能是敬宗睦族、"联束族人",即管理和协调宗族内部成员间的关系。不过,就维护社会的和谐稳定而言,处理好不同宗族之间的关系,

---

① 《罗洪先集·玉峡罗田袁氏族谱序》。
② 《罗洪先集·庐陵杨氏重修大同谱序》。

更为重要也更为复杂。毕竟,宗族成员之间有共同的祖先,有明确的血缘关系,比较容易产生认同感和归宿感,教育族人敬宗睦族、执行家法族规比较容易被接受。而且,一旦被自己家族或宗族制裁,后果往往会很严重,有时甚至连反抗的余地都没有。不同宗族之间的关系就复杂了。居住同一地区的不同宗族往往会因各种利益的冲突而产生尖锐矛盾,甚至引发宗族械斗,严重危害地方社会秩序的稳定。实际上,宗族之间的复杂矛盾也是引发众多词讼的重要原因——宗族内部的矛盾有家法族规,可以在宗祠里调停解决,宗族之间的矛盾如果不诉诸武力,往往就只能诉诸诉讼了。因此,非常有必要协调乡村各宗族之间的关系,使各宗族之间和谐相处。江右王门学派学者对此极其重视,他们以阳明精神为指导,大力推行和宣讲乡约,教育民众严格遵守儒家名教纲常,切实维护乡村安宁和谐的社会秩序,并取得了显著成效。

乡约是中国很早以来形成的乡村自治制度规范,据说可以追溯到西周时期。郡县制取代分封制后,政权机关只设到县一级为止,而且县一级政府的官员人数很少,而且交通通信条件非常有限,实际上无力协调管理区域内各种复杂的事务,只能仰赖乡村自治。这就意味着,各地乡村应当在国家的指导下,根据自己的风俗习惯和传统,制定相应的规范,让大家共同自觉地遵守和维护,从而使乡村社会秩序和谐稳定,这就是乡约。宋明理学家的目标是将传统的名教纲常绝对化,或将之外化为天理,或将之内化为良知,希望以此"为万世开太平",故而特别重视乡约。现存最早的成文乡约正是张载的弟子,关学的代表人物之一吕大临编撰的《吕氏乡约》(又称《蓝田吕氏乡约》)。《吕氏乡约》的主旨有四,即"德业相劝,过失相规,礼俗相交,患难相恤"。后朱熹将《吕氏乡约》改编成《增损吕氏乡约》后,广为传播,产生了巨大的社会影响。

明朝建立后,明太祖朱元璋特别重视农村基层社会秩序的建设,颁行了一系列旨在惩恶扬善的社会教化制度和政策措施,他根据古代有关文献资料记载,建立起申明亭和旌善亭制度。朱元璋还要求各地每年春季举行一次乡饮酒礼之会,酒会的誓词是:"凡我同里之人,各遵守礼法,毋恃力凌弱,违者先共治之,然后经官。或贫无可赡,周给其家,三年不立,不使与会。其婚姻丧葬有乏,随力相助。如不从众及犯奸盗诈伪,一切为非之人,不许入会。"[①]目的正是在于教育乡村民众团结互助。明成祖又将《吕氏乡约》颁行于天下,各地由此普遍展

[①] 《明会典》卷八七。

开了乡约宣讲活动。明代中叶后,"里胥惰废,渐失初制,世家大族,各沿习俗。安便纵肆,莫之检察。"①乡村教化系统濒临崩溃,社会风气恶化,"山中贼"频出。王阳明认为,这也正是对民众疏于教化的结果。他一方面大力"破山中贼",另一方面大力加强对民众的教化工作。就在担任庐陵知县期间,他即试图恢复明代初期所颁行的有关社会教化的制度和政策,在巡抚南赣期间,王阳明颁行了以《吕氏乡约》为蓝本的《南赣乡约》,取得了显著的成效。

吉安地方本来就有乡约的传统。王阳明在南赣推行乡约的成功经验更是激励了江右王门学派诸学者继承、发展本地和乡约传统。邹守益称:"益始见阳明先师以乡约和南赣之民,归而慕之,以约于族于邻,亦萧萧然和也。"②在邹守益看来,天下和谐稳定的关键在于乡村社,他说:"乡村者,天下之积也。使一乡一村皆趋善而避恶,则天下皆善人矣。"③邹守益仿效王阳明在家乡推行乡约。他强调,推行乡约,维护乡村社会秩序的和谐稳定,不仅需要政府方面的支持,更需要地方士绅的推动,同时还需要借助宗教方面的力量,用鬼神为乡约背书。换言之,乡约的有效性,在一定程度上取决于宗教因素和地方舆论力量。他在发布的公告中,追溯了明初的有关乡村教化的政策措施,阐述了乡约的重大意义,要求人们严格遵守乡约。公告称:

> 为遵国章以协人神事。钦惟我太祖高皇帝以睿知文武,整齐华夷,而品式周密,下及于乡村之间。立里社一坛,以祀五土五谷之神;立乡厉一坛,以祀无祀之鬼;立会饮读誓之法,以抑强扶弱,习于敦睦。是以和气孚洽,神降之福,而民德归厚。法久以废,阙然不讲,民庶无所劝惩,鬼神失其凭藉,饥馑相仍,风俗日偷。节奉提督都御史王,颁示十家牌谕及乡约条款,惓惓防或奸弊,保安良善之盛德,而文具相承,竟未就实。今天子方新治理,以复成宪,期与天下臣民共享嘉靖之休,此正吾父兄子弟乘时更新,自求多福之机也。谨以告于宗族乡间,于庙前修理社之坛,春秋二社,敬行祈报,以安其神;于水口立乡厉之坛,清明中元,仿俗致祭,以安其鬼;祭毕会饮读誓,文参以牌谕乡约,章善纠恶,以安其人。庶几共成吾乡里之善,化天理之同,众志毕协,所望永图保守,勿致废坠,日新月盛,古道可复矣。

---

① 《罗洪先集·秀川族约序》。
② 《邹守益集·乡约后语》。
③ 《邹守益集·立里社乡厉及乡约》。

呜呼！为善之人，宗族爱之，乡党敬之，鬼神且相之，义声光于祖宗，余休及于子孙，如荡荡大路，举足皆安。为恶之人，宗族恶之，乡党怨之，国法加之，鬼神且殛之，如火坑水窟，举足皆焚溺之苦。有人于此，弃大路而趋水火也，则众必笑其瞽矣。瞽于目而笑之，瞽于心而不笑，何也？教戒不明也。教戒明，则三尺童子知出入于大路矣，而犹有冥行妄奔以死于水窟火坑者，吾不信也。①

由于乡约的调节对象是不同村落，不同宗族之间的关系，必须有相对超越宗族的权威力量保证其实施，有效地惩处违约者，否则其有效性会大打折扣，甚至沦为虚文。一般来说，这种权威或来自政府本身，或来自和政府关系密切的，有较高政治社会地位的士绅。邹守益颁行的乡约由于他本人很快外出为官，成效似乎不佳。他自己也认识到，乡约的有效性在相当程度上取决于地方政府的督察。他说："故无官法以督之，故不能普且久，心恒疚焉。"②他特别指出：

以益稽于乡约兴废之机，未尝不耿耿云。约之所由兴也，则仁以为基，而其废也，则不仁为之厉阶。隆古比闾州党之仁，相保相爱，相救相赒，若心腹臂指，脉络融液，强无凌弱，众无暴寡，智无欺愚，合爱同敬，迁善改过，而莫知为之者。教之敝也，逸说殄行，得以媒蘖其间。③

王阳明的弟子程文德任安福知县后，在邹守益等地方士绅的大力支持下，推行乡约，卓有成效。据邹守益记载：

程松溪立有乡约，敦请有行谊者为之长副，凡有争竞即率约史、约保调解之，其有桀骜不从始告诸官，而是非虚实已粲然众矣。地近而难为欺，人众而难为贿，官又察而劝惩之，故讼自衰息。各乡仍旧照阳明公保甲之法相互纠察，盗发则各甲互救之。又严屠牛之禁，一年之间，牛无盗杀者。④

---

① 《邹守益集·立里社乡厉及乡约》。
② 《邹守益集·乡约后语》。
③ 《邹守益集·新昌乡约序》。
④ 《邹守益集·再复十二条》。

邹守益称赞道："松溪程侯之立乡约也,敷圣训以贞教,联保甲以协俗,遴耆俊以董事,一时精神鼓舞,声气薰蒸,善劝恶惩,讼简盗息,津津然隆古相保相爱,相救相周之义。"①

由于种种因素,程文德所立乡约后来也没有得到很好的执行。万历年间安福知县吴应明"仿松溪程侯乡约,而兼举阳明王先生十甲牌法,合而录之,命曰《从先》"。② 王时槐,刘元卿对此极为赞赏。王时槐评论说:

夫所贵于善治者,非徒以法制惩于违犯之后,而听断晰于微爱之情也。必也劝善使耻于蹈邪,崇让使耻于构讼,明分使耻于逞乱。其可乎? 是故莫善于乡约之行矣。夫乡约所为裨于治者,以孝悌仁义耳提于里社之间,使人得习闻而知邪之未可蹈也,以平气面释于釁隙之初,使人得息忿而知讼之未可构也;以什伍联盟预订于暇豫之日,使人思循分而知乱之不可逞也。且讼有可饰词于公庭,而不能逃于村曲之公议,盗有可诬指于胥吏,而不能掩于宗戚之真知。故善治者严整乡约而力行之,则耳目以集众而益明,词牒藉乡评而渐息,奸宄无所潜踪,盗贼于焉衰止。愚故曰:莫善于乡约之行也。③

程文德、吴应明等是地方政府官员,他们能够运用政府的强制力执行乡约。一些安福的江右王门学派学者则试图运用自己的威望和号召力推行乡约。前述邹守益曾在自己家乡推行乡约,王时槐也曾在家乡"倡集金田两祠族人行乡约",④收到良好效果。刘元卿对乡约尤为重视,他强调指出,推行乡约,关键在于教化人心,以仁爱之心引导人们严格遵守乡约,如果一味强调以强硬制裁措施对付违约者,效果可能适得其反,乡约也无法持续推行下去。⑤

吉水同样有重视乡约的传统。明初,吉水人解缙(1369—1415,1388 年进士)即向明太祖朱元璋提出了在全国推行乡约的建议,不过未获支持。正统年间,吉水人刘观(生卒年月不详,1439 年进士)即在本地推行乡约,史载:

---

① 《邹守益集·书乡约义谷簿》。
② 《刘元卿集·安福乡约从先录后序》。
③ 《王时槐集·友庆堂存稿·安福乡约从先跋》。
④ 《王时槐集·友庆堂合稿·自考录》。
⑤ 《刘元卿集·安福乡约从先录后序》。

> 方年少,忽引疾告归。寻丁内艰。服除,终不出。杜门读书,求圣贤之学。四方来问道者,坐度尝不给。县令刘成为筑书院于虎丘山,名曰养中。平居饭脱粟,服浣衣,悠然自得。每日端坐一室,无惰容。或劝之仕,不应。又作"勤""俭""恭""恕"四箴,以教其家,取《吕氏乡约》表著之,以教其乡。①

成化年间,吉水人曾昂也在家乡推行乡约,因其过于严厉,处死过违约者而被朝廷问责。以罗洪先为代表的吉水县的阳明学者对推行乡约都非常积极。罗洪先指出,乡约对维护吉水地方秩序的稳定和民众的和谐相处具有特别重要的意义。他说:

> 蓝田而后,祖述渐众,强半弥文,然在吾乡有五善:利御寇,故众乐从;世家力钧,故专横绝;听命于官,故威难相假;不摄讼,故谤无由作;事已而退,各守常业,故人莫擅功。卒之大憝消,外侮拒,矜棘之呼,顾忌而不敢逞。②

永丰也有重视乡约的传统,罗伦"里居倡行乡约,相率无敢犯"。③ 据记载,罗伦"冬十一月归家,馆于湖西忠孝祠之东,四方学者咸集。因见乡邑风俗萎靡,遂仿蓝田吕氏乡约法,立四十余条行于乡。陈宪长文曜为刊,遍行郡邑以成美俗,四方莫不感化"。④

聂豹以罗伦为榜样,再次发起永丰乡约。他在《永丰乡约后序》中,特别强调了士大夫在建设乡村道德秩序中的责任和义务,强调这既是先秦儒家,尤其是孟子的真精神,也是政府自身的追求。他说:

> 乡田同井,死徙无出乡,出入相友,守望相助,疾病相扶持,则百姓亲睦。百姓亲睦而后可得语王化。……惟我太祖高皇帝平定之初,首以亲睦百姓为务。是约也……一以申敕圣训,祖述成周之遗意也耳。是故赏罚者

---

① 《明史·刘观传》。
② 《罗洪先集·刻乡约引》。
③ 《明史》卷一七九,《罗伦传》。
④ 《一峰文集》卷首《罗一峰先生行实》。

法也,书善过以示劝惩者意也,是非之心也。明吾是非之心,以是其所是,非其所非,以惬夫一乡是非之同情,使法有遗而意无遗焉,是之谓明德以亲民也。明德以亲民者,乡大夫士之责也。大夫士者,乡人之心也。心者,神几而诚应,明吾孝友之德,以亲吾之父兄,明吾睦姻任恤之德,以亲吾之乡党宗族,使人之父兄、人之乡党宗族,无一不在吾亲睦之中。①

聂豹所推行的永丰乡约的具体内容收录在康熙《永丰县志》中,我们可以从中看到,永丰乡约的运行在相当程度上借鉴了王阳明的南赣乡约,但也有自己的特色。

首先,乡约规定,全体永丰县民都必须参加乡约,受乡约的约束,组织上采用地缘和血缘相结合的形式,一方面,每乡设约长正副及约赞、约察,"有行谊为众所服者始用之",另一方面,乡约的执行大致上以宗族或者大家族为单位,约长必须与各宗族或大家族建立良好的工作关系。

其次,乡约明确其目的在于教化乡里,强调"讲求礼义以束人心",要求人们自觉讲究孝悌伦常,严格遵守尊卑、长幼、亲疏等级制度秩序。对于违约者的处罚,大致上与王阳明的主张相同,即送官究办,并且驱逐出约。对于未触犯国家法律却违犯道德规范者,可驱逐出约,对于触犯国家法律,则必须由政府处理,乡约不能私自刑罚。

第三,乡约特别强调必须严格约束管制"讼棍"之类的人:

> 如约法举行,不得辄听教唆之人,捏写词状,紊烦官府,其平素教唆之人,该坊都约长正副往谕其家之族长,速令改正,不改,书过行罚,又不改,呈官重治。②

第四,乡约除了进行社会教化外,还对水利、救荒、里甲赋役等公共事务做了相关安排。这些显然对维护基层社会的和谐稳定具有特别重要的意义。

邹守益、罗洪先、聂豹等人不仅在自己家乡推行乡约,亲力亲为,还对其他地方的乡约推行给予热情关注。当时吉安府最为著名的乡约是永丰乡约和永新乡约,他们纷纷撰写文章,表达称颂之意,并阐述乡约的重大意义。邹守益在

---

① 《聂豹集·永丰乡约后序》。
② 康熙《永丰县志·永丰乡约》。

《叙永丰乡约》一文中说：

> 故古之善教天下者，必自乡始。……故曰：绝恶于未萌，而起教于微眇。微眇而忽之，则善根不植，既萌而后绝之，则恶蔓不可胜禁。夫其恶蔓不可胜禁也，而欲以诛戮速一切之效，是谓不教不戒，不免于罔民。岂曰瘘痺，将剥发肤而溃腹心矣。①

在《叙永新乡约》一文中，邹守益说：

> 故善立教者，必造端于庶人，比长、闾胥相与戒其奇衺而劝其敬敏任恤，是以人人迁善改过，潜移默化，以升于大猷。②

他指出，永新乡约"酌俗从宜，以立乡约，演圣谕而疏之"。其内容也充分体现了儒家名教纲常，"是岂独永新之福，邻邑必当有取法者。"③陆粲所颁行的永新乡约影响确实很大。顺治《吉安府志》把永新乡约视为陆粲的重要政绩，"民至今称之。"④

聂豹在评论永新乡约时指出，乡约必须在尊重地方风俗习惯和文化传统的同时，遵守国家政策和法律，核心是严守礼制，他说：

> 陆子不忍夫民之治乱无常也，乃思为长治之道，以维夫民。思为长治之道以维夫民，而一或戾于其乡之俗，是谓之强；仍其俗也，考之以礼而弗谐，是谓之渎；参之以礼也，而卒乃上违乎圣谕，是谓之倍。倍则势不顺，渎则民不经，强则行不和。仍俗以和行，恕也，崇礼以经民，仁也，尊圣谕以利其势，敬也，智也。⑤

永丰乡约更是体现了这一精神，它"首以洪武礼制，社厉宴誓者二，教民榜

---

① 《邹守益集·叙永丰乡约》。
② 《邹守益集·叙永新乡约》。
③ 《邹守益集·叙永新乡约》。
④ 顺治《吉安府志·贤侯传》。
⑤ 《聂豹集·永新乡约序》，按："陆子"是指永新乡约的颁行者，时任永新知县陆粲。陆粲（1494—1551），字子余，江苏苏州人，嘉靖五年（1526）进士。

交劝道者九,曰尊成规也;次以约仪者三,而列其申明约法、崇尚礼教、经理粮差、安静地方者四,曰酌民宜也;附以丈量县总,而列其乡总者五,都总者五十有三,曰稽官成、防吏蠹也"。[1] 邹守益对此特别赞赏。

总而言之,江右王门学派诸学者不仅仅在书斋里进行学术理论研究,也不仅仅是在圈内进行学术交流,他们更重视以阳明精神教化社会,使阳明精神渗透到社会的方方面面,对江西,特别是对吉安的社会文化产生了深远的影响。实际上,也正是因为他们特别强调阳明学精神教化社会,才使得吉安成为名副其实的阳明学重镇。

---

[1] 《邹守益集·叙永丰乡约》。

下篇 分论

引言:关于江右王门学派代表性人物

上篇我们以吉安地区为中心,综合探讨了江右王门学派的社会文化背景,基本理论主张和对地方社会文化的深刻影响。显然,要深入地认识和理解江右王门学派,必须对其代表性人物展开个案研究。一方面,一个学派之所以能够形成、发展并且几代传承,领袖人物的作用和影响是极其重要的,他们是学派的核心和灵魂;另一方面,学术思想固然有其社会性,但本质上是个人的创造,具有显著的个体性,只有充分探究思想家个人独特的学术思想理论,才能正确而深刻认识理解该学派的学术思想发展脉络。从本章开始,我们着手探讨江右王门学派中代表性人物的学术思想理论。

江右王门学派学者众多,绝大多数人就良知的本质,如何致良知等问题进行了理论探讨,并提出了自己的观点,取得了一定的成就。应当说,每一个学者都值有研究的价值。基于各方面的因素,我们这里只探讨江右王门学派中代表性人物的学术思想。那么,什么人可以算是江右王门学派的代表性人物呢?这显然必须有一个相对合理的遴选标准。从学术思想史研究的角度看,最重要的当然是学术思想理论上创新和独特性;但从学术流派的研究角度而言,所谓代表性人物,至少必须同时满足两个条件:第一,他们应当是公认的领袖人物,具有足够的号召力和凝聚力,在本学术流派的形成和发展的过程中发挥了极其重要的作用;第二,他们的学术理论和实践必须体现本学派的宗旨和特征。前面我们业已指出,我们接受黄宗羲的分类方法,认为江右王门学派的特征主要有二,一是努力传承阳明真精神,二是努力"推原阳明未尽之旨"。就传承阳明真精神而言,既指向学术理论研究方面,更指向社会实践,即以阳明精神指导人们的日常生活实践。毕竟,王阳明提出致良知说的目的就在于"破心中贼",使人们在日常生活与儒家名教纲常保持完全一致;就"推原阳明未尽之旨"而言,则主要指向学术理论的研究和创新方面。

根据上述两个条件，我们认为，邹守益、欧阳德、聂豹、罗洪先、刘文敏、刘邦采、王时槐、万廷言、胡直、邹元标等十位学者可以视为江右王门学派的代表性人物。

尽管黄宗羲介绍了三十三位江右王门学派学者，但他强调，邹守益、罗洪先、刘文敏、聂豹、王时槐、万廷言等人是江右王门学派的代表。而从现代学者的研究成果来看，聂豹、罗洪先、刘邦采、王时槐等人得到了较多的关注，主要是因为他们提出了具有特色的学术思想理论，并对阳明学传播和发展过程中出现的种种流弊（主要是良知现成说）进行了严厉批判，无论在社会上还是在学术思想都产生了很大的影响。尤其是聂豹和罗洪先，基于他们较为独特而深刻的学术理论观点和对以王畿为代表的良知现成说的严厉批评，使得他们在阳明学界影响巨大，被认为代表了江右王门学派的学术思想特征，牟宗三即认定聂豹和罗洪先为江右王门学派的最重要的代表人物。刘文敏同样被认为非常重要，但由于相关文献资料阙如，难以展开深入研究。至于邹守益和欧阳德，据说他们在学术理论研究方面没有什么特别建树，因而不足以代表江右王门学派，更遑论江右王门学派领袖了。然而，从历史的角度看，在当时学术思想界，无论是江右王门学派内部，还是其他王门学派学者，邹守益均被认为是江右王门学派领袖，主要是因为他在传承阳明真精神方面付出了巨大的努力，取得了卓越的成就，他的"戒惧慎独以致良知"说也获得广泛认可。欧阳德也被认为是王门正传，在传播阳明学方面居功至伟，无论在整个阳明学界还是在江右王门学派内部都拥有崇高声望。万廷言的良知学在当时阳明学界拥有很高威望，为乃师罗洪先的主静说提供了易学证明，黄宗羲认定他能够"推原阳明未尽之旨""念庵之学得先生而传"。他毫无疑问是江右王门学派的代表性人物。胡直是欧阳德和罗洪先的弟子，在学术理论是颇有建树，著有《胡子衡齐》这一被胡适称为"明代哲学中一部最有条理又最有精彩之书"。他提出了"良知即觉性""心造天地万物"说，虽然黄宗羲稍有微词，但无疑是在"推原阳明未尽之旨"，是对阳明学的发展。更为重要的是，在第一代江右王门学派领袖人物谢世之后，胡直能够广泛团结第二代江右王门学派学者，相互切磋交流，有效推进阳明学在吉安地区的进一步传播和发展，他还致力于家乡的教化事务，倡建书院，推行乡约，取得显著成效。把他视为江右王门学派的代表性人物应该没有问题。邹元标是江右王门学派的第三代传人。到邹元标生活的年代，阳明学已流传百年，一方面，王阳明提出的学术理论概念被反复讨论研究，各派阳明学者之间广泛交流切磋,阳明学的内在矛盾暴露无遗,流弊尽现,遭到广泛的质疑和批判;另一方面,尤其在吉安地区,王阳明的名字和良知一词,可谓妇孺皆知,但实际上未必能够理解和把握阳明真精神,阳明真精神反而有沉沦的危险,很多人对良知说的理论内涵甚至是一无所知。邹元标试图从各个阳明学派中汲取营养,在新的历史条件下进一步推进阳明学的发展,克服阳明在流传过程中所产生的流弊,并通过书院讲学等方式努力传播阳明真精神。尽管他的学术思想和前辈有别,但他被公认为江右王门学派殿军大将。

从逻辑上说,选取这十个人作为江右王门学派的代表性人物未必完全排斥了其他学者的重要性,也没有否定其他学者的学术思想的价值。这也就意味着,选取这十个人作为江右王门学派的代表性人物未必完全准确无误,毫无疑义——很可能会遭到质疑批评。不过我们有充分理由认为,其他学者,包括一些非常著名的学者,相比起以上十人而言,代表性确乎不足。在其他江右王门学派学者中,最著名的莫过于赣南的何廷仁、黄弘纲和抚州的陈九川。他们都是王阳明的著名弟子,在传播阳明学方面作出了重要贡献,在学术界也有相当的声望。我们在探讨研究上述十个代表性学者之前,首先有必要对他们作一些简要的讨论介绍,在此基础上说明我们不把他们视为江右王门学派的代表性人物的理由。

王阳明巡抚南赣时,何廷仁和黄弘纲分别前往拜师,颇受王阳明器重。王阳明政务繁忙,各地来访学者一般先由他们俩接待和指导,他们被称为"接引师",当时阳明学界即有"浙有钱、王,江有何、黄"之说。他们在江右王门学派中影响很大,与邹守益、欧阳德、聂豹、罗洪先等人有着联系密切,经常来吉安参加阳明学讲会活动,进行学术交流论辩。

不过,从学术思想史研究的角度而言,何廷仁和黄弘纲似乎又显得不是特别重要,不应当被视为江右王门学派代表性人物。这主要是基于三个方面的原因:首先,作为王阳明的嫡传弟子,他们在传播弘扬阳明学的过程中,在学术思想理论方面没有很大的创造性,基本上是解说王阳明的基本原理,维护王阳明的基本原则,不像邹守益等人那样提出了自己的比较有特色的理论主张;其次,他们的政治社会地位不高,都是举人出身,都只做到六品的主事这种最低品级的京官,这意味着他们能够利用的政治和社会资源有限,个人的声望和号召力有限,可发挥的影响也有限;第三,他们虽然也长期讲学于家乡,但他们不像邹守益等人那样,能够在自己的家乡致力于以阳明精神指导地方社会文化建设

(如组织讲会,推进宗法家族建设,推行乡约等等)并卓有成效。正因为如此,几乎所有的阳明学,尤其是关于江右王门学派的研究著作中都会提及他们俩,但一般不会对他们进行深入研究。人们所提及的,大致上是他们如何坚守阳明学的基本理论和基本原则,身体力行,如何与其他王门学者讨论交流,如何对其他人的有违阳明学基本原理的思想观点进行批评等等。

在黄宗羲《明儒学案》中所传的江右王门学派学者中,何廷仁最高年长。在拜师王阳明之前,何廷仁即倾心陈献章的心学。师从王阳明之后,即始终以研究体验和传播王阳明的良知学为使命,甚至为此放弃参加科举考试。何廷仁"论学,务为平实,使学者有所持循"[1]。在他看来,王阳明揭示出良知本体极其重要,但问题的关键就在于使良知本体发用流行,达到圣人的精神境界,从而在日常生活实践中自然而然地与儒家伦理道德规范保持绝对一致,没有必要在理论上故作高深,故弄玄虚。进而言之,何廷仁相信,王阳明已经揭示出了真理,大家只需要以阳明精神指导自己的日常生活实践,努力使良知本体发用流行就够了,在理论上孜孜以求,未必有助于达到圣人的精神境界。他反复强调:

> 是故论学,不必太高,但须识本领耳。苟识本领,虽曰用意,自无留情;苟不识本领,虽曰欲无意,只是影响。
>
> 此学是日用寻常事,自知自足,无事旁求,习之则悦,顺之则裕,真天下之至乐也。今之同志,负高明之志者,嘉虚玄之说,厉敦确之行者,乐绳墨之趋,意各有所用,而不能忘所见,此君子之道所以为鲜。
>
> 天下之事,原无善恶,学者不可拣择去取,只要自审主意。若主意是个真心,随所处皆是矣;若主意是个私心,纵拣好事为之,却皆非矣。譬如戏谑是不好事,但本根是个与人为善之心,虽说几句笑话,动人机括,自揣也是真心。但本根是个好名之心,则虽孝亲敬长,温清定省,自揣还是欺心。

何廷仁认为,人与天地万物本质上是一回事,人生活在世界上,必须应事接物,不容逃避,所谓人心的"寂"和"感"只是理论上的区分,在实践中是不可分的。因此,他坚决反对把习静作为致良知的途径。他说:

---

[1] 《明儒学案·江右王门学案·何廷仁传》。

> 天地万物与吾原同一体,知吾与天地万物既同一体,则知人情物理要皆良知之用也,故除却人情物理,则良知无从可致矣。是知人情物理,虽曰常感,要之感而顺应者,皆为应,实则感而无感。良知无欲,虽曰常寂,要之原无声臭者,神应无方,实则寂而无寂。此致知所以在于格物,而格物乃所以实致其良知也。
>
> 君子亦惟致其良知而已矣,知至则视无不明,听无不聪,言无不中,动无不敬。是知应物之心非动也,有欲故谓之动耳。绝感之心非静也,无欲故谓之静耳。苟有欲焉,虽闭关习静,心斋坐忘,而其心未尝不动也。苟无欲焉,虽纷华杂扰,酬酢万变,而其心未尝不静也。动而无欲,故动而无动,而其动也自定。静而无欲,故静而无静,而其静也常精。动定静定庶矣。①

对于何廷仁而言,既然只需要把阳明精神落到实处,知道有所遵循即可,因而没有必须在学术理论上进行深入探究了。换言之,所谓的致良知工夫,无非就是每个人在日常生活实践中以阳明精神为指导,让良知本体自然而然地发用流行,没有必要故意做作,故作高深。以此而论,何廷仁无疑非常适合于做"接引师",也完全可以在传播阳明学方面大有作为,但从学术发展史的角度,何廷仁的这一立场限制了其在学术理论方面的创新,因而价值不是特别大。

黄弘纲比何廷仁小九岁,他也是在王阳明巡抚南赣时拜师王阳明的,与何廷仁同为"接引师"。黄弘纲终身坚定地追随王阳明,王阳明去世后,他还在王阳明家乡守孝三年。黄宗羲评论说:

> 先生之学再变,始者持守甚坚,其后以不致纤毫之力,一顺自然为主。其生平厚于自信,而薄迎合,长于持重,而短机械,盖望而知其为有道者也。阳明之良知,原即周子诚一无伪之本体,然其与学者言,多在发用上,要人从知是知非处转个路头。此方便法门也,而及门之承其说者,遂以意念之善者为良知。②

也就是说,黄弘纲同样认为,既然良知本体为每个人所拥有,因此问题的关键在于如何在日常生活实践中循良知而行,达到圣人的精神境界,根本没有必

---

① 以上均见《明儒学案·江右王门学案·善山语录》。
② 《明儒学案·江右王门学案·黄弘纲传》。

要节外生枝。没有必要在理论上进一步探究——王阳明本人已经说得够多,够好了。当然,如何在日常生活实践中践行致良知工夫,找到达到圣人精神境界的途径,这是需要认真摸索的。在这一方面,黄弘纲与何廷仁类似。黄弘纲的摸索有一个过程。正如黄宗羲所指出的那样,黄弘纲最初强调的是,既然每个人都拥有内在的良知,因此首先必须坚守自身固有的良知,在日常生活实践中严格遵守名教纲常即可。后来则意识到,良知是一种本体存在,是天然的主宰,是独知,而不是一种意念,它能够自然而然地发挥作用。因此,人只要顺着自己内在的良知而为,便是致良知,"不致纤毫之力,一顺自然为主",也就是说,在日常生活实践中只能从天然的良知出发,而不是从意念出发。这是因为良知本体和意念是根本不同的,意念是"已发之中",是人对外部事物的感觉和反应,并不是一种至善的本体存在,而是复杂多样,有善有恶的。他说:

> 存主之明,何尝离照?流行之照,何尝离明?是则天然良知,无体用先后,内外深浅,精粗上下,一以贯之者也。
>
> 人心只此独知,出乎身而加乎民者,只此视听喜怒诸物,舍此更别无着力处矣。谓天下之物,触于前者有正有不正,又谓知意心身,无能离天下国家之物而独立,是以物为身之所接,而非所谓备于我者,虽视听喜怒未尝不在其中,而本末宾主则大有间。后世格物之学,所以异于圣人者,正惟差认此一物字。故格物致知之功,不容不差,亦不容不补,主敬存养以摄归身心,而内外动静不得不为二矣。①

毫无疑问,黄弘纲比较准确地理解了阳明学基本理论,但他又显得比较笼统或者说没有深入探究。如果说"一顺自然为主",那么什么是"自然"?他当然没有把人的自然的喜怒哀乐视为"自然",他正确地认识到,良知本体和意念是根本不同的。问题是,良知本体是一种超越性的存在,无法用理性或经验把握,又如何"存主之明"呢?这些问题显然有必要在理论上深入探讨,众多阳明学者为此付出了努力,黄弘纲却回避了或者没有深入探究,这就限制了其学术思想的深度和地位。

既然良知是一种超越性的存在,自然就不是一种意念,不是一种知善知恶

---

① 《明儒学案·江右王门学案·洛村语录》。

的存在,因此,黄弘纲认为所谓的阳明四句教是有问题的,充其量是一种权宜之说,他说:

> 以意念之善为良知,终非天然自有之良。知为有意之知,觉为有意之觉,胎骨未净,卒成凡体。于是而知阳明有善有恶之意,知善知恶之知,皆非定本。意既有善有恶,则知不得不逐于善恶,只在念起念灭上工夫,一世合不上本体矣。①

他的批评显然有其合理性。但正如我们前面所指出的,王畿和钱德洪之间关于阳明四句教的辩论具有重要学术理论价值。

也正是基于以上认识,黄弘纲对聂豹的归寂说提出了严厉批评,他说:

> 寂与感不可一例观也,有得其本体者,有失其本体者。自得其本体之寂者言之,虽存之弥久,涵之极深,而渊微之精未尝无也。自得其本体之感者言之,虽纷然而至,杳然而来,而应用之妙未尝有也。未尝有,则感也寂在其中矣;未尝无,则寂也感在其中矣。不闻其体也,戒慎恐惧其功也,皆合寂感而言之者也。②

在他看来,所谓"归寂",无非是指回归良知本体,这看起来不无道理,但实际上没有意义。人面对纷繁复杂的现实世界,必须感知应用,所以必须"戒慎恐惧",把"寂"和"感"统一起来,从而使良知本体的作用自然发挥出来。这其实正是王阳明本人的观点。

何廷仁、黄弘纲的这些观点,在学术理论方面显然谈不上有很大的创造性。他们的名气更多地是来自其"接引师"的身份。把他们视为江右王门学派的代表性人物显然是不合适的。不过,他们确乎体现了江右王门学派的基本特点:传承阳明真精神,努力把阳明学贯彻于日常生活实践之中。

陈九川的政治社会地位比何廷仁、黄弘纲的地位要高得多。陈九川正德九年(1514)进士,官至礼部郎中,但因其性格耿直,仕途坎坷,三十二岁即离开官场。陈九川本来研究和信奉程朱理学,自从正德十年(1515)前往赣南拜师王阳

---

① 《明儒学案·江右王门学案·黄弘纲传》。
② 《明儒学案·江右王门学案·黄弘纲传》。

明后,即弃前学而终身以研习和传播阳明学为追求。他多次向王阳明讨教,聆听王阳明的教诲。王阳明去世后,他和聂豹一起重新校刻了《传习录》,后来还发表了《传习续录》,为阳明学的研究和传播作出了非常重要的贡献,在阳明弟子中拥有很高的声望。聂豹称赞道:

> (陈九川)"至于阳明先师之学,奉为蓍龟,不以穷通易其志,不以老壮易其守。遭险而不阻,负谤而不疑,商榷阐明之功,通于遐迩。东南士人,类知阳明先师之学,先生大有力焉。"[①]

陈九川和邹守益是儿女亲家。与邹守益、欧阳德、聂豹、罗洪先等诸多吉安府籍的王门学者关系密切,他也非常积极参加吉安地区的阳明学讲会活动。在陈九川看来,弘扬阳明真精神,最重要的是将阳明精神贯彻于日常生活实践当中,而不是撰文辩论。他强调:"吾辈但以身明斯道,乃为有功于师门,若徒以笔舌明是非,恐只益增哗耳。"[②]不过,与何廷仁、黄弘纲等人不同,陈九川比较重视学术理论上的探究。颇有意味的是,尽管陈九川很早即拜王阳明为师,在传播阳明学方面成效卓著,在阳明弟子中声望甚高,但他本人似乎难以理解和消化王阳明的良知说,觉得自己长期没有找到致良知的正确途径,以至于无法达到理想的精神境界。他曾致信聂豹说:

> 川自服先师致知之训,中间凡三起意见,三易工夫。而莫得其宗。始从念虑上长善消恶,以为视别诸事为者要矣。久之复自谓沦注支流,轮回善恶,复从无善无恶处认取本性,以为不落念虑,直悟本体矣。既已复觉其空倚见悟,未化渣滓。复就中恒致廓清之功,使善恶俱化,无一毫将迎意必之医,若见全体炯然,炳于几先,千思百虑,皆从此出,即意无不诚,发无不中,才是无善无恶实功。从大本上致知,乃是知几之学。自谓此是圣门绝四正派,就悟入先师致知宗旨矣。于《集略序》中,亦稍见之,深取白沙致虚所以立本之说,又尝有诗云:良知炯炯烛几先,此是乾坤未画前,不落吉凶分善恶,鬼神来此和先天。间以请教,并寄东廓、南野,大意亦与吾丈之所

---

① 《聂豹集·礼部郎中陈明水先生墓碑》。
② 《明水陈先生文集·答李静明》。

论略同,亦辱见许,谓有相发。①

陈九川的困惑正是源于阳明学的内在矛盾,这使得他觉得无法拿捏良知本体与致良知工夫之间的关系,或者说,无法理解和体验王阳明的本体与工夫合一论。他先是试图"从念虑上长善消恶"以致良知,却发现这往往只能沉溺于琐事之中,难以参透良知本体,甚至有可能远离良知本体。所谓"念虑",无非是经验意识,超越性的良知本体无法用经验意识把握,因而试图"从念虑上长善消恶"以致良知是不可能的。于是他决定转向"从无善无恶处认取本性,以为不落念虑,直悟本体矣",但他发现,日常生活实践中根本无法消除一切思虑,"未化渣滓",因而实际上无法参透良知本体。更为严重的是,"从无善无恶处认取本性",往往令人在日常生活实践中的致良知工夫无从下手,无处着力。毕竟,日常生活实践中处处表现为善恶。他再次进行调整,"致廓清之功",即努力根除一切思虑,一切意念,以为这样便可以使本体与工夫合一。他认为,"从大本上致知,乃是知几之学"。这实际上走向了归寂主静。陈九川自己也认为,这和聂豹的归寂说有异曲同工之妙。不过,他依然发现自己在日常生活实践中似乎无法"致廓清之功",无法达到圣人的精神境界。"不德近觉俗缘未断,尘爱犹存,终无以脱换肌骨。从前秀悟,只恐换得一番超脱见解,却非实际,即寻凑泊,翻生解脱。"②后来在王畿的指点下,陈九川觉得自己原来对良知的认识和理解是完全错误的,"与师训圣经矛盾倒乱"。他在信中接着说:

> 及后入越,就正龙溪,始觉见悟成象,恍然若失,归而求之,毕竟差谬,却将诚意看作效验,与格物分作两截,反若欲诚其意者,在先正其心,与师训圣经矛盾倒乱,应酬知解,两不凑泊。始自愧心汗背,尽扫平日一种精思妙解之见,从独知几微处,严谨缉熙,工夫才得实落。于感应处,若得个真几,即迁善改过俱入精微,方见得良知体物而不可遗。格物是致知之实,日用之间都是此体充塞贯通,无有间碍。致字工夫,仅无穷尽,即无善无恶非虚也,迁善改过非粗也。始信致知二字,即此立本,即此川流,即此敦化,即此入神,更无本末精粗内外先后之间,证之古本《序》中,句句吻合,而今而后,庶几可以弗畔矣。微龙溪,吾岂特同门而异户哉?殆将从空华复结空

---

① 《明水陈先生文集·答聂双江》。
② 《明水陈先生文集·简罗近溪》。

果矣。①

也就是说,在王畿的启迪下,陈九川意识到,要致良知,就绝不能沉溺于感觉和意念之中,所谓"从念虑上长善消恶"以致良知,或者努力根除一切思虑,一切意念,实际上就意念消除意念,自然无法达到目标。要致良知,就必须超越现实生活本身,参透良知本体,这样才能使良知自然流行。但这对陈九川来说,需要一个脱胎换骨般的痛苦转变。他在致王畿的信中说:

> 曩承寸铁伤人之教,警惠极至。向来警察工夫,已全放下,意见颖悟复久被耽搁,今亦已痛扫荡矣。日用应酬,住手从心,未尝加意。间亦有稍经思虑区画者,自以为良知变化,原合如此,然皆不免只悔,及反观之,信有未尽未当处,岂所谓认得良知不真耶?平生嗜欲甚澹,声色自可经年不迹,固亦无待强制。然一涉当境,便觉意浓,不免遂有过则者,岂非有潜伏流注之病,足以阴蔽本体而不自觉耶?是则尘缘俗爱,尚未能一齐勘破,方费磨治本体,何尝昭著流行,工夫亦何时了手?深自愧惕,若无所容,非吾丈,其谁药石之?②

陈九川因此在很大程度上接受了王畿的良知现成说。他认识到,良知是一种超越性的存在,因而无法用思虑意念把握。因此,致良知的关键在于"悟",在于参透良知本体。此后他反复强调:

> 大抵吾辈讲学,只从见在心体上靠实洗濯,使一毫私习之萌容留不住,乃是真体呈露发用。若稍有姑容,只从虚光景、妄见解上搬弄支持,不可以言实学矣,何以上达天德?③
> 吾人本心,元自惕然不昧,便是天之明命,便是良知。其放肆昏昧者,皆染蔽之也。使此本体惕然常不昧,便是顾諟天之明命。此警惕不昧之本体,流行充塞于人伦日用之间,便是格物,便是明伦。故吾人学问,只在当

---

① 《明水陈先生文集·答聂双江》。
② 《明水陈先生文集·简王龙溪》。
③ 《明水陈先生文集·答黄致斋宗伯》。

下悟得这点生机,服膺弗失,即一切世情污染不上,朝乾夕惕,俱是鸢飞鱼跃。①

陈九川的这些观点与王畿的良知现成说非常相似。实际上,他对聂豹、罗洪先的归寂主静说的批评也正是以此为依据的。陈九川说:

> 吾辈学问,大要在自识本心,庶工夫有下落,不致妄用精神,自生自灭耳。夫收视返听,于中有个出头,此对精神浮动务外逐末者言,良为对病之药。然于大道却恐有妨,正为不识心体故耳。夫心无定体,感无停机,凡可以致思着力者,俱谓之感,其所以初思发知者,不可得而指也。故欲于感前求寂,是谓画蛇安足,欲于感中求寂,是谓骑驴觅驴。夫学至于研几,神矣。②

对比一下,我们会发现,陈九川的批评几与王畿对聂豹、罗洪先的批评几乎如出一辙。王畿的批评是:

> 千古圣贤只在几上用功。周子云:"寂然者诚也,感通者神也。动而未形,有无之间者,几也。"动者,感也。未形则寂而已。有无之间,是人心真体用。当下俱足,更无先后。几前求寂,便是沉空,几后求感,便是逐物。圣人则知几,贤人则庶几,学者则审几。是谓夫寂无感,是谓常寂常感,是谓寂感一体。③

聂豹、罗洪先严厉抨击王畿的良知现成说,但对陈九川的基本观点却大致认可。毕竟,良知现成实际上是王阳明的基本理论,王阳明反复强调,良知"人人自有,个个圆成"④"良知只是一个,随他发见流行处当下具足,更无去求,不须假借"⑤。但王阳明指出,参透良知本体固然非常重要,但只有"上根之人"才

---

① 《明水陈先生文集·冲玄会册》。
② 《明水陈先生文集·简罗近溪先生》,按:此信应为《简罗念庵先生》,罗洪先有专门回信。参见《罗洪先集·答陈明水》。吴震认为可能系抄写笔误。
③ 《王畿集·三山丽泽录》。
④ 《王阳明全集·传习录·上》。
⑤ 《王阳明全集·传习录·中》。

能真正参透良知本体,使良知自然流行,而对一般人而言,很难直接参透良知本体,必须要有严格的甚至是严酷的修养功夫。王阳明担心,如果只是强调每个人都有成为圣人的潜质,而并不重视做实际上的"致良知"工夫,那就与他倡导致良知说的初衷背道而驰。王畿的良知现成说之所以遭到聂豹、罗洪先等众多江右王门学派学者的抨击,是因为在他们看来,王畿片面强调参透良知本体的重要性,忽视或至少看起来忽视了日常生活实践中实际的致良知工夫,用聂豹的话来说就是"以见在为具足,以知觉为良知,以不起意为工夫。乐超顿而鄙坚苦,崇虚见而略实功"。① 这就严重背离了王阳明良知说的宗旨。而对陈九川而言,认识到良知现成,参透良知本体固然是至关重要的,但绝不能因此忽视甚至日常生活实践中致良知工夫。他特别强调日常生活中艰苦修行的重要性,他说:

> 良知之学,海内同志盖莫不闻,然实见其为孔门正法眼藏者鲜矣。不能见良知本体,则所谓与天地万物为一体者,皆落影响。吾辈所以修为,亦只是磨砻得习气,使日改月化,于良知上更无可扩充处。但良知有分毫之医,即与天地不相似。若不肖者,岁月悠悠,老将至矣,殊觉习气销镕不尽,则所以医良知者浅浅哉?夫子曰:朝闻道,夕死可矣。苟不闻道,其何以死哉!②

正因为如此,针对罗洪先对王畿的良知现成说的严厉批评,陈九川予以理解与支持。他致信罗洪先说:

> 近时学者多以见在习心承当良知,支吾影射,其弊不可胜救。今日正惟殆放流动之患,而非安顿沉着之忧。然区区之愚,乃若尚有欲尽于左右者,诚以吾兄力寻神圣之宗,立道化之极,议论意向,却不可使有毫厘之差耳。③

陈九川本人也认为,简单地信任良知现成,而不重视艰苦的致良知工夫,必

---

① 《聂豹集·答王龙溪》。
② 《明水陈先生文集·简邹东廓》。
③ 《明水陈先生文集·答罗念庵》。

然造成不良后果。他指出,当时确实形成了某种谬误:

> 近诸公只说本体自然流行,不容人力,似若超悟真性,恐实未见性也。盖缘私意一萌,即本体已蔽蚀阻滞,无复有流行光照之本然也。故必决去之,而后其流行照临之体得以充达,此良知之所以必致而后德明身修也。①

正因为如此,陈九川虽然后来在很大程度上接受了王畿的良知现成说,但他依然是江右王门学派阵营中的人物。实际上,陈九川是准确领会了王畿的思想而没有误会王畿。陈九川一生以传承阳明真精神为己任的努力"推原阳明未尽之旨"。特别重视致良知工夫,不过他始终没有提出有特色、有影响的理论主张,虽然他在传播阳明学方面成效显著,在当时阳明学界很有声望,但把他视为江右王门学派的代表人物无疑是不恰当的。

我们接下来探讨上述十个代表性人物的学术思想。在这十个代表性人物中,邹守益、欧阳德、聂豹、罗洪先的地位最高,影响最大,被称为"江右王学四贤",在青原山阳明会馆和后来兴建的阳明书院中,他们四人与王阳明一起被供奉在"五贤祠"中,黄宗羲的《明儒学案·江右王门学案》也首先介绍他们四人,故我们对他们四人予以详论,而对刘文敏、刘邦采、王时槐、万廷言、胡直、邹元标等六位学者,则对其生平和学术思想作简要介绍和探讨。

---

① 《明水陈先生文集·简董蓉山》。

第四章 邹守益论

第一节 学术与人生

尽管现代一些学者认为邹守益只是谨守师说,在理论上并无多少创见,因此在学术思想史上并无多少重要性可言。然而,从历史上看,无论在当时的阳明学者,还是在黄宗羲看来,在江右王门学派诸学者中,邹守益都是当仁不让的头号领袖人物。他为推动阳明学的传播和发展付出了巨大努力,使安福县和吉安府成为全国研究和传播阳明的重镇,他在学术思想理论方面也有所建树,他的"修己以敬以致良知"说,尤其是戒慎恐惧以致良知说也颇具特色,影响很大。黄宗羲称:"阳明之没,不失其传者,不得不以先生为宗子也。"①众多阳明学者也充分肯定邹守益在传承阳明真精神方面作出了极其重要的贡献,认为他谨守王阳明的理论学说,从不标新立异,耿定向称,邹守益"不能增一新谛""标一异帜"。② 王畿也认为,邹守益"于先师之学,终始发明,惟归一路,未尝别为立说以眩学者之听闻"。③ 实际上,邹守益之所以被黄宗羲称为阳明学"宗子",主要是因为他在传播和弘扬阳明学方面成效最为显著,不仅是传播和弘扬阳明学理论,更通过阳明学讲会等形式广泛团结广大阳明学者和一切对阳明学感兴趣,愿意以阳明精神指导生活实践的人,以充分发挥阳明学的"破心中贼"的作用。为了捍卫阳明学,邹守益还对任何有背离阳明学宗旨倾向的学者进行了批评。而恰恰是这一点,最充分体现了江右王门学派的特征。我们要认识和研究江右王门学派,研究阳明真精神的传承,首先就必须分析研究公认的领袖人物邹守

---

① 《明儒学案·江右王门学案·邹守益传》。
② 耿定向:《东廓邹先生传》,载《邹守益集·附录》。
③ 王畿:《寿邹东廓翁七十序》,载《邹守益集·附录》。

益的学术人生及其思想理论。

尽管在接受阳明学之后,邹守益声称自己"痛改前非",但他不可避免地是从自己既有的知识结构及其人生阅历、生活体验和需要来接受、传播、弘扬和捍卫阳明学的。这就使得他的学术思想有自身的特点,实际上在一些非常重要的地方有别于王阳明。

邹守益出生于安福的一个官宦家庭。父亲邹贤,字恢才,号易斋,弘治九年(1496)进士,初授大理寺评事,后担任福建汀漳兵备佥事。据记载,邹守益从小聪颖过人,邹贤对他寄予极大期望。他先后让邹守益师从朱禄、朱祀、李校、胡琏、蒋冕等人,接受了良好的教育。邹贤希望儿子能够通过科举考试,光宗耀祖,同时也希望儿子能够通过研读程朱理学,成为圣贤般的人物。邹守益称,"益自童年,先大夫授以濂溪六君子赞,慨然有景星乔岳之仰"。[1] 天资聪颖的邹守益没有辜负父亲的期望。据说,邹守益九岁时便"读书至忘寝食,罗整庵见而奇之"。"早岁博极群书,自六经子史以及百家,一经诵习,终身不忘。弱冠登第,即以文章气节命一时。"[2]正德二年(1507),十六岁的邹守益即中江西乡试,成为举人,因为给母亲丁忧,不能立即进京参加会试。正德六年(1511),邹守益会试第一,廷试第三,高中探花。邹贤闻讯大喜过望,觉得自己的人生愿望业已实现,遂辞官回乡,并从此以后不再涉足官场。

邹守益在科举上算是比较顺利,但其仕途却是坎坷的。正德六年(1511)中进士后,授翰林院编修,次年即以身体健康为由辞职回乡侍奉父亲,并在家乡开门讲学。正德十四年(1519),王阳明解答了邹守益在研读《中庸》时所遇到的疑难,正式拜王阳明为师。是年,明宗室宁王朱宸濠反于南昌,在家讲学的邹守益星夜赶赴吉安,协助王阳明平叛,成为王阳明的得力助手。明世宗即位后,邹守益奉命入京,继续任翰林院编修。嘉靖三年(1523),邹守益在"大礼仪"事件中获罪,下诏狱,贬为广德州判官。三年后,升任南京礼部主客司郎中。嘉靖十年(1531)邹守益因身体原因请假离职回乡。嘉靖十七年(1538),复任南京吏部考功郎中,次年进北京任司经局洗马,担负着辅导太子的责任。他随即与霍韬一起上《圣功图》及《圣功图疏》,作为辅导和培养太子的资料。不想这触怒了嘉靖皇帝,认为邹守益是"假以图疏,讥刺朕躬",下令"下礼部参勘",幸好嘉靖

---

[1] 《邹守益集·奠徽国朱文公文》。
[2] 宋仪望:《明故中顺大夫南京国子监祭酒前太常少卿兼翰林院侍读学士追赠礼部侍郎谥文庄邹东廓先生行状》,载《邹守益集·附录》,以下简称《邹东廓先生行状》。

皇帝比较信任霍韬，又得众人疏救，方才免祸。嘉靖十九年（1540），邹守益升任太常少卿兼翰林院侍读学士，并主管南京翰林院，随即又升任南京国子监祭酒。嘉靖二十年（1541），九庙发生火灾，在中国传统观念中，这被认为是一种严重的"天变"，是上天对人世间政治的警示与惩戒。发生"天变"，君主和大臣都负有一定责任。嘉靖帝下令文武大臣检讨时政的得失，大臣们普遍检讨自己的过失，但邹守益基于传统理念，上疏指出，君臣都应当反省自己，只有君臣共同努力，才能够"弥天变"。嘉靖帝认为，邹守益是以"自陈"的名义，"言词乖剌"地批评自己，他大为恼怒，下令邹守益"着冠带闲住"。[①] 邹守益的官场生涯从此结束。回乡后，邹守益继续致力于阳明学研究和传播，致力于弘扬阳明精神，成为江右王门学派当仁不让的领袖人物。

邹守益尽管二十一岁即步入官场，但实际仅任职十余年，且主要是担任思想教育或者说意识形态管理方面的职务。这类职务并无军政实权，但对于中国传统政治体制，尤其是对于一个儒家士大夫而言，却意味着巨大的政治和道德责任。邹守益全力以赴，尽心尽力。在广德州判官任上，邹守益大力推进社会道德风气建设，"撤淫祠，建复初书院，与学者讲授其间。"[②]在南京礼部任职期间，邹守益"日与海内同志砥砺于学"，任职南京国子监祭酒期间，"兴起教化，申明约束，端严士气，一时士习丕然为之一变"。[③] 他的几次获罪也都是为了捍卫传统的道德理念而冒犯了皇帝。对邹守益来说，捍卫儒家传统的道德理念，不仅仅是自己的人生追求，也是他的政治责任和义务。

从邹守益本人的知识结构而言，为了成功地通过科举考试，邹守益首先必须认真学习研究程朱理学。毕竟，明代政府规定以朱熹的《四书章句集注》作为科举考试的依据和标准，考生只能根据《四书章句集注》"代圣人立言"，不得随意发挥与之不同的个人见解。邹守益自不例外，程朱理学是他的必修课。

不过，邹守益很早就接受了陆象山的"先立其大"的心学思想启蒙。邹守益称："某也幼承严训，即闻先立其大之旨。"[④]无论是程朱还是陆象山，他们都强调读书学习的使命是"为天地立心，为生民立命，为往圣继绝学，为万世开太平"。为此，人们必须认真研读、深刻体会儒家经典，研读古圣先贤的著作，读书

---

① 《邹守益集·九庙灾自陈疏》。
② 《明史·邹守益传》。
③ 宋仪望：《邹东廓先生行状》。
④ 《邹守益集·奠青田墓文》。

学习最重要的目的和意义在于学以致用,这正是邹守益的终身追求。

在参加会试的前一年(正德五年,1510年),邹守益曾追随时任庐陵知县的王阳明前往青原山净居寺默坐体认所谓的心之本体的存在,但他并没有拜王阳明为师,虽然必然受到其影响。在次年的廷试制策中,邹守益一方面强调学者不能"涉猎记诵,以杂博相高",强调明"心之理"的重要性,另一方面强调必须"读经师意,观史师迹,味圣贤之言,以求义理之当;察古今之变,以验得失之几",邹守益称:

> 而所谓学者,非涉猎记诵,以杂博相高也。非割裂装缀以华靡相胜也。要必读经师意,观史师迹,味圣贤之言,以求义理之当;察古今之变,以验得失之几。如高宗之终始典学,成王之学有缉熙,则庶乎此心之理可明,而天德全矣。①

实际上,邹守益后来之所以拜王阳明为师,并不是因为他多么敬重王阳明本人,或者说王阳明的心学理论学说对他有多么大的吸引力——当然他确实非常敬重王阳明,也对王阳明的心学思想有所了解,而是因为他在自己学习研究过程中遇到了一个令其百思不得其解的学术理论问题,他找到机会向王阳明讨教,王阳明帮他解开了心中的困惑,这才完全接受认可阳明学。

据记载,正德七年(1512),邹守益因父亲身体的原因请求回到家乡侍奉父亲,并讲学于山房。在和诸生研读《大学》和《中庸》时,他们产生了困惑:"子思学于曾氏,今程朱补《大学》必先格致,《中庸》乃首言戒惧慎独,而不及格致,何也?"②众所周知,在《大学》中,"格物致知"被认为是个人进行道德修养,进而修身、齐家、治国、平天下的基础和出发点。程朱理学家认为,"致知在格物",所谓"格物致知",就是通过观察、读书思考认识客观事物,增进知识,进而融会贯通,实现与天理的一致,因此,人生的最重要的使命就是"即物穷理"。《中庸》则强调,"戒惧慎独"是个人道德的基础和关键。所谓"戒惧慎独",指的是个人在生活过程中必须时刻严格要求自己,时刻小心谨慎,严防因为外部世界的诱惑而违背道德。"格物致知"和"慎独"无疑是不同的:按照流行的解释,《大学》的"格物致知"强调的似乎是向外探求,而中庸强调的则是向内探求,即内省。这

---

① 《邹守益集·制策》。
② 宋仪望:《邹东廓先生行状》。

涉及个人道德修养的基础和起点,关系到每个人如何追求人生理想的实现,其重要性不言而喻。这个问题不搞清楚,个人的道德修养和治国平天下理想在理论上说不过去,在实践中难以展开。对邹守益而言,《大学》和《中庸》都是绝对权威的儒家经典,两者之间不应当也不可能有矛盾,后学者也绝不能二选其一。那么,问题出在什么地方?究竟应如何理解两者之间的差异?道德修养的起点或者说基础究竟何在?邹守益百思不得其解。

正德十四年(1519),邹守益前往赣州拜见王阳明。他此行的主要目的并不是向王阳明问学,而是请求王阳明给他父亲撰写墓志铭。当然,在此期间,因为王阳明本人热衷于谈论学问,这必然对邹守益产生影响。邹守益于是将自己心中的困惑向王阳明求证,得到了王阳明的指点。黄宗羲说:

> 初见文成于虔台,求表父墓,殊无意于学也。文成顾日夕谈学,先生忽有省曰:"往吾疑程、朱补《大学》,先格物穷理,而《中庸》首慎独,两不相蒙,今释然,格致之即慎独也。"遂称弟子。①

据记载,针对邹守益的疑问,王阳明的解释是:

> 致知者,致吾心之良知于事事物物也。致吾心之良知于事事物物,则事事物物皆得其理矣。独,即所谓良知也,慎独者,所以致其良知也,戒慎恐惧,所以慎其独也。《大学》《中庸》之旨,一也。②

邹守益虽然感到"释然",并正式拜师王阳明,但他并没有因此简单地接受王阳明的结论,而是进行进一步的研究思考。于是他进一步研读儒家经典,最后认定:王阳明的解释与孔子和孟子的理论完全吻合,因而是正确的。他说:

> 先生格致诚正之说,初闻于虔州,以旧习缠绕,未敢遽信。及质诸孔孟,渐觉有合处,然后敢信而绎之。③

---

① 黄宗羲:《明儒学案·江右王门学案一》。
② 耿定向:《东廓邹先生传》,载《邹守益集·附录》。
③ 《邹守益集·复王东石时桢》。

在邹守益看来,王阳明的解释在逻辑上的合理性固然重要,但更重要的是必须与孔子和孟子的思想一致,在得到确认后,邹守益才真正接受了王阳明的解释,并接受了王阳明的致良知说。这件事对邹守益的学术具有决定性的影响。他说:

> 往者尝疑《大学》《中庸》一派授受,而判知行,析动静。及接温听厉,反覆诘难,始信好恶之真,戒惧之严,不外慎独一脉。①

"戒惧慎独以致良知"后来成为邹守益标志性的理论主张。

第二年,也就是正德十五年(1520),邹守益再次前往赣州拜见王阳明,在一次游览中更深刻地体会了阳明学的价值:

> 庚辰之秋,再见先师于虔州。与二三友坐虚堂以观月,而悟吾性矣。喟然叹曰:"吾性之精明也,其犹诸日月乎?月之行于天地,楼台亭榭照以楼台亭榭,而未尝有羡也,粪壤污渠照以粪壤污渠,而未尝有厌也。是谓无将无迎,大公而顺应。吾侪顾以作好作恶之私,憧憧起伏,相寻于无穷,是嘘云播雾,以自阴其明也。"二三友欢然有省。②

总之,邹守益师从王阳明,显然不是基于阳明学的理论魅力,而是根据自己的理论思考和体验认可并接受它的。对于邹守益而言,既然通过读书学习和生活体验确认了王阳明的心学理论是真理,正确地体现了孔门儒学的真精神,那就必须义无反顾地维护它,不能允许和容忍他人误解、曲解或随意发挥王阳明的学说。他自己也没有必要对王阳明的理论作更多发挥。宋仪望称,邹守益"自虔台一见王公,遂尽弃旧学,终身师事其说"。③ 王畿指出:

> 粤自哲人既萎,仪形日疏,吾党诸友各以性之所近为学,虽于师门大旨不敢有违,未免倡为己见,以为发师门之所未发,听者眩然未能会归于一,是则吾党之过也。惟丈终始笃于尊信,服膺良知之旨,如护命根,不愧于屋

---

① 《邹守益集·龙冈书院祭田记》。
② 《邹守益集·赠王孔桥》。
③ 宋仪望:《邹东廓先生行状》。

漏,不离于须臾,不忍加一卮言以乱其宗。世有沿习即物穷理之说者,丈以片言折之:"万物皆备于我,求理于身,未闻求理于物也。反身而诚,圣人之格也;强恕而行,学者之格物也。"其言约而尽矣。①

邹守益自己也宣称,师从王阳明之前,自己以前所接受的思想观点是完全错误的,是懵懵懂懂地误入了歧途。他说:"某之醉梦,二十有九年矣。日颠踏于荆棘泥淖而自以为康庄也。赖先觉者大呼而醒之,将改辙以追来者,而八九同志相与磨砻而夹持之,以图不枉此生。"②为此,他终身以传播阳明学为己任。王畿称赞道:

先生之事先师,四十余年。于先师之学,终始发明,惟归一路,未尝别为立说以眩学者之听闻。先生生平以禽聚同志为己任,东南学者之会以十数,每会必如期先往,后期而归,虚受并包,务期奖掖。朋友有过,未尝显斥,微示之向,而使人之意自消。辩论有未合者,未尝必其强同,稍为分疏,使自思得之。故人皆得尽其所请而乐为之亲。担负圣学,卓然为海内儒宗,同志赖焉。③

他的孙子邹德涵称:

先祖自闻学,四十余年,竭才于良知之学,未尝一日分其力于功名词章之中。其启牖后进,未尝一日倦精神,志意未尝一日不与四海相流通。非所谓学不厌而教不倦者乎?④

黄宗羲指出:

东廓以独知为良知,以戒惧谨独为致良知之功,此是师门本旨,而学焉者失之浸,流入猖狂一路。惟东廓斤斤以身体之,便将此意做实落工夫,卓

---

① 王畿:《书东廓达师门手书》,载《邹守益集·附录》。
② 《邹守益集·学说》。
③ 王畿:《寿邹东廓翁七十序》,载《邹守益集·附录》。
④ 邹德涵:《文庄府君行略》,载《邹守益集·附录》。

然守圣矩,无少畔援。诸所论著,皆不落他人训诂良知窾白,先生之教卒赖以不敝,可谓有功师门矣。①

对邹守益而言,阳明学首先是一种正确的学术思想理论,它完全合乎或者说正确诠释了儒家经典著作,也与其个人的体验相一致,能够引导人们在日常生活实践中与儒家名教纲常保持一致,进而达到圣人的精神境界。为此,他以研究和传播阳明学思想理论,进而探求达到某种精神境界的方法途径作为自己的神圣使命。对邹守益而言,重要的是如何正确地以阳明精神指导人们在日常生活实践中与儒家名教纲常保持一致。他对良知本体关注不多,基本上是重申王阳明的理论观点,他关注的是致良知工夫。

作为公认的阳明学正传,邹守益在正式拜师王阳明后如从梦中苏醒可能属实,但一定要说他随即"尽弃旧学"则是言过其实的。尽管邹守益主观上可能认定阳明学是绝对真理,并终身以弘扬阳明学,捍卫阳明学宗旨为己任,但他的成长环境、学术背景和生活阅历使他的思想有自己的特点。毕竟,邹守益主要是从学术思想理论的层面接受认可阳明学,这就意味着他必然以自己的成长环境、学术背景和生活阅历为基础,对阳明学进行诠释。包括程朱理学和中国悠久的历史文化传统以及地方历史文化传统对邹守益的学术和人生产生了深刻的影响,必然深刻地影响他对阳明学的理解。

首先,程朱理学一直对邹守益有着深刻的影响。邹守益从小即学习研究程朱理学家们的著作,这既是应付科举考试的需要,也与其父亲的教诲有关。在师从阳明学并成为江右王门公认的领袖人物之后,邹守益依然对朱熹始终保持着相当的敬意。在《奠徽国朱文公文》中,邹守益回忆道:

> 往聚青原,梦与同志聚讲,举小成虚无之旨以为劝戒,寤而惕然曰:"此考亭公神明训我也!"世之安于小成者,沾沾自足而不求极致,故行而不著,习而不察;其惊于虚远者,嗷嗷自眩而不察实病,故人伦不察,庶物不明。其能切磋琢磨,瑟间赫喧,以求大中至正者,鲜矣!②

《青原志略·邹文庄青原梦记》也有相关的记载:

---

① 《明儒学案·师说》。
② 《邹守益集·奠徽国朱文公文》。

吴云曰:邹文庄在青原,梦朱子曰:小成与虚远,子当发明之。公曰:何也？朱子曰:事小成者,微有践履,不曾穷尽心性,行不著,习不察,于无臭之旨膜矣。务虚远者,侈求幻妙,不慎操履,无庸德之行,庸言之谨,于物有则之旨荒矣。公醒而书壁曰:考亭神授,警策如此,余虽年迈,愿诸同志共加深省！①

正如我们前面所指出的,就终极目标而言,朱熹和陆象山,实际上也和王阳明是一致的。后人评论说:"天下病虚,朱子救之以实；天下病实,阳明救之以虚。通昼夜而济井蛙,谓之无实无虚可乎？谓之止有一实可乎？文庄青原正为文成圆梦耳。"②包括朱熹在内的宋代的理学家在邹守益心目中的地位都是非常高的,尤其是周敦颐、程颢等人,对邹守益而言,其学术思想地位是无可置辩的。邹守益称:"至元公、淳公,始克续不传之脉,揭圣之可学,则以一者无欲为要；答定性之功,则以大公顺应学天地圣人之常。"③在判广德州任上,邹守益"取诗经之关于伦理而易晓者,及晋靖节,宋周、程、张、朱及我朝文清、康斋、白沙、一峰、甘泉、阳明诸君子之诗切于身心而易晓者,属王生仰编而刻之,俾童子讽咏焉",④编印出《训蒙诗要》。当然,这一切并不意味着邹守益试图调和理学与心学,或者说向程朱理学妥协,但邹守益确实为丰富和发展阳明学理论而从宋代理学家中汲取了养料。

其次,作为一个传统的官僚士大夫,邹守益必然受到中国传统文化和地方文化传统的影响。其中最为显著的一点是,邹守益特别强调"天""上帝"和鬼神的重要性。

众所周知,儒家的礼乐制度本身脱胎于原始的宗教和巫术,正因为如此,在儒家经典中,"天""上帝"和鬼神具有特别重要的意义,是一种绝对的、客观的存在。《书经·汤诰》云:"惟皇上帝,降衷于下民,若有恒性。"《诗经·烝民》云:"天生烝民,有物有则。民之秉彝,好是懿德。"在孔子那里,他虽然不语怪力乱神,但并不否认"天""上帝"和鬼神的存在。实际上,儒家从不否认其存在及

---

① 《青原志略·邹文庄青原梦记》。
② 同上,《青原志略·邹文庄青原梦记》。
③ 《邹守益集·诸儒理学语要序》。
④ 《邹守益集·训蒙诗要序》。

其重要性,董仲舒甚至试图将儒学神学化。宋代的理学家同样强调"天""上帝"和鬼神是一种道德的存在,儒家的伦理道德规范准确而充分地体现了"天""上帝"和鬼神的意志,因而具有绝对的合理性。周敦颐在《太极图说》强调,"圣人与天地合其德,日月合其明,四时合其序,鬼神合其吉凶",这正是所倡导的伦理道德规范的绝对合理性和合法性的来源。张载在《西铭》中,也构建了一个天、地、人的宇宙自然框架,它以"乾坤"(即"天地")作为父母,以"天地之塞"为人(包括物)之赋形,以"天地之帅"为人(包括物)之赋性。正以有"天地"作为父母这一共同的根源,由此而有"民胞物与"的普遍关怀,人世间的社会秩序,如君臣,长幼,圣贤,以至于疲癃残疾、惸独鳏寡等均体现了天地的意志,任何人都无法动摇,都必须绝对遵守,也就是说,儒家伦理道德规范具有绝对的合理性。

《太极图说》和《西铭》为宋代理学提供了宇宙本体论基础,为人们所普遍认同和赞赏,也是宋明理学重要理论基础。对邹守益而言,这些都是基本常识,具有无可置疑的真理性。不仅仅是儒家学者信仰并宣扬这些"真理",民间同样对"天""上帝"和鬼神的存在坚信不疑。在吉安地区,佛教和道教有很大的社会影响,具有较为浓厚的宗教氛围,人们普遍敬畏"天""上帝"和鬼神。青原阳明学讲会的举办地青原山本身就是宗教圣地,既是佛教圣地,也是道教圣地。而且青原山静居寺的创立者,禅宗七祖行思(俗姓刘,生卒年月不可考)就是安福县人。生长于斯的邹守益必然会受到深刻影响,他也特别强调"天"和"上帝"和鬼神的客观存在及其重要性。邹守益认为,"盈宇宙间一气耳,统体曰天,主宰曰帝,功用曰鬼神,命于人曰性,率性曰道,修道曰教,善养曰浩然之气。故出王游衍,无敢逸豫,所以事天;小心翼翼,陟降左右,所以事上帝;斋明盛服,所以事鬼神。"[1]"从古圣门以尊德性为宗旨,上帝以降,烝民以受,粹然至善,灵昭不昧,而随感随应,变动不居,轻重厚薄,天则炯炯。"[2]"夫德性者,吾所受于上帝者也,谁得而加损之?"[3]他特别强调,人必须顺应"天""上帝"和鬼神的要求,邹守益认为,这也是对每一个人包括儒家学者的基本要求。他说:

天岂远乎哉?"昊天曰明,及尔出王,昊天曰旦,及尔游衍",无往而非

---

[1] 《邹守益集·枝江县文昌精舍记》。
[2] 《邹守益集·重刻临川吴文正公年谱序》。
[3] 《邹守益集·岷川说赠刘司谏》。

天也。无往而非天,则无往而非上帝,故曰:"上帝临汝,毋贰尔心。"无往而非上帝,则无往而非鬼神,故曰:"神之格思,不可度思,矧可射思。"呜呼,道之不可须臾离也,若是其严也!故忠信笃敬之功,至于立参于前,舆倚于衡,然后与天为一,无愧于日惺之学。①

"小心翼翼,昭事上帝",视于无形,听于无声,三千三百,出王游衍,其知神之所为乎。圣门称耄期好学,以武公为准,菉竹以继,缉熙屋漏,以先烈文。其诗曰:"神之格思,不可度思,矧可斁思。"非知微之显,灵光炯然,其孰能与于斯!②

不过,"天""上帝"和鬼神在王阳明的理论体系中并不是特别重要,地位不高。王阳明没有直接否定"天""上帝"和鬼神,但基于"心外无物"的论断,"天""上帝"和鬼神只能是"心"附庸。王阳明声称:

> 我的灵明,便是天地鬼神的主宰。天没有我的灵明,谁去仰他高?地没有我的灵明,谁去俯他深?鬼神没有我的灵明,谁去辨他吉凶灾祥?天地、鬼神、万物离却我的灵明,便没有天地、鬼神、万物了;我的灵明离却天地、鬼神、万物亦没有我的灵明。如此便是一气流通的,如何有与他间隔得。③

显然,对于王阳明而言,即便世界上确乎有"天""上帝"和鬼神的存在,它们也只能存在于人的心中,并没有独立的价值,而在邹守益那里,"天""上帝"和鬼神却有着重要的价值和意义。它们在某种程度上外在于"心",是人遵守儒家名教纲常的重要的他律力量。

不过,邹守益并没有强调"天""上帝"和鬼神的客观性,他试图调和"天""上帝"和鬼神与良知的关系,强调它们的一致性。邹守益强调,良知体现了"天""上帝"和鬼神的要求,致良知即是顺应"天""上帝"和鬼神的要求,他说,"上帝降衷,而蒸民受之,天然自有之矩也。""益也问诸阳明先师曰:孔门志学,便是志不逾矩之学。旨哉,其言之也!上帝降衷,而烝民受之,良知良能,虚明纯贞,若耳提面命,嘘吸一体,无智愚贤不肖,举具是矩,患在于逾之耳。""矩"既

---

① 《邹守益集·日惺斋说》。
② 《邹守益集·明水陈姻家寿言》。
③ 《王阳明全集·文录三·传习录下》。

体现在人之心性、良知之中,也体现于"礼",所谓"礼仪三百,威仪三千"之中,"礼也者,天然自有之中也,上帝以降,而蒸民受之。所患者过与不及,举逾其矩,而上下、前后、左右无以絜之耳。"①他强调,"帝之则,其神乎!明目不睹其形,倾耳不闻其声,而范围曲成,千变万化,充周不穷其用。"②

邹守益称,包括圣人在内的任何人都必须在日常生活中遵守各种伦理道德规范,这是天意和鬼神的意志,是每个人实现其自身价值的途径:

> 夫达四海之为兄弟,则圣者合德于父母者也,贤者秀于等夷者也,其有弗爱且敬乎? 疲癃鳏寡,兄弟之无告者也,其有弗教而抚之者乎? 是故以父事天而事天明矣,以母事地而事地察矣。以宗子事大君,而将顺匡救,罔弗竭其诚矣。以家相事大臣,而协恭和衷,罔弗归于正矣。兹大人一家之仁也。③

> 圣门曰自迩自卑之学,翕兄弟,宜妻孥,顺父母,以达于鬼神。自其内尽于己而恂慄不摇焉,谓之斋明;自其外备于物而威仪不违焉,谓之盛服。是以愉愉勿勿,如亲听命,而若或飨之。古之人受命如大舜,无忧如文王,继志述事如武王、周公,是孝弟以通神明之彀率也。神明之交,莫尊于上帝,莫亲于祖庙,而仁孝一脉,事亲飨帝,精神贯彻,洋洋优优,运天下于掌。昌黎公所云"郊焉而格","庙焉而享"者,由是道也。④

邹守益有关"天""上帝"和鬼神的论述和理解基本上源于儒家经典,是中国传统社会中主流社会意识形态的重要组成部分,是社会的普遍共识,也是邹守益思想的有机组成部分。邹守益尽管特别强调个人的内心自觉在道德修养中的重要性,努力调和"天""上帝"和鬼神与良知的关系,强调它们的一致性,但他实际上承认甚至强调了"天"和"上帝"对人的监督作用。前面我们提到,邹守益颁行的乡约便是以"上帝"、鬼神为其背书的。这与王阳明存在着明显的区别。

第三,中国传统社会中,长寿是人的最重要的价值和追求之一。邹守益作

---

① 《邹守益集·好学篇赠五台徐柱史》。
② 《邹守益集·水西精舍记》。
③ 《邹守益集·赠考功况翰臣》。
④ 《邹守益集·潮州林氏祠堂记》。

为一个传统的官僚士大夫,同样认为这是不言而喻的绝对真理,他强调,人生的社会地位和价值包括人的寿命的价值都体现着"天""上帝"和鬼神的意志,是由"天""上帝"和鬼神的意志决定的,他说:

> 益尝稽于天人之蕴,富贵寿考,天所以劝善之权也。锡之以财,俾以济乏也,而善日裕;锡之以位,俾以救物也,而善日播;锡之以年,俾以范后学也,故善日永。若不善而冒是三者,是窃天之权而侥幸也,殃必逮之。殃之所逮者,同宗怨之,同游耻之,弗庆也。虽庆,且将出于所强。①

在邹守益的人生理想中,长寿具有重要地位。他指出:"寿者,天下之同欲也。天下之人有寿于己者而弗思求之,惑矣!人之生也,孰非受天地之中乎?尽其生理直之,所以祥也,亏其生理罔之,所以殃也。夫亦在人择之而已矣。"②邹守益认为,"寿,福之冠也。"③他认为,人的寿命及其价值取决于其道德修养:

> 寿有几?曰:有禀寿,有葆寿,有际寿,有贞寿,有盗寿,有引寿。精气纯固,寒暑弗能袭焉,是谓禀寿;抱朴守素,嗜欲弗滑焉,以无毁其初,是谓葆寿;逢时熙泰,无兵革灾荒以干天年,是谓际寿;执天之枢,握人之纪,以践其形而寿天下,施于来世,是谓贞寿;齿发肖然而德之弗逮,是谓盗寿。修身慎行而降年不永,其道寿矣,谓之引寿。引寿则陋巷之颜是也,盗寿则夷倭之壤是也,贞寿之义大矣。际寿以言乎时也,葆寿以言乎人也,禀寿以言乎天也。曰:寿之术,果孰从而得之?曰:古也以智得寿,今也以愚得寿。曰:奚为其异也?曰:寿之大害有三,机时酗酒、冒色不与焉。一曰利,二曰势,三曰名。二物之剥其生也,世所共闻也。三害之剥其生也,无以异也,而世恬然莫之闵也。古之人知身之重于天下也,不忍以其所轻害其所重,故曰以智得寿。后之人以其身殉于物也,度长契短,算无遗策,而暗于从事者,见斥为愚矣,故曰以愚得寿。④

---

① 《邹守益集·艮山叔父寿言》。
② 《邹守益集·寿唐母汪孺人序》。
③ 《邹守益集·寿都运王君天锡序》。
④ 《邹守益集·原寿》。

在邹守益看来,人的寿命体现着天地的意志,既是一种生命价值,更是一种道德价值,因此,长寿也是人们治学和修养的目标。他说:

> 天地以贞观寿,日月以贞明寿,圣哲以贞学寿。学也者,以希圣而希天也。故曰乾,天也,乾其乾者,终日对曰在天也。夕而惕若,乾乾之功,通昼夜而不息也。①
>
> 天道于穆不已,故曰贞观,日月东西环而不穷,故曰贞明;圣学自强而不息,故曰贞寿。寿也者,自其贞体之常运常照言之也。若弗运弗照,以纰缪其天,则虽逾百龄,而芒然不足以语寿。阳明夫子以致良知觉天下,其诸以无极之贞,精明流行,与天同运,与日月同明,俾后知后觉咸升于寿域乎!而学者往往挨傍于资质,牵绊于俗态,穿凿于闻见测度,卑者溺情欲,高者执意见,而眩其不贰不测之贞,其于传而习也远矣!②

邹守益声称王阳明的致良知说体现了"天""上帝"和鬼神的意志,为人的生命价值,包括人的寿命价值提供了绝对正确的指导观念和保证,但这实际上和王阳明的理论并不一致。王阳明对多福多寿之类的传统观念也基本上不予置评。毕竟,在王阳明那里,"心外无物",良知即天理,良知是每个人自有的本体存在,个人的全部道德修养也就是致良知取决于个人的内心自觉,"静时念念去人欲,存天理,动时念念去人欲,存天理。"因此,他并不需要彼岸神灵为自己的理论背书,不需要彼岸神灵为人们的道德修养提供支持甚至监督。然而,邹守益强调良知是"帝之则""上帝临汝""翕兄弟,宜妻孥,顺父母,以达于鬼神",这也就意味着,如果人不去致良知,就有可能遭到"天""上帝"和鬼神的意志惩罚,这也就为个人的道德修养也就是致良知提供了某种道德他律力量。也就是说,个人的道德修养尤其是外在的行为表现并不完全取决于个人的内心自觉,这显然与王阳明"心外无物"说存在着微妙的差异。

不过,邹守益的这些与王阳明的微妙差异并没有引起人们的批评,甚至没有引起人们的很大注意,他是公认的王学正传。一方面,邹守益试图把有关"天""上帝"和鬼神的观念与阳明学理论有机地结合在一起,论证了致良知工夫的必要性和合理性,强调人生包括人的寿命的价值取决于其的道德修养,也

---

① 《邹守益集·崇玄寿言》。
② 《邹守益集·贞寿篇》。

就是致良知,这可以视为是对阳明学的丰富和发展;另一方面,尽管王阳明强调"心外无物",但他并没有否定"天""上帝"和鬼神的存在。毕竟,儒家的礼乐制度本身渊源于原始的宗教巫术,在中国传统社会中,"天""上帝"和鬼神是一种不言而喻的存在,祭祀"天""上帝"和鬼神是从中央到地方,从官方到民间的极其重要的事务。多福多寿也是人们的普遍追求。况且,对于绝大多数人来说,在思考学术理论时,逻辑上的严谨性一般来说不是那么重要。人们对"天""上帝"和鬼神等不言而喻的存在可以存而不论,在理论上进行谈论是可以接受的,如果在理论上不予置评,那也没有关系,一般都不会招来非议。

对邹守益而言,他一方面在主观上完全接受阳明学,对于弘扬阳明学有一种神圣的使命感,故而利用一切机会传播阳明学,强调"学之不讲,圣门之忧"。另一方面,他不必在乎阳明学的内在矛盾,更不会在乎自己和王阳明之间的差异。对他来说,中国传统的"天""上帝"和鬼神观念,都是毋庸置疑的常识,只要能够正确地指导人们在日常生活中严格遵守儒家名教纲常,追求达到圣人的精神境界,不必在乎其是否与阳明学存在某种逻辑上的冲突。无论是治学还是讲学,邹守益目的并不在于理论上的阐幽发微,而是要引导人们在日常生活中严格遵守名教纲常,也就是所谓的"实功"。为此,他大力开办书院,举办讲会,整合宗族,推行乡约,他强调:

> 学之不讲,圣门之忧。所谓讲者,非资以口耳,所以讲修德之方法也。下文所指,闻义而徙,不善而改,便是讲学以修德之实下手处。……学问之道,无他也,去其不善以归于善而已矣。若舍人伦日用而别有所谓讲学,则将得罪于圣门。①
>
> 圣门讲学,以修德为命脉,以徙义改不善为下手实功。②

吕怀在《东廓邹先生文集序》中也指出:

> 先生生平,自精神心术之微以达于人伦事物者,皆不离良知一脉运用,而其发为辞章,虽因人造就,一言一药,然其要定和脉理,直是一贯,真应时

---

① 《邹守益集·简鲍复之》。
② 《邹守益集·龙华会语》。

起死简易之良方也。①

正是由于邹守益自身的知识文化背景,使得他和王阳明存在着某些不同,这就决定了他不会是王阳明的传声筒,而是有自己独特的理解和认识。但他依然被公认为是王学正传。为了捍卫和传播阳明心学,充分发挥其"破心中贼"的功能作用,邹守益努力从各方面汲取营养,丰富和发展阳明学。

第二节 "先生之学,得力于敬"

自从拜师王阳明,邹守益即自觉地以传播和捍卫阳明学为己任,但是基于其特定的人生阅历和知识文化素养,也基于其接受阳明学的过程和动力,邹守益从各方面汲取营养,在传播和捍卫阳明学过程中,提出了自己的一些颇有特色的思想观点,丰富和发展了阳明学理论。换言之,尽管无论是治学还是讲学,邹守益目的都在于以阳明精神引导人们在日常生活中严格遵守名教纲常。进一步说,对于邹守益而言,体悟到良知本体的存在固然是重要的,但更重要的是在日常生活实践中如何与儒家名教纲常保持一致。他的学术思想理论上的思考和创新也正是这一方面的。

我们前面业已指出,在阳明学理论中,良知本体和致良知工夫之间实际上存在着一条难以逾越的鸿沟,良知本体是一种形而上的存在,而致良知工夫则是形而下的生活实践,因此,王阳明根本无法在逻辑上证明良知本体与致良知工夫的一致性,只能是在日常生活实践中"悟"到良知本体的存在并使这用流行。实际上,对王阳明而言,关键在于引导人们在良知说的指导下彻底根除人们心目中可能和实际存在的种种有违名教纲常的念头,而不是试图创造一个新奇的理论体系。尽管形而上的理论思考是必须的,但绝不能陷入其中而不可自拔,把良知学这一实践哲学变成一种智力游戏或形而上的玄思。王阳明曾非常担心地指出,他"百死千难"中得出的良知说很可能被人误解误读,"只恐学者得之容易,把作一种光景玩弄,不实落用功,负此知耳。"②正因为如此,王阳明一向反对人们一味去玄想良知这一本体存在,他认为这有陷入空谈的危险,"此病痛

---

① 吕怀:《东廓邹先生文集序》,载《邹守益集·附录》。
② 《王阳明全集·年谱二》。

不是小小,不可不早说破。"然而,由于王阳明把良知本体存在作为其立论基础,要从理论上研究阳明学,就必须深入研究良知这一本体存在。对那些研究者而言,由于良知本体是一种超越性的存在,他们只能在生活中体验和感悟良知本体的存在,如果在经验上无法——实际上也很难甚至不可能体验和感悟到良知本体的存在,那就只能去玄想了。当然,他们也可以就对良知本体以及如何致良知等问题展开纯学理的探讨。然而,越是深入的探讨,阳明学内在的矛盾就越会暴露无遗,人们也就越有可能执其一端。

同样,在邹守益看来,学者们固然有必要在学理上探究良知本体以及如何致良知等问题,但绝不能一味去玄想良知这一本体存在,也不特别追求个人的超越性的、自由的所谓圣人的精神境界。他特别强调"若舍人伦日用而别有所谓讲学,则将得罪于圣门"。① 他始终着眼于"人伦日用"即生活实践,对良知本体这一形而上存在不愿意作更多的形而上的探讨。对于邹守益而言,良知本体的存在是毋庸置疑的,是没有必要讨论的,研究探讨良知学的全部目的就在于使良知本体发用流行,也就是在日常生活实践中致良知。进一步说,问题的关键在于如何使良知本体与致良知工夫有机地结合起来。邹守益认为,"敬"是良知本体和致良知工夫之间的桥梁,是解决和消除阳明心学的内在矛盾有效途径。这正是邹守益非常重要的学术思想贡献和特色。

黄宗羲敏锐地认识到这一点,他指出,邹守益思想理论基础是"敬"。在邹守益那里,"敬"既是致良知的关键,也是良知流行的体现。他说:

> 先生之学,得力于敬。敬也者,良知之精明而不杂以尘俗者也。吾性体行于日用伦物之中,不分动静,不舍昼夜,无有停机。流行之合宜处谓之善,其障蔽而壅塞处谓之不善。盖一忘戒惧则障蔽而壅塞矣,但令无往非戒惧之流行,即是性体之流行矣。离却戒慎恐惧,无从觅性;离却性,亦无从觅日用伦物也。故其言"道器无二,性在气质",皆是此意。②

"敬"其实是儒家的核心理念之一,孔子强调,"修己以敬"是极其重要的道德修养方法和途径。《论语·宪问》:"子路问君子。子曰:'修己以敬。'曰:'如斯而已乎?'曰:'修己以安人。'曰:'如斯而已乎?'曰:'修己以安百姓。修己以

---

① 《邹守益集·简鲍复之》。
② 《明儒学案·江右王门学案·邹守益传》。

安百姓,尧舜其犹病诸?'"关于"敬"的含义,《说文》云:"敬,肃也",《礼记·曲礼上》疏云:"在貌为恭,在心为敬。"简单地说,所谓"修己以敬",就是要求人们从内心深处保持对世界的严肃谨慎的情怀和态度。在程朱理学那里,"主敬"最重要的道德修养工夫,强调人应当从内心深处认可和践行天理,做到"表里如一""内外兼顾"。朱熹说,"敬是圣门之纲领,存养之要法","乃圣门第一义"。① 他强调:"学者工夫,唯在居敬、穷理二事。此二事相互发。能穷理,则居敬工夫日益进;能居敬,则穷理工夫日益密。"② 朱熹指出:

> "敬"字通贯动静,但未发时则浑然是敬之体,非是知其未发,方下敬底工夫也。既发则随事省察,而敬之用行焉。然非其体素立,则省察之功亦无自而施也。③

"敬"虽然是发自内心,但从逻辑上说,程朱的"主敬"说预先设定了外在于心的"敬"的对象——即客观存在的超越性的天理,这正是程朱理学的理论基础。站在"心外无物""心外无理"的立场上,王阳明对"主敬"说提出了批评。在王阳明看来,朱熹的"居敬"说置天理于"心"之外,所以所谓的"居敬",难免会引导人"逐物",这就有可能引导人们背离内在的良知,进而背离天理。如果不是在"逐物",或者说如果在"无事"也就是无"物"可"逐"时,所谓的"居敬"也就没有任何意义。他说:

> 一者天理,主一是一心在天理上。若只知主一,不知一即是理,有事时便是逐物,无事时便是着空。惟其有事无事,一心皆在天理上用功,所以居敬亦即是穷理。就穷理专一处说,便谓之居敬;就居敬精密处说,便谓之穷理;却不是居敬了别有个心穷理,穷理时别有个心居敬:名虽不同,功夫只是一事。就如《易》言"敬以直内,义以方外",敬即是无事时义,义即是有事时敬,两句合说一件。如孔子言"修己以敬",即不须言义,孟子言"集义"即不须言敬,会得时横说竖说工夫总是一般。若泥文逐句,不识本领,

---

① 《朱子语类》卷十二。
② 《朱子语类》卷九。
③ 《晦庵朱文公文集·答林择之》。

即支离决裂,工夫都无下落。①

由于"修己以敬"说是孔子本人提出来的,王阳明当然不能直接否认"敬"的重要性。但他强调,所谓"修己以敬",其实就是致良知工夫本身,与其强调"敬",还不如直接强调"致良知"——"致良知"本身即完全包含了"敬"。因此,强调"居敬"说无异于画蛇添足。他在向弟子解释《大学》时指出:

> 大学工夫即是明明德;明明德只是个诚意;诚意的工夫只是格物致知。若以诚意为主,去用格物致知的工夫,即工夫始有下落,即为善去恶无非是诚意的事。如新本先去穷格事物之理,即茫茫荡荡,都无处着落,须用添个敬字方才牵扯得向身心上来。然终是没根源。若须用添个敬字,缘何孔门倒将一个最紧要的字落了,直待千余年后要人来补出?正谓以诚意为主,即不添敬字,所以提出个诚意说来,正是学问的大头脑处。于此不察,直所谓毫厘之差,千里之谬。大抵中庸工夫只是诚身,诚身之极致便是至诚,大学工夫只是诚意,诚意之极便是至善:工夫总是一般。今若说这里添个敬字,那里补个诚字,未免画蛇添足。②

这就意味着,在阳明学理论体系中,并没有"敬"的位置。

且不要说对儒家经典著作和程朱理学的熟悉和掌握,实际上,邹守益从小即接受"敬"的家庭教育,并一直认可其极端重要性。他后来回忆说:"先大夫之训曰:'人生一世,如轻尘弱草,苟不立节义,是虚生矣。人性常要检束严整,则不轻以放肆,常要猩猩法则,自然日就规矩,不可斯忘敬之一字。'呜呼,此战战兢兢,集木临渊之道也。"③接受阳明学以后,邹守益认为,"敬"既是使良知发用流行的基础,也是良知发用流行的表现。他说:

> 以为圣门要旨,只在修己以敬。敬也者,良知之精明而不杂以尘俗也。戒慎恐惧,常精常明,则出门如宾,承事如祭。……故道千乘之国,直以敬事为纲领。信也者,敬之不息者也,非敬之外复有信也,节用爱人,使民以

---

① 《王阳明全集·语录一·传习录·上》。
② 《王阳明全集·语录一·传习录·上》。
③ 《邹守益集·族谱后序》。

时,即敬之流行于政者也。①

故向所讲论,皆提出修己以敬。敬也者,良知之精明而不杂以私欲也。②

修己以敬则安人安百姓,戒慎恐惧则位天地,育万物,无二致也。③

克己复礼即是修己以敬功夫。敬也者,此心之纯乎天理而不杂以人欲。杂之以欲便为非礼。非礼勿视听言动,便是修己以敬之目。④

圣人修己以安百姓,只是一敬字。果能实见敬字面目,则即是性分,即是礼文,又何患偏内偏外?若歧性分礼文而二之,则已不识敬,何以语圣学之中正乎?⑤

问题在于,无论王阳明在理论上如何对知行合一进行论证,但由于本体与工夫之间存在的鸿沟,或者说形而上与经验存在的鸿沟,所以人们在日常生活实践中往往只能是听其言,观其行。经验告诉人们,人们充其量只能用没有遵守名教纲常的行为证明一个人对儒家名教纲常的无知,而无法反过来做,即用一个人掌握的客观知识证明他是否能够遵守名教纲常——这正是王阳明所激烈抨击和否定程朱理学的重要依据。然而,知识固然不等于行动,内心的信念也未必使人自然而然地按自己的信念生活。王阳明强调,人必须追求崇高的精神境界,必须生活在有意义的世界中,如果没有知行合一,那么他的行为或思想只不过是"冥行"或"妄想"。然而,无法回避的事实是,如果按照王阳明的说法,这世界上大多数人经常会"冥行"或"妄想",能够坚定按照自己信念生活的人毕竟是少数。如果是这样,那么就不能说这是世界上大多数人有问题,只能说是王阳明的理论本身存在问题。

在具体的社会实践中,王阳明屡次发布文告,颁行乡约,要求民众遵纪守法,遵守名教纲常。毫无疑问,民众要真正自觉地遵纪守法,遵守名教纲常,首先必须认可和敬畏这些法纪和名教纲常规范。然而,按照王阳明的心学理论,这些法纪和名教纲常本身就是人的内在良知,谈不上存在认可和敬畏的问题,但经验事实告诉人们,人的内在的良知本体与遵守名教纲常的具体实践之间存

---

① 《邹守益集·简胡鹿崖巨卿》。
② 《邹守益集·答余汝定》。
③ 《邹守益集·论克己复礼章》。
④ 《邹守益·简复马问庵督学》。
⑤ 《邹守益集·简方时勉》。

在着距离。为了使阳明学能够真正有效指导社会,必须在人的内在的良知本体与遵守名教纲常的具体实践也就是致良知工夫之间架起一座桥梁,使良知本体与致良知工夫有效地结合起来,否则,所有的致良知工夫,无论是"静的工夫"还是"动的工夫"都有可能成为悬在半空中的东西而无法落到实处。

对于邹守益而言,他热心讲学,大力传播阳明学理论,其目的并不在于理论上的阐幽发微,而是要教育和引导人们在日常生活中严格遵守儒家名教纲常。在他看来,人固然都有良知,良知本体存在是毋庸置疑的,但问题的关键在于教育人们在日常生活应当怎么做,如何在日常生活中充分发挥自己的良知,自觉地非礼勿视、非礼勿听、非礼勿言、非礼勿动,这就意味着人们必须在日常生活中以严肃认真的态度对待"礼",切实做到非礼勿视听言动。正因为如此,邹守益强调"非礼勿视听言动,便是修己以敬之目"。

邹守益认为,问题的关键在于在生活中自觉遵守各种礼义规范,这些礼义规范就是良知和至善的体现,严格自觉遵守各种礼义规范正是致良知的真正意义所在。邹守益一方面强调,人人所共有的良知本身即是道德判断的准则,另一方面,邹守益指出,各种礼义规范,也就是所谓的"规矩"具有超越性,源于"天""上帝"和古圣先贤。这就意味着,邹守益至少在逻辑上承认了各种礼义规范的某种程度的外在性和客观性。不过,邹守益并没有坦率承认这一点。他依然强调,各种礼义规范与人的内在良知是一致的,是人的内在良知的产物,"良知也者,天然自有之规矩也,致良知也者,执规矩以出方圆也。"①他说:

> 《大学》之书,扩忠恕之教以教天下者也。天下之平,亦大矣,而不出于絜矩。矩也者,天然自有之中,而千方万圆,率由以出者也。天生烝民,有物有则,孰无上矩者?患在逾之而不能絜之耳。圣门之学,以不逾矩为极功,然十五志学,三十而立,四十而不惑,皆所以求不逾矩也。故曰"下学而上达"。达之为义,炯然精明,行著习察者也。行而不著,习而不察,慕方效员,而昧于规矩,仁者见之谓之仁,智者见之谓之智,百姓日用而不知,盖知炯然之学者鲜矣。②

> 向论圣门之学以不逾矩为准。矩也者,天然自有之中,即所谓良知,即所谓至善。加焉则过,损焉则不及。不及与过虽异,其逾矩则均也。吾辈

---

① 《邹守益集·简陆真山》。
② 《邹守益集·炯然亭记》。

果能戒惧不睹不闻,以顾明命而顺帝则,日用人伦庶物,三千三百,举从戒惧真体流贯,则闭门造车,出门合辙。建天地,质鬼神,幽明一矩也,考三王,俟后圣,古今一矩也。其曰无疑不惑,皆指良知至善精莹坚定而言,非就人上效验说。故行有规范,反求诸矩。矩若加损一厘,便不免龃龉。切磋琢磨,步步有下手处。①

尽管邹守益没有直接承认各种礼义规范的外在性和客观性,但从人们的生活实践经验上看,所谓"帝则",所谓"日用人伦庶物,三千三百",首先即表现为外在于人的客观规范形式,也就是所谓"矩",不能"加损一厘"。实际上,这些东西历来被认为是圣人创造的——儒家学者历来强调,礼乐正是圣人的杰作,所谓圣人"制礼作乐",人们必须无条件遵守。王阳明当然可以辩解说这是圣人发现了人心中内在的东西,但经验告诉人们,这些东西有着外在于人的客观形式,要不然就谈不上要求人们在生活实践中严格地约束自己的言行,严格地遵守礼法制度,"非礼勿视,非礼勿听,非礼勿言,非礼勿动"了。当然,这些规范当然可以而且必须内化到人的内心深处,成为人的本能,从而使人们能够从心所欲而不逾矩。但显而易见的是,遵守名教纲常并非人的生理本能,因此,这些规范要内化到人的内心深处,必须有一个努力的过程,尤其是必须有一个"下手处",否则即没有努力方向。邹守益认为,最为重要、最为关键的"下手处"就是对这些所谓的"帝则",所谓的"日用人伦庶物,三千三百"保持以严肃谨慎的情怀和态度,也就是"敬"。反过来说,也只有"敬",人们才有可能在日常生活中严格地遵守这些规范,才有可能进一步使这些规范内化到自己的心里,从而达到圣人的精神境界,在日常生活实践中从心所欲而不逾矩。

作为王阳明的忠实追随者,邹守益声称,"敬"其实就是"良知"的别名:"盖孔、颜、思、孟原是一派源流,如曰修己以敬,曰主忠信,曰忠信笃敬,皆致良知之别名。"②然而,无论怎么解释,"敬"总是一种在日常生活中的严肃慎重的态度,与朱熹的"居敬"实际上并没有很大的区别。在朱熹那里,"居敬"的过程也就是涵养道德本原过程,是"存天理,灭人欲"的过程。尤其是对"规矩"的强调,与朱熹的天理说有更大的相似性——尽管他强调规矩即良知,但毫无疑问是一种自古以来即存在的客观的礼仪规范,是不可增减的"帝则"。

---

① 《邹守益集·致兰以信》。
② 《邹守益集·答季彭山》。

尽管邹守益没有承认各种礼义规范的外在性和客观性,但他对"敬"的强调在人的内在的良知本体与遵守儒家名教纲常的具体实践即致良知工夫之间架起了一座桥梁,使良知本体与致良知工夫有了一致的可能性。也就是说,邹守益对"敬"的强调在某种程度上弥补或者说淡化了阳明心学的内在矛盾。尽管在王阳明本人的理论中没有"敬"的位置,但邹守益显然不是在画蛇添足,而是为了使阳明学的宗旨落到实处,使人们的致良知有"下手处",而不是去玄想良知本体的存在。

正如前面所指出的那样,在儒家看来,一切践踏名教纲常的行为都源于不合理的欲望,理学家们的旗帜即是"存天理,灭人欲"。周敦颐和程颢分别提出了著名的"无欲"说和"定性"说。邹守益指出,"无欲"说和"定性"说和王阳明的致良知说本质上是一回事。进一步说,"无欲"和"定性"既是致良知的目标,也是致良知工夫本身。邹守益说:"至濂洛勃兴,始克寻其绪,圣学之要,揭以无欲,而定性之教,直以大公顺应学圣人之常,天下之人洒然如群醒之获醒也。"[1]他强调:

> 夫天之体,本清也,云雾障之,则时有昏矣;水之体,本澄也,淫潦汨之,则有时浊矣。良知之清明也,与太虚合德,而其澄澈也,与江河同流,然而有时昏且浊者,则欲累之也。故圣学之要,在于无欲。甚矣,子周子之善发圣人之蕴也!圣门之教,学者谆谆以无意、无必、无固、无我为戒。意必固我者,一欲而四名也。绝其意必固我之欲,而良知之本体致矣。[2]

> 圣学之篇,以一者无欲为要。是希圣希天,彻上彻下之语。罔游于逸,罔淫于乐,不迩声色,不殖货利,古圣精一克一工课,犹恻恻劝规如是,吾侪自省何似?而依违逸乐货色中,不猛洗刷,将无以拔于凡民,安望与千圣同堂,两仪并位乎?故不从无欲而学,终不足以全归无极之贞。[3]

> 定性之学,无欲之要,戒慎战兢之功,皆所以全其良知之精明真纯,而不使外诱得以病之也。[4]

---

[1] 《邹守益集·道南三书序》。
[2] 《邹守益集·叙秋江别意》。
[3] 《邹守益集·示诸生九条》。
[4] 《邹守益集·赠廖曰进》。

邹守益对"无欲"说和"定性"说的理解和发挥与阳明学理论基本上是一致的,对王阳明而言,所谓致良知,就是"静时念念去人欲,存天理,动时念念去人欲,存天理"。① 一个人内心里如果只有天理,只有良知,而且坚定不移,以不变应万变,自然不会有任何违背儒家伦理道德规范的可能性。不过,邹守益并没有作更多的形而上的讨论。他直接指向人们的日常生活,教育人们在日常生活中"以无意、无必、无固、无我为戒""罔游于逸,罔淫于乐,不迩声色,不殖货利",强调这正是致良知的具体表现。

第三节 戒惧慎独以致良知

尽管"敬"在邹守益的学术思想中占有极其重要的位置,但邹守益却是以"戒惧慎独以致良知"说闻名于世的。"戒惧慎独以致良知"说被公认为是邹守益的理论旗帜,是邹守益学术思想的最显著的特征。

前面业已指出,邹守益并不热衷于对良知本体探究。他对良知本体的认识完全继承了王阳明的观点,他在致友人信中说:"先师之训曰:心之本体,便是天理,天理之精明灵觉,便是良知。"②良知即天理,"天理而非良知,何以为明命,良知而非天理,何以为帝则? 知明命帝则之一,而不眩于繁词,不骛于多岐,可以研究学脉矣。"③"良知之本体,本自廓然大公,本自物来顺应,本自无我,本自无欲,本自无拣择,本自无昏昧放逸。若戒慎恐惧不懈其功,则常精常明,无许多病痛。"在他看来,王阳明对良知本体存在业已充分揭示,没有必要画蛇添足,问题的关键在于致良知,使良知本体发用流行。

邹守益认为,致良知的关键在于"戒惧慎独"。这与其拜王阳明为师的契机密切相关。如前文所述,邹守益是在研读《大学》和《中庸》过程中遇到困惑的,他不知道如何将"格物致知"这一《大学》所强调的个人道德修养出发点与《中庸》所强调的个人道德修养基础即"戒慎恐惧"说统一起来。对于邹守益这样的儒家学者而言,《大学》和《中庸》是儒家的不刊之典,不容置疑,理所当然地是人们安身立命的依据和指导思想,人们必须正确理解,深刻体会。如不能予以

---

① 《王阳明全集·传习录·上》。
② 《邹守益集·简陈师曾》。
③ 《邹守益集·青原文明亭记》。

"正确"地理解,则无论是治学还是做人都有可能迷失方向。面对邹守益的困惑,王阳明指出,《大学》和《中庸》的思想是完全一致的。"戒慎恐惧"其实正是致良知的正确途径。

众所周知,《大学》和《中庸》是从不同的角度和层面阐述个人道德修养的方法、途径、价值和意义,两者本质上可以说是一致的,但又各有侧重点。"大学之道"强调的是人如何通过个人的道德修养承担起社会责任和义务,最终实现天下太平的目标,而"中庸之道"则基于天人合一的基本原则,强调道德修养是人的内在需要,是人的神圣使命与归宿,因此,通过道德修养达到崇高的精神境界本身就是目的。正因为如此,就个人内在的道德修养而言,《中庸》阐述得更加细致,更加深刻。

《中庸》指出,"道也者,不可须臾离也,可离非道也。是故君子戒慎乎其所不睹,恐惧乎其所不闻,莫见乎隐,莫隐乎微,故君子慎其独也。"这就是说,"道"既内在又超越人。因为超越,所以"道"在人们在生活实践中是看不见,摸不着的,这就意味着,如果不是特别小心谨慎,就随时有可能背离"道",而背离"道",这是君子所不能允许的,所以必然诚惶诚恐;因为内在,所以每个人都完全可以与"道"保持一致,但问题在于,既然是内在的,所以"道"只能"隐""微",并不会时时刻刻自动地体现在人们在日常生活实践中。因此,每个人都应当小心谨慎,如履如临,尤其是在没有任何外部力量监督和制约的情况下,既要切实防止因为"道"的超越性而在日常生活实践中背离"道",又要切实防止因为"道"的内在性而体验和发现不了"道",最终在日常生活实践中迷失方向,这同样会背离"道"。

朱熹着重强调天理也就是"道"的客观性和超越性,强调人们背离"道"的原因在于"人欲",因此,与"道"保持一致的关键就在于时刻牢记"道"的存在,努力消灭"人欲",防止在日常生活实践中背离"道"。在他看来,"戒惧"是"所以存天理之本然,不使离于须臾之顷",也就是在意念未起时"防患于未然",时时刻刻牢记天理,与天理保持完全一致;"慎独"则为"所以遏人欲之将萌,而不使其滋长于隐微之中,以至离道之远",不能产生有违天理的念头。[①] 因为在没有任何外部力量监督和制约的情况下,如果没有高度的修养,没有特别的谨慎,就有可能萌生种种不良的念头,从而做出某些有违天理的事情,所以"戒惧"和

---

① 朱熹《四书章名集注·中庸章句》。

"慎独"对于人践行天理具有特别重要的意义。

在王阳明那里,既然"心外无物",因此,"道"只能是一种内在于人心的存在,实际上也就是他所谓的良知本体。在王阳明看来,所谓与"道"保持一致,正是致良知工夫,或者说就是良知本体的发用流行。王阳明认为,无论是《大学》所强调的格物、致知、正心、诚意还是《中庸》所强调的"戒惧慎独",其实都是一回事,都是致良知工夫,只是表述的角度和层面有所不同。他说:"防于未萌之先,而克于方萌之际。此正是《中庸》戒慎恐惧,《大学》致知格物之功。舍此之外,无别功矣。"①王阳明指出:

> 君子之戒慎恐惧,惟恐其昭明灵觉者或有所昏昧放逸,流于非僻邪妄而失其本体之正耳。戒慎恐惧之功无时或间,则天理常存,而其昭明灵觉之本体,无所亏蔽,无所牵扰,无所恐惧忧患,无所好乐忿懥,无所意必固我,无所歉馁愧怍。和融莹彻,充塞流行,动容周旋而中礼,从心所欲而不逾,斯乃所谓真洒落也。②

对王阳明而言,"道"即良知本体,因此"戒慎恐惧"必须"由良知作主宰"。换言之,"戒慎恐惧"正是良知本体发用流行的体现。他指出,"即戒慎即是知"③"能戒慎恐惧即是良知"。④ 王阳明强调:"此处须信得本体原是不睹不闻的,亦原是戒慎恐惧的。戒慎恐惧,不曾在不闻不睹上加得些子。见得真时,便谓戒慎恐惧是本体,不闻不睹是功夫。"⑤

不过,王阳明并没有把"戒惧慎独"视为基本的甚至是关键的致良知工夫,他对邹守益的解释,只不过是用其良知说解释了《大学》和《中庸》两部经典思想理论上的一致性。

邹守益同样认为"道"即是良知本体。不过,在邹守益看来,"戒慎恐惧"是个人道德修养的基础和出发点,也是致良知的最关键的工夫,更进一步说,所有的致良知工夫都可以归结为"戒惧慎独"。反过来说,只有"戒惧慎独"才能致良知,才能使良知本体发用流行。他说:

---

① 《王阳明全集·传习录·中》。
② 《王阳明全集·答舒国用》。
③ 《王阳明全集·传习录·上》。
④ 《王阳明全集·传习录·中》。
⑤ 《王阳明全集·传习录·下》。

> 不睹不闻是指良知本体,戒惧慎独所以致良知也。①
> 为学在戒慎恐惧,常精常明,不使自私用智以障吾本体。②

也就是说,在邹守益看来,良知本体作为一种廓然大公的本体存在,"不睹不闻",是看不见,听不着的,但又有可能被外部世界(包括习俗)污染,因此必须时时刻刻小心谨慎地予以防范,尤其是在没有任何外部力量监督和制约的情况下更要注意,绝不能自作聪明,"自私用智",这样才能使良知本体"常精常明",在日常生活中彻底发挥良知的功能,只有这样,才有可能实现本体与工夫的合一。邹守益指出:

> 夫良知之教,乃从天命之性指其精明灵觉而言。《书》谓之明命,《易》谓之明德,而恻隐、羞恶、辞让、是非,无往而非良知之运用。故戒慎恐惧以致中和,则可以位天地,育万物,而扩充四端,则可以保四海,如运诸掌。③

所以,在邹守益看来,"戒慎恐惧"才是自古以来的圣贤"正脉",是儒学的精髓所在。邹守益强调,如果人们不能做到"戒惧慎独",就有可能产生各种泯灭良知的思想和行为,他说:

> 戒惧之学,自唐虞兢业以来相传一派正脉。不睹不闻,以言乎寂然不动也;莫见莫显,以言乎感而遂通也。须臾勿离,则有以立常寂之中,而扩常感之和,裁成天地,辅成万物,大事小事,举从此出。学术不明,往往纵其气习之偏,罔知防检,忿愒好乐滞于内,而亲爱贱恶辟于外。故事君弗能匡懈,事亲弗能无忝,保民弗能无伤,而爱士弗能若己有之。毫厘千里,其机可畏哉!④

与王阳明一样,邹守益也认为各种泯灭良知的思想和行为源于"学术不

---

① 《邹守益集·答曾弘之》。
② 《邹守益集·寄龙光书院诸友》。
③ 《邹守益集·复夏太仆敦夫》。
④ 《邹守益集·赠梧冈王少尹》。

明",不过他强调的"学术不明"主要是指人们忽视了"戒惧之学"。因此,邹守益强调,"戒惧慎独"必须成为"为学"的中心内容。换言之,每个人的所有的学习和思考都必须围绕"戒慎恐惧"。他说:

> 为学之大要在戒慎恐惧,常精常明,不使自私用智得以障吾本体。①
> 迁善改过,即致良知之条目也。果能戒慎恐惧,常精常明,不为物欲所障蔽,则即此是善,更何所迁?一有障蔽,便与扫除,如雷厉风飞,复见本体,所谓闻义而徙,不善而改,即是讲学修德之实。②

邹守益认为,《大学》和《中庸》是一致的,"大学之道"和"中庸之道"本质上是一回事。这就意味着,"戒慎恐惧"不仅仅是个人道德修养的基础和关键,也是人们实现修身、齐家、治国平天下的基础和关键。邹守益在吉安白鹭洲书院讲学时指出:

> 《大学》以家国天下纳诸明明德,《中庸》以天地万物纳诸致中和。天地万物者,家国天下之总名也;中和者,明德之异名也。明德即性也。明明德、亲民而止至善,安焉谓之率性,复焉谓之修道,而本本原原,不越慎独一脉。慎独则意诚,诚则忿懥好乐无留滞而心得其正,命之曰中;亲爱贱恶无所辟而身得其修,命之曰和;立中达和,溥博而时出之,以言乎家庭曰齐,以言乎闾里曰治,以言乎四海九州曰天下平。人人有家国天下,人人有天地万物。自天子至于庶人夫二学,自唐虞至于洙泗无二功。世欲位育而不致中和,欲致中和而不戒惧,闻见日博,测度日巧,摹拟日精,而至善日远矣。③

邹守益对形而上的理论思考研究没有很大兴趣,他反复强调,"戒慎恐惧"主要就是一个实践问题,是人们修身、齐家、治国、平天下的基础和出发点。进而言之,"戒慎恐惧"与其说是个人的精神境界,还不如说是每个人的奋斗方向。因此,人不能消极无为,而必须积极进取,自强不息。

必须特别指出的是,人们历来是在消极防范的意义上理解"戒慎恐惧"的,

---

① 《邹守益集·寄龙光书院诸友》。
② 《邹守益集·答徐子弼》。
③ 耿定向《东廓邹先生传》,载《邹守益集·附录》。又见《邹守益集·白鹭书院讲义》。

但邹守益特别赋予了其积极进取,自强不息义。他一方面强调"戒慎恐惧之功,如临深渊,如履薄冰,所以保其精明之不使纤尘或蒙之也"。① 另一方面,他也指出,"戒慎恐惧",迁善改过,目的是为了使人更好地担负齐家、治国、平天下的使命。因此,人不能仅仅是消极防范,更需要积极进取。如果没有积极进取,自强不息,就难以担负起齐家、治国、平天下的使命。王时槐指出,邹守益"以戒慎恐惧,健行不息为真功",②耿定向也说,"有以纵任为性体自然者,先生肫肫焉申戒谨恐惧旨,明自强不息为真性。"③邹守益曾专门和人探讨过自强不息的问题,他在《不息亭说》中写道:

> 东廓再至南都,与旧游诸生切磋于自强不息之学,喟然叹曰:"天地气机,夫孰非不息者乎? 日之拂于扶桑,经过隅泉,薄于虞渊,沦于蒙谷,已而复拂于扶桑矣。物之苗于青阳,畅于朱明,敛于商飚,归根于玄冥,已而复苗于青阳矣。圣门川上之叹,正以泄不息之机也。"④

他在《康斋日记序》中强调:

> 自强不息,学者之所以希圣也。……息则与天不相似矣。故曰:君子不动而敬,不言而信,戒慎乎其所不睹,恐惧乎其所不闻,则无须臾之息而天德纯矣,天德纯而王道出矣。此千圣相传之心法也。⑤

对邹守益而言,"常精常明""自强不息""无须臾之息"是至关重要的。尽管他并不反对从形而上高度研究阳明学,探究良知本体的存在,但他强调,一切都必须落脚于"人伦日用",落脚于履行人对家庭、社会和国家的责任和义务,绝不能脱离实际。正因为如此,邹守益对以聂豹和罗洪先为代表的"主静派"提出了批评。他强调本体和工夫、"寂"和"感"、"动"和"静"的统一性,主张"寂感无时""体用无界",邹守益认为,以聂豹和罗洪先为代表的"主静派"割裂了"寂"和"感"、"动"和"静"的统一性,在理论上是错误的,在实践上是有害的。

---

① 《邹守益集·九华山阳明书院记》。
② 《国朝献征录》卷七十四。
③ 耿定向《东廓邹先生传》,载《邹守益集·附录》。
④ 《邹守益集·不息亭说》。
⑤ 《邹守益集·康斋日记序》。

在王阳明那里,"良知"是一种"廓然大公,寂然不动之本体"存在,"体即良知之体,用即良知之用",人们之所以会违背天理,践踏良知,做出种种恶行,就是因为人会受到外部世界的诱惑和侵蚀,致使良知本体遭到蒙蔽。因此,聂豹和罗洪先为代表的"主静派"认为,所谓致良知,说到底就是要回归良知本体,只有"收敛视听",拒绝外部世界的诱惑和侵蚀才能回归良知本体,良知本体才能自然而然地发用流行。关于他们思想主张,我们前面已经作了简要介绍,后面还会进行详细讨论。问题在于,从实践的观点看,人必须生活在纷繁复杂的现实世界之中,并且在这个现实世界中担负起对家庭、国家和社会的责任与义务,这就意味着不应当事实上也不可能拒绝外部世界。无论如何辩解,从实践的观点看,"收敛视听",拒绝外部世界,又怎么可能在现实世界中担负起对家庭、国家和社会的责任与义务呢?这就有可能背离王阳明的宗旨。邹守益对此提出了严厉批评。

无论是聂豹和罗洪先为代表的"主静派"的立论还是邹守益的批评都是建立在中国传统的"寂感论"基础上的。前面我们业已提到,在中国传统观念中,感知和思维是"心"的功能,但"心"可以分为"寂"和"感"两种存在状态。"寂"指的是人的心灵和思维的绝对安静,是"心"的本然状态,没有受到任何外部事物的影响或干扰,"感"则是人的心灵和思维对外部世界的反应。感知和思维是"心动"的结果,"心动"即能感知天下万物,寂然不动时,就无思无为。因此,要理解和研究"心"的本质,理解和研究人的动机和行为,就必须研究人心如何由"寂"而"感"的,由此形成了一套寂感理论。《易传·系辞上》:"易无思也,无为也,寂然不动,感而遂通天下之故。"《周易正义》云:"寂然不动,感而遂通天下之故者,既无思无为,故寂然不动,有感必有应,万事皆通,是感而遂通天下之故也。故谓事,故言通天下万事也。"

毫无疑问,这套理论是建立在哲学思考或者说形而上的基础上,而不是建立在经验的基础上。就道德修养而言,人的动机无疑是非常重要的,故寂感理论一直为人们所特别关注。宋代的理学家认为,"寂然不动"是指人心的未发状态或本体存在,已发则为用,能够感应天地万物。朱熹强调,人心的寂然和感应是一件事情的两个方面,不能分开,"寂然者,无时而不感,其感通者,无时而不寂也。"[①]王阳明将寂感统一于良知,认为寂然为良知之寂然,感通为良知之感通,寂在感中,即

---

① 《朱文公全集·易寂感说》。

感之本体,感在寂中,即寂之妙用。"盖体用一源,有是体即有是用,有未发之中,即有发而中节之和。"①也就是说,"寂"和"感"应当而且是必须统一的,而不应当将两者割裂开来。不过,从理论上说,既然人心可以分为"寂"和"感"两种状态,至少在理论上应当是可以分开的,而且应当有不同的功能。以聂豹、罗洪先为代表的主静归寂派认为,既然良知本寂,只要"收敛视听",拒绝外部世界的诱惑和侵蚀就能致良知,然后"感而遂通天下",天理流行,达到致良知的终极目标。邹守益认为,良知不能脱离现象而存在,必然感应万事万物,在现实世界中体现出来,在时间上不可分,故而"常寂常感""体即良知之体,用即良知之用",也就是说,"寂感无二时,体用无二界"。② 他致函聂豹称:

> 两城公相晤论学,别后有数条相问,大意主于收视敛听、一尘不撄、不波不兴为未发之时,当此不撄不兴,意尚未动,吾儒谓之存存,存存则意发即诚。弟答之曰:收视是谁收? 敛听是谁敛? 即是戒惧工课。天德王道,只是此一脉。所谓去耳目支离之用,全圆融不测之神,神果何在? 不睹不闻,无形与声,而昭昭灵灵,体物不遗。寂感无时,体用无界,第从四时常行,百物常生处体当天心,自得无极天心。③

显然,邹守益是站在"人伦日用"或者说生活实践的立场上批评"主静说"的,在他看来,"所谓去耳目支离之用,全圆融不测之神"是没有意义的。"寂感无时,体用无界",不能把"寂"和"感"分开,否则就无法真正感应"四时常行,百物常生"的现实世界。也就是说,人们是不能通过"收敛视听",拒绝外部世界的诱惑和侵蚀以致良知的。他强调:

> 学之病莫大乎息。息则物欲行而天理泯矣。天理与物欲互为消长者也,无两立之势。故君子戒慎恐惧之志,由闻以至于不闻,由见以至于不见,由言以至于不言,由动以至于不动,一也,无须臾之离也。道不离人,人不离道,人与道凝,然后可践形而无忝,夫是之谓善学。④

---

① 《王阳明全集·传习录上》。
② 《邹守益集·再简双江》。
③ 《邹守益集·再简双江》。
④ 《邹守益集·学说》。

邹守益还强调,人们固然从本体论的高度思考人生与社会,但绝不能把"本体"和现实分开,一味去玄想本体,必然忽略实际的修养工夫,进一步说,一味去玄想本体并不能致良知。他说:

> 夫良知一也。有指体而言者,寂然不动者是也;有以用而言者,感而遂通天下之故是也。指其寂然处,谓之未发之中,谓之所存者神,谓之廓然而大公;指其通感处,谓之已发之和,谓之所过者化,谓之物来而顺应。体用非二物也。学者果能戒慎恐惧,实用其力,不使自私用智之障得心害之,则常寂常感,常神常化,常大公,不常顺应,若明镜莹然,万象毕照,未应不是先,已应不是后矣。①
>
> 本体工夫,原非二事。大学之教,在明明德。下明字是本体,上明字是工夫,非有所添也。做不得工夫,不合本体;合不得本体,不是工夫。②

邹守益认为,一些人拼命玄想本体的存在,其实是不愿意在日常生活中进行艰苦的道德修养,或者说不愿意做切实的致良知工夫,这与良知学宗旨背道而驰。他在《答明建司元司宪兆明书》中说:

> 甚矣,董生之多才也!所云"因庄敬持养之难,遂生厌心,闻本体流行不用工夫之说,便自以为悟到",所云"只从等待中虚掷岁月,只管人面上粉饰,只管从动后记过",所云"沾滞夹带,未得干净,以故没起头,没下梢,无受用处",诸君自知之明,真是分晓矣。先师遗训,即病即药,何待他求?曰"庄敬持养是本体流行",则亦庄敬持养之而已矣。曰"此学少,不老实下工,止将横抹说过,亦与时文伎俩无异",则亦老实下工而已矣。曰"作辍之病俱不能免,总缘志欠真切",亦则真切之而已矣。果能求快其自知之明,而不忍于欺之,则时有离合,心无离合,终日如师保之临。③

正是立足于"人伦日用",立足于社会实践,邹守益在研究和传播阳明学的

---

① 《邹守益集·复黄致斋使君》。
② 《邹守益集·复高仰之友》。
③ 《邹守益集·答明建司元司宪兆明书》。

过程中,始终谨守王阳明的宗旨,把"破心中贼",教育和引导人们在日常生活中严格遵守儒家名教纲常作为全部的努力方向和目标,并对各种有违王阳明本人宗旨的思想倾向提出了严厉批评,由此奠定了其王学正传的地位。尽管他的"修己以敬""戒惧慎独"说与王阳明存在一定区别,对"天"、"上帝"和鬼神的强调也与王阳明有所不同,但这并没有动摇其王学正传的地位。黄宗羲强调,"阳明之没,不失其传者,不得不以先生为宗子也。"[①]而从另一个角度说,也正是因为邹守益立足于"人伦日用",立足于社会实践,没有作更多的形而上的哲学玄思,没有对心性问题展开很深入的探讨,现代一些学者认为邹守益的学术思想的价值不大。他们把宋明理学视为哲学思辨成果,而不是为了探求个人成仁成圣方法途径的产物。既然邹守益没有对心性问题展开很深入的哲学思辨,其思想价值自然不大。于是,他们可以无视邹守益的巨大声望和影响,无视邹守益在传播阳明真精神过程中的巨大贡献,轻轻地将邹守益一笔带过,这不能不说是用现代哲学社会科学理论剪裁历史所带来的严重缺憾。

第四节　邹氏家学略论

邹守益出身于地方望族,他的家族自其父亲邹贤起即开始显赫,邹守益的儿子邹善、孙子邹德涵、邹德溥、邹德泳先后中进士,一门六进士,在地方上享有巨大声望。在邹守益的影响下,邹守益家族在传播和发展阳明学方面作出了独特的贡献,他们长期主持或积极参与吉安府尤其是安福县各地的阳明学讲会,努力用阳明精神整合地方社会,在学术理论上也有所建树,由此形成了所谓的"邹氏家学"。邹氏家族为江右王门学派的持续发展提供了强大的动力,在阳明学史上有着独特的地位。王时槐称:

> 惟吾吉邹文庄公,亲受学于会稽之门,退而以开示从游之士。一遵师说,终其身无异词,谆谆乎戒慎恐惧,致力于子臣弟友,以底于全归,其道至大而其学至近如此。嗣君颖泉太常,孙聚所宪佥,缵承家学,一尊文庄之旨。盖三世一揆,所谓本于秉彝之良,征于人伦践履之实者,如出一口。至

[①]《明儒学案·江右王门学案一》。

掠二氏，决堤防而谈世外，在海内容有之，而独邹氏家学，粹然一出于正。①

作为同县晚辈的王门学者，王时槐难免有溢美之词。实际上，邹守益的子孙不仅仅"一尊文庄之旨"，更有所发展和创新，对于阳明学的发展和传播，尤其是对于江右王门学派的持续发展，作出了重大贡献。

如果说邹守益是在研读儒家经典的过程中通过向王阳明问学而接受并终身信奉阳明心学的话，那么，对于邹守益的子孙们而言，阳明心学就是一种"家学"了，传承家学成为他们的义务。换言之，他们信奉并传播和发展阳明学，一方面固然因为他们相信阳明学是"真理"，同时在一定程度上也是继承和发扬邹守益奠定的"家学"传统。对他们而言，王阳明的良知说可以说就是不言而喻的真理，并不需要像邹守益那样要"质诸孔孟，渐觉有合处，然后敢信而绎之"。②他们一方面像邹守益那样，重视以阳明学精神教育和引导人们在日常生活中严格遵守名教纲常，重视教化社会，为此他们非常重视举办讲会，重视书院讲学。万历年间，尽管曾遭遇到张居正禁学，但邹氏家族依然想方设法坚持讲学活动，他们在维持安福的阳明学讲会特别是安福东山会方面付出了巨大的努力，也取得了显著的成效；另一方面，他们不能也不应当简单地重申邹守益或者王阳明的理论观点，而应当不断注入新的活力，进行深入的理论探讨。

要对阳明学进行理论上的探讨，绕不过去的就是阳明心学的内在矛盾。他们必须就良知本体和致良知之间的关系进行探讨，而不是一味强调致良知工夫的重要性，一味强调在日常生活中严格遵守儒家名教纲常的重要性——严格遵守儒家名教纲常，是社会的共识，无论是对于广大阳明学者还是对于邹氏家族而言，这都不是问题。问题在于，如何面对和解释阳明心学的内在矛盾，使阳明学理论能够切实有效地教育和引导人们在日常生活中严格遵守儒家名教纲常。邹善、邹德涵、邹德溥、邹德泳等人做出了自己的努力，并取得了一定的成就。不过，无论在学术界还是在社会上，他们的影响与邹守益均不可同日而语，但他们的努力对于江右王门学派的传承，对于阳明学在地方上的影响的深化，无疑具有特别重要的意义。

邹善是邹守益的第三子，嘉靖三十五年（1556）进士，官至太常少卿。他从小跟随父亲邹守益游学四方，后来任官期间，结识了耿定向、罗汝芳等著名阳明学

---

① 《王时槐集·友庆堂合稿·邹氏学脉序》。
② 《邹守益集·复王东石时桢》。

者。但在学术思想方面,邹善受他们的影响并不大。他大致上继承了乃父邹守益的学术思想观点。他重申了心外无物的基本观点,称"天下万事万物,莫不原于吾之一心,此处停妥,不致参差,即是大公之体。以此随事应之,无所增损起灭,即是顺应之流行矣。动容貌,出辞气,正颜色,莫非以此贯之"。[1] 邹善强调,"夫为吾一身之主,为天地万物之主,孰有外于心? 所以握其主以主天地万物,孰有过于存心? 非我公反身体贴,安能言之亲切若此? 第存心莫先于识心,识心莫先于静,所谓心固不出乎腔子。然退藏于密者此也,弥满于六合者亦此也。"因此,万事先修心,"学者真有必求为圣人之心,则即此必求一念,是作圣之基也。"

与乃父邹守益一样,邹善也强调,致良知的关键在于慎独。他说:

> 所谓将来学问,只须慎独,不须防检,而既往愆尤习心未退,当何以处之? 夫吾之独处,纯然至一,无可对待。识得此独,而时时慎之,又何愆尤能入、习心可发耶? 但吾辈习心有二:有未能截断其根,而目前暂却者,此病尚在独处,独处受病,又何慎之可言? 有既与之截断,而旧日熟境不觉窃发者,于此处觉悟,即为之扫荡,为之廓清,亦莫非慎之之功。譬之医家,急治其标,亦所以调摄元气。譬之治水,虽加疏凿决排,亦莫非顺水之性。见猎有喜心,正见程子用功密处,非习心之不去也。人一能之,己百之,人十能之,己千之,此正是困勉之功,安可以为着意? 但在本体上用,虽困且苦,亦不可以言防检。

邹善同样认为,所有的学术研究思考必须立足于"人伦日用",立足于社会实践,他说:

> 学莫切于敦行,仁岂是一个虚理? 礼仪三百,威仪三千,无一而非仁也。知事外无仁,仁体时时流贯,则日用之间,大而人伦不敢以不察,小而庶物不敢以不明。人何尝一息离却伦物,则安可一息离却体仁之功? 一息离便非仁,便不可语人矣。颜子视、听、言、动,一毫不杂以非礼,正是时时敦行,时时善事吾心。

---

[1] 《明儒学案·江右王门学案·颍泉先生语录》,以下引邹善语,非特别注明,均出于此。

也就是说,全部的学习、研究和思考都服务于"人伦日用",关键就在于"时时敦行,时时善事",他指出:

> 学不明诸心,则行为支;明不见诸行,则明为虚。明者,明其所行也。行者,行其所明也。故欲明吾孝德,非超悟乎孝之理已也,真竭吾之所以事父者,而后孝之德以明。欲明吾弟德,非超悟乎弟之理已也,真尽吾之所以事兄者,而后弟之德以明。舜为古今大圣,亦惟曰:"明于庶物,察于人伦。"舍人伦庶物,无所用其明察矣。

如果说邹善还基本上坚守着邹守益的思想观点的话,那么,邹德涵则在理论上有所创新发展。邹德涵,邹善长子,隆庆五年(1571)进士。与邹守益、邹善稍有不同,邹德涵更关注良知本体。对他而言,要致良知,首先必须对良知本体有深刻的认识和理解。在他看来,由于良知本体是一种超越性存在,而不仅仅是一种现象存在,所以要认识和理解良知本体,只能是通过日常生活实践中的"悟",而无法通过人的知觉或理性。黄宗羲指出,邹德涵"以悟为入门"。[1] 他强调"实践非他,解悟是已。解悟非他,实践是已。外解悟无实践,外实践无解悟。外解悟言实践者知识也,外实践言解悟者亦知识也,均非帝之则,均非戒慎之旨"。[2] 也就是说,致良知的关键就在于在日常生活实践中体悟自己的良知本体的存在,使每个人的良知本体自然而然地发挥作用。邹德涵强调指出,良知并不是善本身,而是一种超越性的存在,他说:

> 这点良知,彻头彻尾,无始无终,更无有恶念发而不自知者。今人错解良知作善念,不知知此念善是良知,知此念恶亦是良知,知此无善念无恶念也是良知,常知,便是必有事焉。其不知者,非是你良知不知,却是你志气昏惰了。古人有言曰:'清明在躬,志气如神。'岂有不自知的?只缘清明不在躬耳。你只去责志,如一毫私欲之萌,只责此志不立,则私欲便退听。所以阳明先生责志之说最妙。

既然是一种超越性存在,人因为无法通过学习、研究和思考获得良知本体,

---

[1] 《明儒学案·江右王门学案·邹德涵传》。
[2] 《明儒学案·江右王门学案·聚所先生语录》,以下引邹德涵语,非特别注明,均出于此。

只能日常生活实践中感悟到良知本体的存在。邹德涵说：

> 天理天然自有之理，容一毫思想不得。所以阳明先生说"良知是不虑而知"的。《易》曰："何思何虑。"颜渊曰："如有所立卓尔。"说如有，非真有一件物在前。本无方体，如何可以方体求得？到是如今不曾读书人，有人指点与他，他肯做，还易得，缘他止有一个欲障。读书的人，又添了一个理障，更难摆脱。你只静坐，把念头一齐放下，如青天一般，绝无一点云雾作障，方有会悟处。若一心想个天理，便受他缠缚，非惟无益，而反害之。《书》曰："人心惟危，道心惟微。"你今想个天理，反添了这个人心，自家常是不安的。若是道心，无声无臭，容意想测度不得。容意测度又不微了。《中庸》曰："喜怒哀乐之未发谓之中。"怒而无有作恶，喜而无有作好，所谓情顺万物而无情，心普万物而无心，无动无静，方功夫的当处。譬之镜然，本体光明，妍来妍照，媸来媸照，镜原是空的，没有妍媸。你今如此就谓之作好。

这与禅宗佛学的"明心见性"有显著的相似之处，因而引起诸多质疑。与绝大多数学者一样，邹德涵也强调，体悟良知本体的存在与佛教所追求的明心见性有着本质的区别。他指出，佛教所追求的明心见性本质上是追求"空"。而参透良知本体的目的是真正地让"心"作主宰，自然而然地与儒家名教纲常完全一致，履行对家庭、国家和社会的责任义务。邹德涵说：

> 空亦不同。有一等闲人的空，他这空，是昏昏懵懵，胸中全没主宰，才遇事来，便被推倒，如醉如梦，虚度一生。有异教家的空，是有心去做空，事物之来，都是碍他空的，一切置此心于空虚无用之地。有吾儒之空，如太虚一般，日月、风雷、山川、民物，凡有形色象貌，俱在太虚中发用流行，千变万化，主宰常定，都碍他不得的，即无即有，即虚即实，不与二者相似。

人只有充分体悟到自己的良知，让自己的良知无时无刻地发挥作用，人才能在生活实践中"自立自达"，在精神上达到圣人的境界。他强调：

> 自立是卓然自立于天地间，再无些倚靠人，推倒他不得。如泰山之立于天地间，任他风雷俱不能动，这方是自立。既自立了，便能自达，再不假

些帮助,停滞他不得。如黄河之决,一泻千里,任是甚么不能沮他,这方是自达。若如今人靠着闻见的,闻见不及处,便被他推倒了,沮滞了。小儿行路,须是倚墙靠壁,若是大人,须是自行。

质而言之,人首先必须追求崇高的精神境界,不能沉沦于世俗之中。"看人太俗,是学者病痛""世人把有声的作闻,有形的作见,不知无声无形的方是真见闻。"在日常生活中必须严格遵守名教纲常,"言思忠,事思敬"。邹德涵同样强调,致良知的关键在于"立志",人首先要有成仁成圣的坚定志向,才能为其致良知提供持续不断的精神源泉和动力,当然,所谓立志,不仅仅是成为一个圣人,更重要的是日常生活中的修养本身,他说:

> 凡功夫有间,只是志未立得起,然志不是凡志,须是必为圣人之志。若是必为圣人之志,亦不是立志。若是必为圣人之志,则凡行得一件好事,做得一上好功夫,也不把他算数。
>
> 千年万年只是一个当下。信得此个当下,便信得千万个。常如此际,有何不仁不义、无礼无智之失?孟子所谓扩充,即子思致中和之致,乃是无时不然,不可须臾离意思,非是从本心外要加添些子。加些子便非本心,恐不免有画蛇添足之病。

邹德涵的"立志"观与王阳明的立志论完全一致,强调立志是致良知的源泉和动力,与王阳明一样,邹德涵也无法在"心外无物"的理论基础上合乎逻辑地说明"立志"的动力和源泉。

总之,邹德涵的学术思想与邹守益、邹善显著不同,他关注的是良知本体,强调致良知的关键在于"悟"而不仅仅是日常生活中的"戒慎恐惧"。换言之,与邹守益、邹善相比,邹德涵深化对阳明学的理论研究,故黄宗羲称邹德涵"于家学又一转手矣"。[①] 实际上,由于良知本体是一种形而上的存在,人们无法在经验层面,通过理性或知觉把握良知本体,而只能在日常生活实践中体悟或参透良知本体。实际上,这也正是众多阳明后学研究方向和思想主张。

邹德涵的弟弟邹德溥,万历十一年(1583)进士,官至太子洗马。邹德溥其

[①] 《明儒学案·江右王门学案·邹德涵传》。

实并不以阳明心学名世,而是以研究《春秋》和《周易》著称,"所解《春秋》,逢掖之士多宗之""其于《易》道,多所发明"。尽管如此,出身于阳明学世家的他自然对阳明学所知甚深,而且当时阳明学风靡于世,自然会对阳明学进行探讨,并提出自己的观点和看法。

邹德溥强调,任何研究和思考,都必须基于日常生活实践,必须着眼于引导人们严格遵守儒家名教纲常。也就是说,他主要是从工夫论层面对而不是从本体论层面认识、理解和讨论阳明学的。基于此,他对主静归寂派和现成派提出了严厉批评,抨击各种脱离实际的所谓的"宗自然"说,认为这些思想观点必然导致人们对致良知工夫的忽视甚至否定。对于"宗自然"说者而言,既然良知为人人所拥有,因此,每个人只要按照自己的本心自然而然地生活,就是致良知了。从理论上说,他们把良知这一本体存在等同于现象存在,否定或至少是忽略了王阳明所强调的有可能蒙蔽"良知"的"物欲"的存在,从实践上说,尽管他们不会直接否定名教纲常,但实际上在理论上否定了严格道德修养的必要性,这实际上也就否定或至少是忽略了王阳明所强调的致良知工夫的必要性。邹德溥强调,人必须应当遵守人世间的名教纲常,严格地进行道德修养,人必须以经世为目标而不是率性而为,放任自己。因为率性而为,"宗自然"完全有可能导致种种践踏名教纲常的思想和行为。邹德溥说:

> 今世觅解脱者,宗自然,语及问学,辄曰此为法缚耳。顾不识人世种种规矩范围,有欲离之而不能安者,此从何来? 愚以为离却戒慎恐惧而言性者,非率性之旨也。今世慕归根者,守空寂,语及伦物,辄曰此谓义袭耳。顾不识吾人能视、能听、能欢、能戚者,又是何物? 愚以为离却喜怒哀乐而言性者,非率性之旨也。

邹德溥指出,良知现成派过于强调个人的良知现成,从根本上忽视了人对社会的责任和义务,这是不可接受的。他说:"今世取自成者,务独学,语及经世,辄曰此逐情缘耳。顾不识吾人一民之伤、一物之毁,恻然必有动乎中,此又孰使之者? 愚以为离却天地万物而言性者,非率性之旨也。"[①]

邹德溥对主静归寂派和现成派,尤其是对各种所谓的"宗自然"说的批判,

---

① 《明儒学案・江右王门学案・四山论学》。

与众多江右王门学派学者的观点是一致的。只不过,他不像刘邦采、王时槐等人那样,旗帜鲜明地提出了自己独特的理论主张。

邹德泳是邹守益次子邹美的儿子,万历十四年(1586)进士,官至云南御史,因在万历皇帝立储问题上言词激烈地抗议首辅申时行,被罢官回乡。邹德泳年幼丧父,由母亲周氏抚养成人。幼时即参与阳明学讲会,并拜堂兄邹德溥为师。罢官回乡后,主要在学术和地方事务中协助邹德溥。

不过,邹德泳的学术兴趣与邹德溥并不一致,而与邹德涵相似。他特别关注良知本体,也深受禅宗佛学的影响。"守致良知之宗,而于格物则别有深悟",是邹氏家学的重要传人。邹德泳对"心外无物"作了极端的发挥,他声称,"心"作为一种虚灵明觉的存在,是绝对的和超越性的至善,无时无刻地对宇宙、自然、社会和人生负责。邹德泳说:

> 天有与我公共一理,从头透彻,直信本心,通一无二,不落尘根,不觅窾会,灵明活泼,统备法象,广大纤屑,无之非是,其于立人、达人、民饥、民溺,一切宇宙内事,更不容推而隔于分外,岂可与意识、卜度、理路、把捉者同日语哉![1]

也就是说,作为一种最高存在,"心"超越人世间的一切智慧与技巧,对个人而言,关键是使自己虚灵明觉的"心"充分展现出来,不能自以为是地以所谓技巧和智慧蒙蔽自己的"心"即良知。"君子只凭最初一念,自中天则;若就中又起一念,搬弄伎俩,即无破绽,终与大道不符。"[2]他强调:

> 古人以天地合德为志,故直从本体,亦临亦保,不使一毫自私用智,沾蒂挂根。今人以世情调适为志,故止从事为安排布置,终不能于不睹不闻上开眼立身。总之一达而上下分途。
>
> 君子之于人也,虚心而照,平心而应,使其可容者自容,不可容者自不能容,不以察,与焉而已。若作意以含容为量……,胶结不解,吾将不为君子所容矣。

---

[1] 《明儒学案·江右王门学案·思成求正草(泸水)》。
[2] 《明儒学案·江右王门学案·思成求正草(泸水)》,下引邹德泳语,均据此。

基于此,邹德泳提出了其"格物致知"论。他强调,所谓"格物",并非消除外部不正确的东西,"物"指的正是人本身,"格物致知"就是正确地认识自己,充分发挥人的内在良知。他说:

> 正心直曰正心,诚意直曰诚意,致知直曰致知,今于格物独奈何必曰"格其不正,以归于正"耶?吾以为圣人之学,尽于致知,而吾人从形生神发之后,方有此知,则亦属于物焉已,故必格物而知乃化,故《大学》本文于此独着一"在"字,非致知之外别有一种格物功夫。《易》言"乾知大始"即继以"坤作成物",非物则知无所属,非知则物无所。孟子曰:"所过者化",物格之谓也;"所存者神",知至之谓也。程子曰:"质美者明,得尽渣滓便浑化,却与天地同体。"此正致知格物之解也。

邹德泳的格物致知论明显受到禅宗佛学的深刻影响。实际上,由于良知本体是一种形而上的存在,无法通过人的理性或知觉把握,因此,随着阳明学的传播,很多阳明学者越来越深受禅学影响,强调只能"悟"到良知本体。因此,一些人甚至公开称颂禅学,认为禅学完全可以为儒学所吸收,服务于儒家的目标。他们强调,这是致良知,破心中贼的正确途径。不过,"悟"到良知本体的目标不是出世,而是入世,是为了自然而然地遵守名教纲常,自然而然地维护现存的政治社会秩序。就邹德泳而言,他可以说是非常入世的。他之所以被罢官,就是因为他坚守传统观念,要求万历皇帝立长子朱常洵而不是他宠爱的三子朱常洛为太子,他激烈抨击内阁首辅申时行,认为申时行没有坚持原则,说服万历皇帝立长子朱常洵为太子。罢官回乡后,积极参与阳明学讲会活动和地方事务,承担起了一个官僚士大夫应尽的责任和义务。

到邹守益的曾孙辈,一方面阳明学在全国走向末路,另一方面邹氏家族也没有出现显宦,邹氏家学也就不再显赫。不过,邹氏家族依然努力维持着安福的阳明学讲会——东山会的运行,其中邹衮的贡献尤其重要,他不仅继续积极主持参与各种王学活动,并编辑出版其父辈的著作,对于阳明精神的进一步深入人心,作出了重要贡献。

第五章 欧阳德论

第一节 学术与人生

在江右王门学派的领袖人物中,欧阳德的地位和影响颇有意味。一方面,欧阳德在传播阳明学方面贡献卓著,有"南野门人半天下"之说,是公认的阳明学重要领袖人物,另一方面,在学术理论上,他的创见似乎并不多,长期以来不为研究者所特别重视。黄宗羲在《明儒学案·江右王门学案》中,虽然也高度评价了欧阳德,但就学术理论贡献而言,黄宗羲特别提到邹守益、刘文敏、聂豹和罗洪先在准确传承阳明学中的突出贡献,而没有专门提欧阳德。几乎所有的研究阳明学和阳明后学的论著都会提及欧阳德,但绝大多数论著除了强调其在传播阳明学方面的贡献外,在学术思想理论方面基本上只作简略交代。在侯外庐主编的《宋明理学史》这部皇皇巨著中,欧阳德被归入"王学正传"中,但对其学术思想,只是在研究邹守益的专章中,附带地介绍了一下,而且主要是略述其"良知与知识有辨"这一思想观点。实际上,从哲学思辨的角度而言,欧阳德显得比邹守益深刻,因而对阳明学有更为深刻的理解。

欧阳德仕途较为顺利,自入仕后,长期在外地为官。不幸的是,他年仅五十九岁即病逝于礼部尚书任上,期间只有父亲去世后丁忧在家,丁忧结束后不久即离家赴任官职,居家时间不多。这使得他不能像邹守益等人一样有很多时间在家乡讲学,并以阳明精神指导地方社会实践。他的两个儿子,欧阳余庆和欧阳绍庆也没有继承父业,基本上没有投入阳明学的研究和传播,只有其族侄欧阳瑜服膺阳明学,积极参与阳明学的研究与传播,不过其学术地位和社会地位都不高,影响比较小。与邹守益、罗洪先等人相比,欧阳德在家乡的作为和影响并不是很大。他没有能够在泰和县建立起有影响的阳明学讲会,没有能够切实推进阳明学在泰和的传播和发展。当然,他的身份地位依然使他能够在家乡发挥重要影响。比如说,他在丁忧在家期间,即非常热心于家乡事务,徐阶说他"居家孝友,数捃节衣食以周其族,凡赖以婚葬者若干人。置社他于乡,集子弟教以礼仪。又为文保伍法,使相救助"。① 在丁忧服除后,欧阳德多次与邹守益、聂豹、罗洪先等人聚会,"相与讲求未发之真,究先师之遗旨,若将终身焉。"② 正是在此期间,同县的胡直成为他的弟子(胡直后来又拜罗洪先为师),胡直后成为江右王门学派的第二代领袖人物。

据记载,欧阳德从小"神颖不群,读书数以行俱下,九岁,以奇童称",③ 十三岁即中秀才,二十一岁中举人。中举后,欧阳德前往南赣师从王阳明。与邹守益不同,欧阳德在问学王阳明之前,即认定王阳明的学说为真理,故专门前往南赣向王阳明问学。王阳明也对欧阳德特别器重,称他为"小秀才"。据说,王阳明与来访者论学,往往会先和欧阳德讨论。为了追随王阳明,欧阳德甚至放弃两次参加会试的机会,据徐阶记载:

> 初,公领乡荐,阳明先生倡道于虔之行台。其说以为人心虚灵,万理毕具,惟不蔽于欲,使常廓然以公,湛然以寂,则顺应感通之妙,自出乎其中。而世儒往往索诸口耳,其力愈艰,其于用愈窒,非《大学》致知之本旨。于是举孟子所谓良知者,合之《大学》,曰致良知,盖明明德之别名耳。而士溺于旧闻,诋以为禅。公独曰:"此正学也。"走受业于先生,凡再,不赴春官。精思践日,有所自得。比入官,则遂以其学施诸政事。④

而正如前面所指出的,邹守益正式师从王阳明在很大程度上是因为王阳明为其解开了至关重要的思想理论上的困惑。而且,邹守益是经过反复研究思考才确认王阳明的心学理论的真理性。因此,尽管邹守益是公认的王学正传,但他对程朱理学保持有敬意,为了传播和发展阳明学,邹守益可以毫无障碍地从程朱理学中汲取营养,这就使得他的学术思想有自己的特色,在一些地方与王阳明有所不同。质而言之,邹守益主要是从自己的角度或者说根据自己所学来

---

① 徐阶:《明故太子少保礼部尚书兼翰林院学士文庄欧阳公神道碑铭》,载《欧阳德集》附录。
② 聂豹:《资善大夫礼部尚书兼翰林院学士赠太子少保谥文庄欧阳南野公墓志铭》,载《欧阳德集》附录。
③ 聂豹:《资善大夫礼部尚书兼翰林院学士赠太子少保谥文庄欧阳南野公墓志铭》,载《欧阳德集》附录。
④ 徐阶:《明故太子少保礼部尚书兼翰林院学士文庄欧阳公神道碑铭》,载《欧阳德集》附录。

理解和捍卫阳明学的。欧阳德则是因为敬慕王阳明而拜其为师,坚信阳明学乃"正学"。因此,对欧阳德而言,首要任务和使命就是广泛传播阳明学,并坚决反击各种对阳明学批评和非难。这些正是欧阳德最重要的贡献所在。尤其是在传播阳明学方面,欧阳德居功至伟。黄宗羲称:

> 先生以讲学为事。当是时,士咸知诵"致良知"之说,而称南野门人者半天下。癸丑甲寅间,京师灵济宫之会,先生与徐少湖、聂双江、程松溪为主盟,学徒云集至千人,其盛为数百年所未有。①

聂豹的弟子徐南金指出:欧阳德"不务虚远,而充然有当于人心,一时学士为之靡然归向。于是,向之疑者解,信者坚,而阳明之学益以大振于时,南野先生之力也"。②

对欧阳德而言,要广泛传播阳明学,使阳明为人们所普遍接受,一方面必须对阳明精神有准确的认识和理解,另一方面必须对批评和非难阳明学的思想进行有效反击。关于欧阳德对阳明精神的理解问题,我们在下一节展开讨论;在反击各种对阳明学批评和非难方面,欧阳德最突出的就是与罗钦顺之间的论辩。这一论辩具有巨大的重要性,以至于黄宗羲在《明儒学案·江右王门学案·欧阳德传》中用了很大的篇幅(占其传记字数的近三分之一)进行描述:

> 罗整庵不契良知之旨,谓"佛氏有见于心,无见于性,故以知觉为性,今言吾心之良知即是天理,亦是以知觉为性矣。"先生申之曰:"知觉与良知,名同而实异。凡知视、知听、知言、知动皆知觉也,而未必其皆善。良知者,知恻隐、知羞恶、知恭敬、知是非,谓本然之善也。本然之善,以知为体,不能离知而别有体。盖天性之真,明觉自然,随感而通,自有条理,是以谓之良知,亦谓之天理。天理者,良知之条理;良知者,天理之灵明,知觉不足以言之也。"整庵难曰:"人之知识不容有二,孟子但以不虑而知者,名之曰良,非谓别有一知也。今以知恻隐、羞恶、恭敬、是非为良知,知视、听、言、动为知觉,殆如《楞伽》所谓真识及分别事识者。"
>
> 先生申之曰:"非谓知识有二也,恻隐、羞恶、恭敬、是非之知,不离乎

---

① 《明儒学案·江右王门学案·欧阳德传》。
② 徐南金:《欧阳南野先生文集序》,载《欧阳德集·附录》。

视、听、言、动,而视、听、言、动未必皆得其恻隐、羞恶之本然者。故就视、听、言、动而言,统谓之知觉,就其恻隐、羞恶而言,乃见其所谓良者。知觉未可谓之性,未可谓之理,知之良者,乃所谓天之理也,犹之道心人心非有二心,天命气质非有二性也。"整庵难曰:"误认良知为天理,则于天地万物之理,一切置之度外,更不复讲,无以达夫一贯之妙。"先生申之曰:"良知必发于视听、思虑,视听、思虑必交于天地、人物,天地、人物无穷,视听、思虑亦无穷,故良知亦无穷。离却天地、人物,亦无所谓良知矣。"①

在与罗钦顺的论辩中,欧阳德较为全面地阐述了他对良知,尤其是良知与知识、经验之间的关系的看法。关于欧阳德与罗钦顺之间的论辩,前面业已进行了讨论,这里不再重复。

欧阳德之所以在传播阳明学方面取得重大成就,首先当然是因为他确信阳明学乃绝对真理,故不遗余力地宣扬传播,同时也是因为他长期官居要职,拥有丰厚的政治和人脉资源,这对于他弘扬阳明学具有非常重要的意义。在某种程度上,正是以欧阳德为代表的阳明弟子的努力,阳明心学才逐步摆脱禅学之名,由一家之言变为社会影响巨大的理论学说,由一家之"私学"变为社会所普遍认可的"公学",成为明代中后期学术思想的主旋律。

与邹守益等人相比,欧阳德的仕途可以说是相当顺利,而且基本上官居要职,很少担任清闲职务。这就意味着他可能没有更多的时间和精力潜心研究阳明学,也没有更多的时间和精力与各地阳明学者切磋交流,因而在理论创新方面不多,而更多的是利用其优越的政治和人脉资源传播阳明学。当然也有可能是因为他认定王阳明已经发现了绝对真理,因此没有必要作更多的发挥,只需要正确深入地理解并将其作为人们思想和行动指南就行了。也就是说,对于欧阳德而言,一方面必须吃透阳明精神,另一方面必须学以致用,"以其学施诸政事",②即以阳明指导自己的思想和行动。欧阳德认为,每个人都应当充分发挥自己内在的良知,做好自己职责和分内的事。研究和传播阳明学的目的就在于使人们自觉地以阳明精神指导实践,而不是为研究而研究,更不能一味地去玄想所谓的良知本体。在与友人的书信中,欧阳德反复强调:

---

① 《明儒学案·江右王门学案·欧阳德传》。
② 徐阶:《明故太子少保礼部尚书兼翰林院学士文庄欧阳公神道碑铭》,载《欧阳德集》附录。

良知以天地万物为一体,故见人之善,若得其所欲,而爱护之也;人之不善,若疾痛在躬,而抚摩之也。有善必以及人,若解衣推食于其昆弟也。不能,必以问人,若足之以行而取决于目也。岂有妒善嫉恶,矜能耻负之意哉?故学者必视天下无物非我,无人不可入于善,然后为致其知。①

自天子以至于庶人,皆以修身为本,故皆以格物致知为本,而随其位分各有其物。物者,事也。读书作文者,诸生之事,犹知人安民为天子之事,耕田凿井为农夫之事,制器通货为工商之事,洒扫应对为弟子之事,皆其意之所用者。而意有善不善,故事有正不正。惟慎其独知而格之,必尽其本然之善,而正其所不正以归于正。几微之间,一毫不以自欺,则洒扫应对便可到圣人事,而况于读书作文?苟自欺其独知,不尽其本然之善,则虽一匡以天下,民受其赐,犹不得谓之仁义,不得谓之学。②

作为一个典型的士大夫,欧阳德秉持儒家传统的观念,秉持所谓的"大学之道",认为人的学问、品行和事业作为归根结底是一回事。他说:

格物致知,是吾人日用间身心上着实践履功夫。心必有意,意必有知,知必有物。物也者,知之感应酬酢,若视听言动、喜怒哀乐之类,所谓"万物皆备于我者也"者也。知也者,自知之明。视听言动之非礼,喜怒哀乐之不中节,一切善与不善,诚密察而不自欺,则莫不知之,所谓物之则也。格如格其非心之于是,正其不正以归于正。凡感应酬酢,察其自知之不可欺者,物物格之,视听言动去非礼以复于礼,喜怒哀乐去过不及以中其节,一切事为必不肯掩不善而着善,使吾自知之明常自快足。极乎其至,而无有厌然不满之处。于身如此,是谓修身;于事亲从兄、宜其家人如此,便是齐家;于事上临民,钱谷、甲兵、用人、立政,莫不如此,便是治国平天下。吾人舍此一段工夫,更无立身安命处。然非真有明明德于天下之志,亦只是空谈。③

欧阳德强调,治学,或者说学习研究阳明学,不能是寻章摘句,识字训诂,关键在于充分发挥自身内在的善,也就是使良知本体发用流行,这样就能够自然

---

① 《欧阳德集·从叔格庵先生别言》。
② 《欧阳德集·答冯州守》。
③ 《欧阳德集·答陆主政子翼》。

而然地与儒家纲常名教保持一致,从而很好地做人,做官,做事。他说:

> 圣门之学,以德行为务。才涉训诂,便落第二义。德行者,根心生色,默而成之,不言而信,是谓实体。学者于此心善利之间,毋自欺而常自慊,以致其清明在躬,志气如神之实,是谓实功,自古圣贤反复阐明,无非此事。①

欧阳德认为,做官从政与治学本质上是一致的,都是充分发掘和发挥自身内在的良知,"尽其心而已"。欧阳德认为,做官从政的关键在于"亲民",充分发掘和发挥自身内在的良知具有决定性意义。他说:

> 政学本非二事。学以求尽其心,故真诚恻怛充周遍满。其临民也,生养安全,非以市恩;惩责督罚,非以示威,其与人也,远而不携,迩而不亵,非以用知;恭而有礼,非以纳交,严而不怒,非以寡怨;毁誉不惊,利害不怵,非以作气。无所不尽其心而已。②
>
> 言政者,必曰才智。才智,末也。致其良知,故民一身,天下一家。是故痛思摩,痒思搔,疾思药,饥寒思食衣,劳思逸,忧思释,乐思达,淫思节,田畴思易,垣墙思固,外侮寇让思御,是故才智罔不周。彼以才智而已者多见其为伪,何以亲民?③

当然,这并不是说不重视学术理论方面的探讨,实际上,在传播和实践的过程中,欧阳德对阳明学有着相当深刻和独到的认识和理解,使其在学术思想史上占有一席之地。

第二节　良知与独知

欧阳德似乎并没有像邹守益、聂豹、罗洪先等人那样有独树一帜的致良知

---

① 《欧阳德集·答欧梦举》。
② 《欧阳德集·答方三河》。
③ 《欧阳德集·赠徐远卿》。

的理论主张,但这并不意味着欧阳德的学术思想并不重要,并不深刻。实际上,在传播和捍卫阳明心学的过程中,欧阳德对王阳明良知本体论和工夫论有着非常深刻的认识和理解。

欧阳德非常重视对良知本体的认识和研究。本来,"良知"是阳明学的核心概念,但是,正如我们前面所指出的,究竟什么是"良知",王阳明本人似乎并没有做出明确界定,也没有展开深入探究,这引起后世学者诸多争议。黄宗羲在《江右王门学案·欧阳德传》中指出:

> 盖致良知宗旨,阳明发于晚年,未及与学者深究。然观《传习录》云:"吾昔居滁,见诸生多务知解,无益于得,姑教之静坐,一时窥见光景,颇收近效。久之渐有喜静厌动,流入枯槁之病,故迩来只说致良知。良知明白,随你去静处体悟也好,随你去事上磨炼也好,良知本体原是无动无静的,此便是学问头脑。"其大意亦可见矣。后来学者只知在事上磨炼,势不得不以知识为良知,阴流密陷于义袭、助长之病,其害更甚于喜静厌动。盖不从良知用功,只在动静上用功,而又只在动上用功,于阳明所言分明倒却一边矣。双江与先生议论,虽未归一,双江之归寂,何尝枯槁,先生之格物,不堕支离,发明阳明宗旨,始无遗憾,两不相妨也。[①]

我们前面业已指出,黄宗羲称王阳明来不及对良知理论深究只是一种强辩,事实上并不成立。只不过在王阳明看来,没有必要过多地去玄想良知本体这一形而上的存在,也没有必要在理论上深究良知本体,重要的是将致良知工夫落到实处。很多人因此简单地认为,王阳明其实就是从一个新的角度强调道德修养的关键就在于在日常生活实践中严格遵守各种道德规范,所谓致良知工夫就是清除可能产生的诸如"好色、好货、好名"等念头,只要清除了这些念头,其视听言动自然就会与天理完全一致,与各种道德规范完全一致。这也就意味着修心具有压倒一切的重要性。一般而论,这种理解并没有错。问题在于,在王阳明那里,良知本体是阳明学的理论基础,他强调,良知是一种廓然大公的本体存在,是人的道德修养的全部源泉和依据,致良知的过程就是良知本体的自然发用的过程。因此,从理论上说,探究良知本体是捍卫和宣传阳明学理论和

[①] 《明儒学案·江右王门学案·欧阳德传》。

必要条件。如果一味强调人必须在视听言动中与天理绝对一致,与各种道德规范完全一致,人们就很可能诉诸外部的相关的道德知识和准则,即以知识为良知,这就从根本上偏离王阳明的宗旨,而与程朱理学混同。因此,要捍卫阳明学,捍卫其宗旨和尊严,首先必须正确认识作为一种廓然大公的本体存在的良知的重大意义。换言之,虽然王阳明本人觉得没有必要过多地去玄想良知本体这一形而上的存在,但如果不在理论上深究良知本体,获得正确的认识和理解,阳明学就有可能陷入困境,走向歧途,最终背离王阳明本人的宗旨。

聂豹以其"归寂"说著称于世,他就是要求回归寂然不动的良知本体,并认为这是致良知的唯一正确途径。尽管欧阳德和聂豹虽然对良知的理解很不相同,但也对良知本体进入深入探究并有着深刻的认识和理解。正如黄宗羲所指出的那样,他们是从不同的角度,不同的层面阐发良知的真谛,揭示良知的本体存在,具体看法虽然不同,但相得益彰,都为发展阳明学作出了重要贡献。

王畿指出,欧阳德在学术理论上"多详于独知之说"。① 欧阳德特别强调,"良知即是独知"。王阳明认为,"独知"是致良知工夫的基础,或者说,致良知工夫的关键在于发挥"独知"的作用。《传习录》记载:

> 正之问:"戒惧是己所不知时功夫,慎独是己所独知时功夫,此说如何?"先生曰:"只是一个功夫,无事时是个独知,有事时亦是独知,人若不知于此独知之地用力,只在人所共知处用功,便是作伪,便是见君子而厌然。此独知处便是诚的萌芽。此处不论善念恶念,更无虚假,一是百是,一错百错,正是王霸义利诚伪善恶界头。于此一立立定,便是端本诚源,便是立诚,古人许多诚身的功夫,精神命脉,全体只在此处。"②

正是由于每一个人的道德判断的唯一源泉就是良知本身,而不是外部的所谓知识和准则,因此,在任何时候,无论"有事"还是"无事","独知"都具有压倒一切的重要性。正因为如此,阳明学者大多强调"独知"的重要性。黄弘纲强调:"人心只此独知,出乎身而加乎民者,只此视听喜怒诸物,舍此更别无着力处矣。"③不过,王阳明本人对"独知"并没有作更多的发挥,他之所以要谈论"独

---

① 《王畿集·欧阳南野文选序》。
② 《王阳明全集·传习录·上》。
③ 《明儒学案·江右王门学案·黄弘纲·洛村语录》。

知",是因为人的道德情感和行为源于良知本体,是一个由无到有的发生过程,"本体上何处用得功?必就心之发动处才可着力也。"①因此,致良知必须把握道德情感和行为由无到有的瞬间发生过程,"独"是最为显著的特征。欧阳德对"独知"进行了深入细致的探讨,深化和提高了阳明学的理论水平,具有重要的学术价值。

欧阳德对良知本体的理解与王阳明一致。他强调,宇宙自然、社会和人生的运动遵循着一定的法则,看起来神妙莫测,但其实内在于人的良知,或者说就是人的良知本身。他说:

> 道塞乎天地之间,所谓"阴阳不测之神"也。神凝而成形,神发而为知,知感动而万物出焉。万物出于知,故曰:"皆备于我";而知又万事之取正焉者,故曰:"有物有则。"知也者,神之所为也。神无方无体,其在人为视听,为言动,为喜怒哀乐,其在天地万物,则发育峻极者,即人之视听言动,喜怒哀乐者也。鸢之飞,鱼之跃,以至山川之流峙,草木之生生化化,皆人之视听言动、喜怒哀乐者也。故人之喜怒哀乐、视听言动,与天地万物周流贯彻,作则俱作,息则俱息,而无彼此之间,神无方体故也。故格吾视听言动、喜怒哀乐之物,则范围天地之化而不过,曲成万物而不遗,神无方体故也。视听喜怒之外,更有何物?盖古之言视听喜怒者,有见于神通天地万物而为言;后之言视听喜怒者,有见于形对天地万物而为言,通则一,对则二,不可不察也。②

也就是说,在欧阳德看来,不仅仅是人的情感、思想和行为由人的内在的良知决定的,世界万事万物都基于良知本体,都存在于人的心中。正是良知本体为人的情感、思想和行为提供了规范和准则。欧阳德说:"四端七情之发,其轻重厚薄,良知各有一定自然之则。致其良知,一毫不敢以自欺,则随其轻重厚薄,莫非真切,莫非恳到,不必皆厚且重者而后为真切恳到也。"③他强调,良知是"本心之真诚恻怛,不学而能,不虑而知者"。④"地气所钟,清浊昏明,相十千百

---

① 《王阳明全集·语录三·传习录·下》。
② 《欧阳德集·答项瓯东》。
③ 《欧阳德集·答沈思畏》。
④ 《欧阳德集·答胡仰斋》。

万,而良知不容有二。"① 人的道德观念、道德情感和道德行为完全取决于个人的内在自觉,并不需要借助任何外在的知识,不依赖于任何外在的经验和对象。"夫良知不学而能,不虑而知,故虽小人闲居为不善,无所不至者,其见君子而厌然,亦不可不谓之良知。虽常人恕己则昏者,其责人则明,亦不可不谓之良知。……苟能不欺其知,去其不善者以归于善,勿以所恶于人者施之于人,则亦是致知诚意之功。而即此一念,可以不异于孔子。"②

良知的内在性决定了良知即"独知"。要使内在的良知本体发用流行,关键就在于"不欺其知",即绝不能扭曲自己的良知。欧阳德反复强调,"独知也者,良知也,慎之也者,不欺其知,以至于其至也。"③"良知即是独知,显浅易知,简易易从。"④ 实际上,正是"独知"给人们的道德情感和道德行为提供了全部的源泉和动力。欧阳德说:

> 良知即是独知。独知非闲居独处之谓也。静变此知,动亦此知。虽稠人广众中,视听言动,喜怒哀乐纷交错应,而此知之明是是非非,毫发不能自欺。即此是独,即此是良知本体,从慎独之自欺处发用,即是良知发用,即是天理物则。虽至于勉强困衡,亦不为造作安排。若专于静中观察本体,又于天理动处验其果为良知与造作安排与否,却恐认虚静为良知,以动念为天理,以不费心力为无所造作。⑤

邹守益主张戒惧慎独以致良知,同样强调"独知"的重要性,强调"不睹不闻是指良知本体,戒惧慎独所以致良知也"。⑥ 不过,邹守益主要是从工夫论角度讨论的,对邹守益而言,虽然人世间的各种规范准则内在于人的良知,但他实际上也认可这些规范和准则具有某种客观性,人必须无条件地遵守,因此,人必须敬畏人世间的各种规范准则,必须戒惧慎独,严防与"道"背离,这样才能使人内在的良知与社会道德规范完全一致。邹守益强调,"果能慎于独知,视无形而听无声,日用人伦庶物,三千三百不敢以纵驰离之,即此便是自得,即此便是悟,别

---

① 《欧阳德集·英山县重修儒学记》。
② 《欧阳德集·答刘道夫》。
③ 《欧阳德集·答杨方洲二》。
④ 《欧阳德集·答朱芝山》。
⑤ 《欧阳德集·答冯州守》。
⑥ 《邹守益集·答曾弘之》。

无一种机窍也。"①欧阳德则是从本体论的角度探讨慎独和"独知",欧阳德强调的是,人的所有的道德观念、道德情感和道德行为都是由人的内在的良知自然或者说自动提供的,不依赖于任何外在的对象和经验意识。

进一步说,既然人的情感、思想和行为是由人的内在的良知决定的,良知本体自然为人的情感、思想和行为提供了规范和准则,这就意味着,良知虽然不能离开人的感觉或经验知识,但也绝不能把良知混同于人的感觉或经验知识。良知和感觉或经验本质上是两回事。欧阳德说:

> 知觉与良知,名同而实异。凡知视、知听、知言、知动,皆知觉也,而未必其皆善;良知者,知恻隐、知羞恶、知恭敬、知是非,所谓本然之善也。本然之善,以知为体,不能离知而别有体。盖天性之真,明觉自然,随感而通,自有条理者也,是以谓之良知,亦谓之天理。天理者,良知之条理,良知者,天理之灵明。知觉不足以言之也。②

当然,不能把良知混同于人的感觉或经验知识并不意味着良知可以脱离人的感觉或经验知识。这是因为,虽然感觉或经验知识由良知本体提供,但人们具体地生活在感觉或经验知识之中。致良知的关键在于人们运用感觉或经验知识时不能自欺,蒙蔽自己的良知。正因为如此,欧阳德特别强调良知与知识的区别。他强调指出:

> 良知与知识有辨。知识者,良知之用,而不可遂以知识为良知;良知者,知识之本体,不学而能,不虑而知者也。③
>
> 良知不由闻见而有,而见闻莫非良知之用。犹聪明不由视听而有,而视听莫非聪明之用。……夫良知者,见闻之良知,见闻者,良知之见闻。故非良知勿视,非良知勿听,而一毫不以自蔽,致其见闻之良知,故见善则迁,闻过则改,而一毫不以自欺。是致知不能离却闻见,以良知、闻见本不可得而二也。④

---

① 《邹守益集·简复董生平甫》。
② 《欧阳德集·答罗整庵先生寄〈困知记〉》。
③ 《欧阳德集·答欧梦举·二》。
④ 《欧阳德集·答冯州守》。

在欧阳德看来,既然"良知不由闻见而有,而见闻莫非良知之用",在经验层面上,良知本体和致良知工夫显然是一致的,而且,要正确认识和理解良知本体,也只能在良知的发用中认识和理解,而不是去玄想良知本体的存在。他说:

> 夫功夫本体,非有二也。良知者,孩提之初心,真实无妄,本自大公,本自大顺。凡闻见、思索、学问、酬酢,无非妙用,不假私智。循而弗失,是谓性之,失而复循,是谓反之。反之之谓工夫,性之之谓本体。其为循其良知,则一而已,非判然二途也。①

以"归寂"说著称的聂豹也特别强调良知本体的超越性,他强调知识经验和良知是两回事。聂豹说:

> 先师以世之学者,率以无所不知、无所不能为圣人,以有所不知不能为儒者所深耻,一切入手,便从多学而识,考索记诵中钻研,劳苦缠绊,耽搁了天下无限好资质的人,乃谓良知自致而养之,不待学虑,千变万化,皆由此出。②

只不过聂豹强调"求寂于心",而欧阳德则特别强调"独知"的意义。正因为如此,黄宗羲认为,他们实际上是从不同的角度,不同的层面阐发良知的真谛,也就是良知的本体存在。与聂豹不同的是,欧阳德认为,良知本体是一种确定性的存在,但它的发用流行却是纷繁复杂的。从现象层面上,或者说在日常生活实践中,人们会发现,"心无定体""人心生意流行而变化无方"。这就意味着,可以在理论上区分"心"的"寂"和"感","已发"和"未发",但人们不可能在经验中发现和体会到。换言之,从经验的层面看,"寂"和"感","已发"和"未发"是不可分的,因此应当是体用不二,知行合一。欧阳德说:

> 人心生意流行而变化无方。所谓意也,忽焉而纷纭者意之动,忽焉而专一者意之静,静非无意而动非始有。盖纷纭专一,相形而互异。所谓易

---

① 《欧阳德集·答周陆田》。
② 《聂豹集·困辨录》。

也,寂然者,言其体之不动于欲,感通者,言其用之不碍于私,体用一原,显微无间。非时寂时感,而有未感以前,别有未发之时。盖虽诸念悉泯,而兢业中存,即惧意也,即发也。虽忧患不作,而怡静自如,即乐意也,即发也。喜怒哀乐之未发谓之中,盖即喜怒哀乐之发,而指其有未发者,犹之曰"视听之未发谓之聪明",聪明岂与视听为对而各一其时乎?圣人之情,顺万事而无情,而常有意,而常无意也。常有意者,变化无方,而流行不息,故无始。常无意者,流行变化,而未尝迟留重滞,故无所。①

欧阳德强调,"寂"和"感","已发"和"未发"是不可分的,统一于心,统一于良知。人们必须时时刻刻秉承良知行事,根除一切有违天理的念头,切实做到知行合一:

> 夫人惟一心,心惟一念。一念之中,明觉精察之谓知,真切恳到之谓行。知而不能真切恳到,是知而不行,知而不行即是病,即不得谓之知;行不能明觉精察,是行而不知,行而不知即是病,即不得谓之行。故心之知行本一,而人之不能一者,失其本心者也。故学之道,必念念明觉精察,念念真切恳到,然后为道心精一之功。读书如此,即是读书知行合一;应事接人如此,即是应事接人知行合一。盖心体本如此,学亦如此。②

正是基于这一认识,欧阳德对聂豹的"归寂"说提出了严厉批评。在聂豹看来,既然良知是一种超越性的本体存在,从逻辑上说,它必然是一种寂然的存在,也就是说,"良知本寂"。然而,既然良知本体有蒙蔽物欲的可能甚至必然,因此,致良知的关键在于"归寂""求寂于心",这样才能保证良知本体不受物欲蒙蔽,只有这样,才能在生活实践中物来顺应,自然而然地与儒家伦理道德规范完全一致。欧阳德指出,良知是本体和工夫的统一,人心的"寂"和"感"在经验事实上是不可分的。所谓致良知,关键就在于作为本体的良知转换为具体的道德观念、道德情感和道德行为,而这实际上是一个连续性的过程,"隐显动静,通贯一理"。因此,所谓"归寂"以致良知是不可能的,也是说不通的。为此,欧阳德和聂豹书信往来,反复论辩。欧阳德批评说:

---

① 《欧阳德集·答王堣斋》。
② 《欧阳德集·答冯州守》。

谓良知本寂,又谓感于事物而后有知,则寂乃为无知耶?夫神发为知,主于身为心,自生至死,无间可息,无知则无心,无心则无寂之可名,又焉有所谓感也?①

夫良知者,常寂常感,常应常廓然。未能寂然,则其感必不通;未能廓然大公,则其应必不顺。故致知之功,致其常寂之感,非离感以求寂也;致其大公之应,非无所应以为廓然也。盖喜怒哀乐而求其未发之中,念念必有事焉,而莫非行其所无事,时时见在,刻刻完满,非有未发以前未临事底一段境界,一种功夫,免得临事揣摩入于义袭者也。②

夫隐显动静,通贯一理,特所从名言之异耳。故中也,和也,中节也,其名则二,其实一独知也。故是是非非者,独知感应之节,为天下之达道。其知则所谓贞静隐微,未发之中,天下之大本也。就是是非非之知而言,其至费而隐,无少偏倚,故谓之未发之中。就知之是是非非而言,其至微而显,无少乖戾,故谓之中节之和。非离乎动静显见,别有贞静隐微之体,不可以知是知非言者也。③

前面我们业已指出,在王阳明那里,作为一种本体存在的"良知"具有超越性,因此,良知本虚,致知就是致虚。王阳明说:

良知之虚,便是天之太虚。良知之无,便是太虚之无形。日月风霜,山川民物,凡有相貌形物皆在太虚无形中发用流行,未尝作得天的障碍,圣人只是顺其良知之发用。④

问题在于,本体和现象并不是一回事,王阳明反复强调体用一源,在他看来,"体"和"用"本质是一致的,并不存在一个将良知本体转换为良知之用的问题——两者本来就是一回事。聂豹强调,"归寂以通天下之感,致虚以立天下之有。"⑤这就割裂了"寂"和"感","体"和"用",欧阳德因此认为聂豹的"归寂"说

---

① 《欧阳德集·答聂双江》。
② 《欧阳德集·寄聂双江·三》。
③ 《欧阳德集·寄聂双江》。
④ 《王阳明全集·语录三·传习录·下》。
⑤ 《聂豹集·答东廓》。

是完全错误的,"若有见于虚而求之,恐或离却事物,安排一个虚的本体,以为良知本来如是,事事物物皆从中流出,习久得效,反成蔽障。"①欧阳德的批评固然有道理,但正如我们前面反复强调的,在王阳明那里,良知本体和致良知工夫之间实际上存在着一条难以逾越的鸿沟,只不过王阳明无视或不愿意承认这一鸿沟的存在,只是一味强调本体与工夫的一致性,强调知行合一。聂豹当然也没有直接承认这一鸿沟的存在,只不过他更希望从经验上寻求到良知本体,既然良知本寂,归寂自然即回归了良知本体,如果说体即良知之体,用即良知之用的话,那么,归寂自然就能够使良知本体发用流行。欧阳德强调,绝不能割裂"寂"和"感","体"和"用",他根本就不认为良知本体和致良知工夫之间存在着一条难以逾越的鸿沟,他指出,尽管良知本体具有超越性,"致知即是致虚",但并不是要求"归寂",而是通过对超越性的追求,使良知本体不受世俗物欲的蒙蔽。欧阳德说:

> 良知本虚,致知即是致虚,真实而无一毫邪妄者,本虚之体也。物物慎其独知而格之,不以邪妄自欺者,致虚之功也。故格物致知,则至虚至灵,皆我固有。②

欧阳德强调:

> 人自有生以来,心识浮动,加之事物索引系累,天真不胥,而泯灭者几希矣。君子洗心退藏,反之未发之前,以得吾赤子之初,而真见乎良知之体如太虚之冲漠者无朕,种种事物如万象往来于太虚之中,初无所碍,则凡世俗所贪好慕恋者,何啻流霞浮彩,过目而不可留?情欲染污,何啻秽臭之浣体?其残贼吾心,何啻鸩毒之害命?所宜大愧大惧,务绝远之为安,然后为匹夫不夺之志,然后为见大心泰之学。③

正是良知本体有可能甚至必然会受世俗物欲的蒙蔽,因此致良知工夫极其重要。欧阳德把致良知工夫分为"循良知"和"致良知"两个方面。

---

① 《欧阳德集·答贺龙冈》。
② 《欧阳德集·答贺龙冈》。
③ 《欧阳德集·答张维时、曾思极》。

第三节 "循良知"与"致良知"

对欧阳德来说,既然独知即是良知,人的所有的道德观念、道德情感和道德行为都是由人的内在的良知自然或者说自动提供的,不依赖于任何外在的对象和经验意识,因此,人只要"循其良知"即可。他说:

> 循其本体之谓善,背其本体之谓恶。故好善恶恶,亦只是本体功夫。本体流行,亦只是好善恶恶耳。①
>
> 惟循良知,无所依著,即是真好真恶,即是王道,即是天则。此须立心之始,有著无著,一一分晓,则凡情自别,天则自见。若只于不妥帖处洗涤,却恐是支流辨清浊也。②

在欧阳德看来,之所以说只要"循其良知"就能够在日常生活实践中与儒家名教纲常完全一致,是因为本体与工夫应当是一致的。他说:

> 夫功夫本体,非有二也。良知者,孩提之初心,真实无妄,本自大公,本自大顺。凡闻见、思索、学问、酬酢,无非妙用,不假私智。循而弗失,是谓性之,失而复循,是谓反之。反之之谓工夫,性之之谓本体。其为循其良知,则一而已,非判然二途也。夫循其良知,则其于为政也,知利之所当兴,而思而所以兴之;弊之所当革,而思所以革之,皆良知之自然也,何必"兴革一念,不容少置"?此念既息,则良知常动常静,何必动中求静?良知常思常逸,何必别求心逸?欲求不扰,反以为扰;欲求日休,虽休非休。故循其良知之谓大公顺应,之谓居敬行简,聪明睿智,皆由此出。殊途百虑,莫非一致。"③

王阳明声称:"吾平生讲学,只是致良知三字。"欧阳德进一步指出,"致良

---

① 《欧阳德集·答陈明水》。
② 《欧阳集·答戚补之》。
③ 《欧阳德集·答周陆田》。

知"其实可以包括两个方面,一是"循其良知",二是"致其良知"。从本体论角度而言,所谓"致良知"无非是"循其良知"。这是因为,人的所有的道德观念、道德情感和道德行为都是由人的内在的良知自然或者说自动提供的,根本不依赖于任何外在的对象和经验意识,因此,人只需要遵循自己的良知就完全能够也能够使自己的思想感情和行为与"天理"——即与儒家名教纲常保持绝对一致。如果节外生枝,擅自任用所谓的智慧判断善恶,指导视听言动,反而会违背天理,违背良知。他说:

> 吾身动静语默、行止久速、视听食息、知识思虑,莫非良知之所为,而一毫之人力无所与焉。所谓"天命之谓性,率性之谓道"也。人惟不能循其良知,而作好作恶,用智自私,是以动静语默之间,皆失天则。故曰:"莫不饮食,鲜能知味"也。故君子之学,循其良知,而不自私用智,以凿其天命耳矣。……夫循良知而无所亏歉之谓致,致非有所推广增益也;循良知而无所损害之谓养,养非无所充满流动也,岂有二哉?①

王阳明本人也曾使用"循良知"的说法。他说:

> 若无物欲牵蔽,但循着良知发用流行将去,即无不是道。但在常人多为物欲牵蔽,不能循着良知。……学者,学循此良知而已,谓之知学,只是知得专在学循良知。②

王阳明还从良知本体的角度强调,"良知只是一个,随他发见流行处当下具足,更无去求,不须假借。"③他说:"吾辈致知,只是各随分限所及。今日良知见在如此,只随今日所知,扩充到底,明日良知又有开悟,便从今日所知扩充到底。如此方是精一功夫。"④基于此,欧阳德认为,所谓致良知本质上就是更好地"循良知",他说:

---

① 《欧阳德集·答陈盘溪》。
② 《王阳明全集·传习录·中》。
③ 《王阳明全集·传习录·中》。
④ 《王阳明全集·传习录·下》。

> 致之云者,充之而极其至之谓。充之而极其至者,实为其良知所欲为之事,而不为其良知所不欲为之事。如知爱、知敬,而达之天下无弗爱且敬焉。……盖即吾心感应酬酢之事,而循其良知之是是非非者而格之,以充其本体之善,非若后世悬空拟议于形迹之粗,以为格致者也。①

不过,正如王阳明自己所指出的那样,"常人多为物欲牵蔽,不能循着良知",这就意味着,必须下工夫消除物欲的牵蔽,所以需要"致良知"工夫。然而,从阳明心学的逻辑上说,既然"心外无物",良知即是天理,就不应当也不可能存在与良知或者说天理对立的物欲,也就是说,人只需要"循良知"即可,而根本就不需要"致良知"工夫。然而,经验事实表明,即便说每个人都具有良知,但其在视听言动即社会生活实践中未必会"循其良知",而很可能违背良知,做出种种伤天害理的事来,王阳明解释说,这是因为其良知被物欲蒙蔽。从经验上说,王阳明的解释合乎情理,人们不难理解接受,但在逻辑上却否定了"心外无物"这一阳明心学的理论基础。对于欧阳德而言,他坚信阳明心学,并很自然地从逻辑上得出了"循其良知"以与天理合一的结论。他同样认为,尽管人的所有的道德观念、道德情感和道德行为都是由人的内在的良知自然或者说自动提供的,但这并不意味着他否定道德修养工夫的必要性,因为良知必然会遭受物欲的蒙蔽,因此,人必须时时"警省戒惧"。他指出:

> 性有七性,欲居一焉。欲也者,性之情,天之理也。循天之理,是谓"道心惟微",动于意必,至于不节而纵,是谓"人心惟危"。危微之机,如水涌为波,波平为水,间不容发。窒欲者警省戒惧,窒其意必之萌,以不至于纵而无节,致知之学也。知之本体,本自文理密察,本自齐庄中正,本自发强刚毅。警省戒惧者,密察庄毅之本心也。此心昼夜不舍,至于终月。三月无终食而不于是,则良知常致,而意必无由萌,欲无由纵。如是而曰"欲本无根,当下即是,不必外取,不假远求",是谓切近精一,善学者也。如其乍警乍息、乍省乍忽、乍戒乍肆、乍惧乍逸,意动而心宽,觉动而意止。止者忽复动,动者忽复止,如是而以暂止暂觉之间,谓为无根,谓为即是,则足以滋怠忽肆逸之私,而非所以药外取远求之病,敦切近精一之功矣。②

---

① 《欧阳德集·答欧梦举·二》。
② 《欧阳德集·答郭平川》。

他在致沈思畏的信中说：

> 来翰自见已过，痛切刻责，是致良知切实功夫。果若是，将浸浸不贰过矣。中间有个意思为主，是学利困勉工夫，与生知安行不同处，然却是良知觉得必须如此。如睡者欲醒，眼自不容不睁，扶病者欲行，足自不容不撑住。既自不容不如此，则勉强亦即是自然。若只以不费力为自然，却恐流入恣情纵意去也。战战兢兢，临深履薄，何尝不用力？然皆良知自觉自修作用，何尝于本体上添得些子？又何尝不自然？今人不知良知，则自然亦正是安排耳。爱人不亲反其仁，礼人不答反其敬，无一毫门面客气，见之词色间，则至诚未有不动。①

也就是说，尽管物欲一般不至于使良知泯灭，但要彻底消除物欲对良知的蒙蔽却需要经过艰苦的努力。这个努力的过程即是"格物致知"的过程，实际上也就是致良知的过程。他强调：

> 格物致知，是吾人日用间身心上着实践履功夫。心必有意，意必有知，知必有物。物也者，知之感应酬酢，若视听言动、喜怒哀乐之类，所谓"万物皆备于我者也"者也。知也者，自知之明。视听言动之非礼，喜怒哀乐之不中节，一切善与不善，诚密察而不自欺，则莫不知之，所谓物之则也。格如格其非心之于是，正其不正以归于正。凡感应酬酢，察其自知之不可欺者，物物格之，视听言动去非礼以复于礼，喜怒哀乐去过不及以中其节，一切事为必不肯掩不善而着善，使吾自知之明常自快足。极乎其至，而无有厌然不满之处。于身如此，是谓修身；于事亲从兄、宜其家人如此，便是齐家；于事上临民，钱谷、甲兵、用人、立政，莫不如此，便是治国平天下。吾人舍此一段工夫，更无立身安命处。然非真有明明德于天下之志，亦只是空谈。②

在欧阳德那里，所谓"物"，就是日常生活中的"视听言动、喜怒哀乐之类"，"格物致知"就是使人在日常生活实践中严格地遵守儒家名教纲常，这便是良知

---

① 《欧阳德集·答沈思畏侍御·三》。
② 《欧阳德集·答陆主政子翼》。

的自然发用流行,也是人致良知的过程。

"格物虽未尝离却天地万物,然却是身心上践履立诚功夫。孟子所谓'万物皆备于我''强恕而行以至于诚'者也。夫人神发为知,五性感动而万事出。物也者,视听言动,喜怒哀乐之类,身之所有,知之所出者也。视听喜怒之类,有礼非礼,有中节不中节,苟密察其心之不可欺者,则莫不自知之。故知也者,事物之则有条有理,无过不及者也。物出于知,知在于物,故致知之功,循独知自然之则,视听格之,喜怒格之,以至于曲折细微,莫不格之,改非礼以复礼,改过不及以就中,然后能慊其而无不诚。"①

"改非礼以复礼,改过不及以就中"显然是一个努力的过程。要做到这一点,首先必须知道什么是"礼"和"非礼",什么是"不及",什么是"中"。这些当然是由儒家伦理道德规范所规定的,在程朱理学家看来,是客观存在的绝对真理,也就是"天理",对每个人来说,是必须学习把握并付诸实践的经验和知识。在程朱理学那里,那便是"格物致知"的工夫。欧阳德强调,这些内容正是人的内在的良知规定,人只要"循其良知"即可。他说:

> 夫格物者,即日用践履之事物而格之,必循其独知,务极其当,而不杂以私意之谓也。致知者,致吾独知于践履之间,必自慊而不自欺之谓也。②

显然,在欧阳德那里,"循良知"和"致良知"是一个问题的两个方面。所谓"循其良知",是从本体论角度立论的。既然每个人都拥有良知,人的所有的道德观念、道德情感和道德行为都是由人的内在的良知自然或者说自动提供的,那么,人只要"循其良知",人自然就会日常生活实践中与天理,与儒家名教纲常保持绝对一致。而所谓"致良知",则是从工夫论角度立论的,既然良知本体有可能甚至必然会受世俗物欲的蒙蔽,因此必须有"着实践履功夫"。

欧阳德反复强调,"良知与知识有辨",儒家伦理道德规范知识和经验与人的内在的良知是两回事。向良知之外寻找道德修养的方式方法,以学习和把握儒家伦理道德规范知识和经验作为致良知的方法途径,其实是"悬空拟议于形迹之粗",根本无法达到目的。因此,欧阳德的"着实践履功夫"与程朱理学的"即物穷理"有着本质的区别。同时,正是由于对"着实践履功夫"的强调,使他

---

① 《欧阳德集·答王堩斋》。
② 《欧阳德集·称陆汝成秋官》。

的"循良知"说与良知现成派的观点形成显著区别,当然也就从根本上否定了"搬柴运水,无非妙道"的禅学理论。

然而,由于阳明心学的内在矛盾,欧阳德一方面无法否认社会上有不少人没有或不愿意"循其良知",但他又拒绝向程朱理学求助,拒绝归寂主静说,拒绝良知现成派的主张,更拒绝禅学主张,这使得致良知工夫方面提不出引人入胜的主张。他只能反复强调,人应当坚守自己的良知,坚定自己的信念,"警省戒惧",这样自然而然就会"循其良知",就会与"天理"——即与儒家伦理道德规范一致。简单地说,在欧阳德那里,道德修养的功夫,就是坚定自己的信念,从自己的信念出发,自然就可以正确地履行人生和社会的责任和义务。这种说法显然过于简单,理论上似乎不是那么深刻。正因为如此,尽管欧阳德对王阳明的良知理论有着非常深刻的理解,但人们一般并不认为他的理论贡献很大,深入研究欧阳德的学者和著作也因此不多。

第六章 聂豹论

第一节 学术与人生

在江右王门学派的所谓"江右四贤"之中,如果说邹守益、欧阳德属于王学正传的话,那么,聂豹和罗洪先则有所不同。邹守益、欧阳德是王阳明的嫡传弟子,聂豹只见过王阳明一面,虽然在王阳明死后补办过王阳明为师的仪式,但实际上只能算是王阳明的私淑弟子,罗洪先则从未见过王阳明,更谈不上拜王阳明为师了。实际上,罗洪先本人并不认为自己是王阳明的弟子,而是以"后学"自居。他们的学术思想与王阳明本人的思想存在着相当大的差别。他们对"心"的本质,对"良知"的本质,提出了自己独特的观点。聂豹提出"归寂"说,罗洪先则以"收摄保聚"说著称。无论是"归寂"说还是"收摄保聚"说,都与王阳明的致良知工夫论有所不同,也与王阳明的嫡传弟子邹守益和欧阳德的思想主张有所不同。他们被认为是阳明后学中的主静派的代表人物。

颇有意味的是,在现代不少学者的眼中,聂豹和罗洪先的地位要远远超过邹守益和欧阳德,认为他们才是江右王门学派的旗帜和象征。更进一步说,他们提出的归寂主静以致良知说才是江右王门学派学术思想理论的最本质的特征。这主要是因为,与邹守益和欧阳德等人相比,他们的哲学思辨水平似乎要更高些,对"心"和"良知"的本质展开了更多同时也是更深刻的分析研究,也正是由于对"心"和"良知"的本质有着非常深刻的分析研究,使他们对良知现成说的严厉抨击显得更有力量,更有理论水平,在学术界和社会上产生了很大影响。黄宗羲也指出,正是他们的努力,"阳明之道赖以不坠"。

从哲学史的角度说,聂豹和罗洪先的学术思想成就确乎要高于邹守益和欧阳德,但一定要说他们才是江右王门学派的旗帜和象征,则言过其实。毫无疑问,聂豹和罗洪先是江右王门学派的代表性人物,他们的学术宗旨意识非常明确。首先,聂豹和罗洪先都认定阳明学为圣学,都自觉地高举王阳明的旗帜,都自觉地坚守心学的基本原理,强调"心外无物""心外无理",强调人的道德修养就在于"致良知"。也就是说,聂豹和罗洪先都是以传承阳明真精神为己任;其次,无论是"归寂"说还是"收摄保聚"说,尽管在相当程度上与聂豹和罗洪先阅历和体验密切相关,但从学理上看,都是基于阳明学的基本原理,至少可以从阳明学的基本原理推导出来,的确可以视为是"推原阳明未尽之旨";第三,为了传承和捍卫阳明真精神,聂豹和罗洪先特别重视致良知工夫,强调日常生活实践中致良知工夫的重要性,为此,他们热衷于通过讲学、宗族建设、推行乡约等方式教化民众,使阳明精神深入人心,成为建设和谐稳定政治社会秩序的理论指导和思想基础;第四,聂豹和罗洪先基于自己的认识对王畿的良知现成说进行了严厉批评,他们认为,王畿的良知现成说必然误导人们忽视甚至放弃在日常生活实践中的致良知工夫,而通过日常生活实践中的致良知工夫以"破心中贼"正是王阳明的宗旨所在。最后,聂豹和罗洪先,尤其是罗洪先在江右王门学派的第二代和第三代学者中影响很大,颇受推崇。万廷言、胡直是罗洪先的弟子,王时槐虽然是刘文敏的弟子,但也言必称罗洪先。

但是,很难说他们才是江右王门学派的旗帜和象征。首先,从江右王门学派的组织和发展来看,我们前面业已指出,吉安地区的阳明学讲会,尤其是青原阳明学讲会,是江右王门学派学者学术交流和传播的重要平台和象征,而这方面,邹守益的影响和贡献无疑是最为重要的,几乎无人能敌,欧阳德充分利用其政治资源传播阳明学,有"南野门人半天下"之说,贡献巨大。其次,就哲学思辨水平而言,刘邦采的"悟性修命"说,王时槐的"透性""研几"说未必逊色于他们,他们的学术思想也与聂豹和罗洪先有所不同。刘邦采、王时槐他们也严厉批评良知现成说及其所带来的消极影响。应当说,他们是从不同的角度"推原阳明未尽之旨"的,很难比较出他们的高低优劣。第三,强调聂豹和罗洪先为江右王门学派的旗帜和象征的学者,一般都把"主静"视为江右王门学派的最基本的学术主张。如果不是基于想当然,那就是故意曲解江右王门学派,实际上,聂豹和罗洪先的"归寂""主静"说在江右王门学派内部即遭到众多批评,把众多江右王门学派学者的批评对象视为其旗帜和象征,这无论如何是说不过去的。尤其必须指出的是,"主静"实际上是整个宋明理学家的共识,周敦颐强调"圣人定之以中正仁义而主静,立人极焉"。① 程颐、朱熹等人无不强调"静养"的重要性。当然,聂豹和罗洪先的"主静说"是基于阳明学基本原理,论证得较为严密,但因此认为他们才是江右王门学派的旗帜和象征是不恰当的。

尽管聂豹和罗洪先在学术思想上具有相当大的相似性,都被认为是主静派的代表人物,但他们的着眼点并不相同。聂豹尽管也强调致良知工夫的重要性,但他更多的是从良知本体上探讨。他试图区分"心"的"寂"和"感","已发"和"未发",并在此基础上建构起他的"归寂以致良知"说。罗洪先则主要着眼于致良知工夫,他认为"良知本寂"说毋庸置疑,并在此基础上建立起他的"收摄保聚"说和"仁体"说。对于罗洪先而言,全部问题的关键在于如何在日常生活实践中践行致良知工夫。他强调天下没有现成良知,认为玄想良知本体没有任何意义,唯有经过艰苦的努力才有可能致良知。

颇有意味的是,尽管聂豹在学术理论研究上颇具功力,也颇有建树,他的学术思想还深刻地影响了罗洪先,颇受罗洪先的敬重,但人们对罗洪先的评价通常比对聂豹的评价高得多,尽管罗洪先的学术思想也未必比聂豹深刻。之所以如此,一个重要的原因是,阳明学的宗旨就是指导人们的日常生活实践,强调致良知工夫的重要性,尽管罗洪先的学术思想未必特别深刻,但特别强调学以致用,他的品行看起来无可挑剔;聂豹的学术思想尤其是一些做法备受争议,一些人甚至认为聂豹是伪道学,或者说是以道学自饰。② 黄宗羲虽然也承认并高度评价聂豹的学术思想成就,并为聂豹一些有争议的做法做了辩护,但对黄宗羲而言,罗洪先的地位无疑是要高于聂豹的。黄宗羲认为,正是罗洪先光大了阳明真精神,使王阳明的真精神不至于泯灭。

本章的探讨对象是聂豹。要准确理解聂豹的学术思想及其后人对他的评价,首先必须对聂豹的人生历程有深入了解。这是因为,聂豹的人生道路在很大程度上影响甚至决定了他的学术思想,同时也使得他的人品和学术思想受到了看起来并不那么公正的评价。

在江右王学四贤中,聂豹最为年长,但接触王阳明和阳明学却比邹守益、欧阳德等人晚很多。聂豹三十一岁时进士及第,直到四十岁才与王阳明见面,且终身与王阳明只有一面之缘。此时的聂豹业已人到中年,已在官场浸润多年。尽管他敬重王阳明,但并没有立即拜王阳明为师,直到王阳明去世四年后才在

---

① 周敦颐:《周敦颐集·太极图说》,岳麓书社2002年版。
② 查继佐:《罪惟录·聂豹传》。

钱德洪等人的见证下补办拜师仪式,正式拜王阳明为师。因此,聂豹实际上是王阳明的私淑弟子。另一方面,聂豹提出的"归寂说"独树一帜,当时即引起轩然大波,遭到同门广泛的质疑。尽管如此,聂豹依然是公认的江右王门学派的代表性人物。他本人"自闻阳明王公之教,终其身未尝一日不与人论学",[1]大力研习和传播阳明学。在坚持自己观点的同时,聂豹积极参与组织江右王门学派的讲会活动,与邹守益、欧阳德、罗洪先、刘文敏、刘邦采、陈九川、黄弘纲等江右王门学者进行广泛而深入的切磋交流。他还与钱德洪、王畿、唐顺之等其他王门学派学者展开过多次交流论辩。

聂豹出生于永丰县。永丰县是吉安府的重要的"文章节义之邦",对塑造庐陵文化起到极其重要影响的欧阳修即是永丰县人。十五世纪中叶,罗伦在永丰享有崇高威望,影响巨大。聂豹说,"薄海内外,五尽童子皆知吾欧阳之乡有一峰先生者",他本人从小即非常敬慕罗伦:

> 某自童蒙,先考水去大夫平居燕眠,每以先生遗行以励某。某虽颛蒙,已尝有起而执鞭之愿。暨束发游庠,获交中山子刘霖,而闻先生之行益详。盖刘子之翁,先生故人也,故其详而有征。执鞭之愿,奋且益坚。[2]

聂豹始终对这位同县的前辈学者怀有高度敬意。1518年,聂豹中进士后回乡省亲,专程前往罗伦墓祭拜。任职福建期间,聂豹特意修建一峰书院以纪念罗伦。1537年,永丰知县张言翻新罗伦祠堂,刊刻罗伦的全集,请聂豹作序,聂豹欣然应允,他在序中对罗伦高度评价:

> 先生学孟子者也,善养吾浩然之气,富贵不能淫,贫贱不能移,威武不能屈,故发而诗若文,沛然若缺江河。不知秦汉以来,作者如何,要以正人心,明先圣之道,以翼世教,则所拳拳。[3]

以学术思想而论,罗伦基本上是学宗程朱,但他在学术上并无门户之见。他与明代心学(江门心学)开创者陈献章的大弟子湛若水也彼此仰慕。陈献章

---

[1] 宋仪望:《明荣禄大夫太子太保兵部尚书赠少保谥贞襄双江聂公行状》,载《聂豹集·附录》。
[2] 《聂豹集·祭一峰罗先生文》。
[3] 《聂豹集·重刻一峰先生文集序》。

创立的白沙心学与程朱理学有很大的差异,而与后起的阳明学有相当程度的契合。王阳明和湛若水弘治十八年(1504)定交,相约共同倡明圣学。湛若水与罗伦互派弟子问学,使白沙心学很快深入永丰,在永丰拥有不少追随者。罗伦和陈献章的追随者刘霖(中山先生)不仅受到永丰士人的敬重,也受到众多江右王门学者的敬重。邹守益称:

> 吾侪之得中山翁也,若病者之渐起也。自其兄弟怡怡,室无积蓄也,而竞欲者知让矣;自其祗谒先祠,贞教子姓也,而嚣傲者知敬矣;自其燕坐书斋,滋兰艺菊,举觞赋诗,油然无外慕也,而驰骛者知息矣;自其亲师取友,孜孜正学,老而不倦,如有求弗获也,而亢者知戢,画者知奋矣。①

聂豹和刘霖交情甚深。聂豹称:"予择友束发,而得先生忘年之交。同心之德,道义骨肉,质鬼神而无疑也。故先生之视予兄弟也,犹弟也;视予父也,犹父也;视予之子侄也,犹己之子侄也。而予兄弟视先生之父兄子侄也,犹先生也。休戚相挐,梦寐相通,人哗然率以为疑者,不之疑,而人之所不能信者,乃信之。"刘霖病危弥留之际,还要把聂豹叫到面前,对聂豹说:"三十年交谊,尽于此矣,幸而彼此无一事相负。"②

特定的学术文化土壤和经历,使聂豹在阳明学之前,便已经接触到了陈献章和湛若水的江门心学理论。聂豹自称:"予尝与士友谭学,言必称白沙先生,并歌咏其诗以自娱。"③聂豹一直对白沙心学相当推崇,认为陈献章与王阳明各有千秋。他说:"周程以后,白沙得其精,阳明得其大。"④聂豹巡按福建期间,创办了养正书院,刊刻王阳明的《传习录》和湛若水的名作《二业合一论》作为教材,供学生研习。⑤

陈献章的核心理论主张是"以自然为宗"。在他看来,道德修养的关键和目标在于追求圣人的精神境界,为此,人应当把生命从纷繁复杂的社会之中超脱出来,"以自然为宗"。一旦从自然和社会之中超脱出来,在自然中"浩然自得",由于人性内在的善,自然而然地会在生活实践中与名教纲常保持完全一

---

① 《邹守益集·寿中山先生七十序》。
② 《聂豹集·祭中山刘先生文》。
③ 《聂豹集·白沙先生绪言序》。
④ 《聂豹集·留别殿学少湖徐化序》。
⑤ 徐阶:《明故太子太保兵部尚书赠少保谥贞襄聂公墓志铭》,载《欧阳德集·附录》。

致。当然,所谓"以自然为宗",在自然中"浩然自得",并不是像老庄一样主张绝圣弃智,回归自然,而是说必须使人的内在的善自然而然地发挥出来,这说明需要读书,尤其是研讨圣贤经典,从古人那里获得启发,不过必须以我为主,不能受书本知识的束缚,尤其不能以书本知识教条作为自己思想和行为的指导。陈献章说:

> 人与天地同体,四时以行,百物以生,若滞在一处,安能为造化之主耶?古之善为学者,常令此心在无物处,便运用得转耳。学者以自然为宗,不可不著意领会。①
>
> 为学当求诸心,必得所谓虚明静一者为之主,徐取古人紧要文字读之,庶能有所契合,不为影响依附,以陷于徇外自欺之弊。此心学之法门也。②

陈献章强调人一方面必须在"静坐中养出端倪",另一方面则是"我"观书,不要使自己的心灵受到知识的蒙蔽。

陈献章的思想对聂豹影响很大,这实际上是聂豹的"归寂主静说"的重要来源之一。据宋仪望记载,聂豹自1542年著《大学古本臆说》,明确提出"归寂"主张后,"再居京师凡四五年,其与学者语,益发明所得,以为必如此而后谓之圣学。因刻《白沙绪言》以见意,而诸君子反复辩论。"③

坎坷的宦海生涯对聂豹的学术思想产生了非常深刻的影响。聂豹于1516年三十岁时中举人,次年中进士,中进士三年后即1520年出任华亭知县,1526年,巡按应天府,督马政。1528年巡抚福建,次年调任苏州知府。1531年,聂豹父亲聂凤去世,他去职回到家乡,长期没有获得起复,乡居长达十年。1541年,五十岁的聂豹被起复为平阳知府,1543年升任陕西按察司副使,兵备潼关,旋即被弹劾辞职回家。1547年底被逮捕入狱,直至1549年获释。1550年,六十四岁的聂豹再次被起用,此后五年,聂豹仕途顺利,官至兵部尚书,加太子少傅,太子太保。1555年,六十九岁的聂豹致仕回乡,直至1563年去世。

坎坷的仕途,对于聂豹个人学术思想的形成和发展,对于江右王门学派的发展具有特别重要的意义。一方面,由于长期居家,使聂豹有足够的时间和精

---

① 《陈献章集·遗言湛民泽》。
② 《陈献章集·书题大塘书屋诗后》。
③ 《明荣禄大夫太子太保兵部尚书赠少保谥贞襄双江聂公行状》,载《聂豹集·附录》。

力进行学术研究,有足够的时间和精力与江右王门诸学者切磋交流,如参加青原阳明学讲会等,这对于他的学术思想的形成和发展具有重要意义。而在牢狱生涯中,聂豹也能够平心静气进行学术思考、研究和体验,撰写出一些重要的学术著作。按照黄宗羲的说法,聂豹在监狱里的生命体验,对其学术思想产生了决定性的影响。在官居显位期间,聂豹充分利用各种资源,大力推动阳明学的传播和发展,为阳明学最后获得官方的认可作出了独特的贡献。

聂豹居家期间,"稍暇,即授徒讲学,于是邑之人士,咸执业门下"①,培养出一批阳明学人才,壮大了江右王门学派的队伍。聂豹还非常积极地参加吉安府的阳明讲学活动,广泛与王门诸学者切磋交流,如嘉靖十三年(1534),聂豹与邹守益一起参加了青原山阳明学讲会,"与东廓邹子暨九邑诸友,会讲于郡之青原山。"②嘉靖十七年(1538),聂豹又一次与邹守益等举行阳明学讲会。在此期间,聂豹深入钻研了《大学》,并开始"有悟于本体虚寂之旨"。③ 据他自己回忆:

> 嘉靖丁酉夏,予以病移居翠微山中者数月。一日,坐老友刘中山床中,山子抚予背而问之曰:近日之学何如?予曰:不睹不闻者,其则也,戒惧者,其功也。不关道理,不属意念,无而神,有而化,其殆天地之心,位育由之以命焉者也。曰:若然,则四端于我扩而充之者,非耶?曰:感而遂通者,神也,未之或知者也。知此者谓之助长,忘此者谓之无为。扩充云者,盖亦自其未发者,充之以极其量,是之为精义以致用也。发而后充,离道过矣。曰:若是,则今之以忘与不知为宗者,是耶?曰:其老佛之绪余乎?彼盖有见于不睹不闻,而忌言乎戒惧,谓戒惧为不睹不闻累也,于是宗忘,宗为知焉。夫以戒惧为累者,是戒惧而涉于睹闻,其为本体之累,固也。恶足以语不睹不闻之戒惧哉?④

豹病废山间,钻研是书,历有岁时。而于诸家之说,求诸心有未得,虽父师之言不敢苟从矣。窃以孔门之学,一以贯之,孔子之一即尧舜相传之中。中者,心之本体,非《大学》之善乎?致知者,止至善之全功;格物者,止至善之妙用。意也者,感于物而生于知者也。诚言其顺,格言其化,致言其

---

① 《明荣禄大夫太子太保兵部尚书赠少保谥贞襄双江聂公行状》,载《聂豹集·附录》。
② 《聂豹集·永宁重修儒学记》。
③ 《明荣禄大夫太子太保兵部尚书赠少保谥贞襄双江聂公行状》,载《聂豹集·附录》。
④ 《聂豹集·括言》。

寂也。寂以妙感,感以速化,万而一者矣。①

显然,聂豹在养病翠微山期间悟到的是一种超越一切的精神境界,因为超越一切,所以"不闻不睹",这与陈献章的"以自然为宗"异曲同工。同时,从逻辑上说,既然要超越一切,自然必须"不闻不睹",必须"归寂"。这段经历及其体验对于聂豹学术思想的形成具有极其重要的意义。罗洪先后来在《双江公七十序》中说:

> (聂豹)及知苏州,以忧病归,闭户翠微山中十余年,屏耳目之交,考《易》、《庸》之旨,喟然叹曰:"夫所谓良知云者,盖指不学不虑而言,则未发之中是也。其感则爱与敬也。学者舍不学不虑之真,而惟执爱亲敬长之感应以求良知,不几于义袭而取乎?"乃自为之说曰:"致良知者,致吾心之虚静而寂焉,以出吾之是非,非逐感应以求其是非,使人扰扰外驰,而无所于归以为学也。夫知,其发也,知而良,则其未发所谓虚静而寂焉者也。吾能虚静而求,虽言不及感,亦可也。是说也,吾得之于孔,为乾之健,为坤之复,不艮之背;吾于背,得之夜气,于濂、洛,得之主静,得之定性。是致知之正传,而徒曰良知良知云者,吾不知之也。"是说出,而闻者莫不尽骇。②

从此,聂豹开始在不同场合阐述其"虚寂"思想观点,1538年,聂豹在《送李子归宁都序》中说:

> 夫人生而静,不睹不闻,戒谨恐惧,以归其根,此致知宗旨也。而世之梏于闻见者,类以意念流转为妙用,格物之学卒为义袭。而二子之见,乃深契于愚者之虑。盖学而外性,其不以习知为良知者,鲜矣。性,静也,寂然不动是也。感而遂通,怵恻于入井之乍见,爱敬于孩提之不虑,曾何纤毫人力于其间哉?是故求怵恻者,将求之于入井之乍见乎?抑求以复吾不忍人之心乎?求爱敬者,将求之于孩提之不虑乎?抑于纯一未发中求之也?独观万化之原,知止而定,天下之能事毕矣。③

---

① 《聂豹集·大学古本臆说序》。
② 《罗洪先集·双江公七十序》。
③ 《聂豹集·送李子归宁都序》。

次年,聂豹在《送王樗庵献绩之京序》中初步阐明了其"虚寂"之旨:

> 君子之道,虚中无我,以体天地之撰,以通神明之德,以类万物之情,而世常以虚无诋佛老而忌言之。虚无者,生化之推,无足以病佛老哉。惟并虚无之所生化者,谓为障与妄,虽伦理感应,亦在所不屑而简弃之,卒以徇其自私自利之见,此其得罪于圣人。而世常以虚无罪之,过矣。君子戒慎乎其所不睹,恐惧乎其所不闻,非虚无之至乎?虚无道,而无方,廓然顺应,位育以之,是特毫厘之差耳。今之薄虚无而不为者,虽五尺童子亦然,而日硁硁然,惟道理格式是求。极其所至,上者功利,其次训诂袭义传讹,反为佛老之徒所鄙,而适以藉其讪儒之口也。①

宋仪望则称,聂豹是在赴任平阳知府后开始正式阐释其"归寂"论的:

> 企守平阳,作《大学臆说》,其释致知格物,云:宰物为知,感物为意,处物为格。心犹镜,知犹镜,知犹镜之明,致知犹磨镜,格犹镜之照,妍媸在彼,随物应之,故曰格,如云格于文祖,格于上下。又曰:致知即致中也。寂然不动,先天而天弗违;格物者,致知之功用,感而遂通,后天而奉天时。又曰:有未发之中,即有发而中节之和。圣人于咸卦言虚言寂,是究言感应之理,以破万有之障。先生自平阳归,与同志论学,一以涵养本体虚寂为归,是时适与念庵罗公论相契合。②

聂豹于1541年赴任平阳知府,次年即因故回到家里,并和邹守益、欧阳德、罗洪先一起主持了大规模的青原山阳明学讲会。显然,聂豹在平阳知府任上撰写的《大学臆说》是对于其翠微山养病期间钻研《大学》的总结。正是因为"有悟于本体虚寂之旨"与陈献章的"以自然为宗"有异曲同工之妙,聂豹还写下了《白沙绪言》。

聂豹随即升任陕西按察司副使,兵备潼关,但很快又被弹劾而离职回乡。

---

① 《聂豹集·送王樗庵献绩之京序》。
② 《明荣禄大夫太子太保兵部尚书赠少保谥贞襄双江聂公行状》,载《聂豹集·附录》。

"遂坚卧不出,一意受徒讲学。"①此后两年多时间,聂豹又有时间和精力和邹守益、罗洪先等人进行广泛深入的切磋交流。据邹守益《双江聂子寿言》记载,1547年正月十三日,邹守益等人为聂豹庆祝六十大寿,"郡之同志约于青原,联舟于文江,谋祝寿筵觞",期间,邹守益对聂豹的虚寂说提出了委婉的批评。邹守益记载说:

> 有谈寂感之几者曰:"双江子之志卓矣,而才足以充之。驱驰四方,舍矢如破。及闻阳明先师之学,精思力践,若虞机张而省括度也。晚而自得,恍然有悟于未发之中,而深惧以义袭为格物,其有意于寂以妙感已乎?"益曰:"学无寂感。寂感,以言乎所指也。譬之日焉,光其体也,照其用也,而以先天后天分,是以体用为先后也。夫倚于毁则绝物,倚于誉则合汙,倚于出则溺于不止,倚于处则往而不反,倚于寂则不能以有为为应迹,倚于感则不能以明觉为自然。故曰德輶如毛,未言化也。无声无臭,则至诚而化,焉有所倚?是谓肫肫维仁。仁而肫肫,则渊渊浩浩,与天同运,与江河同流,与日月同明,是谓之仁者无疆维寿。"②

不幸的是,该年年底,聂豹即被逮捕下狱。聂豹在狱中闲而无事,遂潜心学术思考,并撰写出《被逮稿》《困辨录》《幽居答述》等重要著作,学术思想完全成熟,"归寂说"最后成型。黄宗羲称,聂豹的"归寂说"主要源于其在狱中的体验。他说:

> 先生之学,狱中闲久静极,忽见此心真体,光明莹彻,万物皆备。乃喜曰:"此未发之中也,守是不失,天下之理皆从此出矣。"及出,与来学立静坐法,使之归寂以通感,执体以应用。③

现代美国物理学家F·卡普拉指出:"当理性思维平静时,直觉状态就会产生一种特别的意识,能以一种直接的方式体会到周围的一切,而不必对概念性思维进行清理。对于周围环境的那种开放性思维是深思的主要特点。在这种

---

① 《明荣禄大夫太子太保兵部尚书赠少保谥贞襄双江聂公行状》,载《聂豹集·附录》。
② 《邹守益集·双江聂子寿言》。
③ 《明儒学案·江右王门学案·聂豹传》。

意识中,各种局部的形式消退了,而形式浑然的一体。"① 这就是说,黄宗羲的所描述的聂豹在狱中的体验可能是真实的。不过,聂豹在养病翠微山期间很可能即有过这种神秘的体验,故此后不断提出其"虚寂"之旨,但他在监狱中的这种独特的生命体验无疑会对此前的"虚寂之旨"提供更加强有力的支持,进而为这一生命体验寻找理论依据。

出狱后聂豹又回到家乡待了一年,次年(1550),聂豹即在其弟子徐阶的大力举荐下赴京任职。1555年春,六十九岁的聂豹致仕回乡,直至1563年七十七岁时去世。

不过,聂豹的"归寂说"遭到同门的严厉批评,只有罗洪先表示理解和支持,聂豹对此感到很沮丧,他甚至因此萌发了不再参加本地区的阳明学讲会之类的活动的念头。罗洪先劝他说:

> 凡古之以一艺称雄长者,莫不各有自得处。能虚心取之,皆足以为观法之助。故持有异说与我迥不类者,则亦详察以求其故,而不敢遽有忿心以来扞格之势。比其一无足取,然后从而弃之。而或病或有所在,亦将按其症而严为之治,使彼无未尽之情,而吾有难胜之实。以为此乃成己成物之用,实则暗于听言而缓于处事,其性行固然也。率其性行而往,使卒无足取而又贻之害,则纵而禁之驱之,亦自有不容已矣。朋友之弊,诚无自解,大要存乎其人。如学求益,则相观更速,不必不会。如不知学,则会诚不蠹,如来谕云云。为今之计,非必以不会矫会之弊,求为益我者耳。所谓弃之禁之驱之,自不妨与于其中……乃为善也。②

罗洪先的建议委婉而又合情合理,得到了聂豹的接受认可。聂豹继续与各地阳明学者交流论辩,继续积极参加各种阳明学讲会活动。1558年,七十二岁的聂豹还前往安福参加了复古书院的阳明学讲会,和邹守益、刘文敏、罗洪先等人就寂感理论和实践问题进行了深入探讨。

总之,聂豹著称于世的"归寂"说的形成是一个漫长的过程,与其曲折的官宦生涯关系密切,与其独特的生命体验关系密切,当然也是其个人的好学和思考研究的成果。虽然他是公认为江右王门学派的重要领袖人物。正如聂豹自

---

① F·卡普拉:《无神论教育中对"内省体验"的认识》,载《科学与无神论》,2003年第五期。
② 《罗洪先集·寄双江公》。

己所强调的那样,他的学术思想的来源是多方面的。既有古典儒学和阳明学理论,程朱理学和白沙心学也占有非常重要的地位。他自称:

> 某不自度,妄意此学四十余年,一本先师之教而曲绎之,《节要》录备之矣。已乃参之《易传》《学》《庸》,参之周、程、延平、晦翁、白沙之学,若有获于我心,遂信而不疑。①

聂豹的官宦生涯不仅对其自身的学术思想产生了极其重大的影响,也对阳明学的传播和发展产生了重大影响。众所周知,程朱理学一直是明朝的官方哲学,是科举考试的唯一依据。王阳明在提出其心学理论之初,因其不同于程朱理学甚至否定程朱理学的基本观点而被一些人视为异端邪说,遭到抨击。他的文治武功也遭人嫉妒。嘉靖元年(1522),礼科给事中章侨称:

> 三代以下正学莫如朱熹。近有聪明才智,倡异学以号召,天下好高务名者靡然宗之。取陆九渊之简便,诋朱熹为支离,乞行天下,痛为禁革。②

明世宗嘉靖皇帝因此下令申禁阳明学,并开始打击阳明学者。1529年初,王阳明去世后,吏部会议讨论王阳明功罪,会议认为:

> 守仁事不师古,言不称师,欲立异以为名,则非朱熹格物致知之论。知众论之不与,则著《朱熹晚年定论》之书,号召门徒,互相唱和。才美者乐其任意,或流于清谈;庸鄙者借其虚声,遂敢于放肆。传习转讹,悖谬日甚。……若夫剿寨贼,擒除逆濠,据事论功,诚有可录。……今宜免夺封爵以彰国家之大信,申禁邪说以正天下之心。

嘉靖皇帝的裁定结论是:

> 守仁放言自肆,诋毁先儒,号召门徒,声附虚和,用诈任情,坏人心术。近年士子传习邪说,皆得倡道。至于宸濠之变,与伍文定移檄举兵,仗义讨

---

① 《聂豹集·答陈明水》。
② 《明世宗实录》卷十九。

贼,元恶就擒,功固可录,但兵无节制,奏捷夸张,近日掩袭寨夷,恩威倒置。所封伯爵本当追夺,但系先朝信令,姑与终身。其殁后恤典俱不准给。都察院仍榜谕天下,敢有踵袭邪说,果于非圣者,重治不饶。①

阳明学因此受到政治上的压制和打击。不过,学术思想上争议只是表面现象,更重要的原因而是政治上的权力争斗。先是内阁大学士杨廷和、桂萼等人,嫉恨王阳明军功显赫,与王阳明交恶,后来的张璁、夏言等权臣对王阳明和阳明心学没有好感,而在朝的阳明学者又认定自己掌握了绝对真理,他们不依不饶,不断上书严词抨击桂萼、张璁、夏言等人,致使在朝的阳明学者有"结党"嫌疑。阳明学因此受到打击,功勋卓著的王阳明本人的身后恤典被剥夺,众多阳明学者以各种借口被贬职削职,遭到迫害。聂豹本人同样受到很大的冲击,他居家长达十年而没有被起用,尽管不断有人建议起用聂豹,而且内阁首辅还是江西同乡兼同年进士夏言。

面对巨大的政治压力和本人官宦生涯的挫折,聂豹依然坚持传播和发展阳明学。更为重要的是,他忍辱负重,冷静观察,充分利用自己的人脉关系,使王阳明和阳明学最终获得官方认可。

在聂豹的曲折仕途中,与夏言、严嵩、徐阶等三人的关系影响巨大。首先是严嵩。严嵩(1480—1567),字惟中,号介溪,江西分宜人,年轻时以诗文著称。夏言垮台后,严嵩长期担任内阁首辅,颇得嘉靖皇帝信任,是明朝著名的权臣。严嵩是聂豹会试时的主考官,也就是所谓的"座师",聂豹也长期对严嵩执弟子礼。据何良俊记载:

> 余在都,见双江于介老处认门生。余问之,双江曰:"我中乡举时,李空同做提学,甚相爱。起身会试往别之,空同曰:如今词章之学,翰林诸公严惟中为最。汝至京,须往见之。故我到京即造见,今已几四十年矣。"②

李空同即李梦阳,明代文学复古运动领袖,聂豹早年好词章之学,中乡举时,受到李梦阳欣赏。李梦阳建议他赴京拜见以词章见长的严嵩。中进士后,聂豹即拜于严嵩门下,执弟子礼,此后长期和严嵩父子保持着相当密切的关系,

---

① 《明世宗实录》卷九十八。
② 何良俊:《四友斋丛说》卷二十六。

得到了严嵩的提携。

二是夏言。夏言(1482—1548),字公谨,号桂洲,江西贵溪人,嘉靖前期权臣,曾任内阁首辅多年,后被严嵩排挤并取而代之。夏言强烈排斥阳明学,对聂豹也从无好感。作为聂豹的同年进士,夏言不但拒绝启用长期乡居在家的聂豹,反而使聂豹遭受两年牢狱之灾。入狱后,聂豹向严嵩求助,声称自己被诬陷是因为有人想借机打击严嵩,但直到夏言垮台后,聂豹才获平反。①

三是徐阶。徐阶(1503—1583),字子升,号少湖,松江华亭(现上海)人。徐阶长期位居严嵩之后,严嵩去职后,取而代之为内阁首辅。徐阶是聂豹任华亭知县时收的弟子,聂豹非常器重徐阶,徐阶也一直非常敬重聂豹,师生情谊深厚。聂豹在出狱后能够官至兵部尚书,严嵩和徐阶起了关键性的作用。《明史·聂豹传》称:

> 二十九年秋,都城被寇。礼部尚书徐阶,豹知华亭时所取士也,为豹讼冤,言其才可大用。立召拜右佥都御史,巡抚顺天。未赴,擢兵部右侍郎,寻转左。

关于聂豹担任兵部尚书一事,《明史》的评论是:

> 当是时,西北边数遭寇,东南倭又起,羽书日数至。豹本无应变才,而大学士嵩与豹乡里,徐阶亦入政府,故豹甚为帝所倚。久之,寇患日棘,帝深以为忧。豹卒无所谋画,条奏皆具文,帝渐知其短。会侍郎赵文华陈七事,致仕侍郎朱隆禧请设巡视福建大臣,开海滨互市禁,豹皆格不行。帝大怒切责。豹震慑请罪,复辩增官、开市之非……帝意终不怿,降俸二级。②

聂豹自己也承认,军事并非自己所长。他说:

> 予早岁谢仕,家居匿山泽二十年,栖迟于五献双溪之间,虚融幽澹,方有事于静学,自分以此终焉,足矣。乃用举者两赴召命,俱有事于兵革。时干戈竞起,南倭北虏相煽为乱,折冲于尊俎,非予所长,而夙夜焦劬,以求不

---

① 《聂豹集·上内阁严相公》。
② 《明史·聂豹传》。

负皇帝宠任之隆,则区区犬马之心也。①

不能说聂豹完全没有军事才能。但毫无疑问,他能够做到兵部尚书,严嵩和徐阶的作用相当重要。严嵩不仅是聂豹的"座师",和王阳明的私交实际上也不错,又是夏言的政敌,严嵩取代夏言后,阳明学传播和发展获得了更大的政治空间。嘉靖三十二年(1553),时任兵部尚书的聂豹与徐阶、欧阳德等人共同主办了规模宏大,为期长达两个月的灵济宫阳明学讲会。继严嵩而起的大学士徐阶是聂豹的弟子,也就是王阳明的再传弟子,作为阳明学者,徐阶为王阳明和阳明学在政治上获得正式认可作出了决定性的贡献,成为阳明学的护法。

聂豹在升任兵部尚书后,阳明学传播和发展获得了一定的政治空间,一些阳明学者兴奋不已,建议聂豹立即解决王阳明的恤典问题,在政治上正式认可王阳明和阳明学。尽管这也是聂豹本人的愿望,但在审时度势后,聂豹认为,当时并不是解决王阳明的恤典问题的好时机,如果请求被皇帝拒绝,情况可能会更加糟糕。作为阳明学者,重要的是发扬光大阳明学,这是对王阳明的最好的恤典。他致信王畿说:

> 今凶歉遍天下,斗米值银三钱,宣大危甚,京师饥莩盈城野,而房包祸心不悔,加岛夷煽乱,东南毒痛,而山东河南之盗又窃发无时,不谓时势之难,遭会亦至于此。然为之自我者,当以身偿,更何言老师恤典?不得机会,不可轻举,万一举而报罢,又增一障,虽百年之后,终少不得吾侪。果能身明此学,便是老先生身后恤典也。今出者既不成章,处者又多浮议,尚何望斯学之有益于世哉?②

聂豹在位时一直没有机会使王阳明和阳明学得到政治上的正式认可。在被免职致仕回乡时,他将此事委托给弟子徐阶。临别前,聂豹语重心长地叮嘱徐阶说:

> 学,一也。有大人之学,有小人之学。大人者,先立乎其大者也。故能为天地立心,生民立命,继往圣之绝学,开万世之太平,是岂小人之学所能

---

① 《聂豹集·养静楼记》。
② 《聂豹集·寄王龙溪》。

窥测其万一者哉？……周程以后，白沙得其精，阳明得其大。而予与殿学少湖徐先生，妄意砥砺三十余年，而卒无所得。……予二人之心，不能无愧于斯学，而其所以自许，则有难以语诸人者。自兹以往，在朝在野，有一日当勉一日，以求不负同心之利，而或去或不去，归之乎洁其身。①

所谓"有难以语诸人者"，指的正是指王阳明本人和阳明学遭到不公正待遇。徐阶对此心领神会，称绝不敢推辞。他也确实付出了努力，使王阳明和阳明学获得政治上的认可。隆庆元年（1567）初，徐阶的亲信，著名阳明学者耿定向上疏皇帝，要求国家正式认可阳明学，王阳明从祀孔庙。同年四月，王阳明被正式追赠新建侯，追谥文成。这意味着王阳明和阳明学获得了政治上的认可。至于王阳明从祀孔庙一事，直到万历十二年（1584）才实现。在这一过程中，聂豹的弟子，江右王门学派著名学者宋仪望作出了重要贡献。尽管这些事情都发生在聂豹逝世后，但聂豹的重要贡献毋庸置疑。

这里要顺便说明的是，与聂豹关系密切的严嵩后来被视为大奸臣，儿子严世蕃被杀，严嵩本人晚景也十分凄凉。我无意评价严嵩的是是非非，不愿在此卷入不必要的争议，但我必须指出的是，王阳明生前和严嵩的关系不错，严嵩在家乡的声誉也很好，与徐阶放纵子弟和家奴为害乡里形成鲜明比照。沈德符指出："严分宜作相，受世大垢，而为德于乡甚厚，其夫人欧阳氏，尤好施予，至今衰人犹诵说之。"②朱国桢经过实地调查也证明了这一点。由于聂豹与严氏父子关系密切，在诸多颇有争议的事件中站在严嵩父子的一边，这使得聂豹受到一些人的指责。浙江人查继佐《罪惟录·聂豹传》中称，聂豹"天性矫谲"，所以以道学自饰。③ 长期对严嵩执弟子礼的聂豹确实在诸多事情上迎合了严氏父子，但要说聂豹是"以道学自饰"则未必合乎事实。实际上，聂豹本人为官算是清廉，据说他被逮捕时，刘文敏为其打点行李，只有银子五十两，幸得朋友陈唐甫出资相助。聂豹的政治才能也不容否认。他不仅有治国平天下之志，也有一套治国安邦的蓝图。作为一个儒家学者，聂豹强调，"治天下以正风俗得贤才为本"。就当时的形势而言，聂豹认为，其要务在"四事"，即"敦本实以兴正学""清寺田以备赈恤""核官籍以均徭役""考宦余以励风节"。这"四事"之中，"清寺田以

---

① 《聂豹集·留别殿学少湖徐公序》。
② 沈德符：《万历野获篇·内阁·居官居乡不同》。
③ 查继佐：《罪惟录·聂豹传》。

备赈恤""核官籍以均徭役"针对的是当时的财政和经济问题。"而四者之中，又以学校为本"。因为学校是培育人才，端正风俗的基地，然而，当时的学校建设尤其是人才选拔方式即科举考试存在严重问题，无法有效选拔出有政治才能和高尚道德的人才。他指出：

> 故欲善今日风俗，当自今日之士夫始。欲善今日之士夫，当自今日之学校始。学校者士夫之所关也。去圣既远，学校之政不修，人士类以记诵词章为学。夫纸上陈言之务，岂所以尊德性而理身心？科举程式之趋，岂所以端本原而出治道？方其为学用心之始，既不止于毫厘之差，则其中之所行与夫中之所就，又奚啻于千里之谬哉？

聂豹认为，治国安邦的关键在于"兴学育材"，必须效法"三代之学皆所以明人伦"之意，以"六德"（智、仁、圣、义、中、和）、"六行"（孝、友、睦、姻、任、恤）、"六艺"（礼、乐、射、御、书、数）为"教万民之法"。所谓人才，固然要懂得儒家经典，熟悉"经义"，但"德行"才是最重要的，如果没有高尚的道德情操，"虽有经义，亦不之考"。"德行"和"经义"都应当"一主于格物、致知、诚意、正心，以至于平天下"，也就是说，必须培养出有治国安邦实际才能的人才。①

聂豹在政治实践中也确实非常重视"兴学育材"。在华亭知县任上，"惓惓以兴起学校，作养人才为事"，后来成为首辅的徐阶就是在此期间发现并培养起来的。巡按福建，聂豹"又建养正书院射圃亭于会城，群八闽秀士教之"。②

聂豹的治国安邦的蓝图并没有很多新颖之处，他基本上是在发挥儒家传统的政治思想理论，但聂豹能够针对现实，提出较为全面，而且特色鲜明的治国安邦的蓝图，无疑是难能可贵的。

第二节 "良知本寂"

《明史·聂豹传》指出，聂豹的学术思想"于王守仁说颇有异同"。实际上，1526年，四十岁的聂豹前往越中拜访王阳明，尽管聂豹赞赏王阳明的良知说，但

---

① 以上均引自《聂豹集·应诏陈言以弥灾异疏》。
② 《明荣禄大夫太子太保兵部尚书赠少保谥贞襄双江聂公行状》，载《聂豹集·附录》。

并没有立即完全接受王阳明的学术观点,或者说,王阳明并没有说服聂豹完全接受自己的良知说。王阳明本人也清楚地意识到"文蔚之未能信我矣"[1],他知道,对于一个在官场浸润多年且具备追求成仁成圣的意志和勇气的中年人而言,不会轻易地接受一种新的理论观点。王阳明非常欣赏聂豹,认为聂豹具备追求成仁成圣的意志和勇气,因此非常希望他能够与自己共同奋斗。为此,王阳明亲自致书聂豹,阐述其基本理论观点,尤其是其致良知的重大的理论和现实意义。他鼓励聂豹接受其良知学理论,为追求成仁成圣,实现天下太平而努力奋斗。他在致聂豹的信中说:

> 夫人者,天地之心。天地万物,本吾一体者也。生民之困苦荼毒,孰非疾痛之切于吾身者乎?不知吾身之疾痛,无是非之心者也。是非之心,不虑而知,不学而能,所谓良知也。良知之在人心,无间于圣愚,天下古今之所同也。世之君子惟务致其良知,则自能公是非,同好恶,视人犹己,视国犹家,而以天地万物为一体,求天下无治,不可得矣。古之人所以能见善不啻若己出,见恶不啻若己入,视民之饥溺犹己之饥溺,而一夫不获,若己推而纳诸沟中者,非故为是而以蕲天下之信己也,务致其良知,求自慊而已矣。尧舜三王之圣,言而民莫不信者,致其良知而言之也;行而民莫不说者,致其良知而行之也。是以其民熙熙皞皞,杀之不怨,利之不庸,施之蛮貊,而凡有血气者莫不尊亲,为其良知之同也。呜呼!圣人之治天下,何其简且易哉?
>
> 后世良知之学不明,天下之人用其私智以相比轧,是以人各有心,而偏琐僻陋之见、狡伪阴邪之术至于不可胜说。外假仁义之名,而内以行自私自利之实,诡辞以阿俗,矫行以干誉;掩人之善,而袭以为己长,讦人之私,而窃以为己直;忿以相胜,而犹谓之徇义;险以相倾,而犹谓之疾恶;妒贤忌能,而犹自以为公是非;恣情纵欲,而犹自以为同好恶。相陵相贼,自其一家骨肉之亲已不能无尔我胜负之意,彼此藩篱之形,而况于天下之大,民物之众,又何能一体而视之!则无怪于纷纷籍籍,而祸乱相寻于无穷矣。
>
> 仆诚赖天之灵,偶有见于良知之学,以为必由此然后天下可得而治。是以每念斯民之陷溺,则为之戚然痛心,忘其身之不肖,而思以此救之,亦

---

[1] 《王阳明全集·文录三·与欧阳崇一》。

自不知其量者。①

王阳明试图向聂豹阐述其致良知说的重大的理论意义和现实意义,他声称,天下大乱,物欲横流,正是因为"良知之学不明",承蒙上天的眷顾,他发现了这一至关重要的问题,并找到了实现天下太平的正确方法和途径。为此,他决定不惜代价弘扬这一理论学说。王阳明相信,聂豹具有追求成仁成圣的意志和勇气,因此邀请他加入弘扬"良知之学"的队伍。为此,王阳明还请欧阳德向聂豹进一步阐释其良知学理论。

对聂豹而言,《大学》的格物、致知、正心、诚意论无疑是绝对真理,其中致知是关键。但如何"致知",正如我们前面所指出的,那绝非是一个简单的问题,历来有争议。他拜访王阳明,首先是基于王阳明的巨大学术声望,而不是为了拜王阳明为师,而是为了就如何"致知"和王阳明切磋交流,试图获得启迪。他接受了王阳明的基本观点,相信所谓致知就是致良知,而不是程朱理学家们所说的即物穷理。在聂豹看来,王阳明的良知说是对孟子良知良能说的发扬光大。孟子说:"人之所不学而能者,其良能也,所不虑而知者,其良知也。孩提之童,无不知其爱亲也;及其长也,无不知其敬兄也。亲亲,仁也,敬长,义也。"②聂豹认为,良知实际上正是"孩提知爱知敬"之心,所谓致良知,就是保持并发挥"孩提知爱知敬"之心。宋仪望指出:

> 先生自丁亥(1527年,即拜访王阳明的次年)以来,其论致知功夫,则以孩提知爱知敬为良知本来面目,反而求之事亲从兄之间,便觉有所持循。致书阳明、南野二公,盖极言之。其后先生家居,每接引同志,惓惓以躬行孝悌为致良知下手切实功夫。③

"孝悌"是儒家的基本道德要求,本身就是"仁"的基础和表现——这是自孔子以来所有儒家学者的共识。聂豹"惓惓以躬行孝悌为致良知下手切实功夫"虽然有道理,但在理论上说明不了什么问题,至少不算什么创新。问题的关键在于,即便"孩提知爱知敬"这一人的本能就是良知,人的成长也是一个不可

---

① 《王阳明全集·答聂文蔚》。
② 《孟子·尽心上》。
③ 《明荣禄大夫太子太保兵部尚书赠少保谥贞襄双江聂公行状》,载《聂豹集·附录》。

逆转的过程,在成长的过程中,人不可避免地会受到习俗和物欲的浸染,逐渐丧失其"赤子之心",蒙蔽了良知。因此问题立即转化为,人如何保持自己的"赤子之心"不被习俗和物欲浸染,使自己固有的良知充分体现和发挥出来。这正是王阳明的致良知功夫论所试图解决的问题。

聂豹为此继续和王阳明的弟子们交流研讨,但他并没有接受他们的观点,而是和他们展开争辩。聂豹试图通过自己的研究和学习,努力探究良知的本质,探究致良知的正确方法和途径。经过长期的研究思考和感悟,特别是结合自己的生命体验,聂豹提出了独树一帜的"归寂"说。欧阳德的私淑弟子尹台(1506—1579,吉安府永新县人,嘉靖十四年即1551年进士)指出:

> 夫先生之学以归视寂为宗,以入虚守寂为入德不易之极。其所受虽有从出,然自得于反验默识之际,以超然独契乎千载之上,岂世之浅闻肤窥者所能遽涉其津涘也哉?①

聂豹的"归寂说"主要是"自得于反验默识之际",同时也"有所受"。所谓"自得于反验默识之际",主要是指在翠微山养病期间及监狱中有着某种神秘的生命体验。当然,作为一名学者,他必须从理论上对自己的生命体验进行解释说明。在此过程中,聂豹不仅继承了阳明心学的理论成果,也吸收了其他学者包括陈献章的心学思想。在很大程度上,正是因为自己有着独特的生命体验,聂豹虽然认可王阳明的基本理论观点,但对王阳明的心学理论并没有全盘接受,即便在后来补办了拜师仪式后,聂豹虽然自认为是王阳明的弟子,经常以王阳明的话作为自己的立论依据,他的学术思想依然与王阳明有一定的区别。

对于聂豹而言,人必须在日常生活实践中存天理,灭人欲,严格遵守儒家名教纲常,这是理所当然,不言而喻的,而每个人都拥有的内在的良知正是其在日常生活实践中严格遵守儒家名教纲常的基础。问题在于,如果说每个人都拥有良知的话,那么,为什么很多人的良知不能发用流行,从而自然而然地与儒家名教纲常保持绝对一致呢?聂豹根据自己的生命体验,相信关键在于必须达到某种"虚寂"的精神境界,实际上这也是圣人的精神境界,只要达到这种精神境界,自然而然包容天下万物,自然而然地与儒家名教纲常绝对一致。否则,就只能

---

① 尹台:《双江先生文集序》,载《聂豹集·附录》。

在日常生活实践中"逐物",把儒家名教纲常视为一种客观存在而努力遵守之,从而陷入程朱理学的陷阱。在他看来,所谓致良知,说到底就是努力达到这种精神境界,使良知本体自然发用流行。这就必须在理论上证明"虚寂"乃世界的本质存在。既然"心外无物",那么,"虚寂"不仅仅是"心"的形而上的本质存在特征,也是"心"的形而下的经验存在形式。聂豹强调,只有正确认识和理解"心"的这一性质,才能正确认识和理解良知的本质,找到致良知,达到圣人精神境界的正确方法和途径,进而在日常生活实践中自然而然地与天理,也就是儒家名教纲常绝对一致。

前面业已指出,"心"的问题一直是中国古代思想家们所关注的重大甚至是核心问题。"人心惟危,道心惟微"历来被儒家学者视为不言而喻的绝对真理。人们普遍相信,人的思维和情感源于"心"而不是大脑。作为思维和情感的源泉,"心"不仅仅是一种生理的或者物理的存在,更是一种文化的和道德的存在,具有毋庸置疑的道德属性。"心"作为人的道德信念和道德情感的源泉,为人提供道德信念和道德情感。经验告诉人们,人的信念和情感源于知觉,一些学者便以"觉"训"心",认为"觉"即是"心"的本质和道德属性。如谢良佐称:"有知觉,识痛痒,便唤做仁。"[1]张九成称,"仁即是觉,觉即是心,因心生觉,因觉有仁,脱体是仁,无觉无心,有心生觉,已是区别,与区别熟,则融化矣。"[2]尽管他们所谓的"觉"并非是单纯的人的感官知觉,而是指"心"感应世界的能力和表现。问题在于,人的感官功能和反应能力不能说具有道德属性。如果说人性本善的话,那问题就更严重了,因为一切恶行不能说是无心之失,同样是基于人的感官功能和反应。显然,如果说人的感官功能和反应,也就是人的知觉就是"心"的本质的话,那就很难说明"心"如何为人提供道德信念和道德情感。正因为如此,朱熹对以"觉"训"心"的做法提出了严厉批评,此后很少有理学家以"觉"训"心"。

既然"心"的道德属性是一种哲学判断而不是事实判断,这就意味着"心"是一种超越性的存在。作为一种超越性的存在,就不是一种能够观察和体验到的经验现象,于是,人们通过借鉴佛学理论,把"心"的本质界定为"虚灵"。朱熹在《中庸章句序》中说,"心之虚灵知觉,一而已";在《大学章句》中称,"明德者,人之得乎天,而虚灵不昧,以具众理而应万事者也。"也就是说,"心"的本质

---

[1] 《宋元学案·上蔡学案》。
[2] 《宋元学案·横浦学案》。

既是一种超越性的形而上的本体存在,正是因为它超越一切,所以能够感应世界上的万事万物。也就是说,可以赋予"心"形而上的道德属性,因其超越,因其"虚灵",所以至善。

王阳明同样以"虚灵"训"心"。他说,"心之虚灵明觉,即所谓本然之良知也。"①他进一步强调,正是因为"心"是一种超越一切的存在,能够感应世界上的万事万物,所以它才是世界的本质存在。"'虚灵不昧,众理具而万事出'。心外无理,心外无事。"②这也就意味着,"心"是本体与现象、动与静的统一。"心无动静者也。其静也者,以言其体也;其动也者,以言其用也。"③"心之本体,无起无不起,虽妄念之发,而良知未尝不在,但人不知存,则有时而或放耳。"④他强调,良知也是一种"廓然大公,寂然不动"的本体存在。因为"心之虚灵明觉,即所谓本然之良知也。"⑤。"良知即是未发之中,即是廓然大公,寂然不动之本体,人之所同具者也。但不能不昏蔽于物欲。故须学以去其昏蔽,然于良知之本体,初不能有加损于毫末也。知无不良,而中寂大公未能全者,是昏蔽之未尽去,而存之未纯耳。"⑥正因为如此,众多王门学者都相信"良知本寂"。欧阳德称:"良知本寂,致知即是致虚。"⑦王畿指出:"虚寂者,心之本体。良知知是知非,原只无是无非,无即虚寂之谓也。"⑧

问题在于,超越与现实,本质与经验存在并不是一回事。如果说"心"的本质就是"虚寂""心外无物",良知为每一个人所拥有,那么,现实中却有大量的恶是从何而来?当这些人行恶的时候,其良知到哪去了?即便说是被物欲蒙蔽了,物欲作为一种现象存在,从逻辑上说,心和良知本体也应当以某种具体的形式存在,要不然就没有蒙蔽的对象。也就是说,必须在经验层面说明"虚寂"也是"心"经验存在形式,人们的一切思维、情感和行为,不仅仅源于"心"的形而上的"虚寂",同时也源于"心"的形而下的"虚寂"存在——这正是聂豹努力探究的方向。

---

① 《王阳明全集·语录二·传习录·中》。
② 《王阳明全集·语录一·传习录·上》。
③ 《王阳明全集·语录一·传习录·上》。
④ 《王阳明全集·语录二·传习录·中》。
⑤ 《王阳明全集·语录二·传习录·中》。
⑥ 《王阳明全集·语录二·传习录·中》。
⑦ 《欧阳德集·答贺龙冈》。
⑧ 《王畿集·别曾见台漫语摘录》。

人们从经验事实中得知,人们所有的有违天理的行为看起来都是由错误的情绪和动机引起的,是错误的情绪和动机的表现,当然可以说所有的错误的情绪和动机都是由物欲引起的,是物欲蒙蔽了良知产物。然而,具体的错误的情绪和动机怎么能蒙蔽良知这一"廓然大公,寂然不动"的本体存在呢?人们历来试图以传统的"寂感"理论和"已发""未发"理论为依据进行探讨。

关于"寂感"理论和"已发""未发"理论,我们前面已作介绍,这里不必重复。王阳明认为,"寂感"说和"已发""未发"说,都是形而上的哲学思考的产物。人们根本无法在生活实践中观察体验到所谓的"寂""未发"——因为一旦观察体验,就意味着"感"和"已发"。王阳明认为,人们一方面必须在理论上区分"寂"和"感","已发"和"未发",但在生活实践中,在人们的经验层面上,"寂"和"感","已发"和"未发"实际上是不可分的,是浑然一体的。王阳明指出:

> 未发之中,即良知也。无前后内外,而浑然一体者也。有事无事,可以言动静,而良知无分于有事无事也。寂然感通,可以言动静,而良知无分于寂然感通也。动静者所遇之时。心之本体,固无分于动静也。理无动者也,动即为欲。循理则虽酬酢万变,而未尝动也。从欲则虽槁心一念,而未尝静也。动中有静,静中有动,又何疑乎?有事而感通,固可以言动,然而寂然者未尝有增也。无事而寂然,固可以言静,然而感通者未尝有灭也。动而无动,静而无静,又何疑乎?无前后内外,而浑然一体,则至诚有息之疑,不待解矣。未发在已发之中,而已发之中,未尝别有未发者。已发地未发之中,而未发之中,未尝别有已发者存。是未尝无动静,而不可以动静分者也。……太极之生生,即阴阳之生生。就其生生之中,指其妙用无息者而谓之动,谓之阳之生,非谓动而后生阳也。就其生生之中,指其常体不易者而谓之静,谓之阴之生,非谓静而后生阴也。若果静而后生阴,则是阴阳动静,截然各自为一物矣。阴阳一气也,一气屈伸而为阴阳。动静一理也,一理隐显而为动静。春夏可以为阳为动,而未尝无阴与静也。秋冬可以为阴为静,而未尝无阳与动也。①

---

① 《王阳明全集·语录二·传习录·中》。

也就是说,把人心区分为"寂"和"感","已发"和"未发"的不同状态是人们进行理论思考的产物,或者说是基于理论研究的需要。在人的实际生活感受中,"寂"和"感","已发"和"未发"是不可分离,浑然一体的。换言之,人们可以在理论层面或者说本体论层面讨论"寂"和"感","已发"和"未发"问题,在日常生活实践中,或者说在工夫层面,却不能也应当把它们分开。王阳明的这一观点为大多数阳明学者所接受,邹守益等人即强调"寂感无二时,体用无二界"。①欧阳德指出:"虽思虑不作,闲静虚融,俗语谓之自在,则亦乐之发也。闲静虚融,不得为未发,则又焉有未发者在闲静虚融之先乎?故未发言其体,已发言其用,其实一知也。"②陈九川称:

> 若鄙意则谓心本寂而恒感者也。寂在感中,即感之本体。若复于感中求寂,譬之骑驴觅驴,非谓无寂也。感在寂中,即寂之妙用。若复于感前求寂,譬之画蛇添足,非谓未感谢时也。《易》以寂感为神,非感则寂不可得而见矣。③

> 吾辈学问,大要在识本心,庶工夫有下落,不致枉用精神,自生起灭耳。夫收视近听于中有个出头,此对精神浮动务外逐末者言,良为对病之药,然于大道,却恐有妨,正为不识心体故耳。心无定体,感无停机,凡可以致思着力者,俱谓之感。其所以出思发知者,不可得而指也。故欲于感前求寂,是谓画蛇安足,欲于感中求寂,是谓骑驴觅驴。④

问题在于,强调"寂"和"感"、"已发"和"未发"的不可分,无法合乎逻辑地解释恶的来源,解释物欲如何蒙蔽良知本体。无论如何,物欲作为一种现象存在,从逻辑上说,心和良知本体也应当以某种具体的形式存在,要不然就没有蒙蔽的对象。

聂豹同样以传统的"寂感"理论和"已发""未发"理论为依据说明人们的一切思维、情感和行为,不仅仅源于"心"的形而上的"虚寂",同时也源于"心"的形而下的"虚寂"存在。他认为,"寂"和"感"、"已发"和"未发"不仅仅是形而

---

① 《邹守益集·再答双江》。
② 《欧阳德集·答聂双江》。
③ 陈九川:《陈明水先生集·答罗念庵》。
④ 《陈明水先生集·简罗近溪先生》。

上的存在,也是一种经验事实的存在,是可以观察和体验到的。聂豹指出,"自有生以来,此心常发,如目之视也,耳之听也,鼻嗅口味,心之思虑营欲也,虽禁之而使不发,不可得也。"①也就是说,"已发"是一种生命常态,但这并不意味着经验上不存在或者说体验不到"未发"这一寂然状态。聂豹称,"夫喜怒哀乐岂无未发之时?但于其未发也,可以验吾寂然之体,常存此体,不离须臾,则大本立而大道行。"②因此,"心有定体""虚寂""未发"是一种确定性的经验存在,是人们的一切思维、情感和行为的源泉。他说:"炯然在中,寂然不动,而万化悠基,此定体也。"③"不闻不睹,便是未发之中"④"一念不起,便是未发之中,亦便是虚寂之体。"⑤无论从逻辑还是从时间顺序说,都应当是先有"寂",后有"感",先有"未发",后有"已发","感"从"寂"出,"已发"从"未发"出,两者是源和流的关系,绝不能将它们混为一谈。他说:"夫寂感动静,犁然为两端。世固有感而不本于寂,动而不原于静,皆妄也。惟感生于寂,动原于静者,始可以言道心。"⑥

聂豹一方面强调,"心外无物","心"是世界的最高存在,"虚寂"是宇宙自然的最高存在和一切的根源。他说:

> 寂者天之德,未发之中,先天之学也。⑦
>
> 寂者,性命之源,神应之枢,原无一物,而无物不备;一无所知,而无所不知。譬之鉴空衡平,而妍媸轻重,若其中之所素具者,可类而推也。⑧
>
> 寂是未发之中,君子时中,言无时而不寂也。无时不寂,则万象森然,而天下之能事毕矣。尚何感有不通,而遗弃事物之哉?⑨

同时,聂豹也反复强调,绝不能混淆心的"寂"和"感","已发"和"未发"的不同状态。聂豹说:

---

① 《聂豹集·答东廓邹司成四首》。
② 《聂豹集·答黄洛村》。
③ 《聂豹集·答欧阳南野太史三首》。
④ 《聂豹集·杂著·辩中》。
⑤ 《聂豹集·答陈履旋给舍》。
⑥ 《聂豹集·答胡青崖》。
⑦ 《聂豹集·答王龙溪》。
⑧ 《聂豹集·答唐荆川》。
⑨ 《聂豹集·答唐荆川》。

原泉者,江、淮、河、汉之所从出也,然非江、淮、河、汉,则亦无以见所谓原泉者。故浚原者,浚其江、淮、河、汉所从出之原,非以江、淮、河、汉为原而浚之也。根本者,枝叶花实之所从出也。培根者,培其枝叶花实所从出之根,非以枝叶花实为根而培之也。今不致感应变化所从出之知,而即感应变化之知而致之,是求日月于容光必照之处,而遗其悬象着明之大也。①

聂豹指出,混淆"寂"和"感","已发"和"未发"的"源"和"流"的关系必然使人们无法正确地致良知,他说:

良知本寂,感于物而后有知。知其发也,不可遂以知发为良知,而忘其发之所自也。心主乎内,应于外,而后有外。外其影也,不可以其外应者为心,而遂求心于外也。故学问之道,自其主乎内之寂然者求之,使之寂而常定也。

聂豹还以《尚书》和《中庸》为理论依据,强调"未发之中"不仅是一种客观经验存在,而且具有压倒一切的重要性。聂豹强调:

万世心学之源,惟在执中一语。②

中是道心的本体。有未发之中,便有发而中节之和,和即道心也。天理流行,自然中节,动以天也,故曰微。人心云者,只纤毫不从天理自然发出,便是动以人,动以人便是妄,故曰危。今人乍见孺子入井一段,二心可概见。自夫中之为义不明,允执之旨流而为义袭之学。……中是真正主脑,允执是工夫归结处。

或问:中则和生,而位育以之,何也?盖未发之中,天地之心,生民之命,万世之太平,千圣之绝学。故执中,所以为天地立心,为生民立命,为万世开太平,为往圣继绝学。圣人到位天地,育万物,也只从未发之中上养来。③

---

① 《聂豹集·答欧阳南野太史三首》。
② 《聂豹集·答王龙溪》。
③ 《聂豹集·杂著·辩中》。

聂豹否认王阳明的"寂"和"感","已发"和"未发"的"归寂"的不可分性遭到众多阳明学者的责难。他们认为这严重曲解了经典,也背离了阳明学基本理论,上引邹守益、欧阳德、陈九川等人的论述正是在批评聂豹等人的观点时提出来的。王畿同样对聂豹作了严厉批评,他强调,"寂"和"感","已发"和"未发"根本上就是浑然一体的,在实践中不应该也不可能区分开来。

聂豹对这些批评都予以了严词回击。他尤其严厉批评了王畿,认为王畿的说法不仅没有道理,而且贻害无穷,"无内外,无寂感,无先后,此数语最会笼罩道理,担阁后生,当有执其咎者。"聂豹说:

> 其曰(按:指王畿):"即寂而感在焉,即感而寂在焉",以此论见成,似也。若为学者立法,恐当下一转语。《易》言内外,《中庸》亦言内外,今曰"无内外",《易》言先后,《大学》亦言先后,今曰"无先后"。是皆以统体言工夫。如以百尺一贯论种树,而不原枝叶之茂硕,由于根本之盛大,由于培灌之积累。此鄙人内外先后之说也。《定性书》尝有"无内外"之言,盖因疑外物为定性之累,而欲绝去外物以求定故云然也,面要其归于定之一字。先生曰(按:指王阳明):"定是未发之中,即有发而中节之和,体用一原,是之谓浑然一体者也。"今曰"良知之前无未发,良知之外无已发。"似是混沌未判之前语。设曰:"良知之前无性,良知之外无情。"即谓良知之前与外无心,语虽玄而意则舛矣。孰为沉空,孰为依识,似是无难辩者。①

聂豹声称,他的关于"寂体"的观点并非自创,不仅是王阳明的最重要的思想观点,更是世代相传的绝对真理,"尧舜相传以来只有此义"。他说:

> 承不鄙谬,有取于"寂体"之说,谓是为师门第一义。窃谓"虚寂"乃《大易》提出感应之体以示人,使学者知所从事。盖尧舜相传以来,只有此义。即此义而精之,则天下之用备于我矣。尚何以思虑为哉?②

基于心上判断,聂豹力排众议,从理论上证明致良知的关键在于"归寂""主

---

① 《聂豹集·答王龙溪》。
② 《聂豹集·答王龙溪》。

静",必须"从未发之中上养来"。

第三节 "归寂主静"以致良知

对于聂豹来说,探究良知的本质,严格区分"心"的"寂"和"感","未发"和"已发",目的在于寻找致良知的方法途径,也就是如何在生活实践中自然而然地为善去恶。在聂豹看来,既然良知本寂,要致良知,自然就必须"归寂",只有"归寂",才能达到圣人的精神境界,才能在日常生活实践中自然而然地与儒家名教纲常保持一致。

聂豹指出,"心"或者说"良知"本体都是一种虚寂的存在,它是宇宙自然的最高存在和一切的根源,能够时时感应世界,引发人的情绪、动机和欲望,由此产生了万事万物。也就是说,作为虚寂存在的"心"在感应世界后,才会出现善恶。他说:

> 夫善与不善,皆由于动而后有,则知未动之前,即来谕"浑浑噩噩"之体也。尚何善恶之可言哉?故心也,意也,知也,物也,自其本体而言之,皆无善无恶也。感于物而动也,而后有善恶形焉。告子性无善无不善之说,生之谓性之说,已见本体一斑,无分于上下,无分于犬牛,斯失之远矣。诚能戒惧以致中,当其中时,默而识之,义自见也。孟子性善之论,已是性之欲而言也。故曰"若夫为不善,非才之罪也。"[①]

既然所有的善与不善都是"感"和"已发"的产物,无论从逻辑上还是从经验上说,要为善去恶,可以有两种方式,一是努力保持良知的"廓然大公"的寂然状态,显然,如果消除了一切欲望,消除了所有的情绪和动机,"廓然大公"的良知自然就不会遭到蒙蔽了,良知自然就呈现;二是在"感"和"已发"的状态下严格地区分善恶,为善去恶。在聂豹看来,"感"和"已发"的状态下严格地区分善恶,为善去恶看起来似乎合理有效,其实是舍本逐末,根本达不到致良知的目标,反而会形成侥幸苟且的习气。他说:

[①] 《聂豹集·答董明建》。

> 夫本原之地,要不外乎不睹不闻之寂体也。不睹不闻之寂体,若因感应变化而后有,即感应变化而致之,是也;实则所以主宰乎感应变化,而感应变化乃吾寂体之标末耳。相寻于吾者无穷,而吾不能一其无穷者而真以之一,则吾寂然之体不几于憧憧乎?寂体不胜其憧憧,而后忿则奋矣,欲则流矣。善日以泯,过日以长,即使惩之、窒之、迁之、改之,已不免义袭于外,其于涵养本原之功,疑若无所与也。①

这就是说,如果专注于在"感"和"已发"的状态下为善去恶致良知,由于引发各种"恶"的欲念已经产生,加之社会纷繁复杂,本寂的良知对各种"恶"防不胜防,无法消除各种"恶","恶"的泛滥必然导致"善"的泯灭。在这种情况下,人们通常只能是依据相关的知识判断善恶,采取措施抑制引发各种"恶"的欲念,这正是程朱理学的基本主张。在王阳明看来,这不仅无法达到为善去恶致良知的目标,反而有可能使良知本体遭受更多的蒙蔽,正是程朱理学的致命缺陷。因此,对聂豹来说,使本寂的良知不受蒙蔽才是问题的关键,他强调,"归寂"才是致良知的不二法门。聂豹认为,"夫无时不寂,无时不感者,心之体也。感惟其时而主之以寂者,学问之功也。""归寂"具体方法就是"主静",即根除对外物的欲望,无思无欲,使人心,也使"良知"回到廓然大公的虚寂状态。"惟主静则气定,气定则澄然无事,此便是未发本体,非一蹴可至,须存优游,不管纷扰与否,常觉此中定静,积久当有效。"②

聂豹认为,"静"是贯穿于整个宇宙、社会和人生的普遍原理。他说:

> 至静之时,虽无所知觉之事,而能知能觉者自在。是即纯坤不为,无阳之象。星家以五行绝处便是胎元,亦此意。若论复卦,则宜以有所知觉者当之,盖以涉于事矣。邵子(按,指邵雍)之诗曰:冬至子之半,天心无改移,一阳初动处,万物未生时。夫天心无改移,未发者未尝发也。一阳初动,乃平旦之好恶,太羹玄酒,淡而和也。未发气象,犹可想见。"静中养出端倪","冷灰中迸出火焰",非坤之静翕归藏,役而养之,则不食之果,可复食而哉?知复之由于坤,则知善端之萌,未有不由于静养也。程子曰:"静后

---

① 《聂豹集·答欧阳南野太史三首》。
② 《聂豹集·答戴伯常》。

见万物皆有春意。"阳明先生之诗曰:"静后始知群动妄。"①

无思无欲,至善之地。知止者,止乎此也,而后谓之知。止、定、静、安,最好体认未发气象。定言其不惑,见之也;静言其不动,养之密也;安言其常久不易,守之固也;虑其明觉自然,无所作也。凡天下之言安者,莫如山,言定静者,亦莫如山。山体虚,故能与泽通气,为云雨以润泽天下。故天下之言有者,皆生于虚;言动者,皆生于静;言感者,皆生于寂。②

聂豹称,把"主静"视为道德修养的根本方法途径,并非自己的独创,而是继承和发扬了前人的思想理论成果。现代学者容肇祖也认为:"他的思想……回复到周、程、李、朱以来的主静说,而成立他的'归寂'学说。"③众所周知,在理学奠基人周敦颐那里,"静"是道德修养的根本,"圣人定之以中正仁义而主静,立人极焉。"④聂豹称:"'无欲故静'乃濂溪所自著。无欲然后能寂然不动,寂然不动,天地之心也,只此便是喜怒哀乐未发时气象。"⑤聂豹指出,"主静"正是包括朱熹在内的众多的宋代理学家的共识。他说:

龟山先生(引者按:即杨时,1053—1135,今福建将乐县人,程颐著名弟子)倡导东南,从之游者甚众。语其精思力践,任重诣极,惟罗仲素(引者按:即罗从彦,1072—1135,今福建沙县人,世称豫章先生)一人。先生讲论之暇,危坐终日,以体夫喜怒哀乐未发之前,作何气象,而求所谓中者。若是者久之,而益知夫天下之本,真有在于是。由是操存益固,涵养益熟,触处洞然,自然中节。

李先生(引者按:即李侗,1039—1163,今福建南平人,师从杨时、罗从彦,朱熹之师,世称延平先生)门下教人,大抵令于静中以体夫喜怒哀乐未发之中,未发作何气象。则处事应物,自然中节。此是龟山门下相传指诀。当时亲炙之时,贪听讲论,又方窃好章句训诂之习,以至若存若亡。毕竟无一的实见处,辜负教育之恩。每念及此,未尝不流汗沾衣也。(聂豹按:此是千古学问的公案,文公悟后真实语也。)

---

① 《聂豹集·困辨录·辩易》。
② 《聂豹集·困辨录·辩易》。
③ 容肇祖:《明代思想史》第129页,开明书店(上海)1941年版。
④ 周敦颐:《太极图说》。
⑤ 《聂豹集·答亢子益问学》。

> 未发之中,本体自然,敬以持之,使此气象常存而不失,则自此而发者,自然中节。此是日用本领工夫。其曰却于已发处观之者,所以察其端倪之动,以至于扩充之功,一有不中,则心之为道或几乎息矣。故程子每以敬而无失为言。敬而无失,便是中。又曰:不如且只道敬。能敬则自知此矣。夫以事言之,虽有动静之殊,以心言之,则周流贯彻,初无间断,而常主失静焉。向来讲究思索,直以心为已发,而所论致知格物,亦止以察识端倪为初下手处。以故阙却平日涵养一段工夫,常觉胸中扰扰,无深潜纯一之味,而其发之言语事为之间,亦多急躁浮露,无复圣贤浑厚雍容气象。所见之差,其病一至于此,不可以不审也。(聂豹按:程朱方悟以为病,而众乃嚣然以为得手,何如?)

聂豹说:"以上三段是朱子语录中悟后定论。看来精一执中之学,周程授受浑只是此家法。不三四传,而此意寝微,天地之心或几乎息,而生民之命,日以蹙矣。尚何以望太平之端哉?"①

尽管聂豹反复强调其"归寂""主静"说是继承和发扬光大了前人的思想理论成果,是毋庸置疑的真理,但遭到邹守益、欧阳德等众多阳明学者的强烈批评。他们指责聂豹的"归寂说"严重违背师说,陷入了释禅之门,与"禅悟"完全一样。聂豹拒不接受这样的批评,他指出:

> 疑予说者,大略有三:其一谓道不可须臾离也,今日动处无功,是离之也;其一谓道无分于动静也,今日功夫只是主静,是二之也;其一谓心事合一,仁体事而无不在,今日感应流行,着不得力,是脱略事为,类于禅悟也。夫禅之异于儒者,以感应为尘烦,一切断除而寂灭之,今乃归寂以通天下之感,致虚以立天下之有,主静以该天下之动,又何嫌于禅哉!②

正如我们前面所指出的那样,在王阳明那里,良知本体是一种超越性的存在,实际上无法用理性,也无法用知觉予以把握,只能用顿悟或渐悟的途径体验到,正因为如此,王阳明不得不从禅学那里汲取理论资源,强调参透良知本体的重要性。而聂豹既有个人的生命体验,因此他有充分理由强调,"归寂""主静"

---

① 《聂豹集·困辨录·辨中》。
② 《聂豹集·答东廓邹司成四首》。

以致良知,只是表面上与禅悟相似——的确必须在寂静中体悟到良知本体,两者之间存在着本质的不同。在禅宗佛学那里,"寂灭"本身就是目的,要求人们断除一切凡尘而出世。而他倡导的"归寂""主静"的目的在于涵养本原,保证良知的虚灵明觉,达到圣人的精神境界,从而更好地"通天下之感",使遵守道德规范真正成为人们的本能反应。因此,他的"归寂""主静"的本质是入世的。换言之,致虚是为了立有,归寂是为了制动,绝不是要"寂灭"。聂豹反复强调,人之所以会产生各种违背儒家伦理道德规范的思想和行为,并不是因为人的良知本体出了问题,而是因为良知本体被外部世界所蒙蔽,只要"归寂""主静",达到圣人的精神境界,自然就可以"立天下之有""该天下之动"。聂豹强调:

> 《大学》之功在诚意。诚者,天之道也,如好好色,如恶恶臭,不犯纤毫人力,动以天耳。动以天而斯谓之诚。诚意之要,致知焉,尽之也。知者,心之体,虚灵不昧,即明德也。致者,充满其虚灵本体,江汉濯之,秋阳暴之,可以合德天地,并明日月,而斯谓之致,致知即致中也。寂然不动,先天而天弗违者也。格物者,致知之功用,物各付物,感而遂通天下之故,何思何虑,后天而奉天时也,如好好色而恶恶臭之类是也。此予之说也。格其不正以归于正,乃是阳明师为下学反正之渐,故为是不得已之词。所谓不正者,亦指夫意之所及者而言,非谓本体之有不正也。①

> 寂是未发之中,君子时中,言无时而不寂也。无时不寂,则万象森然,而天下之能事毕矣。尚何感有不通,而遗弃事物之哉?②

> 心主乎内,应于外,而后有外。外其影也,不可以其外应者为心,而遂求心于外也。故学问之道,自其主乎内之寂然者求之,使之寂而常定也,则感无不通,外无不该,动无不制,而天下之能事毕矣。③

也就是说,良知虽然为人人所拥有,但它首先是一种寂然不动,廓然大公的本体存在,对于绝大多数人来说,日常生活中的思维心绪往往是变化多端的,经常会随着环境和事物的变化而发生改变,如果不"归寂""主静",必然会干扰寂然不动,廓然大公的良知本体,蒙蔽人的内在的良知,致使在日常生活实践中产

---

① 《聂豹集·答亢子益问学》。
② 《聂豹集·答唐荆川》。
③ 《聂豹集·答东廓邹司成四首》。

生种种违背天理的言行。唯有"归寂""主静",使寂然不动,廓然大公的良知本体不受干扰和蒙蔽,良知本体即会自然而然感通世界,人也就会自然而然在日常生活实践中与天理的完全一致。他强调,"心之本体,发无不善,而有不善者,学不足以充本体之量,而蔽于欲。"①"归寂"的过程正是"致知"的过程,"致知者,充满吾虚灵本体之量"②"充满得这个本心,体量无所亏蔽,则仁义不可胜用"。③

显然,如果"致知"也就是说致良知在于"归寂""主静",那就意味着否定了"格物"的必要性。聂豹明确地承认这一点,他认为"格物无工夫",也就是说,致良知的工夫并不在格物方面。他说:

> 致知之功,要在于意欲之不动,非以"周乎物而不过"(按:是为王畿语)之为致也。镜悬于此,而物来自照,则所照者广。若执镜随物,以鉴其形,所照几何? 延平此见未为无见。致知如磨镜,格物如磨镜,格物如镜之照。谬谓"格物无功夫"者,以此。④

众所周知,《大学》"致知在格物","格物"是"致知"的基础和必要条件。聂豹的"格物无工夫"说显然与《大学》不符,但在某种程度上合乎阳明心学的内在逻辑。因为按照王阳明的理论观点,"心外无物",世界只存在于人的心中,王阳明说,"若鄙人所谓致知格物者,致吾良知于事事物物也。吾心之良知,即所谓天理也。致吾心之良知之天理于事事物物,则事事物物皆得其理矣。致吾心之良知者,致知也。事事物物皆得其理者,格物也。"⑤既然如此,"良知""天理""格物"和"致知"显然都是一回事。也就是说,尽管王阳明反复言及"事事物物",但实际上"事事物物"根本就没有独立的价值,人们不能在"事事物物"而只能在"心"上求其"理"。如果说"事事物物皆得其理"就是"格物",那么"格物"显然不是实践的手段和过程,而只是"吾心之良知"的产物。聂豹的"格物无工夫"说实际上是发挥甚至是极端地发挥了王阳明格物致知论。聂豹反复强调:

---

① 《聂豹集·赠江元山令新宁序》。
② 《聂豹集·答贺龙冈》。
③ 《聂豹集·困辩录·辩过》。
④ 《聂豹集·答王龙溪》。
⑤ 《王阳明全集·传习录·中》。

鄙以充满虚灵本体之量为致知,感而遂通天下之故为格物。①

鄙以致虚守寂,充满乎虚灵之体为致知,感而遂通天下之故为格物。②

致知者,充满其虚灵本体之量;格物者,感而遂通天下之故。致以复其心之体,格以达其心之用。均之谓求心也。③

应当说,聂豹对于"格物"的这些解释完全符合阳明学的基本原理。但是,聂豹对王阳明的格物致知论作出如此极端而明确的发挥,必然使他在理论上陷入比王阳明更加明显的矛盾之中。在王阳明那里,尽管人们不能在"事事物物"而只能在"心"上求其"理","事事物物"根本就没有独立的价值,但他强调人必须在事事物物上致其良知,良知本体必须在"事事物物"上呈现出来。而在聂豹那里,致良知的工夫就在于"归寂",与外部的事物无关,只要"归寂",外部事物自然而然皆得其理,所谓"归寂以通天下之感,致虚以立天下之有,主静以该天下之动"。不过,归寂如何通天下之感,致虚如何立天下之有,主静如何该天下之动,聂豹无法做出具体说明。在他看来,通过"归寂",感悟到良知本体,即可达到圣人的精神境界,即会自然而然地与儒家名教纲常保持一致,天下自然太平。聂豹指出,"学问之道,自其主乎内之寂然者求之,使之寂而常定也,则感无不通,外无不该,动无不制,而天下之能事毕矣。"④

聂豹的"格物无工夫"说遭到王门学者的广泛批评。王畿强调,"良知是寂然之体,物是所感之用,意则其寂感所乘之几也。知之与物,无复先后可分。故曰'致知在格物',致知工夫在格物上用,犹云'大学明德在亲民上用。'离了亲民更无用也。"⑤王畿在致聂豹的信中说:

所谓致知在格物,格物正是致知实用力之地。不可以内外分者也。若谓功夫只是致知,其流之弊,便至于绝物,便是仙佛之学,徒知致知在格物,而不悟格物正是致其未发之知,其流之弊,便至于逐物,便是支离之学。争

---

① 《聂豹集·答王龙溪》。
② 《聂豹集·答王龙溪》。
③ 《聂豹集·幽居答述》。
④ 《聂豹集·答东廓邹司成四首》。
⑤ 《王畿集·致知议辨》。

若毫厘,然千里之谬,实始于此。不可不察也。①

王畿认为:"若谓格物无功夫,何以曰在于格物？物是天下国家之实事,由良知感应而始有。'致知在格物',犹云:欲致良知在天下国家实事上致之云。知外无物,物外无知。如离了悦亲信友获上治民,更无明善用力处。"②

聂豹自己也清楚地认识到他的"格物无工夫"说与王阳明有别,但他坚信自己的观点是正确的。他声称:"今必曰'格物是致知之功',则'能虑'亦可谓'知止'之功乎？虽先师复起,不敢奉命。"③聂豹之所以坚持自己的观点,一方面是因为他有着某种神秘的生命体验,体验到"至静之时,虽无所知觉之事,而能知能觉者自在",黄宗羲特别强调,"先生之学,狱中闲久静极,忽见此心真体,光明莹彻,万物皆备。乃喜曰:'此未发之中也,守是不失,天下之理皆从此出矣。'及出,与来学立静坐法,使之归寂以通感,执体以应用。"④另一方面,从学术思想界的情况看,聂豹认为,阳明学在其传播的过程中出现了严重的偏差,走向了歧途,他指出：

> 先师以世之学者,率以无所不知、无所不能为圣人,以有所不知不能为儒者所深耻,一切入手,便从多学而识,考索记诵中钻研,劳苦缠绊,耽搁了天下无限好资质的人,乃谓良知自致而养之,不待学虑,千变万化,皆由此出。⑤

前面我们业已指出,"以无所不知、无所不能为圣人"实际上正是程朱理学传播和发展过程中出现的流弊,这也是王阳明提倡良知说的背景和动机。在阳明传播的过程中,确实有一些王门学者把"知识"视为"良知",追求"多学而识,考索记诵",认为这些是致良知的必要条件。如浙中王门学者季本特别强调研读经典的重要性,"悯学者之空疏,只以讲说为事,故苦力穷经。"⑥顾应祥于"九

---

① 《王畿集·答聂双江》。
② 《王畿集·三山丽泽录》。
③ 《聂豹集·寄刘两峰》。
④ 《明儒学案·江右王门学案·聂豹传》。
⑤ 《聂豹集·困辨录》。
⑥ 《明儒学案·浙中王门学案·季本传》。

流百家"之书,"皆识其首尾。"①南中王门学者薛应旂强烈反对"离形言知,外事言学"②,杨豫孙甚至主张"知识即性"③。应当说,阳明学本身并不否认掌握儒家经典著作及其知识的重要性,但强调绝不能把研读掌握儒家经典著作及其知识视为致良知工夫本身。欧阳德因此特别强调,良知即独知,知识与良知有别。王时槐指出,聂豹正是"患当时学者率以知之发用为良知,落支节而遗本原",故"特揭未发之中"④。也就是说,聂豹是矫枉过正地走向了极端,他干脆否定"多学而识,考索记诵",强调致良知的关键在于"归寂",与外部的事物无关,主张"归寂以通天下之感,致虚以立天下之有,主静以该天下之动",一切指向廓然大公的"心"本身。这就必然与王阳明本人形成明显区别。现代学者也普遍认为聂豹的学术思想与王阳明存在极大的差异,现代一些学者甚至认为聂豹根本就不能算是王阳明的入室弟子。牟宗三就断定聂豹"不得其门而入,恐劳扰攘一番而已"⑤。容肇祖则认为:"他的思想出于王守仁,而惩王畿所谈的'现成良知'之失,故回复到周、程、李、朱以来的主静说,而成立他的'归寂'学说。"⑥尽管如此,当时和现代的绝大多数学者都认为聂豹乃阳明学的传承人,聂豹和众多阳明学者之间的争论只不过是阳明学内部的争论而已。进一步说,聂豹的归寂说可以视为是对王阳明良知说的发扬光大,聂豹自己也反复强调,他的目的在于寻找"正确"的致良知方法途径。用黄宗羲的话来说,聂豹的归寂说其实是"推原阳明未尽之旨"。

---

① 《明儒学案·浙中王门学案·顾应祥传》。
② 《明儒学案·南中王门学案·薛应旂传》。
③ 《明儒学案·南中王门学案·杨豫孙传》。
④ 《国朝献征录·双江聂先生传》。
⑤ 牟宗三:《从陆象山到刘蕺山》第311页,上海古籍出版社2001年版。
⑥ 容肇祖:《明代思想史》第129页,开明书店(上海)1941年版。

第七章 罗洪先论

第一节 学术与人生

与邹守益、欧阳德和聂豹等人不同的是,无论是学术还是人品,罗洪先历来得到高度评价。现代学者研究阳明后学尤其是江右王门学派,可以忽视邹守益和欧阳德,也可以非议聂豹,但一般都会比较重视罗洪先。邹元标称,正是有了罗洪先,阳明学才获得社会的广泛推崇。他说,罗洪先"遁世无闷,半生作苦林泉者,真有寝不安枕,食不下咽意,故大节细行,光昭日月海宇。人言曰:新建学得吉州起,得公而尊"①。作为同县的后学,邹元标未免有溢美之词——阳明学被社会广泛推崇显然绝不仅仅是罗洪先的努力,但他也并非完全口说无凭。黄宗羲也认为,正是罗洪先的努力,王阳明的真精神才得到传承,"天下学者,亦遂因先生之言,而后得阳明之真。"②

然而,尽管罗洪先被公认为杰出的阳明学者,被公认为江右王门学派中的第一代重要领袖人物,但罗洪先从未见到过王阳明,他自己也从不以阳明弟子或私淑弟子自居,只愿意称"后学"。后来在钱德洪、王畿的力劝下才在编纂《王阳明年谱》时勉强称"门人",即便如此,罗洪先此后也从不以王阳明门人自居。正因为如此,与邹守益、欧阳德等人不同的是,罗洪先本人并不以研究和弘扬阳明学为己任,只不过认为阳明学为人们探寻成仁成圣的方法途径提供了非常重要甚至是关键性的启迪,他承认阳明学是"圣学",他的努力使这一"圣学"得到发扬光大。

罗洪先虽然于1529年高中状元,但他为官时间甚短,三次出仕,总共不到

---

① 邹元标《愿学集·石莲洞全集序》。
② 《明儒学案·江右王门学案·罗洪先传》。

三年。1534年即被削职为民。后来严嵩"以同乡故,拟假边才起用"①,但被罗洪先婉言谢绝。也就是说,从此以后,罗洪先的正式身份就是庶民百姓。这与欧阳德、聂豹长期居于高位形成鲜明对比,也与邹守益有所不同。邹守益虽然被免去职务,但只是"带冠闲住",依然保留着崇高的政治待遇和地位。不过,尽管他的官僚士大夫身份实际上被剥夺了,但其官宦家庭出身尤其是其状元的名望,渊博的学识,使罗洪先被公认为士大夫,备受社会各方面的尊重。

罗洪先出身于吉水的望族和官宦家庭。父亲罗循(1464—1533),字尊善,号双泉,弘治十二年(1499)进士,官至山东按察司副使。这使得罗洪先从小便接受了良好的教育。据记载,罗洪先"十一岁,读古文,慨然慕罗一峰之为人,即有志于圣学"。② 罗一峰即罗伦,罗洪先对这位同宗先辈非常敬仰。在《重刻〈一峰文集〉序》中,罗洪先声称:

> 洪先幼闻公于人,辄有不获执鞭之叹,且欲以身私淑之。然止叹其难能耳,固亦未知求所得也。二三年来,渐悔其谬。于是再读所谓《一峰集》者,不牵章句,不涉蹊径,不执意象,不事雕镂,……孟氏之学至公,一明其言,实天地义气之所发也。③

1518年,十五岁的罗洪先听说王阳明在赣州讲学,想前往赣州问学王阳明,被父亲罗循制止。罗洪先虽然不能如愿前往赣州问学于王阳明,但依然设法看到了薛侃所编印的《传习录》,他"奔假手抄,玩读忘寝",立志成为圣贤,并开始对科举考试产生了鄙视之意。据记载,接触《传习录》后,罗洪先经常正襟危坐,被同窗嘲笑为"道学先生"。④ 当然,罗洪先必须走上科举之路这一"正途",跻身士大夫行列。1525年,罗洪先中乡举,但因父亲生病而没有参加次年的会试。1529年,举进士第一,即中状元,任翰林院修撰。就学术思想而言,中状元也许没有什么意义,但这对罗洪先有着特别重要的价值——状元的头衔使他在被革职为民后依然受到人们的广泛尊重,能够方便地进行学术交流。

1526年,罗洪先奉父亲罗循之命,拜同县的著名学者李中为师。罗洪先回

---

① 《明史·罗洪先传》。
② 《明儒学案·江右王门学案·罗洪先传》。
③ 《罗洪先集·重刻〈一峰文集〉序》。
④ 胡直:《明故赐进士及第左春坊左赞善兼翰林院修撰经筵讲官赠奉议大夫光禄寺少卿谥文恭念庵罗先生行状》(下简称《罗洪先行状》),载《罗洪先集·附录一》。

忆说,他是在拜师李中之后,才开始致力于圣贤之学的:"窃念自丙戌以来,致力此学,当时自负意气,谓圣域举足可入。"①从此,罗洪先深信,成为圣人,达到圣人的精神境界是可以通过学习而实现。这成为罗洪先的终身追求。

李中(1478—1542),字子庸,号谷平,正德九年(1514)进士,与王阳明、湛若水均有交往,曾参与王阳明平定宁王朱宸濠之乱,并因功获得嘉奖。不过,就其学术思想而言,李中与王阳明、湛若水并非一路。黄宗羲在《明儒学案》中称:

> 先生受学于杨玉斋之门。玉斋名珠,其学自传注以溯濂、洛,能躬理道,不苟荣势,贫老而无子,横经授徒,未尝见戚容。弟子出其门者,以解释考据为名家,然自谓所学不在是也。晚得先生与语,喜曰:"吾学其有传人乎! 吾本之明道,明道其醇者也,而吾未尝轻语人,验其资皆不足多也。圣人与人何异? 亦为之而已矣。子勉之。"先生……以为"学只有存养,省察是存养内一件。儒者之学,理一而分殊,分不患其不殊,所难者理一耳。"若非工夫亲切,不敢如此道也。夫理不患其不一,所难者分殊耳。②

杨珠的生卒年月无考。据地方史志记载:

> 杨珠,吉水人。家贫力学,不苟荣势,来学者以解释考据为教,然自谓所学不在是。晚年得门人李谷平与语,喜其高迈,尽以其学授之。曰:吾言本之明道而未尝轻语人,验其资不足也。夫圣人亦为之而已矣。吾尝有言,金用火试,人用财试,未有役于财而强于义者。珠之学传谷平,至罗文恭而益大,学者称之曰玉斋先生。③

在杨珠看来,程朱的"理一分殊"说毫无疑问是正确的。按照程朱的观点,首先要即物穷理,同时居敬存养,然后才能融会贯通,实现"心"与"理"的一致。杨珠认为,即物穷理,理解掌握蕴含在一事一物上的天理其实并不难,关键在于从整体上把握天理。以解释考据作为根本不能达到穷理的目标,关键在于存养省察,说到底,融会贯通,实现"心"与"理"的完全一致才具有决定性的意义,换

---

① 《罗洪先集·〈冬游记〉》。
② 《明儒学案·诸儒学案·李中传》。
③ 万历《吉安府志·隐逸传》。

言之,关键在于追求崇高的精神境界。这与陆九渊的"先立其大"的思想有很大的相似之处。杨珠把这一思想传授给了李中。罗洪先指出,李中的学术思想"其大要以求仁为的,以闲邪为端,以自作主宰、不致纤毫之力为功;以生生不息、不与以己为体,以心正而心自有分殊为用;以脱然无系、常如太虚为乐,以遁世无闷不求人知为至。其他一切支离缠绕、眩饰驰骛之说,曾不足以入于中而摇其听。盖不假朋友之助翼,不杂佛老之绪余,真可谓雄伟不常者矣"。① 也就是说,在李中那里,人生的追求在于通过"存养"达到超越一切的精神境界,而不是拘泥于具体的事事物物。一旦达到这一精神境界,人的视听言动就会自然而然地与天理保持一致。正因为如此,李中一方面认可天理的客观存在,接受"一物须有一理"的"理一分殊"说,另一方面,他强调,"心"和"理"其实是一回事,因此,"心外无物,物外无心",个人的成仁成圣的关键在于个人的内在修养,即"存养"。李中强调,"圣学之功,只是一个存养为本,省察是存养内一件。常时存此本心不失,便是存养。或有一念之动,少有非僻,省察之,即与克去,此本心依旧存而不失。圣学之功,存养为本,思无邪者,存养之全功也。""存天理,只为始学者论,语其极,则心即理,理即心,何以言存天理哉?凡言存天理,心尚与理为二。""凡看经传,皆以明此心为务,观一物,处一事,皆有以验此心之所形,则无往而非养心之学矣。心外无物,物外无心,心无内外也,要人自理会。"②李中对超越一切的精神境界的追求极大地影响了罗洪先。

黄宗羲认为,罗洪先得了李中的真传,"得其根柢"。③ 罗洪先也承认,正是李中引导他走上了追求成仁成圣之路。不过,罗洪先并没有株守师门,在罗洪先看来,李中给他指引了目标和方向,但并没有提供实现目标的正确的方法途径。为此,他进一步寻师访道。1528 年冬,罗洪先起程前往京城参加次年的会试。在赴京途中,他遇到并结交了何廷仁和黄弘纲。何廷仁和黄弘纲在阳明学界声望崇高,罗洪先对他们极为敬重,虚心向他们求教。罗洪先回忆说:

> 嘉靖戊子,予计偕北上,求友于四方。咸曰:'君不闻阳明之门所评乎?江有何黄,浙有钱王。'盖指于都何善山秦、黄洛村弘纲,与绍兴钱绪山德洪、王龙溪畿也。未几遇何、黄于途。……自是定交,相与问难,辨析不少

---

① 《罗洪先集·〈谷平先生文集〉序》。
② 以上均引自《明儒学案·诸儒学案·李中·谷平日录》。
③ 《明儒学案·江右王门学案·罗洪先传》。

隐避。①

在何廷仁、黄弘纲的影响下,罗洪先开始深入钻研阳明学理论,"自是学求近里,日究文成致知旨。"②他相信阳明学理论能够帮助自己实现人生的目标,带领自己步入圣人的精神境界。

罗洪先在次年的会试中举进士第一,中得状元。罗洪先声称,"儒者事业有大于此者,此三年一人,安足喜也?"③追求成仁成圣才是值得不懈追求的大事业。他继续寻师访道。会试后,罗洪先即拜访北京太常寺祭酒魏校。魏校也对罗洪先产生了重要影响。罗洪先回忆说:

> 区区初及第,谒见吴之庄渠魏先生。先生曰:"达夫有志,必不以一第为荣。"嘿坐终日,绝不言利达事,私心为之悚然。此生虽未敢汲汲于名位,以负知己,今回视之,此身承当此言,煞不容易。盖不荣进取,即忘名位;忘名位,即忘世界;能忘世界,始是千古真正英雄,始作得千古真正事业。④

在《祭魏庄渠先生文》中,罗洪先称:"洪先辱教,敬如蓍龟。论与考订,事必箴归,迹虽少违,心则弗移。"⑤

按:魏校(1483—1543),字子才,号庄渠,昆山人,弘治十八年(1505)进士。魏校是著名理学家胡居仁的私淑弟子。黄宗羲称,"先生私淑于胡敬斋。其宗旨为天根之学,从人生而静,培养根基,若是孩提,知识后起,则未免夹杂矣。所谓天根,即是主宰,贯动静而一之者也。"⑥罗洪先则把魏校的思想概述为:"天根生机,动静弗离,虚以精义,静为动根。"⑦

魏校所私淑的胡居仁以株守程朱理学著称。他对同门陈献章多有批评,他认为陈献章的心学与禅学无异。但黄宗羲指出,尽管言辞激烈,但胡居仁对陈献章的批评其实并不具有实质性意义,"其以有主言静中之涵养,尤为学者津

---

① 《罗洪先集·南京工部屯田清吏司主事善山何公墓志铭》。
② 《刘元卿集·外编·诸儒学案·念庵罗先生要语》。
③ 《明史·罗洪先传》。
④ 《罗洪先集·书胡正甫扇》。
⑤ 《罗洪先集·祭魏庄渠先生文》。
⑥ 《明儒学案·崇仁学案·魏校传》。
⑦ 《罗洪先集·祭魏庄渠先生文》。

梁。然斯言也,即白沙所谓'静中养出端倪,日用应酬,随吾所欲,如马之御衔勒也',宜其同门冥契。"胡居仁强调,"心只是一个心,所谓操存,乃自操而自存耳;敬,是心自敬耳。"①也就是说,胡居仁其实具有明显的心学倾向。魏校的心学倾向只不过更为显著而已。魏校强调:"天之主宰曰帝,人之主宰曰心,敬只是吾心自做主宰处。今之持敬者,不免添一个心来治此心,却是别寻主宰。春气融融,万物发生,急迫何缘生物? 把捉太紧,血气亦自不得舒畅,天理其能流行乎?""心与物交,若心做得主,以我度物,则暗者可通。若舍己逐物,物反做主,明者可塞。故功夫起头,只在先立乎其大者。"②基于此,魏校教导罗洪先必须超越人世间具体的事事物物,认为唯有如此,才能达到崇高的精神境界,成为真正的圣贤。魏校的指导与李中对罗洪先的教导基本上是一致的,极大地强化了罗洪先对理想精神境界的追求,也正因为如此,罗洪先一直对魏校极为敬重。

1530年,罗洪先以父亲罗循生病为由请假告归。在回乡途中的仪征不幸大病,"家人欲治后事",不得不长期滞留于途中,但这也给罗洪先以进一步深入探究生命价值意义,探究安生立命依据的契机。痊愈后,罗洪先除了到杭州拜访了学术启蒙老师李中外,还结识了王艮和聂豹。聂豹对罗洪先的影响是极其重要的。罗洪先后来在《双江公七十序》中称:

> 予少先生十有八岁,自庚寅相见于苏州,称为莫逆骨肉。其后遂有葭草之好。至其辨难,亦尝反覆数千百言。虽暂有合离,而卒不予弃。③

1532年,罗洪先起"补原职"。不过,对于罗洪先来说,最重要的不是履职,而是能够继续探求真理,故"是时孳孳然神不外驰,惟道是求"。④ 此时的罗洪先觉得自己还没有真正找到成仁成圣的方法途径,即便他已经接触并广泛了解了阳明学。在京期间,罗洪先参加了各种阳明学讲会,与众多阳明学者进行了广泛的学术思想探讨交流。对罗洪先影响最大的,是在此期间结识了王畿和钱德洪。王畿和钱德洪是年在北京参加会试。王畿是这样描述讲会盛况的:

---

① 《明儒学案·崇仁学案·胡居仁传》。
② 《明儒学案·崇仁学案·魏校传》。
③ 《罗洪先集·双江公七十序》。
④ 《罗洪先集·书王龙溪卷》。

> 壬辰,余与绪山钱君赴就廷试,诸君相处益密,且众至六七十人。每会舆马塞途,至不能行。乃分处为四会,而江右同志居多。每期会,余未尝不与,众谬信谓余得师门晚年宗说,凡有疑义,必归重于余,若为折衷者。旧会仍以翰林、科道、部属、官资为序,余请曰:"会以明学,官资非所行于同志,盖齿序为宜。"君倡言以为然。①

罗洪先当时对王畿极为赞赏。他后来回忆说:"忆壬辰岁,与君处。是时孳孳然神不外驰,惟道是求,泛观海内,未见与君并者。遂托以身,不之疑。"②这就是说,当时罗洪先在很大程度上相信王畿掌握了真理,找到了成仁成圣的正确的方法途径,"遂托以身,不之疑"。尽管在相当程度上接受了王畿的基本思想观点,但他依然不认为自己找到了正确的成仁成圣的方法途径。他在《与林东峰》一信中感叹道:"曩者相处实欠真志,虽以龙溪朝夕拳拳,而自立者茫无可据,哀哉!"③他继续探索思考。后来,罗洪先认定王畿的思想观点存在严重问题,遂和王畿展开了激烈的论辩。

1533年二月,罗洪先被任命为"经筵官",但三个月后即因父亲罗循去世而离职回家奔丧。几乎在同一时期,邹守益告病在家,聂豹也在家居丧。他们都热衷于在家乡讲学,传播阳明学理论。这使得罗洪先有机会和他们一起进行学术思想交流,研讨良知学。罗洪先和邹守益、聂豹等一起参与主持了青原阳明学讲会。必须指出的是,当时只有邹守益明确提出了其戒慎恐惧以致良知说,聂豹尚未明确提出其"归寂""主静"说,罗洪先更是在苦苦探寻成仁成圣方法途径的过程中。他们在一起进行学术思想交流,对于阳明学的发展和传播,尤其是对于他们自己的探索和思考,具有特别重要的意义。

按照传统礼法,居丧期间,罗洪先不应当参加讲学活动。他与邹守益、聂豹等一起参加青原阳明学讲会,便遭到同县罗侨(1462—1534,弘治十二年进士)的批评。据罗洪先撰《东川先生行状》称:

> 东廓邹子讲学青原山中,时与往来议论。而洪先居丧不废业,先生以为不应古礼,责之以书曰:"讲学之功,尊德性之资,未为无补也。何独嫌于

---

① 《王畿集·中宪大夫都察院右佥都御史在庵王公墓表》。
② 《罗洪先集·书王龙溪卷》。
③ 《罗洪先集·与林东峰》。

丧次乎？愚以为取益于友，不若取益于心，取益于天。"①

罗洪先对此进行了辩解。他自然不提或者说不敢提和邹守益、聂豹等一起参加青原阳明学讲会一事，而只是说在玉虚院旁听了由同门学者周钦之主持的讲学活动。他辩解称：

> 某春来以弱体多疾，困处舍旁之玉虚院，盖亦窃居庐之意，而便静养之功，求免于辱丧焉耳。既而周子钦之聚友切磋，某亦或侧坐，闻其绪论。诸友之长者主之，某亦不欲避嫌引去。盖主于求益，固非敢以开讲为也。②

罗洪先的辩解并不合乎事实。实际上，他绝不仅仅是在玉虚院旁听他人的讲学，"闻其绪论"。且不要说他前往了青原山参加阳明学讲会，他确实是热衷于玉虚院的聚友讲学活动的。在《与胡前冈》中，罗洪先称："春来，庐于玉虚，得与诸友切磋。"③在《与夏太守》中称："春来庐于舍旁道院，里中士友互引骈集，共期发明良知之学，深惩旧过。"④在《与王龙溪》中也称："归家十月襄后，庐居追思，始悔昔之漫过。……冬尽，周钦之归自南都，得与切磋。近又为玉虚之会，以求夹持之益。诸友讲聚，省悟奋发。"⑤居丧讲学，虽然有违礼法之嫌，但这也表明，罗洪先在急切地探求成仁成圣的方法途径。

总之，罗洪先在服丧期间，根本就没有停止其对真理的追求，他认真研读各类经典著作，努力思考体悟。据记载，罗洪先"既服阕之二年，……一日读《楞严经》，得返闻之旨，遂觉此身在太虚，视听若寄世外。友人睹其颜貌，惊服。先生忽自省曰：'嘻！殆哉，是将入禅那矣。'乃悔置前功。"⑥

按：《楞严经》是中国佛教著名经典，被认为是一部佛教修行大全。《楞严经》的基本观点是，人世间的一切都是虚妄的，人听到的、看到的现象是虚妄的，唯有明心见性，拒绝世间一切虚妄，才能达到清净、庄严、不贪染、有智慧的生命境界。这首先需要有"禅定"功夫，先禅后密，由禅入密，是为罗洪先所体悟到的

---

① 《罗洪先集·东川先生行状》。
② 《罗洪先集·答罗东川公责讲学书》。
③ 《罗洪先集·与胡前冈》。
④ 《罗洪先集·与夏太守》。
⑤ 《罗洪先集·与王龙溪》。
⑥ 《罗洪先行状》，载《罗洪先集·附录一》。

"返闻之旨"。罗洪先追求的一直是超越一切的精神境界,自然能够从中获得启迪。问题在于,"此身在太虚,视听若寄世外",与儒家的修身、齐家、治国、平天下的追求相悖。罗洪先很快醒悟过来,拒绝禅定。但这段生命体验对其人生道路和学术思想产生了深刻的影响。罗洪先始终对佛教和佛学保持着浓厚兴趣。嘉靖二十四年(1545),罗洪先游衡岳时,在高台寺遇上楚石和尚。据罗洪先回忆说:

> 至高台寺,寺僧楚石来迎,自言始只枯坐十二年,无所得,后以反闻,为工至深入,不复闻声,遂大解脱。余往居先夫人丧中,观《楞严》至反闻自性,大有觉悟,因以意调习,虽未深入,百念退听。如是三越月,为友人落禅之语所惑而止。楚石大惊,起立曰:"山中三十年,今始闻公此语。"喜动颜色。①

从此,罗洪先与楚石成为方外至交,多有诗书往来,楚石后来曾专程前往石莲洞拜访过罗洪先。中年以后的罗洪先多次避居山中"习静",晚年甚至静居石莲洞三年而足不出户,虽然自称是在道教经典《周易参同契》指导下进行的,但也不能说这与他在阅读《楞严经》时所体悟到的"返闻之旨"没有关系。

大约正是因为有了这一警醒,罗洪先才对聂豹的"因静入悟"说一时无法接受。1537年,罗洪先前往翠微山拜访聂豹,聂豹教之以因静入悟,罗洪先似乎疑而未信。他致信聂豹说:

> 翠微闻教,令人倾诚注念,深信此件元属大家公共。是以群动消息,真悟自旋,自矢此生必从此了。第此悟既因静入,当以静成,不可复令因动而出。则此悟性,总成幻知,毕竟无益。佛氏所谓"如人说食,终不自饱",乃真譬耳。奉谒五日,密自省察,终是入山滋味,与出山较别。归来再验,尚须对火炼金,未是精莹纯全,无铜铅混杂,以此方觉全未济。在长者,于此默识,更觉如何?②

1539年,罗洪先起复为赞善经筵讲官。赴任途中,在南京停留了数月。在

---

① 《罗洪先集·衡游纪略》。
② 《罗洪先集·答聂双江公》。

此期间,他和王畿、王艮等大批阳明学者进行了广泛的学术交流,后撰写《冬游记》记载有关情形。到北京履职后,他经常与邹守益、徐阶、唐顺之等阳明学者切磋交流。是年冬,考虑到嘉靖皇帝经常称病不朝,罗洪先和唐顺之、赵时春商议,上疏建议太子临朝接受群臣朝贺。嘉靖帝本来就对阳明学没有好感,罗洪先这些阳明学者的这一建议引起嘉靖帝大怒,嘉靖帝认为罗洪先等人的这一建议"是料朕必不起",大逆不道,罗洪先和唐顺之、赵时春三人因此受到严厉处分,不仅被剥夺官职,还被剥夺士大夫身份,被谪为平民百姓。[①]

三十七岁的罗洪先从此再没有出仕。后来首辅严嵩"以同乡故,拟假边才起用",[②]并致信罗洪先,劝其出山,但被罗洪先婉言谢绝。《明史》称:

> 洪先归,益寻求守仁学。甘淡泊,炼寒暑,跃马挽缰,考图观史,自天文、地志、礼乐、典章、河渠、边塞、战阵攻守,下逮阴阳、算数,靡不精究。至人才、吏事、国计、民情,悉加意谘访。曰:"苟当其任,皆吾事也。"[③]

可见,罗洪先尽管被削职为民,但并没有放弃成仁成圣的人生理想追求。因此,他深入钻研治国平天下的知识和技能,并取得了其他多方面的成就。尤其是在地理学方面,他精心绘制的两卷《广舆图》,是我国历史上最早的分省地图集,在中国乃至世界地理学史上占有重要地位。然而,既已削职为民,后来又拒绝复出,意味着他实际上失去了实现治国平天下的理想的客观条件。他的所谓成仁成圣,只能是追求个人达到圣人的精神境界。宋明理学家普遍认为,达到了圣人的精神境界,自然而然就能够与儒家名教纲常保持绝对一致,自然而然地就可以承担起对社会的责任和义务。对罗洪先而言,承担起对社会的责任和义务尽管极其重要,但也只能是通过追求达到圣人的精神境界而实现。在罗洪先看来,所谓圣人的精神境界,首先是一种个人的生命体验。

为此,罗洪先继续广泛结交阳明学者,和他们进行广泛深入的切磋交流。1541年,他结识了陈九川并与之交流探讨。1542年,罗洪先与邹守益、欧阳德、聂豹一起举办了大规模的青原阳明学讲会,会后一起游览石屋、玄潭等地,相互切磋交流。他还专程前往安福复古书院拜会邹守益,与当地学者一起进行学术

---

① 《明史·罗洪先传》。
② 《明史·罗洪先传》。
③ 《明史·罗洪先传》。

探讨。据罗洪先回忆：

> 嘉靖壬寅(1542)，余访东廓先生于复古书院，自是丙午(1546)、庚戌(1550)凡三至。至则邑诸乡先生咸在，门人弟子从而列坐者又若干人，相与问难，必数日乃能去。①

1543年，罗洪先在临江会晤了浙中王门学派的重要学者万表(1498—1556，字民望，号鹿园)。万表是在前往广西任职途中因病滞留于临江的，罗洪先专程前往临江拜会看望，并进行了深入的学术讨论。关于万表学术思想，黄宗羲称："先生之学，多得之龙溪、念庵、绪山、荆川，而究竟于禅学。"②对于万表而言，所谓致良知，无非是追求达到超越一切的精神境界，只要达到了超越一切的精神境界，良知本体自然会发用流行。关于这次会晤，王畿所撰的《万表行状》中记载说：

> 君(按，指万表)赴广西途中，以病陈乞，候命于临江。时念庵罗君洪先问疾于天王寺，以其所得相证。君谓曰："兄凤发真心，固应有此入处，然此犹涉解悟，未可遽以为得，正好著力研穷，必尽去此碍膺之物。第一，要绝口弗谈性命。第二，要将一切世事，俱看得破，如梦幻一般，触处洞然，头头明了，譬之钻木逢烟，切莫住手，到得烟消木尽，即究竟法。"因微示旨归，念庵跃然自谓得所证也。③

万表的观点与罗洪先的追求有很大的契合之处，正因为如此，这次会晤令罗洪先印象深刻。他后来致信万表说：

> 自闻教后，舟中终日忻忻然，若出樊笼见大世界，若入巨海见龙宫藏，举手动脚皆是飘风。已而于家务中混搅一月，又觉乍昏乍明，乍存乍亡。然一切不与剖判，只任其番覆流转，彼自动扰，彼自疑惑，彼自坚凝，彼自慰

---

① 《罗洪先集·答复古问》。
② 《明儒学案·浙中王门学案五·万表传》。
③ 《王畿集·骠骑将军南京中军都督府都督佥事前奉敕提督漕运镇守淮安地方总兵官鹿园万公行状》。

帖。日有改处,日有透处。①

1546年春,罗洪先趁送弟罗居先赴南京应试之机,与王畿、唐顺之、陈九川、吕光洵等进行切磋交流。至六月方归。回乡后,继续积极参加各种阳明学讲会活动,还专程前往安福复古书院进行学术讨论交流。是年,钱德洪、王畿还应邀到青原进行学术交流活动,在交流过程中,罗洪先反复申述其"去欲除根"的观点,与钱德洪、王畿等人进行了深入讨论。十月,罗洪先辟石莲洞,从此,多静居石莲洞。

大约在1547年秋,罗洪先了解到聂豹的归寂说,称"不谋而诺"。在聂豹归寂说的启迪下,罗洪先提出了其"收摄保聚"说,强调主静无欲。是年冬,胡直到石莲洞拜访罗洪先,并正式拜罗洪先为师。据胡直回忆:"先生初不甚喜良知,亦不尽信阳明先生之学,训吾党专在主静无欲。"②

虽然"不甚喜良知,亦不尽信阳明先生之学",但罗洪先依然热心于和阳明学者们探讨交流阳明学。1548年夏,罗洪先与邹守益、钱德洪、王畿等人参加了青原阳明学讲会。"四方及同郡之士,先后至者百六十人,僧舍不能容。每日升堂,诸君发明良知与意见之害,退则各就寝所商榷,俱夜分乃罢。"③会后,罗洪先应王畿之邀同游龙虎山。后来,罗洪先专门撰写了《夏游记》,追述了在此期间活动尤其是与钱德洪、王畿等人学术思想交流的情况。据《夏游记》记载,在此期间,罗洪先一方面为聂豹的归寂说作了辩护,申述了自己的"收摄保聚"说,另一方面全面质疑和批判了王畿的现成良知说。他的《夏游记》正是为质疑和批判王畿的现成良知说而撰写的。这标志着罗洪先经过长期的寻师访道,思考研究,业已初步形成自己的思想观点。

1554年,罗洪先应邀前往庐山与赵贞吉(1508—1576,号大洲,四川内江人)等人聚会交流,因故错过与赵贞吉的会晤,但遇上王畿,两人同游,并一起参加了青原阳明学讲会。他们再次进行了深入的学术讨论交流。后罗洪先又专门撰写了《甲寅夏游记》,除了追述其游览活动外,重点记述了他和王畿之间学术讨论和交流。罗洪先一方面严厉批判了王畿的现成良知说,另一方面开始纠正自己的"收摄保聚"说,认为"收摄保聚"说有所偏颇,"重于为我,疏于应物",

---

① 《罗洪先集·与万鹿园》。
② 《明儒学案·江右王门学案·胡直·困学记》。
③ 《罗洪先集·夏游记》。

因此转向以"诚敬存之"为功夫的"仁体"说,认为"仁者与万物同体"。① 至此,罗洪先的学术思想算是定型。1562 年,罗洪先著《异端论》三篇,五十九岁的罗洪先至此才"已自信不惑矣"。② 两年后,罗洪先去世,终年六十一岁。

从罗洪先的生平特别是其学术思想历程看,我们可以得出几点结论:第一,尽管很早就接触了阳明学,并且很早就相信阳明学乃"圣学",但罗洪先在李中的指导下,有自己的坚定追求,只是认定阳明学能够帮助自己达到理想目标,而不是必须认可和接受阳明学理论体系,正因为如此,他对王阳明的某些观点持保留态度,本人主观上也并不以研究和弘扬阳明学为己任;第二,罗洪先虽然也对阳明学理论颇有研究,和王畿在理论上进行对话辩论,但他的志趣是为人们提供成仁成圣的具体方法途径,也就是致良知工夫,而不是试图在形而上的良知本体方面有所发明,或者说,并不是为了研究、传播和发展阳明学理论本身。第三,受乃师李中的影响,罗洪先致力于追求圣人的崇高的精神境界,这就需要重视自己的生命体验,因此,不会拘泥于某种理论观点。只要自己认为某种学术观点不能帮助他达到圣人般的精神境界,他就随时予以纠正。总而言之,对罗洪先来说,阳明学之所以是圣学,并不在于其理论上的魅力,而在于认定其能够为人们提供成仁成圣的方法途径。或者说,他只是把阳明学作为一种理论工具,对他而言,如果阳明学无法为人们提供成仁成圣的正确的方法途径,那么即便其理论再高明,意义也不大。必须指出的是,追求达到圣人般的精神境界,这也正是王阳明本人的宗旨。正因为如此,并不以王阳明的弟子或私淑弟子自居、并不以研究和弘扬阳明学为己任的罗洪先成为一名杰出的阳明学者。黄宗羲称,"天下学者,亦遂因先生之言,而后得阳明之真。"③明末清初著名学者孙奇逢指出:

> 阳明良知之说,著力在致字。故自谓龙场患难死生之后,良知方得出头。龙溪时放下致字,专言良知,其究也,遂有认食色以为性者,言不可不慎也。念庵每提戒慎恐惧为龙溪忠告,见良友切磋之益。④

---

① 《罗洪先集·甲寅夏游记》。
② 《罗洪先行状》,载《罗洪先集·附录一》。
③ 《明儒学案·江右王门学案·罗洪先传》。
④ 《夏峰先生集》卷十三。

总而言之，人们之所以对罗洪先的学术思想予以高度评价，并不在于其理论上的缜密或深奥，而在于其对成仁成圣的具体方法途径，也就是致良知功夫的强调，同时也在于罗洪先自己身体力行，在道德品行方面似乎无可挑剔。这对于我们研究罗洪先的心学思想具有特别重要的意义。

第二节　主静无欲

关于罗洪先的学术思想，晚清著名学者，江西新建人喻震孟有一个很有意思的评论。喻震孟说：

> 吉水罗念庵先生，生平未登阳明之门，与其弟子东廓、双江、绪山、龙溪诸公为友。颇病当时谈良知者，随物流转，无凝聚纯一之功，比之童蒙学字，未能旁通书法。于是求之白沙之致虚，而莫逆于心，求之濂溪之主静，而务操其本。又因主静，推本《中庸》之戒惧不睹不闻，而总以艮背为归宿，持之终身，无少改变。至于工夫纯熟熟，适有合程伯子内外两忘之旨，天下遂因先生而得阳明之学之真，推为姚江功臣。呜呼！此未易言也。先生之学，博观慎取，深造独得，初不尽主姚江。谓之从姚江入可也，谓之从姚江出不可也。且世之治学术者，多囿于门户之见。先生遵用姚江之言以入议论，未肯附和。观其赠钱绪山，答李南屏、刘汝周，凡后儒所以归咎阳明者，靡不洞其淆乱，而申其补救。……呜呼！此其为姚江之功臣乎？而其为功于程朱，亦不细矣。[①]

在喻震孟看来，罗洪先不仅是阳明学的功臣，也是程朱理学的功臣。众所周知，从理论上说，程朱理学是王阳明的批判对象，阳明学正是在批判程朱理学的基础上建立起来的。但正如黄宗羲在评论朱陆之争时所指出的那样，他们实际上是"同植纲常，同扶名教，同宗孔、孟"。无论是程朱还是陆王，他们都认为，人的全部努力必须是"存天理，灭人欲"，只要彻底根除"人欲"，天理自然昭彰，天下自然太平。他们的区别只在于人们如何才能实现"存天理，灭人欲"的目

[①] 喻震孟：《罗念庵先生文录序》，载《罗洪先集·附录二》。

标。程朱强调,"存天理,灭人欲"必须即物穷理,居敬存养;陆象山强调必须"先立其大",王阳明则提出了良知说。罗洪先所探求的同样是"存天理,灭人欲"的方法途径。在此过程中,他发现并相信阳明学乃"圣学",能够指导人们"存天理,灭人欲",成仁成圣。然而,对于罗洪先而言,既然阳明学只是一种指导人们"存天理,灭人欲",成仁成圣的方法途径,他当然没有必要拘泥于王阳明的每一个具体理论观点——一切必须付诸自己的道德修养实践来验证。据罗洪先的弟子胡直介绍,在接触甚至于接受阳明学后的相当一段时期内,罗洪先其实并不特别欣赏良知说,也不尽信阳明学。胡直说:"先生初不甚喜良知,亦不尽信阳明先生之学,训吾党专在主静无欲。"①后来虽然接受和认可了良知学,但始终没有严重的门户之见,即使被认为是阳明学的登堂入室者,也不以王阳明门人弟子自居,他只承认自己是王阳明的"后学"。

为了探寻成仁成圣的具体的方法途径,达到圣人的精神境界,罗洪先苦苦探寻,到处求师访道,"博观慎取",最后形成自己的富有特色的学术思想理论。

在罗洪先看来,全部问题的关键就在于"无欲"。罗洪先的志趣似乎并不在学术理论研究方面,他关注的是如何才能达到"无欲"的精神境界。正是在追求这一目标的道路上,罗洪先的学术思想不断发展变化。他的弟子胡直认为,"先生之学凡三变",他说:

> (罗洪先)年甫十三,已慕为古文。比十五,遂悉然以斯道为己任。方良知之学之既流也,高者凭几寂照而曰在是矣;其次则认识解气机为良知之流行。先生始尝惑之,既而悔曰:"惟无欲,而后入微;惟微,然后知无不良。今皆以欲机合微体,将求道心,不可得也。"故既壮之后,其学一主无欲,所举主静归寂,辨答数千言,要皆不逾其旨。力践二十余年,然后廓然大悟,沛然真得,始自信于不惑之地,所著《异端论》,盖其征也。②

黄宗羲则指出,罗洪先的学术"始致力于践履,中归摄于寂静,晚彻悟于仁体"。③ 黄宗羲和胡直的判断看起来有所区别,但实际上是一致的。对于罗洪先而言,无论是"践履""寂静"还是"仁体",都是以达到"无欲"的精神境界为目

---

① 《明儒学案·江右王门学案·胡直·困学记》。
② 胡直:《念庵罗先生文集序》,载《罗洪先集·附录二》。
③ 《明儒学案·江右王门学案·罗洪先传》。

标。只不过,他开始试图以"践履"为入手,但觉得没有收获,转而在聂豹的启迪下,"摄于寂静",认为通过"寂静"即可达到"无欲"的精神境界。但他很快发现,"摄于寂静"虽然可以达到"无欲"的境界,但有可能会逃避或至少不能切实履行对世界的责任和义务,故走向"仁体说"。他强调,达到"无欲"的精神境界,与天地万物为一体,正是儒家的宗旨追求,与佛教的寂灭有着本质的不同。为此,罗洪先撰写了《异端论》,对佛教和道教进行批判。

根据所谓的"大学之道",人的责任和使命应当是格物、致知、正心、诚意、修身、齐家、治国、平天下。宋代理学家们一致认为,全部问题的关键就在于存天理,灭人欲,所谓的格物、致知、正心、诚意,归根到底就是灭人欲。无论是程朱理学学者还是陆王心学学者,在这一点上并无争议。王阳明同样要求人们"静时念念去人欲,存天理,动时念念去人欲,存天理"。[1] 人们普遍相信,人之所以会产生各种不合理欲望,就是因为人受到了外部世界的各种诱惑或者说不能有效抵御外部世界的各种诱惑,如果人能够无视外部世界的喧嚣,内无妄想,外无妄动,自然就不会产生各种不合理欲望,也就无所谓外部世界的诱惑了。如果没有了各种不合理欲望即人欲,天理自然流行,天下自然太平。

通过《太极图说》,周敦颐建构了一个关于宇宙自然、社会和人生的体系模式。在这一体系模式中,"惟人也得其秀而最灵""圣人定之以中正仁义而主静,立人极焉。"[2]这就是说,"主静"不仅是圣人的要求,也是人在宇宙自然和社会中安身立命的必然要求,是人的宿命。周敦颐"主静"说,得到了程朱理学学者和陆王心学学者的一致认可,周敦颐因此被公认为理学的奠基人。无论是程颢、程颐、朱熹还是王阳明,都教人们治学从静坐开始,强调"静"的极端重要性。周敦颐"主静"主张成为学术界的共识。前面我们已经指出,罗洪先所师从过的李中、魏校都特别强调"静"的重要性。

众所周知,中国的道家道教和禅宗佛教都特别强调"静"的重要性,这被认为是成仙得道或明心见性成佛的基础和关键。不过,正如众多儒家学者所反复强调的那样,道教和禅宗佛教本质上都是出世的,拒绝承担治国平天下的责任和义务,与儒家的追求背道而驰。这就意味着,儒家的"主静"说必须在理论上和实践上划清与道教和禅宗佛教的界限,"主静"是可以的甚至是必须的,但"主静"目的是使人能够平心静气地承担起对国家和社会的责任义务。宋代以来,

---

[1] 《王阳明全集·语录一·传习录·上》。
[2] 周敦颐:《太极图说》。

几乎所有的理学家都相信,"主静"既能够消除人欲,使人内在的善发挥出来,即能够使人在生活实践中"为善去恶",严格遵守儒家名教纲常,从而履行对世界的责任义务。程朱理学强调,人一方面必须做到内无妄想,外无妄动,心神统一集中,不为外物所牵引,不受杂念干扰,另一方面必须博学多识,体认天理,"或读书,讲明义理;或论古今人物,别其是非;或应接事物而处其当,皆穷理也。"①如果一味主静,不即物穷理,即有陷入释老的可能。陆王心学家们则强调"心外无理",人心主宰一切,"静"在灭人欲的过程中具有压倒一切的意义,博学多识根本无益于提高人们的道德素质和水平,他们的"静"往往被讥为"禅"。

对于罗洪先而言,所谓"有志于圣学",自然就是按照《大学》的指示,努力格物、致知、正心、诚意,就是在日常生活实践中做到"无欲",这就是所谓的"始致力于践履"。不过,这看起来并不顺利。罗洪先发现,他所接触到的思想理论方法似乎存在问题,难以正确地指导其有效地达到"无欲"的境界。这使得他陷入巨大的困惑之中。

"致力于践履"的罗洪先在中状元后致李中的一封信中,罗洪先首先检讨自己"为时制所驱,不知自量,乃以空言干钓名利,且误圣天子知人之明。荣宠非分,实贻之戚,夙夜凛凛,不知自免",也就是说,他在生活实践中不得不与世俗周旋,没有能够做到"无欲"。他认为,灭人欲的关键就在于保持"心体精明""本心静莹",也就是"静"。他说:

> 尝谓天下之大辨,存乎意而已。心体精明,意起而后有着。良知、良能,本自真切。言其真切,则几涉疑似,必不容含糊而自能料理;意或兼带,必不能回护而自能扫除。如此方无认欲作理之弊,如此方得功夫着实,本心静莹。形迹虽异,莫非此理,理不须别求义以方外功夫。②

在致李中的第二封信中,罗洪先称:

> 心之本体,至善也,然无善之可执。所谓善者,自明白,自周遍,是知是,非知非,如此而已。不学而能,不虑而知,顺之而已。惟于此上倚着为之,便是欲,便非本体。明白亦昏,周遍亦狭,是非亦错。此非有大相悬隔,

---

① 《二程遗书》卷十八。
② 《罗洪先集·奉李谷平先生》。

只落安排与不安排耳。……有安排者亦欲也,毕竟安排起于有己,故欲只是一原。夫子所谓闲邪者,其谓是否乎?

显然,在罗洪先看来,王阳明关于良知本体的论述与李中的思想观点本质上是一致的。因为心之本体至善,"不学而能,不虑而知",因此只需要"顺之而已"。他进一步指出,人不能通过博学来实现"复本体"的目标,心之本体或者说良知本体自然能把握人世间的是是非非。他说:

今之学者,以本体未复必须博学以充之,然后无弊,似周备矣。只恐捉摸想像,牵己而从之,岂虚中安止之道,岂寂然不动,感而遂通者乎?譬之镜然,去尘则明自复,未闻有定妍媸之形,以补照之不及者也。故以是非之灵明为把柄,而不是所以知之广狭为是非。但求不失生意,如草木之区别不必于同,或者以为得圣贤之正脉也。夫子以为如何?①

问题在于,此时的罗洪先感觉到自己无法有效运用李中的思想主张和阳明学理论实现日常生活实践中的存天理,灭人欲,也就是说,他觉得自己并没有找到成仁成圣的正确的方法途径,他为此颇为苦闷。在《与林东峰》一信中,罗洪先称:"曩者相处实欠真志,虽以龙溪朝夕拳拳,而自立者茫无可据,哀哉!"②大约在嘉靖十二年(1533),罗洪先再次致信李中,他首先检讨自己,称:

离师三年,学不加进,枉过岁月,此罪何极?天与之机,心体本虚,良知本足,闲邪本易简。闻之数日,向来依违疑似之病为之痛省。

罗洪先觉得自己难以在日常生活实践层面把握动和静之间的关系。按照李中的说法,道德修养,也就是存天理,灭人欲的关键就在于"静",在于"念头不起",追求的是"脱然无系、常如太虚为乐,以遁世无闷,不求人知"③的境界,但罗洪先觉得自己做不到。他请求李中指点。他说:

---

① 《罗洪先集·奉李谷平先生·其二》。
② 《罗洪先集·与林东峰》。
③ 《罗洪先集·〈谷平先生文集〉序》。

师谓凡说工夫俱属动,是矣。则静坐时即工夫也,此属动乎?属静乎?谓格物只在接应事物时,则静坐独不为格物乎?师谓念头不起,此时是静,即是本体,不消着工夫,日间此等时候亦少,若以此言静,是就心体言矣。然则戒慎、恐惧者,存乎?不存乎?亦有时间断乎?师意工夫贵在真诚,不必求人知,故于朋友论说之间,非相信者,不敢辄言有得于大《易》"逐世无闷,不见世而无闷"之旨。①

在罗洪先看来,李中的观点似乎与古代圣贤的做法有别,无论在理论上还是在生活实践中都存在令人不解的地方。他接着说:

窃以为万物一体者,圣人之心也。已立而立人,已达而达人。人虽有美恶得失,而吾曲成之心无时可已。譬之寒冬,已得衣矣,遇人之寒者亦示之以衣,乃为一体。彼病狂丧心者虽未必从,而稍知痛痒者已得其所。此圣贤之所以汲汲而未始少休暇者,非以求自见,诚以达吾之一体之爱也。若待其相信而后以告,虽于因才成就之义相近,尚不免有简择去取之念横于其间。《易》曰:"不获其身,不见其人",恐不如是之拘也。是故不愤不启,不悱不发,固为善教;而有教无类者,犹为至情。若谓人之事讲论者,多陷求知之病,而以此为救病之方,则当自诚意始,恐亦未可以言,不言为病不病也。譬之戒贪,止当去贪之心,不当以避金为事。避金尚未免有贪心在,非所谓荡荡平平之道也。且君子志在善世也,而乃遁世,志不欲善养人也,而人不以为是。如是而无闷、无悔,乃为至德。无闷、无悔者,言不以是动其心也。②

按照心学的基本观点,道德修养的关键并不在于博学多识而在于其内心世界,在于"静",这样才能根除人欲,保持良知的精明。问题在于,念头固然可能产生人欲,但如果说"静"就是"念头不起"的话,且不要说人在日常生活实践中根本无法时时刻刻做到"念头不起",更为重要的是,假如人时时刻刻"念头不起",那又如何做到戒慎恐惧呢?要知道,戒慎恐惧可是《中庸》所指示的道德修养的基础。罗洪先觉得自己无法理解。他一方面苦苦思考探索,另一方面不断

---

① 《罗洪先集·奉谷平先生》。
② 《罗洪先集·奉谷平先生》。

与他人交流，向他人请教。他致信王畿称，他努力"直任良知，以凝然不动为本体"，但实际生活中经常产生各种念头，有可能产生各种欲望，因此难以真正地像圣贤一样做到无欲。他说：

> 孤懦夫也，从事于学，竟不能直下承当。依旁度日，乃遇事变，便至狼狈。……孤近日之学无他，惟时时刻刻，直任良知，以凝然不动为本体，亦觉有可进步处。但念头时复有起，不得总成片段。夫恳恳切切，自谓于本体用功矣。然念头有起，即非本无一物，犹为克怨伐欲，不行之功，已落第二义。未知孔门为仁，颜子不贰过之旨，果何在乎？向兄举无照之说，孤愚不省，兄亦迁就言之，今安得促膝尽闻此说哉？①

罗洪先还致信欧阳德，就如何理解良知，如何致良知等诸多问题向欧阳德请教。他说：

> 昨暮因体得良知者可遵守，而不可思议、不可执着，本虚明静定。以虚明静定求，即非良知。本变化无方，以变化无方求，即非良知。然则良知者，其犹止水乎？其犹太虚乎？其真所谓无意、必、固、我，即其本体乎？其真静无而动有乎？其真无动无静者乎？然今之学者，放失一路，已为习熟，才说顺其自然，已成自驰矣。如之何而后可？②

在罗洪先看来，既然良知本体"虚明静定"，那就意味着无法在日常生活实践中把握良知，自然也就无法在日常生活实践中循良知而为——循良知正是欧阳德的主张。假如说循良知就是顺其自然的话，事实上就有可能导致人们放纵自己，"才说顺其自然，已成自驰矣"，这显然是令人无法接受的，于是他问"如之何而后可？"

大约正是由于觉得良知本体无法捉摸，良知说难以理解，故对王阳明的良知说心存疑虑。也觉得自己无从下手。他后来回忆说："往年见谈学者，皆曰'知善知恶，即是良知，依此行之，即是致知'。予尝从此用力，竟无所入，盖久而

---

① 《罗洪先集·与王龙溪》。
② 《罗洪先集·寄欧南野》。

后悔之。"① 应当说,罗洪先对良知本体的理解是准确的,但是他着眼于工夫,着眼于其实际运用。正如我们前面所指出的,本体与工夫之间实际上存在着一条难以逾越的鸿沟。即便良知本体"自明白,自周遍,是知是,非知非",有如镜子一样照射到人世间的一切,但实际上也不能直接转化为致良知工夫。这正是导致罗洪先觉得良知本体无法捉摸的原因。

无论如何,对罗洪先而言,周敦颐的主静无欲说是无可置疑的绝对真理。他始终认为,"诸儒之所宗者,濂溪也。濂溪学圣,主于无欲……欲希圣,必自无欲始,求无欲必自静始。"②"周子所谓主静者,乃无极以来真脉络。"③罗洪先所做的,就是不断探寻主静无欲的理论方法和实践途径,他始终认为,问题的关键在于从根本上消除人的私欲,"凡去私欲,须于发根处破除始得。私欲之起,必有由来,皆缘自己原有贪好,原有计算,此处漫过,一时洁净,不过潜伏,且恐阴为之培植矣。"④经过艰苦的探索思考,罗洪先终于提出了其独树一帜的"收摄保聚说"和"仁体说"。

第三节 收摄保聚与仁体说

经过艰苦的探索思考,尤其是在聂豹的启迪下,罗洪先首先提出了"收摄保聚"说,认为通过"收摄保聚",可以从根本上消除人的私欲,从而使内在的良知本体发用流行。1537年,罗洪先前往翠微山拜访聂豹,聂豹教之以因静入悟,但当时的罗洪先疑而未信。直到1547年,聂豹被捕,罗洪先前往送行,聂豹的表现使他震撼,罗洪先才认定聂豹的因静入悟之教是合理有效的,并因此接受聂豹的归寂说。据记载:

> (聂豹)从容出,见使者,易囚服,慷慨就道。室中悲号不胜,先生若不闻。门人父老送之,无不流涕。先生神色不动,第抗手而别。罗文恭公(罗洪先)见之,大敬服。⑤

---

① 《罗洪先集·甲寅夏游记》。
② 《罗洪先集·答高白坪》。
③ 《罗洪先集·答门人》。
④ 《罗洪先集·夏游记》。
⑤ 《国朝献征录·双江聂先生传》。

对于罗洪先而言,他从前之所以对聂豹的归寂说心存疑虑,主要是因为他觉得难以在日常生活实践中做到"无欲",做到"念头不起",因而怀疑归寂说的实践效果。聂豹的表现使罗洪先相信,聂豹的精神境界的确达到了一个相当的高度,这应当是其归寂的效果。罗洪先因此接受了聂豹的归寂说。他后来在为聂豹的《困辨录》作序时称:

> 往岁癸卯(1543),洪先与洛村黄君,闻先生言,必主于寂,心亦疑之。后四年丁未,而先生逮,送之境上,含泪与诀。先生曰:"吾自胜之,无苦君辈也。"其容悠然,其气夷然,其心渊然而素。自是乃益知先生,遂为辨曰:"先生师传如何,吾未之知,请言吾所试。昔者闻良知之学,悦之,以为是非之心人皆有之,吾惟即所感心求其自然之则,其亦庶乎有据矣。已而察之,执感以为心,即不免于为感所役,吾之心,无时可息,则于是非者,亦将有时而淆也。又尝凝精而待之以虚无,计其为感与否也。吾之心暂息矣,而是非之则,斯亦不可得而欺。因自省曰:昔之役役者,其逐于已发,而今之息者,其近于未发矣乎?盖自良知言之,无分于发与未发也。自知所以能以良言之,则固有未发者以主于中,而或至于不良,乃其发而不知返也。……道心之言微,性心之言定,无欲之言静,致虚之言立本,未发之言寂,一也。"①

在《困辨录》后序中,罗洪先说:"良知之感,有动有静,要之致虚者,其本也。本不虚,则知不能良。知其发也,其未发则良也。事物者,其应理者,其则也。应而不失其则,惟致虚者能之。故致虚者,乃所以致知也。"②

在罗洪先看来,是因为人会沉溺于对现实世界的感知之中,不知回归良知本体,这就必然会导致人欲的滋生泛滥,因此,"归寂"是从根本上消除人的私欲的正确方法途径。他认为聂豹找到了致良知的秘诀。在致友人的信中,罗洪先称:"此间双江公真是霹雳手段,千百年事,许多英雄瞒昧,被他一口道着,真如康庄大道,更无可疑。而阳明公门下犹有云云,却是不善取益也。"③

---

① 《罗洪先集·〈困辨录〉序》。
② 《罗洪先集·〈困辨录〉后序》。
③ 《罗洪先集·寄尹道舆》。

但罗洪先并没有因袭聂豹的归寂说,而是进行进一步思考研究,并提出了自己的"收摄保聚"(有时亦称"收摄敛聚")以致良知说。1548年,罗洪先在与王畿论辩时强调,根据良知是一种未发之中的本体存在,"自能感而遂通,自能物来顺应",完全符合《大学》的宗旨。他强调,致良知必须"常定常静",才能体验到良知本体的存在,才能使良知本体发用流行,罗洪先说:

> 定、静、安、虑者,至善也。能定能静能安能虑者,止至善也。能止而后,至善尽为己有。有诸己,而后谓之有得,则明明德之谓也。是故先之以定、静、安者,物之所由以格,止之始也。后之以虑知之,止之终也。……先生(王阳明)又曰:"良知是未发之中,寂然大公之本体。""便自能感而遂通,便自能物来顺应。"又曰:"当知未发之中,常人亦未能皆有。"岂非以良知之发为未泯之善端。未发之中,当因学而后致,盖必常定常静,然后可谓之中。则凡致知者,亦必即其所未泯,而益充其所未至,然后可以为诚意。①

在后来的《甲寅夏游记》,罗洪先对其主静说作了更为清楚的概述:

> 夫良知者,言乎不学不虑,自然之明觉,盖即至善之谓也。吾心之善吾知之,吾心之恶吾知之,不可谓非知也。善恶交杂,岂有为主于中者乎?中无所主,而谓知本常明,恐未可也。知有未明,依此行之,而谓无乖戾于既发之后,能顺应于事物之来,恐未可也。故知善知恶之知,随出随泯,特一时发见焉耳。一时之发见,未可尽指为本体,则自然之明觉,固当反求其根源。盖人生而静,未有不善,不善者,动之妄也,主静以复之,道斯凝而不流矣。神发为知,良知者,静而明也,妄动以杂之,几始失而难复矣。故必有收摄保聚之功,以为充达长养之地,然后定、静、安、虑由此以出,必于家国天下感无不正,而未尝为物所动,乃可谓之格物。②

在罗洪先看来,良知不仅是一种至善的自然存在,而且能够明辨善恶。正是人的"妄动"导致了恶有存在,从而使自然明觉的良知不能发挥作用,只有不妄动,彻底根除人欲,"有收摄保聚之功",至善的良知才能发挥作用,才能够承

---

① 《罗洪先集·夏游记》。
② 《罗洪先集·甲寅夏游记》。

担起对家国天下的责任和义务。

  罗洪先的收摄保聚主静说是在聂豹归寂说的启迪下提出来的,聂豹也认为这与自己的观点完全一致,他在为《夏游记》作序时称:"今观《记》中发明大旨,要不过此。"①不过,罗洪先的收摄保聚主静说与聂豹的归寂说实际上存在着微妙的区别。由于两个人的境遇不同,聂豹长期在官场上,不得不周旋于各种利益集团与世俗事务之间——他的"归寂"之旨据说是源于离开官场之际的翠微山养病和入狱期间。罗洪先称,"静坐澄心,乃是一生功课。"②但对于长期身居官场的聂豹而言,要在具体生活实践中"归寂"殊为不易。因此,聂豹的归寂说虽然也特别强调工夫,但更多的是着眼于对本体的探究,他强调良知本寂,以归寂为目标,通过归寂而自然而然的致良知;而罗洪先历来以主静无欲为生命追求,而且很早就被削职为民,这使得他可以不必周旋于各种利益集团与世俗事务之间,因而可以在日常生活实践中做到"无欲"。因此,罗洪先的主静着眼于工夫,着眼于个人的生命体验,即在日常生活实践中根除人欲。换言之,聂豹虽然也强调工夫的极端重要性,强调归寂的实际效用,主张"归寂以通天下之感,致虚以立天下之有,主静以该天下之动"③,但更多的是理论探讨。在和其他学者的论辩过程中,聂豹也主要是从理论上、逻辑上予以阐明。人们对他的归寂说实践,或者说归寂说对聂豹实际生活的影响则颇有微词,尤其是他在官场上站在所谓大奸臣严嵩的一边,引起一些人的强烈反感。查继佐《罪惟录·聂豹传》中甚至称,聂豹"天性矫谲",他研究阳明学,不过是以道学自饰而已。④ 而对罗洪先而言,理论探讨当然有其重要性,但他更关注如何以主静说指导其生活实践,如何通过主静根除人欲。他看起来言行一致,其人品道德,也广受赞誉,在实际生活中也念念不忘"收摄保聚",后来甚至长期隐居于石莲洞,以求主静之功。

  随着研究思考尤其是生活体验的深入,罗洪先逐渐对聂豹的归寂说产生了不同的看法。

  上一章我们业已指出,在聂豹的归寂说中,明确区分了人心的"寂"和"感"、"已发"和"未发"的不同状态,强调这不仅仅是一种理论上的区分,更是

---

① 《聂豹集·刻夏游记序》。
② 《罗洪先集·与詹德甫》。
③ 《聂豹集·答东廓邹司成四首》。
④ 查继佐:《罪惟录·聂豹传》。

一种经验上的存在。良知本寂,"心主乎内,应于外,而后有外。外其影也,不可以其外应者为心,而遂求心于外也。故学问之道,自其主乎内之寂然者求之,使之寂而常定也,则感无不通,外无不该,动无不制,而天下之能事毕矣。"①归寂既是致良知的方法,也是致良知本身。"致知者,充满其虚灵本体之量;格物者,感而遂通天下之故。致以复其心之体,格以达其心之用。均之谓求心也。"②也就是说,格物无功夫可言,只要归寂,自然而然地可以成仁成圣,承担起对天下的责任和义务。

罗洪先认为,主静是日常道德修养即根除人欲的基本方法,"凡天地之交错变易,日用之酬应作止,皆易也,皆动也。而其根则本静,本于无极,此其所谓根原也。"③但他不同意聂豹的观点。罗洪先认为,心的"寂"和"感"、"已发"和"未发"在经验层面上是不可分的,罗洪先说:

> 自来虚实、寂感、内外,原是一件,更无两件。言其无有不是,故谓之实;言其无少夹杂,故谓之虚;谓其随事能应,故谓之感,言其随处无有,故谓之寂;以此自了,故谓之内,以此俱了,故谓之外。真无有分别者。真时时能精明强健,真一切俱了矣。但谓虚寂本体,常止不动,却要善着。不然,说本体,说止,说不动,便能作梗,便不是真虚寂矣。④

基于此,罗洪先后来对聂豹提出了明确的质疑和批评。他说:

> 良知犹言良心,主静者求以致之,收摄敛聚,自戒惧以入精微。彼徒知觉焉者,杂真妄而出之者也。主静则不逐于妄学之功也。何言乎其杂真妄也?譬之于水,良知,源泉也,知觉,其流也。流不能杂于物,故须静以澄汰之,与其出于源泉者,其旨不能以不殊,此双江公所为辨也。虽然,余始手笺是录,以为字字句句无一弗少当于心。自今观之亦稍有辨矣。公之言曰:"心主乎内,应于外,而后有外,外其影也。"心果有内外乎?又曰:"未发,非体也,于未发之时,而见吾之寂体。"夫未发,非时也,寂无体,不可见

---

① 《聂豹集·答东廓邹司成四首》。
② 《聂豹集·幽居答述》。
③ 《罗洪先集·答董蓉山》。
④ 《罗洪先集·答杜道升》。

也。见之谓仁,见之谓知,道之鲜也。余惧见寂之非寂也,是故自其发而不出位者言之,谓之寂,自其常寂而通微者言之,谓之发。盖原其能戒惧而无思为,非实有可指,得以示之人也。故收摄敛聚可以言静,而不可谓为寂然之体;喜怒哀乐可以言时,而不可谓无未发之中。何也? 心无时,亦无体,执见而后有可指也。①

也就是说,在罗洪先看来,人心实际上并无内外之分,人心的"寂"和"感"、"已发"和"未发"只是理论分析研究的需要。罗洪先还指出:

感无常,寂有常,寂其主也。周之静,程之定,皆是物也。其曰"静虚动直",曰"静定动定",以时言也。时有动静,寂无分于动静,境有内外,寂无分于内外,然世之言无内外、无动静者,多逐外而遗内,喜动而厌静矣,是以析言之。②

罗洪先并不像聂豹那样,认为寂然不动的良知就像镜子那样——虽然他早年也用过类似比喻——只要归寂,良知可以自动流行,人们可以自然而然地践行儒家名教纲常。罗洪先强调,必须有致良知的工夫,"必有收摄保聚之功",才能在日常生活实践中根除人欲。在罗洪先看来,致良知的首要工夫是静坐静养。他强调,"静坐澄心,乃是一生功课。"③"静坐收拾此心,此千古圣学成始成终句。但此中有辨。在静坐识得本心后,即动静出入,咸有着落,分寸不迷,始为知方。然后须从静中安帖得下,气机敛寂后,方有所识。"④也就是说,静坐的目的是"识得本心",然后"有所识"。罗洪先指出,"静"是根本,只有主静,才能在日常生活实践中为善。他说:

主静立极,濂溪尝有是言矣。此非濂溪之言也,戒惧于不睹不闻,子思尝言之矣。不睹不闻,静也。微而隐而见焉显焉,非不动也。此无欲之体,无极之真,大易所由以生生,非有物以为之根原。静为动根,静在动中也。

---

① 《罗洪先集·读困辨录抄·序》。
② 《罗洪先集·答项瓯东》。
③ 《罗洪先集·与詹德甫》。
④ 《罗洪先集·答王有训》。

此即所谓动而无动,静而无静,神妙万物者也。……盖动而后有不善,有欲而后有动,动于欲而后有学。学者,学其未动焉者也。学其未动,而动斯善矣,此其大略也。

夫良知该动静,合内外,其体统也;吾之主静所以致之,盖言学也。学必有所由而入,未有入室而不由户者。苟入矣,虽谓良知本静,亦可也;虽谓致知为慎动,亦可也。①

也就是说,必须正确把握"静"与"动"的关系。从理论上说,一切取决于"静",但并不能否定"慎动"的重要性,否定日常修养工夫的重要性。罗洪先指出,日常的修养工夫就是戒慎恐惧。"体用一源,无微无间者,心之本然也。戒惧之念,无时可息者,工夫也,所以复其本然也。"②罗洪先强调,"戒慎不睹,恐惧不闻,此孔门用功口诀也。"③唯有戒慎恐惧,才能使人欲根除于无形。在《夏游记》中,罗洪先指出:

尝观《中庸》言性,所指在于不睹不闻,盖以君子之学,惟于其所不睹不闻者,而戒慎恐惧耳。舍不睹不闻之外,无所用其戒慎恐惧也。夫不睹不闻,可谓隐而未形,微而未著矣。然凡吾之发见于外者,即此未形者之所为而未始有加。是虽至隐也,而实莫见乎隐。凡吾之彰显于外者,即此未著者之所为而未始有加。是虽至微也,而实莫显乎微。君子可无戒慎恐惧哉!④

在致友人的信中,罗洪先强调:

夫未发之中,自不睹不闻中戒惧养成,到无不中时,即是致和,即是达道。此是千古列圣心心相传正本,于此不同,便是异端。⑤

我们知道,在邹守益那里,戒慎恐惧是致良知的根本途径,但邹守益赋予了

---

① 《罗洪先集·答董蓉山》。
② 《罗洪先集·答郭平川》。
③ 《罗洪先集·书门人扇子》。
④ 《罗洪先集·夏游记》。
⑤ 《罗洪先集·答马钟阳都督》。

"戒慎恐惧"以"自强不息"之义,因此,对邹守益而言,"戒慎恐惧"是一种动的工夫。而在罗洪先那里,戒慎恐惧是静而非动,是实现"无欲"的根本途径。"常令此心寂然无为,便是戒惧。"①"今议者咸曰:寂然矣,无为矣,又何戒惧之有?将以工夫属动,无所谓静者,不知无欲故静,周子立极之功也。"②

后来罗洪先认为,以"戒慎恐惧"为收摄保聚之功可能会导致"重于为我,疏于应物",很难承担起对天下国家的责任和义务。这无论在理论上还是在实践上都不符合他的本旨。在《甲寅夏游记》中,罗洪先称:

> 当时之为收摄保聚,偏矣。盖识吾心之本然者,犹未尽也。以为寂在感先,感由寂发。夫谓感由寂发可也,然不免于执寂有处,谓寂在感先可也,然不免于指感有时。彼此既分动静为二,此乃二氏所深非,以为边见而害道者,我固坚信而固执之,其流之弊,必至重于为我,疏于应物,而有不自觉者,岂《大学》"欲明明德于天下"之本旨哉!③

不过,罗洪先并没有否定和放弃收摄保聚说,而是作了重新解释。他说:

> 夫心,一而已。自其不出位而言,谓之寂,位有常尊,非守内之谓也。自其常通微而言,谓之感。发微而通,非逐外之谓也。寂非守内,故未可言处,以其能感故也。绝感之迹,寂非真寂也。感非逐外,故未可言时,以其本寂故也。离寂之感,感非正感也。此乃同出而异名,吾心之本然也。寂者一,感者不一,是故有动有静,有作有止。人知动作之为感矣,不知静与动、止与作之异者,境也。而在吾心,未尝随境异也。随境而异,是离寂之感矣。感而至于酬酢万变,不可胜穷,而皆不外乎通微。是乃所谓几也。故酬酢万变,而于寂者未尝有碍,非不碍也,吾有主之故也。苟无所主,则亦逐驰而不返矣。声臭俱泯,而于感者未尝有息,非不息也,吾无所倚故也。苟无所倚,则亦胶固而不通矣。此所谓收摄保聚之功。④

---

① 《罗洪先集·答项瓯东》。
② 《罗洪先集·答陈明水》。
③ 《罗洪先集·甲寅夏游记》。
④ 《罗洪先集·甲寅夏游记》。

所以，收摄保聚的关键在于内心有主宰，有准则，而不是寂灭。内心有主宰，有准则便能与世界融为一体，否则即会与释老混为一谈，而无法承担起对家国的责任和义务。罗洪先进一步解释说：

> 百姓日用而不知，圣人知之，而又与百姓同其日用，此二氏之所不及，学者难于自信者也。使于真寂端倪果能察识，随动随静，无有出入，不与世界物事成对待，不倚自己知见作主宰，不著道理名目生证解，不藉言语发挥添精神，即此渐能自信，果能自信，则收摄保聚之功，自有准则。……明道有云："识得仁体，以诚敬存之，不须防检穷索，必有事而勿正，心勿忘，勿助长，未尝致纤毫之力。"此其存之之道，固其准则也。①

这就是罗洪先的"晚彻悟于仁体"。前面我们业已指出，"仁者浑然与物同体"②是程颢的重要观点，意思是道德修养的最高境界是能够充分认识、理解和体会天地万物的存在，能够与天地万物融为一体，从而自然而然地承担起对人生、社会和自然的责任和义务。实际上，这也正是儒家所追求的"天人合一"的境界。王阳明同样强调"圣人以天地万物为一体"，他说：

> 夫圣人之心，以天地万物为一体，其视天下之人，无外内远近，凡有血气，皆其昆弟赤子之亲，莫不欲安全而教养之，以遂其万物一体之念。天下之人心，其始亦非有异于圣人也，特其间于有我之私，隔于物欲之蔽，大者以小，通者以塞，人各有心，至有视其父子兄弟如仇雠者。圣人有忧之，是以推其天地万物一体之仁以教天下，使之皆有以克其私，去其蔽，以复其心体之同然。③

罗洪先的"晚彻悟于仁体"，并非简单接受程颢或王阳明的观点，而是通过自己的生命感悟与体验，并通过重新解释和理解收摄保聚说而提出来的，这实际上使得其主静无欲观更为彻底。对此，王畿表示赞赏。后来王畿指出：

---

① 《罗洪先集·甲寅夏游记》。
② 《二程集》第16页，中华书局1981年版。
③ 《王阳明全集·传习录·中》。

> 念庵子惧其伤于易也,倏忽变化,将至于荡无所归,故为收摄保聚之说以救之。其意以为,日月之贞明,人皆仰之,至其所以生明,未有测其然者。观之于夕,群动息矣,然后真机回复而为朝;观之晦,六阴穷矣,然后真阳逆受而为朔。盖藏不密者,用不章,畜不极者,施不著。收摄保聚,所以为复为逆,培其固有贞明之体,而达其天成之用也。①

王畿使用的是晦涩难懂的道教和中国古代天文学的语言,但意思明确,即认为罗洪先的收摄保聚是为了真正实现天人合一,人完全与世界融为一体。这是中国自古以来形成的思想文化传统,是人们的普遍追求,也是宋明理学的基本立论依据。在罗洪先看来,唯有与世界完全融为一体,良知才能充分发挥作用,人才能够真正地以天下为己任。罗洪先在《答蒋道林》的信中,描述了他在习静过程中对"万物一体"的体验与感悟:

> 未几入深山静僻,绝人往来,每日块坐一榻,更不展卷,如是者三越月,而旋以病发。当极静时,恍然觉吾此心虚寂无物,贯通无穷,如气之行空,无有止极,无内外可指,动静可分,上下四方,往古来今,浑成一片,所谓无在无不在。吾之一身,乃其发窍,固非形质所能限也。是故纵吾之目,而天地不满于吾视;倾吾之耳,而天地不出于吾听;冥吾之心,而天地不逃于吾思。②

罗洪先的这种神秘体验与聂豹在狱中的神秘相似。据记载,聂豹正是在狱中体验到所谓的"极静",因此认定,"此未发之中也,守是不失,天下之理皆从此出矣。"③"静"是贯穿于整个宇宙、社会和人生的普遍原理。罗洪先则因此体验到"仁者浑然与物同体",并强调由此可以承担起对天下国家的责任和义务,实现人生的目标和价值。他说:

> 故曰:仁者浑然与物同体。同体也者,谓在我者亦即在物,合吾与物同为一体,则前所谓虚寂而能贯通,浑上下四方、往古来今、内外静动而一之

---

① 《王畿集·致知难易解》。
② 《罗洪集·答蒋道林》。
③ 《明儒学案·江右王门学案·聂豹传》。

者也。故曰：视不见，听不闻，而体物不遗。体之不遗也者，与之为一体故也。故曰：诚者，非自成己而已也，尽己之性，则亦尽人之性，尽物之性。宇宙内事乃己分内事，东南西北之四海，与千万世之上下，有圣人出焉，此心同，此理同，其有不同焉者，即非此心与此理，乃异端也。是故为天地立心，为生民立命，为往圣继绝学，为万世开太平，非自任也。①

在《寄尹道舆》一信中，罗洪先写道：

> 近来见得吾之一身，当以天下为任，不论出与处，莫不皆然。真以天下为任者，即分毫躲闪不得，亦分毫牵系不得。古人立志之初，便分蹊径。入此蹊径，便是圣学，不入此蹊径，便是异端。……此方是天地同流，此方是为天地立心，生民立命，此方是天下皆吾度内，此方是仁体。孔门开口教人，从此立脚跟。②

基于这一认识和体验，罗洪先认为聂豹的归寂说有"执内""遗外"、"弃伦遗物"的嫌疑，难免被讥为佛禅。他致信聂豹称：

> 遍观《致知略质语》大要，长者详辨工夫，只在致知，不在物；只在内，不在外，只在不学不虑，自知自能，不在致此良知于事事物物；只在由仁义行，不在行仁义。斩斩截截，不少混淆。长者苦心，岂好辨哉？③

前面业已指出，"执内""遗外"实际上宋明理学的共同特点。宋明理学家们尽管声称要治国平天下，为万世开太平，但他们所倡导的存天理，灭人欲的核心目标实际上是"内圣"而不是"外王"，即主要是追求个人的良好的道德修养和崇高的精神境界，而不是"外王"的诸如政治、经济和军事方面的知识与技能。换言之，存天理，灭人欲的关键在于"正心""诚意"，这说到底是指个人的内心世界的纯洁，也就是内心里没有任何有违儒家名教纲常的念头。他们认为，每一个人在日常生活实践中严格遵守了儒家名教纲常，履行了对国家和社会的责

---

① 《罗洪先集·答蒋道林》。
② 《罗洪先集·寄尹道舆》。
③ 《罗洪先集·与双江公》。

任义务,"外王"的目标自然达到,天下自然太平。问题在于,"执内"也许可以为人们的外在表现提供良好的基础和保证,但履行对国家和社会的责任义务不仅仅需要个人的内心世界的纯洁,还需要有关诸如政治、经济和军事方面的各种知识和技能。然而,各种知识和技能不仅不等于道德修养,反而有可能侵蚀人的内心世界,这就使得"执内"和"遗外"问题长期困扰着人们。对于罗洪先而言,他的收摄保聚说和仁体说对于个人消除不合理欲望,提高个人的首先修养毫无疑问是有效的,但确乎有"执内""遗外"嫌疑。尽管他反复强调工夫的重要性,但是说主静能够有效地承担起社会责任,"为天地立心,为生民立命,为往圣继绝学,为万世开太平"令人难以置信。况且,"为天地立心,为生民立命,为往圣继绝学,为万世开太平"必须具备一系列的条件,绝不是个人消除不合理欲望所能够实现的。罗洪先以此为追求,尽管他"博观慎取",拥有广博的学识,始终没有放弃修身、齐家、治国、平天下的梦想,但特定的历史文化条件注定了他不可能大有作为,不可能实现其治国、平天下的梦想。不过,这并不影响他的"收摄保聚"说和"仁体"说在思想文化史上的重要意义。

第四节　天下哪有现成良知

　　罗洪先在晚明学术思想界的崇高地位,源于他被认为是准确地传承了阳明的真精神,使阳明真精神不至于泯灭。而之所以如此,并非仅仅是因为他在理论上有特别的突破和建树,而是因为他对晚明学术思想界泛滥的良知现成说展开了严厉的批判。在黄宗羲看来,良知现成说贻害无穷,必然误导人们背离阳明学的宗旨。罗洪先对良知现成说的批判主要是针对王畿的。其实很难说王畿是良知现成说的代表人物,尽管王畿反复强调良知现成,但泰州学派的王艮和李贽其实应当对晚明学术思想界良知现成说的泛滥负有更大的责任。

　　关于罗洪先对良知现成说的批判,我们在前面作了简要介绍。为了对罗洪先思想主张有更深刻的认识和理解,我们有必要对此作进一步分析讨论。由于罗洪先对现成良知说的批判矛头主要是指向王畿,所以这里的分析讨论聚集于他和王畿之间的争议。我们看到,争议看起来轰轰烈烈,但未必针锋相对。这是因为,争论双方的出发点不同,但终极目标一致,双方都有某些无的放矢之嫌。

王畿是王阳明的嫡传弟子，王阳明在世时，王畿便被称为"教授师"，把研究、弘扬和传播阳明学作为自己的毕生使命。尽管他对阳明学精神有自己的理解，与王阳明的本旨有所偏差，但这并不影响其作为王阳明嫡传弟子的特殊地位。周汝登(1547—1629，字继元，号海门，浙江嵊县人，1577年进士)称："文成之徒，领悟者多，而最称入室，则唯先生(王畿)。"①黄宗羲称："象山之后，不能无慈湖；文成之后，不能无龙溪。"②他自己也对王阳明言必称"先师"，特殊的地位当然也决定了其特殊的责任和担当。罗洪先也对王畿说，作为王阳明的嫡传弟子，深入研究和弘扬阳明学是王畿义不容辞的使命：

> 阳明先生之学，其为圣学无疑矣。惜也速亡，未至究竟，是门下之责也。然为门下者有二：有往来不密，煅炼未久，而许可大早者，至于今，或守师说以淑人，或就己见以成学，此非有负于先生，乃先生负斯人也。公等诸人，其与往来甚密，其受煅炼最久，其得证问最明。今年已过矣，犹不能究竟此学，以求先生之所未至，却非先生负诸人，是乃公等负先生矣。尚何诿哉！③

王畿对此自然是恭敬领受。罗洪先尽管认为阳明学"为圣学无疑"，能够指导人们达到圣人的精神境界，实现治国平天下的理想，但他不是王阳明的嫡传弟子，也未必有弘扬和传播阳明学理论的责任和义务。罗洪先认为，这应当是王阳明弟子的责任义务，包括他自己在内的其他人只需要为我所用，以阳明精神指导自己的生活实践就够了。作为王阳明的嫡传弟子，王畿终身把研究和传播阳明学理论作为自己的神圣使命。正因为如此，王畿研究和思考问题的重点是良知本体及其发用流行的原理。由于阳明学理论上的内在矛盾——本体和工夫之间存在着一条难以逾越的鸿沟，使得关注良知本体的王畿和关注致良知工夫的罗洪先一方面是诤友，另一方面又有着严重的矛盾和分歧，于是我们看到这一幕情景：

> 次早，纵论二氏之学及参同契。龙溪曰：世间哪有现成先天一气？先

---

① 周汝登：《刻龙溪先生集·序》，载《王畿集·附录五》。
② 《明儒学案·浙中王门学案·王畿传》。
③ 《罗洪先集·甲寅夏游记》。

天一气,非下万死工夫,断不能生,不是现成可得。……余应声赞曰:兄此言极是,世间哪有现成良知? 良知非万死工夫,断不能生也,不是现成可得。今人误将良知作现成看,不知下致良知工夫,奔放驰逐,无有止息,茫荡一生,有何成就? 谚云:现钱易使,此最善譬,今人治家,亦须常有生息,方免穷蹙。若无收敛定静之功,却说自有良知善应,即恐孔孟复生,亦不敢承当也。于是龙溪为余发挥此段意义,极其痛快。以为学者若无工夫,只说良知,不独无所于得,将使后生文其恣纵,助其轻侠,妄毁儒先,凌傲尊贵,此真吾辈所当领受,非细事也。①

按照罗洪先的记载,王畿当时对他的观点完全赞成,但实际上并非如此。王畿只是赞成致良知工夫的重要性,并没有也无法接受罗洪先的世间无现成良知的说法。众所周知,王阳明反复强调良知是一种人人都具有的"廓然大公"的本体存在,这也就意味着,良知确实是现成的。否认良知本体现成,简直是对阳明学的釜底抽薪。顾宪成指出:"罗念庵先生曰:'世间哪有现成良知?'良知不是见成的,哪个是见成的? 且良知不是见成的,难道是做成的? 此个道理稍知学者,类能言之。"②

顾宪成实际上误解甚至是曲解了罗洪先。其实,罗洪先否定的不是超越性的良知本体的存在。在罗洪先看来,即便良知是一种人人都具有的"廓然大公"的本体存在,但并不能因此而忽视艰苦的致良知工夫,唯有通过艰苦的致良知工夫,良知本体才有可能发用流行。人们无法在日常生活中直接感受到良知本体的存在。顾宪成也意识到这一点,他说,博学且对阳明学有精深研究的罗洪先不至于有如此低级的错误——径直否定良知本体有先验性存在。罗洪先之所以强调"世间哪有现成良知",针对的是当时一些学者动辄"将见成情识,冒作见成良知",并不重视现实生活中道德修养工夫,他的目的在于强调"世间哪有现成圣人"。其实王畿并不否认致良知工夫的极大重要性,他也承认"学者若无工夫,只说良知,不独无所于得,将使后生文其恣纵,助其轻侠,妄毁儒先,凌傲尊贵,此真吾辈所当领受,非细事也"。然而,在罗洪先看来,正是对现成良知的强调,直接导致了人们忽略甚至拒绝艰苦的致良知工夫,进而在现实生活中放任自流,践踏儒家名教纲常。罗洪先因此严厉批评良知现成说。但对于王畿而

---

① 《罗洪先集·松原志晤》。
② 顾宪成:《小心斋札记》卷十一。

言,捍卫阳明学理论的尊严具有压倒一切的重要性,虽然不否认致良知工夫的重要的,但他绝对不容否定哪怕模糊良知是一种人人都具有的"廓然大公"的本体存在这一阳明学基本原理。王畿强调说:

> 先师提掇良知,乃虞廷所谓道心之微,一念灵明,无内外,无寂感。吾人不昧此一念灵明,便是致知。随事随物不昧此一念灵明,便是格物。良知是虚,格物是实。虚实相生,天则乃见。盖良知原是无知而无不知,原无一物,方能类万物之情。或以良知尽妙义,于良知上搀入无知意见,便是异学。或以良知不足以尽天下之变,必加见闻知识补益而助发之,便是俗学。吾人今日致知工夫不得力,第一意见为害。这意见是良知之贼,卜度成悟,明体宛然,便认以为良知。若信得良知过时,意即良知之流行,见即是良知之照察,彻内彻外,原无壅滞,原无帮补,所谓"丹府一粒,点铁成金",若认意见以为实际,不知本来灵觉生机,封闭愈密,不得出头,便是认贼作子。此是学术毫厘之辨,不可不察也。①

王畿的说法显然完全符合阳明学的基本原理。在王阳明那里,良知"人人自有,个个圆成"②"良知只是一个,随他发见流行处当下具足,更无去求,不须假借。"③王阳明指出,所谓致良知就是使每个人都拥有的良知本体发用流行。他说:"吾辈致知,只是各随分限所及。今日良知见在如此,只随今日所知,扩充到底,明日良知又有开悟,便从今日所知扩充到底。如此方是精一功夫。"④这就是说,具体致良知工夫的极大重要性。但王畿反复强调良知本体的意义,强调所谓致良知就是体悟到良知本体。"吾人不昧此一念灵明,便是致知。""吾人心中一点灵明,便是真种子。"⑤从逻辑上说,王畿此说显然是合理的——他强调的是人必须时时刻刻保持良知本体的精明,不能把良知与情识意见混淆起来。从学术角度而言,这固然是"学术毫厘之辨,不可不察",但如果没有对具体致良知工夫的强调,那么,这种纯粹的学术之辨,离具体的现实未免远了一些。对于致力于探寻致良知工夫的罗洪先而言,那是无法接受的。

---

① 《罗洪先集·夏游记》。
② 《王阳明全集·传习录·上》。
③ 《王阳明全集·传习录·中》。
④ 《王阳明全集·传习录·下》。
⑤ 《王畿集·留都会纪》。

在王阳明那里,本体与工夫是合一的,但经验告诉人们,本体显然并不等于工夫。对于罗洪先而言,简单地强调所谓致良知工夫就是体悟良知本体没有什么意义,问题的关键在于如何在现实生活中把握良知本体,使良知发用流行。在罗洪先看来,所谓致良知工夫,实际上就是破除人们的物欲,因为正是物欲蒙蔽了人的良知,彻底根除了物欲,良知自然显现。良知本体的发用流行,说到底是无欲的结果。进而言之,根除了物欲,良知本体完全发用流行,即达到了圣人的精神境界。罗洪先认为,这才是问题的根本所在,人们在日常生活实践中致良知必须从根本做起,从源头抓起。他强调,"千古圣贤汲汲诱引,只是要人从见在寻源头。"①"凡去私欲,须于发根处破除始得。私欲之起,必有由来,皆缘自己原有贪好,原有计算,此处漫过,一时洁净,不过潜伏,且恐阴为之培植矣。"但这一说法遭到钱德洪和王畿一致反对,认为这违背了阳明学的基本原理。罗洪先所谓根除物欲的工夫,其实不是致良知工夫,这种零碎的工夫并不管用,因为日常生活中可能产生物欲的地方太多了,致良知只能是从整体上把握。钱德洪称,"此件工夫零碎,但依良知运用,安事破除?"王畿也认为,"念庵每欲破除私欲,但又似在破除上寻一道理,拈一物放一物,终非了手。须更勉之。"②也就是说,在他们看来,把握好良知本体,让良知自然发用流行就行了,何必执着于具体的"破除"呢?

钱德洪和王畿的说法当然有其道理。问题在于,如果说致良知就是消除蒙蔽良知本体的物欲的话,那就只能在日常生活实践中从一点一滴做起。王阳明就曾强调过,致良知必须有"省察克治之功,则无时而可间。如去盗贼,须有个扫除廓清之意,无事时将好色、好货、好名等私,逐一追究搜寻出来,定要拔除病根,永不复起,方始为快……到得无私可克,自有端拱时在"。③ 这显然不能说是"拈一物放一物",而是致良知的方法途径。但是,罗洪先发现,在日常生活实践中从一点一滴地消除具体的物欲,的确难以达到使良知本体发用流行的境界。也就是说,很难将良知本体和致良知工夫统一起来——实际上这正是阳明学难以克服的内在矛盾。他致信王畿说:"本体与工夫,固当合一,原头与见在,终难尽同。弟平日持原头本体之见解,遂一任知觉之流行,而于见在工夫之持行,不

---

① 《罗洪先集·甲寅夏游记》。
② 以上均见《罗洪先集·夏游记》。
③ 《王阳明全集·传习录·上》。

识渊寂之归宿,是以终身转换,卒无所成。"①

无论如何,在罗洪先看来,把握良知本体固然是重要的,但关键还在于日常生活实践中的致良知工夫。"凡吾之言学,未有不笃于躬行者。"②他认为,王阳明的良知说,关键在于致良知的"致"字,没有"致",良知本体不可能自动发用流行,这正是笃行的关键所在:

> 阳明拈出良知,上面添一致字,便是扩养之意。良知良字,乃是发而中节之和。其所以良者,要非思为可及,所谓不虑而知,正提出本来头面也。今却尽以知觉发用处为良知,至又易致字为依字,则是只有发用无生聚矣。……是故必有未发之中,方有发而中节之和;必有廓然大公,方有物来顺应之感。平日作文字,只谩说过去,更不知未发与廓然处何在,如何用功?诚鹘突半生也。真扩养得,便是集义,自浩然不夺于外,此非一朝一夕可得。然一朝一夕,亦便小小有验,但不足放乎四海。譬之操舟,舵不应手,不免横撑、直驾,终是费力。时时培此,却是最密地也。③

在罗洪先看来,王畿对良知本体的强调,尤其是反复强调良知"当下俱足",学理上也许可以成立,但很容易给人以致良知不需要艰苦修养的印象,这就必然会造成严重后果。为了论述的完整性,我们不嫌累赘,再次引用前面已经引述过的罗洪先对王畿的严厉批评:

> (阳明)先生又曰:"良知是未发之中,寂然大公之本体,便自能感而遂通,便自能物来顺应",又曰:"当知未发之中,常人也未能皆有。"岂非以良知之发,为未泯之善端,未发之中,当因学而后致?盖必常定常静,然后可谓之中。则凡致知者,亦必其所未泯,而益充其所未至,然后可以为诚意,固未尝以一端之善,为圣人之极则也。……以其然之诚,素根于中,故一念之知暂行于外,虽其斫丧之极,亦有不可得而灭息者。此君子所以谨其幽独,不敢以自欺也。夫以小人之尤,而其良知犹有存者若此,而况于常人乎哉?此先生所以吃紧为人耳提面命也。……故谓良知为端绪之发见,可

---

① 《罗洪先集·答王龙溪》。
② 《罗洪先集·正学书院记》。
③ 《罗洪先集·寄尹道舆》。

也,未可即谓时时能为吾心之主宰也。知此良知,思以致之,可也,不容以言语解悟遂谓之为自得也。……已而忽曰'若信得良知过时,意即是良知之流行,见即是良知之照察,彻内彻外,原无壅滞,原无帮补,所谓丹府一粒,点铁成金",又若恐人不知良知之妙,当下俱足,而速之悟入者。何其讽未一,而劝者百也。……夫以利欲之盘固,遏之犹恐弗止矣,而欲从其知之所发,以为心体;以血气之浮扬,敛之犹恐弗定也,而欲任其意之所行,以为工夫。畏难苟安者,取便于易从,见小欲速者,坚主于自信。夫注念反观,孰无少觉?因言发虑,理亦昭然。不息之真,既未尽亡;先入之言,又有可据。日滋日甚,日移日远,将无有以存心为拘迫,以改过为粘缀,以取善为比拟,以尽伦为矫饰者乎!而其灭裂恣肆者,又从而祷张簧鼓之,使天下之人,遂至于荡然而无归,悍然而不顾,则其陷溺之浅深,吾不知于俗学何如也!①

应当说,罗洪先对王畿的指责有点过分。王畿何尝不知道忽略甚至于拒绝致良知工夫可能产生的严重后果,他又何会拒绝日常生活实践中的致良知工夫。实际上,王畿完全理解罗洪先的担忧和良苦用心,对罗洪先对致良知工夫的强调深表理解和赞赏。他指出:"世之谈学者,其言曰:无事袭取之劳,而爽然以为固有,不假纤毫之力,而充然以为天成。念庵子惧其伤于易也,倏忽变化,将至于荡无所归,故为收摄保聚之说以救之。"②不过,王畿也认为,罗洪先的收摄保聚说固然有价值,但说到底也只能说只是一种权宜之计,因为它违背了阳明学的基本原理,"将以救病,非言学也。"③的确,按照罗洪先的说法,"良知非万死工夫,断不能生也,不是现成可得",那就意味着,良知未必是一种先天的至善存在,而更多可能是后天造化的产物——至少会给人们这么一个印象,这就与阳明学的基本原理完全背离。

因此,王畿不得不反复申述阳明学的原则立场:"虽然良知在人,百姓之日用,同于圣人之诚能,原不容以人为加损而后全。乞人与行道之人,怵惕羞恶之形,乃其天机之神应,原无俟于收摄保聚而后有。此圣学之脉也。"④既是"圣学

---

① 《罗洪先集·夏游记》。
② 《王畿集·致知难易解》。
③ 《罗洪先集·良知辨》。
④ 《王畿集·致知难易解》。

之脉",自然不容置辩。不能因为人们把良知看得太浅,把致良知工夫看得太容易,就质疑良知本体的存在,就质疑良知"人人自有,个个圆成"这一基本原理,"吾人不能神应,不可持以病良知。"①

王畿完全理解罗洪先,但他认为,特别强调致良知工夫的重要性未尝不可,但从理论上说,罗洪先的这一观点的确存在严重问题。他说:"念庵谓:'世间无有见成良知,非万死工夫,断不能生。'以此较勘虚见附和之辈,未为不可。若必以见在良知与尧、舜不同,必待工夫修证而后可得,则未免矫枉之过。曾谓昭昭之天与广大之天有差别否?"②然而,对于罗洪先而言,阳明学既然是圣学,即自然能够而且应当能够指导每一个人追求成仁成圣,自然而然地遵守儒家名教纲常,实现天下太平,而绝不应当出现以圣学的名义骄恣放纵的现象。如果不能有效地指导人们存天理,灭人欲,必然是人们对圣学的认识和理解出了问题。具体地说,就是人们一味玄想良知本体,而完全忽视了王阳明所反复强调的致良知工夫。他致函王畿说:

> 终日谈本体,不说工夫,才拈工夫,便指为外道,此等处,恐使阳明先生复生,亦当攒眉也。千古圣贤,兢兢业业,所言何事?初学下手,便说了手事,惟恐为工夫束缚。今住静者谁欤?不受动应牵扰者谁欤?往往闻用功话,辄生诧讶,相沿成习,更无止泊。③

应当说,基于阳明学基本理论,王畿和罗洪先观点虽然不同,甚至在表面上存在很大冲突,但他们显然都有其道理。王畿对良知本体的强调,是在捍卫阳明学的基本原理和尊严,从逻辑上说,如果拒绝承认良知本体"当下俱足"的话,阳明学的理论大厦就有坍塌的危险。正因为如此,黄宗羲强调,"象山之后不能无慈湖,文成之后不能无龙溪。以为学术之盛衰因之,慈湖决象山之澜,而先生疏河导源,于文成之学,固多所发明也。"④反过来,罗洪先的批评也不是无的放矢。一方面,良知学作为圣学,自然应当而且必须成为人们追求圣人的精神境界,自然而然地与儒家名教纲常保持一致,怎么能够以圣学的名义骄恣放纵,肆

---

① 《罗洪先集·良知辨》。
② 《王畿集·松原晤语》。
③ 《罗洪先集·寄王龙溪》。
④ 《明儒学案·浙中王门学案·王畿传》。

意践踏儒家名教纲常呢？如果说王畿捍卫了阳明学的基本原理和尊严,提高了阳明学的理论水平,那么,罗洪先对王畿的严厉批评则是为了捍卫阳明学的基本宗旨和实践价值。正因为如此,拒不承认自己是阳明弟子的罗洪先获得人们高度评价,黄宗羲称:"天下学者,亦遂因先生之言,而后得阳明之真。其哓哓以师说鼓动天下者,反不与焉。"①

当然,按照罗洪先的说法,假如说一些人以圣学的名义骄恣放纵,肆意践踏名教纲常是良知现成说导致的话,那么反过来也可以说,罗洪先的收摄保聚说,尤其是仁体说,难道不会导致人们寂然无为,从而无法承担对国家和社会的责任和义务吗？邹元标称赞他"遁世无闷,半生作苦林泉者,真有寝不安枕,食不下咽意,故大节细行,光昭日月海宇"。②"遁世无闷"难道没有放弃对国家和社会的责任和义务的嫌疑吗？罗洪先本人自然并不这么认为。事实上,罗洪先也确实没有寂然无为,没有放弃对和社会的责任和义务。1562年,因罗洪先长期足不出户,人们"皆疑其或偏于枯静",王畿决定专程前往其居所拜访罗洪先,"至则见其身任均役之事,日与闾役之人执册布算,交涉纷纷,其门如市,耐烦忘倦,略无一毫厌动之意。……自谓终日纷纷,未尝敢憎厌,未尝敢执着,未尝敢放纵,未尝敢亵侮。自朝至暮,惟恐一人不得其所。是心康济天下可也,尚何枯静之足虑乎？"③王畿感佩不已。

也就是说,尽管罗洪先的"仁体"说看起来与佛教禅宗的"明心见性"说有很大的相似之处,尽管罗洪先长期足不出户,习静修养,看起来佛道的修行一样,但他的入世情怀始终未变,始终热心于家国天下事,始终强调对家国天下事的担当。换言之,尽管罗洪先对释老均有深入研究,并且明显从中获取了大量养料,但他即便是足不出户,习静修养,也没有像释老那样消极避世。他不仅热心于家乡的赋税体制改革,并且"考图观史,自天文、地志、礼乐、典章、河渠、边塞、战阵攻守,下逮阴阳、算数,靡不精究。至人才、吏事、国计、民情,悉加意谘访。曰：'苟当其任,皆吾事也'"。④ 罗洪先反复强调,自己是在捍卫"正学"。所谓"正学",就是孔孟儒家的正统思想学说,具体地说,就是教育和引导人们在生活实践中严格儒家名教纲常,承担起对国家和社会的责任和义务。凡与此背

---

① 《明儒学案·罗洪先传》。
② 邹元标《愿学集·石莲洞全集序》。
③ 《王畿集·松原晤语》。
④ 《明史·罗洪先传》。

离的,便属于异端。他解释说:

> 夫名以"正学"者,所以别其学为圣贤,不杂于他道云尔。……夫圣贤之学,何学哉? 求以复吾之心耳。以吾心之能应也,而遇之为君臣、父子、兄弟、朋友焉,于是有五伦之交。以吾心之能应,常不违其本体之则也,而形之为亲、义、序、别、信焉,于是有明伦之实。即五伦之交,而善吾酬酢变化之用,必博学以竭其才;即明伦之实,而敦吾主宰静定之本,必约礼以立其大。此圣贤之学所以周遍而不涉于流荡,清深而不失高虚,皆所以笃躬行,而非以空谈相诱长其知见而已也。传此者谓之六经,言此者谓之课试,而尽此者谓之贤才,其不出于此者皆他道也,非吾圣贤之正也。①

罗洪先指出,儒学尤其是阳明学才是"正学",而佛教、道教本质上属于异端。尤其佛教,"弃伦理,遗事物",拒不承担对国家和社会的责任和义务,因而危害性极大。他说:

> 儒者指释氏,莫不曰异端,异端。及考其故,则弃伦理,遗事物二者,其大也。夫圣人立中国生民之命,设名教以绝祸乱之源,莫大于明物而察伦。而释氏顾遗弃之,其相去不啻南北之背驰,岂俟圣人而后见哉!②

罗洪先指出,一些人口头上将佛教称为异端,但实际上并没有与佛教划清界限,而是认为可以"兼收而不害",是因为他们"乐其简易直截,即其情所便安,外虽依托名教,而风实决裂以从己"。罗洪先认为,佛教之所以会"弃伦理,遗事物",是因为它被生死问题所困扰。他说:

> 夫生死者,生人之所必有,圣人不以为病,而不为生死所拘,故能与世同好恶。而为佛之说者,首欲脱之。惟其首欲脱之,不见所谓生与死也,纵横善变,不可穷诘,若超无始而睹鸿濛。为吾儒者,习而不察,既不能远有窥以破其蔽,而高明善悟骤闻其妙……③

---

① 《罗洪先集·正学书院记》。
② 《罗洪先集·异端论上》。
③ 《罗洪先集·异端论上》。

罗洪先指出,佛教的本质是自私的,而儒家则追求天下为公,强调对国家和社会的责任。"彼其下陋尘世,名为'五浊',而赞自性本觉,圆融净妙,至为希有。故其言曰:'上天下地,惟吾独尊。'……善乎先儒之言曰:'儒为大公,佛为自私。'夫自私者,非物累也,谓其不能同人,而处己诚太高也。又曰:'佛氏无实。'夫无实者,非谓言之为诞也,不益于实用也。"①

总而言之,罗洪先作为一名杰出的儒家学者,一生追求成仁成圣,他在始终把修心放在首位的同时,特别重视承担起对国家和社会的责任和义务,追求实现修身、齐家、治国、平天下的理想。他经过认真的探索思考,最后认定阳明学为圣学,相信阳明学能够为其存天理,灭人欲,达到圣人精神境界提供正确有效的指导。为此,他深入研究阳明学,提出了收摄保聚说和仁体说,但拒绝视阳明学为教条。他一方面强调主静无欲,另一方面强调日常生活实践中道德修养即致良知工夫的重要性,强调担起对国家和社会的责任义务的重要性。在阳明后学"流弊错出"的情况下,罗洪先奋起批判良知现成说,"天下学者,亦遂因先生之言,而后得阳明之真。"②作为一名非阳明弟子,罗洪先取得这样的成就,获得如此高度的评价,是意味深长的。

---

① 《罗洪先集・异端论中》。
② 《明儒学案・罗洪先传》。

第八章　刘文敏　刘邦采论

第一节　刘文敏简论

从本章开始,我们开始简要探讨江右王门学派其他六位代表人物,即刘文敏、刘邦采、王时槐、万廷言、胡直、邹元标等人学术思想理论。我们之所以只作简要探讨,自然可以说是受限于自己的学识,但我们确实有理由认为,在江右王门学派中,这六个人的地位、影响和贡献的确比不上邹守益、欧阳德、聂豹和罗洪先等"江右王学四贤"。

在上述六位学者中,刘文敏和刘邦采是江右王门学派第一代传人。作为吉安地区较早接受阳明心学并正式师从王阳明的学者,他们首先在吉安地区创办了阳明学讲会,即安福惜阴会,对阳明学在吉安地区的传播起到了极其重要的作用,为吉安成为全国阳明学重镇奠定了基础。聂豹指出,"惟阳明之学盛行于江右,而莫盛于安福,安福惟三舍刘氏为独盛。予友两峰子,与其族彦如狮泉(刘邦采)别驾、梅园(刘晓)县令,号称三杰,为一家一邑之倡,厥功懋矣。"[1]他们还都出于安福著名望族三舍刘氏宗族,为从兄弟关系(刘文敏比刘邦采长两岁),本章简要探讨他们的学术思想。

学术界关注更多的是刘邦采而不是刘文敏,主要是因为刘邦采提出了"性命兼修"这一颇具特色的理论主张,而刘文敏的学术思想看起来并没有什么显著的特色。几乎所有的讨论江右王门学派的论著都会提到刘文敏,但专门研究刘文敏的论著非常少见。但在黄宗羲看来,刘文敏的地位与邹守益、聂豹、罗洪先相同,是江右王门学派中传承阳明真精神的代表人物。他说:"姚江之学,惟

---

[1] 《聂豹集·两峰刘公七十寿序》。

江右为得其传,东廓、念庵、两峰、双江其选也。"①由于刘文敏"一闻正学,即弃去不复应试,布袍蔬食,韬光晦景,没齿不求人知"。故其政治社会较低,只是一介布衣,但人品和学术地位却受到尊崇。江右王门学派的第二代领袖人物王时槐、陈嘉谟等人即出于其门下。王时槐说,"三舍之刘,在邑为巨姓,所居东南,有两山屹立并峙。学者既瞻望先生素养之高不可及,以两山之秀而特起也,足以配先生之德,遂称之曰两峰先生云。"由于受到尊崇,刘文敏去世后,江西学政专门通令,"刘某力探圣域,倡明正学,令所司具粟帛羊豕,往佐其丧。诸博士弟子,其议所以应祀典者,列状以上,吾将俎豆之,以风末进。"②

在同时代的江右王门学派著名学者中,刘文敏与聂豹的关系最为密切,聂豹邀请刘文敏到永丰开馆授徒,1547年聂豹被捕时,刘文敏为其打理各种事务,"行李诸凡,皆其经理"。③黄宗羲称,刘文敏"与双江相视莫逆,故人谓双江得先生而不伤孤另者,非虚言也"。④实际上,刘文敏的学术思想与聂豹虽有某些契合之处,但区别甚大,聂豹也认为,"其持论与予不相入者,二十年。"⑤

聂豹说:"两峰笃信阳明,如七十子之服孔子。"⑥据记载,刘文敏"自幼朴实,不知世有机械事"。年轻时和刘邦采一起学习,两人都立志成为圣贤,"思所以立于天地间者",为此甚至焦虑到半夜不能入睡,而对科举考试则不大感兴趣。在读到王阳明的《传习录》后,即确信阳明学是圣学,可以指导人进入圣人的精神境界,但在认真研究体味之后,刘文敏觉得自己"动静未融",认为必须亲身拜师王阳明才行。刘文敏因此和族人刘邦采等人一起,前往浙江拜师王阳明。此后,他"一以致良知为鹄,操存克治,瞬息不少懈"⑦,成为阳明学的坚定追随者和传播者,为此甚至拒绝继续参加科举考试,以至于一生未入仕。聂豹的弟子徐阶督学江西时,因其巨大的名声,试图请他出仕,但被刘文敏婉言谢绝。

黄宗羲称刘文敏准确地传承了阳明学的真精神,主要是因为刘文敏从良知本体和致良知工夫两方面准确地理解了阳明精神,并且严格地以阳明指导自己

---

① 《明儒学案·江右王门学案》前言。
② 《王时槐集·友庆堂合稿·两峰刘先生志铭》。
③ 《聂豹集·两峰刘公七十寿序》。
④ 《明儒学案·江右王门学案·刘文敏传》。
⑤ 《聂豹集·两峰刘公七十寿序》。
⑥ 《聂豹集·两峰刘公七十寿序》。
⑦ 《明儒学案·江右王门学案·刘文敏传》。

的日常生活实践,努力使自己达到圣人的精神境界。在学术思想理论方面,刘文敏关注的并不是阳明学理论上的正确性,而是强调如何以阳明精神为指导,达到圣人的精神境界。在刘文敏看来,问题的关键在于使良知本体发用流行,也就是本体与工夫的合一,"主宰即流行之主宰,流行即主宰之流行。"①刘文敏认为,这才是阳明学致良知的宗旨所在。

正如我们前面所指出的那样,王阳明一方面强调良知本体"人人自有,个个圆成",②同时又竭力强调致良知工夫的极大重要性,强调每个人必须在日常生活实践中念念不忘存天理,灭人欲,不要让自己的良知昏蔽。如果本体良知昏蔽了,一切都没有意义,因此,本体与工夫必须合一,所谓致良知工夫,无非就是使良知本体在具体的日常生活实践中发用流行。由于良知本体是一种形而上的存在,而工夫却是一种日常生活实践,无论在理论上进行论证还是在生活中践行要做到两者合一都殊为不易——简直是不可能。罗洪先曾为此感到非常困惑。王畿强调良知现成,即良知本体"人人自有,个个圆成",但被罗洪先认为他忽视了工夫的极端重要性,必然造成严重后果,因而遭到聂豹和罗洪先等人的严厉批判。毫无疑问,无论是对良知本体的深入研究,还是对致良知工夫的深入探讨,都是对阳明学传播和发展的积极贡献,但对本体与工夫合一的研究和实践,才是对阳明精神的最大捍卫和传承。黄宗羲之所以强调刘文敏准确地传承了阳明学的真精神,正是在于他对良知本体与致良知工夫合一的理论论证和亲身实践。

在良知本体方面,与王阳明一样,刘文敏也认为,"心"就其本质而言,并不是某种具体现象的存在,而是一种超越于万事万物,又能够感应天下万事万物的存在,因而只能是一种虚寂的存在。他说:"吾心之体,本止本寂,参之以意念,饰之以道理,侑之以闻见,遂以感通为心之体,而不知吾心虽千酬万应、纷纭变化之无已,而其体本自常止常寂。""心"作为一种超越性的存在,是天地万物存在的基础和依据,"天地万物生于虚,而虚亦非出于天地万物之外。""人之心,天之一也,俯仰两间,左右民物,其感应之形着,因时顺变,以行其典礼者,虽千变万化,不可穷诘,孰非吾之一之所运耶?"既然"心"的本质是一种虚寂的存在,因此,所谓致知自然就是致虚,他给弟子王时槐等人的遗训是,"知体本虚,虚乃生生。虚者天地万物之源也,吾道以虚为宗,汝曹念哉!与后学言,即涂辙不

---

① 《明儒学案·江右王门学案·刘文敏论学要语》,以下引用刘文敏的话,非特别注明,均引自此。
② 《王阳明全集·传习录·上》。

一,慎勿违吾宗,可耳。"①

但刘文敏并没有像聂豹那样走向归寂主静。在他看来,"心"的"已发"与"未发","寂"与"感"是密不可分,浑然一体的,"发与未发本无二致",绝不能割裂之,否则即会割裂本体与工夫的一致性,而本体与工夫毋庸置疑必须是一致的。因此,所谓"致虚",并不是在归寂,而是要努力使心或者说良知本体不受物欲的干扰和蒙蔽,真正让"心"作主宰。刘文敏强调,"主宰即流行之主宰,流行即主宰之流行",这正是达到圣人精神境界的基础和表现。

刘文敏指出,所谓的天理,即儒家名教纲常,都自然地存在于良知本体之中。"有物有则,则者天然自有之中也。随感而通,天则流行,纤毫智力无所安排,则良知益着益察,虚灵洞达,竭尽而无遗矣。"世界只能存在于人的心中,良知的发用流行自然能够观照万事万物,刘文敏说:

> 用因万事万物而显,真体非因万事万物而有,是故体物而不可遗,体事而无不在。日与斯世酬酢,变通不穷,而吾之真体未尝起灭加损也。虽无起灭加损,而天下之道,无不原于此。知此者谓之知性,知性则吾无始,功利气习日昭晰而无所藏伏。学此者谓之学道,学道则吾无始,功利气习日融化而未尝复行。如此方是戒慎恐惧朴实工夫,所谓动静无间,体用一原,庶乎会通之矣。

刘文敏强调,"良知能开天下之物,能成天下之务",致良知的关键在于参透良知本体,使良知发用流行,由此必然实现了格物、致知、正心诚意,同时也必然能够实现齐家治国平天下的目标。刘文敏称,这充分体现了儒家与佛教老庄的区别,体现了儒家超越佛教老庄的巨大优越性:

> 心意知物,即不不闻之体;格致诚正,即不不闻之功。了此便达天德,便是齐家治国平天下,而与佛老异。盖吾儒齐治均平,动塞宇宙,而格致诚正,无所加也,虽穷约终身,一行未见,而心意知物,无所损也,故佛老之无思议、无善恶、超入精微者,吾儒皆足以贯之,而格致诚正便了。齐治平者,佛老未之逮也。

---

① 《王时槐集·友庆堂合稿·两峰刘先生志铭》。

刘文敏指出,所谓良知,其实就是心的本然存在:

> 本然者,良知也。于此就业存存,乃所谓致良知也。良知能开天下之物,能成天下之务,所谓莫显莫见也。致知之功,能一动静,有事无事,一以贯之,则一时虽未成章,夫固成章之渐也。一时虽未凝然不动,夫固凝然不动之基也。盖学问头脑,既当自将日新不已,舍此而别趋路径,皆安排意必也。

与王阳明一样,刘文敏也认为,从本质上说,格物和致知确实是一回事,戒惧和慎独也是一回事,都是良知的发用流行。如果将格物和致知视为两回事,那就意味着"心"和"理"分裂开来,违背了"心外无物""心外无理"的基本原则。他说:

> 格致非判然两事,盖事事物物,殊涂百虑,初不外于吾心之良知,故万物皆备于我。若以物为外,是析心与理为二,将以何者为备于我乎?是故致吾心是是非非、善善恶恶之良知于事事物物之间,而莫非顺帝之则,是之谓物格知致。

说格物和致知是一回事,这显然与"大学之教"不同,因为根据《大学》,"致知在格物",也就是说,应当在"格物"的基础上"致知",两者显然有所区别,但基于"心外无物"的心学基本原则,则可以把格物和致知视为一回事。

在刘文敏看来,由于"心"的"发"与"未发"是浑然一体的,因此,致良知的关键在于参透良知本体,他说:

> 发与未发本无二致,戒惧慎独本无二事。若云未发不足以兼已发,而致中之外,别有一段致和之功,是不知顺其自然之体加损焉。所谓"以学而能,以虑而知",无忌惮以乱天之定命也。先师云:"心体上着不得一念留滞,能悟本体,即是功夫。"人己内外一齐俱透。

因为良知正是心的本然存在,因此,要参透良知本体,首先必须习静,在安静中拒绝外部事物对良知本体的蒙蔽,这不仅是参透良知本体的必要条件,也是人获取真正智慧的重要途径。"嘿坐澄心,反观内照,庶几外好日少,知慧日着,生理亦生生不已,所谓集义也。"①但是,习静只是致良知的必要条件而非充分条件,问题的关键在于致良知工夫落到实处,使良知本体在日常生活实践中发用流行,所以关键在于"致"。"圣贤千言万语,皆从致字上发挥工夫条理"。没有"致",包括习静在内的一切都没有意义。

正因为如此,刘文敏不赞成聂豹的归寂说,他认为,"吾性本自常生,本自常止。往来起伏,非常生也,专寂凝固,非常止也。生而不逐,是谓常止,止而不住,是谓常生。无住无放,常感常寂,纤毫人力不与焉,是谓天然自有之则。故生生之谓易,而仁敬慈孝信之皆止者,圣德也,顺乎其性者也。"这就是说,在刘文敏那里,"静"绝不能简单地视为是一种摒弃外部世界干扰的不闻不睹的生理状态,而是一种精神境界,是一种达到天人合一的境界。在这种境界中,人其实与天下万事万物自然地融为一体,人也自然地实现了精神的自由,达到了圣人的精神境界。刻意归寂,必然割裂本体与工夫。他说:

> 学以静入,亦以静病云者,似涉静景,而非为物不贰,生物不测之体之静也。盖吾心之体,本不可须臾离,无人我远近古今。于此透悟,便可与天地同量,尧、舜为徒。所谓"曲肱饮水,金革百万,乐在其中,饭糗茹草,有天下而不与",此皆性体之自然,未尝致纤毫之力,乃天下之至静也。是故烟云泉石,案牍琐屑,外境虽异,而吾良知之运无更局,乃可谓夫焉有所倚也。

王阳明也强调参透良知本体的重要性,但王阳明指出,这是一般人做不到的,一般人只能通过艰苦的致良知工夫,在日常生活实践中念念不忘存天理,灭人欲。由于良知本体与良知工夫之间存在着一条难以逾越的鸿沟,王阳明的说法毋宁是,理论上应当通过参透良知本体使良知自然发用流行,但一般人实际上很难做到,只能退而求其次,通过在日常生活实践中念念不忘存天理,灭人欲,这必然或者说自然而然使得良知本体发用流行,这样便可以逾越本体与工夫之间的鸿沟。刘文敏则否认这条鸿沟的存在,他认为本体与工夫本来就是一回事,而且人完全能够在日常生活实践中参透良知本体,良知本体自然发用流行。

---

① 《明儒学案·江右王门学案·刘文敏传》。

在刘文敏看来,由于良知本体是一种超越性的存在,因此,致良知,或者说达到圣人精神境界的关键就在于在日常生活实践中超越而不是拘泥于纷繁复杂的社会现象本身,涵养良知本体,明白"知无起灭,物无去来,虽拟言议动,同归于成,变化复其不闻之体"这一基本原理,立足于现实,同时又不拘泥于现实,拒绝现实世界中的各种名利的诱惑。他指出,人们之所以难以在日常生活中参透良知本体,正是由于人们容易拘泥于纷繁复杂的现象本身,不能从纷繁复杂的世界中超脱出来。刘文敏说:

> 学术同异,皆起于意根未离,尚落气质,故意必固我皆所以害我。若中涵太虚、顺吾自然之条理,则易简理得,时措适宜,往圣精神心术,皆潜孚而默会之。
>
> 上天之载,以无声无臭为至;君子之学,以不闻为功。知体常虚,则真明常止,千念万念,总是无念。生生化化,自协天则,故先天而天弗违,后天而奉天时。

刘文敏指出,人如果拘泥于纷繁复杂的现象本身,计较于一事一物,那必然离良知本体越来越远。然而,人不能脱离现实世界,必须生活中现实世界之中,必须切实承担起对社会的责任和义务。他强调,人在面对纷繁复杂现实世界的时候,关键在于让"心"作主宰,一切让心作主。"事上用功,虽愈于事上讲求道理,均之无益于得也。涵养本原,愈精愈一,愈一愈精,始是心事合一。"他指出,"圣学不离于言行,而亦岂着于言行?不外于事物,而亦岂泥于事物?以为学,故曰:'性无内外,学无内外。'"毕竟,人才是万物之主,人心才是万物的主宰,世界的意义只能存在于人的心中,"凡器不可互用,局于形也。人为万物之主,心为万物之灵,常存此心,性灵日着,则万物之命自我立矣。"

然而,在日常生活实践中,人们确实很容易沉溺于计较一事一物,意气用事,因而必然会造成严重后果,"不识万化之根源,则自沦于机巧习染之中,一切天下事,作千样万样看,故精神眩惑,终身劳苦。""意根风波,一尘蔽天,豪杰之士,往往为其所误,故学在于致虚,以澄其源。"

刘文敏强调,人必须超越纷繁复杂的社会现实。毕竟,天然自有之则都在人的心中,只有超越纷繁复杂的社会现实,而不是拘泥于一时一事,"心"才能真正地成为主宰。他说:

> 心即所谓把柄也,生化不测,皆把柄中自然之条理,一以贯之,成性存而道义出也。
>
> 圣人养民教民,无一事不至,非为人也,自尽其心,自满其量,不忍小视其身也。

也就是说,超越纷繁复杂的社会现实,不是拘泥于一时一事,便是致良知,实际上也就是"致虚"。刘文敏强调,做人做事,绝不能计较一时的得失毁誉,如果茫然从事,即使一时得利,一时受到赞誉,也是不能接受的。他说:"自信本心,而一切经纶宰制由之,此圣学也。干好事,众皆悦之,求之此心,茫然不知所在,此乡愿之徒,孔子之所恶也。"质而言之,如果让"心"作主宰,一切让心作主,那么,"主宰即流行之主宰,流行即主宰之流行",这样便能够达到本体与工夫的一致。

问题在于,如何才能做到让"心"作主宰,从而超越纷繁复杂的具体生活现实呢?与王阳明一样,刘文敏也强调关键在于立志。"千事万事,只是一事,故古人精神不妄用,惟在志上磨砺。""遇事不放过固好,然须先有一定之志,而后随事随时省察其是此志与否,则步步皆实地,处处皆实事,乃真不放过也。"有了成为圣贤的坚定意志和追求,自然就能够回归良知本体,超越纷繁复杂的现实世界。反过来,如果没有坚定的意志和信心,必然会在日常生活中随波逐流,迷失自己。他说:

> 学者无必为圣人之志,故染逐随时变态,自为障碍。猛省洗涤,直从志上着人一己百、人十己千工夫,则染处渐消,逐时渐寡,渣滓浑化,则主宰即流行之主宰,流行即主宰之流行,安有许多分别疑虑?

当然,与王阳明一样,刘文敏也无法在"心外无物"的基础上证明人立志的动力源泉。

刘文敏也承认,立志成为圣贤,在日常生活实践中使"主宰即流行之主宰,流行即主宰之流行"并不容易,因为人有七情六欲,一般人很容易沉溺于其中。他指出,"友朋中有志者不少,而不能大成者,只缘世情窠臼难超脱耳。须是吾心自作主宰,一切利害荣辱,不能淆吾见而夺吾守,方是希圣之志,始有大成之望也。"所以立志的关键在于正确地把握自己的喜怒哀乐,使其合乎本体良知,合乎人的善良的本性,"喜怒哀乐情也,情之得其正者性也。"这就意味着,必须看透和超越人世间的一切利害荣辱,这才是为学的目标和最高境界,"透利害生死关,方是学之得力处。若风吹草动,便生疑惑,学在何处用?"

刘文敏指出,追求富贵,厌恶贫贱是人之常情,但绝不能违心,蒙蔽本体良知,"欲富贵而恶贫贱,吾独无是情哉!吾性不与物作对,天地之用皆我之用,欲恶不与存焉。"如果违心而计较于一事一物的利害,必然产生严重后果,"究事之利害,而不求心之安否,是以祸乱至于相寻。惟中流砥柱,动必求诸心,以复天地万物一体之量,一切世情,不使得以隐伏,则义精独慎,天下之能事毕矣。"他认为,社会之所以混乱,人心之所以不古,问题就在于人们计较于一事一物的利害,"古人从心体点检,故事事诣其极;今人从支派处照管,虽时有暗合,终不得力。此人才风俗之异于古也。"

刘文敏认为,一些人计较于一事一物,甚至用心计,绝不会有好处。"自沦于机巧习染之中,一切天下事,作千样万样看,故精神眩惑,终身劳苦",进而向佛教和道教寻求所谓的养生之道,这是本末倒置,缘木求鱼。"功利之习,沦肌浃髓,苟非鞭辟近里之学,常见无动之过,则一时感发之明,不足以胜隐微深痼之蔽,故虽高明,率喜顿悟而厌积渐,任超脱而畏检束,谈玄妙而鄙浅近,肆然无忌而犹以为无可无不可,任情恣意,遂以去病为第二义,不知自家身心尚荡然无所归也。"

刘文敏说,人必须养生,要养生,从根本上说只能是养心,也就是致良知,不计较一时的得失毁誉,不拘泥于纷繁复杂的现象本身。"人心本自太和,其不和者,狭隘、颓堕、乖戾、烦恼以为之梗。除却此病,则本心澹,和粹之体复矣。以之养生何有!"他说:

> 引佛、老之言,以证其说,借修炼之术,以秘其养,皆非卓然以圣为归者也。圣学一正百正,一了百了,不落影响,不靠帮助,通变宜民,真性自然流贯。古圣兢兢业业,好古敏求,精神命脉,惟在一处用。几微少忽,即属异端,可不谨乎?

如果计较一时的得失毁誉,必然造成贪求,而贪求是永远得不到满足的。反过来,安分守己,从根本上养心,不仅不会给生活带来困难,反而能够成为顶天立地的大丈夫。刘文敏指出,"知命者士人之素节,吾未见随分自静者,而困乏不能存也;吾未见广于干求,工于贪取者,而有知足之时也。"他特别强调,"大丈夫进可以仕,退可以藏,常绰绰有余裕,则此身常大常贵,而天下之物不足以尚之。不然,则物大我小,小大之相形,而攻取怨尤之念多矣。"

由此,刘文敏从理论上论证了"主宰即流行之主宰,流行即主宰之流行",本体与工夫的合一。由此,刘文敏一方面在肯定了良知本体虚寂的本质的同时,避免了像聂豹那样因过于虚寂而落入禅学的嫌疑,另一方面,他强调日常生活中修养的内容是养心,让心作主宰而不拘泥和计较于一事一物,这既和程朱理学划清了界限,又强调了本体与工夫的一致性。

应当说,刘文敏的"主宰即流行之主宰,流行即主宰之流行"说并无多少独特之处,王畿同样强调,"良知即是主宰,即是流行"[①],不过,王畿更多的是强调良知本体现成,强调只要悟透现成良知本体,良知本体即自然发用流行,而刘文敏更多的是强调工夫,强调在日常生活实践中如何实现"主宰即流行之主宰,流行即主宰之流行",达到本体与工夫的一致的目标。换言之,在刘文敏看来,虽然良知即是主宰,即是流行,但并不自动地发用流行,让"心"作主宰必须有艰苦的修养工夫。正是在这个意义上,刘文敏很好地传承了阳明精神。

当然,刘文敏的论证未必精致,他没有也不可能解决阳明心学的内在矛盾,无法填平良知本体与致良知工夫之间的鸿沟。实际上,刘文敏并不认为阳明心学存在着内在的矛盾,也不认为良知本体与致良知工夫之间存在鸿沟。他只是从心外无物这一基本原理出发,强调"主宰即流行之主宰,流行即主宰之流行"。显然,如果说致良知关键在于让"心"作主宰,不能拘泥于纷繁复杂的现象本身,计较于一事一物,计较于一时的得失毁誉。

从实践的角度看,刘文敏尽管特别强调"开天下之物,能成天下之务",强调治国平天下的责任和使命,但要承担起这种责任和使命,就必须面对纷繁复杂的现象本身,必须在事事物物上计较,而不能师心自用,简单地说超越现实世界。于是我们看到,刘文敏"笃信阳明,如七十子之服孔子",但他拒绝出仕,我们无法想象,拒绝出仕的他如何承担起治国平天下的责任和使命,即便他的"心"再高明,品质再优秀,实际上也无法主宰这个世界。当然,我们并不能因此责备刘文敏,实际上,正如我们前面所指出的,"执内遗外"是宋明理学的共同特

[①] 《王畿集·与狮泉刘子问答》。

点和缺陷。从学术思想史的角度看,刘文敏无疑是得了王阳明的真传,黄宗羲的判断没有错。与此同时,刘文敏的心学思想也体现了江右王门学派的共同特点:万事先修心,日常生活实践中的修养才是最重要的,不能空谈理论,也不能放任所谓的现成良知。

第二节 刘邦采简论

相对于刘文敏而言,人们对刘邦采的关注要多得多,人们普遍认为他的学术思想成就远远超过刘文敏。尽管黄宗羲强调刘文敏传承了阳明学的真精神,但他同样认为刘邦采的影响更大。他曾把刘邦采与王畿、王艮、聂豹并称,认为他们四家的良知学理论在阳明后学中具有代表性。他说:"阳明殁,诸弟子纷纷互讲良知之学,其最盛者山阴王汝中(王畿)、泰州王汝止(王艮)、安福刘君亮(刘邦采)、永丰聂文蔚(聂豹),四家各有疏说,骎骎立为门户,于是海内议者群起。"[①]不过,由于各方面的原因,刘邦采的著述基本散逸,保存下来的很少,这使人们难以对刘邦采的学术思想进行深入研究。我们只能根据黄宗羲的《明儒学案》的相关记载和有关地方史志中保存的一些并不完整的资料对刘邦采的学术思想主张做一番简要探讨。

刘邦采的标志性的理论主张是"性命兼修"。人们普遍认为,这是刘邦采基于良知现成说的广泛流行并造成严重后果而提出的旨在纠偏的理论主张。黄宗羲指出:

> 阳明亡后,学者承袭口吻,浸失其真,以揣摩为妙悟,纵恣为乐地,情爱为仁体,因循为自然,混同为归一,先生怒然忧之。谓"夫人之生,有性有命,性妙于无为,命杂于有质,故必兼修而后可以为学。盖吾心主宰谓之性,性无为者也,故须首出庶物,以立其体。吾心流行谓之命,命有质者也,故须随时运化以致其用。常知不落念,是吾立体之功,常过不成念,是吾致用之功,二者不可相杂。常知常止,而愈常微也。是说也,吾为见在良知所误,极探而得之。"

[①] 《明儒学案·浙中王门学案·胡瀚传》。

黄宗羲还认为,刘邦采提出的"性命兼修"说实际上割裂了本体与工夫,在本质上与程朱理学家们所倡导的"存养""省察"区别不大,在相当程度上违背了阳明学的本体与工夫合一的基本原则。他认为:

> 所谓性命兼修,立体之功,即宋儒之涵养;致用之功,即宋儒之省察。涵养即是致中,省察即是致和。立本致用,特异其名耳。然工夫终是两用,两用则支离,未免有顾彼失此之病,非纯一之学也。总缘认理气为二。造化只有一气流行,流行之不失其则者,即为主宰,非有一物以主宰夫流行,然流行无可用功体,当其不失则者而已矣。①

罗洪先也认为,刘邦采的"性命兼修"说是基于其对良知现成说的严重不满而提出来的。在罗洪先看来,刘邦采强调实际的修养工夫无疑是非常正确的,但其所谓"性命兼修"说明显违背了阳明学本体与功夫一致的基本原理。他说:"狮泉早年,为'见在良知便是全体'所误,故从自心察识立说,学者用功,决当如此。但分主宰、流行两行,工夫却难归一。"②

刘邦采年轻时与从兄刘文敏一起学习,两人都立志成为圣贤,而绝不仅仅是读书做官,他们声称"学在求诸心,科举非吾事也"。所谓"求诸心",毫无疑问是追求圣人的精神境界,而不是通过科举考试做官为政,建功立业。基于"求心"的目标追求,他与刘文敏等人一起前往浙江拜师王阳明。由于深入地研习过《传习录》,刘邦采与王阳明相见甚欢,其拜师过程极为顺利,王阳明称"君亮会得容易"。③ 刘邦采后来成为江右王门学派的重要领袖人物,为研究和传播阳明学作出了重大的贡献,其地位和影响仅次于邹守益等"江右王学四贤"。

显而易见,刘邦采服膺于王阳明的良知说并不是基于其理论魅力,而是认为它能够有效地指导自己"求心",指导人们达到圣人的精神境界。因此,在刘邦采那里,王阳明的良知说只是指导自己成仁成圣的理论依据而不是教条。《明史·刘邦采传》称:

> 守仁之门,从游者恒数百,浙东、江西尤众。善推演师说者,称弘纲、廷

---

① 以上见《明儒学案·江右王门学案·刘邦采传》。
② 《罗洪先集·甲寅夏游记》。
③ 《明儒学案·江右王门学案·刘邦采传》。

仁及钱德洪、王畿,时人语曰:江有何黄,浙有钱王。然守仁之学,传山阴、泰州者,流弊靡有底极,惟江西多实践,安福则刘邦采,新建则魏良政兄弟。①

由于把良知说视为成仁成圣的理论指导而不是教条,因此,刘邦采可以不拘泥于王阳明的具体论述。进而言之,对刘邦采而言,学术理论的探讨本身并非目标。如果在实践中发现有必要从其他方面汲取理论营养,或对王阳明的良知学做出自己的理解和解释,刘邦采是不会有任何障碍的。

对刘邦采而言,阳明学良知一理论毫无疑问是真理,的确能够帮助人们成仁成圣,进入圣人的精神境界,进而实现国治天下平的社会目标。刘邦采说,"圣人之学,心学也。心之灵明不昧者,良知也。"②刘邦采同样认为,心外无物,所谓格物致知,所谓存天理,灭人欲只能是"求诸心",使良知本体发用流行,而不是即物穷理。他指出,良知本体廓然大公,物来顺应,"盖良知之学,行着习察,自昭明德,犹之中天之日,容光必照,万象无遁影,千古作圣之基,惟此一灵根,充周光辉,至于化而不可知,更无帮补,时措于事亲而孝中节焉,时措于事长而弟中节焉,时措于百行无不曲当焉,时发而为言语文字,世为天下法焉。爱亲敬长,乃致良知中之事实条件,所谓致知在格物也。"③正是基于这一认识,刘邦采对程朱理学的格物致说提出了严厉批评。他认为程朱的格物致说简直是以学术杀天下,其危害性不亚于孟子所大力排斥的杨墨。他说:

> 后儒忧劳一生,惟将续圣学之传,以为事事物物莫不有定理,析理不使有毫厘之差,视汉儒犹说梦也,自信其察伦明物得不传之绪矣,不知其所穷之理皆出于比拟想象、仿索安排,所谓因其已知之理,不过因循良知之末光发照而已矣。其于不睹不闻之心体、莫见莫显之性灵,犹说梦也。安得如子莫之着诸事为之实者乎?是其支离分裂,舍心逐外,非惟无救于邪说横流,顾于积薪之突,又从而膏之也,所谓以学术杀天下后世也,岂独罪诸杨墨者哉!④

---

① 《明史·刘邦采传》。
② 王吉:《安成复真书院志·刘狮泉先生语录·朱汝治请书》。
③ 《安成复真书院志·刘狮泉先生语录·复麻城毛瑞东》。
④ 《安成复真书院志·刘狮泉先生语录·简长乐孙明卿秀才》。

刘邦采拜师王阳明的目的是通过"求诸心"而达到圣人的精神境界。也就是说，他的志趣在于实践而不是理论探究，更不是去玄想良知本体这一形而上的存在。但他既以阳明学为圣学，以阳明学作为自己"求诸心"的理论指导，他就必然遇到良知本体和致良知工夫的关系问题。我们知道，在王阳明那里，心外无物，本体与工夫合一，知行合一，只要参透了良知本体，即达到了圣人的精神境界，在日常生活实践中也就会自然而然地与儒家名教纲常保持完全一致。问题是，正如我们前面所反复指出的那样，所谓廓然大公的良知本体本质上是一种超越性的形而上的存在，而无论是念头还是致良知工夫则属于形而下层面的实践经验，两者至少在人们的经验上不可能是一回事，所以罗洪先强烈感受到"本体与工夫，固当合一，原头与见在，终难尽同"。① 如果过于强调良知本体"人人自有，个个圆成"，则有可能相信所谓的现成良知，从而忽略日常生活实践中具体的致良知工夫的重要性，这正是罗洪先等人严厉批评良知现成说的理由。但如果拘泥于纷繁复杂的现实，要求在具体生活实践中判断现实世界中的是与非，善与恶，那就需要有客观的准则，"事事物物莫不有定理"，那正是程朱理学的基本观点，直接否定了"心外无物""心外无理"这一心学的理论基础。

从理论上说，要实践中理解良知本体，实现良知本体与致良知工夫的一致，首先必须在两个至关重要的问题上予以明确理解说明。第一，人世间的恶何来，王阳明声称是外部的物欲蒙蔽了良知才导致邪恶横行，那么，外部的物欲如何能蒙蔽人的本体良知呢？既然心外无物，那物欲与其说是外部的问题，还不如说是人本身的问题。人心本身又如何产生物欲呢？这是必须说明的。我们前面业已指出，王阳明本人实际上无法在逻辑上予以严格证明；第二，既然人人都具有良知，良知不学而知，不虑而能，而人世间又有种种邪恶，那就意味着在日常生活实践中不存在可以简单放任的良知，也就是说，即便人人都有良知，良知也不可能自然直接流行。因此，良知现成说是不可接受的。因此，人们必须有艰苦的致良知工夫。如果不能正确解释现实世界中的是与非，善与恶的存在，那所谓的致良知工夫必然无从展开，也是无的放矢。进一步说，如果没有可操作的具体的致良知工夫，所谓的致良知，只能沦为玄想或空谈。

按照王阳明的观点，是物欲蒙蔽了良知才导致了恶的存在，但王阳明却无

---

① 《罗洪先集·答王龙溪》。

法合乎逻辑地说明物欲如何能够蒙蔽良知本体。他一方面强调心外无物,"身之主宰便是心,心之所发便是意,意之本体便是知,意之所在便是物",①另一方面又强调"无善无恶心之体,有善有恶意之动,知善知恶是良知,为善去恶是格物","意"是由"心"发动所致,那就说明"恶"念也应当是源于"心",然而,这是王阳明本人所绝对不能接受和承认的。正因为如此,王畿认为这"四句教"有问题,只能算是王阳明教人的权宜之计。他为此与钱德洪展开了激烈争论,并向王阳明本人求证,但王阳明并没有直接面对这个问题,只是强调既要重视参透良知,又要重视为善去恶的致良知工夫,也就是说,必须努力做到本体与工夫的统一。刘邦采试图对良知本体和致良知工夫重新做出合理,为此,他对人心和人性的构成进行了深入分析研究。

刘邦采回到《大学》本身,重新研究"大学之道"。他对"心""意""知""物"并作出了自己的解释。刘邦采认为,"心""意""知""物"之间在逻辑上并没有严格的因果关系,有各自的特点和功能,并因此产生着不同的后果。他说:

有感无动,无感无静,心也;常感而通,常应而顺,意也;常往而来,常化而生,物也;常定而明,常运而照,知也。见闻之知,其糟粕也;象着之物,其凝沤也;念虑之意,其流澌也;动静之心,其游尘也。心不失无体之心,则心正矣;意不失无欲之意,则意诚矣;物不失无住之物,则物格矣;知不失无动之知,则知致矣。身、心、意、知、物者,工夫所用之条理;格、致、诚、正、修者,条理所用之工夫。②

基于这一理解,刘邦采认为,人世间的恶正是人在感受世界的过程中产生的。王阳明反复强调,本体即工夫,工夫即本体,但他也承认,要做到本体与工夫合一并不容易,只有上根之人才能够直接参透良知,普通人必须在日常生活实践中践行艰苦的致良知工夫,才能实现本体与工夫的一致。刘邦采则认为,既然只有圣人才能做得到本体与工夫一致,普通人根本做不到,那就意味着,对于普通人而言,如果没有践行艰苦的致良知工夫,本体与工夫就不会一致,也就是说,良知本体并不会自然发用流行。这也就意味着,对于绝大多数人而言,"心的主宰"和"心的流行"有所区别,不会是一回事。他说:

---

① 《王阳明全集·传习录·上》。
② 《明儒学案·江右王门学案·刘师泉易蕴》。

感应从心不从意,圣人之事也。未至于圣,则亦不可无诚意之功。至论主宰,有从乎意见者,有从乎义理者,有从乎义理而未得乎本体发育之学者。从乎意见者,有适有莫,执乎己;从乎义理者,知适知莫,成乎己;从乎本体者,无适无莫,达乎己。执乎己者,病物;成乎己者,公物;达乎己者,仁物。[1]

在刘邦采看来,普通人不是圣人,感受世界的方式和过程各不相同,会产生包括"恶"在内的复杂的结果,因此,要臻于至善,达到圣人的精神境界,首先必须有艰苦的致良知工夫。王阳明称,只有"上根之人"才能直接参透良知,普通人必须在日常生活实践中艰苦修养,努力致良知。那就意味着,"上根之人"和普通人的"心的流行"是不同的。但王阳明并没有直接承认这一点,更没有展开深入探讨,他只是反复强调良知本体"人人自有,个个圆成",[2]强调本体与工夫的一致性。刘邦采认为,必须对心的主宰和心的流行作出区分,他提出,"心之主宰谓之性,心之流行谓之命"。"性"和"命"两者虽然均源于"心",但有各自的特点。

"心""性"和"命"是古典儒学的基本概念。"心"既是一种生理的存在,又是一种道德和文化的存在。从生理的角度而言,"心"可以分为"已发""未发"两种不同状态,从道德和文化的角度而言,"心"可以分为"人心""道心"两种不同的存在。作为一种道德哲学,儒家历来特别强调"心"的重要性,强调"正心""诚意"是道德修养的基础,不过,在心学诞生之前,人们通常并不认为"心"是道德的最高存在。毕竟,所谓最高存在,是一种超越性的形而上的存在,是一切事物存在的基础,而"心"首先是一种经验性的生理性存在。在人们的经验中或人们的普遍认知中,"心"是全部感觉的来源。毫无疑问,修心是道德修养的关键所在,但关于道德的最高存在和本质,儒家经典著作中主要是使用的是"理"、"性"和"命"这样的概念进行描述和讨论。《礼记·中庸》称:"天命之谓性,率性之谓道,修道之谓教。"《易·说卦》云:"穷理尽性以至于命。"程朱理学家都认为,"理"和"性"不仅是道德的本质和最高存在,也是世界的最高存在和本

---

[1] 《明儒学案·江右王门学案·刘师泉易蕴》。
[2] 《王阳明全集·语录一·传习录·上》。

质,其实上是一回事。程颐说,"性即理也,所谓理,性是也。"①他指出,"理也,性也,命也,三者未尝有异。穷理则尽性,尽性则知天命矣。天命犹天道也,以其用而言之则谓之命,命者造化之谓也。"②朱熹认为,"性"和"理"是天地万物存在的基础和依据,它超越了感觉经验的不稳定性,具有绝对完满而稳定的道德性。他说:"盖所谓性,即天地所谓生物之理,所谓维天之命,于穆不已,大哉乾元,万物资始者也。"③"性者,人之所得于天之理也;生者,人之所得于天之气也。性,形而上者也,气形而下者也。"④"心"作为人的生理的和道德文化存在,就其本质而言,是一种"虚灵",即具有超越万事万物的特性;就其现象而言,则既是"理"和"性"的承载者和体现者,又是人的一切信念、情感和行为的源泉。朱熹完全赞成程颐的观点,他说,"程子'性即理也',此说甚好。今且以理言之,毕竟却无形影,只是这一个道理。在人,仁义礼智,性也。"⑤"性,本体也,其用,情也,心则统性情,该动静而为之主宰也。"⑥"理在人心,是谓之性,性如心之田地,充此中虚,莫非是理而已。心是神明之舍,为一身之主宰。性便是许多道理,得之于天而具于心者。"⑦这就是说,每个人的全部的道德信念、道德情感和道德行为源于"心","心"具有极大的重要性。"养心"是存天理、灭人欲的必要条件。

作为古典儒学的基本概念,王阳明同样讨论了"性"和"命"的问题。王阳明也认为,"性即是理",他说,"性是心之体,天是性之原。""心之本体即是性,性即是理。""性一而已。自其形体也,谓之天。主宰也,谓之帝。流行也,谓之命。赋于人也,谓之性。主于身也,谓之心。心之发也,遇父便谓之孝,遇君便谓之忠。"⑧但王阳明强调,"天命之性,具于吾心"⑨"理"、"性"和"命"统一于"心",统一于良知。"理也者,心之条理也。是理也,发之于心则为孝,发之于君则为忠,发之于则为信,千变万化,不可穷竭,而莫非发于吾之一心。"⑩在王阳明

---

① 《二程集》第292页。
② 《二程集》第274页。
③ 《朱文公文集·答李伯谏》。
④ 朱熹《孟子集注·告子章句上》。
⑤ 《朱子语类》第63页。
⑥ 《朱文公文集·孟子纲领》。
⑦ 《朱子语类》卷九十八。
⑧ 《王阳明全集·传习录·上》。
⑨ 《王阳明全集·博约说》。
⑩ 《王阳明全集·书诸阳伯卷》。

看来,虽然在理论分析时候可以区分出"性"和"命",但无论是理论上还是实践中,使用"心"或"良知"之类的概念便完全足够,而且更为简单明白。更进一步说,"理"、"性"和"命"之类的概念的重要性要次于"心"或"良知"的概念,因此,王阳明没有实际上也没有必要对"性"和"命"问题展开更多的讨论。

王阳明认为,程朱所主张的"即物穷理"实际上是离开了人心而言天理,只能是缘木求鱼。这是对程朱的误解甚至是曲解。其实,在程朱那里,尽管即物穷理具有巨大的重要性,但他们始终没有否定"心"的重要性,始终强调"养心"是存天理、灭人欲的必要条件。朱熹指出,"心"作为一种既现实又超越的本体存在,可以感知和包容天地万物,"虚灵,自是心之本体,非我所能虚也,耳目之视听,所以视听者,即其心也,岂有形象!"①他强调,"心犹镜也,但无尘垢之蔽,则本体自明,物来能照。"②只不过,在朱熹看来,天理是一种既内在于"心"又超越"心"的存在,一方面,"性只是理,万理之总名",③朱熹认为:"仁义礼智,性也;恻隐、羞恶、辞让、是非,情也;以仁爱、以义恶、以礼让、以智知,心也。性者,心之理也;情者,心之用也;心者,性、情之主也。"④"性是体,情是用,性情皆出于心,故心能统之。"⑤他强调了内心省察涵养,强调了"居敬""存养"的重要性。因此,就修心而言,人们完全可以在坚持阳明学基本原则立场的基础上,一方面否定程朱理学的格物穷理说,另一方面又吸收借鉴程朱理学中的省察涵养说。

王阳明反复强调他的全部宗旨就在于"致良知"。然而,在阳明后学中,不少人在良知学的旗号下,把良知本体视同为现成良知,从而忽视甚至放弃日常生活实践中艰苦的致良知工夫,刘邦采对此极为反感和忧虑。他不相信所谓的现成良知,一般谨慎地避免使用良知一词。他反复强调,绝不能信任所谓的现成良知,绝不能忽视日常生活实践中艰苦的修行工夫。于是,刘邦采在坚持阳明学基本原则立场的基础上,对"心"的本体和运用进行深入分析研究,他相信,只有这样才能正确地理解王阳明的良知学理论,并将之作为每个人成仁成圣的理论指导。刘邦采认为,必须运用"性"和"命"等概念对"心"进行分析研究,他认为,"心之主宰"和"心之流行"并不是一回事,"性"是"心之主宰","命"则是"心之流行"。

---

① 《朱子语类》第 2217 页,中华书局 1986 年版。
② 《朱文公文集·答王子合》。
③ 《朱子语类》第 2816 页。
④ 《朱文公文集·元亨利贞说》。
⑤ 《朱子语类》第 2513 页。

刘邦采对"性"的理解与王阳明有所不同。在王阳明那里,"心"是根本,"性"是"心"的禀赋,"知是理之灵处,就其主宰说便谓之心,就其禀赋处说便谓之性。"①而在刘邦采那里,"心"之所以能够成为一种超越性的存在,廓然大公,物来顺应,是因为有"性"作为心之主宰。他说,"性之德也,合内外之道也,学者成德之关要也。"②这看起来与程朱理学观点一致,但实际上有所区别。在程朱那里,"性"是根本,"心"只是"理"和"性"的承载者和体现者。而在刘邦采看来,"心"和"性"都是一种超越性的存在,"性"即是"心之灵",因此在本质上可以认为是一回事。他指出,"不睹不闻之心体、莫见莫显之性灵"③"天命之性,人心之灵,无间于古今。"④刘邦采强调,"人之为万物之灵,以其心之昭明灵觉,圆融洞彻,与大虚同体,日月同明,遇亲自能知孝,遇兄自能知敬,过墟墓则自动哀,在宗庙则自起敬,见孺子入井则自怵惕恻隐,此天命之性,古今圣凡之所同具者也。于此灵明之体,性焉、安焉者圣也,复焉、执焉者贤也,杂焉、昏焉者愚不肖也。"⑤显然,在刘邦采那里,"性"和"心"一样,本质上是一种虚寂的形而上的存在,它内外合一、具然自足。

在刘邦采那里,"命"是"心之流行",是一种形而下的现象。与"天命之性"不同,人在日常生活中的实际表现是多种多样的,有善有恶,故"性一而命殊"。他说:

> 人之生也,性一而命殊,故人之过也,各于其党。虞仲之放,伯夷之隘,柳下之不恭,子贡之达,子路之勇,原宪之狷,曾点之狂,子张之堂堂,皆己也,虽痛克之,犹恐守己者固而从人者轻也。惟尧、舜为能舍,非竭才力不能克,是故能见无动之过,通乎微矣,能净无垢之尘,可与几矣。⑥

在刘邦采看来,尽管"性"和"命"有所区别,各有特点,但它们并不是两回事,两者实际上不可分离。"性隐于命,精储于魄,是故命也有性焉,君子不淆诸

---

① 《王阳明全集·语录二·传习录·中》。
② 《安成复真书院志·刘狮泉先生语录·论学紧语》。
③ 《安成复真书院志·刘狮泉先生语录·简长乐孙明卿秀才》。
④ 《安成复真书院志·刘狮泉先生语录·会语》。
⑤ 《安成复真书院志·刘狮泉先生语录·复宝庆段文岳》。
⑥ 《明儒学案·江右王门学案·刘师泉易蕴》。

命也;性也有命焉,君子不伏诸性也。"①"性"和"命"虚实相生,共同构成人的生命整体。

刘邦采严厉批评良知现成说——具体地说,他是以王畿为批评对象的。刘邦采认为,王畿的主张必然在社会上造成严重后果。他强调,人在日常生活实践中的艰苦的修养是绝对必须的,离开实际的致良知工夫,谈论所谓的良知本体现成是没有意义的。刘邦采指出,孟子强调每个人都具有良知良能,只是说人都具有那种潜质,而不是人在日常生活实践中实际表现,要使潜质转化为现实,必须经过学习和修养,只有通过"学"才能使人的内在的良知良能充分发挥出来。他说:"今之认良知,皆形生末流之灵耳,岂根于乾坤大始之元明者哉!孟子不过指点见成之可见、人之所易晓者而言,使下根有志者缘阶梯而可从入。譬诸以手指月,今不去玩月,而顾索光于指,何其不善学也!"②"赤子之心,孩提之知,愚夫妇之知能,譬之顽矿,未经煅炼,不可名金。其视无声、无臭自然之明觉,何啻千里! 是何也? 为其纯阴无真阳也。复真阳者,更须开天辟地,鼎立乾坤,乃能得之。以见在良知为主,决无入圣之期矣。"③刘邦采强调:"性犹种火也,学犹吹嘘也。火非吹嘘无以成烹饪,性非学无以成人道。人不由学皆罔生也。"④"一日不学,则一日失其所以为心;一时不学,则一时失其所以为心。恣肆散漫,昏昧飘零,醉生梦死。是以戒慎恐惧之功不可须臾离也!"⑤

基于其对人心和人性的构成的分析和理解,刘邦采提出其"悟性修命"论。他指出,"性"和"命",各有特点,所以致良知既要修"心",也要修"命",既要致虚,也要致实。他说:

> 心之为体也虚,其为用也实。义质礼行,逊出信成,致其实也;无意无必,无固无我,致其虚也。虚以通天下之志,实以成天下之务,虚实相生则德不孤。是故常无我以观其体,心普万物而无心也;常无欲以观其用,情顺万事而无情也。⑥

---

① 《明儒学案·江右王门学案·刘师泉易蕴》。
② 《安成复真书院志·刘狮泉先生语录·梅陂书院夜语》。
③ 《罗洪先集·甲寅夏游记》。
④ 《安成复真书院志·刘狮泉先生语录·梅陂书院夜语》。
⑤ 《安成复真书院志·刘狮泉先生语录·简长乐孙明卿秀才》。
⑥ 《明儒学案·江右王门学案·刘师泉易蕴》。

由于"性"本质上是一种虚寂的形而上的本体存在,因此无法在经验层面上把握,而只能是"悟"。具体地说,所谓修心或者说修性只能是"致虚",通过致虚而"悟性"。所谓"致虚",就是"虚其心",这就必须在日常生活实践中超脱具体的事事物物,做到"无意无必,无固无我"。刘邦采说,"心普万物而无心也;常无欲以观其用。"由于"性"是"心之主宰",故"悟性"至关重要,"虽危急之感,而不睹不闻之体自如,明照通脱,念无容起,是当下皆有用力,各无渗漏,入窍出窍,运化通微,条理分晓而学无增减,犹之五色八音之杂陈,而耳目之视听自各致其聪明,而视听之窍未尝有增益也,寂然不动之体未尝有出入也。"①也就是说,通过"虚其心"或者说"悟性",即可以保持良知本体的精明灵觉,保持"不睹不闻之体自如",不使良知本体被物欲蒙蔽。

刘邦采认为,尽管人们无法在经验层面上把握"性"这一虚寂的形而上的本体存在,但人们可以在日常生活实践中通过"虚其心",即超脱具体的事事物物而不是为事事物物所累而"悟性"。为此,必须"澹心""洗心"和"忘心",这样才能达到"悟性"的目标。所谓"澹心",就是在日常生活实践中清心寡欲,淡泊自守,不追逐外物。这是因为,人的善良的品质根植于内心之中,同时也只有根植于内心之中,才能够在日常生活实践中随时有效地发挥出来。他说:"德非潜不光,心非澹不体。识恒敛曰潜,欲恒释曰澹。澹以平感物而动之情,潜以立人生而静之本,是故清明在躬,志气如神,潜且澹者与!"由于"心之流行"复杂多样,有可能蒙蔽良知本体,因此人必须"洗心""草昧之险,无动之过也,野马之运,无垢之尘也,故圣人洗心退藏于密,神武而不杀也夫!"②"能心忘则心谦,胜心忘则心平,侈心忘则心淡,躁心忘则心泰,嫉心忘则心和。谦以受益,平以称施,淡以发智,泰以明威,和以通知,成性存存,九德咸事。"③刘邦采指出,能够在纷繁复杂的现实生活中真正做到"澹心""洗心"和"忘心"不多也不容易,"见元而不影响者鲜矣,务博而不支离者鲜矣。见过以致元,元而质也;务约以致博,博而寂也。高明效天,博厚法地,弘心澄意之学也。"④因此需要严格的修养和艰苦的努力。

刘邦采指出,仅仅有"悟性"还远远不够,人不仅要"致虚",更要"致其实"。

---

① 《安成复真书院志·刘狮泉先生语录·复婿朱以信》。
② 《明儒学案·江右王门学案·刘师泉易蕴》。
③ 《明儒学案·江右王门学案·刘师泉易蕴》。
④ 《明儒学案·江右王门学案·刘师泉易蕴》。

保持良知本体的精明灵觉,保持"不睹不闻之体自如"固然极其重要,但它只能为人在日常生活实践中的具体表现提供基础和"火种","火种"熄灭,一切归零,但有了"火种",还必须燎原,这样才能使良知本体发挥具体实际的作用。"命"作为"心之流行",正是人在日常生活实践中的具体表现,因此必须"修命",也就是"致其实"。刘邦采强调,"性"作为"心之主宰",感应世界,普照万事万物,人必须在生活实践中改过迁善,努力使性命一致。他说:"感应而无起灭,太虚之流行,优优生化之学也。着察而落感应,照心之为用,憧憧往来之私也。优优则时止时行,议拟以成变,改过迁善,同归于不识不知而已。"①为此,人必须"畜闻宿见","多闻不畜闻,无闻也;多见不宿见,无见也。独闻者塞,独见者执,小成而已矣。君子多识前言往行,以畜其德,大畜也。"②也就是说,所谓"畜闻宿见",并非程朱所强调的即物求理,而是说必须把外部世界内化到自己的内心之中,做到与良知本体完全一致。正因为如此,人既要多闻多见,又要把握和消化所有的闻见,如果不能把握和消化所有的闻见,所谓的客观知识反而会蒙蔽良知本体,根本无法达到成仁成圣的目标。

具体到日常生活实践中,就是要"修九容""慎九思""叙九畴",这是成仁成圣的基本要求。刘邦采称,"九容不修,是无身也;九思不慎,是无心也;九畴不叙,是无天下国家也。修容以立人道,慎思以达天德,叙畴以顺帝则,君子理此三者,故全也。"③

按:所谓"九容",是指《礼记·玉藻》所要求的人的九种行为举止表现,即"足容重、手容恭、目容端、口容止、声容静、头容直、气容肃、立容德、色容庄"。④简单地说,就是要求人的行为举止彬彬有礼、严肃认真、端庄大方。所谓"九思",是孔子提出的人的九种言行要求,所谓"君子有九思:视思明,听思聪,色思温,貌思恭,言思忠,事思敬,疑思问,忿思难,见得思义"。⑤ 就是说,作为一名君子,必须时时刻刻反省日常生活中的九个方面:看到的是否看得清楚明白;听到的是否清楚全面;神态上是否和蔼可亲;容貌方面是否端庄恭敬;言谈方面是否诚实守信;处事方面是否恭敬谨慎;遇到疑难是否能够虚心求教;生气愤怒时是否能够冷静克制,考虑后果;见到能够得到的东西时必须考虑到否理所该得,决

---

① 《明儒学案·江右王门学案·刘师泉易蕴》。
② 《明儒学案·江右王门学案·刘师泉易蕴》。
③ 《明儒学案·江右王门学案·刘师泉易蕴》。
④ 《礼记·玉藻》。
⑤ 《论语·季氏》。

不能见利忘义。所谓"九畴"是指《尚书·洪范》所提出的治国平天下必须遵循的九条基本原则："初一曰五行,次二曰敬用五事,次三曰农用八政,次四曰协用五纪,次五曰建用皇极,次六曰乂用三德,次七曰明用稽疑,次八曰念用庶征,次九曰向用五福,威用六极。"①刘邦采强调,追求成仁成圣,日常生活实践中严格的道德修养是基础,治国平天下才是终极目标,他说:

> 建极在君,修极在公卿,遵极在守令,徵极在庶民。父慈子孝,兄友弟恭,庶民徵矣;省刑平税,敬老慈幼,守令遵矣;尊贤任能,谨度宣化,公卿修矣;敬天勤民,礼叙乐和,皇极建矣。惟皇作极,惟帝时克,一哉王心,协哉众志,元气充塞,太和保合,人感天应,雨旸时若,寒暑不侵,治之极也。②

应当说,刘邦采强调的"修命"的内容是所有儒家学者的追求,只不过王阳明强调,这些东西存在于人的内心之中,只要使内在良知发用流行即自然可以做到,而程朱理学家强调这些是对人的客观要求,人必须经过严格修养才能从内心里认可,才能真正做到。刘邦采似乎倾向于朱理学家,毕竟,从经验上看,这些内容确乎社会对人的要求,人必须无条件做到。黄宗羲指出,"所谓性命兼修,立体之功,即宋儒之涵养;致用之功,即宋儒之省察。涵养即是致中,省察即是致和。立本致用,特异其名耳。"③我们前面业已指出,程朱理学在强调即物穷理的同时,实际上也非常重视修心——即"涵养""省察",只不过他们更重视即物穷理。刘邦采借鉴了程朱理学中的关于修心的内容,实际上是丰富了阳明学的内涵。作为王阳明的弟子,始终强调致良知工夫的重要性,刘邦采始终强调修心的决定性意义,即便是所谓的"修九容""慎九思""叙九畴",强调的也是"心"即良知本体的发用流行。刘邦采强调,人在日常生活实践中的视听言动都是良知本体的发用,因此,人首先应当从良知本原上学,而不是从良知发用上学,从良知发用上学,是舍本逐末。他说:

> 视听言动,固皆灵明之发用。然因其发用而遂循之,纵循得是,犹未免为逐外,此乃百姓日用之说之误也。夫既曰发用,则必有本原,今不从良知

---

① 《尚书·洪范》。
② 《明儒学案·江右王门学案·刘师泉易蕴》。
③ 《明儒学案·江右王门学案·刘邦采传》。

之本原上学,而从良知之发用上循,岂非舍本而事末乎？视听言动,固未尝不灵明,然必有聪明睿知之精蕴为其本,故视听言动得以妙其用也。果能致其本原之精蕴,则发用之灵照愈不昧。此圣学之所以极深研几,思明思聪思忠思敬,有不善未尝不知,知之未尝复行也。故曰致知在格物。①

"命"作为心之流行,修命也极其重要。"非惟主宰、流行各有用力,虽其流行之支节亦各有用力处,然后能成天地之文,定天下之象也。"②悟性和修命两者既有区别,同时也相辅相成,都是为学的目标。刘邦采说:

> 夫人之生,有性有命,性妙于无为,命杂于有质,故必兼修而后可以为学。盖吾心主宰谓之性,性无为者也,故须首出庶物,以立其体。吾心流行谓之命,命有质者也,故须随时运化以致其用。常知不落念,是吾立体之功,常过不成念,是吾致用之功,二者不可相杂。常知常止,而愈常微也。③

刘邦采强调,悟命修性是人为学的目标和使命,是人实现成仁成圣目标的根本途径。刘邦采说:

> 夫学何为者也？悟性、修命、知天地之化育者也。往来交错,庶物露生,寂者无失其一也;廓无为,渊穆其容,赜者无失其精也。惟悟也,故能成天地之大;惟修也,故能体天地之塞。悟实者,非修性,阳而弗驳也;修达者,非悟命,阴而弗窒也。性隐于命,精储于魄,是故命也有性焉,君子不淆诸命也;性也有命焉,君子不伏诸性也,原始反终,知之至也。④

不过,从阳明学理论上说,刘邦采的悟性修命说是有些问题的。他将心之主宰和心之流行一分为二,在相当程度上背离了王阳明本体与工夫合一的基本原则。黄宗羲指出,在刘邦采那里,"工夫终是两用,两用则支离,未免有顾彼失此之病,非纯一之学也。"⑤王畿批评说:"良知即是主宰,即是流行,良知原是性

---

① 《安成复真书院志·刘狮泉先生语录·朱汝治请书》。
② 《安成复真书院志·刘狮泉先生语录·复婿朱以信》。
③ 《明儒学案·江右王门学案·刘邦采传》。
④ 《明儒学案·江右王门学案·刘师泉易蕴》。
⑤ 《明儒学案·江右王门学案·刘邦采传》。

命合一之宗。故致知功夫,只有一处用,若说要出头运化,要不落念、不成念,如此分疏,即是二用,二即是支离,只成意象纷纷,到底不能归一,到底未有脱手之期。"①罗洪先尽管对刘邦采给予了同情理解,但他也认为,刘邦采"分主宰、流行两行,工夫却难归一"。② 在理论上存在问题。

其实,正如我们前面所指出的那样,尽管王阳明反复强调本体与工夫合一,但这恰恰是其自身所无法化解的内在的、深刻的矛盾,而对包括刘邦采在内的诸多江右王门学者而言,理论上的探究固然是重要的和必要的,但"学"是否"纯一"未必特别重要,更重要的是如何在日常生活实践中严格遵循儒家名教纲常。刘邦采的悟性修命说,将心之主宰和心之流行一分为二,固然有违阳明学理论之嫌,但作为王阳明的弟子,刘邦采其实是试图捍卫阳明学的宗旨——他是在强调致良知工夫的重要性。首先,刘邦采直接把矛头指向王畿的良知现成说,认为良知现成说对良知本体的强调,即便王畿等人本意并非如此,但这难免——实际上已经导致人们忽视甚至否认日常生活实践中致良知工夫的极端重要性,而王阳明口口声声强调,"吾平生讲学,只是致良知三字",③他强调唯有"上根之人"才能直接参透良知本体,一般人必须在日常生活实践中念念不忘存天理,灭人欲。刘邦采的"悟性修命"说,在强调保持良知本体的精明灵觉,保持"不睹不闻之体自如",不使良知本体被物欲蒙蔽的基础上,特别关注人如何在日常生活实践中念念不忘存天理,灭人欲。其实,无论是朱熹还是王阳明,他们都要求人们在日常生活实践中念念不忘存天理,灭人欲。只不过,朱熹主要诉诸格物穷理,穷理尽性,王阳明直接诉诸人的良知,要求本体与工夫的一致。刘邦采一方面主张从源头上学,强调悟性的至关重要性,另一方面,刘邦采强调,良知本身不会自然发用流行,致良知工夫是一个艰苦的过程,其内容绝不应当是空洞的,必须充分体现日常生活中视听言动的各个方面。所谓"修命",就是要求人们在视听言动的各个方面自觉地与儒家名教纲常完全一致。由于"主宰"与"流行"有别,工夫难免"两用",难免"支离",刘邦采实际上也意识到这一点,故反复强调"主宰流行俱有用力",强调两者的一致性。他说:

主宰常尊,而后身之运用有所统备,不病于饰外。……必流行常慎,而

---

① 《王畿集·与狮泉刘子问答》。
② 《罗洪先集·甲寅夏游记》。
③ 《王阳明全集·寄正宪男手墨二卷》。

后心之灵虚有所承正,不病于枯内。致知者,主宰之窍,着察于中。格物者,感应之节同归于极。……知致则身心意物皆复其不睹不闻之本体,物格则修正诚致举入于无内无外之实功。先后不紊,功夫俱到,非了此而及彼也。①

另一方面,刘邦采的"悟性修命"说也可以说是对聂豹、罗洪先等人的归寂主静的纠偏。聂豹、罗洪先同样严厉批评王畿的良知现成说,强调致良知工夫的重要性,但他们把致良知工夫归结为归寂主静,认为致良知的工夫就是"致虚"的工夫,就是在日常生活实践中根除物欲,这样良知就会自然地发用流行。罗洪先说:"必有收摄保聚之功,以为充达长养之地,然后定、静、安、虑由此以出,必于家国天下感无不正,而未尝为物所动,乃可谓之格物。"②他们强调,只要"致虚",人们在视听言动的各个方面必然会自觉地与儒家名教纲常完全一致。因此没有必要"致其实"。尽管他们强调致虚"能贯通,浑上下四方、往古来今、内外静动而一之者也",③能够教育和引导人们在生活实践中严格遵守儒家名教纲常,承担起对国家和社会的责任义务,但难免"执内遗外",落入佛禅之讥。

应当说,与其说刘邦采背离了王阳明本体与工夫合一的基本原则,不如说是直面了阳明学的内在矛盾,并试图解决这一矛盾。在刘邦采看来,既然本体与工夫实际上难以合一,不如借鉴程朱理学,将"心"分疏"性""命",从两个方面予以讨论,既重视良知本体,又重视日常生活实践中的具体的道德修养的方法途径的研究探讨,使"破心中贼"的工夫落到实处。作为王阳明的弟子,刘邦采其目的是为了传播和捍卫王阳明良知学的宗旨。实际上,刘邦采的贡献并不亚于邹守益等江右四贤。而在社会实践层面上,刘邦采对推动阳明学在安福和吉安地区广泛深入人心,更是作出了极其重要的贡献。

---

① 《安成复真书院志·刘狮泉先生语录·会语》。
② 《罗洪先集·甲寅夏游记》。
③ 《罗洪先集·答蒋道林》。

第九章　王时槐　万廷言论

本章我们简要讨论江右王门学派第二代传人——安福的王时槐(塘南)、南昌的万廷言(思默)的学术思想。他们是江右王门学派第二代传人中的领袖人物,黄宗羲强调,他们为传承阳明真精神作出了关键性的贡献。王时槐是刘文敏的弟子,同时也极其敬仰罗洪先,口口声声"罗文恭公",他还特别编纂了《念庵罗先生文要》六卷,称"先生之言,诚入道之指南也。学者由其言以入,庶不惑他歧,而可望于孔氏之堂奥也夫"。① 万廷言的父亲万虞恺是王阳明的弟子,为阳明学在江西,尤其在南昌地区的传播作出了重要贡献。他和罗洪先友好,命儿子万廷言师从罗洪先,黄宗羲认为,"念庵之学得先生而传。"②

第一节　王时槐简论

在江右王门学派第二代传人中,王时槐在学术思想界的地位最高,影响最大。他是江右王门学派第二代传人中当仁不让的领袖人物。在新的历史条件下,他团结起本地阳明学者,有效地推动了吉安地区阳明学讲会的复兴。王时槐还和明末著名的东林学派关系密切。东林学派虽然在学术思想方面尊奉程朱,但他们对王时槐评价颇高。东林学派的领袖人物之一钱一本曾任庐陵知县,他的学术思想即深受王时槐的影响,黄宗羲指出,钱一本"得之王塘南者居多"。③ 嵇文甫认为,"后来刘蕺山的许多说法,在塘南言论里早有发见了。"④刘宗周是公认的宋明理学的殿军大将,王时槐在晚明学术思想界的巨大影响可见一斑。

---

① 《王时槐集・友庆堂合稿・念庵先生文要序》。
② 《明儒学案・江右王门学案・万廷言传》。
③ 《明儒学案・东林学案・钱一本传》。
④ 《晚明思想史论》第49页。东方出版社1996年版。

王时槐出身于安福南乡的一个耕读世家,父亲王一善虽然"博洽强记,根据经传",但科举不利,王时槐因此受到良好的教育。据记载,王一善"以《诗》授仲子槐,亲指授句读,迪以实践,俾从名师友游"。① 王时槐顺利地走上了"正常"的科举做官之路,二十五岁时中乡举,二十六岁中进士,官至陕西参政,大约是与张居正不合的缘故,五十岁即结束了其官宦生涯,回到家乡。

年轻时的王时槐虽然致力于科举考试,但他更在意探求安身立命,进而达到圣人精神境界的方法途径,因此很早就"刻意为学"。王时槐二十三岁时拜刘文敏为师,并结识了邹守益等第一代江右王门学派领袖人物。进入官场后,王时槐继续积极与各方面学者进行学术探讨和交流,努力从各方面汲取学术营养,不过,就其本人的学术思想而言,王时槐可谓大器晚成,直到六十三岁时撰写出《三益轩会语》,其学术思想才基本成熟,他自己也相信终于找到了安身立命,达到圣人精神境界的方法途径。

换言之,尽管王时槐致力于科举考试,并成功地步入仕途,但他追求的是"内圣",是个人的精神境界。这正是他"刻意为学",钻研良知学的精神动力。正因为如此,他曾热衷于佛学,后来由释归儒,"盖始者,由释氏以入""已乃稍稍疑之,试归究六经",但"屡疑屡悟",直到六十多岁,才"学定而无余惑"。如果说做官期间还要花费大量精力处理纷繁复杂的政事的话,那么致仕后的王时槐即能够全心全意地寻找"内圣"的途径。经过反复研究与体悟,终于觉得自己找到了正确的方法途径,并达到了较为理想的精神境界。

王时槐年轻时师事刘文敏,并曾受教于刘邦采、罗洪先等人,但是他追求的是个人的精神境界,也就是"自得"而不是某种知识学问,因此不愿意"袭人口吻",无论如何,要追求达到圣人的精神境界,他人的理论观点和做法未必适用。为此,王时槐不断"求质于一时之先觉,切磋于四方良友",但一直"未有闻焉",觉得自己并没有发现真理,没有找到达到圣人境界的方法途径。致仕回到家乡之后,王时槐"屏绝外纷,反躬密体,瞬息自砺,如是者三年",才"于空寂之体"若有所见。不过,直到十年后,经过反复探究和体验,才觉得自己已经"悟道",发现并掌握了真理,并在此基础上撰写出了《三益轩会语》,觉得"以为孔门求仁之旨,诚在于此"。② 黄宗羲说:"先生弱冠师事同邑刘两峰,刻意为学,仕而求质于四方之言学者,未之或怠,终不敢自以为得。五十罢官,屏绝外务,反躬密

---

① 《邹守益集·明故积斋王君墓志铭》。
② 《王时槐集·友庆堂合稿·塘南自撰墓志铭》。

体,如是三年,有见于空寂之体。又十年,渐悟生生真机,无有停息,不从念虑起灭。学从收敛而入,方能入微,故以透性为宗,研几为要。"①

长期接受阳明学的教育和熏陶的王时槐,相信致良知是达到圣人精神境界的不二法门,为此他深入研究王阳明的良知学。正如我们前面所指出的,阳明学在流传过程中出现了大量流弊,尤其是以王畿为代表的良知现成派理论,在江右王门学派学者看来,必然导致对致良知工夫的忽视,严重背离了阳明学的宗旨,聂豹、罗洪先、刘邦采等人对此展开了严厉批评。

从逻辑上说,王畿的良知现成说并没有什么问题,但问题在于,再高明的理论如果不能应用于日常生活实践,那也是没有意义的,甚至会产生负面后果。事实上,社会上确实有不少人把王阳明良知说"作一种光景玩弄,不实落用功",甚至在生活实践中也并不把严格儒家名教纲常当作自己的努力方向和行动准则。王时槐发现,当时不少"学者以任情为率性,以媚世为与物同体,以破戒为不好名,以不事检束为孔颜乐地,以虚见为超悟,以无耻为不动心,以放其心而不求为,未尝致纤毫之力者,多矣,可叹哉!"②他感叹道,"近见海内高明之士谈学者,往往以修证为落阶级,以伦物为非上乘,甚者于绳趋步尺之士,嫉之如仇,孔孟正学将其衰乎!"③王时槐对此极为忧虑。他认为,这与王阳明本人没有在理论上深入探究有关。王时槐称,"致良知一语是阳明先生直示心髓,惜先生此语于晚年未及与学者深究旨,先生没后,学者大率以情识为良知,是以见诸行事殊不得力。"④他在对此展开严厉批判的同时,进行了深入的思考和研究,试图寻找到使致良知工夫落到实处,真正达到圣人精神境界的方法途径。经过与各方面的交流,尤其是致仕后的深入思考研究尤其是体验,王时槐提出了他的"透性""研几"以致良知说。

正如我们前面所指出的那样,对于王时槐这样的江右王门学派第二代传人而言,他们的使命与第一代江右王门学派学者很不相同。他们并不需要像邹守益、欧阳德等人那样以大力传播和弘扬阳明学为己任。到王时槐活动的年代,王阳明的大名在江西尤其在吉安地区可以说是妇孺皆知。以阳明学者自居或者认为自称很懂良知学的人比比皆是。对于邹守益等第一代江右王门学派学

---

① 《明儒学案·江右王门学案·王时槐传》。
② 《王时槐集·友庆堂合稿·三益轩会语》。
③ 《王时槐集·友庆堂合稿·与万思默·庚寅》。
④ 《王时槐集·友庆堂合稿·三益轩会语》。

者而言,由于阳明学问世不久,世人了解不多,且遭到了不少非议和攻击,因此他们通常以传播和弘扬阳明学为宗旨,其首要任务就是阐述阳明学的内容和真理性价值,呼吁人们以阳明学为指导思想,在日常生活实践中致良知。这就决定了他们的基本的思考研究方式方法,或从自己的生命体验出发,或从王阳明本人的论述出发,阐述阳明学的内容,论证其真理性价值。在这一过程中,他们当然会有自己的理解和发挥,提出自己的一些较为独特的理论主张,但即便他们的观点与王阳明有所区别,往往也会强调合乎王阳明的本意,目的在于弘扬阳明学宗旨。对于像王时槐这样的江右王门学派第二代传人而言,他们并不需要这么做。作为阳明学的信仰者和传承者,他们的使命是如何使王阳明的良知学落到实处,使之真正成为人们的思想和行为的指针,成为人们安身立命的基础和依据,而不是成为人们挂在嘴边的知识甚至教条。尤为重要的是,正如前面所反复指出的,随着阳明学的广泛传播,由于阳明学本身存在着自身难以克服的内在矛盾,在其流传过程中不可避免地出现了各种弊病,既背离了王阳明本人的宗旨,同时也会窒息阳明学学术理论的生命力。因此,像王时槐这样的江右王门学派第二代传人主要是在坚持阳明学基本理论原则的基础上,揭露批判各种乱象,并提出纠正之方,使阳明精神真正落到实处。他们未必要株守王阳明本人的具体论述,更需要在理论上有所创新发展。

在王时槐看来,全部问题的关键还在于"心"。社会上之所以出现各种乱象,主要就是因为人们严重误解甚至是曲解"心"和良知本体的含义。为此,王时槐对"心"和良知本体做出了更加细致的分析研究。

本来,在中国文化传统中,"心"既是一种生理的存在,也是一种道德和文化的存在。不过,人们普遍相信,或者说,人们的经验感受是,"心"是其情感意志的来源和主宰,人世间全部善与恶均源于"心","恶"正是源于人的居心不良。因此,如果简单地强调一切统一于"心",强调"心"即良知本体,而良知是每个人都拥有的东西,那么,人们完全有可能把思维和情感,甚至把发自于内心的"情欲"和"意见"视为"心"甚至是"良知"本身。这就难免甚至必然导致人们"以任情为率性,以媚世为与物同体,以破戒为不好名,以不事检束为孔颜乐地,以虚见为超悟,以无耻为不动心,以放其心而不求为"。这与王阳明的宗旨背道而驰。因此,必须对"心"的本质及其作用机制进行深入分析研究,严格区分思维情感,"情欲""意见"与良知本体。只有这样,才能准确说明为什么"心"作为一种道德存在,现实世界中还会有各种"恶",从而找到为善去恶,达到圣人境界的正确的方法途径。

在王时槐看来,一般地使用良知本体这一概念过于笼统,而且在很大程度上被滥用了,确实难以有效纠正"以情识为良知"的弊病。为此,必须对"心"和"性"进行更加深入细致的分析研究,必须从"体"和"用"两个层面深入理解"心",并在此基础上认识和理解"性",通过"透性""研几",达到圣人的精神境界。所谓致良知,关键在于"透性""研几"。

王时槐认为,经典著作中的"道心""人心","未发""已发"理论具有特别重要的意义,绝不能等闲视之,也不能有意无意地无视或曲解。王时槐认为,"道心"大致上可以视为心之体,"人心"大致上可以视为心之用,"未发"可以视为性,"已发"可以视为情。他说:

> 心有体有用。虞廷所谓道心者,以体言也。所谓人心者,以用言也。以体言,见慈湖所谓"心体本正",文成公所谓"属未发边"者是也。①
>
> 道心者,性也。性先天而统万物,非有我之得私,故强名之曰道……人心者,情也,性动为情,形生神发,乃属于人,故直名之曰人。②
>
> 未发之中,性也。浑然至善,不可得而睹闻者也。浑沌开而灵窍辟,神渐驰而性始凿矣。③

这就是说,绝不能把"道心"和"人心","未发"和"已发"混为一谈,否则就有可能"以情识为良知"。他承认,这种区分未必特别精确,但在理论上有必要作这样的区分,实践上也非常有意义。

在王阳明那里,《尚书》所称的"道心""人心",并不是说"心"可以一分为二,这里的"人心"其实不是"心"本身,而是指被物欲污染了的"心",也就是人欲。王阳明称:"心,一也,未杂于人谓之道心,杂以人伪谓之人心。人心得其正者谓之道心,道心失其正者即人心,初非有二心也。程子谓人心即人欲,道心即天理,语若分析而意实得之。"④他反复强调本体与工夫的一致性,强调"体"和"用"本质上是一回事,"体即良知之体,用即良知之用"⑤。在王阳明看来,把

---

① 《王时槐集·友庆堂合稿·答王儆所》。
② 《王时槐集·友庆堂合稿·道心堂记》。
③ 《王时槐集·友庆堂合稿·宁叔虚归衡阳手书言别》。
④ 《王阳明全集·语录一·传习录·上》。
⑤ 《王阳明全集·语录二·传习录·中》。

"心"分为"道心""人心","未发""已发"必然会分裂良知的体和用,是错误的和不能接受的。王阳明指出:

> 未发之中,即良知也。无前后内外,而浑然一体者也。有事无事,可以言动静,而良知无分于有事无事也。寂然感通,可以言动静,而良知无分于寂然感通也。动静者所遇之时。心之本体,固无分于动静也。理无动者也,动即为欲。循理则虽酬酢万变,而未尝动也。从欲则虽槁心一念,而未尝静也。动中有静,静中有动,又何疑乎?有事而感通,固可以言动,然而寂然者未尝有增也。无事而寂然,固可以言静,然而感通者未尝有灭也。动而无动,静而无静,又何疑乎?无前后内外,而浑然一体,则至诚有息之疑,不待解矣。未发在已发之中,而已发之中,未尝别有未发者。已发地未发之中,而未发之中,未尝别有已发者存。①

王时槐认为,《尚书》等乃不刊之典,其"道心"与"人心","未发"和"已发"之分不仅具有理论上的意义,同时也应当是指导人们生活实践的基础,因此绝不应当简单地说"心,一也"。进而言之,要深入认识和理解"心",首先必须正确认识"道心"与"人心","未发"和"已发"的区别,绝不能"道心"与"人心","未发"和"已发"混为一谈。在所谓的"人心"之中,在"已发"状态下,世界会呈现出纷繁复杂,善恶并存的现象,如果说"心外无物",那么,"道心""未发"才是"心"的本质存在,才是世界的本质存在。王时槐认为,"性"是世界的最高存在,是世界万事万物存在的依据和条件。他说:

> 太极者,性也。天地万物皆从性中流出,一切人畜,草木,瓦石,均禀受者焉也。故曰:性者,万物之一原,非有我之得私。
>
> 性,一也,横无边际,竖无古今,不可得而分合,不可得而增减焉者也。故在圣非有余,在凡非不足,至于鸟兽、草木、瓦石皆然,非偏全之谓也。但明则为圣,蔽则为凡,甚则为禽兽草木耳。性本无蔽,蔽者气昏质浊之累也。气昏质浊有厚薄,故蔽有深浅,惟君子不梏于气与质,而直透其本然之明,是之谓尽性。②

---

① 《王阳明全集·语录二·传习录·中》。
② 《王时槐集·友庆堂合稿·三益轩会语》。

这显然与王阳明本人的"心外无物"说有所区别。在王时槐看来,"性"和"心"的关系大致上说是体和用的关系,即"性体心用"。"大率性者先天之理也,心则兼属后天之气而言。"①他说:

> 友人问性与心有辨乎?曰:道心,性也。性无声臭,故微。人心,情有善恶,故危。惟精者,治其情也,惟一者,复于性也。情与性一,则体用隐显,融溶无二,故曰中。道心,体也,故无改易,人心,用也,故有去有来。孔子所谓"操存舍亡,出入无时,莫知其乡。"亦是指人心而言。若道心为万古天地人物之根,岂有存亡出入之可言?②

> 性无边际,而心亦无限量也。若强而言之,则性体而心用,性无为而心有觉也。③

> 《中庸》所谓未发者,是人生而静之真性。所谓为天地万物之根,亘万古而常不发者也,不离乎群动体而常静者也。此性本无声臭,何有气象?有气象则发矣。时时发者其用也,时时未发者其体也。④

因此,必须准确认识和把握"道心"与"人心","未发"和"已发"的区分。如果将"道心"与"人心","未发"和"已发"混为一谈,就根本无法正确认识和理解"心"的本质。要致良知,追求达到圣人的精神境界,首先必须"识自心"。王时槐指出,一些人正是由于把"人心"和"已发"误认为"心"的本质,直接把人的情感欲望视为心体本身,一些人因此主张在日常生活实践中顺其自然,从而忽视甚至拒绝道德修养工夫,这毫无疑问是错误的和不能接受的;另一些人则认为,所谓致良知,所谓道德修养,其实就是要求在日常生活中严格地遵守儒家名教纲常。问题在于,所谓致良知,所谓道德修养,必须基于"心",通过致良知使人们自然而然地与儒家名教纲常保持一致,如果不是基于"心"而刻意地而不是自然而然地与儒家名教纲常保持一致,未必是良知发用流行的结果,而更可能是"以意见障本体",即便在日常生活实践中刻意与儒家名教纲常保持了一致,也

---

① 《王时槐集·友庆堂合稿·答钱启新邑侯·其一》。
② 《王时槐集·友庆堂合稿·三益轩会语》。
③ 《王时槐集·友庆堂合稿·答钱启新邑侯六首·丁亥》。
④ 《王时槐集·友庆堂合稿·三益轩会语》。

无法达到圣人的精神境界。王时槐指出,"大凡学者有两种病,一种是以情欲为天机,冒认本体全不用真修之功者,一种是以意见障本体,自谓能做功夫而实自作疑弊者,总之皆不识自心。"①

因此,"识自心"也就是"悟性"至关重要。说到底,所谓致良知,所谓道德修养,就是"识自心",就是"悟性"。王时槐指出,"今学者喜谈无思无为无修证,则其流将至于荡而不检,或以必思为必修证为学,则又未免于扭捏造作而违其本真。予谓此两家之说执之则落两边,总之皆离性以谈学也。"②他强调,"复性之外,无余学矣。"③"未有悟性而毁节逾闲,染名利而伤名教者。"④

显然,"性"作为"道心",作为"未发",并不是形而下的具体现象,而是一种超越性的形而上的存在,是一切事物存在的源泉和依据,体现在世界万事万物之中,是万事万物存在的依据。王时槐反复强调,"未发之中固是性,然天下无性外之物。"⑤"性体之空寂,本无一物,而能生天地万物。"⑥"性能生天生地生万物,而空寂固自若也。"⑦"天地人物所从出之原也,故命之曰生理,人人具足,物物均禀,是谓之性。"⑧进而言之,人的一切视听言动,无不是源于"性","洒扫应对,便是形而上者。"⑨

基于此,王时槐认为,程朱和王阳明的区别只是表面上的,本质上其实是一致的,只不过后人的一些浅薄,才误以为他们的观点完全不同。实际上,他们都在追求达到圣人的精神境界,与天地万物为一体。他解释说:

> 问:程子言理在物,阳明先生言理在心,是有异乎?曰:泥其词,则似异,悟其旨,则无异也。程子之言物,不独指山川品丛为物,即方寸之情识思虑皆物也。故物无内外,理无内外,其言何尝不是?惟后学不悟,乃误认理在心外,必以内心而格外物之理,所谓以己合彼,自作二见,而圣学几乎绝矣。阳明忧之,乃曰理在心。夫阳明先生所谓心者,非指方寸之情识思

---

① 《王时槐集·友庆堂合稿·答刘以刚》。
② 《王时槐集·友庆堂合稿·书示友人》。
③ 《王时槐集·友庆堂合稿·再答宪使修默龚公》。
④ 《王时槐集·友庆堂合稿·潜思札记》。
⑤ 《王时槐集·友庆堂合稿·答钱启新邑侯·其三》。
⑥ 《王时槐集·友庆堂合稿·答郭存甫·乙巳》。
⑦ 《王时槐集·友庆堂合稿·潜思札记》。
⑧ 《王时槐集·友庆堂合稿·求仁说》。
⑨ 《王时槐集·友庆堂合稿·与贺汝定》。

虑而言也,是虞廷所以道心,弥宇宙,亘古今,常为天地万物之根者也。故心无内外,理亦无内外,其视程子之言词若反,而义实不相悖矣。而后学又不悟也,乃复执方寸之情识思虑以为心,而曰理专在是,此外一切山川品丛皆为外物,则皆无理之可言,若然,则此心甚小,此理甚隘,不知天地万物又安从生? 噫! 学之难明也如此。①

王时槐显然是站在阳明学的立场上解释程朱观点的,同时也是站在自己的立场上解释阳明心学的,未必合乎事实。正如我们前面所指出的那样,王阳明本人正是这么理解程朱理学的。同时,正如我们上面所指出的,王阳明也并不认为"心"仅仅是"道心"。在王阳明那里,"心"是"人心"与"道心"的统一,不能也不应该将两者割裂开来。

王时槐指出,"性"是一种形而上的存在,因而其本质是"虚"。他反复强调,"性体本虚,万古不变。"②"大抵吾人自性原如太虚,本无一物。"③既然是"虚",人们自然无法在日常生活实践中观察和体验到,也无法用语言精确表述,更无法以理性把握。正因为如此,王时槐反复强调,"盈宇宙一性也,凡形形色色皆无声无臭,不可思议,皆性也。"④"性不容言""性不容拟议,不容凑泊,无措心处。"⑤

也正是由于"性"是一种形而上的存在,超越了善恶,因而无善无恶。"惟性无善无恶,是谓至善。"⑥"性善而曰无善,即太极本无极之旨。"⑦"恶"是在"心之用""已发"过程中出现的,或者说,是在性生天地万物的过程中产生的,这是因为,在"心之用"的过程中性体必然受到"习气"的污染。所以,人要从根本上为善去恶,必须"悟性""复性",在日常生活实践中尽可能避免"习气"对"性"的蒙蔽。王时槐说:

性本至善。自受形之后,情为物引,渐与性违,习久内熏,脉脉潜注如

---

① 《王时槐集·友庆堂合稿·三益轩会语》。
② 《王时槐集·友庆堂合稿·答唐凝庵·乙巳》。
③ 《王时槐集·友庆堂合稿·答钱启新邑侯二首》。
④ 《王时槐集·友庆堂合稿·病笔·甲辰仲冬》。
⑤ 《王时槐集·友庆堂合稿·三益轩会语》。
⑥ 《王时槐集·友庆堂合稿·答郭青螺方伯·甲午》。
⑦ 《王时槐集·友庆堂合稿·潜思札记》。

种投地,难以遽拔,是谓习气。夫习气云者,谓由积习而得,非性本有也。①

夫性本无病,惟混沌一开,此窍立焉,则业习之气有潜注其中者矣。②

性本至善,圣凡同具者也。惟形生神发不能无习气之污染,故必加以省察克治之功,而后吾性可完矣。③

性之生,而后有气有形,则直悟其性足矣,何必后天之修乎？曰：非然也,夫彻古今,弥宇宙,皆后天也。先天无体,舍后天无所谓先天矣,故必修于后天,正所以完先天之性也。④

由于"性本至善",而物欲只不过是在性生天地万物的过程中受习气的污染而产生的。然而,物欲无论如何都泯灭不了至善的"性",这就意味着人通过后天的努力避免"习气"对性本体的蒙蔽。王时槐说：

盖理原于性,是有根者也；欲生于染,是无根者也。惟理有根,故虽戕贼之久,而竟不可泯；惟欲无根,故虽习染之深,而究不能灭性也。⑤

基于其对"心"的理解及性体心用基本观点,王时槐对良知的理解与王阳明稍有不同。他不同意王阳明的"体即良知之体,用即良知之用"⑥的观点。王时槐认为,"良知"介于"心之体"和"心之用"之间,"知者性之灵",良知既不是"心之体",也不是"心之用"。王时槐说：

性不容言,知者性之灵也。知非识察照了分别之谓也,是性之虚圆莹彻,清通净妙,不落有无,能为天地万物之根。⑦

问性与知有辨乎？歧而二之固不可,虽然性不容言,若以知名性,亦未可也。⑧ 他说："盖自此理之昭明而言,谓之良知。良知非情识之谓,即程门

---

① 《王时槐集·友庆堂合稿·静摄寤言》。
② 《王时槐集·友庆堂合稿·书南皋卷后》。
③ 《王时槐集·友庆堂合稿·警学说》。
④ 《王时槐集·友庆堂合稿·潜思札记》。
⑤ 《王时槐集·友庆堂合稿·答钱启新邑侯二首》。
⑥ 《王时槐集·友庆堂王阳明全集·传习录·中》。
⑦ 《王时槐集·友庆堂合稿·三益轩会语》。
⑧ 《王时槐集·友庆堂合稿·三益轩会语》。

所为理也,性也。良知实贯彻于天地万物,不可以内外言也。①

王时槐指出,良知本体作为"性之灵",它不是"心之用",不是人的知识和能力,"夫所谓良知者,即本心不虑之真明,原自寂然,不属分别者也。""今人以识察照了分别为性灵之真知,是以奴为主也。善学者最宜早辨。"②良知介于"体"和"用"之间,是"先天之子,后天之母"。王时槐指出:

> 夫知者,先天之发窍也。谓之发窍,则已属后天矣。虽属后天,形气不足以干之。故知之一字,内不倚于空寂,外不堕于形气,此孔门之所谓中也。末世学者,往往以堕于形气之灵识为知,此圣学之所以晦也。③
>
> 性者,先天也。知属发窍,是先天之子,后天之母也。惟知为先天之子,后天之母,则此知正在体用之间。若知前求体则著空,知后求用则逐物,知前更无未发,知后更无已发,合下一齐俱了,更无二功,故曰独。④

既然良知介于"体"和"用"之间,那么,致良知也就只能在"体"和"用"之间用功。由于性体是一种形而上的存在,因此,要使至善的性体充分发挥出来,只能靠"悟"。王时槐说:"性无边际,而心亦无限量也。若强而言之,则性体而心用,性无为而心有觉也。心可致力,而性则存乎悟也。则尽心则性可知矣,存心则性得其养矣。"⑤王时槐声称,这实际上是《大学》和《中庸》的主张和要求。他说:

> 窃谓学必由悟入。盖悟之一字,最未易承当。《中庸》首揭未发之中,此是圣门直指性悟之语。既曰未发,则非可以意见测度力量捉摸而得。是以贵于悟也。《大学》言"知止",即《中庸》之"慎独",皆入悟之方也。……故必由"知止"以入悟,以直透吾万物一体之真性。⑥
>
> 窃谓《中庸》首揭未发之章,此是圣门直指本原性悟之语,至末章以"尚

---

① 《王时槐集·友庆堂合稿·答杨晋山》。
② 《王时槐集·友庆堂合稿·三益轩会语》。
③ 《王时槐集·友庆堂合稿·答朱易庵》。
④ 《王时槐集·友庆堂合稿·答萧勿庵》。
⑤ 《王时槐集·友庆堂合稿·答钱启新邑侯六首》。
⑥ 《王时槐集·友庆堂合稿·答唐凝庵》。

緬暗然""潜伏不显"为言,其示人所以透性之要,至深切矣。①

王时槐指出,"学必由悟入"其实正是王阳明的真实思想主张,只不过不愿意引起太多争议而委婉措辞。他说:

> 阳明先生见处极高,若直吐其所见,世人必大骇,将望尘而退却者,多矣。乃《传习录》所言,皆俯就下学所及,贬词以喻之,足知其苦心也。及至晚年,始发致良知一语,又于《大学古本序》中特示以"存乎心悟",此则尽泄底蕴,以俟后学者也。②

王时槐把这种"悟"的工夫称之为"透性"。所谓"透性",就是直透本性,使对习气性本体的污染得到清除。他说:

> 性之体本广大高明,性之用自精微中庸,今只患不能直透本性,勿疑透性者或堕于外道他歧,而预立一法以防之也。此理非猜想讲说可明,直须精神心思打并归一,凡经书言语,一字勿留于胸中,必密密体认父母未生以前毕竟是如何,透到山穷水尽处,当有豁然大彻时。然后知此理遍满宇宙,浑沦充塞,即用即体,即末即本,即洒扫应对便是尽性知命,一了百当,更无精粗、隐显、内外、大小可言矣。孰谓真透性者,此外更有遗理哉?盖宇宙只一性可了,原无许多名目,但学者必须先立乎其大,而后小者不能夺。③

也就是说,通过"透性",能够使人"豁然大彻","心之体"和"心之用"自然合一,"即用即体,即末即本""尽性知命"。

王时槐强调,仅仅是"悟性""透性"是不够的,还必须"研几"。毕竟,良知介于"体"和"用"之间,因此致良知既要在"心之体"上用功,也要在"心之用"上用功。在"心之用"上用功的方法就是"研几"。如果说"透性"是指向"心之体"的话,那么"研几"则是指向"心之用"。

"几"是中国古代学术中的一个重要概念,源于《周易》。《易传·系辞下》:

---

① 《王时槐集·友庆堂合稿·答刘用平》。
② 《王时槐集·友庆堂合稿·三益轩会语》。
③ 《王时槐集·友庆堂合稿·答岭北道修默龚公》。

"几者,动之微,吉之先见者也。"《周易》本身是一部占卜之书,目标预知未来,对未来有先见之明。如何才能有先见之明呢?《易传》认为,必须在动而未动,"动之微"中把握事物的趋势和规律。如果说无极而太极,有生于无的话,"无极"或者说"无"显然是无法把握的,只能在"太极""有"产生之前设法把握。无论如何,从"无极"到"太极",从"无"到"有"有一个趋势过程,这就是"动之微"。人只能在"动之微"中把握事物的趋势和规律。"动之微"可以说是世界形成的奥秘,无法精确表达,被称为"几"。显然,如果能够在"动之微"中把握事物的趋势和规律,那自然对世界洞察无遗。一般人显然无法做到,只有圣人才做得到,故《易传·系辞上》云:"夫易,圣人之所以极深而研几也。""唯几也,故能成天下之务。"《荀子》称:"危微之几,惟明君而后能知之。"①

既然"几"是从"体"到"用"或者说从"无"到"有"转化的瞬间状态或过程,它就既不是"体",也不是"用",既不是"无",也不是"有",而是介于体用之间,有无之间。周敦颐说:"寂然不动者,诚也,感而遂通者,神也。动而未形,有无之间,几也。"②王时槐称:"寂然不动者诚,感而遂通者神,动而未形,有无之间几。此是描述本心最亲切处。夫心,一也,寂其体,感其用,几者体用不二之端倪也。"③王时槐认为,良知正介于"体"和"用"之间,介于"未发"与"已发"之间,因此,致良知固然必须透性,直悟心性本体,"密密体认父母未生以前毕竟是如何,透到山穷水尽处,当有豁然大彻时。"但仅仅"透性"是不够的,还必须把握"用",把握"已发"。所谓把握"用",把握"已发",并不是"逐物"——致良知绝不是"逐物"。这就意味着,必须在"已发"之前,或者说"用"之前予以把握,也就是必须"研几"。不过,正是因为"几"存在于"已发"之前,或者说"用"之前,因此非常难以把握,简直是一种神秘的存在。"此几生而无生,至微至密,非有非无,惟绵绵若存,退藏于密,庶其近之矣。"④王时槐声称,这种看似神秘的存在其实正是千古以来人们所共同揭示和追求的真理。他说:

> 虞廷曰中,孔门曰独,舂陵曰几,程门主一,白沙端倪,会稽良知,总无二理。虽立言似别,皆直指本心真面目,不沉空,不滞有,此是千古正学。⑤

---

① 《荀子·解蔽》。
② 周敦颐《通书·圣第四》。
③ 《王时槐集·友庆堂合稿·仁知说》。
④ 《王时槐集·友庆堂合稿·静摄寱言》。
⑤ 《王时槐集·友庆堂合稿·寄钱启新》。

既然是"千古正学",自然应当不惜一切代价追寻。"当知几前无别体,几后无别用,只几一字尽之。故希圣者,终日乾乾,惟研几为要。"①"圣学以研几为宗。盖中道也,几未易言,故必极深乃为实际。"②

基于"几"的性质,王时槐认为,研几的方法只能是"收敛沉潜,退藏于密""潜心至虚""收敛归根"。也就是说,研几不能在"念头发动时",因为一旦念头已经发动,便不是"几"了,这个时候用功,只能是逐物,而不会使"本心真面目"呈现;也不能在"泯然未发"时"觉照",那其实是"安排造作",同样不能使"本心真面目"呈现。他说:

> 所云"研几者,或于未发时,微用觉照,或于发动时,拔去一切人为之私。"此二说皆未尽。夫所谓几者,盖此体空寂之中,脉脉呈露处,乃无中生有,自然不容已,无一刻间断,非谓念头发动时,亦非谓泯然未发也。若于此用觉照,乃拔去人为之私,即涉于造作,反害其自然呈露之几矣。惟是收敛沉潜,退藏于密,则研几底于极深,所谓渊渊其渊,立天下之大本也。日用应酬无分动静,一以退藏为主,此尧舜周孔主敬立极之实学。《大学》所谓知止,《中庸》所谓戒惧笃恭者,此也。③

> 所谕"向里",正收敛归根之谓。思入于无思,念入于无念,知入于无知,此全在忘情契性,非悬想也。果能归根,由一真凝然,如有卓尔,何落空之有?④

大致说来,"研几"大致上指向"心之用","透性"则指向"心之体"。不过,"性"固然是一种形而上的存在,"几"同样无法在经验中感知,"透性"靠"悟","研几"也不能逐于物,因此,从表面上看,"研几"和"透性"的方法有很大的相似性,透性"须精神心思打并归一""密密体认","研几"须"收敛沉潜,退藏于密",这就意味着,"透性"和"研几"都不能逐于物,因而都只能归于寂静。毕竟,在王时槐看来,"夫所谓良知者,即本心不虑之真明,原自寂然,不属分别者

---

① 《王时槐集·友庆堂合稿·书卷赠王林二生还琼州三条》。
② 《王时槐集·友庆堂合稿·瑞华剩语》。
③ 《王时槐集·友庆堂合稿·答周时卿·辛丑》。
④ 《王时槐集·友庆堂合稿·答王球石三条》。

也。"①因此，王时槐认为，"善学者，息息归寂，以还吾至善之本性，是谓之真修。"②"或曰：性本寂也，故一悟便了，若云归寂，是以此合彼，终为二之。曰：非然也，夫性生万物，则物物皆性，物物归寂，即是自性自寂，何二之有？"③

"研几"虽然必须"收敛沉潜，退藏于密"，但显然不同于聂豹、罗洪先的归寂主静说。在王时槐那里，良知介于"体"和"用"之间，介于已发与未发之间，因此致良知不能专在未发上下工夫，或者说在回归良知本体的旗号下归寂主静。王时槐说：

> 未发之中，性也。有谓必收敛凝聚以归未发之体者，恐未然。夫未发之性，不容拟议，不容凑泊，可以默会而不可以强执者也。在情识则可收敛可凝聚，若本性无可措手，何以施收敛凝聚之功？收敛凝聚以为未发，恐未免执见为障，其去未发益远。④

正因为如此，王时槐一方面强调，静中涵养是"透性"和"研几"的非常重要的方法途径，"静中涵养，勿思前虑后，但澄然若忘，常游于洪濛未判之初，此乐当自得之，则真机跃如，其进不能自已矣。"⑤另一方面，王时槐指出，不能把静中涵养等同于静坐之类的行为。众所周知，包括王阳明在内的众多学者把静坐视为道德修养的基本方法途径，王时槐指出，静坐固然是必要的，然而这只是初步的而不是根本的修养方式，尤其需要防止出现"块然枯坐，徒守顽空冷静以为究竟"的现象。他说：

> 学无分于动静者也。特以初学之士，纷扰日久，本心真机，尽汩没有蒙蔽于尘埃中。是以先觉立教，欲人于初下手时暂省外事，稍息尘缘，于静坐中默认自心真面目。久之邪障彻而灵光露，静固如是，动亦如是，到此时终日应事接物，周旋于人情事变中而不舍，与静坐一体无二。此定静之所以先于能虑也。岂谓终身灭伦绝物，块然枯坐，徒守顽空冷静以为究竟哉！⑥

---

① 《王时槐集·友庆堂合稿·三益轩会语》。
② 《王时槐集·友庆堂合稿·病笔》。
③ 《王时槐集·友庆堂合稿·病笔》。
④ 《王时槐集·友庆堂合稿·三益轩会语》。
⑤ 《王时槐集·友庆堂合稿·答刘心遽》。
⑥ 《王时槐集·友庆堂合稿·答周守南》。

对于王时槐而言,无论是透性还是研几,目的是使至善的心体,也就是"本心真面目"呈露出来,一旦"本心真面目"呈露出来,即自然而然在达到了圣人的精神境界,在日常生活实践中也就会自然而然地会与天理,与儒家名教纲常保持一致。换言之,"以透性为宗,研几为要"虽然以至善的精神境界为目标追求,其落脚点却正是日常生活实践中的道德修养。进而言之,透性研几只能在日常生活实践中进行,并服务于日常生活实践。进而言之,透性研几并不是脱离日常生活实践的个人感悟。王时槐指出,"性之一字,本不容言,无可致力。知觉意念总是性之呈露,皆命也。……是故性不假修,只可云悟。命则性之呈露,不无习气隐伏其中,此则有可修矣。修命者,尽性之功。"①既然如此,"修命"实际上就是透性研几的内容和对象。王时槐说:

> 学明本心,必密密体认,研精入微,久之而后有得。夫体认入微,即谓真修,是悟由修得也。既云有悟,岂遂废修哉?必就业保任,造次颠沛不违,以至于子臣弟友,惴惴相顾。是修之无尽,即谓悟之无尽也。彼以影响之见为有悟,且以切己之修为下乘,遂未免袭奇僻而越准绳,将导人于侈焉无忌惮之归,其流弊可胜言哉!②
>
> 执形气以言性者,固为未彻。若谓性在形气之外,于一切了无干涉,则性如太上皇相似,体用悬绝。作此见者,将驰空而弃伦遗物,于世教为害不小。③

从逻辑上说,性体作为一种形而上的存在,"性体本虚""性不容言",不能通过日常生活实践中的修行悟得,充其量只能在"意"上下工夫,也就是通过"精神心思打并归一""密密体认"悟透心性本体,而日常生活实践中人们不可能随时做到"精神心思打并归一""密密体认"。正因为如此,王时槐的"悟由修得"的观点受质疑。他对此不以为然。他说:

> 或谓性无为者也,安事所修?至于意,而善恶分,于是乎有修。予谓:

---

① 《王时槐集·友庆堂合稿·答萧勿庵》。
② 《王时槐集·友庆堂合稿·吴安节先生日省编序》。
③ 《王时槐集·友庆堂合稿·潜思札记》。

意自性生,则即谓性之意,可也。意之修,孰能使之修哉？则即谓性之修,可也,故即性即修。若谓修无关于性,便落二见。①

王时槐实际上在逻辑上混淆了"性"和"意"的区别。一方面,王时槐强调"心之体"和"心之用","未发"和"已发"之分,认为"心之体","未发"才是"性",另一方面又强调不能"落二见"——"意"显然属于"心之用",属于"已发"。这在逻辑上显然有问题。不过,对王时槐来说,理论上是否严谨其实并不是特别重要,日常生活实践中的严格修养才是至关重要的,是进行学术思考和研究的目标宗旨。他对于"近时学者率务玄谈,而薄实修",②"近世号为高明之士,或谓一悟便了,行宜上不必检点"③之类的思想风气深恶痛绝,认为这是"驰空而弃伦遗物,于世教为害不小"。④他故而特别强调日常生活实践中修行的重要性。他甚至强调即便在悟道之后,依然需要修行。一些人认为"悟性"之后,便可以"任情恣行",那绝对是错误的,"入魔道矣"。王时槐说:

终日密密切己体认,剥落枝蔓,务彻本原,即所谓修也。故修非从检点末节之谓也。切己体认之修,真积力久面豁然通,乃为真悟。未有不修而能真悟者也。真悟后,一瞬一息,皆归本原。发必中节,事事皆协天则。所谓顺性以动,即修是性。天行之健,宁有停歇之期？若谓悟后无修,则必非真悟,总属虚见。又或谓,悟性者,任情恣行,不由矩矱,皆是妙用,何必言修。此大邪见,入魔道矣。⑤

王时槐对"心"和"良知"的判断及其对致良知工夫的看法虽然与王阳明稍有不同,但这并不意味着王时槐试图向程朱理学妥协,充其量是试图沟通理学与心学。⑥ 正如黄宗羲在评论朱陆异同时所指出的那样,朱熹和陆九渊的宗旨其实是一致的,他们"同扶名教,同植纲常",朱熹在强调"道问学"的同时,并没

---

① 《王时槐集·友庆堂合稿·潜思札记》。
② 《王时槐集·友庆堂合稿·答许敬庵少司马》。
③ 《王时槐集·友庆堂合稿·答曾德卿》。
④ 《王时槐集·友庆堂合稿·潜思札记》。
⑤ 《王时槐集·友庆堂合稿·潜思札记》。
⑥ 海内外众多学者,如钱穆、牟宗三、张学智等人都认为,王时槐试图融会程朱理学和陆王心学,并努力向程朱理学靠拢,这几乎成为学术界的共识。

有否认"尊德性",同样,陆九渊强调"尊德性",也没有否认"道问学",朱陆之间实际上有诸多相通之处。① 正是因为朱陆之间有诸多相通之处,刘邦采、王时槐等人才得以借鉴程朱理学的思想理论成果。众所周知,在程朱那里,道德修养从"切己处"开始,循序渐进,最后才能达到豁然贯通的境地,实现人心与天理的完全统一,"学之久,则心与理一。"② 而陆九渊、王阳明强调的是"心"的绝对价值,"心外无物""心外无理",因此,道德修养只能是向内用功,也就是"尊德性"。王时槐所倡导的"透性""研几"正是向内用功,正是"尊德性"。应当说,王时槐充其量是借鉴程朱理学,其目的在于发扬光大阳明学。他反复强调,道德修养绝不能"逐物","透性""研几"说的宗旨在于使人内在的至善,使人的"本心真面目"呈露出来,从而使人在日常生活实践中自然而然地与儒家名教纲常完全一致。王时槐虽然特别强调日常生活中反复修行的重要性,但他特别指出,"修非从检点末节之谓也。"③ 众所周知,在王阳明那里,日常生活中的修行正是所谓的致良知工夫,王阳明强调,人必须在日常生活实践中念念不忘存天理、灭人欲,那正是致良知工夫的重要内容。

进一步说,王时槐把王阳明的"心本体""良知本体"转化为"性本体",并不是为了批判甚至颠覆阳明学,而是为了更好地认识和理解"心",从而更切实有效地致良知。对王时槐来说,问题的关键在于使王阳明的良知说落到实处,实现"破心中贼"的目标,这就必须在日常生活实践中进行严格的修养,或者说,必须有切实的致良知工夫。然而,在阳明学的传播和发展的过程中,不少人误解甚至有意曲解王阳明的"心本体""良知本体"的含义,"以情识为良知",并以良知为人人所拥有为由,强调良知现成,忽视甚至拒绝日常生活中的修行,"以任情为率性,以媚世为与物同体,以破戒为不好名,以不事检束为孔颜乐地,以虚见为超悟,以无耻为不动心,以放其心而不求为,未尝致纤毫之力者。"④ 为此,王时槐强调必须区分"心"的"体"和"用",必须区分"心"的"未发"和"已发",把王阳明的"心本体""良知本体"转化为"性本体",并在此基础上提出其"透性""研几"说,强调日常生活实践中严格修养重要性。

正因为如此,黄宗羲称,王时槐能够"推原阳明未尽之旨"。东林学派领袖

---

① 黄宗羲:《宋元学案·象山学案》。
② 《朱子语类》卷二。
③ 《王时槐集·友庆堂合稿·潜思札记》。
④ 《王时槐集·友庆堂合稿·三益轩会语》。

人物之一高攀龙指出,"诸老之中,塘南可谓洞彻心境者",且恪守阳明心学门户不放。① 王时槐借鉴程朱理学的思想理论成果,与其说是向程朱理学妥协或试图沟通理学与心学,还不如说是为了发扬光大阳明学,纠正阳明学在流传过程中出现的各种弊病。

第二节　万廷言简论

万廷言作为王阳明的再传弟子,江右王门学派第二代传人中的代表人物,在当时的阳明学界有很高的声望,王时槐等人对他极为敬佩。黄宗羲认为,万廷言和邹守益、罗洪先、刘文敏、聂豹、王时槐一样,"皆能推原阳明未尽之旨"②,为江右王门学派传承王阳明的真精神作出了重要贡献。但长期以来,学术界对他的关注甚少,包括侯外庐主编的《宋明理学史》等巨著在内,绝大多数学术思想史论著基本上都对万廷言及其学术思想略而不论。之所以会出现这种情形,并不是学术界缺乏识见,主要是基于这几方面的原因:首先,在心学理论上,万廷言没有明确提出独树一帜的理论主张,大致上可以视为是对阳明学尤其是罗洪先学术思想理论的进一步深化论证;其次,万廷言潜心学术研究和个人修养,虽然和一些阳明学者进行了学术交流,并在南昌建罗原书屋开堂讲学,在南昌地区产生了一定的影响,但总的来说,他并不热衷于各种社会活动。尤其是罢官以后,万廷言"杜门三十余年,匿迹韬光,研几极深"。③ 他不像罗洪先、刘邦采、王时槐等人那样,热衷于与同仁进行学术讨论交流,揭露并猛烈抨击阳明学在传播和发展过程中出现的种种弊病,试图予以矫正。当然,万廷言也对泰州学派所倡导的良知现成说强烈不满,同样认为泰州学派这已经造成了非常严重的后果。他说:"近时讲学君子,一闻良知,获少悟性体,即抗然以圣自居,视人伦物理更无不可能者,以故风俗浮靡,学问粗浅,其端皆起于安丰之学",但他并不是奋起批判,而主要是"自反自责",④潜心于自己的研究思考,努力诉诸个人的生命体验。缺乏积极的学术思想的交流和交锋,在很大程度上限

---

① 《高子遗书·观白鹭洲问答顾泾阳》。
② 《明儒学案·江右王门学案·序》。
③ 《明儒学案·江右王门学案·万廷言传》。
④ 《万廷言集·学易斋集·与徐克贤》。

制了其学术思想的社会影响;第三,万廷言潜心于易学研究,以《周易》为其心学理论背书,以《周易》的深奥和崇高地位,一般人实际上很难对他展开批评。然而,万廷言研究《周易》的方法以体认默契为主,"大要在自心平静,时凭一线通微,使口心不疑,渐了会也。"①与其说是在研究易学,不如说是试图以《周易》为自己的心学思想观点背书,或者说是用心学的观点解释《周易》,这使得他在易学发展史上也没有什么重要地位。他们相关著作《四库全书》不予著录,朱伯崑的《易学哲学史》也对万廷言的易学研究略而不论。

大约正是基于以上几方面的原因,尽管万廷言本人著述丰富,但多已失传,存世极为稀少。直到 2005 年,经张昭炜先生多方搜集,才点校出版了《万廷言集》,包括《学易斋集》《易说》和《学易斋约语》。由于相关文献资料流传极少,限制了现代学者对其心学思想的研究,但这并不意味着万廷言的研究价值不大。正如黄宗羲所指出的那样,万廷言对于江右王门心学的发展作出了重要贡献,在江右王门学派中具有重要地位,我们要研究江右王门学派,就不能不对万廷言的心学思想学说进行探讨。

关于万廷言的生平,我们所知不多。他出生于一个官宦家庭,其父万虞恺,嘉靖四十一年(1538 年)进士,历任无锡知县,南京兵科给事中,以刑部右侍郎致仕。万虞恺师从过王阳明,和欧阳德、罗洪先等江右王门学派领袖人物相从甚密,也曾问学于王畿,为阳明学在江西的传播作出了重要贡献。罗洪先对其子万廷言爱之有加,万虞恺因此命万廷言师从罗洪先,万廷言不负重望,成为江右王门学派的重要传人。

与乃师罗洪先一样,万廷言也是博学多才的,著述丰富。据《明史·艺文志》记载,万廷言著有《易说》四卷,《易原》四卷,《经世要略》二十卷等。其中《经世要略》是他对古代著名将相的功勋评论汇编,其宗旨是为治国安邦提供历史借鉴。然而,对于万廷言来说,实际的治国安邦的知识和技能固然非常重要,但与众多宋明理学家一样,万廷言同样认为,个人的道德修养和精神境界更为重要,更有价值,是每一个人的最高追求。他强调,人既要有"才",更要有"学"。"才"指的是治国安邦的具体的知识和技能,"学"指的是人的道德修养和精神境界,所谓"为学",就是探求不断提高自身道德修养,进而达到圣人精神境界的方法途径。"学"是人的根本,关键在于"致虚守静"。万廷言说:"人于

---

① 《万廷言集·学易斋集·自序》。

事上应得去,是才未必是学。须应酬语默声色形气之外,于自心有个见处,时时向此凝摄,常若无事,然一切事从此应付,一一合节,始是学。"①"夫博极群书与致虚守静原是两事,一是枝叶,一是本根。"②据他自己介绍,他的"学"大致上可分为三个阶段:

> 弱冠即知收拾此心,甚苦思,强难息,一意静坐,稍觉此中恰好有个自歇处,如猿猴得宿,渐可柔驯,颇为自喜。一日读《易》石莲洞,至"艮思不出位",恍有契证。请于念庵师,师甚肯之。入仕后,交游颇广,闻见议论遂杂,心浅力浮,渐为摇眩,商度于动静寂感之间,参订于空觉有无之辨,上下沉掉,拟议安排,几二十年。时有解悟,见谓弘深,反之自心,终苦起灭,未有宁帖处。心源未净,一切皆浮,幸得还山,益复杜门静摄,默识自心。久之,一种浮妄闹热习心,忽尔销落,觉此中有个正思,惟隐隐寓吾形气,若思若无思,洞彻渊澄,廓然边际,夐与常念不同,日用动静初不相离,自是精神归并在此。渐觉气静神恬,耳目各归其所,颇有天清地宁,然太和气象,化化生生,机皆在我。真如游子还故乡,草树风皆为佳境矣。③

显然,作为罗洪先的弟子,万廷言所探求的也是如何在日常生活实践中存天理,灭人欲,达到圣人的精神境界,而这种精神境界就是"致虚守静"。

无论是程朱理学还是陆王心学,都强调存天理,灭人欲,都被认为是每个人成仁成圣的途径,只要在日常生活实践中彻底根除了人欲,达到了圣人的精神境界,天理自然流行,天下自然太平。问题在于,人如何才能够在日常生活实践中彻底根除人欲,实现"无欲",达到圣人的精神境界,当年罗洪先曾苦苦探求。经过广泛求教,深入思考研究,并从包括佛教经典在内的各方面汲取营养,"博观慎取",才提出了其颇富特色的"收摄保聚"说,认为致良知必须"常定常静",最后与天地万物为一体。万廷言看起来没有那么曲折,他很早就知道并认可了周敦颐的主静无欲说,"及闻父师之训,读古行圣贤之书,见濂溪主静无欲之学,则深心慕之。"④因此"弱冠即知收拾此心",试图通过静坐之类的方法体验"无

---

① 《万廷言集·学易斋约语》。
② 《万廷言集·学易斋集·答周卫阳》。
③ 《明儒学案·江右王门学案·万廷言传》。
④ 《万廷言集·学易斋集·答辜缘冈》。

欲",达到圣人的精神境界。在研读《周易》之后,万廷言觉得自己的想法与《周易》所强调的艮背工夫非常契合。他为此专门向乃师罗洪先讨教,罗洪先"甚肯之"。进入官场后,尽管万廷言努力坚持自己的信念,觉得人生的追求首先必须是"致虚守静",但他不得不沉浮于官场之中,这使得他"心浅力浮,渐为摇眩","心源未净,一切皆浮""商度于动静寂感之间,参订于空觉有无之辨,上下沉掉,拟议安排,几二十年。时有解悟,见谓弘深,反之自心,终苦起灭,未有宁帖处。"离开官场后,万廷言又有机会"杜门静摄,默识自心",终于达到出神入化的境界,"真如游子还故乡,草树风皆为佳境矣。"

作为一名学者,万廷言不能满足于个人的生命体验,他必须进行理论上的探讨和说明,以教育和引导他人。入仕前,万廷言就感到《周易》为灭人欲,也就是"主静无欲"提供了坚实的理论基础,万廷言在"杜门静摄,默识自心"的同时,潜心研究《周易》,觉得极有收获,认定主静无欲说完全合乎《周易》的宗旨。黄宗羲称,万廷言"深于《易》,三百八十四爻,无非心体之流行,不着爻象,而又不离爻象。自来说《易》者,程《传》而外,未之或见也"。[①]

《周易》被认为深刻地揭示了宇宙、自然、社会和人生的奥秘,是最重要的儒家经典,也是所有儒家学者必读之作。理学的奠基人周敦颐正是通过研究发挥《周易》为宋明理学奠定宇宙论、本体论基础的。实际上,整个宋明理学的宇宙论、本体论基础基本上是由《周易》提供的。对理学家而言,他们以"为天地立心,为生民立命,为往对继绝学,为万世开太平"为己任,研读《周易》作为其必修课,即便他们不潜心研究,但必须学习掌握。王阳明虽然并不像程颐、朱熹那样潜心研究《周易》,但他同样特别重视。王阳明说:"夫易,三才之道备焉。古之君子,居则观其象而玩其辞,动则观其变而玩其占。观象玩辞,三才之体立矣,观变玩占,三才之用行矣。体立,故存而神,用行,故动而化。"[②]王阳明自称,他的"龙场悟道"在很大程度上是通过研读《周易》获得的:

> 阳明子之居夷也,穴山麓之窝而读《易》其间。始其未得也,仰而思焉,俯而疑焉,函六合,入无微,茫乎其无所指,孑乎其若株。其或得之也,沛然其若决,联兮其若彻。菹汗出焉,精华入焉,若有相者而莫知其所以然。其得而玩之也,优然其休焉,充然其喜焉,油然其春生焉。精粗一,外内翕,视

[①] 《明儒学案·江右王门学案·万廷言传》。
[②] 《王阳明全集·玩易窝记》。

险若夷,而不知其夷之为厄也。于是阳明子抚几而叹曰:"嗟乎,此古之君子所以甘囚奴,忘拘幽,而不知其老之将至也夫!吾知所以终吾身也。"①

王阳明声称,他的良知学说完全符合《周易》的基本原理。"易也,志吾心之阴阳消息者也。"②"易者,吾心之阴阳动静也,动静不失其时,易在我矣。"③"良知即是易,其为道也屡迁,变动不居,周流六虚,上下无常,刚柔相易,不可为典要,惟变所适。此知如何捉摸得?见得透时便是圣人。"④

作为罗洪先的弟子,万廷言继承了罗洪先的理论观点,他说:

> 君子之学,以虚为极,以万物一体为量,以悟为要,以反身默识为功。前古圣贤,所入所造不同,其宗必归乎此。六经语孟所称述不同,其旨不外乎此。外此则非学矣。⑤

> 予学以收放心为主,每少有驰散,便摄归正念,不令远去。久之,于心源一窍渐有窥测,惟自觉反身默识一路滋味颇长耳。⑥

万廷言并不是简单地继承或重申罗洪先的思想观点,而是为之提供了易学证明。通过对《周易》的研究和体会,结合《大学》《中庸》等经典著作,万廷言力图证明,收摄保聚以致良知乃绝对真理。

万廷言坚持阳明学的基本原则,认为"心"世界的最高存在,世界统一于"心"。他强调:

> 性天皆心也,只尽心便知性知天,只存心便养性事天。其实只一存字,但存不容易,须死生判断始得。故必夭寿不贰,修身以俟,命自我立,一切自做主宰,方是存的功夫。常存便是尽,故夭寿不贰,乃存心功夫极紧切真实耳。久存自明,性天在我,非存外更有一个知天养性立命之功也。⑦

---

① 《王阳明全集·玩易窝记》。
② 《王阳明全集·稽山书院尊经阁记》。
③ 《王阳明全集·与道通书》。
④ 《王阳明全集·传习录下》。
⑤ 《万廷言集·学易斋集·寄张汝学》。
⑥ 《万廷言集·学易斋约语》。
⑦ 《万廷言集·学易斋约语》。

> 心者,人之神明,所以为天地万物万事之主,虽无物,未尝一息不与物应酬,故曰"寂然不动,感而遂通天下之故"。但其感处常寂,至无而有,甚微甚深,不可测度,必极潜极退藏,庶其可见。①

万廷言指出,要"尽心""知性""知天",首先必须充分认识和理解"心"的性质和运行机理。当然,必须从不同的角度和层面进行理解。具体地说,就是必须正确认识和理解"心"的"寂"和"感","道心"与"人心","未发"与"已发"。万廷言认为,这是致良知,达到圣人精神境界的基础和条件。万廷言指出,"道心"是"心之体",也就是"未发之中",他说:

"心,一也。有自本体言者,即至善也,道心惟微是也。有自形气言者,佛氏所称缘虑集起也,人心惟危是也。若本体用事,则心是至善,意亦至善,知亦至善,物亦至善,何用格致诚正之功?惟杂于形气,所以意根外逐于物,内蔽其知,而本体之至善隐矣。"②

万廷言认为,"心"作为世界的本质存在,万事万物存在的依据,指的是心之本体,也就是"心"的未发之中。《周易》正是以此为基础展开的,并因此揭示了宇宙、自然、社会和人生的奥秘。他说:

> 夫未发之中,心体也。易之源,生生之大本也。生生之谓易,或去变易,或云交易,语生生则备矣。阴阳刚柔,生之器也;吉凶悔吝,生之业也。生而不能生生也,能生生者,中。中之所以能生生者,以发而常未发也,心体也,乾坤所不能毁也。昔者圣人,心学深纯,动契中体,虑民之颛蒙罔中,危于发而生理穷也,于是作易以象之,开物务,明吉凶,与天下共成大业。③

万廷言认为,《周易》从"心"出发,首先用"乾"卦和"坤"卦象征表示"道心"与"人心","未发"与"已发"。"乾"象征"心之体",也就是"道心"和"未发"。《易传·系辞上》称:"夫乾,其静也专,其动也直,是以大生焉。"万廷言发挥道:"盖易首乎乾,乾,纯然一生,物之精也,所谓仁是也。故乾之道莫大乎仁。仁者,仁也,故凝至精,统万类以穷神知化而赞天地之仁者,莫大乎人道,乾元资

---

① 《万廷言集·学易斋约语》。
② 《万廷言集·学易斋集·大学私记》。
③ 《万廷言集·学易斋集·易原·明中一》。

始,极赞其大,君子体仁足以长人。"①"故学者先须识得乾元本体,方有头脑。"②

"乾"体"坤"用。"乾"和"坤"之间是一个不断循环运动的过程,"圣人则图画卦,重而规之以象天。坤复之际固所示以天心也,图自复至乾为阳,自姤至坤为阴,远而天地,近而一息,变而四时,明而日月,尽此矣。"③万廷言称,"坤"象征"人心"和"已发"。"人心"和"已发"必然会使"道心"和"未发"迷失。"盖坤在人是意,意动处必有物,物必有类,朋类相引,意便有着重处,便是阴凝。是坚冰,亦是有首,失却乾阳本色,所谓先迷失道也。"④"所以圣人于意动微处,谨履霜之渐,收敛精神,时时退藏斋戒,务以一阳为主,消蚀意中一点阴凝习气。丧类从乾,使合中和,所谓后顺得常也。"⑤

总之,在万廷言看来,尽管世象极其复杂,但其根本是"乾元本体"。《周易》有六十四卦,但以乾坤为门户,"乾元本体"具有压倒一切的意义。"盖圣人随处总一个乾元世界,六十四卦皆要见此意。"⑥"乾坤二字离不得,在自心平静,神气冲然会合时,体取延平所谓心与气合,不偏不倚气象是也。"⑦

万廷言指出,虽然"坤"为"乾"之用,但这只是表明了乾坤关系或者说世界存在的本质,就其具体过程和形式而言,表现为"坎"和"离"之间的运动,所谓"乾坤无用,用在坎离"。"坎"象征火,"离"象征水。万廷言认为,"道心"和"未发"是一种寂然的本体存在,必须通过"人心"和"已发"感知世界,包容天地万物,"坎"和"离"之间的运动象征着"心"感知世界,包容天地万物的过程和内容。具体地说,"火"象征着"心"的"感"的过程,但最终都必须回归本寂的乾阳本体。万廷言称,"心体退藏,理惟寂感。寂者水精,感者火几,感必源寂,故火必胎水。"⑧"感者火几","故坎,四时所归也,日月所会也,万物所出入之藏也,其天地之大中乎?图书皆宗之矣。"⑨"心"在"感"的过程中,难免逐于物而被物欲蒙蔽,迷失方向,因此必须回归乾阳本体。"火焉心之用,水者心所基。惟火

---

① 《万廷言集·学易斋集·易原·体仁一》。
② 《万廷言集·学易斋约语》。
③ 《万廷言集·学易斋集·易原·申图》。
④ 《万廷言集·学易斋约语》。
⑤ 《万廷言集·学易斋约语》。
⑥ 《万廷言集·学易斋约语》。
⑦ 《万廷言集·学易斋集·书壁》。
⑧ 《万廷言集·学易斋集·易原·明中二》。
⑨ 《万廷言集·学易斋集·易原·明中二》。

易以扬,得水乃相随。水火非二物,月浸珊瑚枝。"①万廷言说:

> 心,火也,性本躁动,凤生又不知费多少薪标樵蕴积之,故光明外铄,附物蔓延,思虑烦而神气竭。如膏穷烬灭,其生几何!古之善养心者,必求一掬清净定水,旦夕浇浸之,庶转浊滓为清凉,化强阳为和粹。②

万廷言声称,回归本寂的乾阳本体正是儒家的核心观念,是每个人成仁成圣,达到最高精神境界的必由之路。他接着说:

> 故《大学》定静,《中庸》渊泉,《孟子》平旦之息,《大易》艮背之旨,洗心之密,皆先此为务,润身润家、国、天下,一自此流出。不然,即见高论彻,终属意气,是热闹欲机,人己间恐增薪耳。但此水别有一窍,发自天源,洞无涯涘,未可意取,必闇然君子,晦韬光,抑气沉心,庶其冥会,则天源浚发,一点灵光,孕育大渊之中,清和浑合,默收中和位育之效于眉睫间,肫肫浩浩渊渊,造化在我。③

万廷言称,回归本寂的乾阳本体的方法就是《周易》所强调的"艮背工夫"。在《周易》八卦中,"艮"象征山,山象征着静止、克制、止其所欲。艮卦的卦辞是:"艮其背,不获其身;行其庭,不见其人,无咎。"《象传》的解释是:"艮,止也。时止则止,时行则行,动静不失其时,其道光明。艮其止,止其所也。上下敌应,不相与也。是以'不获其身,行其庭不见其人,无咎也'。"艮背工夫历来为理学家所重视。周敦颐说:"艮其背,背非见也。静则止,止非为也,为不止矣。其道也深乎?"④他甚至声称,佛教强调寂灭,说到底也就是绝对的静,因此,"佛氏一部《法华经》,抵是儒家一个艮卦可了。"⑤不过,艮卦强调的是"动静不失其时",由静而动,以静制动,而不是绝对的寂灭。万廷言写道:

> 承问艮背之义,……从之精神发用在面,而闭藏于背。闭藏者,发用之

---

① 《万廷言集·学易斋集·大易吟寄许孟中邓汝极》。
② 《万廷言集·学易斋约语》。
③ 《万廷言集·学易斋约语》。
④ 周敦颐:《通书·蒙艮第四十》。
⑤ 《释氏资鉴》卷十。

根也。无思无为,渊密自在,故常止。是谓所,是谓思之位也。发用则与物交,物交则思引,邪妄作而根离,圣人恶之。故示之背,使人知所自反。敛发用归之根。虽感在前,常若退藏于后,虽起而应,常若敌应不相与者。盖才引,便有向外向前意,才敛,便有向里向后意。向外则奔逸,向里则渐止。此止意自然,可自验者也。是谓止所,是谓思不出位者也。……大抵人我出于起念,物理乱于多思,吾诚止所,则心境廓然无念,安有我?既无我,则自与物为体,因物付物,又安有人?《传》称在己无居,形物自著,动静光明,皆至善矣,何咎之有?此止体自然,艮背大旨也。①

万廷言指出,所谓"艮背工夫",就是"知止"。他强调,"知止"是致良知的关键所在。他说:

体用原是一心,物我皆同此止,未有心止物不得所止,亦未有物得所止心不止者。如处事一有不当,则人情不安,是物失所止,自心亦便有悔吝不安处,是吾心亦失所止。须一一停当合天则,人己俱安,各得所止,方谓之止,非谓我一人能独止也。此正是致良知于事事物物也。致良知于事事物物,即所谓知止也,故知止致知是一个功夫。②

万廷言强调,"知止"是儒家思想的精髓,是人实现"无欲"的关键,是儒家全部经典著作的核心思想。进一步说,"至善""无欲"是根本所在,"心"不能随外物飘浮不定,"心"一旦随外物飘浮不定,就不能止于至善,就无法达到无欲的境界。这正是长期以来人们没有做到并造成严重后果的原因所在。他说:

千古人病,在意不止。故千古圣贤问学,在止意。圣贤所以止意,非强也,止于至善耳。至善,心之本体,所谓性也。性,无形相,无一善可名。明德非在己,亲民非在人。湛然常止,自寂自感,所以谓之至善。意至此,自无可驰逐。非惟无可驰逐,即意根亦无着处矣。盖须意根亦无着处,而后谓之止。此千古圣贤相传心法也。③

---

① 《万廷言集·学易斋集·答殷同仁》。
② 《万廷言集·学易斋约语》。
③ 《万廷言集·学易斋集·大学私记》。

> 息,止也,生也,才息便生。平旦雨露,润泽万物,功德遍天下,悠忽之间,从何处生来,妙不可测,知道者,默成而已。①

万廷言认为,王阳明的良知学实际上就是教人"知止"。这是因为,良知为每个人都要拥有,而人的使命就是要使良知发用流行,也就是回归良知本体,而不能在外部世界,在纷繁复杂的现实生活中迷失自己。万廷言强调,把握这一点极其重要。换言之,良知既是人的出发点,也是人有应有归宿。他说:

> 惟知常止,而后知意之所不止也。至善无内外形相可窥,无机缄可测,惟发窍之知差可依据,所谓天所与我,我固有者,阳明先生所谓良知是也。致知在格物者,何也?盖天下国家,身心意知,皆在至善之中。意是天下国家一体之意,知是天下国家一体之知,物是天下国家一体之物。诚意者,岂断物意种,绝物不应哉?只感物时,令从知体光明中流行,常止常应耳。盖知则自止,不知则不止,常知常止,常止常应,则因物付物,各止其物,明德亲民同归至善矣。②

万廷言指出,《周易》的所谓"艮背工夫",所谓"知止",就是将心收摄,使耳目等心之感各归其所止之所,与罗洪先的"收摄保聚"说是一致的。不过,他们的论证方式并不相同。罗洪先更多的是依据个人的生命体验和从王阳明著作中获得启迪,其理论依据主要是《大学》等儒家经典著作。罗洪先认为,《大学》所说的"定、静、安、虑",正是要求人们"收摄保聚",只有这样才有可能实现"大学之道"。他说:

> 盖人生而静,未有不善,不善者,动之妄也,主静以复之,道斯凝而不流矣。神发为知,良知者,静而明也,妄动以杂之,几始失而难复矣。故必有收摄保聚之功,以为充达长养之地,然后定、静、安、虑由此以出,必于家国天下感无不正,而未尝为物所动,乃可谓之格物。③

---

① 《万廷言集·学易斋约语》。
② 《万廷言集·学易斋集·大学私记》。
③ 《罗洪先集·甲寅夏游记》。

而万廷言主要是以《周易》为他的理论背书,更为具体地说,万廷言是直接从乃师罗洪先那里接受了"收摄保聚"说,通过研读《周易》,认为《周易》为"收摄保聚"说提供了坚实的理论基础,进而用《周易》为其学术思想背书。与罗洪先一样,万廷言也认为《大学》所说的"定、静、安、虑",就是要求人们"知止"。万廷言说:

> 定静安虑,知止者之工夫气象如是,即至善之实体如是,所谓合本体之工夫也。①
>
> 格致诚正是条析知止工夫,定静安虑是点出格致诚正气象。盖定静安虑渐入止境,渐与至善本体相近。②

罗洪先后来提出了"仁体说",强调"收摄保聚"必须与万物为一体,认为这才是圣人的最高境界。实际上,王阳明也认为,"使于真寂端倪果能察识,随动随静,无有出入,不与世界物事成对待,不倚自己知见作主宰,不著道理名目生证解,不藉言语发挥添精神,即此渐能自信,果能自信,则收摄保聚之功,自有准则。"③不过,在王阳明那里,致良知工夫绝不仅仅是"收摄保聚","收摄保聚"只是致良知的重要途径之一。

万廷言认为,所谓"艮背工夫",也就是"知止",不仅是道德修养工夫,更是一种与天地万物为一体的境界,他说:

> 至善无自相,无边际,浑然一体……定静安虑,有无限境界,非言语可及。④

万廷言强调,为学或者说道德修养的目标是"知止"。能够做到"知止",必然能够达到与万物为一体的境界,"学问养到气下虑恬;见前便觉宇宙间廓然无一丝间隔,无一毫事,受用不可言说。日间涵养此中,常有然恬愉和适,不着物象之意,始是自得。""日间常令恬澹虚闲之意多,便渐次见未发气象。"⑤在他看

---

① 《万廷言集·学易斋集·大学私记》。
② 《万廷言集·学易斋集·大学私记》。
③ 《罗洪先集·甲寅夏游记》。
④ 《万廷言集·学易斋集·大学私记》。
⑤ 《万廷言集·学易斋约语》。

来,所谓治国平天下,说到底,正是一种与万物为一体的境界:

> 至善无自相,无边际,非有方所可求,境界可得,亦何由而遂得止于是也?但常存止的意思在,则渐有定静安虑气象。有定静安虑气象,则渐是至善体段,意根自帖帖,无驰逐放顿处。便入佳境矣。故止非对形言也,常定静安虑,则心体寂然浑一灵妙,何尝有人我家国之界?①

万廷言对"大学之道"中的"平天下"说作出了自己的解释。他说:

> 平天下"平"字最妙,深味之,令人当下恬然,有与天地万物同止其所气象。一道清冷,万古常寂,学者须见此气象,格致诚正与修齐治,皆行所无事,不作颇僻,不落有所,人人孝弟慈,便人人定静安,浪静风恬,廓然无事,总一个至善境界,所谓安汝止也,何等太平!盖古之帝王,起手皆是平的意思,故结果还他一个天下平。后世不然,多属意气,意见、造作功能,自己心浪未平,安能使人心太平?古人平的气象,未梦见在。②

由此,万廷言证明了收摄保聚,也就是致虚以致良知乃绝对真理,"念庵之学得先生而传",③在江右王门学派中占有重要地位。当然,万廷言的贡献及其地位主要是学术理论方面和个人体验方面的,在社会实践和社会影响层面,则不是特别大,这与乃师罗洪先明显不同。

---

① 《万廷言集·学易斋集·大学私记》。
② 《万廷言集·学易斋约语》。
③ 《明儒学案·江右王门学案·万廷言传》。

第十章　胡直　邹元标论

本章我们探讨胡直和邹元标的学术思想。把他们放在同一章论述，似乎有点勉强，胡直是公认的江右王门学派第二代传人的领袖之一。他先是从学欧阳德，后又拜师罗洪先。邹元标则是江右王门学派第三代传人，被认为是江右王门学派的殿军大将。邹元标曾问学于胡直，胡直对他产生了很大的影响。史载，"元标弱冠从直游，即有志为学。"①但他并没有正式拜师胡直。他们都没有盲从王阳明的具体观点，也没有拘守江右王门学派第一代领袖人物的理论观点，而是与各学派学者广泛交游，并根据现实和自己的思考和体验，提出了自己的思想观点。这就决定了他们的思想观点有自己的显著特点，他们不仅发展了阳明学，也丰富了江右王门学派的学术思想理论。

第一节　胡直简论

胡直出身于吉安府泰和县的一个士绅家庭。胡直的父亲胡天凤也是当地一名颇有名气的学者，他私淑有王阳明，是阳明学的积极追随者，曾与何廷仁、黄弘纲等人共学。不过，尽管有家庭的熏陶，但胡直并没有因此对阳明学有好感，甚至撰文批判王阳明的格物致知说。胡直自称，"予童颇质任，尝闻先府君论学，而不知从事。"②他浪漫豪放耿直，希望成为孔融、李白、苏东坡之类豪放浪漫的文人或郭元振、文天祥之类的军事英雄。他尤其梦想成为孔融、李白之类的人。作为一个士绅家庭的孩子，走科举道路是胡直的必然选择。不过胡直的身体不大好，"少病肺，咳血怔忡，夜多不寐"，③科举征途上也不是很顺利，直到

---

① 《明史·邹元标传》。
② 《胡直集·困学记》。
③ 《胡直集·困学记》。

1556年,年近四十时方中进士,此后仕途较为顺畅,历任吏部主事、胡广督学、广东、福建按察使等职,并最终在福建按察使任上去世,终年六十九岁。

胡直二十六岁时,适逢欧阳德回乡奔丧。欧阳德在闲暇之际,与邹守益、罗洪先等人一起探究和宣扬王阳明的良知学,在地方上影响很大。在欧阳德的族孙欧阳文朝的建议下,胡直获得了向欧阳德问学的机会,欧阳德教之以"立志":"明明德于天下,是吾人立志处,而其功在致吾之良知。"在欧阳德的影响下,胡直逐步由"酷嗜词章"转向心性修养之学。他反省道:"自觉学无力,因悔时日之过,大病在好词章,又多忿欲,三者交剧于胸中,虽时有战胜,不能持久,此予志不立之罪,无可言也。"[1]

但胡直实际上并没有因此坚定地转向心性之学,也没有服膺阳明学,由于身体不佳等原因,他甚至产生过出家的念头。1547年,在友人的建议下,胡直前往吉水拜访罗洪先,并拜罗洪先为师。据他记载:"先生初不甚喜良知,亦不尽信阳明先生之学,训吾党专在主静无欲。予虽未甚契,然日承无欲之训,熟矣,其精神日履,因是知严取予之义。"[2]也就是说,并不以研究和传播阳明学为己任的罗洪先并没有向他传授阳明学,而是专注于"无欲",罗洪先教育和引导胡直如何在日常生活中切实地做到"无欲"。在罗洪先看来,"无欲"既是达到圣人精神境界的基础和条件,也是崇高精神境界的表现。

但此时的胡直并没有立志成为圣贤,也未必有达到圣人的精神境界的追求。而一般地就"无欲"而言,主张"绝伦弃物"的佛教和道教实际上更有一套。于是胡直不久便向陈大伦学道,向邓鲁学禅。胡直学道"未有入",学禅却大有收获。他记载说:

> 予亦就钝峰(邓鲁)问禅,钝峰曰:"汝病乃火症,当以禅治。"每日见予与诸生讲业毕,则要共坐。或踞,或席地,常坐夜分。少就寝,鸡鸣复坐。其功以休心无杂念为主,其究在见性。予以奔驰之久,初坐至一二月,瘼瘵间见诸异相。钝峰曰:"是二氏家所谓魔境者也。汝平日忿欲利名,种种念虑,变为兹相,《易》所为'游魂为变'是也。汝勿异,功久当自息。"四五月果渐息,至六月遂寂然。一日,心思忽开悟,自无杂念,洞见天地万物,皆吾心体。喟然叹曰:"予乃知天地万物非外也。"自是事至亦不甚起念。似稍

---

[1] 《胡直集·困学记》。
[2] 《胡直集·困学记》。

能顺应,四体咸豈泰,而十余年之火症向愈,夜寝能寐。予心窃喜,以告钝峰。钝峰曰:"子之性露矣。"之久,虽寐犹觉,凡寐时闻人一语一步,皆了了。钝峰曰:"是乃通昼夜之渐也,子勉进之,可以出死生矣。"予乃问:"出死生何谓也?"钝峰言:"不出死生,则前病犹在。"予因是从钝峰究出死生之旨,若日有所悟。①

通过学禅,胡直身体状况尤其是精神面貌大为改观,这对他产生了巨大的影响。胡直声称,他自己的学禅体验"印诸子思'上下察',孟子'万物皆备',程明道'浑然与物同体',陆子'宇宙即是吾心',靡不合旨。视前所见,洒然彻矣。因自审曰:'吾幸减宿障,从此了事,又何可更缠世网,从事残蠹,致汩吾真耶?'"胡直由此对心性之学产生了浓厚兴趣,在他看来,所谓心性之学,无非就是指引人们追求超越一切的精神境界,获得超越一切的精神自由。按照一般的观点,达到了超越一切的精神境界,在日常生活实践中就会自然而然地与儒家名教纲常保持绝对一致,自然而然地实现国天下平的社会目标。基于这一切身体验,胡直积极地与各方面人士交流探讨。对他来说,成功地通过科举考试,考取进士,步入仕途至关重要。工夫不负有心人,1556年,胡直成功地考取进士,步入仕途。

不过,此时的胡直依然没有矢志成为圣贤,追求达到圣人的精神境界,也没有对心性之学展开深入学术理论层面的探讨研究。欧阳德的死讯是胡直学术人生的关键转折点。据胡直回忆,"甲寅(1554)二月,闻南野先生讣,已为位痛哭,因念师资既远,学业无就,始自悔数年弛放,自负生平,又负师门,为痛恨。寻又作博文约礼题,遂舍而思曰:'孔、颜授受,莫此为切,故必出此乃为圣人之学,而非此必非圣人之学者也。'"②

胡直随即开始"立志",认真学习研究心性之学,探究如何在日常生活实践中达到圣人的精神境界。在胡直看来,要达到圣人的精神境界,首先必须解决所谓的"博文约礼"问题,即正确处理"文"和"礼"的关系问题。无论是程朱理学和陆王心学,都强调"理即礼也",都认为学习研究心性修养之学的目标就是如何在日常生活实践中完全做到非礼勿视、非礼勿听、非礼勿言、非礼勿动。"礼"看起来简单明确,不容置疑,不容虚饰,必须无条件遵守,是为"约";但如

---

① 《胡直集·困学记》。
② 《胡直集·困学记》。

何指导和论证人们在日常生活实践中严格地遵守"礼",却并不简单,必须从各方面研究探讨论证,这就是所谓的"文"。胡直认为,"孔、颜授受,莫此为切,故必出此乃为圣人之学,而非此必非圣人之学者也。"[①]尽管受到欧阳德的深刻影响,但胡直并没有简单地接受王阳明的良知学,而是在坚持心学的基本原则的基础上对程朱理学和阳明学进行了认真的审视和研究。他发现,无论是程朱理学还是当时流行的阳明学理论观点,都存在问题。他从四个方面质疑程朱理学,从三个方面质疑当时社会上流行的阳明学理论。基于这些质疑,胡直进一步深入探讨,由此成为江右王门学派第二代传人的重要领袖人物。

　　胡直对程朱理学提出了四个方面的质疑,即"四疑"。在他看来,最令人无法接受的是其即物求理说。胡直称,"理莫大乎五常之性,曰仁义礼智信是也。今以理为在物而穷之,此则五常之性,亦在物不在人矣,是人皆为虚器,无一理之相属,恐必不然。"在胡直看来,所谓"理",简单地说,就是仁义礼智信"五常",这取决于人的情感、信念和行动,而不能脱离人而独立存在,也就是说,"理"在人不在"物",如果即物求理,"是人皆为虚器",只是"理"的被动接受者,这就犯了根本性的、方向性的错误;其次,关于"礼"的内涵,程朱理学强调"礼"乃"人事之仪则,天理之节文",问题在于,这些仪则外在于人的客观存在("物"),还是存在于人的心中呢?既然是"仪则",似乎必定是一种外在于人的客观存在,然而,作为人事之仪则,其必要性和有效性取决于人本身,那么,天理究竟是存在于人的心中还是一种客观存在呢?总不能说理分别存在于"物"和"心"之中吧?将天理一分为二,这在胡直看来无论如何是无法接受的。第三,按照程朱理学的基本观点,所谓为学,就是即物求理,这就意味着,作为一种客观存在的"理"优先于人本身。在胡直看来,天地万物纷繁复杂,根本就不可能穷尽物理,这就意味着"穷理"是一项不可能完成的任务,所谓穷理尽性因此根本无法落到实处。胡直强调,人心才是根本,人心应当优先于"理","《大学》之道贵知本,故曰知所先后,则近道矣。"程朱理学的观点完全违背了儒家经典著作的本旨。第四,人如何才能体认并践行天理。程朱理学主张"专以多闻多见为事,以读书为功",胡直认为,这与孔子的主张背离,"孔子则尝以多闻多见为知之次"。[②] 胡直声称,他内心里的这"四疑",没有也不敢向任何人讨教,但内心里觉得这是无法接受的。胡直这"四疑"显然从根本上否定了程朱理学的基

[①]　《胡直集·困学记》。
[②]　以上均见《胡直集·困学记》。

本原理。

　　胡直不仅仅质疑程朱理学,也审视批判了当时流行的阳明学理论。在胡直看来,阳明学理论至少存在三个方面的问题。首先,关于"心"和"物"的关系问题。在胡直看来,王阳明的"致吾心良知于事事物物之间"无疑是绝对正确的,"虽孔、曾复生,无以易也。"①但王阳明说"物者,意之物,格者正也,正其不正,以归其正"。② 把"正心"和"格物"混为一谈,这既有违经典,在逻辑上也是说不通的。尽管从根本上说,"心"和"物"最终统一于"心",但这有一个过程,不能一蹴而就,对于初学者来说,"恐不免增缴绕之病"。其次,关于良知与"天则"。胡直认为,王阳明一反程朱理学,强调"心外无理",天理只能存在于人的心中,这固然无可厚非,但无论是理论上还是在经验事实层面,都不能否认"天则"的存在。"天则所在,是欲为尧、舜之中,箕子之极,文王之则,孔子之矩,曾子之至善,子思之中庸,程伯子之停停当当者是也。"如果否认"天则"的存在,难免会导致随心所欲,为所欲为,这就与良知学的宗旨背道而驰了。"第云致其良知,而未言良知之有天则。以故承学之士,惟求良知之变化圆通,不可为典要者,而不复知有至当、中、极、则、矩、至善、中庸、停停当当之所归,一切太过不及,皆抹杀而不顾,以致出处取予,多不中节,一种猖狂自恣,妨人病物,视先儒质行反有不逮。"胡直认为,之所以要"约礼",实际上就是要约束人们要遵循"天则",而不能随心所欲,为所欲为。第三,关于"文"、"礼"和良知及致良知之间的关系问题。在王阳明那里,"文也者,礼之见于外者也,礼也者,文之存于中者也。"③"礼"就是天理,良知即天理,一切只存在于人心之中。"吾心之良知即所谓天理也,致吾心之良知于事事物物,则于事事物物皆得其理矣。"④胡直认为,这种观点是有问题的。"礼"和良知有所不同,"文不专在外,礼不专在中,专以文在外,则舍吾心,又焉有天地万物?专以礼在中,则舍天地万物,又焉有吾心?是文与礼均不可以内外言也。"一味强调良知即是天理,强调"礼"和良知是一回事,必然造成"重内轻外"的严重倾向,"今之语良知者,皆不免涉于重内轻外,其言亦专在内,不知夫子言礼而不言理者,正恐人专求之内耳。"⑤

　　基于以上疑虑,胡直进行了深入思考研究。胡直声称,他探索研究的现实

---

① 《胡直集·困学记》。
② 《王阳明全集·语录一·传习录上》。
③ 《王阳明全集·博约说》。
④ 《王阳明全集·语录二·传习录·中》。
⑤ 《胡直集·困学记》。

目标是指导人们在日常生活中自觉践行儒家伦理道德规范，真正做到非礼勿视、非礼勿听、非礼勿言、非礼勿动：

> 俾知日用应酬，可见之行者，皆所学之事，而不必探索于高深。日用应酬，准诸吾心之天则者，礼也。礼至一者也，而学之功在焉，故约之以礼，俾知日用应酬，必准诸吾心之天则，而不可损益者，乃为学之功，而不必测度于渺茫。是无往非文，则无往非礼，无地可间，而未可以内外言也。无往非博，则无往非约，无时可息，而未可以先后言也。①

在胡直看来，程朱理学的即物求理说根本无法达到目的，而当时社会上流行的阳明学，由于过于强调"心外无物"，"心""物"不分，否认"天则"的存在，致使"重内轻外"，随心所欲，为所欲为，不以"礼"为事，还自以为是遵循了良知，同样无法达到目的，实际上业已产生了严重后果。

尽管对当时流行的阳明学理论有所质疑，但胡直依然坚信心学、坚信阳明学才是"正学"，王阳明才是儒学精髓的真正继承者和弘扬者，毕竟，"心"才是全部圣学的核心所在。他说：

> 明道以后，作者非一，然断断然示人先本后末，反求诸心，则未有显赫如近日阳明先生者也。直长不知学，方壮，游南野、念庵二师，与闻先生大旨，弗克自决。及读濂溪"无欲为要"之语，已涣然矣。已又见明道述天理由自体而得，又曰："不可以穷理为知之事。"曰："天理具备，元无欠少。"曰："以诚敬之，不待防检，不须穷索。"其训"致知格物"曰："物至知起，物各付物，不役其知，则意诚不动。"又曰："人心莫不有知，惟蔽于欲，则亡天德。"然后益信阳明无一语不与濂溪、明道合，其远接孔、曾，以上溯道心精一之旨，复何喙焉？②

胡直强调，天理只能存在于人心之中，而不是存在于天地万物之中，"理在心，不在天地万物"。他说：

---

① 《胡直集·困学记》。
② 《胡直集·衡庐精舍藏稿·刻正学心法序》。

> 夫万理之实,岂端在物哉?其谓实理即实心是也。孟子曰:万物皆备于我,而下文继之曰:反身而诚,乐莫大焉。若实理皆在于物,则万物奚与于我,又奚能反身以求诚哉?何则?人心唯诚,则其视天地也实天地,视万物也实万物。父子之亲,君臣之义,不可解于心者,皆实理也。若人心一伪,彼且视父子君臣浮浮然也,其极至弑父与君而弗之忌,彼乌睹父子君臣之为实理哉?彼其视天地万物梦梦然也,其极至亵天渎地而弗之顾,彼乌睹天地万物之为实理哉?故曰不诚无物者,此也。①

基于此,胡直把"心外无物"说发挥至极端,他认为,"心造天地万物",天地万物不仅仅是存在于内心,而且实际上是由人的内心创造的。他说:

> 天者,吾心为之高而覆也;地者,吾心为之厚而载者;日月,吾心之为明而照也;星辰,吾心为之列而灿也。雨露者,吾心之润,雷风者,吾心之薄,四时者,吾心之行,鬼神者,吾心之幽者也。江河山岳、鸟兽草木之流峙繁植也,火炎水润木文石脉,畴非吾心也;蝼蚁虎狼鸿雁雎鸠,畴非吾心也;一身而异窍,百物而殊用,畴非吾心也。是故皦日者所以造天地万物者也;吾心者,所以日月与造天地万物者也。其惟察乎,匪是则亦黝墨荒忽,而日月天地万物熄矣。日月天地万物熄,又恶睹乎所谓理哉?子故曰:察之外无理也。②

胡直所谓的"心造天地万物"说也不意味着他否认客观事物的存在。与王阳明一样,胡直也认为,客观的世界只有存在于人的心中才有意义和价值,进而言之,在他看来,人实际上是生活在自己的世界中,并根据自己对世界的认识和体验指导自己的生活实践。进而言之,儒家名教纲常只有存在于人的内心深处的才是有意义的,才能得到内心深处的信仰和遵守,否则不过是一种虚幻的、无意义的存在,不可能发挥应有的效能。正因为如此,胡直认为,在心性理论方面,佛家和道家其实很有见地,与儒家关于心性的认识基本相同,绝不能因为佛家和道家的基本立场与儒家不同而排斥其智慧。尤其是佛教"三界惟心"论,基本上是正确的,"若夫释氏所谓三界惟心,山河大地为妙明心中物,其言虽少偏,

---

① 《胡直集·胡子衡齐·六锢》。
② 《胡直集·胡子衡齐·理问下》。

而亦不至大缪。"①他说,"某则以为老、佛之言或类吾儒,而吾儒之言亦有类老、佛者,此则譬之食稻衣锦,虽庄蹻皆然。"②

胡直指出,儒家和佛家、道家的本质区别在于,佛家和道家尽管对人的心性有着非常深刻的认识,问题在于,佛家、道家的本质是出世的,在社会实践层面"逃伦弃物",而儒家积极入世,以治国平天下为己任。因此,佛家和道家虽然在对人的心性认识和理解方面极具智慧,却无法成为治国平天下的圣贤。儒家要成为治国平天下的圣贤,可以而且应该汲取他们的智慧。他说:

> 某尝以为圣人能兼夫禅,而禅不能兼夫圣,以其间有公私之辨,此所以成毫厘千里之异也。③

> 释氏者,虽知天地万物之不外乎心,而卒至于逃伦弃物,若是异者,非心之不实也,则不尽心之过也。盖释氏主在出世,故其学止于明心。明心则虽照乎天地万物,而归于无有。吾儒主在经世,故其学贵尽心,尽心则能察乎天地万物而常处之有。则是吾儒与释氏异者,则尽心与不尽心之分也。所谓毫厘千里者,此也。④

众所周知,无论是程朱理学还是陆王心学都是在对佛家、道家理论批判借鉴的基础上建立起来的,尤其是王阳明,对佛教禅学的借鉴更多,他的很多理论概念直接脱胎于禅宗佛教经典,但他们一般都不大愿意坦率地承认和佛教禅学的密切关系,而是着意强调自己与佛老有着本质的区别,强调自己对佛教禅学的借鉴服务于修齐治平的崇高目标,而不是像佛教禅学那样绝伦弃物。生性豪迈浪漫的胡直认为没有必要隐讳,而应当直面事实,"一口说破,直将此学尽头究竟,不敢为先儒顾惜门面。"⑤胡直认为,佛家、道家确乎有巨大智慧,儒者理所当然地要汲取佛家、道家的智慧,在日常生活实践中"尽心",严格遵守儒家名教纲常,经邦济世,治国平天下。

对胡直而言,既然"心造天地万物",那么,一切取决于"心",人生全部努力的出发点和归宿也只能是"心"——通过日常生活实践中的修心,达到超越一

---

① 《胡直集·胡子衡齐·六锢》。
② 《胡直集·衡庐精舍藏稿·答唐明府书》。
③ 《胡直集·衡庐精舍藏稿·答唐明府书》。
④ 《胡直集·胡子衡齐·六锢》。
⑤ 《胡直集·衡庐精舍续稿·与郭相奎书》。

切，与天地万物为一体的精神境界，而这正是儒家所追求的圣人的精神境界。胡直是这样概述自己的学术思想追求的："吾学以尽性至命为宗，以存神过化为功，然独渐老未得也。""以仁为宗，以觉为功，以万物各得其所为量，以通昼夜忘物我为验，以无声无臭之至。""以一体为宗，以独知为体，以戒惧不昧为功，以恭忠敬为日履，以无欲达于灵则为至。"①说法各有不同，但无非是指通过日常生活实践中的修心，达到超越一切的圣人的精神境界。胡直相信，只要达到了圣人的精神境界，就自然而然地能够实现经邦济世，治国平天下的经世目标。他说，"心性者，学之根与源也。古之大学欲明明德于天下国家者，乃推及其本曰先修其身，而修身先正心，正心先诚意，诚意先致知，而知即性也。"②这不仅需要在日常生活实践中付出艰苦的努力，即践行致良知工夫，也需要在理论上进行探究。

在理论上，胡直对"心"进行了深入分析探讨。他同样认为，"心"既是一种生理的存在，更是一种形而上的存在，道德和文化的存在。他强调，必须特别重视"心"的"人心"和"道心"之分，"已发"和"未发"之别，"道心"才是世界的最高存在或者说本质存在，"道心者，性也。性灵承于帝也。"③"道心"和"人心"是不同的，"人心"是"道心"的运用，"道心"在运用的过程中必然遭受污染和蒙蔽。他说：

> 心之宰，性也，而形气宅焉。是故心之动也宰于性，不役于形气，是为道心。道心故有者焉。役于形气，不宰于心，是为人心。人心故无者焉。道心则所谓人生而静，天之性是也。人心则所谓感物而动，性之欲是也。……道心者，以其无为为之者也。无为者，其止若渊，其行若云，子思所谓不睹不闻，孟子所谓不学不虑是也。……人心者，以其有为为之者也。有为则其动如波，其行如骤，抑《诗》所谓愧于屋漏，孟氏所谓行不慊心是也。……微哉道心，弗以人心杂，曰精，弗以人心二，曰一。弗杂弗二，则内无偏倚，外无过不及，中不在斯乎？故曰允执厥中。……未发之中，中也，发而中节之和，亦中也。④

---

① 《胡直集·胡子衡齐·续问下》。
② 《胡直集·胡子衡齐·六锢》。
③ 《胡直集·胡子衡齐·明中上》。
④ 《胡直集·胡子衡齐·明中上》。

基于"心造天地万物","理在心,不在天地万物"的判断,胡直指出,人世间的一切规则规范,无不出于人心之中。"人心无不备具,无不照临,而道义由出。"①他说:

> 夫人之灵且贵者,以是心之出于皇降天命者也,所谓道之大原出于天者,此也。非心之外而别有天也。是心也,在诗曰帝则,在书曰皇极,曰天之明命,在记曰天理,在孟氏曰此天之所以与我。儒又有字之曰天神天明,曰天聪明,又尊之曰天君,故其达诸伦物曰天叙天秩,行诸政治天命天讨,盖不得以一私意,故曰天也。②

"心"之所以能够造天地万物,人世间的规则规范之所以无不出于人心之中,是因为"心"的本质是"虚灵",体现为"独知",既超越于万事万物,又能够包容感应万事万物,"夫心,虚而灵者也,即独知是也。此独知者,不论动与静,有念与无念,有事与无事,总之一虚而灵而已。"③"夫独知者,宰夫念虑,而不以念虑着;贯乎动静,而不以动静殊也……慎之义,犹慎固封守之谓,功在几先,于时保之者是也。若曰必待动念于善恶而后慎之,则不慎多矣。"④这就是说,道心即独知,独知即是良知。"独知固有诚而无伪也,非良而何?"⑤胡直认为,"独知即性也,中即独知之未发者也。""性即人心本明者是也。"⑥"性者,即维天之命,所以宰阴阳五行者也。在天为命,在人为性,而统于心。故言心即言性,犹言水即言泉也。泉无弗清,后虽汩于泥浊,澄之则清复矣,性无弗善,后虽汩于气质,存之则善复矣。"⑦既然独知即是良知,所以致良知的关键在于"慎独"。胡直强调:

> 独知一语,乃千古圣学真血脉,更无可拟议者。曾子独得孔门宗旨,其著《大学》,推及平天下,而功夫只在慎独。子思,受益曾子者也,推及位天

---

① 《胡直集·胡子衡齐·续问下》。
② 《胡直集·胡子衡齐·六锢》。
③ 《胡直集·衡庐精舍藏稿·答友人问独知》。
④ 《胡直集·胡子衡齐·续问下》。
⑤ 《胡直集·胡子衡齐·续问下》。
⑥ 《胡直集·胡子衡齐·征孔上》。
⑦ 《胡直集·胡子衡齐·续问下》。

地,育万物,而工夫亦只在慎独。……此知不容一毫虚假,乃天下至诚之动者也……吾人舍此,更何所倚? 故唯慎其独知,则可以诚意而至平天下,可以致中和而致位育,曾子、子思岂欺我哉?①

胡直指出,虽然"心造天地万物",人世间的一切规则规范,无不出于人心之中,但这并不能否认人世间的一切规则规范的客观性,人绝不能因此而随心所欲,放任自流。绝不能把良知视为人的直觉意识,否则即会造成严重后果。胡直特别指出:

仆向所谓本然天则者,正即良知本然之觉照无内外者是也。初未尝黜觉照而言良知,亦未能外良知而求天则。即如好恶是觉照,无有觉好恶是良知,亦即是本然天则者也。……若专认能觉照能感应无穷者即谓之良知,则凡人之作好作恶,淫知巧识,狂慧苛察,顷刻之间千变万化者,孰非为觉照感应者为也,亦皆谓之良知可乎? 以至恣情纵欲,戕人病物者,亦孰非能觉照能感应者为之也,亦皆谓之良知可乎? 故谓良知不外觉照可也,其专认觉照为良知,则去良知何啻千里!②

在胡直看来,"人心"是"道心"运用的结果,必然掺杂着大量的物欲,因而具有明显的不确定性,而"道心"作为世界的最高存在,具有毋庸置疑的确定性。"天则"、"物则"出自"道心",可以视为良知本身,乃"吾人之天权天度天星天寸",具有显而易见的确定性。胡直强调,正是有了"天则"、"物则"的存在,人才不能随心所欲,为所欲为,"穷索臆度"。"夫衡悬则不可欺以轻重,绳陈则不可欺以曲直,规矩设则不可欺方圆。"③胡直说:

夫良知者,乃吾人之天权天度天星天寸者也,吾致其良知以应物,是犹平衡定准以称量天下之物者也。夫是以顺乎本然之则,而不涉于安排者也。今若舍吾天权天度天星天寸,而惟以穷索臆度,悬定物理之轻重长短,是未尝平衡而欲以称物,未尝定准而欲以量物,则非独涉于安排,且以颠越

---

① 《胡直集·衡庐精舍藏稿·答程太守问学》。
② 《胡直集·衡庐精舍藏稿·复孟两峰》。
③ 《胡直集·衡庐精舍藏稿·重刻王心斋先生遗录序》。

其轻重长短者多矣,又乌睹所谓本然之则哉?且终不知其所为穷索臆度者,则亦良知之末光者为之,而衡准则未见其平与定也,盍亦反其本哉!①

胡直进一步指出,人世间最重要的"天则"、"物则"就是"礼"。作为一种"天则"或者说"物则","礼"乃"吾心不可损益之灵"。他说:

> 先王之礼,果天降地出乎,抑自其心而制之乎?子不闻昔宰我欲短丧,孔子不汲汲曰先王之礼不可废也,而独启曰:食夫稻,衣夫锦,于女安乎?女安则为之。然则三年之丧,自人心之弗安者制之也,非自外至也。夷子从薄葬,孟子不汲汲曰先王之礼不可废也,而独谓之曰:盖上世尝有不葬其亲者矣,它日过而视之,其颡有泚。其泚也,非为人泚,中心达于面目。然则厚葬之道,自人心之有泚者制之也,非自外至也。记礼者曰:自中出根于心。然则先王之礼三千三百,莨不自人心矣,孰谓心学不可崇礼而反违先王哉?②

在胡直看来,从形式上看,"礼"乃出自"先王"的创造,但它只有存在于人的心中,人们自然而然地遵守它们才是意义,才是真正意义的"礼",显然,如果只是专注于"礼"的外在形式,是没有意义的,实际上也就不可谓"礼"。"礼之本概失,而文亦非"。然而,完全否定"礼"的外在形式也是不行的,它确实是一种客观的存在,是一种"天则""物则"。他指出:

> 礼虽有本有文,然而无内外、无常变,灵则行焉者也,故未有内不佚而外故自佚者也。……知仁礼非二物也,然则礼岂可以内外异而斯须去哉!唯后世不知礼之出于灵则,一切殉于其外,则徒是古而非今,胶此而遗彼,溺器数而盛声容,礼之本概失,而文亦非。故老子诋其忠信之薄,然而非礼之本然也。近有士焉,父子议礼,而争至失色反唇者,其子犹忿然曰:我礼是也。夫父子失色反唇,而犹曰礼是焉?呜呼,此今之所谓礼,则亦非礼之本然也。③

---

① 《胡直集·胡子衡齐·申言下》。
② 《胡直集·胡子衡齐·续问上》。
③ 《胡直集·胡子衡齐·续问上》。

既然"心造天地万物",而"天则""物则"又是毋庸置疑的存在,那么,良知又如何发用流行,或者说,人如何在日常生活实践中自然而然地与这些"天则"、"物则"保持一致呢？胡直认为,全部问题的关键在于人的自觉,自觉地与天则"、"物则"保持一致。基于此,胡直在坚持阳明学基本原则的基础上,重新诠释了"心"和"良知"的性质。他以"觉"训"心",认为"良知即觉也""觉即性也"。① 正是因为"良知即觉也""觉即性也",良知才有可能发用流行,人才能在日常生活实践中自然而然地与"天则""物则"保持一致。

从学术发展史上看,以"觉"训"心"是程颢、谢良佐、张九成等人的基本观点,他们强调"心"的最重要、最本质的特征是"觉",这遭到了朱熹的严厉批评,王阳明也不以为然。毫无疑问,"觉"是"心"的基本功能,道德情感和道德信念必须建立在感应认知世界的基础上,有知觉意识才能有道德情感和道德信念。但是,人的知觉意识与人的道德情感和道德信念不同。王阳明指出,"心之虚灵明觉,即所谓之良知也。"②罗洪先认为,"良知源泉也,知觉其流也。流不能不杂于物,故须以静以澄汰之。"③不过,胡直虽然强调"良知即觉也""觉即性也",但他并没有把"心"的本质简单地归结为人的一般知觉或感觉。在胡直看来,"心"的本质是一种至善的存在,这种至善的存在指的是"道心",是一种形而上的存在,所谓致良知当然是指"道心"的运用,"道心"在运用过程中必须对世界感应。也就是说,所谓"觉性",并不是指人的直觉意识,而是"道心"的发挥运用的表现,"觉即道心,非觉之外而别有道心也。人唯蔽其本觉,而后为多欲,为人心。"④胡直强调,"道心"在运用过程中必然会被蒙蔽,导致良知即"觉性"被蒙蔽,从而不能在日常生活实践中自然而然地与"天则""物则"保持一致。所谓致良知,就是根除物欲对良知的蒙蔽,"循吾觉性"。"良知者,乃吾性灵之出于天也,有天然之条理焉,是即明德,即天理。"⑤他强调,"孔子之言人心也寡,而言道心也多。然则道心何以能当？曰:良知即觉也,即灵承于帝者也。灵故微,微故辨,辨故不入于过不及,故能中而当,当之不出于物也,审矣。"⑥

---

① 《胡直集·胡子衡齐·续问下》。
② 《王阳明全集·语录二·传习录中》。
③ 《罗洪先集·读困辨录抄序》。
④ 《胡直集·胡子衡齐·六锢》。
⑤ 《胡直集·衡庐精舍藏稿·与唐仁卿》。
⑥ 《胡直集·胡子衡齐·明中下》。

无论如何,绝不能否认或无视"天则""物则"的存在。胡直指出,正因为有"天则""物则"的存在,所以人必须"诵书考古、博物洽闻",也就是说,"道问学"是不可或缺的。但"尊德性"才具有决定性意义,进而言之,"道问学"只有与"尊德性"统一才有价值。他说:

> 大哉圣人之道,具诸德性,见诸伦物,随处充满,洋洋乎发育峻极,优优乎三千三百,其本也广大精微高明中庸,则故而已矣。学之者苟非德性之至,又何能凝此大道?故君子必以尊德性为主。然非道问学,则德性莫之尊矣。广大精微,高明中庸,则皆尊德性事;致之尽之,极之道之,则皆道问学事,非有二也。……圣人之道,不外德性,昭然可见,又岂德性之外别有道问学哉!夫惟崇礼,故能居上不骄,为下不倍,有道足兴,无道足容,皆道德之至自然而然者,固如此,非有二也。①

由此,胡直批判和否定了程朱理学的即物求理说。他强调指出,"夫心尽则天下无遁性,性尽则天下无遁理,理尽则天下之物从之矣,岂反假物哉?而世儒者必曰一物而穷一理、一理而求一当,方其见一物一理也,则虽有万理万当,而弗之顾也。方其守一理一当也,则虽有非理非当而弗之恤也;其去至当也,朔越矣。"②

与此同时,胡直也对当时所流行的阳明学理论提出了质疑和批判,他指出:"文者学之事也,至不一者也,故称博,莫非文也,则莫不有吾心不可损益之灵则以行乎其间者,礼是已。礼至一者也,故称约。苟不约礼,则文失其则,虽博而非学矣。子知约之为博也,而后知孔门博学旨归也,此不可不辨也。""苟不约礼则文失其则,虽博而非学。是故有是文则有是礼,非文外礼内也。博之文,必约之礼,非博先约后也。"③胡直认为,在博文约礼方面,程朱理学和阳明学都陷入了误区,程朱理学不明白心外无物,引导人们逐物,而当时流行的阳明学理论则没有认识到"天则""物则"的确定性存在,从而陷入放纵情欲的错误境地。"世儒惩二氏过焉者也,其流执物理而疑心性;今儒惩世儒过焉者也,其流执心性而

---

① 《胡直集·胡子衡齐·续问上》。
② 《胡直集·胡子衡齐·明中上》。
③ 《胡直集·胡子衡齐·博辨下》。

藐物则。"①

也正是基于此,胡直对当时所流行的阳明学进行了批判,他批评了阳明学中的重内轻外的倾向,严厉抨击了那种以良知现成为旗号,在日常生活实践中恣情纵欲,为所欲为的现象。对胡直而言,全部问题的关键就在于教育和引导人们在日常生活实践中"尽心",严格地遵守儒家名教纲常,努力成为治国平天下的圣贤。胡直指出:

> 古人之学,皆求以复性,非欲以习闻虚见立言相雄长,故必从自身磨炼,虚心参究,由壮逮老,不知用多少功力,实有诸己,方敢自信以号于人,是之谓言行相顾而道可明。若周子则从无欲以入,明道则从识仁以入,既咸有得,而后出之。孟子亦在不动心以后,乃笔之书。""夫修身者,非修其血肉之躯,亦非血肉能自修也。故正心、诚意、致知,乃所以修动作威仪之身,而立家国天下之本也。格物者,正在于知此本而不泛求于末也。②

胡直赞成并接受欧阳德的观点,认为良知不能也不应当脱离人的日常生活实践而存在:

> 夫人所为天地之心万物之灵者,以其良知也。故随其位分日履,大之而观天察地,通神明,育万物;小之而因天用地,制节谨度,以养父母,莫非良知之用。离天地人物,则无所谓视听思虑感应酬酢之日履,亦无所谓良知者矣。若于天地人物之理一切不讲,岂所谓随其位分,修其日履以致其良知哉?惟是讲天地万物之理本皆良知之用,然或动于私而良知有蔽昧焉,权度既差,轻重长短皆失其理矣必也。一切致其良知而不蔽以私,然后为穷理尽性,一以贯之之学。良知必发于视听思虑,视听思虑必交于天地万物,天地万物无穷,视听思虑亦无穷,故良知亦无穷。③

胡直自称自己"以一体为宗,以独知为体,以戒惧不昧为功,以恭忠敬为日

---

① 《胡直集·胡子衡齐·明中上》。
② 《胡直集·衡庐精舍藏稿·与唐仁卿》。
③ 《胡直集·胡子衡齐·续问下》。

履,以无欲达于灵则为至。"①也就是说,对胡直而言,生命的最高境界是超越,为了达到这一境界,日常生活实践中的"恭忠敬"至关重要,所有的知识学问,只有落实到日常生活实践中才有意义,反过来说,一旦达到了超越一切的生命境界,会自然而然地"恭忠敬"。正因为如此,与王阳明一样,胡直也特别强调知行合一,他指出:"故谓知为行始,行为知终,可也;谓真行即知,真知即行,亦可也。……真知则无不行,真行则无不知。"②他虽然强调"心造天地万物",但非常重视日常生活实践,这既体现了江右王门学派的基本特点,也体现了晚明学术思想由虚转实的大趋势。

第二节 邹元标简论

邹元标是江右王门学派的殿军大将。他去世时(1624),王阳明已经去世九十五年了,江右王门学派的第一代领袖人物邹守益、欧阳德、聂豹、罗洪先等人也已经辞世六七十年了。经过一个世纪的传播和发展,阳明学在社会上产生巨大影响的同时,也产生了极大的流弊。基于王阳明的"人人都具有良知"的论断,一些人强调人的良知是现成的,进而认为人的自然情识本身就是良知。黄宗羲指出,"泰州之后,其人多能以赤手搏龙蛇,传至颜山农、何心隐一派,遂复非名教之所能羁络矣。"③而泰州学派的代表人物颜山农(钧)、何心隐分别是吉安府的永新县和永丰县人,他们在本地区也具有相当的影响;另外有一些人把王阳明的良知学当成一种知识学问,而不是作为成仁成圣,达到圣人精神境界的指针。他们口口声声致良知,但实际上并不知其所以然,这使得阳明学真精神不断丧失。尽管几代江右王门学派学者以传承阳明真精神为己任,努力"推原阳明未尽之旨",批判良知现成说,阳明学传播和发展过程中所出现的流弊依然同样出现在吉安地区。邹元标说:"吾乡学问极能缠缚英豪,三尺竖儿口能谈阳明,问其所以为阳明,则白头不知,言及此,令人厌甚。"④"管窥良知之说,递相口传失真,予实厌闻。"⑤因此,要振兴阳明学,传承阳明真精神,使致良知工夫

---

① 《胡直集·胡子衡齐·续问下》。
② 《胡直集·胡子衡齐·续问下》。
③ 《明儒学案·泰州学案·前言》。
④ 邹元标:《愿学集·柬友人》。
⑤ 《愿学集·白鹭会答问复》。

落到实处,一方面必须对阳明学理论本身有深刻的认识和理解,另一方面必须充分认识和理解阳明学的传播和发展历程,深刻洞察其流弊的产生原因,这就必须站在一个新的高度,在大力汲取阳明后学各流派的思想理论营养的基础上,在学术思想理论方面有所创新和发展。同时,面对艰难而复杂的形势,宣传教育具有特殊的重要性。为此,邹元标花费了大量的时间和精力从事理论思考和讲学活动,大力弘扬阳明真精神,猛烈抨击阳明学在传播和发展过程中所产生的种种流弊。

邹元标的政治名气要比其学术名气大得多。他在晚明混乱的政坛上以刚直著称,几起几落,声名远扬。在现代学术界,几乎所有的研究晚明政治的著作都不能不提邹元标,但大多数研究宋明理学和明代学术思想史的著作却很少关注邹元标的学术思想。不过这并不意味着邹元标在学术思想界不重要,或者没有特色。邹元标之所以能够在晚明讲学运动中大有作为,产生很大影响,首先当然是其人格魅力的因素,但其学术思想同样富有鲜明特征。黄宗羲指出,邹元标广泛地汲取了各方面尤其是禅宗佛学思想,形成了具有鲜明特色的学术思想:

> 先生之学,以识心体为入手,以行恕于人伦事物之间、与愚夫愚妇同体为功夫,以不起意、空空为极致。离达道无所谓大本,离和无所谓中。故先生于禅学亦所不讳。求见本体,即是佛氏之本来面目也。其所谓恕,亦非孔门之恕,乃佛氏之事事无碍也。佛氏之作用是性,则离达道无大本之谓矣。然先生即摧刚为柔,融严毅方正之气而与世推移,其一规一矩必合当然之天则而介然有所不可者,仍是儒家本色,不从佛氏来也。①

实际上,人们之所以不是特别重视邹元标的学术思想,主要是因为他的政治名气大大地盖过了其学术名气。不过,邹元标巨大的政治名气并不是因为他在政治上有多大的建树,而是因为他顽强地坚持自己的政治伦理和道德理想。步入官场后,邹元标一方面与他认为的不符合儒家名教纲常的行为进行了坚决的斗争,另一方面又根据自己的政治伦理和道德理想提出了一系列政策建议——但他的这些政策建议并没有落到实处。其中最为重要、影响最大的是

---

① 《明儒学案·江右王门学案·邹元标传》。

1577年邹元标弹劾张居正"夺情"一事,这一事件在相当程度上决定他此后的人生道路和学术思想倾向。他在上疏中说:

> 居正才虽可为,学术则偏;志虽欲为,自用太甚……臣观居正疏言"世有非常之人,然后办非常之事",若以奔丧为常事而不屑为者,不知人惟尽此五常之道,然后谓之人。今有人于此,亲生而不顾,亲死而不奔,犹自号于世曰我非常人也,世不以为丧心,则以为禽彘,可谓之非常人哉?①

邹元标是站在传统名教纲常的立场上严厉谴责张居正的,他的立场观点本身其实并无特别之处,是当时张居正反对派的共识或者说一致理由。他的特别之处在于,在皇帝已经下诏明确表示坚持"夺情",并声明对反对者一概严惩不贷的情形下,刚刚进入官场的邹元标明知不可为而为之,不出意外地受到严厉惩处,几乎丧命。邹元标的这一行为表明,他愿意以生命为代价维护儒家名教纲常的尊严。他的这一行为在当时即赢得学术思想界的巨大同情和支持。浙中王门学者,王畿的弟子,浙中王门学派著名学者张元忭后来致信邹元标称:

> 当丁丑(1577)之冬,天常大裂,人心几死矣。赖诸君子毅然起而力维之,而吾丈起最后,语最直,气最壮。某时在越闻之,且泣且喜,谓世道不幸,而当此时犹幸有此人也。②

正是由于邹元标所顽强地坚持的政治伦理和道德理想与社会公认的价值观一致,符合人们的期待,因此,他在政治上和身体上付出沉重代价的同时,在社会上和学术思想界收获了巨大的道德声誉,而这种声誉反过来又成为他继续坚持自己的政治伦理和道德理想、投入学术思想研究、"维持人心"的强大动力。在官场上,邹元标继续坚持自己的政治伦理和道德理想,勇于提出自己的政策建议,而在被迫离开官场期间,则以讲学,传播自己学术思想和道德理想为事。邹元标巨大的道德声誉和在学术思想研究方面的追求,赢得了各方面学者敬重。著名文学家,公安派领袖袁宏道称颂道:

---

① 《明史·邹元标传》。
② 张元忭:《张阳和文选·复邹南皋》。

> 今海内名公卿,有举其地而知者,有举其氏而知者,惟吉水邹公,识与不识,皆称之曰南皋先生。非但不名也,且不氏。官被之深也,厮养之微也,羌胡之逖且桀也,莫不敬惮先生,如所严事之神明。公车之牍,尘累山积,类无不引先生为重。庆历以来,所称名公卿,未有比者。①

作为文学家的袁宏道自然有夸张和恭维的成分,但邹元标广受各方面学者敬重则是事实。正因为如此,邹元标能够和各方面学者交流,能够广泛汲取各方面的学术思想营养,最终成为江右王门学派的殿军大将。

据《明史》本传记载,邹元标九岁即"通《五经》""弱冠从直游,有志于学。"②不过,尽管他跟随过胡直,也尽管他出生成长的吉水县阳明学氛围浓厚,王阳明的名字和良知一词几乎妇孺皆知,但邹元标并没有因此对阳明学产生好感,而是心存疑虑。他对明代初期著名理学家薛瑄(1389—1464,1421年进士,号敬瑄,谥文清,主要学术作品是《读书录》和《读书续录》)情有独钟。正因为如此,他并没有正式拜胡直为师,"从游"的结果充其量是使邹元标更多地接触到阳明学理论,并受到胡直学术思想的某些影响——他并没有因此而理解和接受阳明学。据邹元标自己回忆,"盖良知之说,余幼而闻之,长而不能竟其义。"③他是在贬往贵州后,在困厄中才逐步认识和感悟王阳明的良知说的。他后来回忆说:

> 忆余幼从乡先生游,言必曰(阳明)先生,心窃疑之,而实嗜文清所为《读书录》也者,故曰必有录,然于先生学未尝置念也。及戍贵州,留心格物之学,语人人殊,独于先生致良知事事物物之间,格其不正以归于正之语有入。因叹曰:往儒博物理于外,先生约物理于内。夫博约不同趋,内外不相谋已久。约而反求诸身者,端本之学也。然盘桓日久,知与事相持,正与不正相敌。因读先生戒慎恐惧语曰:戒慎恐惧是功夫,不闻不睹是本体,又曰不闻不睹是功夫,戒慎恐惧是本体,曰合得本体是功夫,做得功夫是本体,恍然曰:功夫即本体,本体即功夫。离本体而言功夫者,是妄凿垣墙而殖蓬蒿也。然心虽自信,而于所谓本体者,若犹有端倪可即,于心未有端也。年

---

① 《袁宏道集·寿邹南皋先生六十序》。
② 《明史·邹元标传》。
③ 邹元标:《愿学集·何善山先生文录序》。

华浸盛,至道无闻。每一念及,潸然泪落,遂时时反观自讼。一旦有契于先生所谓无善无恶心之体者,遂跃如曰:先生盖已上达天德,非肤儒所能窥测,然元标从事先生之学盖三变矣。①

尽管早年由于出生成长在阳明学氛围特别浓厚的吉水县,而且还跟随过胡直,但邹元标并没有对阳明学产生多大兴趣,而且"心窃疑之",故而"于先生学未尝置念"。不过,由于阳明学在学术思想界的巨大影响,邹元标入仕后,自然会接触到各方面的阳明学者。考中进士后,邹元标即短暂地跟随过泰州学派的代表人物罗汝芳(1515—1588,1553 年进士),但他依然没有理解、接受和认可阳明学。邹元标说:"先生(罗汝芳)丁丑入贺,予侍先生左右者月余。承先生教旨,不能有所入。"②同年邹元标因弹劾张居正"夺情"而被廷杖,戍守贵州。与王阳明相类,邹元标也是在极其艰难的条件下深切地感悟到王阳明的良知说的真理性价值,用刘元卿的话来说就是"收王氏龙场之益"。③ 此后,邹元标对王阳明的良知说进行了深入的思考和研究,博观慎取,提出了自己的思想主张。

对邹元标而言,由于阳明学在传播和发展过程中形成了不同的流派,而阳明真精神又在这一过程中逐渐沦丧,因此,要捍卫和传承阳明真精神,就不应当有门户之见,而是能够广泛结交各个流派的阳明学者,从各个学术流派中汲取思想营养。邹元标的政治声誉使各个流派的阳明学者乐意与他结交。正如黄宗羲所指出的那样,从邹守益等第一代江右王门学派学者开始,江右王门学派即是以捍卫和传承阳明真精神为己任的。以捍卫和传承阳明真精神为己任的邹元标成为江右王门学派的殿军大将。

重新进入官场后,邹元标依然坚持自己的政治伦理和道德理想,以自己的政治伦理和道德理想评判政府的政策和官员的行为。他的这一做法注定了他无法在官场上长期立足。实际上,正是因为如此,邹元标为官时间不多,长期谪居家乡,参与建设了家乡的仁文书院、归仁书院和泷江书院并讲学其中。邹元标试图通过建设书院并讲学,在继承和发展王阳明良知学理论的同时,引导人们把致良知工夫落到实处,挽回人心。

众所周知,通过讲学,以政治伦理和道德理想评判政府的政策和官员的行

---

① 《愿学集·重修阳明先生祠记》。
② 《愿学集·明大中大夫云南参政罗近溪先生墓碑》。
③ 《刘元卿集·简邹南皋丈》,彭树欣编校整理,上海古籍出版社2014年版。

为是东林党的基本特征和重要标志。尽管邹元标反复强调讲学的目的应当在于探究学问而不是评判朝政,但他对政治伦理和道德理想的坚持获得了东林党人的敬重,与东林党人精神相通。因此,邹元标和东林党的关系非常密切,实际上,当时人们普遍认为他就是东林党人,诸如《东林列传》《东林书院志》《东林党人榜》《东林点将录》等文献都把邹元标列为东林党代表人物。

显然,要以自己的政治伦理和道德理想评判政府政策和官员行为的合理性,就必须强调自己的政治伦理和道德理想具有超越性和客观性,而不是一己之见,更不是个人的情绪发泄表达。换言之,要批评对方,当然也可以强调对方违背了人内在的良知良能,但更重要的是必须证明对方确实违背了一些不应当违背的具有超越性和客观性的原则规定。况且,所谓的内在的良知良能,在当时众多的阳明后学那里已经异化了个人的自然情识,这就更使得良知良能说失去了批判的力量。

东林学派领袖人物顾宪成承认,程朱理学在流传和发展过程中产生了极大的流弊,阳明学的问世和广泛传播对于克服这些流弊具有积极的意义。他指出,程朱之后,"儒者大都牵制训诂,以耳目帮衬,以口舌支吾,砣砣穷年,无益于得,弊也久矣。阳明为提出一心字,可谓对症之药。"[1]"当士人桎梏于训诂词章间,骤而闻良知之说,一时心目俱醒,怳若拨云雾而见白日,岂不大快?"[2]并不是程朱理学本身有问题,而是人们把程朱理学视为一种知识学问而不是践行天理的指导思想,更不是安身立命的依据。王阳明直指人心,意义重大。然而,王阳明开出的药方虽然一时成效显著,但也存在严重的副作用。本来,无论对于程朱理学还是阳明心学而言,其宗旨都是要求人们自觉地与遵守儒家名教纲常保持一致。王阳明强调"心外无物""心外无理",儒家名教纲常自动地存在于人的内心之中,是人的内心天然自有之则,因此一切取决于人的内心,只要使人的内在的良知发用流行,儒家名教纲常即自然会被严格遵守。在顾宪成看来,王阳明的这一论断纯属杜撰,没有实际意义。毕竟,"心是活物,最难把捉。若不察其偏全纯驳如何,而一切听之,其失之滋甚。""此乃无星之称,无寸之尺,其于轻重长短,几何不颠倒失措哉?"[3]顾宪成强调,儒家名教纲常是一种具有超越性的客观存在,认识和理解具有客观性的儒家名教纲常具有至关重要的意义。王

---

[1] 顾宪成:《泾皋藏稿·与李见罗先生书》。
[2] 顾宪成:《小心斋札记》卷三。
[3]《泾皋藏稿·与李见罗先生书》。

阳明的"心外无物""心外无理"说,尤其是其"无善无恶心之体"说,必然混淆甚至泯灭人们的"是非之心",产生极其严重的后果。他说:

> 见以为心之本体,原是无善无恶也,合下便成一个空。见以为无善无恶,只是心之不着于有也,究竟且成一个混。空则一切解脱,无复挂碍,高明者入而悦之,于是将有如所云:以仁义为桎梏,以礼法为土苴,以日用为缘尘,以操持为把捉,以随事省察为逐境,以讼悔迁改为轮回,以下学上达为落阶级,以砥节厉行,独立不惧,为意气用事者矣。混则一切含糊,无复拣择,圆融者便而趋之,于是将有如所云:以任性为率性,以随俗袭非为中庸,以阘然媚世为万物一体,以枉寻直尺为舍其身济天下,以委曲迁就为无可无不可,以猖狂无忌为不好名,以临难苟安为圣人无死地,以顽钝无耻为不动心者矣。①

顾宪成所抨击的正是阳明学在流传过程中出现的现象,也就是所谓的"王学末流",一般认为这是由良知现成说导致的。其实,这些也是王阳明本人所最为担心的现象。王阳明反复强调,良知本体与致良知工夫必须是合一的。不过,正如我们前面所指出的,出现所谓的"王学末流",其实正是阳明心学的内在矛盾的必然结果。顾宪成指出,所谓"心外无物""心外无理",所谓"无善无恶心之体",否定儒家名教纲常的客观性,与佛学理论是一致的,或者说就是佛学理论的翻版。他说:

> 道者,纲常伦理是也。所谓天叙有典,天秩有礼,根乎人心之自然,而不容或已者也,有如佛氏之说行,则凡忠臣孝子,皆为报夙生之恩而来,凡乱臣贼子,皆为报夙生之怨而来。反诸人心之自然,而不容或已处,吾见了不相干也。于是纲常伦理,且茫焉无所系属,而道穷矣。法者,黜陟予夺是也。所谓天命有德,天讨有罪,发乎人心之当然,而不容或爽者也。有如佛氏之说行,则凡君子而被戮辱,皆其自作之孽,而戮辱之者,非为伤善;凡小人而被显荣,皆其自贻之体,而显荣之者,非为庇恶。揆诸人心之当然,而不容或爽处,吾见了不相蒙也。于是黜陟予夺,且贸然无所凭依,而法

---

① 《明儒学案·东林学案·顾宪成·小心斋札记》。

穷矣。①

尽管邹元标与东林党人关系密切,他自己也被人们视为是东林党的一员,但他并不同意东林学派对阳明学的攻击和否定——政治派别和学术思想流派并不是一回事。邹元标也承认,阳明学在流传过程中确实出现了严重的流弊,尤其是良知现成说产生了严重危害。他指出,"今学之流弊认欲为理,以情为性,以防检为桎梏,以礼法为戏场,滔滔江河,莫知底止。所以语悟者害人不浅,若不重修无有是处。"②在邹元标看来,儒家名教纲常毫无疑问是绝对的真理,是人们必须与之保持绝对一致的"道",问题的关键在于,那些践踏名教纲常的人往往是饱学之士,他们毫无疑问对儒家名教纲常知识非常了解,也明白其真理性价值,他们缺少的是内心的敬畏和日常生活实践中的自觉修养。显然,恰恰是人心而不是儒家名教纲常本身出了问题,也就是说,人心才具有决定性的意义,解决问题的关键只能是挽救人心。这就需要进行深入探究,广泛宣传,实际上这具有压倒一切的重要性。邹元标强调,"天下治乱,系于人心,人心邪正,系于学术,法度风俗,刑清罚省,进贤退不肖,舍明学则其道无由。"③他的理论上和实践中努力的方向与目标正是"正人心"。

毫无疑问,无论是程朱理学还是陆王心学都强调"正人心"具有特别重要的意义,但从理论上说,阳明学在这方面的价值更大。在王阳明那里,"心外无物",一切取决于"心",为学的全部目标即是"正人心"。不过,正如我们前面所反复指出的,在阳明学理论体系中,本体与工夫之间的确存在着一条逾越的鸿沟。一些人有理由执着于"心外无物"而强调良知现存,进而师心自用,忽视日常生活实践中的致良知工夫,视良知为人的自然情识,狂放不羁,这就严重地背离了阳明学的宗旨。众多江右王门学派学者对此进行了深刻的揭露和批判。但问题依然存在,甚至有越来越严重的趋势。这就为程朱理学提供了复兴的机会和条件。东林学派正是基于此而批判阳明学,推崇程朱理学的。邹元标要捍卫阳明学宗旨,切实地"正人心",就必须回应东林学派对阳明学的攻击。为此,他必须在理论上证明"心"和良知本体与日常生活实践中的致良知工夫的一致性,证明阳明心学的确能够使儒家名教纲常落到实处;同时,他还必须论证,儒

---

① 《明儒学案·东林学案·顾宪成·小心斋札记》。
② 《愿学集·文江证道记》。
③ 邹元标:《邹忠介公奏疏·陈共学之源以定众志疏》。

家名教纲常确实是人心中的天然自有之则,心外无理,人无法向外部世界寻求"天理",无法通过对外部世界的认知理解天理,践行天理,也不能随心所欲,狂放不羁,无视天理,无视天然自有之则。

进而言之,邹元标必须证明,既然名教纲常是人心中的天然自有之则,人不能也不应当也无法向外部世界寻求"天理",那么,"心"本身就是绝对的、完满的存在,但这一存在本身又不会必然导致人们在日常生活实践中完全自觉践行天理,遵守儒家名教纲常,必须有一个艰苦修养的过程。如果没有艰苦修养的过程,一切都没有意义。所以,绝对不能将本体与功夫割裂开来,"功夫即本体,本体即功夫。离本体而言功夫者,是妄凿垣墙而殖蓬蒿也。"①人在日常生活实践中艰苦修养,并不是像程朱理学所强调的那样在于严格遵守所谓的客观天理,也不是一味玄想良知本体,进而信任所谓的现成良知,而是必须通过自己的切实努力,发挥自身的"悟性"或"觉性",使其内在的良知发挥了出来,从而在日常生活实践中自然而然地与天理,与儒家名教纲常保持一致。

在邹元标看来,无论是理论探讨还是讲学,目标其实非常简单,就是如何教人"做本分人,说本分话,行本分事"②,即在日常生活实践中"非礼勿视,非礼勿听,非礼勿言,非礼勿动"。显然,所谓与儒家名教纲常一致,不外乎此。当然,这是包括理学家和心学家在内的所有儒家学者的共同主张。问题在于,人如何才能做到这一点,人们凭什么能够做到这一点,这是需要认真探讨的。程朱理学和陆王心学的分歧也正是在这些方面。要弘扬阳明学,切实地"正人心",邹元标自然不能简单地重申王阳明的观点或江右王门学派先贤的理论观点,他必须回应现实中出现的新情况,新问题,作出自己的回答和解释。为此,邹元标广泛地接触各方面的学者,从心学的原则立场出发,努力融会各个学派的理论成果,在此基础上提出自己的理论观点。

正如黄宗羲所指出的那样,邹元标"以识心体为入手",邹元标强调首先必须对"心"本身有正确的认识。邹元标认为,既要从本体论高度,又要从现象层面认识和把握"心体"即"心"的本质,这样才能准确地认识心体,才能够使良知本体与致良知工夫完全一致。

在邹元标看来,所谓在日常生活实践中与名教纲常保持完全一致,无非是人"身"的视听言动与名教纲常完全一致。而"身"之所以能够如此,是因为"身

---

① 《愿学集·重修阳明先生祠记》。
② 邹元标《南皋邹先生会语合编·龙华密证》。

为天命心性凝成之驱"。受"天""命""性"和"心"支配。因此,必须充分认识和理解"凝成""身"的"天""命""性"和"心"的功能特征。在他看来,"心"的本质是"性"。邹元标在解释《孟子·尽心上》时说:

"此章兼天命心性与身而备言之,性学始终全功也。盖以命为天之脉,天为性之源,性为心之体,心为身之主。身为天命心性凝成之驱。能尽此心之分量毫无欠缺是即悟性矣。"①

这就是说,"天""命""性"统一于"心"。虽然"命"是"天"的根脉,"性"来源于"天",但就"心"的本质而言,乃是"性""性为心之体",所以"能尽此心之分量毫无欠缺即是悟性"。因此,认识"心"的关键是认识"性"。"性"作为"心"的本质,显然是一种形而上的绝对的存在,它既可以说是一种无善无恶的存在,也可以说是一种粹然至善的存在,同时又是人的七情六欲存在的源泉和依据。邹元标说:

性如有毁则天地何以有古今,性如有漏则木石未尝无知觉。故我尽性则万古长存,万物一体。盖一性裂为七情,情尽而性尽,则薪尽火传历万劫而不磨。性尽则物性尽,任元化之推迁与吕丛而同春。②

尽人之性老者安之,朋友信之,少者怀之是已。圣人只是孝悌慈,岂有奇特。尽物之性,草木生之,禽兽居之,鸟兽咸熙,鱼鳖咸若是已。③

"性"既然是一种形而上的绝对的存在,自然无法用经验把握,也无法用语言描述,试图在日常生活实践中追逐"性",把握"性"是不可能的,试图以知觉和理性认识和把握"性"只是一种妄念。邹元标说:

性无体,真无体,妄亦无体。悟性者逐妄也,寻真亦妄也。悟真妄,了不可得,则见性矣。盖悟无为也,动而未形。有无之间,几也。④

"性"又不仅仅是一种超越性的存在,它又内在于身心。也就是说,"性"有

---

① 《南皋邹先生会语合编·仁文会记》。
② 《南皋邹先生会语合编·镒佛会语》。
③ 邹元标:《南皋邹先生讲义合编·子曰舜其大孝也与八章》。
④ 《南皋邹先生会语合编·镒佛会语》。

体有用。"性"虽然是一种超越性的形而上的绝对存在,但能够通过人的日常生活实践表现出来,表现形式便是仁义礼智信,便是儒家名教纲常。这就是说,"性即是理",它不会自然而然地体现出来,而必须经过艰苦的修养才能呈现出来,邹元标强调,"寂然不动性之体也,感而遂通性之用也。用即是体,然须是发而中节,若未中节毕竟是寂然不动处。"①"性有体用,体微而用显,微则动静往来之神未易以研几,显则万事万物之理未易以成务。"②

由于"性为心之体""性有体用",因此有必要对"心"进行深入分析研究。邹元标认为,"心"其实是一回事,"道心""人心"是"心"的不同表现形式。他认为,"不由人力纯乎自然者道心也,由思勉而得者人心也。"③也就是说,"道心"是不含任何杂质,不受外界干扰的本然状态下的"心",一旦受到外界干扰,产生了情、欲、思,本然状态的"心"就会被掩盖,蒙蔽,这就是"人心"。显然,剔除了所有的情、欲、思,所谓"纯乎自然"的"道心"与"性"一样,也是一种形而上的存在,无法用经验和理性把握,进而言之,"道心"也是一种虚寂的存在,世界的本质就是虚寂,是"空",是"无"。邹元标称:

> 天地万物皆生于无而归于无。一切蠢动含灵之物来不知其所自,去不知其所往,故其体本空。我辈学问切不可以形气上布置,无根而插花竹,一进妍好,终属枯落。虽然空,非断灭之谓也。浮云而作苍狗白衣,皆空中之变幻所必有者。吾惟信其空空之体不为变幻所转,是以天地在手,万化生身。④

既然"道心"和"性"都是一种超越性的形而上的虚寂的存在,良知本体自然也是一种超越性的形而上的虚寂的存在,因此,致良知就是致虚,即回归"纯乎自然"。邹元标说:

> 曰致虚立本曰致良知,不知所谓虚者即未发之中,即天命之性,非人力得而与其间,人力得而与其间窒而不灵矣。所谓良知者,不落知识,不坠生

---

① 《愿学集·答周海门少参》。
② 《愿学集·清江公署新刻六经正义记》。
③ 《南皋邹先生会语合编·燕台会记》按:在邹元标的论述中,有时候使用"人心"一语时,意思是"人的道心"。这当然与中国古代不特别重视逻辑上的严谨性有关。
④ 《南皋邹先生会语合编·镒佛会语》。

灭,不著意念,以知是知非求者,是生灭根也。①

先生曰:只是一尽心,则性与天与命都在其中矣,更不复有事与立也。翟生曰:心如何为尽?先生曰:尽者水尽山穷之谓,人心原是太虚,若有个心则不能尽矣。②

问题在于,知觉是"心"的功能,而人的情、欲、思基于知觉,人的视听言动离不开知觉,实际上也离不开情、欲、思,也就是说,"心"就是人的全部情、欲、思的源泉,然而,情、欲、思恰恰会掩盖、蒙蔽"道心"。因此,回归"纯乎自然"的"道心"非常艰难。邹元标指出:

尽心由于知性,知性方能尽心。性无形气,心有知觉。世有知心者,知性者少。③

彻底根除掩盖、蒙蔽"道心"的情、欲、思,回归"纯乎自然"的"道心",与禅宗佛教的"明心见性"异曲同工。黄宗羲指出,邹元标追求的正是"以不起意、空空为极致""求见本体,即是佛氏之本来面目也"。邹元标认为,道教和佛教确实蕴含着巨大的智慧,它们对心体的认识极为精当。其实,这种智慧并没有被道教和佛教所垄断,儒家同样可以追求并拥有。在邹元标看来,道教和佛教的修养方法与儒家体用工夫并无本质区别。他说:

昔有友欲析三教者,予曰,虚空之中何所不有?各自为宗,虚空不可剖也。又有友欲合三教者,予曰,天下之道,原贞夫一,一分为三,三归于一。此自然之理,太虚原自合也。④

邹元标指出,理学其实正是在汲取道教和佛教的智慧上发展起来的。他说:"二氏之学当别论。若宋儒周程之学正以发挥孔孟之旨,非别有蹊径也。真二氏之学功行亦细密,与世之真儒体用工夫并无大异。"⑤尽管如此,邹元标强

---

① 《愿学集·正学书院记》。
② 《南皋邹先生会语合编·仁文会记》。
③ 《南皋邹先生会语合编·问仁会录》。
④ 《愿学集·圣学象教图序》。
⑤ 《南皋邹先生会语合编·鹭洲会纪》。

调,儒家与道教和佛教确实有着本质的不同,儒者绝不允许绝伦弃世,而是必须在日常生活实践中践行儒家名教纲常,修身齐家治国平天下,以"为天地立心,为生民立命,为往圣继绝学,为万世开太平"作为自己的神圣使命。他强调,如果彻底根除了情、欲、思的掩盖、蒙蔽,心之体就会恢复其晶莹无滞的"无"的境界,晶莹无滞的"心""情顺万物而无情",自然而然地与儒家名教纲常保持一致。他说,"目无青白则目明,耳无邪正则耳聪,心无爱憎则心正。置身天地间不见崖异,方真是为己之学。"①如果执着于现实中的具体的事事物物,执着于情、欲、思,就根本不可能明心见性,不可能达到圣人的境界,成为圣贤,他比喻说:

> 所谓闻者谓闻道也。盖尝味诗云钟鼓于宫,声闻于外之语。钟之体空故叩之即鸣,声之应亦空,故逐之无迹。此闻道之说也,寂兮,廓兮,鸿洞无涯,休心自然之场,恬淡无为之乡。悟则万里圣途,举足即是;不悟则北面冥山,愈驰愈远,此真闻道者。而儒者以名闻为闻,以声色为道,斯于闻道愈远。②

邹元标特别推崇程颢"识仁"说。"予最佩服识仁一书,直入圣域。"③在邹元标看来,儒者最根本的追求说到底就是"识仁",这是每个人追求达到与万物为一体的精神境界的基础。所谓明心见性,致良知,无非是为了"识仁"。他认为,"性为心之体""心为仁之体","性"、"心"和"仁"本质上是一回事,都是一种绝对的永恒的存在,"天之健,天之体化化无穷,生生之谓易。人之心生生不已。夫仁之体即心,心生生不已,那有不行时候。"④因此,"仁"是人的价值的基础,也是全部名教纲常的基础。"道即五达道,除君臣父子夫妇昆弟无道德,即三达德除知仁勇无德。仁即德中之生意处。"⑤邹元标指出:

> 夫仁者何? 即人心也。识仁即识人之真心也。是心也,古今贤愚人人本具。而必俟识者何? 盖赤子之时见父而爱,见兄而敬,无作恶,无作好,

---

① 《南皋邹先生会语合编·龙华密证》。
② 《愿学集·鉴翁朱老师五十序》。
③ 《南皋邹先生讲义合编·克伐怨欲不行章》。
④ 《南皋邹先生讲义合编·克伐怨欲不行章》。
⑤ 《南皋邹先生会语合编·青原会纪》。

和之至也,顺之极也。识萌而情动,情动而欲炽,递相牵引而真心亡矣。故宋儒立教欲人识其真心。①

由于"心为仁之体",所以"识仁"并非简单地指在日常生活实践中严格地遵守各种道德规范。在邹元标看来,在日常生活实践中严格地遵守各种道德规范并不意味着一定是出于仁心,基于道德价值,也有可能是为了实现某种功利目的,而非出自其本心。"将仁存心,心愈不仁矣,将礼存心,心愈不敬矣。仁,人心也,即心即仁,即仁即礼,不是凑泊得的。"②换言之,"由仁义行"和"行仁义"有着本质的区别。"轲氏曰由仁义行而非行仁义。夫顺性而动,由仁义行者也。作而致其情,行仁义者也。明伦者明所谓顺性而行者耳。"③邹元标解释说:

> 水一也,有源泉之水,则混混不舍昼夜。何者? 有本故也。有七八月间水,则沟浍皆盈,涸立可待。何者,无本故也。学之有本者,由仁义行,任天之便,率性之真,不待存而自无不存者,此源泉之水也;夫本者是行仁义,藻襭以自饰,枝叶以自矜,的然而日亡,此沟浍之水也。沟浍之水,其来也忽然,譬彼枝叶、藻襭之流,非不惊世骇俗,然卒至日亡,故君子耻之。所以先正教学者,吾辈只求日减,岂宜日增,减尽则无事矣。④

显然,对于邹元标而言,无论是"识心体"还是"由仁义行",目标是彻底地消除"恶",教育和引导人们在日常生活实践中自然而然地为善去恶。这就不仅要对善根有清楚的认识,也必须对"恶"的来源和性质有清楚的认识。宋明理学家一致认为,"恶"源于"人欲"。基于对"性为心之体""性有体用"的判断,邹元标对"恶"的来源和性质提出了自己的观点看法。在邹元标看来,"性为心体","性"和"心"作为一种超越性的存在,既可以说是无善无恶的,也可以说是粹然至善的,是情欲思掩盖、蒙蔽了"心之体"才产生了人世间的"恶",这就是说,世界上虽有恶的存在,但绝不是人的本质,换言之,恶是没有"根"的。他说:"求仁则明,明则知人未有恶根,乃是意根作祟。学不得力未有不动于意者。求仁则

---

① 《愿学集·识仁编序》。
② 《南皋邹先生讲义合编·君子所以异于人者章》。
③ 《愿学集·泰和重修明伦堂记》。
④ 《南皋邹先生讲义合编·仲尼亟称于水章》。

恕,恕则人既有恶,其善根依旧萌芽,苟得名师未有不反邪为正者。"①"恶,性无根,一念消除,当时即得本心。"②邹元标认为,人间之恶很大程度上是社会环境影响造成的,这些因素掩盖、蒙蔽了人的本心。他说,"人人浑是一团至诚天性,只是自小不善教导,或交游不善,渐靡。遂流于诈,流于不信。"③正因为如此,人人都可以改过从善,任何人,无论过去做了什么,都依然有成为圣贤,达到圣人精神境界的机会。"人苟能改过迁善,昨日地狱,今日天堂。昨朝屠佑,今日佛子。故曰虽有恶,人可祀上帝,吾非不可以旧恶弃人,夫人不可以旧过自弃。"④

仅仅从本体论阐明"心之体",阐明迁善改过,成为圣贤,达到圣人的精神境界的理论依据是远远不够的,问题的关键在于,人如何才能在日常生活实践中致良知,如何才能通过自己的努力迁善改过,达到圣人的精神境界。邹元标强调,这需要付出巨大的努力,需要艰苦的修炼,绝不能信任所谓的现成良知而忽视艰苦的修炼工夫。他说:"世间无现成良知,新建公从龙场万死千生得来,譬之祖父辛勤立门户,拮据如荼,不知几朝夕。子孙若享膏腴不知祖父之苦辛,必至荡覆无遗,卒未能世其家也。"⑤

与王阳明一样,邹元标也强调首先要立志,立志成为圣贤,相信通过自己的努力即完全可以成为圣贤。他说:

> 学莫先于立志。千古圣人具是一个肉身汉子,只是志不肯作。凡夫单刀匹马所向无前,何圣域之难至? 唐人语云语不惊人死不休,吾以为不至圣死不休也。⑥

他致信友人说:

> 大都不肖之学,务在自信自得。夫依人论说,非中藏之珍也。随人脚跟非坚贞之守也。元标宁甘遯世,不敢附会以自欺;宁守固穷,不敢波流以

---

① 《南皋邹先生讲义合编·伯夷叔齐章》。
② 《南皋邹先生讲义合编·西子蒙不洁章》。
③ 《南皋邹先生讲义合编·不逆诈章》。
④ 《南皋邹先生会语合编·龙华密证》。
⑤ 《愿学集·石莲洞全集序》。
⑥ 《南皋邹先生会语合编·镒佛会语》。

遁世。此则不肖仕与学者如此。①

其次,邹元标指出,虽然人的视听言动离不开知觉,需要知识,但绝不能把知识视为良知。人的使命是致良知,而良知是不学而能,不虑而知的先验性的绝对存在,是一切道德准则的源泉和依据,人通过情欲思之类的知觉获得的知识并不是良知。"学而能可谓之能,不谓之良能,惟不学而能谓之良能;虑而知可谓之知,惟不学而知谓之良知。"②"所谓良知者,不落知识,不坠生灭,不著意念,以知是知非求者,是生灭根也。"③无知之知,也就是心体的本然状态才是真知,才是人的最高追求和境界。"予独怪今之谈良知者,以识为知,不知尚有无知之知。夫无知之知不落拟议,不落情识。"④他强调:

> 天下道理知之浅也,不知深也。知之外也,不知内也。目得之为视,而所以视者不知何以,耳得之为听,所以听者不知何以。心思言动亦然。学者能从不知处得一翻身转地,便自开眼。⑤

邹元标强调,"德行之知,本体也;见闻之知,识神也。"⑥获得知识只能是识心体的手段而不是目的,"道问学"只是"尊德性"的入手处。他说:

> 无次第,这一尊德性便了。曰如何不止说尊德性,下面说出广大精微高明中庸温故知新敦厚崇礼诸语?曰既说德性说尊,岂能加得一毫,再无着手处。有着手处只在道问学。广大高明诸语俱是道问学中事。如世间学者觉狭隘则致广大,觉粗捒则尽精微,觉卑暗则极高明,觉偏僻则道中庸。温故者时时徵惰也,知新者日有开发也,敦厚者矫轻也,崇礼者见天则也。总只是求见德性体。假则广大高明一齐俱到,匪是做了尊德性又做道问学,做了致广大又做尽精微,心神应接不暇,即尧舜孔周亦所不能。⑦

---

① 《愿学集·谢萧兑隅》。
② 《南皋邹先生讲义合编·人之所不学而能章》。
③ 《愿学集·正学书院记》。
④ 《愿学集·答田竹山太守》。
⑤ 《南皋邹先生讲义合编·由诲女知之章》。
⑥ 《南皋邹先生会语合编·问仁会录》。
⑦ 《南皋邹先生讲义合编·子曰舜其大孝也与八章》。

在邹元标看来,追求所谓的博学多闻而不求诸心对人的道德修养和道德追求不但没有意义,而且危害巨大。他说:"予尚见汉儒以下,著述惓惓于古书一字一句,竭力辨证,甚厌之。只于自身上全不干涉。自身上做不去,即将古圣人书磨堪十分明白,又添百分障蔽。"①他自己回忆道:

> 忆余十年前勃然师古而最慕用河津。凡有忆见,悉录之,以纪吾学。若效读书不者也。而最后又慕新建、江门,若以为圣道非从此不入。口念心维,然盘回十余年来,身心互持,未有得力。幸返林皋,至庚寅岁,差有所入,始知先儒之语皆言己之得,非我之得也。而我持其咳唾以求道,是不亦贫子拾贷册称富翁乎?②

第三,邹元标特别强调戒惧慎独工夫的重要性。在他看来,戒惧慎独强调的是在意上为善去恶,回归心体的本然状态,实现本体与工夫的一致。他说:

> 语曰:戒慎恐惧是功夫,不睹不闻是本体。又曰不睹不闻是功夫,戒慎恐惧是本体。曰合得本体是功夫,做得功夫是本体。恍然曰功夫即本体,本体即功夫,离本体而言功夫者是妄凿垣墙而殖蓬蒿也。③
>
> 独即心也,心即独也。慎即明也,明即慎也。当下敬谨罔有昏惰,非即慎独乎?非即明心乎?

邹元标的这些观点大致上是继承和发挥王阳明的思想,并无特别之处。

尽管在某种程度上承认了道问学的重要性,也强调戒惧慎独以致良知,但对他而言,"性之体""心之体"和"仁之体"是形而上的超越性存在,无法用经验和理性把握,而经验和理性恰恰是掩盖、蒙蔽心体的因素,是必须消除和超越的对象,邹元标称,"吾惟信其空空之体不为变幻所转"④,因此,要识心体,要正人心,首先是要做"减法""只求日减,岂宜日增,减尽则无事矣。"⑤但在日常生活

---

① 《南皋邹先生讲义合编·所谓平天下章》。
② 《愿学集·月川录粹序》。
③ 《愿学集·重修阳明先生祠记》。
④ 《南皋邹先生会语合编·镫佛会语》。
⑤ 《南皋邹先生讲义合编·仲尼亟称于水章》。

实践中,人无论怎么"减",都不可能减尽,根本的途径只能是"看破",是"悟"。据记载:

> 问为名与利虽清浊不同,然其利心则归一。学必如何而后可以消去名利之心?先生曰:此即名利种子,欲消消不得,必所以胜之者看破是已。看破则自淡,淡得下方见得定。①

邹元标指出,"悟"的途径有二:

> 盖尝论世学,其途有二:有从宗入者,从屏除见闻,敛神匿影,日参夜寻,求所谓本心者。一旦恍然亲见孔颜,此所谓所其宗而入也。从教者入,谓学必由师传,诸儒先茧丝牛毛皆我师也。于凡所彰教者,一一体验之,无少抵牾,而后敢自信。是所谓由其教而知归也。由宗者不涉程途,提刀直入如入无人之境。由教者寻源问津,如入百花之谷,各从其质之所近,及其至则一也。②

在《仁文会约语》中,邹元标全面阐述了日常生活实践中以"悟"为核心的修养方法,强调必须"悟""修""证"统一,从而成为圣贤,达到圣人的精神境界。他首先强调"悟"的绝对重要性,并把"悟"分为"省悟"、"奋悟"和"透悟"三个层次,首先是"省悟",意识到人生苦短,追求成为圣贤,达到圣人精神境界具有必要性和可行性。其次是"奋悟",意识到这种必要性和可行性之后,奋力追求之。最后是"透悟",即真正达到了圣人的精神境界。也就是说,"透悟"才是根本的"悟"。他说:

> 一先悟。学以悟为入门。犹适远者,以问道为先务。适远者苟不问道里曲折,山川纡回,其不至擿埴索涂者,几希!故学必先悟。然悟有不同。有省悟,有奋悟,有透悟。省悟者,谓人生百年,光阴转瞬,石火电光所得几何?何可不学也!奋悟者,思圣贤齐民,原同一体。蚤夜心思,有为若是,而奋心生焉。透悟者,则神而明之,实有诸己。所谓不言而自得,学之至

---

① 《南皋邹先生会语合编·问仁会录》。
② 《愿学集·龙沙学录序》。

也。然有由言语触发而入者,有由练磨熏习而入者。由言语入,未必彻根;由练习入,则恒久不已,而居安资深,逢原之妙因之矣。盖尝论省悟者,如寐之得醒,醒有复寐时也;奋悟者,如石之激火,不激则无烟也;透悟者,如汗之透体,浑然周流无复滞碍之患矣。嗟夫!透悟者,斯道之正宗,斯人如作,吾终身请事焉。①

邹元标强调,"悟"的实践不能脱离实际,必须在日常生活实践中保持与名教纲常的绝对一致,"五伦是真性命,词气是真涵养,交接是真心髓,家庭是真政事。父母就是天地,赤子就是圣贤,奴仆就是朋友,寝室就是明堂。"绝不能"终日兀坐,绝人逃世"。② 因此,"学必本修"。他指出,"修"的主要内容有三,首先是"惇伦",就是严格遵守关于君臣父子夫妇兄弟朋友的基本道德规范,即"五伦",按照阳明学基本理论,"五伦"是人的内在良知外化的产物,从内心深处践行"五伦",是体悟良知本体的必由之路;其次是"崇礼",即切实做到"非礼勿视""非礼勿听""非礼勿言""非礼勿动";第三是严义利之辨,非常谨慎地处理取与舍的关系,一切从道义出发,绝不能以利害义。邹元标说:

　　一重修。夫学以修为实际。今谭学者,实繁有徒。无论不能化诲来学,即多口之讥反增,是岂人心尽无良哉?则素行不足以孚故也。故学必本修。孔子大圣也,以子臣弟友之伦为未能,必曰有所不足,不敢不勉。吾侪视孔子何如?纵曰尽伦,不过因沿于习俗之常,而真意流盎于五伦之间者,实有未尽分处。故修在惇伦,伦不惇,是室而可无栋梁也。颜子大贤也,闻非礼勿视听言动之训,辄曰:回虽不敏,请事斯语。吾侪未必敏于颜子,致饬于视听言动之间者虽有,然越于礼者常多。故修又在崇礼,视听言动而可非礼,是室而可无藩篱也。伊尹任天下之重,一介必慎,故放君而天下人信之,以其不以为利故也。吾侪以身绍明圣直接千古之绪,忽一介之义,则虽有掀揭之猷,其谁信之?慎辞受取予之节者,是修之急务也!夫学人修行,犹女子持身,未闻女子有躬而可以为节者,亦未闻学人阔略修持而可以言道者。嗟夫!世有克修,此三者,虽口不齿一字,目不识一丁,吾固

---

① 《愿学集·仁文会约语》。
② 《南皋邹先生会语合编·龙华密证》。

知其得斯道之大端矣。"①

邹元标强调,"悟"和"修"必须统一,在"修"中"悟",通过践行儒家名教纲常体悟到良知本体,在"悟"中"修",在试图悟透良知本体的过程中严格地与儒家名教纲常保持一致,这就是"证",也就是以"修"证"悟",以"悟"证"修"。邹元标说:

> 一贵证。证者,证吾所谓悟而修者也。夫吾所谓悟而修者,非他,即吾之心也。所谓修者,非他,亦吾之心也,非邪自我也。孔子曰:知及之。孟轲氏曰:始条理者,知之事也。宋儒曰:进学在致知。非吾所谓悟乎?孔子曰:仁守之。孟轲氏曰:终条理者,圣之事也。宋儒曰:行所知,则光大矣。非吾所谓修乎?夫又非判然二事也。悟者,即悟其所谓修者也,以悟而证修,则不沮于他岐之惑。修者,修其所谓悟者也。以修而证悟,则不涉于玄虚之弊,而实合内外之道。二之则不是矣。昔王文成公曰:不睹不闻是本体,戒慎恐惧是工夫也。又曰:戒慎恐惧是本体,不睹不闻是工夫。斯语也,修悟双融,非达天德者,未易语。此语学必透此,而后可以言证。②

邹元标强调,无论是"悟"还是"修",最重要的是"自得"。"学问要人自信自得。若平居精神不真,今日在会堂逞一番议论,终属傀儡,全要在自家。信曰自信,明曰自明,得曰自得,成曰自成。"③毕竟,良知本体是一种超越性的存在,存在于每个人的心中,需要每个人自动去"悟",而不能凭经验和理性,尤其是以客观的经验和理性认识和把握。唯有"自得",真正地悟透良知本体,方有可能成为圣贤,达到圣人的精神境界。

总而言之,尽管邹元标"以空空为极致",黄宗羲认为他的学术思想与佛学有很大的相似之处,但他"空空"的目标是使良知本体发用流行,从而更好地践行儒家名教纲常。他强调"悟"的目的是"正人心",是教育和引导人们在日常生活实践中自然而然地与儒家名教纲常完全一致,"仍是儒家本色"。他积极讲学,努力弘扬阳明真精神,致力于复兴吉水县和吉安府阳明学讲会,成为江右王门学派的殿军大将。

---

① 《愿学集·仁文会约语》。
② 《愿学集·仁文会约语》。
③ 《南皋邹先生会语合编·仁文会记》。

第十一章　余论:阳明学和江右王门学派的现代价值

一

在对江右王门学派尤其是代表人物进行了探究之后,有必要进一步发掘其现代价值。坦率地说,发掘江右王门学派的现代价值,是本人进行本项研究的最大动力。现代学术研究固然有其自身的独立性的价值,而绝不仅仅是服务现实的工具,但正如克罗齐所指出的那样,一切历史其实都是现代史。现代学者根据时代所赋予的价值观念和理论分析工具,分析研究历史事实,与古人对话,目的就是更好地解释现实、理解现实、服务现实。

阳明学及江右王门学派是否具有现代价值,是否值得我们去发掘,从根本上说,取决于现代社会的需要。而所谓现代社会的需要,取决于现代人的价值追求。在很大程度上,正是基于自己的追求,人们试图从历史中获取资源,或是为了从中获得启迪,或是为了从中获得支持。换言之,在很大程度上,正是现代社会的需要和现代人的价值追求,赋予了历史事实,即过去的人和事以价值和意义。关于阳明学的现代价值,海内外论述甚多。人们业已试图从不同角度、不同层面和不同需要发掘其现代价值,既包括对个人的修养和追求,也包括对现代政治和经济等方面。这些发掘都有其价值,我们这里只从哲学和历史文化的层面作一些简单的讨论。

在中国文化传统中,尽管儒家特别强调一切礼法制度必须建立在正常的人情物理的基础之上,但中国传统的中央集权的君主专制政治体制大致上是在法家思想理论的指导下建立起来的,而法家对儒家是持严厉批评态度的,韩非甚至认为儒家是社会的五种最严重的破坏力量(五蠹)之一。儒家之所以能够成为中国传统社会中的官方哲学和主流社会意识形态,主要有几个方面的原因,一是专制统治者认为儒家所宣扬的天意以及沟通天人方法技术(儒术)不仅有利于自己获得上天的保佑,而且为中央集权的君主专制政治体制的合法性提供了宇宙本体论论证;二是儒家所倡导的名教纲常能够成为维护自身统治,稳定社会,安抚人心的有效方法手段;三是儒家为了在中央集权的君主专制政治体制下生存与发展,试图在坚持自己理想的前提下不断妥协,进而自觉地成为维护中央集权的君主专制统治的工具,并以成为这种工具为使命。正如我们在前面所反复指出的那样,本来,儒家既追求建立在传统礼乐制度上的社会的安宁和谐,实现天下太平,又追求基于个人自然情感之上的崇高而自由的生命境界,这就是所谓的内圣和外王。但在严酷的君主专制统治下,内圣外王的理想到头来只能剩下内圣,所谓外王,也就是治国平天下只能是专制君主的专利。既然君为臣纲,那么,作为专制君主专利的治国平天下的一切制度规范必须无条件遵守。这被视为是天理。如果这些制度规范的确是建立在传统的礼乐制度之上,那自然合乎儒家的理想追求,内圣和外王之间尚可以一致,内圣可以开出外王。问题是,以法家思想理论为指导的维护中央集权的君主专制统治的各种制度规范显然未必如此——实际上不可能如此,毕竟,中央集权的君主专制政治体制是建立在"法""术""势"等阴谋和暴力的基础上,而不是儒家伦理道德理想的基础上。儒家根本没有能力制约,更不用说确保专制统治者遵守儒家道德规范和传统的礼乐制度了。这样,内圣和外王被割裂开来,"内圣"实际上无法开出"外王"。所谓的个人的道德修养即"内圣",说到底就是能够自然而然地与这些制度规范完全一致——宋明理学家心目中的圣人,无非就是在自然而然地与各种社会制度规范保持一致的同时实现精神的绝对自由。

对于王阳明而言,中央集权的君主专制统治,支撑着君主专制统治的各种制度规范,就是天理本身,任何人必须无条件遵守。人生的价值,个人的精神自由只能在其中得到实现。任何有可能威胁和破坏这一政治社会秩序的念头和行为都是"贼",都必须无条件破除。为此,他试图将中央集权的君主专制统治,为维护君主专制统治的各种制度规范内化到人的心中。他宣称,"心外无物",所谓制度规范,所谓道德,所谓天理,都植根于人的内在需要和追求,体现着人的本质和价值。因此,一切取决于人心。进而言之,一切的制度和规范只有得到人们的内心敬畏,才是有意义、有价值的。王阳明声称,由于人人都具有良知,良知本体和心本体说到底是一回事,心外无物,一切的制度规范、道德规范内在于良知本体,良知即是天理,只要使良知本体流行,便自然而然在日常生活实践中与一切的制度规范、道德规范绝对一致。所谓致良知,就是使良知本体自然发用流行,彻底根除心中的"贼",这是人实现人生价值、追求实现崇高而自由精神境界的必要条件。

这就是所谓的阳明精神。当然,就王阳明所处的时代及其本人的宗旨而言,无非就是追求基于中央集权的君主专制统治的天下太平和个人的精神自由的理论与方法途径。五百年过去了,中央集权的君主专制体制早已成为历史,与现代社会制度和社会理想可以说是格格不入。那么,为什么阳明精神具有现代价值呢?我们认为,这是由现代社会文化的本质特征所决定的。

大致说来,所谓现代社会文化,在很大程度上是工业革命以来西方文明发展和传播的产物。在强大的近现代工业以及建立在其上的军事力量的支持下,西方文明向全世界扩散传播,进而被认为具有"普世价值"——世界上所有的人都应当认为它是普遍的甚至是绝对的真理而被接受。中国现代的哲学和社会科学的理论概念基本上来自西方世界,并且在相当程度上参与塑造现代中国人的价值观念、思维模式和行为方式。要理解和发掘阳明精神的现代价值,首先必须对由现代哲学和社会科学建构的主流社会意识形态有一定的认识和理解。

当然,要简单而准确地概括现代社会文化的特征是一件极其困难的事甚至不可能的事,也超出了笔者的能力范围。不过我们知道,自从西方的启蒙运动以来,"理性"和"进步"的观念不断深入人心,成为社会基本共识和共同追求。在"理性"和"进步"的旗帜下,现代科学技术的不断发展,极大地提高了人类征服自然、改造自然的能力,促进了社会经济的持续的、巨大的发展,极大地提高了人类的物质生活水平。

问题在于,无论是"理性""进步",还是现代科学技术,都特别强调客观理性,强调所谓的客观规律,强调制度化和规范化,强调可操作性和可预测性,人的内心世界,人的内在的心灵情感,反而得不到应有的重视甚至被漠视——毕竟,人的内心世界,人的心灵情感几乎是无法规范与操作的;另一方面,现代社会,科学技术成为第一生产力,科学技术和经济发展本身获得了近乎至高无上的地位,它们虽然极大地提高了人类的物质生活水平,同时也在方方面面规定和限制了人。也就是说,在某种意义上,人逐步成为科学技术和经济的奴隶而不是主人,或者说人在现代社会被工具化了,这就是所谓的异化问题。

但是,人本身应当是目的而不是工具,就算确实存在客观规律,制度化和规范化为人和社会所必需,人的内心世界、心灵情感也必须得到极大的重视而不是被漠视。正因为如此,近代以来,人们纷纷批判异化,呼唤回到人本身,呼唤人道主义。不过,在西方世界,尽管思想家们前赴后继,猛烈抨击异化现象,但问题看起来实际上并不是特别严重——至少没有那些批判者所声称的那么严重。毕竟,他们有自己的宗教传统,人的内心世界和心灵情感可以交付上帝,每个人都可以获得上帝的终极关怀。马克斯·韦伯即认为,正是追求成为上帝的选民,追求终极的关怀这类宗教情感,而不是物质的享受或其他才是现代资本主义发展的强大精神动力。当然,随着现代化的深入发展,西方宗教也遭到非常严厉的批判,其势力范围遭到越来越严重的侵蚀,这反过来使得西方世界对回到人本身,对人道主义的呼唤越来越强烈。

而在中国现代社会中,情况则麻烦得多。无论是主动还是被动,我们的各种社会法律制度设计,社会经济发展模式,哲学和社会科学理论基本上都是向西方学习的结果。而中国又有自身的悠久的历史文化传统,这种文化传统遭到欧风美雨的严重侵蚀,遭到批判和嘲笑,但西方的基督教文化传统无法在中国扎根,这使得我们的所谓异化问题显得更加严重。社会经济发展成就辉煌,人们的物质生活水平得到了极大的提高,但与此同时,我们几乎失去了安身立命的依据,近二十多年来所谓的信仰迷失从根本上说即源于此。就各种制度和规范而言,在西方世界,由于有教会法和自然法传统,制度和规范可以被视为上帝的意志或自然的规律而为人们所敬畏、所遵守,人的内心世界和心灵情感可以交付上帝,上帝面前人人平等,每个人都可以获得上帝的终极关怀。尽管近代以来西方世界的理性化,世俗化越来越普遍化,但制度和规范依然被广泛认为神圣不可侵犯。而我们从西方世界借鉴或引进的各种社会法律制度,由于缺乏相应的文化基础,尽管设计得看起来严密合理,为社会发展和稳定所必须,但其效能也大打折扣——它们很难根植于人的内心世界。言行不一,口是心非的现象绝不能说是例外,而可以说是一种较为普遍的存在。各种制度和规范得不到人们的切实敬畏和遵守,是中国现代社会所面临的严重问题。

社会性是人的基本属性,社会制度和规范是人生存和发展的必要条件,任何现实的制度和规范都不可能是完善的、完美的,可以而且必须不断改进,使之更合乎人生存和发展的需要,但无论如何,社会制度和规范必须得到遵守,必须发挥其效能。社会制度和规范的缺失或被肆意践踏必然导致灾难性后果。在某种程度上,人必须"被动"地遵守,而绝不能随心随性。这就意味着,人的内心的自由与具有超越性的社会制度和规范之间存在着深刻的矛盾。法国思想家卢梭说:"人生而是自由的,但却无往不在枷锁之中,自以为是其他一切的主人,反而比其他一切更是奴隶。"①问题是,人本身应当是目的而不是工具,人不应当,也不甘愿成为各种社会制度和规范奴隶。所以,理想的情形是,遵守各种社会制度和规范成为人的自觉甚至本能,并在此过程中实现自身的价值,实现个人的精神自由。而且,所有的制度和规范只有得到人们内心的敬畏才是有效的,有力量的,否则就只是写在纸上,说在嘴上,挂在墙上的东西。显然,人和人心才具有决定性的意义。

阳明精神的现代价值就体现在这里。无论阳明心学存在着多么严重的内在矛盾,王阳明对个人人格力量的高扬,对知行合一的呼唤,确实是契合现代社会需要的。无论现代科学技术多么发达,社会经济多么繁荣,都应当服务于人而不是凌驾于人之上,都应当以人自身的发展为目的。毕竟,人不应当仅仅是现代社会体制运行中的一个齿轮而已,人和人心才具有决定性的意义。进而言之,所有的制度和规范必须而且应当是植根于人的内在需要,只有这样,才能获得人心内心的敬畏和自觉的遵守,人们的视听言动才有可能与自然地而不是被动地与各种制度和规范保持一致。人在与各种制度和规范保持一致的同时,自身也可以达到自由的精神境界,用黑格尔的语言说,就是实现了自由和必然的一致。

另一方面,如果说现代社会追求的是科学技术的进步和社会生产力的发展,那么,无论是科学技术的进步还是社会生产力的发展,都依赖于人自身的自觉性和创造性。创造本身意味着突破和超越,但突破和超越并非天马行空,而必须在事上磨炼,知行合一。总而言之,每个人都具有巨大的潜能,都有可能取得巨大的成功,但往往受到各种因素的影响和束缚,难以突破和超越,得不到发掘和发挥。发掘和发挥人的潜能,是实现个人自身价值和社会理想的必要条件,也是现代社会发展和进步的必要条件。海内外有关阳明精神的现代价值的分析探讨,很多是在这些方面进行发挥的。如号称"经营之神"的日本的稻盛和夫,他的成功被认为充分体现了阳明精神的现代价值。稻盛和夫声称极其崇拜王阳明,强调提高心性是企业的经营之本。他提出的经营者的"六项精进"原则,说的无非是人必须在事上磨炼,知行合一,必须突破和超越。

---

① 卢梭:《社会契约论》,第6页,商务印书馆。

二

江右王门学派以传承阳明真精神为己任,他们不仅在理论上丰富和发展了阳明学,大大地提高了阳明学理论水平,更努力通过讲会、书院、宗祠族谱、乡规民约等方法途径,使阳明精神普及化,大众化,成为指导人们社会生活,尤其是整合基层社会,稳定基层社会秩序的理论基础。毫无疑问,如果说阳明学具有巨大的现代价值的话,那么,江右王门学派的学术理论和实践同样具有巨大的现代价值。而且,由于江右王门学派在理论上和实践上极大地丰富和发展了阳明学,其巨大的现代价值更值得我们去发掘,这也正是本项研究的重要目标。

从哲学和历史文化的层面看,江右王门学派的学术思想与上述阳明精神的现代价值总的来说是一致的。也就是说,我们上述的阳明精神的现代价值,江右王门学派同样都具有。作为阳明精神的继承者、传播者和发展者,江右王门学派诸学者强调的同样是人和人心的决定性意义,他们强调,人不仅要完全自觉地遵守所有的社会制度和规范,自然而然地与儒家名教纲常保持一致,这是人的本质的体现,也是人的根本价值所在。而且,人必须有超越性的追求,即通过追求圣人的崇高自由的精神境界实现在日常生活实践中与"天理"的自然而然的一致性。我们前面业已指出,存在一个江右王门学派,但不能说存在一种所谓的江右王门心学。江右王门学派诸学者在理论上丰富和发展了阳明学,每一个代表性学者有其自身特色的理论观点,要探究江右王门学派学术思想的现代价值,或者说,要探究现代人能够从江右王门学派的代表性学者的学术思想中获得怎样的启迪,应当根据每个学者的不同学术思想进行探讨。下面我们简要讨论江右王门学派代表性学者的学术思想现代价值。我们的探讨非常简略,人们完全可以从不同的角度,基于不同的需要发掘其现代价值,从中获得不尽相同的启迪。

作为公认的王学正传的邹守益,他告诉我们,尽管"心外无物",一切只有存在于人的内心之中才有意义,但无论如何,这世界确实存在着某些超越性的东西,存在着"天则",因此必须"修己以敬",对世界保持严肃谨慎的情怀和态度,敬畏世界,敬畏生命。邹守益强调,尽管每个人都拥有良知,但这世界存在太多太多的诱惑,要使自己的良知不被蒙蔽,必须戒惧慎独,必须念念有如临敌日,心心常似过桥时,时时刻刻反省自己,根除一切不合理的欲望,随时纠正生活中的一切过失,使自己的思想情感和言行完全符合社会道德的要求。实际上,没有人是天生的坏坯子,一些人之所以做出违法乱纪的事,就是因为他们对这个世界,对"天则"没有敬畏之心,不能严格地要求自己,或因一时的冲动或放纵,或以为自己做出的没有人知道。在任何时候,"修己以敬"戒惧慎独都是个人道德修养的关键。

欧阳德强调,良知本质上是独知,是人的内在的东西。人虽然必须掌握大量的经验、知识和技巧,知识绝不是道德,人如果没有严格的道德修养和高尚的道德情操,掌握了丰富的客观知识技巧就有可能更加危险。我们看到,现代社会高智商高科技犯罪的后果更加严重,危害更大。这就是说,现代人固然应当不断提高科学技术知识水平,但更应当有严格的道德修养和高尚的道德情操,否则,即可能成为社会上可怕的危险品。

聂豹和罗洪先告诉我们,要在纷繁复杂的世界之中,在林林总总的外部诱惑之前保持自己的良知而不至于迷失方向,就必须超越纷繁复杂的现实,"归寂主静""收摄保聚",保持内心世界的宁静。只有超越现实,"归寂主静""收摄保聚",才能真正有效地拒绝外部世界的诱惑,使人的内在良知发用流行,从而充分发挥人的内在价值和社会价值。聂豹告诉我们,无论我们生活在多么复杂的现实之中,我们都不应当忘记初心,忘记我们的源头所在,不能使自己的初心和源头迷失在纷纷扰扰的世界之中。只有"归寂主静",而不是随波逐流,自己的初心和源头,自己的理想和信念才能有效地引领日常生活实践。罗洪先告诉我们,人要严格遵守社会的各种制度和规范,承担起对世界的责任和义务,与万物为一体,关键在于根除内心一切不合理的欲望,无欲则刚。这就必须"收摄保聚",使自己心静如水,这样才能充分发掘自己的潜能,既能严格遵守社会的各种制度和规范,承担起对世界的责任和义务,又能够实现充分的精神自由,达到崇高的精神境界。反过来也可以说,只有"收摄保聚",根除内心一切不合理的欲望,才能实现充分的精神自由,达到崇高的精神境界,这样便能够自然而然地遵守社会的各种制度和规范,承担起对世界的责任和义务。

现代社会的最大问题之一是,面对纷繁复杂的世界,人们的心态往往过于浮躁。心态浮躁,往往使人迷失于纷繁复杂的表面现象之中,失去理想信念和目标,失去坚韧之心,随波逐流,既不能充分发掘自己的潜能,也无法真正实现其个人价值和社会价值。更为严重的是,人们往往会在浮躁中追逐权势、金钱和美色,然而,一旦冷静下来,就会发现,追逐权势、金钱和美色其实并不是自己内在的需要,而且,对权势、金钱和美色的追逐往往会破坏社会的制度和规范,危害社会的和谐稳定。聂豹和罗洪先无疑给了人们非常有益的启迪。

刘文敏告诉我们,人心具有决定性意义,一切取决于心,因此,必须"以虚为宗",超越具体的事事物物,保持极其谦虚的襟怀,才能包容整个世界。换言之,人只有超越纷繁复杂的社会现实,不拘泥于一时一事,更不能计较于一事一物,甚至用心计,才能真正做到"让心作主",让良知本体发用流行,这样便会在日常生活中自然而然地与社会的制度和规范保持一致,而不是为社会的制度和规范所束缚。所谓个人的养心修性,根本不必求于佛仙,而在于"以虚为宗",无欲则刚。人如果计较一时的得失毁誉,必然造成贪求,而贪求是永远得不到满足的。反过来,安分守己,从根本上养心,不仅不会给生活带来困难,反而能够成为顶天立地的大丈夫。

现代社会发展变化快,社会分工越来越细,竞争越来越激烈。人很容易被各种表面现象所吸引,所迷惑,容易拘泥于一时一事,计较于一事一物,争强好胜,贪大求全,致使孤独、困惑、焦虑乃至绝望成为很多人生命常态,刘文敏"以虚为宗""让心作主"的理论观点无疑极具价值。

刘邦采告诉我们,虽然说世界只有存在于人的心中才有意义,"心外无物",而且每个人都拥有良知,但是,良知本体并不能自然发用流行,并不存在所谓的现存良知。也就是说,即便一个人的本质是善良的,也并不意味着他在日常生活实践中的所做所为就一定合乎社会道德规范。换言之,人绝不能因为觉得自己拥有内在的善,或者说,觉得自己是一个好人而忽略甚至于放弃日常生活实践中的艰苦的修养工夫。因此,人需要"性命兼修",首先要不固执,不自私,必须虚怀若谷,才能够发挥自身内在的善,兼容天下,另一方面,人必须在日常生活实践中约束自己,严格遵守社会伦理道德规范,对国家、对社会、对家庭家族承担起相应的责任和义务。现代社会纷繁复杂,正确地认识和理解这个社会并不容易,容易被诱惑而迷失,产生偏见,因此人必须虚怀若谷,不能执著于己见,这样才有可能正确地认知社会,达到崇高的道德境界。毫无疑问,刘邦采的思想在现代社会依然适用,依然具有重大价值。

王时槐告诉我们,人固然可以相信每个人都拥有良知,每个人本质上都是善良的,但要使善良的本质转化为现实的高尚道德品质和道德情操,依然需要艰苦的修养,一方面必须静中涵养,另一方面必须在日常生活实践中严格地修养自己。面对纷繁复杂的社会现实,人首先要对自己的内心世界有清醒的认识,不能背叛自己,必须"收敛沉潜,退藏于密""潜心至虚""收敛归根",随时随地反省自己的动机和念头,绝不能随心所欲,率性而为,这必然受到各种各样的诱惑,难免在浮躁的社会中迷失自我。每个人都应当在日常生活中如履如临,这样才有可能守住自己的良知,成为真正道德高尚的人。现代社会发展变化快,人们的生活节奏快,工作压力大,在匆匆前行的过程中,绝不能迷失自己,"念念无渗漏,事事无悚脱,行必慊心,动不逾矩",必须对自己的内心世界有清醒的认识,随时随地反省自己的真实动机和真实目标。没有反省的人生没有价值。

万廷言告诉我们,治国安邦的具体知识技能固然非常重要,更重要的是人的道德修养和精神境界。人容易在纷繁复杂的社会中迷失自己,放纵自己,不知收敛。这正是全部问题的关键所在。现代社会当然需要充分发挥自身的潜能,认真学习和掌握治国安邦的具体知识技能,需要人们不断开拓进取。但无论如何,在自然面前,人不能过于放纵自己,过度开发索取,必须保持对自然的敬畏之心,必须知止,实现人和自然的和谐;同时,无论如何开拓进取,我们必须清醒地意识到,人本身才是目的,实现人自身的价值,达到精神的自由才是目标和价值所在,因此,人绝不能在前行的过程中被外部世界所诱惑,被各种不断膨胀的欲望所俘虏,从而迷失自身。必须在前行中知止,"致虚守静",无止境折腾的社会的道德风尚必然出问题,这样的社会中的人是不会有幸福生活可言的。

胡直告诉我们,人其实生活在自己的世界之中,所谓"心造天地万物",但这并不意味着世界就是为个人设计的,个人可以随心所欲。人必须走向世界,无条件遵守"天则",也就是自然规律和各种社会制度和规范。既然"心造天地万物",所以人的一切行为,人的道德修养取决于自身,取决于自觉。进而言之,如果说每个人都具有良知的话,那么,"良知即觉性",关键还是在于自觉。人的自觉只能是源于其内心,读书研究,多见多闻当然是认识和了解自然规律和各种社会制度和规范的方式途径,但这并不能提升人的道德素养和道德境界。我们看到,当今社会,一些人强调个人至上,以自我为中心,随心所欲,把自然规律和各种社会制度和规范视为束缚个人的枷锁而试图挣脱之,这显然既不合乎社会的发展需要,也根本无法实现个人的价值。另一些人则往往把读书研究,多见多闻视为道德素养和道德境界本身。于是,所谓的思想道德教育和考核,往往以传授和展示相关的知识为主,这显然达不到其想要的结果:伦理道德知识丰富和道德品质的崇高绝不是一回事。这两种普遍存在的现象充分表明胡直的学术思想具有非常重要的现代价值。

邹元标对道德价值的坚守和对道德理想的不懈追求和坚持一直被传为佳话。应当说,任何时代,坚守道德价值,追求道德理想都是至关重要的。邹元标告诉我们,要坚守道德价值,追求道德理想,首先必须根除"私虑""私欲""以空空为极致",达到崇高自由的精神境界,如果有了"私虑""私欲",所谓道德价值,所谓道德理想必然沦为空谈甚至于虚伪。只有彻底根除了"私虑""私欲",人才能够"浑然与物同体",才能够尽到个人对家庭、社会和国家的责任。现代社会充分尊重合法的私权,把对私利的追求视为社会发展的动力,但是,对私利的追求必须基于社会制度和规范之上,绝对不能践踏社会道德价值,不能丧失社会道德理想。个人对私利的追求必须与其对家庭、社会和国家的责任一致。毫无疑问,绝大多数践踏社会道德价值,丧失社会道德理想的行为来自不合理的"私虑""私欲",这是必须抑制并努力根除的,这样才能有效地坚守道德价值,追求道德理想。对于当代中国而言,这一点尤其重要。正是"私虑""私欲"的泛滥,导致了信仰迷失,诚信丧失,假冒伪劣盛行,坑蒙拐骗泛滥,这对于中华民族的复兴,对于中国梦的实现,无疑具有巨大的破坏性。

邹元标指出,要根除"私虑""私欲",必须有艰苦的修养。首先必须立志,这具有决定性的意义,同时必须"悟""修""证",不断反省自己,严格遵守各种社会制度和规范,谨慎对待处世和从政的大节,随时对照检查自己的全部思想和行为是否完全合乎社会道德价值和社会道德理想。邹元标的学术思想理论无疑能够带给现代人以巨大的启迪。

当然,阳明学和江右王门学派的现代价值远不止上面所讨论的,正如世所公认的那样,研究阳明学和江右王门学派,不仅具有重大的学术理论价值,更具有重要的社会实践价值。实际上,人们业已从不同的角度,不同的层面发掘出了其中巨大的社会实践价值(如对现代企业管理,社会管理与控制的价值等等)。作为一项学术思想史研究,我们不打算在这里进一步具体分析探讨阳明学和江右王门学派的现代价值。质而言之,阳明学和江右王门学派告诉我们,没有一个人是天生的坏坯子,每个人都有良知,每个人的内心里都有一座辉煌的圣殿。只要立下坚定不移的志向,充分发挥和张扬内在的人格力量,就可以承担起对这个世界的责任和义务,人的生命价值即可以在其中得到成功实现,并达到精神上的自由和崇高,社会也因此会和谐稳定,发展进步。

后 记

多年的学习研究,总算是有一个初步的结果。虽愚妄浅薄,但也敝帚自珍,付梓之际,有必要再作一些交代。

自从接触江右王门学派,并发表第一篇研究论文,迄今已二十余年。其间世事纷扰,不足为外人道,但始终保持着对江右王门学派的研究兴趣,只不过自己生性懒散,这种兴趣长期没有转化为深入探究的动力,当然也没有推出相应的学术研究成果。大约十年前,领导和师友们的督促,使我觉得有必要对江右王门学派进入深入系统的研究,向世人全面系统地推介江右王门学派。这里需要特别感谢井冈山大学原副校长、现任校党委副书记肖长春同志,科研处处长周松同志以及人文学院的各位领导,他们不仅是我的领导,也是我的朋友,他们持续不断地督促使我沉下心来,系统地探究江右王门学派。

不过,纯粹的学术思想史研究,长期以来在社会上并不待见。近些年来,因缘际会,阳明学热闹起来,这项研究因此立项作为课题得到了特别的支持和赞助。井冈山大学党委书记彭涉晗同志和校长曾建平同志给予了特别的关注和支持。这里尤其要感谢井冈山大学庐陵文化研究中心主任丁功谊先生,他对我的不断鼓励和大力支持,使得拙作有机会很快面世。

要感谢的人当然很多,同学和朋友们的支持必不可少,家人付出的代价更大。对于他们,当然不仅仅是感激,更有爱和责任。

研究阳明心学,不仅仅是知识和学问的探究,更需要内心的体验与感悟。尤其感谢一些朋友向我敞开心扉,使我对人心和人性有更加深刻的认识和理解。他们可能对阳明学所知甚少,但其对人心和人性的感悟的深刻程度令我震惊,也给了我巨大的启迪。这印证了阳明学的一个基本观点:"满街都是圣人。"对于这些朋友,那可不是一句感谢所能表达的。

尽管付出了很大努力,但本人才疏学浅——这点自知之明还是有的——所以必有很多疏漏之处。欢迎任何善意的和不那么善意的批评。所有的批评都会化为前行的动力。

李伏明

井冈山大学庐陵文化研究中心

2017 年 8 月